考古一生

A Lifetime of Archaeology

安志敏先生
纪念文集

《考古一生——安志敏先生纪念文集》编委会　编

文物出版社

北京·2011

责任编辑：张庆玲
责任印制：陈　杰
封面设计：周小玮

图书在版编目（CIP）数据

考古一生：安志敏先生纪念文集／《考古一生：安志敏先生纪念文集》
编委会编．—北京：文物出版社，2011.8
　　ISBN 978-7-5010-3245-7

　　Ⅰ．①考…　　Ⅱ．①考…　　Ⅲ．①安志敏（1924～2005）－纪念文集
Ⅳ．①K825.81－53

中国版本图书馆CIP数据核字（2011）第163641号

考古一生——安志敏先生纪念文集

《考古一生——安志敏先生纪念文集》编委会编

文 物 出 版 社 出 版 发 行

（北京市东直门内北小街2号楼）

http：／／www．wenwu．com

E－mail：web＠wenwu．com

北京达利天成印刷有限公司印刷

新 华 书 店 经 销

787×1092　1/16　印张：35

2011年8月第1版　2011年8月第1次印刷

ISBN 978－7－5010－3245－7　定价：210元

A Lifetime of Archaeology

Essays in Honor of An Zhimin

Edited by

Editorial Committee for A Lifetime of Archaeology: Essays in Honor of An Zhimin

Cultural Relics Press

Beijing · 2011

《考古一生——安志敏先生纪念文集》编委会

一　1968年拍摄的全家福

二　安志敏先生1980年于考古研究所办公室

三　1977年5月安志敏（右）、郑乃武（左）陪同
　　裴文中（中）先生考察裴李岗遗址

四　1981年安志敏先生在办公室观察
　　石器标本

五　1988年夏天考古研究所学术委员会部分委员及工作人员与该年毕业的硕士研究生曹勇、米如田、陈星灿合影（前排自左至右：王仲殊、苏秉琦、安志敏、佟柱臣；后排自左至右：冯浩璋、卢兆荫、张长寿、曹勇、米如田、陈星灿、仇士华、郭振录）

六　安志敏与朱德熙（右二）、苏秉琦（右一）先生在一起

七　1995年元旦安志敏先生和家人及研究生合影（后排自左至右：谢仲礼、曹勇、巫新华、陈星灿、焦天龙、傅宪国、安家瑗）

八　1996年初夏安志敏先生在考古研究
　　所与张光直（中）、王仲殊（左）先生
　　合影

九　1998年安志敏夫妇与孙辈们

一〇　1998年10月安志敏先生与长女安
　　　家瑶在洛阳

一一　1998年安志敏与饶宗颐（中）、邓聪
　　　（右）先生于香港大学

一二　1999年安志敏、张裕珠夫妇与王仲殊、
　　　陈凯夫妇在大觉寺

一三　2001年5月安志敏先生与次女安家瑗在
　　　下川遗址

一四 2002年安志敏、张裕珠夫妇与安家
　　 瑗在中国历史博物馆参观《契丹王
　　 朝》展览

一五 2002年安志敏先生与邓聪先生在香
　　 港中文大学

一六 2002年安志敏夫妇于南京

一七　2004年4月在庆祝安志敏先生八十
　　　诞辰宴会上安志敏与王仲殊、王巍
　　　先生合影

一八　2004年4月安志敏、张裕珠夫妇与
　　　女儿安家瑶、安家瑗及曾外孙女曾
　　　子滢参观恭王府花园

一九　2005年春节前安志敏先生携夫人和
　　　长女安家瑶给师母梁思永夫人李福
　　　曼（左二）拜年（左一为梁思永女
　　　儿梁柏有）

二〇　安志敏先生骨灰安放处

二一　位于十三陵林区龙山纪念林的双柏
　　　——父亲树

安志敏先生传略

陈 星 灿

（中国社会科学院考古研究所）

一

安志敏先生 1924 年 4 月 5 日出生于山东省烟台市，2005 年 10 月 26 日在北京因病去世，享年 81 岁。

1928 年，先生 4 岁时举家迁往辽宁大连，在大连度过了童年的大部分时光。1941 年 4 月初中毕业，5 月迁往北平，升入艺文中学（今长安中学）高中。1944 年，先生从艺文中学毕业，升入中国大学史学系。次年，在中法大学文史系旁听裴文中先生讲授史前考古学，在地质调查所新生代研究室实习；同年，抗战胜利后又结识在燕京大学任教的日本著名考古学家鸟居龙藏教授，时相过从，获得教益。这是先生学习考古学的开始。1948 年 6 月大学毕业，旋即为燕京大学历史系兼任助教，协助裴文中先生史前考古学的教学实习，并负责史前陈列馆的整理工作。次年 2 月，代裴文中先生讲授史前考古学。9 月入北京大学史学研究所，成为考古组的研究生。1950 年 4~5 月，26 岁的安志敏先生，参加了尚未正式成立的中国科学院考古研究所安阳考古发掘队的实习，8 月辞去燕京大学历史系助教，10 月成为考古研究所助理员，并参加了考古研究所成立之后组织的在河南辉县的第一次考古发掘工作，接受系统的考古学田野训练，从此开始了他长达半个多世纪的职业考古生涯。

进入考古研究所工作之前，安志敏先生曾师从裴文中、鸟居龙藏、齐思和等考古学和历史学名家，进入考古研究所工作以来，梁思永先生是他的导师，又跟从夏鼐先生到河南辉县、郑州、成皋、洛阳、渑池和湖南长沙等地参加调查和发掘，亲炙夏鼐先生的教诲，接受了严格、系统的考古学田野训练。先生一生的研究，坚持走田野考古的道路，虽然以新石器时代考古为主，但也旁及旧石器时代和历史时代，其视野之开阔，领域之广博，研究之深入，跟他所受的专业训练和他的师从当有很大关系。

　　新中国成立初期，百废待兴，中国科学院考古研究所承担着繁重的全国范围内的考古调查和发掘任务。安志敏先生边学边干，逐渐成长为一名新中国考古事业的中坚分子。"文化大革命"之前，他所参加和主持的考古工作，遍及黄河、长江和东北各地。除了上述河南、湖南的田野工作之外，举其重要者如下：1952年主持河北唐山贾各庄战国墓地发掘；1953年主持河南陕县考古调查；1954年调查河北怀来大古城遗址、曲阳商代遗址；同年及次年参加洛阳中州路发掘，调查河北唐山大城山龙山文化遗址；1956年主持黄河三门峡水库复查、刘家峡水库普查及河南陕县庙底沟和三里桥的发掘；1957年主持陕县上村岭和后川墓地发掘，调查河北易县燕下都遗址；1958年主持调查青海湟水流域及兰青铁路沿线遗址；1959年任安阳发掘队队长，主持发掘殷墟遗址；1961年主持河南安阳小南海旧石器晚期洞穴遗址发掘；1962年调查内蒙古海拉尔松山细石器遗址；1963年出任考古研究所东北队副队长兼第一组组长，主持调查内蒙古赤峰、宁城和辽宁沈阳、鞍山、海城、盖县、抚顺、大连、金县、锦西、朝阳、喀左一带的史前遗址，次年主持旅顺双砣子、将军山、岗上、楼上、卧龙泉和尹家村遗址发掘；1965年春天主持沈阳郑家洼子遗址发掘；同年8月至1966年6月，风华正茂的安志敏先生，"参加山西永济干樊村四清运动"；1966年7月~1971年7月，"在北京、河南信阳东岳和明港参加文化大革命运动"①。虽然"文化大革命"期间甚至直到先生晚年的1997年，他还不断深入田野工作第一线，但由他主持的考古工作，基本上结束于郑家洼子的发掘，那一年他41岁。

　　田野工作是安志敏先生考古研究的基础。在坚持田野工作、及时完成考古报告之余，先生对不少问题进行了深入细致的综合和专题研究，使他享誉国际，成为有国际影响的中国史前考古的权威学者。从1950年先生入所算起，到1956年短短的七年间，先生发表的各类研究论著多达37篇（部），优异的成绩使先生在1956年被擢升为副研究员，成为其时考古研究所最年轻的高级研究人员。

　　除了繁重的田野和研究工作，安志敏先生还是新中国考古教育事业的开拓者。1952年，28岁的安先生刚从北京大学史学研究部毕业，就参加全国考古工作人员训练班教务处，担当起新石器时代考古、商周考古、陶器和田野考古的授课工作。次年，又参加了第二届全国考古工作人员训练班的授课并辅导在郑州二里岗、洛阳烧沟开展的田野实习。从1953年开始，先生参加刚刚组建的北京大学史前考古学教研组，为本科生讲授新石器时代考古学，直到1957年以后北大有了自己的专业教师，他才结束这项工作。此外，他还在河北、陕西等省的考古训练班或集训班上讲授新石器时代考古学。1978年中国社会科学院研究生院成立，先生又招收了多届硕士和博士研究生，不仅讲授《考古学概论》、《中国新石器时代考古学》等课程，还亲赴田野第一线指导研究生的实习。为中国考古人才的培养尽心竭力，做出了杰出贡献。

1972 年安志敏先生奉命从河南明港回所，筹备《考古》和《考古学报》的复刊事宜，并与夏鼐、王仲殊先生组成三人小组，负责两刊的编辑工作。1978 年成为《考古》主编。同年先生晋升为研究员并担任第一研究室主任。1982 年～1985 年任考古研究所副所长。还担任考古研究所第二届（1979）和第四届（1994）学术委员会会员、中国科学院古脊椎动物与古人类研究所学术委员会委员（1984）等职。1979 年，先生参加在西安举行的"中国考古学会成立大会"，并当选为秘书长和常务理事，同年被推选为中国史学会理事和中国第四纪研究委员会全新世分委员会副主任。1986 年，被推选为德意志考古研究院通讯院士，1990 年当选为亚洲史学会评议员。安先生还担任《中国大百科全书·考古学卷》（1986）编辑委员会的副主任委员兼新石器时代部分主编，他也是总结新中国考古成就的《新中国的考古发现和研究》（1984）一书的编辑委员会成员。

安志敏先生兼通日语和英语，曾先后访问过埃及（1958）、叙利亚（1958）、阿尔巴尼亚（1962）、埃塞俄比亚（1973）、伊朗（1977）、罗马尼亚（1977）、德国（1980、1985、1987）、日本（1981、1983、1984、1989、1990、1991、1992、1993）、意大利（1985）、英国（1986）、韩国（1995、1998）、美国（1996）和我国香港（1991、1994、1996、1997、2002）、台湾（1999）等地，和国际学术界有着广泛的交往和联系。1991年 12 月至 1992 年 5 月，年近七旬的先生担任日本京都大学人文科学研究所客座教授，为中日考古学界的学术交流谱写了新的篇章。

二

在新石器时代考古的研究方面，安志敏先生着力最多，取得的成就也最大。自1921 年发现仰韶文化以来，仰韶文化与龙山文化的关系，成为中国考古学界最为关心的问题之一。仰韶文化自西而东，龙山文化自东而西的东西二元对立说，成为三四十年代的主流看法[②]。但是，两者的关系究竟如何？尽管尹达先生早在 20 世纪 30 年代就怀疑安特生在仰韶村的发掘包含着不同时期的堆积[③]，但一直到 50 年代初夏鼐先生率队再次发掘仰韶村时，还曾提出所谓"仰韶和龙山的混合文化"的看法[④]。这个问题的最后解决，主要是通过由安志敏先生主持的庙底沟和三里桥遗址的发掘完成的。他们在庙底沟等遗址发现，仰韶和龙山文化不仅有层次上的区别，在文化内容上也互不相同，并不见所谓"混合"的痕迹。庙底沟遗址发现的晚于仰韶文化的遗存，在面貌上既不同于仰韶文化，也与所谓"河南龙山文化"不同，而介乎两者之间。由此安志敏先生提出"庙底沟第二期文化"的概念，认为它属于龙山文化早期的遗存，"具有由仰韶到龙山的过渡性质，最低说明了豫、晋、陕一带的龙山文化是由仰韶发展而来的，对中国古代文明发展的连续性上提供了有力的线索"⑤。

这个现在看来平平常常的结论,却是几代人数十年摸索的结果,是中国史前考古学研究的重大突破。它对于我们澄清仰韶文化的概念和内涵,全面审视仰韶文化与龙山文化的关系,进而认识中国古代文明的起源具有重大的学术意义。

仰韶文化和龙山文化是中国最早发现的两个史前文化。与讨论两者关系密不可分的,是两者各自的分区和分期研究。安志敏先生是根据新的考古材料,最先明确提出两种文化的分期和分区研究的。考古界所熟知的仰韶文化半坡类型、庙底沟类型的概念和"典型龙山文化"、"河南龙山文化"、"陕西龙山文化"的概念,就是由他率先提出的⑥。在 50 年代后期的一系列论文中,先生不仅对这些不同地区的龙山文化给予不同的命名,而且分析它们之间的异同,辨析它们的源流,使龙山文化的研究逐步引向深入。经过类型学的比较分析,他明确指出,河南、陕西和山西的龙山文化,是继承了仰韶文化而继续发展的,至于"山东等地区的龙山文化则可能另有来源",但又特别提出"至于最近所发现的许多缺乏灰陶或具有彩陶的遗存可能是它的前身"⑦,这也就是认为山东龙山文化另有来源,以新沂花厅村、滕县岗上村和宁阳堡头等为代表的遗存(即后来我们熟知的大汶口文化),当可能是它的前身。

自 30 年代以来,长江下游地区的史前文化就是纳入龙山文化的范围之内加以考察的。梁思永先生曾经把龙山文化划分为山东沿海、豫北和杭州湾三个地区⑧。随着田野资料的积累,安志敏先生又把这三个地区扩大为沿海地区、中原地区和江浙地区,同时根据文化特征的分析,对各区内部进行了划分。比如中原区就被细分为豫东、豫北、豫西和陕西地区。长江下游虽然暂时仍被列入龙山文化,但通过分析,他认为可能存在两类性质不同的遗存,可能代表不同的时代,但无论如何,它们都可能是一种"地方性的文化",既不是仰韶文化,也不是龙山文化,后者虽可能受龙山文化影响,但并不属于龙山文化,却可能是由前者发展出来的,敏锐地觉察出长江下游地区史前文化的特殊性和土著性⑨。在稍后关于《干栏式建筑的考古研究》一文中,他更进一步提出,"当中原文化的影响没有到达这里以前,长江流域及其以南广阔地区的土著文化,在相当大的范围内保持了某些共同特征,除'干栏'式建筑以外,尚有许多其他因素,当它逐渐被中原文化吸收或融合之后,便形成了汉文明的一部分因素。探索我国长江流域及其以南地区远古文化的性质、类型和消长过程,为我们今后考古研究的重要课题之一。"⑩同理,通过文化因素的分析,安志敏先生又指出黄河上游地区的齐家文化,"虽然近于陕西龙山文化,但也具有它自己的特点"。尽管他觉得这种区别的性质(究竟是文化之间的区别还是文化内部的区别),还有待于研究⑪。实际上,尽管当时因为发现上的局限性,还不可能对各地史前文化的谱系做出更明确的分析,但是安志敏先生通过类型学的考察,已经充分认识到各地史前文化的复杂性和多元性。这一点从他对仰韶文化、龙山文化特别是甘青地区远古文化的分析上，已经充分表现出来⑫。

因为安阳后冈三叠层的发现，一般认为商文化是在龙山文化的基础上发展起来的，但是两者之间毕竟还有不少区别。安志敏先生不仅详细指出两者的异同，更明确指出"殷代文化与山东、河南龙山文化之间，未必有直接承袭之关系"⑬。五十年代中期在郑州发现"洛达庙层"以后，先生率先指出以"洛达庙层"为代表的、广泛分布在豫中、豫西一带的叠压在二里岗下层之下的这种文化遗存，介乎龙山文化和二里岗商文化之间，虽把它列入"商代早期文化"中，但又明确认为寻找传说中的"夏"文化，这种遗存"便是今后值得注意的一个对象"⑭。所谓以"洛达庙层"为代表的文化，就是后来学术界所熟知的二里头文化。在同一篇文章中，安先生还明确指出，西周文化很可能是继承陕西龙山文化而发展的，因此他说"大体上可以这样假设：古代史上的夏、商、周的产生与发展都与龙山文化有着不可分割的联系"⑮，这些说法多数都为学术界所接受。

无论就田野工作的数量和发掘面积而言，20世纪五六十年代的主要考古工作都可以说集中在黄河流域，这些工作逐渐在考古学上建立起仰韶—龙山—商文化的连续发展谱系；70年代后期裴李岗文化发现之后，为仰韶文化找到了源头，无形中更强化了中原地区古代文化的土著性和连续发展性。因此，安志敏先生成为"黄河流域是中国文明发祥地"学说的主要建构者和坚定支持者。如上所述，他虽然承认周围地区古代文化渊源有自，即不少地区有所谓"地方性文化"的存在，但直到先生晚年，他仍然坚持自己的看法。50年代他说"黄河流域是中国文明的发祥地，我们的祖先在这块肥沃黄土原上创造了光辉灿烂的文化，这里不仅是从旧石器时代以迄于新石器时代人类的活动中心，甚至如传说中的'夏代'，奴隶社会以及封建社会的统治王朝，也是在石器时代的基础上发展起来的。这种连续不断的发展与悠久的历史传统，是值得我们引以为骄傲的"⑯。在总结新中国前三十年新石器考古成就的论文里，安先生又说，"总之，把黄河流域作为中国古代文化的中心，并不排斥其它地区也有古老的遗存和悠久的文化传统，以及它们在中华民族共同体形成过程中的积极贡献，不过由于黄河流域先进文化的影响和推动，在其整个发展过程中，始终是以中原为核心，特别是进入阶级国家以后，则表现得更加突出"⑰。1996年，在为联合国教科文组织撰写的《中国后期新石器文化》一文中，他这样说："黄河流域是世界古代文明中心之一，特别是以中游为代表的中原地区在中国古代史上具有尤为重要的地位。新石器时代的农耕经济在这里经过长期的繁荣和发展，在仰韶文化的基础上成长起来的龙山文化，又进一步奠定了商、周国家出现的基础。至少这一系列继承发展，脉络清楚，同时也不断同周围地区进行文化交流和影响，在文明的形成过程中，当然也吸收了中原地区以外的许多文化因素。从而黄河流域是中国文明的起源中心，已成为无可怀疑的历史事实。""以黄河流域为中心的古代文化，始终对周围地区起着推动和影响的作用，特别是进入阶级国家以后，这种核心作用就变得更加突出，为中国的统一作出了重要的贡献"[18]。

如果说直到 20 世纪 80 年代初期安志敏先生强调黄河流域特别是中原地区的核心作用，还主要是基于该地区考古工作多、文化谱系相对清楚、文化的连续性比较显著的话，那么 80 年代中期以后他仍然坚持自己的说法，就跟当时出现的"满天星斗"等中国文明起源多元论的某些矫枉过正有很大关系[19]。在这一点上，安先生从不讳言他是一个"保守"的考古学家。在"文明"的定性上，他信奉有关经典作家的定义，认为"文明"与"文化"不同，"文明"标志着国家的出现，因此他认为二里头文化显然不同于还处在氏族公社的龙山文化，它有巍峨的宫殿建筑，精美的青铜器和玉器，以及陶器、铸铜作坊的存在，甚至还有了文字，表明这个时期国家已经出现了。但他又指出"还没有确凿的证据可以把上述的遗存同传说中的夏代或者夏文化联接起来，因而夏文化的探索还是个尚未解决的问题"[20]。反对在二里头文化和夏文化之间或龙山晚期文化之间画等号，表现了一个严谨考古学家一以贯之的学风。这些看法，不仅广泛流行于国际学术界，也是 20 世纪 80 年代中期以前中国学术界的主流看法，影响深远[21]。

三

中国史前文化的年代和关系问题，是安志敏先生——特别是他的后半生——讨论最多的话题之一。早在 20 世纪 50 年代的论文里，他已经把某些考古学文化绝对年代的判定寄托在刚刚发明的 ^{14}C 测年上[22]。1972 年第一批 ^{14}C 数据公布，他便在《考古》上发表了《关于我国若干原始文化年代的讨论》[23]、《略论中国新石器时代文化的年代问题》[24]；80 年代又发表过《碳 – 14 断代和中国新石器时代》[25]、《碳 – 14 年代和中国考古学》[26]、《中国晚期旧石器的碳 – 14 断代和问题》[27]等一系列论文，安志敏先生是国内最早利用碳素测年讨论我国史前文化的考古学家。

通过对第一批 ^{14}C 年代数据的分析，安志敏先生一方面证明仰韶文化可以早到距今6000 年以前，其年代甚至比中亚或者欧洲的某些具有彩陶的遗存还要早，因而"宣判了'中国文化西来说'的彻底破产"。另一方面却也肯定"以黄河流域为中心的仰韶文化，是我国较早期的新石器时代遗存；而周围地区具有彩陶的新石器文化，如马家窑文化、青莲岗文化以及屈家岭文化等，都与仰韶文化有着密切的联系，在年代上则晚于仰韶文化。继而兴起的龙山文化，分布范围愈加广阔，虽然所呈现的地域性上可能分成不同的文化或类型，但它们的共同特征愈来愈明显，说明在共同发展的过程中，它们有逐渐趋于一致的倾向"[28]。如前所述，由于发现和认识上的局限性，安先生过分强调了黄河流域特别是中原地区的重要性，好像一切"先进"的东西，都是从中原向外影响所致，这与中国考古学界在 80 年代中期以后的主流认识是有区别的[22]。但是，安先生毕竟是一个严谨求实的考古学家，他在讨论年代的时候，虽然没有分区，但基本上是按照黄河中游、黄河下游、黄河上游、长江下游、长江中游、西南地区的次序讨论的。他不仅根据新的年代数据，澄清了不少过去的错误说法，比如肯定良渚文化的年代并不比黄河流域的龙山文化晚；长江流域和黄河流域一样，从远古时代起就孕育着优秀的古代文明等等，而且肯定了各地区文化的土著性，肯定在中原仰韶龙山文化的系统之外，还有许多其他文化系统存在。这是在综合新的考古材料基础上，对中国新石器时代文化年代和关系问题的重新审视，也可以说是在新的碳素测年数据基础上对中国新石器时代文化谱系的第一次认真梳理。

1979 年，在总结中国新石器时代考古学成就的综合性研究论文中，安先生更是明确把中国史前文化分为北方草原、黄河上游、黄河中游、黄河下游、长江下游、长江中游、华南和西南八个地区加以描述和分析，在强调中原地区重要性的基础上，也肯定不同地区之间的文化交流。他用仰韶文化的"变体"来描述红山文化，用龙山文化的"变体"来描述青龙泉三期文化甚至齐家文化，说明这些文化都受到仰韶或龙山文化的强烈影响，但他却也从自己的分析中看到，越到新石器时代晚期，史前文化的统一性就越强。他这样说："辽阔的祖国大地上，分布着各种类型的新石器文化，它们有着不同的来源和发展关系，由于不同地域之间的文化交流和相互影响，往往会出现新的文化类型，并逐渐扩大它们的分布范围，最后呈现融合统一的发展趋势。"[30] "在全国范围内到新石器时代晚期，在文化面貌上有渐趋一致的倾向。例如黄河流域的龙山文化，分布广阔，虽可划分为不同类型而各具自己的特征，但它们之间在文化面貌上的共性毕竟是主要的。不仅龙山文化如此，像黄河下游的大汶口文化、长江流域的屈家岭文化、马家浜文化、良渚文化，甚至于东南地区的山背文化、石峡文化和昙石山文化等，也都有一定的共性，如鼎、鬶、盉、豆、簋、杯、壶等陶器的形制虽有所变化，但其主要风格比较接近。"他不赞成张光直先生提出的"龙山形成期"或"似龙山文化"（Lungshanoid culture）的概念，因为"它们具有不同的来源，绝不是用一个名词所能全部概括的。事实上，上述迹象正反映我国新石器时代晚期诸文化遗存的交流影响及其融合统一的趋势，这是历史发展的必然规律"[31]。如果说苏秉琦先生的"区系类型"理论更强调各地区史前文化的独立发展[32]，张光直先生的"交互作用圈"理论更强调各区域之间史前文化的交流和融合[33]，那么安志敏先生的综合研究则在承认区域史前文化存在并因各文化交流日多而出现融合的基础上，更强调中原史前文化的进步性，强调中原史前文化对周围地区的辐射和影响。严文明先生的"重瓣花朵"理论[34]，就是在吸收苏、安研究的合理内核的基础上形成的。其实，就安志敏先生的综合研究来看，他对中国史前文化区的认识，与其他诸家并无多少区别，他对中原地区重要性的肯定，大部分还是因为当时中原地区史前文化的序列更完整，年代更久远，历史上中国最早的夏商周王朝中心都在中原地区，而中原地区的史前文化与这三个文明都有密不可分的关系的缘故。晚年他对裴李岗文化的讨论，对细石器起源问题的讨论，更强化了他对中原地区远古文化古老性和连续性的认识[35]。如果把中国文明起源的"中原中心论"和"多元一体论"看成两种范式的话，新范式已经孕育于旧范式之中，两者之间并无截然分开的鸿沟，而毋宁是"横看成岭侧成峰"了。

四

安志敏先生对远古文化的远距离联系和交流问题，也做出很多开创性的贡献。除了讨论国内各文化区之间的交流，比如讨论山东半岛和辽东半岛史前文化的关系[36]、马桥文化对二里头文化的影响[37]、商周文明同北方地区青铜文明的关系[38]等外，还对长江下游史前文化对日本列岛的影响，发表了《长江下游史前文化对海东的影响》[39]、《江南与古代的日本》[40]、《记日本出土的鬲形陶器》[41]等多篇论文。他认为中国到日本的东海航线，可能早在汉魏以前就开始了，东海航道应是文化交流的重要路线之一。日本的稻作农耕、干栏式建筑、玦形耳饰、漆器、鬲形陶器和印纹陶甚至环壕聚落、坟丘墓等，都与江南文化有密切的关系。这些观点，虽然先生自谦为还属于假说的范畴，但已引起中日两国考古学界的广泛注意。

安志敏先生长期致力于研究黄河流域远古文化，从晚期旧石器文化到商文明，他都发表过不少论著，始终反对"中国文化西来说"。但是，如何解释中原地区青铜器和铁器出现较晚这一考古现象，他晚年发表了几篇重要的论文。在《塔里木盆地及其周围的青铜文化遗存》[42]、《试论中国的早期铜器》[43]里，他重申80年代初的观点[44]，即认为仰韶文化、马家窑文化、大汶口文化和红山文化的"'所谓'铜器的实质或所属时代的论据尚欠充分，大都值得商榷"[45]，提出"铜器的起源，很可能是通过史前时期的'丝绸之路'进入中国的。例如偏处西北部地区的齐家文化，早期铜器的发展便远胜于中原地区，可能是首先接触到铜器的使用，并影响及龙山文化。在古代文化的交流影响中，并不排斥外来的因素，至少早期铜器的突然出现，便是典型的一例"[46]。他还认为铁器也是从西方传播过来的。他说："我们可以设想，最初导源于西亚的青铜器和铁器，首先影响到新疆地区，然后到达黄河流域，这标志着新疆处于金属文化东传的中心环节，有关生产技术的传播及其交互影响，自然是考古研究的重要课题之一。不过文化的传播和交流毕竟出于外因，只有通过内因才能产生根本性的变化。金属工具作为新兴生产力的代表，终于在商周文明的基础上形成独具特色的文化因素，并对亚洲地区产生了广泛的影响"[47]。这种说法虽然还有不少环节有待证实，但已引起广泛的注意。这说明晚年的安志敏先生并不保守，让事实说话，一切以事实为依据的书生本色，在这里得到充分体现。

五

对中国考古学许多问题的专题研究，是安志敏先生一生坚持不懈的追求，有不少是具有开创性的。从 20 世纪 40 年代开始，他就发表过《殷墟之石刀》[48]。50 年代他又根据新的考古材料，撰写了《中国古代的石刀》，全面收集出土材料，系统考察石刀的发展历史，提出两侧带缺口的石刀和长方形石刀流行于仰韶文化，半月形石刀和石镰开始于龙山文化，有柄石刀则可能是模仿金属工具[49]。而《古代的糙面陶具》一文，对新石器时代至于汉代的遗址与墓葬出土的糙面陶器，进行了深入细致的研究，提出某些跟盥洗用品共存的可能是搓洗手具，其他绝大部分标本可能是刮治皮革的用具，而非制陶工具[50]。这些早年的研究成果至今仍然受到学术界的重视。

史前农业的发展是安先生一生关注的课题。在石刀研究的基础上，1949 年他即根据此前发表的考古材料，发表过综合性的研究论文《中国史前之农业》[51]，晚年又发表过《中国史前农业概说》[52]、《中国史前的农业》[53]、《中国稻作文化的起源和东传》[54]等多篇论著，系统总结中国史前农业的发展和成就，提出"中国是自成系统的另外一个农业起源中心。中国史前的家畜以猪、狗为主，也不像西亚那样以山羊、绵羊为代表，这也表明它们分别属于不同的农业体系"[55]。他认为犁耕开始很晚，"以畜力破土的所谓犁耕农业，新石器时代还远远没有出现"；镰的发展也自成系统，跟西亚那种镶嵌石刃的石镰完全不同，总之，中国史前农业的谷物、家畜、农具以及生产活动等，都自成体系，并对邻近地区产生了深远的影响[56]。

与农业起源有关的动植物的起源问题，也一直受到先生的关注。在这个方面，他对新石器时代出土的花生[57]、高粱[58]等植物种子，都进行过有理有据的质疑。他还认为钱山漾遗址出土的蚕豆和芝麻之类的遗物，也不能作为史前农作物的证据[59]。他的怀疑来自于他广博的学识和所受到的严格的科学训练。考古虽然是一门发现的学问，但如果没有广博的世界文化史的知识，没有国际眼光，仅仅盯着自己的那一点发现，是很容易犯错误的。先生研究中国考古，视野往往兼顾朝鲜半岛、日本、西伯利亚、中亚和东南亚等地，把中国的材料放在世界文化的背景里加以考察。安先生一生对许多问题提出过质疑，也为此得罪过不少学者，但他襟怀坦白，表里如一，知无不言；他的质疑也不一定都正确，但这对某些问题的深入研究，无疑是具有推动作用的。

有关史前文化的专题研究，还可举出许多来，比如《"干栏"式建筑的考古学研究》[60]、《中国早期铜器的几个问题》[61]、《略论新石器时代的一些打制石器》[62]、《中国古文献中的磨制石器》[63]等等，关于区域考古学文化的专题和综合研究更多，涉及北方、黄河流域、长江流域、岭南地区、西北地区和青藏高原等广大地区，比如《关于华南早期新石器的几个问题》[64]、《中国辽东半岛的史前文化》[65]、《中国西部的新石器时代》[66]、《良渚文化及其文明诸因素的剖析》[67]、《"唐汪式"陶器的分析》[68]、《香港考古的回顾和展望》[69]、《闽台史前遗存试探》[70]等等，不少都是大家熟知的名作。这些论著，或提出问题，或试图对某些文化现象做出归纳和解释，就探讨的范围之广，涉及的问题之多，中国当代考古学家罕有其匹。

六

安志敏先生对旧石器时代考古和历史时代考古也发表过很多研究论著，除了安阳小南海的发掘报告之外[71]，他还详细讨论过细石器的起源和传统问题，在否定所谓"细石器文化"概念的基础上，指出细石器传统最初流行于黄河流域，并影响到我国广大地区以及东北亚洲和西北美洲一带。黄河流域由于农业经济的出现，细石器传统很快居于次要地位，我国北方地区以及亚、美的部分地区，则由于渔猎经济的存在，细石器传统的延续时间很长，成为新石器时代甚至更晚时期的一项主要文化因素[72]。把细石器作为一种技术传统而不是文化，明确指出以细石器为代表的文化遗存，不仅分布广泛，而且分属于不同文化系统，这对我们深入探讨北方地区史前文化的源流是非常重要的。

80年代以来，中国南方旧石器时代早期文化出土过不少手斧形石器。手斧本来是欧洲、非洲和亚洲西南部旧石器时代早期最具特色的一种工具。因为东亚和东南亚地区发现极少，所以过去一般把该地区纳入所谓"砍砸器文化"（chopper - chopping tool culture）传统。因此，对于中国发现的手斧形石器怎样解释，就成了80年代以来中国旧石器考古学界一个不大不小的话题。安志敏先生综合考察了这种手斧的特征和分布情况，提出"原手斧"的概念。他认为这种以砾石和石片为主要特征的工业，完全不同于以石核工业为代表的典型手斧——阿舍利工业传统，因此用原手斧的概念并不表示它是手斧的前身，"只是表明属于不同的传统，同时还可用来代表这一特殊工业的砾石石器的组合或群体"[73]。他还认为，在中国"砾石石器和石片石器属于两个系统，以原手斧为代表的大型砾石石器传统，主要分布在华中、华南一带，华北则仅限于局部地区，与以周口店文化为代表的石片石器传统并存"[74]。原手斧的概念对于认识中国旧石器时代文化的特殊性，是一种很重要的工具。

安志敏先生自学生时代起，就对历史时代考古发表过不少意见，虽然后来专攻新石器时代考古，但对历史考古的兴趣始终未断，直到先生晚年还发表过不少论著。仅收入先生《东亚考古论集》的就有讨论楚汉金币问题的《金版与金饼》[75]、释读马王堆帛画的《长沙新发现的西汉帛画试探》⑦、对20世纪20年代蒙古国诺音乌拉匈奴墓出土汉绢铭文加以解释的《新莽锦铭试释》、根据同墓出土漆耳杯讨论汉哀帝改元的《汉建平改元问题》⑦、根据山东沂南北寨村一座画像石墓的图像讨论其年代的《论沂南画像石的年代问题》⑦、结合文献和考古材料讨论内蒙古扎赉诺尔古墓群族属问题的《关于内蒙古扎赉诺尔古墓群的族属问题》⑦、根据朝鲜人民共和国大安市德兴里高句丽广开王永乐十八年（408）的一座纪年壁画墓讨论相关问题的《朝鲜德兴里壁画墓及其相关问题》⑧等文，皆自成一家之言，不少为学术界所接受。其中的《新莽锦铭试释》和《汉建平改元问题》，写成于先生初入大学的1945年初，其搜集材料之勤，对国外考古界动态了解之多，对中国古代历史知识掌握之丰富，说明如果先生专攻历史时代考古学，也一定能够做出很大的贡献。

打通史前时代和历史时代的藩篱，对新、旧石器时代和历史时代考古均发表过不少论著的中国考古学家，除先生之外恐怕很难找到第二人。如前所述，这跟先生广博的兴趣和永不停歇的求知欲有关，恐怕也跟他的师承有很大关系。先生晚年写过不少文章，追念作为师长的裴文中、梁思永、夏鼐和鸟居龙藏等前辈学人⑧。这不奇怪，这些世界级的考古学家，不仅学有专攻，而且各自有其不同的学术渊源，安先生的研究取向和所取得的成就，多多少少都能看见这些前辈的身影。

安志敏先生一生勤奋，从1945年发表第一篇文章起，总共发表300多篇（部）论著。他参与编写或主编的报告就有《辉县发掘报告》（1956）、《三门峡漕运遗迹》（1959）、《庙底沟与三里桥》（1959）、《洛阳中州路》（1959）、《双砣子与岗上——辽东史前文化的发现和研究》（1996）等多部，许多论著被翻译成英文、日文、德文等外国文字发表，产生了广泛的国际影响。但是，先生自知考古学是一门发现的学问，而且学无止境，所以当他1998年选编自己的《东亚考古论集》时，很诚恳地说："回顾五十多年来，参加过一系列的田野工作和写过近三百篇作品，但质量不高，微不足道。特别是随着考古成果的日新月异和认识的不断更新，不少已成为瞬间的历史陈迹。"⑧这是何等的胸襟！正反映先生作为一个纯粹的学人，已达到"极高明而道中庸"的境界。

从1945年发表考古学的第一篇文章算起，在长达六十年的漫长岁月里，安志敏先生堪称中国考古学界的常青树。他考古不止，笔耕不辍，求真务实，表里如一，淡泊名利，心无旁骛，是一个纯粹的学者。作为20世纪后半期中国考古学重要的代表性人物，先生的考古学生涯及学术成就，是20世纪中国本土考古学成长、发展和壮大的缩影，值得我们珍视。

注　释

① 参见本集《安志敏先生年谱》。此年谱经安志敏先生审定，此前曾发表在邓聪、陈星灿主编的《桃李成蹊

集》（香港中文大学中国考古艺术研究中心，2004 年，第 I ~ X 页）上。

② 陈星灿：《中国史前考古学史研究（1895 ~ 1949）》，社会科学文献出版社，2007 年。

③ 尹达：《龙山文化与仰韶文化之分析——论安特生在中国新石器时代分期问题中的错误》，见氏著：《新石器时代》第 84 ~ 119 页，生活·读书·新知三联书店，1979 年。此文重写完成于 1937 年 7 月 7 日，但直到 1947 年才在《中国考古学报》第二期上发表。

④ 夏鼐：《河南渑池的史前遗址》，《科学通报》1951 年第 2 卷第 9 期。参见中国社会科学院考古研究所编：《夏鼐文集（上）》第 336 ~ 343 页，社会科学文献出版社，2000 年。

⑤ 安志敏：《试论黄河流域新石器时代文化》，《考古》1959 年第 10 期。参见安志敏：《中国新石器考古论集》第 63 页，文物出版社，1982 年。收入文集的所有引文，均见本论文集及 1998 年出版的《东亚考古论集》，特此说明。

⑥⑨⑬ 安志敏：《中国新石器时代的物质文化》，《文物参考资料》1956 年第 8 期。

⑦ 安志敏：《试论黄河流域新石器时代文化》，引自《中国新石器考古论集》第 63 页。

⑧ 梁思永：《龙山文化——中国文明的史前期之一》。参见氏著《梁思永考古论文集》第 145 ~ 152 页，科学出版社，1959 年。

⑩ 《考古学报》1963 年第 2 期，引自《中国新石器考古论集》第 222 页。

⑪ 安志敏：《试论黄河流域新石器时代文化》。参见《中国新石器考古论集》第 65 页。

⑫ 安志敏：《甘肃远古文化及其有关的几个问题》，《考古通讯》1956 年第 6 期。参见《中国新石器考古论集》第 80 ~ 88 页。

⑭⑯ 安志敏：《试论黄河流域新石器时代文化》。引自《中国新石器考古论集》第 67 页。

⑮ 同⑭。另见安志敏：《中国新石器时代的仰韶文化和龙山文化》，《历史教学》1960 年第 8 期。参见《中国新石器考古论集》第 69 ~ 79 页。

⑰ 安志敏：《三十年来中国的新石器时代考古学》，《考古》1979 年第 5 期。引自《中国新石器考古论集》第 16 页。

⑱ 参见安志敏：《东亚考古论集》第 71 页，香港中文大学中国考古艺术研究中心，1998 年。

⑲ 安志敏：《试论文明的起源》，《考古》1987 年第 5 期。参见《东亚考古论集》第 2 ~ 5 页；《论环渤海的史前文化》，《考古》1993 年第 7 期。参见《东亚考古论集》第 72 ~ 77 页。安志敏：《中国文明起源始于二里头文化——兼议多源论》第 677 ~ 679 页，《夏文化论集》，文物出版社，2003 年。

⑳ 安志敏：《中国后期新石器文化》，引自《东亚考古论集》第 67 页。

㉑ 1979 年安先生为纪念建国三十周年而撰写的《三十年来中国的新石器时代考古学》，曾被张光直先生翻译为英文，发表在 Early China（5，1979 - 1980）上；在张先生流传甚广的 Archaeology of Ancient China（Yale University Press，1977，3ed.）上，除了介绍安先生的有关学说，还附有安先生个人的照片和介绍。

㉒ 比如早在 1956 年讨论仰韶文化的年代时，他就提出"绝对年代还有待科学方法来进行分析（例如放射性碳素等），暂不作无根据的推测"。参见安志敏：《中国新石器时代的物质文化》，《文物参考资料》1956 年第 8 期。

㉓ 《考古》1972 年第 1 期。

㉔ 《考古》1972 年第 6 期。参见《中国新石器考古论集》第 20 ~ 32 页。

㉕ 《考古》1984 年第 3 期。

㉖ 《碳十四通讯》第 2 期，1984 年。

㉗ 《人类学学报》第 2 卷 4 期，1983 年。参见《东亚考古论集》第 115 ~ 120 页。

㉘ 《略论中国新石器时代文化的年代问题》，《考古》1972 年第 6 期。引自《中国新石器考古论集》第 30 页。

㉙ 严文明：《中国史前文化的统一性和多样性》，《文物》1987 年第 3 期。参见氏著《史前考古论集》第 1 ~ 17 页，科学出版社，1998 年。

㉚ 安志敏：《三十年来中国的新石器时代考古学》，《考古》1979 年第 5 期。引自《中国新石器考古论集》第 14 页。

㉛ 安志敏：《三十年来中国的新石器时代考古学》，《考古》1979 年第 5 期。引自《中国新石器考古论集》第 16 页。

㉜ 苏秉琦、殷伟璋：《关于考古学文化的区系类型问题》，《文物》1981 年第 5 期。参见《苏秉琦考古学论述选集》第 225 ~ 234 页，文物出版社，1984 年。

㉝ 张光直：《中国相互作用圈与文明的形成》，参见氏著《中国考古学论文集》第 151 ~ 189 页，生活、读书、新知三联书店，1999 年。

㉞ 严文明：《中国史前文化的统一性或多样性》，《文物》1987 年第 3 期。参见氏著《史前考古论集》第 1 ~ 17 页。

㉟ 安志敏：《裴李岗、磁山和仰韶——试论中原新石器文化的渊源和发展》，《考古》1979 年第 4 期。参见《中国新石器考古论集》第 33 ~ 47 页。安志敏：《海拉尔的中石器——兼论细石器的起源和传统》，《考古学报》1978 年第 3 期。参见《中国新石器考古论集》第 101 ~ 129 页。

㊱ 安志敏：《中国辽东半岛的史前文化》，参见《东亚考古论集》第 78 ~ 88 页。

㊲ 安志敏：《记二里头的鸭形陶器》，参见《东亚考古论集》第 135 ~ 137 页。

㊳ 安志敏：《西周的两件异型兵器——略论商周与我国北方青铜文明的联系》，《文物集刊》第 2 集，1980 年。参见《东亚考古论集》第 161 ~ 167 页。

㊴ 《考古》1984 年第 5 期。参见《东亚考古论集》第 210 ~ 217 页。

㊵ 《考古》1990 年第 4 期。参见《东亚考古论集》第 218 ~ 222 页。

㊶ 《考古》1995 年第 5 期。参见《东亚考古论集》第 223 ~ 226 页。

㊷ 《考古》1996 年第 12 期。参见《东亚考古论集》第 140 ~ 145 页。

㊸ 《考古》1993 年第 12 期。参见《东亚考古论集》第 146 ~ 153 页。

㊹ 安志敏：《中国早期铜器的几个问题》，《考古学报》1981 年第 3 期。参见《中国新石器考古论集》第 233 ~ 248 页。

㊺ 安志敏：《试论中国的早期铜器》，《考古》1993 年第 12 期。引自《东亚考古论集》第 146 页。

㊻ 安志敏：《试论中国的早期铜器》。引自《东亚考古论集》第 152 页。

㊼ 安志敏：《塔里木盆地及其周围的青铜文化遗存》，《考古》1996 年第 12 期。引自《东亚考古论集》第 145 页。

㊽ 《燕京学报》33 期，1947 年。参见《中国新石器考古论集》第 163 ~ 171 页。

㊾ 《考古学报》第 10 册，1955 年。参见《中国新石器考古论集》第 172 ~ 194 页。

㊿ 《考古学报》1957 年第 4 期。参见《中国新石器考古论集》第 195 ~ 203 页。

51 《燕京社会科学》第 2 卷，1949 年。参见《中国新石器考古论集》第 256 ~ 278 页。

52 《农业考古》1987 年第 2 期。

53 《考古学报》1988 年第 4 期。参见《东亚考古论集》第 12 ~ 20 页。

㉜　《文物》1999 年第 2 期。

㉝　《考古学报》1988 年第 4 期。引自《东亚考古论集》第 18 页。

㉞　《考古学报》1988 年第 4 期。引自《东亚考古论集》第 18 页。

㉟　安志敏：《"花生化石"的剖释——兼论我国历史上的花生栽培》，《辽海文物学刊》1989 年第 1 期。

㊱　安志敏：《大河村炭化粮食的鉴定和问题——兼论高粱的起源及其在我国的栽培》，《文物》1981 年第 11 期。参见《中国新石器考古论集》第 249 ~ 255 页。

㊲　《考古学报》1988 年第 4 期。参见《东亚考古论集》第 14 ~ 15 页。

㊳　《考古学报》1963 年第 2 期。参见《中国新石器考古论集》第 204 ~ 223 页。

㊴　《考古学报》1981 年第 3 期。参见《中国新石器考古论集》第 233 ~ 248 页。

㊵　《古脊椎动物与古人类》第 2 卷第 2 期，1960 年。参见《中国新石器考古论集》第 147 ~ 153 页。

㊶　参见《东亚考古论集》第 132 ~ 134 页。

㊷　《文物集刊》第 3 集，1980 年。参见《中国新石器考古论集》第 48 ~ 57 页。

㊸　参见《东亚考古论集》第 78 ~ 88 页。

㊹　《考古学报》1987 年第 2 期。参见《东亚考古论集》第 89 ~ 100 页。

㊺　《考古》1997 年第 9 期。参见《东亚考古论集》第 127 ~ 131 页。

㊻　参见《东亚考古论集》第 154 ~ 160 页。

㊼　《考古》1997 年第 6 期。参见《东亚考古论集》第 20 ~ 28 页。

㊽　《福建文博》1990 年增刊（总 16 期）。参见《东亚考古论集》第 29 ~ 36 页。

㊾　安志敏：《河南安阳小南海旧石器时代洞穴堆积的试掘》，《考古学报》1965 年第 1 期，第 1 ~ 27 页。

㊿　安志敏：《海拉尔的中石器遗存——兼论细石器的起源和传统》，《考古学报》1978 年第 3 期。参见《中国新石器考古论集》第 101 ~ 129 页。

󰀄　《人类学学报》第 9 卷第 4 期，1990 年。引自《东亚考古论集》第 44 页。

󰀅　《人类学学报》第 9 卷第 4 期，1990 年。引自《东亚考古论集》第 48 页。

󰀆　《考古学报》1973 年第 2 期。参见《东亚考古论集》第 169 ~ 187 页。

󰀇　《考古》1973 年第 1 期。《东亚考古论集》第 189 ~ 195 页。

󰀈　《中国历史博物馆馆刊》第 13 ~ 14 期，1989 年。参见《东亚考古论集》第 196 ~ 198 页。

󰀉　《考古通讯》1955 年第 2 期。参见《东亚考古论集》第 199 ~ 203 页。

󰀊　《文物》1964 年第 5 期。参见《东亚考古论集》第 204 ~ 207 页。

󰀋　《博物馆学研究》1986 年第 1 期。参见《东亚考古论集》第 227 ~ 231 页。

󰀌　安志敏：《裴文中教授和中国史前考古——纪念裴文中教授诞辰 90 周年》，《第四纪研究》1994 年 4 期。参见《东亚考古论集》第 242 ~ 244 页。安志敏：《梁思永先生和中国近代考古学》，《文物天地》1990 年第 1 期。参见《东亚考古论集》第 238 ~ 241 页。安志敏：《为考古工作献身的人——沉痛悼念夏鼐先生》，《中原文物》1985 年第 3 期。参见《东亚考古论集》第 245 ~ 246 页。安志敏：《中国考古学的新起点》，《文物天地》1990 年第 5 期。参见《东亚考古论集》第 234 ~ 237 页。安志敏：《追怀鸟居龙藏先生》，《文物天地》1993 年第 1 期。参见《东亚考古论集》第 247 ~ 249 页。

󰀍　《东亚考古论集自序》。

目　次

安志敏先生年谱

1924 年　0 岁

　　4 月 5 日生于山东省烟台市芝罘大疃。

1928 年　4 岁

　　举家迁往辽宁省大连市。

1933 年　9 岁

　　4 月　西岗子公学堂（小学）入学。

1939 年　15 岁

　　3 月　西岗子公学堂毕业。

　　4 月　协和实业学校（初中）入学。

1941 年　17 岁

　　4 月　协和实业学校肄业。

　　5 月　迁往北平市。

　　9 月　艺文中学（今长安中学）高中入学。

1944 年　20 岁

　　6 月　艺文中学高中毕业。

　　9 月　中国大学史学系入学。

1945 年　21 岁

　　3 月　中法大学文史系旁听裴文中先生讲授史前考古学。

　　4 月　在地质调查所新生代研究室实习。

1948 年　24 岁

　　6 月　中国大学史学系毕业。

　　9 月　燕京大学历史系兼任助教，协助裴文中先生史前考古学的教学实习，负责整理史前陈列馆。

1949 年 25 岁

2 月 代裴文中先生讲史前考古学。

9 月 北京大学史学研究部考古组研究生入学。

1950 年 26 岁

4～5 月 参加中国科学院考古研究所安阳考古发掘队实习。

8 月 燕京大学历史系助教辞职。

10 月 中国科学院考古研究所助理员。

10 月～1951 年 1 月 参加河南辉县发掘。

1951 年 27 岁

4～7 月 参加豫西考古调查，经郑州、成皋、洛阳、渑池，并进行试掘。

8～9 月 参加北京西郊董四墓村明墓发掘。

10 月～1952 年 3 月 参加湖南长沙发掘。

1952 年 28 岁

5～7 月 主持河北唐山贾各庄战国墓地发掘。

6 月 北京大学史学研究部毕业。

8～10 月 参加全国考古工作人员训练班教务处，讲授新石器考古、殷周考古、陶器和田野考古等。

10～11 月 辅导田野考古实习，发掘河南郑州二里岗商代遗址。

1953 年 29 岁

3 月 中国科学院考古研究所助理研究员。

5～6 月 参加北京大学史前考古学教研组，讲授新石器考古（延续到 1957 年）。

8～11 月 在第二届全国考古工作人员训练班讲授并辅导郑州二里岗、洛阳烧沟田野实习。

12 月 主持河南陕县考古调查。

1954 年 30 岁

3 月 协助郑州市文物组的田野发掘和室内整理。

6 月 调查河北怀来大古城遗址、曲阳商代遗址。

10 月～1955 年 1 月 参加洛阳中州路发掘。

1955 年 31 岁

3～4 月 参加洛阳中州路发掘。

11 月 调查河北唐山大城山龙山文化遗址。

1956 年 32 岁

2 月 出席第一届考古工作会议（北京），任副秘书长。

3～6月　主持黄河三门峡水库复查和黄河刘家峡水库普查。

4月　考古研究所副研究员。

8月　黄河水库考古工作队副队长。

9～11月　主持陕县庙底沟和三里桥遗址的发掘。

1957年　33岁

6月　主持陕县上村岭和后川墓地的发掘。

12月　调查河北易县燕下都遗址。

1958年　34岁

7月　主持调查青海湟水流域及兰青铁路沿线的遗址。

11～12月　随中国科学代表团访问埃及和叙利亚。

1959年　35岁

3～9月　参加中国历史博物馆原始社会布展，任副组长。

10月～1960年1月　安阳发掘队队长。

1960年　36岁

1月　在河北文物队考古训练班讲授新石器时代考古。

1961年　37岁

1月　在陕西省考古研究所集训班讲授新石器时代考古。

4～5月　主持发掘安阳小南海旧石器晚期洞穴遗址。

1962年　38岁

8月　调查内蒙古海拉尔松山细石器遗址。

11～12月　随中国科学院代表团访问阿尔巴尼亚，出席地拉那"阿尔巴尼亚学会议"。

1963年　39岁

4～5月　考察东北沈阳、本溪、长春、哈尔滨、大连、旅顺等博物馆所藏考古标本，并调查有关的史前遗址。

9～10月　任考古所东北队副队长兼第一组长，主持调查内蒙古赤峰、宁城和辽宁沈阳、鞍山、海城、盖县、抚顺、旅顺、大连、金县、锦西、朝阳、喀左一带的史前遗址。

1964年　40岁

5～7月　主持发掘旅顺双砣子、将军山、岗上、楼上、卧龙泉、尹家村遗址。

1965年　41岁

3月　主持发掘沈阳郑家洼子遗址。

8月～1966年6月　参加山西永济干樊村四清运动。

1966 年　42 岁

　　7 月～1971 年 7 月　在北京、河南信阳东岳和明港参加"文化大革命"运动。

1971 年　47 岁

　　8 月　由明港回所，筹备《考古》和《考古学报》复刊事宜。

1972 年　48 岁

　　1 月　任考古所编辑小组成员，编辑《考古》和《考古学报》，两刊自本年起复刊。

1973 年　49 岁

　　1 月　调查河北藁城台西村商代遗址。

　　2 月　随友好代表团访问埃塞俄比亚。

　　3～4 月　去合肥、南京、杭州组稿，访问博物馆、考察遗址和座谈。

　　5 月　参观北京琉璃河西周墓地发掘。

　　6 月　考察河北阳原虎头梁、龙凤坡、上沙嘴等泥河湾遗址。

1974 年　50 岁

　　6 月　考察北京马兰台黄土堆积和阳原西水地等遗址。

1975 年　51 岁

　　5 月　参观北京市白浮西周墓的发掘。

1976 年　52 岁

　　12 月　参加中国硅酸盐学会《中国陶瓷史》的编写。

1977 年　53 岁

　　6 月　考察沈阳新乐遗址和辽宁省博物馆、沈阳故宫的考古标本。

　　7 月　考察河北邯郸赵王城、武安磁山遗址。

　　10 月　随中国考古代表团访问伊朗。

　　11 月　随中国考古小组访问罗马尼亚。

　　12 月　出席"周口店北京猿人遗址综合研究工作会议"。

1978 年　54 岁

　　4 月　考察晋北阳高许家窑、怀仁鹅毛口、朔县峙峪、大同青瓷窑等遗址。访问内蒙古博物馆，考察呼和浩特大窑遗址。

　　5 月　调查河南新郑、密县、登封、郑州、安阳、汤阴等地的裴李岗、仰韶、龙山遗址。

　　6 月　任《考古》杂志主编。

　　8 月　考古所研究员、第一研究室主任，出席江西庐山"江南地区印纹陶问题学术讨论会"。

　　9 月　调查河南鄢陵、许昌、长葛、郏县、宝丰各县的裴李岗文化及其他史前遗址。

10 月　主持安阳小南海洞穴遗址第二次发掘。

1979 年　55 岁

2 月　出席杭州《中国陶瓷史》编委会会议。

4 月　出席西安"中国考古学会成立大会",任秘书长、常务理事。

4 月　任中国史学会理事、中国第四纪研究委员会全新世分委员会副主任。

1980 年　56 岁

5 月　辅导研究生田野实习,考察河南郑州、成皋、洛阳、灵宝、渑池,陕西大荔、渭南等地遗址。

10 月　率领考古代表团访问西德。

1981 年　57 岁

7～9 月　为《中亚文明史》的编写做准备,考察甘肃、青海和新疆的史前遗址。

10 月　应邀出席日本明治大学百周年暨考古学研究室、考古学陈列馆 30 周年纪念活动,并参观群马、市川和奈良等地的考古遗址。

1982 年　58 岁

10～11 月　率领河南一队调查许昌、驻马店、信阳、南阳地区 11 个县市的 24 处史前遗址。

1983 年　59 岁

5 月　考察河南登封王城岗、淮阳平粮台遗址和河北邯郸市文物管理所磁山文化标本。

8 月　出席日本东京、京都"第 11 届国际亚洲、北非人文科学会议",访问东京、京都、奈良博物馆和考古遗址。

11 月　任文化部国家文物委员会委员。

12 月　考察山西襄汾丁村和陶寺遗址。

1984 年　60 岁

4 月　任中国科学院古脊椎动物与古人类研究所学术委员。

5 月　考察河南偃师商城、二里头、巩县铁生沟和安阳小屯等遗址。

9 月　出席日本金泽"环日本海金泽国际研讨会"。

1985 年　61 岁

3 月　出席意大利威尼斯"中国古代文明国际学术研讨会",访问罗马、佛罗伦萨博物馆及古迹。

4 月　访问德意志联邦共和国石勒苏益格、波恩、科隆、斯图加特、汪根、海德堡、西柏林、法兰克福、钮维德、美因兹等城市的博物馆、研究机构和考古工地。

6 月　任德意志考古研究院通讯院士。

7 月　加入中国共产党。

9 月　参加全国政协文化组内蒙古文物考察组，考察呼和浩特四道沟、赵长城、大召、百灵庙广惠寺、包头秦长城、汉长城等，并考察山西大同魏平城、云冈石窟、浑源悬空寺、应县木塔等。

1986 年　62 岁

2 月　访问香港中文大学、香港布政司署古物古迹办事处、香港博物馆，并参观史前遗址和发掘现场。

6 月　考察西安唐城朱雀门和含光门遗址发掘现场。

8 月　出席甘肃秦安"大地湾文化座谈会"并考察遗址。

9 月　出席英国南汉普敦"世界考古学大会"，会后到伦敦参观不列颠博物馆和出席世界考古学会委员会。

9 月　考察沈阳新乐、凌源牛河梁和绥中姜女坟遗址。

12 月　出席河北邯郸"磁山文化学术讨论会"。

1987 年　63 岁

4 月　调查河北沧县黄骅细石器遗址。

6~7 月　辅导研究生田野实习，调查宁夏灵武水洞沟、陶乐高仁镇等遗址。途经兰州、西安、洛阳和郑州等地并进行考察。

8 月　出席西德美因兹"国际史前与原史联合会第十一届会议"。

11 月　出席云南昆明"元谋新发现古人类化石学术论证会"，会后参观元谋人陈列馆和有关遗址，以及云南省博物馆。

12 月　经湖南长沙、常德、澧县调查旧石器遗址，并参观有关的市县博物馆。

1988 年　64 岁

2 月　出席天津"国家文物委员会专家座谈会"。

2 月　考察河北濮阳西水坡、徐水南庄头遗址。

5 月　辅导研究生田野实习，发掘河北黄骅细石器地点。

6 月　考察山东胶州三里河遗址。

10 月　考察江苏的句容丁沙地，常州圩墩，武进淹城；浙江的余杭反山、瑶山、余姚河姆渡，宁波慈湖等遗址。

1989 年　65 岁

1 月　退休、续聘。

4 月　出席日本佐贺"日中友好佐贺研讨会"，会后到唐津、福冈、檀原、京都等城市参观访问。

5 月　经湖南长沙、常德、澧县、慈利、大庸、桑植等市县，重点考察旧石器和其出土地点。

8 月　出席福州"闽台古代文化交流研讨会"，调查平潭壳丘头遗址和访问泉州、厦门。

10 月　出席北京"古人类学术讨论会——纪念北京猿人第一个头盖骨发现六十周年"

11 月　出席日本京都"古代日本之再发现"。

12 月　出席北京"裴文中教授发现北京人第一个头盖骨六十周年纪念"。

1990 年　66 岁

3 月　任亚洲史学会评议员。

5 月　出席"第二届日中友好佐贺讨论会"，考察福冈、佐贺、京都、德岛、奈良、大阪等城市的考古遗迹和博物馆。

7 月　出席上海"良渚文化座谈会"，考察福泉山、崧泽遗址。

9 月　出席日本京都"日本人之形成国际讨论会"。

11 月　出席河南辉县市"纪念辉县发掘四十周年学术座谈会"。

12 月　出席江苏赣榆"徐福东渡 2200 年学术讨论会"，考察东海大贤庄、将军崖、孔望山和连云港市博物馆。

1991 年　67 岁

5 月　出席"第三届日中友好佐贺讨论会"，访问福冈、别府、熊本等城市古代遗迹和博物馆。

6 月　出席广州、香港"南中国海及邻近地区史前文化国际学术讨论会"，考察南海西樵山、深圳咸头岭和香港石壁、东湾等遗址。

9 月　访问旅顺博物馆，考察双砣子、岗上、楼上、郭家村、于家村和金县大嘴子、庙山等遗址。

10 月　出席山东济南"城子崖发掘六十周年国际学术讨论会"，考察烟台、长岛史前遗址和博物馆。

12 月~1992 年 5 月　任日本京都大学人文科学研究所客座教授，访问泉屋博古馆、同志社大学、日本海文化研究所、德岛埋藏文化财中心，分别做了学术讲演，并出席"第四届日中友好佐贺讨论会"。

1992 年　68 岁

8 月　出席河北石家庄"第三届环渤海国际学术讨论会"，考察徐水南庄头遗址。

9 月　考察杭州、绍兴、余姚、宁波、定海、天台、温州、瑞安、上海等地的史前遗址和博物馆。

1993 年　69 岁

5 月　出席 "93 年佐贺日中韩友好讨论会"。考察唐津、佐贺、前原、甘木、福冈等城市的考古遗迹和博物馆。

7 月　考察南京、镇江、无锡、苏州、丹徒、丹阳、吴县等地的考古遗迹和博物馆。

10 月　考察浙江杭州、良渚、吴家埠、东阳、丽水、瑞安、温州等地的考古遗迹和博物馆。

11 月　考察洛阳偃师二里头、商城、汉魏故城及洛阳、偃师博物馆。

12 月　考察日本僵原、奈良、大阪、仙台、青森、长野、佐仓、东京、福冈、长崎、鹿儿岛、冲绳等城市的考古遗迹和博物馆。

1994 年　70 岁

2 月　出席香港 "南中国及邻近地区古文化研究国际讨论会"。

11 月　出席柳州 "中日古人类与史前文化渊源关系国际学术讨论会" 和南宁 "广西博物馆建馆 60 周年纪念会"。考察柳州白莲洞、大龙潭、柳江人等遗址。

1995 年　71 岁

5 月　出席韩国汉城 "全国历史学大会",并考察全谷里旧石器发掘现场,以及新石器、青铜器和百济时期的遗址墓葬等。

8 月　出席长沙 "长江中游史前文化暨第二届亚洲文明学术讨论会"。考察澧县城头山遗址。

1996 年　72 岁

3 月　参加香港大湾遗址的发掘。

4 月　出席美国费城 "中亚东部青铜和铁器时代居民国际研讨会"。

12 月　出席浙江余杭 "中国良渚文化国际学术讨论会"。

1997 考　73 岁

9 月　访问香港中文大学,考察马湾东湾仔遗址发掘现场。

10 月　出席江西南昌 "第二届农业考古国际学术会议",考察万年仙人洞、吊桶环等遗址。

1998 年　74 岁

2 月　访问海南三亚、通什、保亭、陵水、海口等市县博物馆,考察大港沙丘遗址。

6 月　出席北京 "中国前期新石器文化学术研讨会"。

6 月　参加三峡移民局 "三峡文物保护工作考察团",由宜昌乘船沿江而上抵达重庆,沿途考察遗址、墓葬和古建筑等。

7月 出席韩国"金堤、碧骨堤水利民俗遗物展示馆开馆纪念国际学术讨论会",会后访问全州、光州、庆州、公州和扶余等城市的博物馆,并考察新罗雁鸭池、临海殿、佛国寺、百济尼勒寺以及龟岩里支石墓群等。

10月 出席安阳"殷墟发掘70周年学术纪念会"。

11月 考察广西桂林甑皮岩、庙岩、太平岩,南宁豹子头、邕宁顶蛳山、东兴社山和亚菩山等遗址。

11月 出席香港"第三届南中国海及邻近地区古文化研究国际学术讨论会"。

1999年 75岁

2月 访问台北历史语言研究所、故宫博物院、历史博物馆,台湾大学人类系、台中自然科学博物馆、台东台湾史前博物馆,考察台东长滨文化遗址。

2000年 76岁

5月 出席河南新密市"古城寨考古发现新闻发布会"和现场考察,访问河南省文物研究所和河南博物院。

11月 考察河南三门峡庙底沟、李家窑,灵宝北阳平西坡、函谷关和渑池仰韶村等遗址。

2001年 77岁

5月 访问山西省考古研究所和山西省博物馆,考察襄汾丁村和沁水下川遗址。

11月 出席河南渑池"仰韶文化发现80周年纪念暨学术研讨会";考察偃师二里头、商城,洛阳汉魏故城发掘现场。

2002年 78岁

4月 访问南京大学考古专业、南京博物院、南京市博物馆、安徽省文物考古研究所、安徽省博物馆、安庆市博物馆。

5月 出席北京大学"温故知新——面向中国考古学的未来国际学术讨论会"。

7月 出席河南省文物研究所"建所50周年纪念会暨华夏文明的形成与发展学术讨论会"。

11月 考察广西桂林甑皮岩发掘现场。

12月 出席香港古迹古物办事处和香港中文大学考古艺术研究中心联合主办的"中国考古黄金时代的来临"演讲会,分别介绍两岸三地的考古发现。

2003年 79岁

2004年 80岁

2005年 81岁

10月26日因病去世。

安志敏先生著作目录

1945 《爵形原始及其演变》，《史地》第 2、3 期（《天津民国日报》，11 月 20、27 日）。

1946 《大秦物产释疑》，《史地》第 12 期（《天津民国日报》，2 月 5 日）。

《瓮棺考》，《史地》第 15 期（《天津民国日报》，2 月 26 日）。

《雷纹起源说之检讨》，《天津新时报学术副刊》，5 月 16 日。

《日人在华之考古事业》，《史地周刊》第 5、7 期（《天津益世报》，9 月 3、17 日）。

《古人对石器之观念》，《史地周刊》第 10、12 期（《天津益世报》，10 月 8、12 日）。

《中国彩陶文化概观》，《史地周刊》第 17 期（《天津益世报》，11 月 27 日）。

《梅原末治"东亚考古学论考"》（书评），《燕京学报》第 31 期，205～208 页。

《梅原末治"支那汉代纪年铭漆器图说"》（书评），《燕京学报》第 31 期，208～209 页。

《梅原末治"汉三国六朝纪年镜图说"》（书评），《燕京学报》第 31 期，209～210 页。

《长广敏雄"带钩的研究"》（书评），《燕京学报》第 31 期，210～212 页。

《鳥居龍藏"黑龍江と北樺太"》（書評），《燕京學報》第 31 期，212～213 頁。

1947 《殷墟之石刀》，《燕京学报》第 33 期，77～94 页。

《先秦殉葬考》，《史地周刊》第 26、28 期（《天津益世报》，1 月 28 日、2 月 11 日）。

《杨宁史呈献古铜器观后记》，《史地周刊》第 29 期（《天津益世报》，2 月 18 日）。

《"九一八"以来日人在东北各省考古工作记略》，《史地周刊》第 32、34、35 期

（《天津益世报》，3 月 11 日、25 日，4 月 1 日）。

《古代之卵生传说》，《史地周刊》第 42 期（《天津益世报》，5 月 20 日）。

《古庙村遗址概说》，《史地周刊》第 46 期（《天津益世报》，6 月 17 日）。

《甘肃彩陶文化新论》，《史地周刊》第 52 期（《天津益世报》，7 月 29 日）。

《铜鼓问题之检讨》，《史地周刊》第 57 期（《天津益世报》，9 月 2 日）。

《山东省之史前文化》，《史地周刊》第 64 期（《天津益世报》，10 月 27 日）。

《东北史籍概说》，《史地周刊》第 71 期（《天津益世报》，12 月 9 日）。

《辽宁省之史前文化》，《史地周刊》第 74、78 期（《天津益世报》，12 月 30 日、1948 年 1 月 27 日）。

《翦伯赞〈中国史稿〉第一册》（书评），《史地周刊》第 30 期（《天津益世报》，2 月 25 日）。

《翦伯赞〈中国史稿〉第二册》（书评），《燕京学报》第 32 期，242 ~ 246 页。

《劳幹〈居延汉简考释〉》（书评），《燕京学报》第 32 期，246 ~ 249 页。

《〈中国考古学报〉第二册》（书评），《燕京学报》第 33 期，286 ~ 288 页。

1948　《论新疆省阿克苏出土之石刀》，《学原》第 1 卷 11 期，33 ~ 36 页。

《小管子史前文化之研究》，《学原》第 2 卷 8 期，26 ~ 36 页。

《房山良乡访古纪行》，《史地周刊》第 100 期（《天津益世报》，8 月 3 日）。

《环状石斧考》，《史地周刊》第 108 期（《天津益世报》，9 月 28 日）。

《汉建平改元问题》，《文史》第 105 期（《上海东南日报》，9 月 22 日）。

《东方考古学丛刊甲种读后记》（书评），《图书》第 93、94 期（《天津民国日报》，5 月 28 日、6 月 4 日）。

《东方考古学丛刊四种读后记》（书评），《图书周刊》第 58、59 期（《天津大公报》，7 月 9 日、26 日）。

《苏秉琦〈斗鸡台沟东区墓葬〉》（书评），《燕京学报》第 35 期，261 ~ 264 页。

《阴阳五行说概观》，《史地周刊》第 96 期（《天津益世报》，7 月 6 日）。

《裴文中〈中国史前时期之西北〉》（书评），《燕京学报》第 35 期，264 ~ 267 页。

《〈中国考古学报〉第二册》（书评），《燕京学报》第 35 期，294 ~ 297 页。

1949　《沙锅屯洞穴层位之研究》，《燕京学报》第 36 期，71 ~ 86 页。

《中国史前时期之农业》，《燕京社会科学》第 2 卷，37 ~ 58 页。

《裴文中〈中国史前时期之研究〉》（书评），《燕京学报》第 36 期，327 ~ 328 页。

《蒋玄怡〈长沙——楚民族及其艺术〉》（书评），《燕京学报》第 37 期，243 ~ 245 页。

《〈中国考古学报〉第四册》（书评），《燕京学报》第 37 期，245 ~ 248 页。

1950　《北京西郊发现的瓮棺》，《燕京学报》第 39 期，165 ~ 175 页。

《评 J. G. Andersson 著 "Researches into the Prehistory of the Chinese"》（书评），《燕京学报》第 38 期，268 ~ 276 页。

《贾兰坡〈中国猿人〉》（书评），《燕京学报》第 39 期，265 ~ 267 页。

1951　《中国史前考古学书目》，《燕京学报专号》之 23。

《北京西郊董四墓村明墓发掘记——第一号墓》，《科学通报》第 2 卷 12 期，1250 ~ 1255 页。

1952　《北京西郊董四墓村明墓发掘记——第一号墓》，《文物参考资料》第 26 期，78 ~ 87 页。

《豫西考古纪略》，《历史教学》第 3 卷 1 期，13 ~ 15 页。

《中国史前农业的发展》，《历史教学》第 16 期，5 ~ 7 页。

1953　《陶器》，《文物参考资料》第 1 期，66 ~ 94 页。

《唐山市贾各庄发掘纪略》，《科学通报》第 4 期，70 ~ 73 页。

《一九五二年我国考古的新发现》，《史学》第 4 期（《光明日报》，5 月 1 日）；《新华日报》第 7 期，171 ~ 173 页。

《大同云冈附近的新石器时代遗存》，《文物参考资料》第 5 ~ 6 期，143 ~ 152 页。

《河北省唐山市贾各庄发掘报告》，《考古学报》第 6 册，57 ~ 116 页。

1954　《白陶》，《文物参考资料》第 1 期，107 页。

《河北宁河县先秦遗址调查记》，《文物参考资料》第 4 期，40 ~ 43 页。

《从基本建设出土文物展览看到的古代文化》，《文汇报》（上海），6 月 16 日。

《郑州市人民公园附近的殷代遗存》，《文物参考资料》第 6 期，32 ~ 37 页。

《河南陕县灵宝考古调查记》（合著），《科学通报》第 7 期，79 ~ 81 页。

《全国基建出土文物会展中所见的石器时代》，《文物参考资料》第 9 期，75 ~ 99 页。

《唐山石棺墓及其相关的遗物》，《考古学报》第 7 册，77 ~ 86 页。

《一九五二年秋郑州二里岗发掘记》，《考古学报》第 8 册，65 ~ 107 页。

1955　《河北曲阳调查记》，《考古通讯》第 1 期，39 ~ 44 页。

《一九五三年我国考古的新发现》，《考古通讯》第 1 期，47 ~ 55 页；《新华月报》第 3 期，189 ~ 192 页。

《论沂南画像石墓的年代问题》，《考古通讯》第 2 期，16 ~ 20 页。

《河北怀来大古城村古城遗址调查记》，《考古通讯》第 3 期，44 ~ 48 页。

《仰韶文化中的彩陶图案》，《彩陶》，朝华美术出版社，1 ~ 5 页。

《一九五四年秋季洛阳西郊发掘简报》（合著），《考古通讯》第 5 期，25 ~ 33 页。

《石器略说》,《考古通讯》第 5 期, 62~71 页。

《中国古代的石刀》,《考古学报》第 10 册, 27~51 页。

1956 《古代遗迹的调查线索》,《考古通讯》第 1 期, 11~14 页。

《关于我国中石器时代的几个遗址》,《考古通讯》第 2 期, 72~78 页。

《中国新石器时代的物质文化》,《文物参考资料》第 8 期, 41~49 页。

《黄河三门峡水库考古调查简报》,《考古》第 5 期, 1~11 页。

《殷代墓葬》,《辉县发掘报告》,科学出版社, 15~32 页。

《三门峡和刘家峡的考古新发现》,《人民日报》, 9 月 6 日。

1957 《关于中国新石器时代物质文化的几个问题》,《文物参考资料》第 2 期, 44~46 页。

《细石器文化》,《考古通讯》第 2 期, 36~48 页。

《对朱江同志的答复》,《考古通讯》第 2 期, 102~103 页。

《评〈望都汉墓壁画〉》(书评),《考古通讯》第 2 期, 104~107 页。

《一九五六年秋河南陕县发掘简报》,《考古通讯》第 4 期, 1~9 页。

《略论甘肃东乡自治县唐汪川的陶器》,《考古学报》第 2 期, 23~31 页。

《陕西朝邑大荔沙苑地区的石器时代遗址》(合著),《考古学报》第 3 期, 1~12 页。

《古代的糙面陶具》,《考古学报》第 4 期, 69~77 页。

1958 《关于甘肃远古文化的一些新论据》,《历史教学》第 1 期, 20~23 页。

《四川甘孜附近出土的一批铜器》,《考古通讯》第 1 期, 62~63 页。

《评 Bo Sommarstom 著〈马家窑遗址〉》(书评),《考古通讯》第 1 期, 95~99 页。

《评〈仰韶文化的彩陶〉》(书评),《考古通讯》第 2 期, 71~76 页。

《关于考古调查工作的一些经验和体会》,《文物参考资料》第 3 期, 43~45 页。

《评〈全国基本建设工程中出土文物展览图录〉》(书评),《考古通讯》第 5 期, 70~71 页。

《评〈中国通史参考资料选辑〉第一集》(书评),《考古通讯》第 9 期, 102~105 页。

《1957 年河南陕县发掘简报》,《考古通讯》第 9 期, 67~79 页。

《中国新石器时代遗址分布图》,地图出版社。

《新石器时代》,《考古学基础》,科学出版社, 30~59 页。

1959 "Finds at the Sanmen Gorge", *Peking Review*, 10, pp. 21–22.

《评〈五省出土的重要文物展览图录〉》(书评),《考古》第 2 期, 114~115 页。

《评〈史前的中国〉》（书评），《考古》第 5 期，268~271 页。

《上海淀山湖发现的新石器时代遗物》，《考古》第 6 期，314~315 页。

"New Neolithic Site", *Peking Review*, 24, pp. 18-19.

《青海的古代文化》，《考古》第 7 期，375~383 页。

"Important Recent Finds", Peking Review, 36, pp. 19-20.

《对〈徐州高皇庙遗址清理报告〉的几点意见》，《考古》第 9 期，493 页。

《甘肃山丹四坝滩新石器时代遗址》，《考古学报》第 3 期，7~16 页。

《试论黄河流域新石器时代文化》，《考古》第 10 期，559~565 页。

《中国新石器时代考古学上的主要成就》，《文物》第 10 期，19~23 页。

《元兴元年瓦当补正》，《考古》第 11 期，626~628 页。

《评〈望都二号汉墓〉》（书评），《考古》第 11 期，639~640 页。

《洛阳中州路》（合著）（《考古学专刊》丁种四号），科学出版社。

《河心诸岛的仰韶、龙山与殷代文化遗存》，《三门峡漕运遗迹》（《考古学专刊》丁种八号），科学出版社，76~78 页。

《庙底沟与三里桥》（合著）（《考古学专刊》丁种九号），科学出版社。

1960　"New Anyang Discoveries", *Peking Review*, 20, pp. 48-49.

《关于唐山大城山遗址文化性质的讨论》，《考古》第 2 期，21~23 页。

《略论新石器时代的打制石器》，《古脊椎动物与古人类》第 2 卷第 2 期，120~126 页。

《我国新石器时代的仰韶文化和龙山文化》，《历史教学》第 8 期，7~13 页。

1961　《1958—1959 年殷墟发掘简报》（合著），《考古》第 2 期，63~76 页。

《第一批全国重点文物保护单位中的古遗址与古墓葬》，《文物》第 4 期，27~30 页。

《关于庙底沟仰韶彩陶纹饰分析的讨论》，《考古》第 7 期，385~387 页。

《评〈四川船棺葬发掘报告〉》（书评），《考古》第 7 期，391~394 页。

《关于郑州"商城"的几个问题》，《考古》第 8 期，448~450 页。

"Old Stone Age Cave Found in Anyang", *Peking Review*, 31, pp. 20-21.

"New Found at Anyang", *Peking Review*, 35, p. 18.

1962　《记旅大市的两处贝丘遗址》，《考古》第 2 期，76~81 页。

《关于"曙石器"和中国猿人是否为最原始人问题的讨论》，《考古》第 4 期，216~217 页。

《"陈喜壶"商榷》，《文物》第 6 期，21~23 页。

《山西运城县洞沟的东汉矿洞和题记》（合著），《考古》第 10 期，519~522 页。

《早期原始社会》，《新中国的考古收获》（《考古学专刊》甲种六号），文物出版社，3~7页。

1963　《阿尔巴尼亚考古学的发展和现状》，《科学通报》第3期，1~5页。

《阿尔巴尼亚考古学的现状——参加阿尔巴尼亚学会纪要》，《考古》第4期，173~180页。

《巨猿究竟属于猿的系统还是人的系统？——评吴汝康著巨猿下颌骨和牙齿化石》（书评），《科学通报》第5期，35~40页。

《长沙战国缯书及其有关问题》（合著），《文物》第9期，48~60页。

《"生物人"与"社会人"的再商榷》，《科学通报》第10期，34~39页。

《"干栏"式建筑的考古研究》，《考古学报》第2期，65~83页。

1964　《关于内蒙古扎赉诺尔古墓群的族属问题》，《文物》第5期，41~45页。

《仰韶文化》，《中国历史小丛书》，中华书局。

1965　《河南安阳小南海旧石器时代洞穴堆积的试掘》，《考古学报》第1期，1~27页。

1972　《关于我国若干原始文化年代的讨论》，《考古》第1期，42、57~59页。

《关于长沙马王堆一号汉墓的座谈纪要》，《考古》第5期，37~42页。

《略论我国新石器时代文化的年代问题》，《考古》第6期，35~44、47页。

1973　《长沙新发现的西汉帛画试探》，《考古》第1期，43~53页。

《黄河流域——中国古代文明的发祥地》，《人民画报》第6期，12~15页。

《宁城县南山根的石椁墓》（合著），《考古学报》第2期，61~90页。

《金版和金饼——楚汉金币及其有关问题》，《考古学报》第2期，61~90页。

1974　《南澳大利亚的石器》，《考古》第6期，399~405页。

1975　《人和猿之间的鸿沟是不可逾越的——关于"生物人"和"社会人"的商榷》，《科学通报》第2期，69~75页。

《西藏墨脱县马尼翁发现磨制石锛》，《考古》第5期，315页。

1976　《关于巨猿以及人和猿的界限问题》，《科学通报》第2期，89~92页。

《纪念恩格斯〈劳动在从猿到人转变过程中的作用〉写作一百周年——试论从猿到人的过渡和界限》，《文物》第6期，26、27~30页。

1978　《青海布哈河畔的青铜器墓葬》，《考古》第1期，69~70页。

《海拉尔的中石器——兼论细石器的起源与传统》，《考古学报》第3期，289~316页。

1979　《大汶口文化的社会性质及有关问题的讨论综述》，《考古》第1期，33~36页。

《裴李岗、磁山和仰韶——试论中原新石器文化的渊源及发展》，《考古》第4期，334、335~346页。

《略论三十年来我国的新石器时代考古》，《考古》第 5 期，393 ~ 403 页。

《裴文中》，《百科知识》第 5 期，45 页。

《新石器时代考古三十年》，《文物》第 10 期，1 ~ 3 页。

《藏北申扎双湖的旧石器和细石器》（合著），《考古》第 6 期，394、481 ~ 491 页。

1980　《甘肃省博物馆编〈甘肃彩陶〉》（书评），《考古》第 3 期，287 ~ 288 页。

《西周的两件异形铜兵——略论商周与我国北方青铜文明的联系》，《文物集刊》第 2 期，70、151 ~ 159 页。

《石器时代的罗马尼亚》，《考古与文物》第 3 期，129 ~ 134 页。

《中国社会科学院考古研究所代表团访问西德》，《南京博物院集刊》第 2 期，142 ~ 147 页。

"The Neolithic Archaeology of China – A Brief Survey of the Thirty Years", *Early China*, 5, (1979 ~ 1980), pp. 35 – 45. （即《略论三十年来我国的新石器时代考古》译文）

1981　《中国的新石器时代》，《考古》第 3 期，252 ~ 260 页。

《关于华南早期新石器的几个问题》，《文物集刊》第 3 期，98 ~ 105 页。

《全新世与考古学》，《中国第四纪研究通讯》第 1 期，2 ~ 3 页。

《中国早期铜器的几个问题》，《考古学报》第 3 期，269 ~ 285 页。

《内蒙古宁城县南山根 102 号石椁墓》（合著），《考古》第 4 期，304 ~ 308 页。

《大河村炭化粮食的鉴定和问题——兼论高粱的起源及其在我国的栽培》，《文物》第 11 期，66 ~ 71 页。

《来自远古的信息——30 年来中国新石器时代考古的主要成就》，《百科知识》第 12 期，4 ~ 7 页；《新华文摘》第 2 期（1982 年），100 ~ 103 页。

《泥河湾上生动的一课》，《大丈夫只能向前——回忆古生物学家杨钟健》，陕西人民出版社，189 ~ 193 页。

1982　《关于裴李岗文化的性质和年代》，《社会科学战线》第 1 期，204 ~ 207 页。

"China's Neolithic Period", *China Reconstructs*, Vol. XXXI, No. 6, pp. 57 – 62.

《中国的彩陶》，《人民画报》第 9 期，22 ~ 26 页。

《中国陶瓷史》（合著），文物出版社。

"Palaeolithics and Microliths from Shenjia and Shuanghu, Northern Tibet", *Current Anthropology*, 23：5, pp. 493 – 499. （即《藏北申扎双湖的旧石器和细石器》的译文）

《中国新石器时代论集》（《考古学专刊》甲种十八号），文物出版社。

1983　《裴文中先生传略》，《考古学报》第 1 期，1 ~ 5 页。

《悼念裴文中先生》，《考古》第 3 期，287~288 页。

《评〈中国古人类书集〉》（书评），《考古》第 7 期，670~671 页。

《评〈中国新石器时代装饰艺术〉》，《考古》第 11 期，1051~1053 页。

《中国晚期旧石器的碳－14 断代和问题》，《人类学学报》第 2 卷 4 期，342~351 页。

1984 《碳－14 断代和中国新石器时代》，《考古》第 3 期，271~277 页。

《评〈中国考古学中碳十四年代数据（1965—1981）〉》（书评），《考古》第 3 期，282、286~287 页。

《长江下游史前文化对海东的影响》，《考古》第 5 期，439~488 页。

Recent Archaeology Discoveries in the People's Republic of China（co－author）. Tokyo：The Centre for East Asian Cultural Studies.

《略论华北的早期新石器文化》，《考古》第 10 期，936~944 页。

《碳－14 年代和中国考古学——在碳十四年代学组扩大会议上的发言》，《碳十四通讯》第 2 期，7~13 页。

《中国晚期旧石器的^{14}C 断代及其有关问题》，《第一次全国^{14}C 学术会议论文集》，科学出版社，100~110 页。

1985 《長江下流域先史文化の日本列島への影響》，《考古學雜誌》第 70 卷 3 號，頁 1~19。

《長江下流域先史文化の日本への影響》，《日本史の黎明》，六興出版社，（即《長江下游史前文化對海東的影響》的譯文）頁 437~455。

《華北における早期新石器文化の黎明》，《三上次男博士喜壽記念論文集》東京：平凡社，頁 3~14（即《略論華北的早期新石器文化》的譯文）。

《为考古工作而献身的人——沉痛悼念夏鼐同志》，《中原文物》第 3 期，1~2 页。

《先史時代における海上の中日交流》，《古代日本海文化の源流と發達》，大和書房，頁 225~236。

1986 《朝鲜德兴里壁画及其有关问题》，《博物馆研究》第 1 期，70~77 页。

《关于下川遗址和丁村群 7701 地点的时代性质问题——与安志敏先生讨论一文的意见》，《人类学学报》第 5 卷 2 期，178 页。

《忆夏鼐先生二三事》一文的附记，《燕都》第 3 期，8 页。

《"唐汪式"陶器的剖析》，《中国考古学研究》，文物出版社，105~115 页。

《关于中国的早期新石器文化》，《香港中文大学中国文化研究所学报》第 17 卷，1~17 页。

《中国大百科全书——考古学》（合著），中国大百科全书出版社。所编写的包括下列二十六条：史前考古学、考古学文化、文化圈、文化传播论、干栏式建筑、贝丘、石棚、石器、安特生、小南海文化、青藏地区旧石器文化、中国中石器时代考古、中国新石器时代考古、中国新石器时代的农业、朝鲜新石器时代考古、朝鲜青铜时代和早期铁器时代考古、夫租薉君墓、乐浪带方郡遗迹、朝鲜三国时代遗迹、安鹤宫遗址、安丘3号墓、德兴里壁画墓、武宁王陵、壶杅冢、天马冢、新罗统一时代庆州地区遗迹。

1987　《中国西部的新石器时代》，《考古学报》第2期，133~151页。

《试论文明的起源》，《考古》第5期，453~457页。

《中国新石器时代的考古研究》，《中国社会科学院研究生院学报》第4期，12~18页。

Zum Frühneolithokum in China，*Archäeologisches Korrespondenzblatt*，No. 17，Heft. 1，pp. 43–57.（即《关于中国的早期新石器文化》的译文）。

《中国史前农业概说》，《农业考古》第2期，98~99页。

《我国近代考古学上的一次重要活动》，《科技日报》，12月16日。

《译序》，《考古学一百五十年》（校译），文物出版社，1~3页。

《裴文中先生传略》，《编后记》，《裴文中史前考古学论文集》，文物出版社，279~289页。

1988　《关于良渚文化的若干问题——为纪念良渚文化发现五十年而作》，《考古》第3期，235、236~245页。

梁思永《殷代陶器》一文的《附记》，《考古》第4期，369~381页。

《中国史前的农业》，《考古学报》第4期，369~381页。

"Archaeological Research on Neolithic China"，*Current Archaeology*，29：5，pp. 753–759.（即"Zum Frühneolithokum in China"的译文）

《社会科学新词典》，重庆出版社。所编写的共14条：北辛文化、长滨文化、磁山文化、大地湾文化、大汶口文化、观音洞文化、匼河文化、裴李岗文化、青莲岗文化、峙峪文化、西侯度文化、下川文化、小南海文化、岳石文化。

《沼泽、火山和湖居——联邦德国考古见闻》，《东南文化》第3期，69~75页。

1989　《河北黄骅发现的细石器》，《考古》第6期，481~488页。

"Chinese Archaeology：Past and Present"，*Archaeological Review from Cambridge*，8：1，pp. 12–18.

"Prehistoric Agriculture of China"，*Foraging and Farming*. London：Unwin Hyman，pp. 643–649.

《沈阳肇工街和郑家洼子遗址的发掘》（合著），《考古》第10期，885~892页。

《新莽锦铭试释》，《中国历史博物馆馆刊》第 13 ~ 14 期，111 ~ 115、148 页。

《"花生化石"的剖释——兼论我国历史上的花生栽培》，《辽海文物学刊》第 1 期，201 ~ 205 页。

《江南文化と古代日本》，《弥生の使者——徐福》；佐賀：弥生の使者徐福刊行会，48 ~ 51 页（即《江南文化和古代的日本》的译文）。

《吉野ヶ裏のイージについて》，《古代日本の再發現》，京都新聞社，頁 8 ~ 10。

《略论中国的早期新石器文化》，《磁山文化论集》，河北人民出版社，1 ~ 12 页。

《华南早期新石器的 ^{14}C 断代和问题》，《第四纪研究》第 2 期，123 ~ 133 页。

《梁思永》，《当代中国社会科学名家》；社会科学文献出版社，293 ~ 303 页。

1990　《江南文化和古代的日本》，《考古》第 4 期，375 ~ 380、384 页。

《文明の起源について》，《考古學の世界》第 6 號，79 ~ 88 頁（即《试论文明的起源》的译文）。

《吉野ヶ里遗迹的考古发现》，《考古与文物》第 2 期，94 ~ 99、112 页。

《梁思永先生和中国现代考古学》，《文物天地》第 1 期，2 ~ 6 页；又梁思永遗作《考古报告的主要内容》一文的《附记》，同前，8 页。

《联结中、日、朝的稻米之路》（座谈、合著），《东南文化》第 3 期，131 ~ 134 页。《徐福傳說を探る》（合著），小學館。

《中国的原手斧及其传统》，《人类学学报》第 9 卷 4 期，303 ~ 313 页。

《中国考古学的新起点——纪念辉县发掘四十年》，《文物天地》第 5 期，30 ~ 34 页。

《闽台史前遗存试探》，《福建文博》第 16 期，3 ~ 7 页。

《狐狸洞探古》，《清流文史资料》第 7 期，20 ~ 30 页。

《吉野ヶ里と江南文化》，《稻——その源流の道》。佐賀：東アジア文化史交流研究會，頁 130 ~ 133。

《中國考古學の新發現》（合著），雄山閣（即 *Recent Archaeology Discoveries in the People's Republic of China* 的譯文）。

1991　《虢国墓地和三门峡考古》，《中国文物报》，2 月 10 日。

《吉野ヶ里藤ノ木と古代東アジア》（合著），小學館。

《谈谈中国文明的起源》，《河南师范大学学报》第 18 卷 3 期，67 ~ 72 页。

《南中国海及邻近地区史前文化研究》，《中国文物报》，9 月 22 日。

《北京時代の鳥居龍藏先生》，《考古學研究》第 38 卷 2 號，頁 1 ~ 6。

"Radicarbon Dating and the Prehistoric Archaeology of China", *World Archaeology*, 23：2, pp. 193 – 200.

《日本的徐福传说试探》,《徐福研究论文集》, 中国科学技术出版社, 101 ~ 110 页。

《中国陶瓷通史》(合著), 平凡社 (即《中国陶瓷史》的译文)。

1992 《東シナ海からみた吉野ヶ里遺迹》,《東シナ海と西海文化》, 小學館, 頁 42 ~ 75。

《考古學よりみた照葉樹林地帶》,《倭と越——日本文化の原郷をさぐる》, 佐賀: 東アジア文化交流史研究會, 頁 40 ~ 43。

《中國新石器時代に關する考古學的研究》,《考古學世界》第 8 號, 頁 63 ~ 75。(即《中国新石器时代的考古研究》的译文)。

《鳥居龍藏先生の思い出》,《埋藏文化財講演録》, 德島: 德島縣埋藏文化財センター, 頁 1 ~ 8。

《裴文中先生在史前考古学上的贡献》,《北京人第一个头盖骨发现六十周年文集》, 北京科学技术出版社, 3 ~ 7 页。

"Continental Roots of the Earliest Japanese Culture", *Japanese as a Member of the Asian and Pacific Population*, *International Symposium*, No. 4, pp175 – 186.

《日本先史文化のルーツと大陸》,《富士山日本海文化研究所報》第 9 號, 頁 1 ~ 5。

"Neolithic Communities in Eastern Parts of Central Asia", *History of Civilizations of Central Asia*. Vol. I, Paris: UNESCO Pubilshing, pp. 153 – 168.

"The Bronze Age in Eastern Parts of Central Asia", *History of Civilizations of Central Asia*. Vol. I, pp. 316 – 319.

《築紫平野はハイテヶ都市ぢつたか》(座談、合著),《東アジアの古代文化》第 70 號, 頁 18 ~ 34。

《古代有明海文化圈とその背景》(座談、合著),《東アジアの古代文化》第 70 號, 頁 35 ~ 91。

1993 《追懷鳥居龍藏先生》,《文物天地》第 1 期, 2 ~ 5 頁 (即《鳥居龍藏先生の思い出》的譯文)。

《高床式建築と〈樓閣〉》,《彌生の王國東アジアの海かち》; 東アジアの文化交流史研究, 頁 89 ~ 92。

《南の視點かち吉野ヶ裏の檢証》(座談、合著),《東アジアの古代文化》第 75 號, 頁 154 ~ 177。

《〈森と黑潮〉は何を日本に傳えたか》(座談, 合著),《東アジアの古代文化》第 75 號, 頁 178 ~ 187。

《中国辽东半岛的史前文化》,《东方学报》第 65 册, 1 ~ 21 页。

《论环渤海的史前文化——兼论〈区系〉观点》,《考古》第 7 期, 609 ~ 615 页。

《私考古学》,《人文》第 39 号, 4 ~ 6 页。

《高床式建築と〈樓觀〉》,《東アジアの古代をどう考えるか》, 頁 213 ~ 217。

《裴文中》,《中国现代科学家传记》(4), 科学出版社, 281 ~ 288 页。

《中國文明の起源たついて》,《考古學世界》(9), 頁 27 ~ 42 (即《谈谈中国文明的起源》的译文)。

《辽东史前遗存的文化谱系》,《纪念城子崖发掘 60 周年国际学术讨论会论文集》, 齐鲁书社, 107 ~ 118 页。

《试论中国的早期青铜器》,《考古》第 12 期, 1110 ~ 1119 页。

《袁复礼教授和中国考古学》,《桃李满天下——纪念袁复礼教授百岁诞辰》, 中国地质大学出版社, 235 ~ 241 页。

1994 《日本古代文化のルートと大陸》,《德島埋藏文化財センター年報》(4), 頁 53 ~ 60。

《古代华南的干栏式建筑》,《南中国及邻近地区古文化的研究——庆祝郑德坤教授从事学术活动六十周年论文集》, 中文大学出版社, 293 ~ 298 页。

《碳 – 14 断代和中国史前考古学》,《文物》第 3 期, 83 ~ 87 页。

《从日本吉野里所看到的中国江南文化》,《国际百越文化研究》, 中国社会科学出版社, 401 ~ 407 页。

《唐津——いま文明の十字路口で (第二部)》(座談, 合著),《東アジアの古代文化》第 79 號, 頁 81 ~ 109。

《樓觀と彌生社會》(座談, 合著),《東アジアの古代文化》第 79 號, 頁 156 ~ 166。

"China during the Neolithic", *History of Humanity*, Vol. I. Paris: UNESCO, pp. 482 – 489.

《裴文中教授和中国史前考古学——纪念裴文中教授诞辰 90 周年》,《第四纪研究》第 4 期, 323 ~ 329 页。

《日本古代文化的根源和大陆》,《中日古人类与史前文化渊源国际学术研讨会论文集》, 中国国际广播出版社, 4 页。

1995 "Pfahlhauser im alten Sudchina", Antike Weft 1, pp. 60 – 64.

《C – 14 による年代决定の中國先史考古學》,《考古學世界》第 10 期, 頁 75 ~ 85 (即《碳 – 14 斷代和中國史前考古學》的譯文)。

《中国东南部的支石墓》,《第三十八回全国历史学大会发表要旨》, 102 ~ 103 页 (韩文为 104 ~ 108 页)。

《记日本出土的鬲形陶器》,《考古》第 5 期, 427 ~ 430、469 页。

《日本的前期旧石器——高森遗址》,《人类学学报》第 14 卷 2 期,184~188 页。

《浙江瑞安、东阳支石墓的调查》,《考古》第 7 期,585~588 页。

《对香港考古学的几点认识》,《文物》第 7 期,64~68 页。

《在北平期间的鸟居龙藏先生》,《抗战纪事》,北京出版社,471~474 页(即《北京時代の鳥居龍藏先生》的译文)。

《中国文明起源始于二里头文化——兼论多元说》,《寻根》第 6 期,7~8 页。

1996　China (3000—1600), *History of Humanity*, Vol. II Paris:UNESCO, pp. 280 – 288.

《良渚文化与文明起源》,《浙江学刊》第 5 期,14~15 页。

《塔里木盆地及其周围的青铜文化遗存》,《考古》第 12 期,70~77 页。

《从江南看日本弥生文化的源流》,《长江中游史前文化暨第二届亚洲文明学术研讨会论文集》,岳麓书社,339~344 页。

《裴文中教授和中国史前考古学——纪念裴文中教授诞辰九十周年》,《汾河湾——丁村文化与三晋文化考古学术研讨会》,山西高校联合出版社,88~92 页(同《第四纪研究》1994 年文)。

《双砣子与冈上——辽东史前文化的发现和研究》(合著)(《考古学集刊》丁种 49 号),科学出版社。

《日本古代文化的根源和大陆的关系》,《中日古人类与史前文化渊源关系国际学术研讨会文献集》,中国国际广播出版社,42~45 页。

1997　《裴文中先生传略》,《燕大文史资料》第 10 辑,275~278 页(即《裴文中先生传略》,《编后记》的转载)。

《香港考古的回顾和展望》,《考古》第 6 期,1~10 页。

《良渚文化及其文明诸因素的剖析——纪念良渚文化发现六十周年》,《考古》第 9 期,77~81 页。

《什么是考古学》,《今晚报》,11 月 8 日:《博导晚谈录》;天津人民出版社,185~187 页。

《论徐福和徐福传说》,《考古与文物》第 5 期,19~23 页。

《中国古文献中的磨制石器》,《演化与实证——纪念杨钟健教授百岁诞辰论文集》,海洋出版社,93~96 页。

国务院学位委员会办公室编:《中国社会科学家自述》,上海教育出版社,771~772 页。

1998　《〈文物〉月刊创刊 500 期纪念笔谈》,《文物》第 1 期,18~19 页。

《论稻作的起源和东传》,《农业考古》第 1 期,241~245 页。

《中国稻作文化的起源与东传》,《金堤市碧骨堤水利民俗遗物展示馆开馆纪念国

际学术讨论会发表论文集》。韩国金堤市金堤碧骨堤开发委员会，51～71 页，
《文物》1999 年第 2 期，63～70、92 页。

《记二里头的鸭形陶器》，《河南省博物院落成暨河南省博物院建成 70 周年纪念
论文集》，中州古籍出版社，65～68 页。

《庙底沟遗址》，《河南文史资料》第 2 期，79～85 页。

《袁复礼在中国史前考古学的贡献》，《考古》第 7 期，86～94 页。

"Cultural Complex of the Bronze Age in zhe Tarim Basin and Surrounding Areas", *The
Bronze Age and Early Iron Age Peoples of Eastern Central Asia*, Vol. I. Washington,
D. C：Institute for the Study of Man, in collaboration with the University of Pennsylva-
nia Museum Publication, pp. 45 –62.

《小南海文化》，《河南省文史资料》第 3 期，4～9 页。

《香港的远古文化及其根源》，《香港中文大学中国文化研究所学报》，新地 7 期，
167～180 页。

《东亚考古论集》，香港中文大学中国考古艺术研究中心。

《古代的糙面陶具》，《北京大学百年国学文萃——考古卷》，北京大学出版社，
132～141 页（同《考古学报》1957 年第 4 期文）。

《河姆渡遗址浅析》，《河姆渡文化研究》，杭州大学出版社，18～19 页。

《〈良渚文化研究〉序》，浙江教育出版社，6～9 页；《中国文物报》1999 年 2 月
21 日。

1999　《关于考古学文化及其命名问题》，《考古》第 1 期，81～89 页。

《中国稻作文化的起源和束缚》，《文物》第 2 期，63～70、92 页。

《良渚文化及其文明诸因素的剖析》，《良渚文化研究——良渚文化发现六十周年国
际学术讨论会文集》，科学出版社，12～16 页（同《考古》1997 年第 9 期文）。

《〈吐鲁番唐代交通路线的考察与研究〉序》，《吐鲁番唐代交通路线的考察与研
究》，青岛出版社，1～3 页。

《〈双砣子与冈上〉考古报告简介》，《学术动态》第 16 期，15～18 页。

2000　《香港考古學の回顧と展望》，《考古學へのアケヤヌ——ひと・世界・未來》；
學習院考古會，頁 32～44。

《中国细石器发现一百年》，《考古》第 5 期，45～56 页。

《中国近代考古学的先驱——梁思永先生》，《考古》第 7 期，91～94 页。

"On Early Copper and Bronze Objects in Ancient China", *The Beginnings of Metallurgy
in China. Lewiston*, NY：Edwin Mellen Press, Press, pp, 29 –46.

"Some Problems Concerning Early Copper and Bronze Artifacts", *The Beginnings of*

Metallurgy in China. Pp. 63 – 86.

《关于〈玉器时代〉说的溯源》，《东南文化》第 9 期，31 ~ 33 页。

《庙底沟遗址》，《三门峡文史资料》第 9 辑，207 ~ 213 页。

2001　《考古学的世纪回顾与展望》（笔谈），《考古》第 1 期，6 ~ 8 页。

《朝鲜德兴里壁画墓墓主人考略》，《亚洲史学会第 10 次（北京）研究大会讲演稿集》。

《中国考古学的回顾和文化源流的思考》，《社会科学管理与评论》第 2 期，44 ~ 46 页。

《〈香港考古论集〉评介》，《考古》第 7 期，87 ~ 91 页。

《鸟居龙藏》，《燕京大学人物志》第 1 辑，北京大学出版社，147 ~ 148 页。

《仰韶村和仰韶文化——纪念仰韶文化发现 80 周年》，《中原文物》第 5 期，15 ~ 18 页。

《红山玉器的剖析——考古学上的论证与质疑》，《海峡两岸古语学会议论文集专辑》（I）；"国立"台湾大学出版委员会，106 ~ 108 页。

《燕园怀旧两篇》，《华夏考古》第 4 期，106 ~ 108 页。

"A Hundred Years Since the Discovery of Microliths in China", *Chinese Archeology*, Vol. I, pp. 1 – 6.（即《中国细石器发现一百年》的译文）

2002　《考古学的定位和有关问题》，《东南文化》第 1 期，1 ~ 12 页。

《中亚东部的新石器时代聚落》，《中亚文明史》第 1 卷，中国对外翻译出版社，107 ~ 117 页。

《中亚东部的青铜时代》，《中亚文明史》第 1 卷，238 ~ 249 页。

《〈考古学的定位〉学术研讨会笔谈》，《考古》第 3 期，81 ~ 89 页。

《论〈文明的曙光〉和牛河梁遗址的考古实证》，《北方文物》第 1 期，9 ~ 11 页。

《追念考古学家张光直》，《四海为家》，生活·读书·新知三联书店，65 ~ 68 页。

《中国细石器研究的开拓和成果——纪念裴文中教授逝世 20 周年》，《第四纪研究》第 22 卷 1 期，6 ~ 9 页。

《史前时期的日本列岛和大陆文化》，《石璋如院士百岁祝寿论文集——考古·历史·文化》，南天书局，47 ~ 60 页。

《古玉研究的几个问题》，《揖芬集》，中国社会科学出版社，57 ~ 61 页。

《日本出土鬲狀土器》，《繩紋時代の渡來文化：刻文付有孔石斧とその周邊》，雄山閣，頁 250 ~ 257。

《〈玉器时代〉说的溯源和商榷》，《21 世纪中国考古学与世界考古学》，中国社会科学出版社，175 ~ 179 页。

《朝鲜德兴里壁画墓的墓主人考略》，《历史与考古信息·东北亚》第 2 期，1～3 页。

2003　《中国文明起源始于二里头文化——兼议多元论》，《夏文化论集》，文物出版社，677～679 页（同《寻根》1995 年第 6 期文）。

《考古学的辩证》，《中国文物报》，1 月 5 日。

《关于牛河梁遗址的重新认识——非单一的文化遗存以及〈文明的曙光〉之商榷》，《考古与文物》第 1 期，17～20 页。

《关于古玉研究的思考——试论方法论和考古学的实证》，《华夏文明的形成与发展——河南省文物考古研究所建所五十周年庆祝会暨华夏文明的形成与发展学术研讨会论文集》，大象出版社，31～36 页。

《商承祚先生与长沙考古》，《商承祚教授百岁诞辰纪念文集》，文物出版社，27～30 页。

《朝鮮德興裏壁畫古墳の被葬者について》，《新世紀の考古學——大冢初重先生喜壽紀念論文集》，いわき：纂修堂，頁 843～847。

2004　《红山玉器的质疑和论证》，《考古》第 2 期，79～85 页。

《评〈中国科学院古脊椎动物与古人类研究所 20 世纪旧石器时代考古学研究〉》，《考古》第 5 期，86～88 页。

《早立程门雪，忝列门下先 追怀 60 年前与裴文中先生的遇合》，《不朽的人格与业绩——纪念裴文中先生诞辰 100 周年》，科学出版社，30～33 页。

2006　《從東中國海看日本的吉野ク里遺址》，《良渚文化探秘》，人民出版社，頁 409～432。

《中国近代考古学一百年》，《中国历史文物》第 1 期，4～9 页。

2007　《南中国及东南亚考古的国际中心——致香港中文大学李国章校长书》，《秀气掩古今》，中国考古艺术中心出版，104～107 页。

2008　《中国早期黄金制品的考古学研究》（与安家瑗合著），《考古学报》第 3 期，291～309 页。

柴尔德《考古学导论》（与安家瑗合译），上海三联书店，2008 年。

《近代中国学术批评》，《中国史纲》，中华书局，199～202 页。

《塔里木盆地及其周围的青铜文化》，《新疆历史研究论文选编——史前卷》，新疆人民出版社，164～174 页。

2010　《安志敏 1978 年 5 月 3 日～5 月 19 日河南考察日记》，《论裴李岗文化——纪念裴李岗文化发现 30 周年暨学术研讨会》，科学出版社，229～237 页。

我眼中的父亲

安 家 瑗

（中国国家博物馆）

人人都有父亲，但每个人眼中的父亲都不一样。

人人都有父爱，但每个人得到的父爱也不相同。

作为学者的女儿，我眼中的父亲和父爱又是怎样的呢？

1957 年 8 月 30 日，我出生在北大医院。放声大哭时，爸爸并没听见，那一年，他大部分时间在三门峡做田野考古发掘。

等到发掘告一段落，爸爸才赶回家。9 月 8 日，爸爸接妈妈和我出院。当护士把我递给爸爸时，他用捧惯了珍贵出土文物的姿势，双手把我捧起。

护士以为爸爸是初为人父，乐不可支，"您不会抱孩子？"

其实，我在家里排行老四，上面有两个哥哥、一个姐姐。妈妈那时好辛苦，先有三个孩子，后读医科大学，毕业后做了大夫，也没让爸爸分心。到我出生时，擅长考古的爸爸还确实不会抱孩子，只好用双手小心翼翼地捧回家。

长大后家人的回忆让我遐想，那双大手好暖、好稳。当我初为人母时，开始懂得当初爸爸既珍惜又不知怎么呵护才好，捧着八斤重的宝贝实在比搬 80 斤的书还累。那种诚惶诚恐，正源于深深的父爱。

我眼中的爸爸，基本上是个什么家务都不会做，只会读书和考古的人。在他看来，没有什么事情比读书和考古更重要，更有意义了。

打记事起，在家里看见爸爸总是趴在桌旁，全神贯注地看看写写，给我留下好深的印象，让我对考古充满了好奇、敬畏。爸爸很少和孩子们玩耍和交流，小时候我猜爸爸就是为了考古才来到世上，长大后得到多次证实。

一岁多时，我开始走路与说话。妈妈太忙了，上班一堆病人，下班一大家子，实在顾不了我这小不点儿，我就随奶奶去了大连。1963 年爸爸主持沈阳、大连、旅顺等地的史前遗址调查，工作之余回大连看望我和奶奶。

那年我 6 岁，有了对爸爸最初的印象。爸爸当时还不到 40 岁，但头顶掉了不少头发，已经有了谢顶的趋势。他每次回来都很累、很疲劳的样子，斜靠在床边与我和奶奶聊天，他爱讲所见所闻，最爱说的就是考古。

每说到高兴时，他都会忘了没时间管我，一个劲说"跟我一起去考古吧！"我当时好想去看看爸爸的考古，但又怕他会借机把我带回北京。我跟惯了奶奶，不想走，所以我每次都是坚决地回答爸爸，"不去！"

现在回想，小孩子好傻，错过了一次牵着爸爸的手，走进历史长河的好机会。长大后，特别是从事历史工作后，我常常觉得特别遗憾。

1969 年我回到北京时，虽值"文革"时期，但我同时享受到父爱和母爱，感觉好奢侈。那时，爸爸有时去干校，有时去学习班，就是不能搞考古，书籍也被打包运到所里的库房，忙惯了的他被迫闲在了许多。

在单位上班时，夏天的中午爸爸就骑车到后海游泳。他只会一种侧式的自由泳，而且是只会单侧。夏天过后，露在水面的半张脸被晒得黝黑，而埋在水里的半张脸还是白的，半黑半白的脸，有点像京剧脸谱的花脸，引人发笑。但爸爸从不在乎，总是乐此不疲，坚持锻炼。不知是为了排遣不能工作的苦闷呢，还是对将来事业的恢复有所期待，那些年的夏天他几乎每天都去游泳。可能正是得益于此，"文革"结束后，爸爸已经五十多岁了，依然能够精力充沛地投入他至爱的工作中去。

1972 年，《考古》和《考古学报》复刊，作为考古所编辑小组成员，爸爸又忙碌起来，坚持了几年的游泳被割爱了。他写稿、审稿，每天忙个不停。晚饭后就伏在案上，一直工作到深夜。

1976 年，我高中毕业，到顺义插队落户。

在对待子女的教育上，爸爸从来不多干预，更没强迫，一切都凭自己的兴趣和志愿，但这并不意味着他不关心。

1977 年恢复高考，和当时许多知青一样，我积极报名参加了高考。记得考前决定报历史专业时，爸妈很支持，爸爸还提出考试的前几周，带我去中国历史博物馆看中国通史陈列。

爸爸亲自参与过通史陈列的内容设计，参观中边看边讲，特别生动。三十多年了，我还记得许多，例如有座宝鸡出土的新石器时代的半地穴房屋建筑，是平面呈圆角的方形房屋，约有十几平方米大小，门外有 1 米多长的斜长门道，屋内有一灶坑，灶后还有一个保留火种用的陶罐。作为仰韶文化的一种房屋，在中原地区曾非常流行。

那是我第一次仔细观察考古遗迹和遗物，从而也使我对考古工作有了一点点的感性认识。拉着爸爸的手，听着爸爸的介绍，我开始懂得了一些历史学和考古学之间的关系，开始了我新的人生之路。

那次参观，让我把教科书上的文字与鲜活的历史文物联系起来，加深了对历史的理解和记忆。高考中我获得了较高的历史分数，如愿以偿考上历史专业。

大学毕业后，我被分配到中国历史博物馆陈列部工作，一直负责通史陈列史前部分的内容设计。高考前的最后复习，就是毕业后的工作方向。不知是纯属巧合，还是冥冥之中的命运？但就我立志于历史和考古方向，肯定是父亲潜移默化的影响。

可能是考虑到我成长的环境，部门领导把我分配到史前组。为完善我的知识结构，馆里派我去北京大学进修考古课程，并随我馆的考古部参加了一季山西垣曲东关遗址的田野考古发掘。

学了考古课程和亲历田野考古之后，我爱"班门弄斧"，给爸妈讲点感受。爸爸高兴之余，鼓励我学着写点小文章。他建议我搜集一下新石器时代遗址出土的一种内壁含有刻槽纹的陶器资料，对其名称、功能以及演变做初步的探讨。

爸爸手把手教给我怎样查找和运用考古文献，如何从大处着眼，小处着手，强调考古学一定要注重实证性，还建议我在这篇文章中加进一些国内外民俗学的资料。初稿完成后，在爸爸的指导下，我一次次的改稿，从知其然，逐渐到知其所以然。"好雨知时节，当春乃发生。随风潜入夜，润物细无声。"爸爸的言传身教，让我懂得了应有的治学态度和基本研究方法。

后来这篇文章以《雷钵小议》为题刊登在《考古》上，那是我发表的第一篇考古文章。在专业上，能体会到父爱，大多数人没有我这般幸运。爸爸用曾经捧着我回家的大手，牵着我走上了考古研究之路。

爸爸爱写日记，自上个世纪50年代初到2005年，家里留下了好几十本。我常从日记中看到有趣的内容，如我哪一天接到了大学录取通知，姐姐哪一天出国做学术交流等，爸爸都有详尽的记载。可在我出嫁那天，我的终身大事，爸爸只写了六个字："小女今日出嫁。"

1989年，爸爸退休了，可工作依旧，他一直被考古所返聘，不但没享受闲在的退休生活，而是更忙了。他乐此不疲，忙着开学术会议，忙着去野外考察，忙着查阅文献，忙着写文章。2001年，他的一项课题获中国社会科学院老年科研基金的资助，他没有在家里闭门造车，专程跑了不少地方。

爸爸年轻时常出野外，培养了很好的习惯，每当外出前他都会列出一张携带品清单，什么牙膏、牙刷、毛巾、笔记本等等，然后按清单一一装箱，一切都是有条不紊的，直到晚年的每一次出差，他都是自己准备，从不用妈妈或孩子帮忙。

2001年5月，我陪爸爸去山西，参观省博物馆，拜访省文物考古所的同行，观看许多珍贵标本。在王益人等先生的陪同下，我们还驱车考察了著名的丁村和下川遗址。那次时间安排得非常紧凑，本来是该我扶着爸爸活动，可一天活动下来，他总是精神十足，我和几个中年人却有些疲劳，相形见绌。爸爸兴趣盎然，认真观察，步履轻盈，一点都不像是77岁高龄的老人。爸爸手特勤，每天晚上都要把一天考察的情况记录下来。随爸爸野外考察使我受益匪浅，而且对他有了更多的了解。

从爸爸发表著述的统计资料中，我注意到他自1989年退休到2003年，每年发表的著述少则六七篇，多则十几篇，可见他退休后勤奋依旧。就在爸爸2005年生病住院的前几天，他把应当时我馆馆长朱凤瀚先生的约稿完成，让我帮他转交。《中国历史文物》2006年第1期刊出了他的这篇文章——《中国近代考古学的一百年》时，已成为对他去世的一个纪念。

父亲自小学起，就有读书、爱书的嗜好，到他弱冠之年从事考古学研究，便开始了对相关书籍的搜集和利用，他的藏书中不乏学术书籍的珍本和善本。这批书躲过了战乱，躲过了"文革"，能够保存下来可谓弥足珍贵。他爱书视书为最大的宝贝，除了书也没有留下什么。但也绝没有想把这批书传给家人。在他生前他曾多次向我们表示愿把这批书捐给需要的科研院所或者大学。上个世纪90年代中期，他办公室搬迁时，他就找人帮忙把比较重要的书籍装箱，并把目录打印出来，为身后的捐赠做好了准备。在他去世两年后，我们遵照他的遗愿，将这批书捐给中山大学图书馆。中山大学图书馆为此建立了"安志敏教授纪念室"，将全部书籍上架开放，供莘莘学子研读。我想父亲的这一愿望终于得以圆满实现，可以笑慰九泉了。

一般人家里是父严母慈，我家里有点相反。小时候无论我还是哥哥、姐姐犯错惹祸，都会受到妈妈的管教甚至体罚。关键时刻，爸爸总忍不住"护犊子"，结果在长辈的争论中，小辈儿已逃之夭夭。

每次爸爸离家出门，都要悄声叮嘱兄妹几个，听妈的话，别挨打啊！有点亲爹后妈之嫌，以至妈妈耿耿于怀，至今难忘。当时，兄妹几个难免成了"爸派"，常站在爸爸一边。长大了，为人父母后才懂得，孩子走的路，哪一步不是浸透着爸爸妈妈的共同心血。

要说爸爸一点都不会做家务，也有点冤枉他。在家里妈妈最辛苦，几乎包揽了所有的家务活，但我总记得爸爸做过的两件家务活儿。

爸爸会做朝鲜辣菜。据说是上个世纪60年代在东北考古发掘时，当地的朝鲜族老乡亲传的。每年的10月底或11月初，北京大批的大白菜上市时，爸爸都会选一些好的白菜心，用清水洗净，切成菱形的小块，然后装在陶瓷器皿里，撒上盐和姜丝淹上几个小时后再与辣椒糊和大蒜末调和在一起，放在阴凉处。大概一个星期后，浓郁、美味的朝鲜辣菜就做成了。多少年的冬天，家里常常会飘出辣白菜诱人的香气，那是爸爸带给亲人的温馨，家的味道。

爸爸把他的手艺传给了我，我成家后也常做这种朝鲜辣菜，并请同事、朋友们分享，他们都夸我的手艺。但他们根本不会想到，除了工作职业，我做辣菜也是家传的。

爸爸还会洗碗。在家里妈妈承担做饭的重任，几个孩子轮流洗碗。哥哥姐姐下乡后，洗碗基本上是我的事。在我高考前的最后一个月，时间好金贵，爸爸主动提出替我洗碗。听着爸爸笨手笨脚碰出的声响，感激之情油然而生，学习效率倍增。在我的心中，爸爸就像一棵浓荫蔽日的大树，默默地为孩子们遮风挡雨。他对亲人的爱从不挂在嘴上，都是埋在心里，体现在日常生活中的。就像大树的根，深深地扎在土壤里。

2005年春节过后，爸爸有几次莫名其妙的晕厥。在妈妈和子女强烈要求下，爸爸平生第一次住进了医院。检查，治疗，期盼，等待。

结果，最难以接受的结果出来了，爸爸患了鼻咽癌，而且已经是晚期了。切片出结果的时候，大家犹豫了一下，还是在第一时间把实情告诉了爸爸，因为妈妈和孩子们最了解爸爸的性格，让他知道实情会更好地配合治疗，会没有遗憾的走完最后一段人生。

在知道检验结果时，爸爸非常平静，表示要积极配合放疗。回到病房，他像往常一样对病友从容淡定的一笑，算是打过招呼。趁爸爸进洗手间，小伙子病友问起切片，当他知道爸爸已经知道结果时，非常的惊讶，"老先生如此镇静，十分佩服"！

后来，爸爸转到北京肿瘤医院放疗，因患者很多，每次治疗都要排队。当叫到号时，他便快步如飞，为大家省点时间。有时候我陪爸爸做治疗，等待时间稍长，他就说做完自己回病房去，让我赶紧上班。

爸爸当时的眼神里，满是期盼、留恋，至今无法淡忘。一辈子就住一次医院，就做一次放疗，就一次难耐的孤独、寂寞、痛苦，太想让女儿多陪伴一会儿；来日无多，看了再看，每次分别，说不定就是永别。虽然依依不舍，但爸爸很清楚，奉献父爱已有心无力，不能拖累女儿，唯恐耽误了女儿的工作。

对待疾病与生死，爸爸给子女树立了很好的榜样。

他虽然珍惜生命，热爱生活，但当他知道自己得了绝症后，却没有表现出一丝一毫的恐惧，也没有任何的悲观，而是坦然面对，积极治疗，只要是大夫要求他做的治疗，他都会努力地配合。

在病中，爸爸常对子女说，能活到80岁已很知足了，因为爷爷奶奶都没有活过80岁，自己活到了，还做了一辈子喜爱的事。

爸爸和妈妈青春牵手，眷恋六十余年而不移，为子女树立了榜样。爸爸那种乐观、谦虚、积极向上的生活态度，是留给子女的宝贵的财富，永远激励子女坦然地面对困难、荣誉、疾病和死亡。

2005年10月26日，爸爸走了。

临终前一周爸爸的病情加重，但姐姐在台湾，我在河南有学术会议。临行前我和姐姐跟爸爸说，"要等我们回来"。爸爸答应了，而且用他最后的一息生命之火，履行了这个承诺。

10 月 25 日上午我赶到医院，爸爸在昏迷不醒中，还有一些意识，我趴在他耳边，"爸爸，我回来了，姐姐晚上就回来，一定等她"。爸爸努力眨了眨眼睛，算是回应。

爸爸一息尚存，坚持不懈，晚上九点多钟，姐姐从机场直奔医院，我和姐姐、哥哥拉着爸爸的手，已成泪人。26 日凌晨 2 点，爸爸终于走了。

按中国传统习俗，逝者"入土为安"。爸爸走后，妈妈年迈体衰肝肠寸断。只能靠我和哥哥姐姐寻觅净土，寻求一种合适的方式安葬爸爸的骨灰。

2006 年的春天，看了几处陵园，密密麻麻的墓穴，冰冷生硬的石碑，都令人失望。占地较大、耗资甚巨的墓葬，又似乎在昭示着财富与权势。这些冰冷的石碑，影响环保的形式，都不符合亲人的初衷、爸爸的为人。我和哥哥姐姐只是想给爸爸寻找一处静谧的安息之地，作为一种长久的纪念。

一天，大家来到昌平十三陵林场的龙山纪念林，遍山松柏，郁郁葱葱，清风拂面，心意融融。缴纳适当的费用，即可领养树木作为纪念。不用墓穴，没有石碑，只有松柏上挂着的编号标牌，作为领养人的标志。树下可葬骨灰，平放一小块石头，镌刻逝者的名字。初春的天气乍暖还寒，和煦的阳光洒满全身，青山满目松声入耳，天地间一派庄严肃穆。大家心有灵犀，同声认可，并为找到适合爸爸的安息之地而欣慰。

征求妈妈的意见后，我和姐姐、哥哥，爸爸的几个学生凑了钱领养了两棵健壮的柏树。清明节过后，大家搀着妈妈，送爸爸最后一程。在亲人、学生领养的两棵绿柏之间，爸爸终于入土为安了。

一本翻开的书，黑色的大理石书，刻着"考古一生"四字在树下相伴，书如其人，其人如书，爸爸就是一本翻开的书，永存于绿柏之下，天地之间。

每逢清明，全家都会来到这里看望爸爸，为柏树浇水，在柏树边上种些花草。四年过后，柏树苗壮成长，已经枝繁叶茂，生机勃勃。子女们把它们视为父亲树，每当思念爸爸的时候，就会想起这四季常青的双柏。爸爸爱祖国、爱考古，在野外辛劳一生，最终回归自然，化为参天绿柏。

在妈妈的心中，爸爸已融入大地，守护着燕山；

在子女的心中，爸爸永远活着，父爱依旧无边。

2010 年 4 月 5 日

永 久 的 纪 念

——安志敏先生藏书捐赠琐记

安 家 瑗

（中国国家博物馆）

父亲走了，他仿佛是为了考古才来到人间。81 年人生之旅，六十余年考古生涯，一生治学，孜孜不倦，专心致志，别无他求，留下专著十余种，论文约四百篇，藏书近万册。母亲说过："书是你父亲的生命。"父亲的学生说："先生以学问为生命。"2007年 11 月 16 日，母亲张裕珠女士、姑姑安静娴院士率我的姐姐安家瑶，哥哥安家璖和我，参加了中山大学图书馆为我父亲安志敏藏书捐赠举行的隆重仪式，这也是中山大学83 周年校庆系列活动之一（图一、二）。

将自己的全部藏书无偿捐赠给大学，以便于后来者能够充分利用这批资源钻研学问，是我父亲的遗愿。2007 年 6 月，由商志醰先生牵线，中山大学图书馆很快派副馆长林明等先生来北京接收了这批书，运回广州，并在相当短的时间内整理、编目，编辑纪念册，建立了"安志敏教授纪念室"，将全部书籍上架开放，供莘莘学子研读。父亲的这一愿望终于得以圆满实现，可以笑慰九泉了。

父亲自小学起，就有爱书的嗜好。他在家里是长子长孙，祖母总是偏袒他，每天给他买早点的钱，往往要比其他的孙辈们多一些。但他却常常是背着大人，不买早点，饿着肚子，把钱省下来，换成自己喜爱的书。熟悉父亲的人都知道，他一生买书、读书、藏书、著书不止，乐此不疲。千真万确，书籍、学问是他的生命。父亲自弱冠之年从事考古学研究便开始了对相关书籍的搜集和利用。他不是藏书家，完全是为了考古学和历史学的研究而买书、藏书的，因此他的藏书涉及的学科领域比较广泛，其中也不乏学术书籍的珍本和善本，如 1927 年至 1951 年出版的《北京大学燕京学报》第 1 期至第 40期；1911 年出版的鸟居龙藏著《蒙古旅行》；1929 年至 1943 年日本考古学者在我国东北内蒙古考古调查出版的全套十册《东方考古学丛刊》，包括《貔子窝 南滿洲碧流河畔の韓國と日本》、《牧羊城》、《南山裏 南滿洲老鐵山麓の漢代磚墓》、《營城子 前牧城驛

图一　在安志敏教授纪念室落成仪式上（左起梁庆寅、安家瑗、商志䃼、
安家璇、张裕珠、安静娴、安家瑶）

附近の漢代磚墓》、《東京城 渤海國上京龍泉府址の漢代壁畫磚墓》、《赤峰紅山后》等
考古学资料，印制册数极为有限，已经绝版，不可复得，弥足珍贵。当年父亲为收全这
些报告还是颇费苦心的，由于这些报告出版的年代较早，而且是陆续出版的，所以他只
能一次又一次地跑旧书店。一次遇到其中的一本，如获至宝，当时正值解放前夕，家里
生活窘迫，手头没有闲钱，就当了自己的衣服换回了这本书。

　　"文革"期间，我们家被抄，是我父亲生前工作的单位中国社会科学院考古研究所
派车、派人把这批书籍打包运到所里。父亲的这批藏书曾历经"文革"浩劫而得以保
全，实属万幸，这应该感谢考古所。父亲的藏书还经历了所里两次办公室的拆迁，每一
次拆迁都因空间有限，父亲都不得不忍痛割爱，处理掉一批书籍。在这种情况下，父亲
只好把相对容易找到的书籍处理掉。像 90 年代中期的那次搬迁，父亲就把百衲本的
《史记》等卖给中国书店。在他的亲自监督之下，把比较重要的书籍打成 80 箱，并找人
帮忙做了目录，为身后的捐赠做好了准备，其他 20 箱才是他后来常用的书籍，应该说
他这批捐赠的书籍是经过精心筛选的。

　　虽然我和姐姐都从事考古学研究，但我们知道，父亲首先是一位考古学家，然后才
是我们的父亲。为了尊重并实现他老人家的遗愿，我们把这些藏书全部都捐献出来，只

图二　在安志敏教授纪念室落成仪式上（左起陈星灿、傅宪国、麻国庆）

从中选出有限的数本书籍作为纪念。从父亲藏书的种类中，我们可以感受到他作为一个学者，不仅关注中国的考古，也关注东亚乃至世界考古的动向，这还从侧面反映出他的涉猎广泛，知识渊博。如果这批书对中山大学图书馆来说能够有所拾遗补缺，对中山大学人类系研究、学习考古学的师生们有所帮助的话，父亲和我们全家都会备感欣慰和幸福。特别是如果父亲在天之灵得知他的这批书能和陈寅恪、商承祚等大师的藏书一起入藏，他会由衷地认可这批书是物尽其用、得其所哉了。

　　中山大学成立于1924年，我父亲刚好是在这一年出生，是中山大学的同龄人。也许是我父亲与中大有一种天生的缘分吧，他培养的研究生中有三位来自于中山大学人类学系，他们是傅宪国、陈星灿和谢仲礼，都是学界栋梁之材。我们捐赠父亲的藏书，是以此鼓励和支持中山大学人类学系的后学者们，期待中山大学人类学系涌现出更多更优秀的考古人才，为中国的考古学事业作出更大的贡献，这也是我的父亲安志敏先生——一位正直学者的殷切期望。

　　对父亲而言，他的考古人生因融入祖国的考古事业而得以永生。对我们来说，这是对父亲最好的也是永久的纪念。

杂谈父亲的早期诗作

安 家 璇

（中国健康教育中心）

前年和姐姐、妹妹在父亲的办公室整理捐赠给中山大学图书馆的第二批藏书时，在积满尘土的故纸堆中居然发现了父亲早年的一整套手抄本诗集。这套诗集姐姐和妹妹并不知情，但对于我而言却像是久别了的故旧，遍寻不得而意外邂逅。"文化大革命"前，我有机会就钻进父亲的书房，这是我每每要翻阅的书籍之一。时隔近五十年我还记得其中的多首，其中最熟的一首至今还倒背如流："无风土没脚，下雨一街泥。风雨齐来至，行人把路迷。"估计这套集子随着"文化大革命"期间考古所保护性抄走的所有藏书一起封存起来。记得我还问过父亲集子的下落，父亲含糊地讲大概烧掉了，我当时还不胜欷歔。

这套诗集名为《东岛诗集》（图一），父亲的别号为东岛居士，我以为是因他的故乡是烟台的缘故，或许也含有景仰东坡居士的寓意。从 1941 年开始每年一卷，共计五卷，前三年每年一册，后两年两卷合为一册，均为父亲亲笔用工整的小楷写成，收录旧体诗 267 首、词 9 首。父亲在第一卷序中写道："余于民国三十年春始学为诗。成绩虽不佳，尚可自娱。故至今已积九十有四。恐其散佚，故为诗集以载之。诗既不佳，则曷为载之？为自勉耳，然则心知其非。是以不敢祁正高人雅士。恐贻笑大方也。"

父亲在《男儿吟》（1942 年）写道：

人生天地一蜉蝣，功业未成怎可休。

宁肯葬身蛮夷地，岂图老死故乡邱。

不学东海豪公子，愿效西域定远侯。

富国齐家心已定，名垂后世更何求。

其中所表现的男儿胸怀大志，可谓呼之欲出。

在风雨如磐的日伪占领北平期间，父亲写下《良将行》：

北风怒号月无明，尘沙扑面杀气生。

日盼救兵远不至，身披百创守孤城。

图一　安志敏诗集

炮火连天似雷轰，匣内宝刀时有声。

欲将刎身死报国，犹恋故乡妻子情。

思欲尽忠破残敌，无奈后方无援兵。

意欲追从李陵后，又恐身后遗臭名。

若弃孤城奔家乡，复何面目见父兄。

暂且抛弃家室念，男儿为国岂贪生。

饥餐虏肉饮虏血，要把蛮夷一剑平。

急集残卒传训令，忠言义词励壮丁。

壮士闻言纷纷起，愿牺生命为国征。

以一当十不知退，但见父老喜相迎。

多谢将军威武广，克破贼兵国家荣。

不息更将北逐敌，朝日缟缟映寒旌。

　　这显然是在歌颂一场恶战中的抗日将士且是根据具体事件写就的。无论如何，上述两首诗反映出当时父亲胸怀大志、精忠报国的襟怀，可以称得上是"书生意气，挥斥方遒"。父亲的小学和初中都是在大连的日本学校上的。由于不满日伪的殖民统治，特别是在学校屡受高年级日本学生的欺凌，1941年父亲只身入关，转入北平艺文中学（北京长安中学、二十八中的前身）。虽然以前上的是日本学校，但当时爷爷为了拮抗这种奴化教育分别为父亲和姑姑聘请了家庭教师并都长住家里。这两位都是品学俱佳之士，特别是教姑姑的那位据说是中共地下党员，抗战胜利后在胶东因躲避国民党士兵的追捕从城墙上跳下而壮烈牺牲。父亲国学的底子应该是在他的家庭教师指导下奠定的。父亲正式写旧体诗看来是到北平后开始的。父亲学诗是否还有师傅不得而知，但是从他过去的藏书中有全套的《全唐诗》、《佩文韵府》之类的书籍，其对于学诗用力之殷便可见一斑。通集观之，这些诗涉猎的范围相当广，或言志、或讽世、或言情、或咏史，这对于涉世不深的十七八岁的青年来说尤为难得。

　　记得父亲回忆他高中的学习生活时认为先后几位国文老师对他的影响颇大，一位古文造诣极深，令他对古文的兴趣极浓；一位是新闻记者出身，令他对政论文产生偏好；还有一位，是学生答题越是不按授课内容答的得分就越高，于是父亲做文章就倾向于旁征博引而常获得这位老师的好评。1944年高中毕业前夕，当时学校要求每位同学准备一次专题演讲，父亲经过多次跑图书馆和书肆而确定了选题，从此的满腔热忱便投入到历史考古而一发不可收。他的首次在学校的演讲经整理以《爵形原始及其演变》为题发表在1945年天津国民日报的史地周刊上，这又是父亲在专业领域发表的第一篇文章，距他2005年辞世后的最后一篇文章发表整整间隔了60年。

　　尔后父亲在天津国民日报和天津益世报又发表了《大秦物产释疑》、《瓮棺考》等多篇文章。我曾试图从诗集中找寻这种转折的痕迹，却毫无收获，只是诗作的数量日渐渐少，如同他在四五卷序言中写的："闲离翰墨未事笔墨久矣，徒以致力朴学未能兼顾三载于兹，今一翻阅感慨良深（1947年）……兹以三十三年（1944年）及三十四年所为诸作缩为一集，聊以消忧耳。"但是诗集中很有几首咏史和怀古的诗，特别是写北京古迹的，其中一首《北海》写道："柳柏青青何日栽，玉柱琼楼满青苔；旧时天子今安在，只有春风去又来。"就此看来父亲将终生的志趣投向考古和历史也绝非偶然了。父亲的晚年也偶尔写诗，但比起当年却显然是凤毛麟脚了。在侯艺兵所著《世纪学人百年学人》摄影集中收录的父亲手迹是一首五言绝句："考古五十年，犹自奋向前；更喜后进者，遥遥尽领先。"这当是父亲平生的最后一首诗，其中对继承了他的事业的学生和两个女儿所寄予的欣喜和厚望跃然纸上。

据我的印象，从小学到中学，父亲似乎没有关心过我的学业，也几乎没参加过我的家长会。而父亲对我的教育，只是启蒙我学习唐诗。记得小学三年级时，父亲拿出一本蘅塘退士编的《唐诗三百首》带着我吟诵杜甫的《赠卫八处士》，以后陆续是李白的《将进酒》、岑参的《白雪歌》、李益的《古从军行》和白居易的《琵琶行》，只此几首。然而这却奠定了我终生喜欢唐诗的基础，这也是我自幼对父亲的诗集情有独钟的原因。

父亲离我们远去了，然而他融入诗集中的青少年时的志向和梦想以及给予我对中华古典文学热爱的启蒙却使我受益终生。父亲对中国考古学的贡献我是没资格述评的，而此文算是对父亲专业领域之外的人生的一种补白吧。同时我东施效颦，以一首悼念父亲的打油诗作为本文的结束语：

六十年来探古幽，无怨无悔无他求。

九州勘察经寒暑，一笔耕耘著春秋。

石头瓦罐真知见，贝丘遗址岁月稠。

尤喜后来争奋进，驾鹤西去复何愁。

2010 年 4 月 15 日

忆 安 志 敏 先 生

卫 奇

（中国科学院古脊椎动物与古人类研究所）

安志敏先生，考古巨匠，学界师宗，世之所仰，道范长存。

安志敏生前是中国社会科学院考古研究所经常出现在中国科学院古脊椎动物与古人类研究所的一位著名考古学学者。他虽然以新石器时代考古学家享有盛名，但是在旧石器时代考古方面的造诣也源远流长。我就是从《河南安阳小南海旧石器时代洞穴堆积的试掘》一文开始对他了解的。

众所周知，中国史前考古泰斗裴文中生前招收培养过三个研究生：林圣龙、袁宝印和祁国琴。其实，老辈人都清楚，裴先生还有三个考古大弟子：安志敏、吕遵谔和邱中郎。裴文中的弟子们有个共同的特点，就是实事求是，立其诚；淡泊名利，不张扬。安志敏在裴文中的鼓励下于 1948 年在中国大学圆满完成大学学业后，到燕京大学就职助教协助裴文中讲授史前考古学。1949 年春天，裴文中辞去燕京大学的讲授，其课程让安志敏代上。安志敏根据裴文中的教学提纲和听课的笔记整理成讲义，逐章送给裴文中审阅修改后，就在燕京大学接替裴文中授课，时年先生 25 岁。1982 年，安志敏为了纪念裴文中对中国史前考古学的贡献，特整理其讲稿，编为《史前考古学基础》一文，作为裴文中的遗稿，发表在《史前研究》杂志 1983 年创刊号第 166～175 页和第 2 期第 159～180 页。文章发表，安志敏没有以合作者形式署名，而仅仅说明自己是遗稿的整理者，可见先生的高尚风范和人格魅力。安志敏为中国大百科全书考古学卷撰写了"裴文中"条目，并且协助裴文中完成条目"史前考古学"。在裴文中的晚年，他经常作陪野外考察。裴文中去世后，他整理出版了《裴文中史前考古学论文集》。为此，不禁油然联想到裴文中直属部下的弟子邱中郎，他在高职评定时裴文中说："谁都说他好"。的确，他如同一个既称职又尽职的秘书也曾经为裴文中默默地做过许多无私奉献，例如，1987 年他为裴文中完成出版《柳城巨猿洞及广西其他山洞之肉食类、长鼻类和啮齿类化石》集刊和 1990 年作为首要负责人编辑出版了《裴文中科学论文集》。显而易见，安志敏等诸弟子不愧是"裴文中现象"和"裴文中精神"的传人和弘扬者。

1972 年盖培带领我进入泥河湾盆地发掘虎头梁遗址。1973 年 8 月，安志敏陪同裴文中到 72117 地点发掘工地视察。虎头梁遗址地层里出现细石器在考古学上具有重要的意义，在它被发现之前，中国细石器尚无地层出土的记录。1974 年 8 月，裴文中在邱中郎的陪同下又考察了虎头梁遗址 73101 地点。显然，裴文中和他的弟子们对虎头梁遗址的发现非常重视并给予极大关注。

1974 年夏天，中国科学院古脊椎动物与古人类研究所所长杨钟健组织一次为期四天的泥河湾盆地新生代地质考察，5 月底他委托夫人王国桢给安志敏打电话，邀请他一同到泥河湾进行考察，安志敏欣然答应参加。6 月 3 日，一个相当庞大的考察队伍从北京出发，考察人员有中国科学院古脊椎动物与古人类研究所、中国地质科学院地质力学研究所、北京水文地质大队和中国社会科学院考古研究所四个单位的杨钟健、贾兰坡、安志敏和孙殿卿等 16 位学者。杨钟健乘坐日本丰田轿车，由陈士航开车，其他人分乘几辆北京吉普车。那个时候，野外考察有个车队，乘车的人感到十分风光，看到的人也觉得很有气派，尽管汽车行驶在弯弯曲曲、上上下下、坑坑洼洼的土石公路上，车后扬起一缕灰尘，石子打得车底盘啪啪直响。考察队当天在北京西山永定河支流清水河河谷斋堂附近观察了订名"马兰黄土"的马兰台。实际上，马兰台是清水河右侧一条支沟中从下往上排序的第二级阶地，而所谓的马兰黄土只不过为马兰台中的黄褐色冲积粉砂透镜体状夹层，即使属于黄土堆积，也仅仅是经流水搬运的再生堆积物。

到达阳原县，住在位于老县城东南角的县招待所。招待所过去是一个富人的一套砖瓦房大院，杨钟健、贾兰坡、安志敏和孙殿卿等教授住在小招待所。所谓小招待所，也就是大院东端的一个小的套院，房间有双人床，但也是硬板的，配置沙发和茶几，伙食特供细粮和肉食，主食基本接近不定量。

6 月 4 日到泥河湾村西侧上沙嘴旧石器地点参观，杨钟健站在石器地点宣布："我才 18 岁，你们回去给我宣传，我能跑野外。"考察过程中，安志敏在泥河湾村附近的地面上，采集到一些属于细石器的标本，他指出在泥河湾盆地这里存在着较为晚期的人类遗存。6 月 5 日，考察队分别考察了虎头梁遗址的西水地 73102 地点和七马坊 73104 地点，首先肯定遗址在地层中发现的重大意义，为探讨细石器的起源提供了新的重要证据。但是，由于发现的文化遗物中包括了典型的细石器，安志敏判断遗址不排除时代更晚的可能性。当时，我对其论断不甚理解。一直到 1998 年，河北省文物研究所在虎头梁遗址 65039 地点再次发掘时，从地层中发现了陶片，我才真正意识到考古大师的慧眼睿智和伟大科学家的坦诚魅力。如果陶器出现被看做是新石器时代的开始或文明的起源，那么 ^{14}C 测定年龄约为距今 11600 年的虎头梁遗址无疑应该属于目前华北地区发现的最早的新石器时代考古遗迹。

考察队在阳原县受到热情接待，杨钟健自费出资 10 元钱定做了一面锦旗赠送阳原县。锦旗由阳原县文化馆郭宝山馆长带领几人连夜加工，按照杨钟健的意见，在锦旗上扎字"古为今用为发展科学事业共同努力"。6月5日，杨钟健与安志敏等与阳原县领导携带锦旗一起合影留念（图一）。随后，考察队离开阳原县，经化稍营和南口，取道怀安旧城到张家口市，住张家口宾馆。

图一　安志敏（左三）与杨钟健、贾兰坡和孙殿卿同阳原县领导李志新等合影

　　6月6日，上午在张家口市参观展览馆和馆藏文物，安志敏不仅对有关文物做了鉴定和确认，也向大家普及一些考古知识，如铜镜的形制与花纹和铭文的分类、玉器的环与璧的类型等。

　　1974年6月14日，在中国地质科学院地质力学所举行"河北阳原县新生代地质考察"工作座谈会，参加座谈会的有杨钟健、贾兰坡、安志敏、盖培、刘东生、孙殿卿、王泽斌、夏其发、陈方吉、李有恒、钱方、吴锡浩和袁振新等19人。

　　在座谈会上，安志敏说："这次去泥河湾地区学习，我是个外行，见到了不少东西，收获不小。首先谈一下远交近攻问题，这是杨老提出来的，我认为很对。北京附近的一些学术上的问题，应该重视，努力做好。再有个体会，就是外国人过去命名的典型地点，实际上并非典型，这次大家都去看过的马兰台的黄土地点，就是一例。在考古学领域内，我们对此深有体会，像安特生搞的许多考古上的命名，很多是混乱的，或者他自己根本未到过命名的典型地点。故要重新修订前人的工作，命名可予保留，但内容要更正。

泥河湾地区的地层工作，要好好去做，多单位协作，把它弄清楚，提高一步。

至于西水地一带石器发现地点的时代问题。细石器或称中石器，过去都无地层根据。泥河湾地区地表上有细石器，看看能否找到原生层位。阳原文化的石器，牵涉到Q3和Q4的分界问题，如何从地质上和古生物上划分出来，这对我们的考古很为重要。我们搞的考古，主要在Q4地层内。

我提点建议，在阳原文化发现地点，是否从上往下，一层一层再挖一下，以明了各层出土的器物是什么，以便了解其时代。"（摘自高星等编《探幽考古的岁月》第230页，海洋出版社，2009年）

1978年春天，裴文中在安志敏和吕遵谔的陪同下参观了许家窑—侯家窑遗址和鹅毛口遗址。我打前站先到大同市与有关部门接洽，第二天天不亮我与雁北地区文化局苏士清局长和曹安吉副局长带车到火车站迎接，接到了安先生和吕先生，但不见裴老先生。而后经过长时间艰难的长途电话联络，终于接通，才知道是因为司机睡过了头，耽误了送站的时间，决定行程推迟一天。第三天，我们原班人马再次上火车站迎接，裴老终于到来。在雁北地区文化局的帮助下，裴文中和他的弟子们在强劲的冷风中参观了怀仁县鹅毛口新石器遗址，然后又到河北和山西两省交界处参观了许家窑—侯家窑旧石器时代遗址（图二）。从许家窑—侯家窑遗址返回大同途中遇到了沙暴过境，骤然狂风乍起，黄沙遮天盖地而来，吉普车不得不开灯缓行。

在大同还参观了大同博物馆，以及上、下华严寺，一路有杜治陪同摄影。

1986年9月1至7日，在英国南安普敦（Southampton）和伦敦举办世界考古大会（The World Archaeological Congress），中国参加会议的有安志敏、周本雄、吴汝康、吴新智、盖培、卫奇、邹衡、童恩正和曹泽田等10人。我们不是乘坐同一架次飞机到达伦敦的，安志敏和周本雄先到达，我们大队伍到达时，安志敏和周本雄已经在机场等候。我有一米八一的个儿，在人群中是一个比较容易捕捉的显眼目标，所以我们一出现，就被他们看到，周本雄直喊："卫奇！"我们中国团队便立即汇合到了一起，一同乘车去了南安普敦市。这是我第一次发现个头高也有用处。开会期间，我们受到了华侨和华人的热情招待，他们几次宴请我们，当然也要求帮助他们鉴定一些瓷器和其他古董，这样的任务几乎全部由安志敏一人承担，其他人都是无能为力的。有一次在华人餐馆赴宴，老板拿出笔墨纸砚要求题字，大家不约而同地一致推举安志敏挥毫泼墨。周本雄是我在太原第六中学初中读书的生物老师，他比我大十来岁，性格幽默诙谐，英语和粤语讲得很棒，无疑他在中国考古团中起了重要作用，他很活跃，大家在一起开玩笑，安志敏很有风趣地说："所领导给我的任务，就是出来管他（周本雄）的。"

在大会期间，我们参观了著名的5000年前的巨石阵遗迹和其他考古遗址（图三），

图二　安志敏（左一）与吕遵谔、卫奇及曹安吉等陪同裴文中参观许家窑—侯家窑遗址（杜治摄）

以及大英博物馆、牛津大学和伦敦市容。

　　1995 年，为了配合三峡工程淹没区旧石器时代考古抢救工作，国家文物局专家组成员张森水在重庆市丰都县高家镇主办三峡旧石器时代考古学习班，向三峡工程淹没区有关考古文物单位的学员传授旧石器、古人类、古生物、考古地质、遗址发掘等知识，同时进行高家镇旧石器时代考古遗址的发掘实习。在学习班期间，张森水因国家文物局公务离开一段时间，为了活跃学习班的科学气氛，经学习班负责人张森水同意，请安志敏来做专题讲座，先生在学习班做了中国文明的起源和巨石遗迹等学术演讲（图四）。事后，令人非常内疚的是，请专家来讲学，既没有给报酬，也没有送礼物，这是永远难以忘怀的工作考虑欠缺。

　　后来，我计划请安先生到泥河湾盆地我创办的"泥河湾猿人观察站"指导旧石器时代考古工作和享受农家乐生活，遗憾的是，当时先生已经疾病缠身，不能再出野外视察了。

　　泥河湾盆地，堪称中国乃至东亚地区的奥杜韦峡谷，它与非洲的奥杜韦峡谷具有惊

图三 安志敏（左）与盖培（中）和吴新智（右）在英国巨石阵遗址

人相似的地质与地理环境发育过程，这里晚新生代地层发育，旧石器时代考古材料及其第四纪哺乳动物化石非常丰富。1930 年，法国科学家德日进（Pierre Teilhard de Chardin）等曾经表白：渴望找到直接的证据，说明濒临灭绝的三趾马经常来喝泥河湾湖水的时候，中国就有了人类。一直到 1963 年，中国科学院古脊椎动物与古人类研究所太原工作站王择义、尤玉柱、王向前等发现峙峪遗址，才真正拉开了泥河湾盆地旧石器时代研究的帷幕。1978 年中国科学院古脊椎动物与古人类研究所尤玉柱、汤英俊和李毅发现小长梁遗址，使泥河湾盆地的旧石器时代考古发生真正历史性质的突破，实现了前人的梦想，事实表明泥河湾盆地三趾马喝泥河湾湖水的时候，古湖边缘同时也有人类的生存。近二三十年来，泥河湾盆地下更新统旧石器时代考古遗迹层出不穷，除了小长梁遗址的发现以外，还有葡萄园、广梁、山神庙咀、后石山、东谷坨、飞梁、霍家地、许家坡等遗址以及马圈沟遗址群（Ma-h）。最近，已经找到可靠的考古证据，显示泥河湾盆地在 177～195 万年前已经有了人类的生存。发现表明，泥河湾盆地是东亚地区古文化发展的一个重要的摇篮之地。因此，现在我们有理由说：中国的一二百万年的人类历史看泥河湾。

如果安先生现在还健在，他那体魄魁梧的身影和佛面慈祥的颜容一定会再现于泥河

图四　安志敏（右六）在安家瑗和陈哲英等陪同下参观高家镇遗址

湾盆地，不仅可以再看看发现的细石器遗址，还可以看看后来发现的出自泥河湾层中的许多下更新统旧石器时代考古遗址及其遗物。安先生一定会对泥河湾盆地的考古发现为之高兴，也一定会在"泥河湾猿人观察站"的留言簿上留下对泥河湾考古工作的精辟论断和对后人的诚挚鼓励与殷切期望。为了纪念安志敏先生，"泥河湾猿人观察站"通过安家瑗收集到安先生的一些物品，例如皮夹克、棉衣、公文包等。特别值得一提的是还有他在办公室用过多年的一个茶杯。此茶杯不仅保留着先生最后在办公室用过的痕迹，而且茶杯口缘还有八个破损的片疤，这无疑显示了先生艰苦朴素的生活作风，但很可能还具有更为深层的含义，或许由于职业的习惯，先生对于类似石器时代的剥片痕迹情有独钟。这些物品，我们将作为文物看待，妥善保管，永存纪念。

　　我们踏着先辈开创的科学大道，继往开来，勇往直前，努力攀登，只待泥河湾猿人化石发现日，慰师九泉含笑时。

纪念安先生 学习安先生

张 雪 慧

（中国社会科学院历史研究所）

一直以来，每想到尊敬的安志敏先生，我的眼前就会浮现出他慈祥的面孔和勤劳的身影。安志敏先生的名字，我在中学时代就已知悉。大学及研究生学习期间，因业务的需要和受到王恒杰先生从事考古工作的影响，特别是在北京大学考古学专业进修期间，集中而认真地研读了考古学先辈的有关论著，其中安先生关于石器时代和边疆、民族地区的考古学发掘、调查、研究成果使我们获益良多。

上世纪 80 年代以后，我见到安志敏先生并亲聆教诲，与安先生有了较多的联系，最强烈的感受是先生对考古事业的热爱和执著、对科学研究严谨的态度以及他谦和的为人。

1980 年代以来，王恒杰应邀经常赴西南及海南岛各地进行田野考察、考古踏勘。1990 年代开始，在有关方面支持下，王恒杰又多次赴西沙群岛和南沙群岛等南海海域进行考古调查。每次考察发现石器时代的遗址和文物，在自己研究之后，王恒杰还要请考古学界有关专家鉴识，聆听意见。关于新石器时代的文物标本等问题，主要就是请教安志敏先生。考虑到安先生年事已高，王恒杰常为打扰安先生而感到踌躇，但安先生却毫不犹豫。每一次请教他都非常热心且一丝不苟地给予帮助。给我留下最深刻印象的是1993 年暑期，国家有关部门主持召开了《王恒杰西沙、南沙考古汇报与文物鉴定评议会》，那次会议邀请考古、文物、历史等学术领域顶级专家与会。为了做好充分的准备工作，王恒杰会前特意向安先生汇报、请教考察所获标本的问题和议题。时值炎炎夏日，我家房间局促窄小，又因当时经济拮据连风扇亦未购置，暑热难耐，安先生却毫不在意，全神贯注地察看着一件件陶片、石器。安先生在仔细观察了标本之后，详细地告诉我们他的意见和结论。评议会上，根据安先生和各位专家的鉴定、研究，大家一致认为西沙、南沙的考古发现证明我国华南先民在南海领域生产生活的历史悠久，南海海域为中国先民最早发现、开发和经过历代的经营，中国对南海享有主权。从这个角度说，不只是王恒杰的考古发现提供了南海自古属中华的物证，而且是安志敏先生暨诸位学者的论证共同维护了我国的南海主权。安志敏先生不辞辛劳、不计名利的精神是出于对考古事业的热爱，也是出于对祖国海疆权益的关注，体现出作为学者的一片爱国之情。后来先生还发表了《南中国海邻近地区史前文化研究》及关于环渤海史前文化的论文，深刻阐述了南中国海邻近地区的史前文化及相互关系，在学术界产生了一定的影响。

安先生热爱考古事业，考古是先生终身的工作。几十年如一日，先生从未退休，而且与时俱进，紧跟时代的脚步，熟练运用当代科技手段进行专业研究。每次去先生家探望，都见先生在电脑前工作。先生七八十岁高龄，还跟年轻人一样照常按时上班，而且科研成果不断，条件允许时还亲自参加田野发掘。其实安先生多年身患糖尿病，上年纪后不宜过劳，但先生工作起来就把其余一切置诸脑后了。1998年，海南地方文物部门邀请安先生访问和鉴定文物，指导文博工作，在三亚、通什、保亭、陵水、海口等地乘汽车往返。虽说是专车接送，而且地方民族干部给予了盛情款待，但旅途是相当疲劳的。然而安先生每到一地都是将工作放在第一位，兴致勃勃地参观博物馆、考察文物标本，为民族文博工作人员答疑解惑、悉心指点，对史前文化遗址进行实地认真的考察，有时难免不能按规律就餐，我们觉得歉然，安先生却总是笑着说没关系。

先生热爱考古、视野开阔。在进行中原地区考古学工作的同时，把相当的精力用在东北、内蒙古、宁夏、甘肃、新疆、青海、西藏、甘孜等边疆民族地区史前时期和古代民族考古文化研究方面，这在已往传统的中国考古学界是不多见的，为中国民族考古学学科的形成贡献了力量。

安先生在国际考古学领域也具有相当高的知名度，这也是与安先生对考古学的热爱和建树分不开的。由于掌握了与国际交流的科技手段和能力，先生一方面可以运用自如地将中国考古学的现状与个人的研究成果推介到国外；一方面也便于了解和参与国际考古学领域的资讯和活动，有利于中外考古学界的交流沟通、相互借鉴，促进考古学研究的发展和中外文化的理解、传播。

安先生毕生从事考古工作，勤于实践、精于研究、富于成就，在国内外学术界享有高度声望，担当了重要工作。但先生待人处事非常平易谦和，一点不见学术权威的架势，对自己个人的成就从不言多，对同行特别是年轻一代的成绩则给予充分肯定和鼓励，令人感动。我们深有体会。先生讲话略带山东方言的余韵，从不高亢，然而先生的一席话、一篇文无不透出他学识的深厚和论点的精辟，予人助莫大焉。先生言传身教，为考古学界培养了不少优秀人才。先生的两位女儿自幼耳濡目染，热爱考古文博事业，工作都很出色，先生先后培养了九个硕士、博士生，他们现在多是考古学界的精英骨干。这也都是先生对我国考古学发展所作出的贡献。

在纪念安先生诞辰85周年之际，继承先生留下的丰富学术遗产，学习先生的敬业精神和谦逊美德，是我们对先生最好的纪念。

由纪念安志敏先生想到的

陈 哲 英

（山西省考古研究所）

安志敏先生的名字，我很早就知道。可真正认识他，还是上世纪 90 年代的一次三峡之行。现在看来，那次见面虽说是初次，可也成了最后一次。因为此后再没有见过安先生。我还以为他一直在默默的工作呢！想不到啊想不到，那么一个笑容可掬、身体壮实的长者，竟已经离开他为之奋斗的考古事业五年了。

今年年初，卫奇先生在给我的电话上说："你和安先生是山东老乡。今年是安先生逝世五周年，你不写篇纪念文章？"说到这里，我满口答应："写，写，一定写。"可写什么呢？

我此前没有和安先生接触过，是在三峡之行有幸结识的。1995 年 11 月中旬，在三峡工作的卫奇先生约我到三峡参观；他让我陪同安先生一起去，并嘱我到三峡后，和当地的同行谈谈山西的旧石器。听到这样的消息，别说那个高兴劲了，巴不得立马成行。

从心底讲，我很想早一天见到安先生。我知道他是一位闻名遐迩的考古大家，主研新石器时代考古，同时也兼及旧石器时代晚期研究。我读过安先生的几篇文章，主题鲜明，有证据，讲道理，很有示范作用。说起来我和安先生是同行，应该说还是有共同语言的；可由于不在一个系统，组织机构上也没有垂直领导关系，平时也就没有什么来往。因此，三峡之行一见面还感到有些拘束，也有点紧张，生怕言行上给先生留下不好印象。可当我得知和安先生是老乡时，不知咋的，一下子感到和安先生近了很多，说话多了，也有些随便了，以至于大着胆子，鼓足勇气，给安先生讲了一个在山西来说流行很广、内容也还算精彩的"万荣笑话"（怎样的一个笑话，不在这里说了。山西曾出版《万荣笑话》一书），乐得安先生哈哈大笑，合不拢嘴。可见安先生是一个性格开朗、豁达大度的乐天派。

就是这次见面，我认定安先生是一位可以交流思想、交换意见、在学术上可以共同切磋的良师益友。遗憾的是从此以后直到退休，再没有和安先生见面的机会。说到这里，我想就纪念安先生逝世五周年之际，谈一点对旧石器时代考古的认识。

一　完整意义上的旧石器时代考古学

从考古学的角度来说，旧石器时代考古是个"纲"。纲举目张。凡是从地层中出土的具有考古价值的材料，包括哺乳类化石在内，都应该是服务于、服从于旧石器时代考古分期的；而不是旧石器时代考古分期依地貌部位、地层岩性、哺乳类属种来确定。前者应该说是考古地层学的做法，是考古工作者的责任；后者则是地层考古学的做法，是地层工作者的义务。两者工作虽有互补性、依赖性，但由于侧重点不同，其研究结论有可能会不完全一样。曹家欣教授指出："根据人类及其文化发展的不同阶段进行地层划分，这是第四纪独有的研究方法，不同于一般的地质法。"（1978 年）只有这样做，也只有这样做，才能够彰显出旧石器时代考古的真正意义。否则，就只能是石器地点、石制品数量、类型的增加，除用做展览外，很少能看到它的社会意义。

二　学习新石器时代考古分类

新石器时代的器物分类是什么指导思想，我没有研究。但总感到新石器分类是"眉清目秀"，用型和式的次第做法把器物分得清清楚楚。可旧石器分类虽说有石核、石片、石器三大类，但由于没有一个统一的分类标准和原则，也就没有从根本上把石制品真正区分开来，致使有着"千题一模，千文一面"的"文八股"结论。近来卫奇提出的动态"TOTH 分类"法，确实给石制品的分类注入了新的活力，使人眼前为之一亮，精神为之一振。这种方法抓住了石制品所特有的规律，适用于石器时代所有石制品的分类。在这里，我们以石片为例做个简单说明。石片本身具有三个面，即台面、劈裂面和背面。台面有自然台面和人工台面之分，背面有自然背面、人工背面、部分自然背面和部分人工背面之别。我们把台面的不同用"型"来表示，可以记作 I 型，自然（或人工）台面者。把背面的不同用"式"来表示，可以记作 I 型 I 式、II 式……按照这样的分法，基本上或者说大体上是可以将石片类型分开来的。此后再在各式上做文章。一级级一步步会将旧石器考古研究推向一个新的层面。这种分法看起来比用大小、形状、打制技术等去分，要合理得多，科学得多。当然，动态分类法也还处在初期阶段，还需要在实践中进一步深化、改进和完善。分类是研究的第一步，是研究的基础。由分类形成的类型，是旧石器时代考古分期的必备条件。只有合理的分类，才能有合乎情理的研究；若分类出现了偏差，旧石器时代考古研究就不可能在正确轨道上运行。

三 加强基础研究

旧石器时代考古目前唯一可供研究的最常见的材料就是石制品。这些石制品既不是轮制，也不是模制，更不是机制；它完全是凭借人工的力量以石击石打制的。由于原料的不同，打击的力量、角度也不完全一致，使得石制品大小不一、形状各异，可以说没有两件完全一样的标本。旧石器时代考古是一门探索性学科，只有通过更多地观察标本，模拟实验，才能做出较为科学的判断。就是说它是一门很难做到十全十美的科学，一个问题解决了，很可能又出现一个新的问题。对它的研究一直处在探索过程中。而这个探索是靠发现来完成的；没有发现，说得再多、理论再高，得不到证实，还是空的。发现是硬道理。愿考古人多一些实践，少一些空谈。我们中国人有很多需要向外国学习的东西。学习是为了提高，发挥我们的原创，将我国旧石器时代考古的地理资源优势转化为科学研究优势，切不可把外国人的做法或一些观点照搬套用，作为引领我们努力的方向。

李花无言谢春风

——安志敏先生关怀裴李岗文化研究琐忆

崔 耕

（郑州市文化局）

"建国以来，由于考古工作大规模开展，使我们对中原地区新石器文化的内涵、分布、年代分期以及社会发展等方面，都有了相当充分的认识。但是，仰韶文化究竟是怎样起源的？有关早期新石器文化的面貌及其发展过程如何？都是尚未解决的悬案。"这是安志敏先生在其所著《裴李岗、磁山和仰韶——试论中原新石器文化的渊源和发展》一文中的导语①。

安志敏（1924～2005年）生前是中国社会科学院考古研究所研究员，曾任副所长兼第一研究室主任。他考古一生，是新中国考古事业的重要领导者和组织者之一，也是当代考古学家中研究领域最广、成果最丰富的学者之一，尤其对新石器文化研究造诣更深。上引安先生所著文章导语中的两个问号，是长久萦怀于安先生心中的症结。裴李岗文化的发现，使这个问题得以诠释。因而安先生对裴李岗文化发现以后的工作，给予了非同寻常的关怀和具体的指导帮助。我当时在开封地区文化局文物科工作，亲身经历了裴李岗文化的发现和第一、二次的发掘，因此，与安先生有十多年的交往，建立了深厚的友情。"每到乘凉处，常怀种树人"。时值裴李岗文化发现30周年之际，自然联想到安先生对裴李岗文化的无比关怀和其后一系列工作的协助，借此机会，略述二三事，以表对安先生缅怀之情。

1977年春，裴李岗遗址发掘后，业务人员认为出土遗物特殊，不同于仰韶、龙山文化，是否早于仰韶，未能肯定。于是我们带了裴李岗遗址出土遗物赴京请专家鉴定。抵京后，几经周折，在中国社会科学院考古研究所巧遇第一研究室主任安志敏先生，我们自报家门，说明来意，受到安先生的热情接待。安先生看了器物以后，立时请来夏鼐所长。他们听了汇报，表现出非同寻常的重视，立即请^{14}C检测人员对所带出土木炭进行检测。后来我们又见到苏秉琦先生，他看了出土遗物，也认为重要，立即给河南省文化局文物处处长写信，请他们重视这一发现。由此拉开了探索裴李岗文化的序幕。

安志敏先生在考古方面的学术成就，既是勤奋苦读所得，也是与他事必躬亲的作风密不可分。安先生参加过几十项田野调查、发掘工作，足迹遍及大半个中国，河南的渑池、洛阳、郑州、三门峡、安阳等地，都留下了他的足迹。

1978 年，裴李岗第二次发掘，5 月初安志敏先生与郑乃武先生从北京专程来到裴李岗工地，考察了墓地和出土遗物。5 月 6 日考察了住宅区的陶窑址，并给全体培训班学员做了《裴李岗、磁山和仰韶》的学术报告，对裴李岗文化的性质予以充分肯定。

当安先生得知开封地区其他几县也发现有裴李岗类型遗址后，又要求到几个县去做些调查。于是我们离开工地，陪安先生、郑乃武先生到新郑唐户，密县莪沟、青石河，登封唐庄等地察看了遗址和出土器物。每到一地，安先生都认真察看地层、遗址面貌、范围等，还不时用小铁锤敲敲打打，或顺手抓起一把灰土细审。安先生求实的作风，给我留下了深刻印象。

安志敏先生离开裴李岗之后，把裴李岗的事情时时萦记于怀。他到外地调查，也要与裴李岗联系起来。1978 年 5 月 29 日他在给我的来信中说："同您分手以后，我们在郑停留三天，参观了密县莪沟和淅川下王岗的遗物 ……我们在安阳也停留了三天……这次在我们工作站，看到安阳后岗仰韶文化层出土的一件方形石磨盘（无足），也有磨棒；另外，安阳地区在汤阴白营龙山文化遗址中也采集到一件椭圆形石磨盘（无足）。这可能意味着到了仰韶文化、龙山文化，石磨盘还有所残存，不过已没有过去那么精致了。"

1980 年 5 月，安先生带领三个研究生到郑州、西安和洛阳进行考察实习，他在 6 月 18 日来信中说："……在渭南白庙的所谓'老官台文化'遗址中，发现较多的三足钵、深腹三足罐，与裴李岗文化有一定差异，这里也发现一件石磨盘，下边附两只长条形足，可惜标本没有看到，已委托西安半坡博物馆去收这件标本，将来可以同河南境内的相比较。……最后我还到淇县花窝遗址去了一趟，郑乃武同志在那里试掘，很有收获。这里主要是裴李岗文化的遗存，但也包括磁山因素（如直口盂片），细石器也比较普遍，看来有可能解决裴李岗和磁山之间的关系，从而可能断定它们属于一个还是不同的文化系统。"

对安先生来说，仅凭几篇发掘报告或走马观花的调查，是远远不够的，他还需要亲自或由本单位做些发掘工作，为研究取得第一手资料。1978 年 5 月 29 日函称："我们回所后即将这次河南之行的收获作了汇报，所里对裴李岗一类遗址的情况很重视，夏所长表示出将来要在新郑等县进行工作，俟工作计划确定以后，将正式向地区和县里联系并希望得到您和有关同志的大力协助。"1979 年春，考古所由郑乃武先生主持对裴李岗墓葬区作了大面积揭露，收获很大。秋季对居住区的发掘，因遗址遭严重破坏，不太理想。5 月初，安志敏先生特意陪同考古界前辈裴文中老先生从北京来到新郑裴李岗发掘工地考察。由此可见考古界对裴李岗文化的重视与关怀。

这一年，考古所还对新郑唐户、沙窝李同类型遗址进行了发掘，丰富了裴李岗文化的内涵。

裴李岗文化的发现，使安先生多年的夙愿得偿。凭他渊博的考古学识，在裴李岗、磁山遗址首次发掘之后，即著述了《裴李岗、磁山和仰韶——试论中原新石器文化的渊源及发展》学术论文。他说这两处遗址"表现了特殊的文化面貌，同时它们又同仰韶文化的早期阶段有着一定的联系，这意味着对探索中原早期新石器文化问题上开始取得了突破……"1978 年第二次发掘裴李岗遗址时，安先生对培训班学员宣讲了这篇文章的初稿。一种新文化的发现，考古界有不同观点是正常现象，安先生对不同的观点是以理辩论。当时有人认为裴李岗与磁山是相同的，应属一个文化，当命名为"磁山文化"。安先生在 1979 年 3 月 1 日来信中称"……那篇文章，发表前我没看过（因系《考古》杂志发表，安先生为该杂志主编），这次从杭州回京途中仔细看了一遍，感到问题很多，其中有些论点甚至是错误的。据我的印象，裴李岗和磁山完全是两套东西，把它们笼统地称为一个文化，至少是不恰当的。因而我在提交考古学会议的文章里建议分别称为裴李岗文化和磁山文化"。经过数年的论证，这个意见为考古界所公认。自 1977 年发现裴李岗文化以后，在河南相继又有多处同类型遗址被发掘，大大丰富了裴李岗文化内涵。

对裴李岗文化的发现，安先生除亲自撰文探讨研究外，还利用各种机会对裴李岗文化发现的意义、性质等进行传播和讲述。考古界对裴李岗文化的探讨与研究，成了一时的热点。

为了对裴李岗文化更广泛、更深入地研究探索，及时为学术界提供相关资料，我们于 1979 年秋将已经发表或即将发表的有关裴李岗文化的发掘报告和研讨文章汇集成册，以书名《裴李岗文化》付印。安先生对此举甚为赞同，并嘱"可以给我留三四十本，以便送人，去日本时也可以作为礼物送一些"。后来他还说"《裴李岗文化》一书，编印得很好，足证您和有关同志花费了不少力气，把有关的简报和文章集成一册，对考古研究也是一项贡献"。1980 年安先生和贾兰坡先生应邀赴日本，在东京和京都作学术讲演，安先生讲中国新石器时代，讲到裴李岗文化时还辅以彩色幻灯片说明，以更有真实感。"承蒙惠赠的《裴李岗文化》一书，起了很大作用，我在日本赠送了三十来本，很引起他们的兴趣。"1981 年元月 2 日安先生来函称"最近准备给美国朋友寄书，有了《裴李岗文化》，更为增光不少。《略论三十年来我国的新石器时代考古》一文，已由美国哈佛大学张光直教授译成英文刊在去年的《早期中国》杂志中。此文曾讨论到裴李岗文化，并且在座谈会中专门讨论。总之，从国际上来讲，考古界对裴李岗文化的发现，是给以相当重视的。"

由此可见，安先生探讨裴李岗文化是不遗余力的。

安志敏先生是考古界知名学者，在国外也有很高声誉，想象中好像他是一位难以接近的大名家。其实，他不仅平易近人，而且乐于帮助别人，事无巨细。仅在有关裴李岗文化的交往中，无论关于发掘报告的编写、修改，还是出土器物的修复以及编印《裴李岗文化》一书的求助等等方面，我们就给安先生增加了不少麻烦，但每每他都是尽力而为，妥善解决。略举数例：

1979 年第 3 期《考古》杂志刊登了《裴李岗遗址 1978 年发掘简报》，我们给安先生去信想通过出版社代购 100 本，以供短训班学习，谁知出版单位并无多余，他只好到市场上去收购，安先生回信说："《考古》三期仅购到 74 本，即使这样已把北京几处期刊门市部收购一空，无法凑足百本之数，甚为抱歉。"

1978 年物资供应尚属困难时期，连粘合出土陶器的漆片也是计划供应，我们请安先生通过考古部门设法解决。安先生回信"据了解北京也很难买到，我所是根据年度计划批购，但量也很有限，往往需要代用品。据我所技术室同志的意见，像裴李岗这样松软的陶片，用漆皮粘合比较困难，往往容易脱落或破碎。他们建议用下列两种黏合剂，（1）聚醋酸乙烯（乳胶），器物粘好变形时，可用火烤加温纠正。（2）硝酸纤维漆，用稀料或丙酮作溶剂，器物变形时，可用溶剂涂在粘缝上纠正。"按说，买不到回信也就算了，可安先生还在想解决的办法，可见安先生热心助人的品德。

我们在印制《裴李岗文化》一书时，为了赶时间和节省图片制版的费用，想借用《考古》上发表过的文章中的图版，就向安先生求助，他回信"关于向科学出版社借用铜、锌版的问题，估计问题不大，我已向编辑部打过招呼，请他们也向出版社讲一下。如果出版社有回信，您就可以派人来办借用的手续。如果铜版等借不到，也可向考古所资料室借用发稿的图版和插图，不过需要重新制版，不如前一种方式方便"（1978 年 9 月 12 日函）。后来将图版全部借来，解决了大问题。

我于 1984 年离开工作岗位，安先生也在 1989 年退休（每周二、五还在考古所做些业务），于是我们便失去了工作联系。2002 年裴李岗文化发现 25 周年之际，我拟请参加裴李岗文化遗址的发现、发掘者写点回忆文章集印成册，作为史料收存。安先生于当年 9 月 1 日回信称"编写裴李岗遗址发掘回忆的集子，我非常支持，并祝早日出版"（后来由于多种原因未能集印，数篇回忆资料现存郑州市政协文史资料办公室）。信中同时还寄来安先生用毛笔书写的题词"裴李岗文化是当代中国重大考古发现之一"。这在安先生一生中，恐怕也是少有的。

在纪念裴李岗文化发现 30 周年和安先生逝世两周年之际，略记安先生一些往事，从一个侧面看到安先生待人处事的热诚，从这点点滴滴的小事中，也看到安先生对考古事业执著认真的探索研究精神。在多年的交往中，他给我留下了深刻而完美的印象。在事业上，他是我的老师；在交往中，他又为挚友。写此点滴，以志忧思和敬仰之情。

为了纪念 1978 年春陪安志敏在裴李岗遗址发掘工地考察，我赋诗一首：

　　　史前迷雾费疑猜，"悬案"冰消自畅怀。

　　　异地飞鸿通款语，伴君又赏李花开。

2007 年 10 月 26 日于郑州

注　释

① 安志敏：《裴李岗、磁山和仰韶——试论中原新石器文化的渊源和发展》，《考古》1979 年第 4 期。

安志敏先生的史前考古研究：
游刃在新、旧之间

高 星

（中国科学院古脊椎动物与古人类研究所）

时光荏苒，安志敏先生已经仙逝快五年了。这期间，先生的音容笑貌并不曾离我远去，与先生接触的一幕幕时常在眼前闪现，先生的学术建树与思想也不断成为我科研的动力和启迪。六年前，当邓聪和陈星灿两位学长约我为《桃李成蹊集》撰稿以庆贺安先生的 80 寿辰时，我诚惶诚恐，生怕自己浅薄的学科积累有辱先生的名号，忙碌迟疑之间就错过了投稿的时限，过后深以为疚。所幸邓聪、陈星灿等又组织编写缅怀先生的文集，给我补过的机会。于是草成小文，以表达对先生的怀念和敬意。

在北京大学考古学系学习期间，就屡屡听到安志敏先生的大名，读过先生的大作。偶尔先生现身北大的讲坛，如孤侠神旅，高深莫测，遥不可及。当时受周围环境的熏陶和先生犀利文风的影响，总感觉先生的身上有一层冷峻、迷离的光环，让人不敢近前，敬而远之。

1988 年 5 月，我在中国科学院古脊椎动物与古人类研究所即将硕士毕业。在选择答辩委员会成员时，我的导师张森水先生决定聘请中国社会科学院考古研究所的安志敏和佟柱臣两位大家。对导师的决定，我有些忐忑不安，一方面因为二位先生的学养、地位让我有高山仰止之感，另一方面惧于安先生严谨、严格而又富于批判精神的教风、学风，让我担心答辩过不了关。在张老师的催促、指点下，我惴惴不安地来到考古所安先生的办公室，恭恭敬敬地呈上自己的铅印论文。这是我首次近距离接触先生，但见先生额头光亮，面色红润，声音极富穿透性和感染力。出乎我的意料，安先生对我极其和蔼、亲切，让座后便关切地询问起我求学的经历和从事论文研究和写作的过程，对论文的关键材料和主要结论问得尤其仔细。记得答辩那天，安先生问了两个问题，其中一个是关于文化遗存的地层和埋藏属性。先生提问虽不像惯常那样咄咄逼人，但切中要害，因为我的论文材料发掘于大荔人遗址附近的育红河二级阶地，有新老化石的混合，对时代判断和文化属性的研讨带来很大的困难。从先生的脸色看，我的回答不能让人满意。张老师的身上已经浸出汗迹，我更是心提到了嗓子眼。最终结果，我得到三"优"二"良"，顺利过关。我认定其中一个"良"一定出自安先生，但着实心存感激，知道先生对晚辈其实很慈祥，鞭策之余不忘提携与鼓励。

以后与先生近距离接触的机会并不多，在记忆中只有一些断续但却十分清晰的片段。一次是在中国历史博物馆参观文物特展，与一些文物考古界领导和业内权威大家在下属、弟子们的簇拥下风光而来、欢笑而去不同，安先生只是一个人，形单影只，静静地观看展品，中午还与我们这些学生、晚辈们一起津津有味地享用博物馆提供的盒饭！另一次是于1992年8月在石家庄召开的第三届环渤海考古大会上，先生的观点和主张似乎不入主流，于是上演考古版的"群英战吕布"大戏。两位旗手苏秉琦先生和安志敏先生倒是从容淡定，尽显大家风范，只是我们这些晚辈们有些触目惊心，对"学风"、"门派"有了一些感悟。以后是2001年7月17日安先生在北京八宝山礼堂出席贾老的遗体告别仪式，眼中含泪，向仙逝者深情鞠躬。还有，2004年4月10日，安先生的亲朋弟子在北京为他举办80大寿贺宴，气氛热烈而感人，我首次见到先生在众星捧月之下精神矍铄，熠熠生辉。最后的一面是2005年11月1日在北京八宝山礼堂，在与癌症顽强抗争了近八个月后，先生安详地静卧在鲜花丛中接受大家的哀悼与告别，也为自己辉煌而别具风采的学术生涯画上了句号。

对于安志敏先生的学识和成就，文物考古界人士首先会想到他对新石器时代考古学的建树。其实，他对旧石器考古研究也多有贡献，是中国史前考古学界难得的横跨新、旧两个时段，在史前数万年间的学术疆界内游刃有余的巨擘大家。

安先生能在旧石器考古领域开疆拓土，首先得益于裴文中先生的提携和帮助，对此安先生一直感念不忘，将裴老视为终生的恩师和指路人。2004年本人和裴申先生主编《不朽的人格与业绩——纪念裴文中先生诞辰100周年》一书时，安先生欣然应允写作《早立程门雪，忝列门下先——追怀60年前与裴文中先生的遇合》一文。在文中安先生深情地写道："在考古学的学习和实践中，先生是我的启蒙老师。从最初的见面伊始，便循循善诱地给予我一系列的学习安排和实践机会，引导我走向考古学的道路，使我60年来深受其慧。"从中我们知道，1945年春天，正在中国大学史学系学习的安志敏在齐思和先生的引荐下首次到当时身陷困境的裴文中家造访，开启师生间一生的友谊和学术往来。其后裴老为他提供标本、资料，指导学业、科研，提供进修、实习机会，一步步带他走入史前考古的殿堂，其中的事例包括裴老安排他进入地质调查所新生代研究室（今日中国科学院古人类研究所的前身）实习，在燕京大学代替裴老讲授史前考古学，并在裴老的指导下在该校参与了我国第一个史前陈列馆的建设等。安先生对裴老的品格极其钦佩，指出"先生那种坚忍不拔、刻苦耐劳、敏锐观察、勇于求新，以及广泛的田野实践和渊博的考古学素养，都给我留下了深刻的印象，并作为终生的学习榜样"；对裴老在史前考古学材料发现和理论、方法的建树以及博物馆建设方面的卓越贡献，安先生做过系统的总结和评述，发表过多篇纪念文章，并整理、编辑、出版了《裴文中史前考古学论文集》一书（文物出版社，1987 年），使裴老的一些珍贵的早期作品得以保存和传承。

在裴老、贾老之外，安先生是中国考古学界最早对旧石器时代文化和古人类演化著文立说的学者。他在 1946 年就考证过《古人对石器之观念》（《地史周刊》第 10、12 期），1950 年以"书评"的形式介绍过贾兰坡的《中国猿人》一书（《燕京学报》第 39 期）；1955 年他在《考古通讯》第 2 期发表《石器略说》一文，系统介绍石器类型和技术方法。其内容包括"石器"的概念，石器的原料和来源，石器的制法，石器的形式，石器与铜器、玉器之关系。这里的"石器"涵盖打制石器、细石器和磨制石器，技术包括打制、磨制、砸击、切割等。该文用图解的方式对石制品的类型、形态特征和技术要点做形象的说明和阐释，浅显易懂，是中国考古学文献中不可多见的早期相关知识的科普作品。从 1963 年至 1975 年，安志敏积极投入到以裴文中、贾兰坡和吴汝康为主辩方的有关"曙石器"和"生物人"、"社会人"的大讨论中，在学术期刊上发表数篇论文，尝试用辩证唯物主义原理和方法阐述人类进化的历史，主张用"制造工具"作为人类诞生的标准。

安先生独立完成、也是他最重要的一项旧石器考古研究工作是河南安阳小南海遗址的发掘和研究。该遗址于 1960 年 3 月在采石过程中由工人发现，安先生得知消息后于次月带人前往考察试掘，断定是一处旧石器时代晚期洞穴遗址。其后又组织高广仁、周庆南等进一步发掘，清理出多个文化层位，采集石制品七千余件。这是解放后华北地区继山西丁村遗址后的又一次重要旧石器考古发现，也是继周口店山顶洞后的又一处重要的旧石器晚期洞穴遗址。该遗址的发掘和研究延续了裴文中等在周口店的工作模式，用打探方的方法控制发掘范围和地层，辨认出五个文化层；对遗址环境、出土遗物和遗迹做综合分析，认为洞穴位于群山环峙的峡谷中，靠近洹河和小南海，以东是广阔的平原，出土动物化石表明它们生活在晚更新世的森林和草原，为当时人类提供着狩猎对象；古人类继鬣狗之后占据洞穴，留下丰富的石制品和用火遗迹；从石制品和动物化石分布数量的变化看，人类在这里的生存发展过程由盛而衰，但石制品组合和动物群组分在时序上没有明显的变化，表明文化遗存为同一阶段的连续堆积。安先生在《考古学报》1965 年第 1 期上发表了《河南安阳小南海旧石器时代洞穴堆积的试掘》报告，认为小南海旧石器遗存是代表一定时代和一定地域的文化，于是命名为"小南海文化"，并总结其特点为：主要为小的石片石器，类似细石器；主要技术为锤击法，偶尔用砸击法；主要是单面修理，不存在真正的两面器；主体器形为刮削器和尖状器。通过与周口店、丁村等华北旧石器工业比较，安先生认为小南海文化与周口店第1、15地点存在渊源关系，是对后者的继承和发展；与水洞沟遗存区别明显，而与萨拉乌苏者更为接近。在材料分析和表述上，安先生借鉴新石器时代器物的研究方法，做了一定的创新尝试，主要表现在器物的量化描述和型、式划分上。这样的努力在上世纪80年代及其后被更多的旧石器考古工作者接续，但内容已出现很大变化。

安先生在旧石器时代器形研究方面涉猎最深的是"手斧"。中国旧石器时代遗址中是否存在与西方阿舍利手斧同样的器类，以及由此反映的东西方史前文化关系如何，是上世纪80年代以来中国旧石器考古学界的热点课题。1990年安先生在《人类学学报》第4期发表《中国的原手斧及其传统》一文，对中国境内出土的相关标本从"类型和分布"、"时代和文化性质"等方面进行了梳理和分析，指出中国的所谓"手斧""从整个性质上同典型的阿舍利手斧不同"，因此以"原手斧"称之以示区别；其时代主要是中更新世，"可作为旧石器初期文化的一种标准石器"。安先生指出："以原手斧为特征的石器群，在中国境内有广泛的分布，文化特征也相当明确，它是以大型的砾石或厚石片为原料，可分为两面器、单面器和三棱器三种类型，往往具有锐利的尖端，可能代表一种具有砍砸、刮削和挖掘的万能工具。"安先生据此对当时流行的华北旧石器文化两大传统的理论提出修正，认为"以原手斧为代表的大型砾石石器传统，主要分布在华中、华南一带，华北仅限于局部地区，与以周口店文化为代表的石片石器传统并存"。现在看来，安先生对"原手斧"的时代和地域分布的判断并不十分准确，但他将这些被划分为不同类型的大型砾石、石片石器作为一个共同体综合考虑，从功能的角度探讨他们的关系，是具有积极意义的。

安先生在史前考古方面涉猎更多的一个领域是中石器时代和细石器研究。可以说，他是继裴老之后最早涉足细石器研究的中国学者。早在1955年《石器略说》一文中，他就对细石器有所提及。1956年他在《考古通讯》第2期发表《关于我国中石器时代的几个遗址》一文，对当时被认为属于中石器时代的顾乡屯遗址、扎赉诺尔遗址、广西的几处遗址出土的材料作了描述，支持裴文中的"中石器时代"之说。1957年他在《考古通讯》第2期发表《细石器文化》一文，对当时发现的中国境内的细石器遗存作了梳理，对其分布、时代和组合特征作了界定，认为"细石器文化是我国北部的一种重要的新石器文化，从中石器时代起，到青铜时代止，在这一带地方继续发展着"。对其经济形式，安先生提出可分为三个类型：渔猎型、农业兼牧畜狩猎型和牧畜狩猎型，可见在研究方面日益深化了，由器形而进入功能和经济形态的层面。

1978年安先生在《考古学报》第3期发表《海拉尔的中石器遗存——兼论细石器的起源和传统》的长篇论文，标志着他对细石器的研究达到顶峰。在该文中，安先生将以前泛泛而称的"细石器"细化为"细石核"和"细石叶"，并在细石核中分辨出船底形石核、扁锥形石核、楔形石核、圆柱形石核、圆锥形石核，将细石叶划分为长条形石叶、尖端细石叶、加工细石叶和细石叶尖状器。这样，细石器就被确定为"是一种采用特殊的工艺技术而产生的小型细石核、细石叶和细石叶加工而成的石器，它们是作为装备骨、木等复合工具的石刃而专门制作的。严格地讲，细石器一词，应以此为限，但在习惯上把同它们共存而不是细石叶所制造的小型石器如刮削器、尖状器、雕刻器、钻、镞等，也统称之为细石器。甚至还把具有这些石器的遗存，统称为'细石器文化'，这是不恰当的"。安先生在此作的有关细石器的概念界定和澄清是十分重要的，避免了一些认识上的误区和称谓上的混乱，对后续研究产生了重要影响。关于细石器的起源，安志敏主张"华北说"，认为华北旧石器文化的小型化趋势在旧石器时代晚期终于发展出细石器。这样的论断与贾兰坡等十分趋同，曾经成为中国学者的主流观点。但它的弱点是技术渊源性、链接性差，因为在中国旧石器时代早、中期不存在预制石核和系统的定向剥片的传统，而这样的技术特点是细石器生产的前提之一，因而近来研究此方面的学者重新将探究细石器起源的目光投向北方。

安先生所涉足的旧石器时代考古研究中最引人关注并引起争议乃至批评的一项工作是遗址测年。他在《人类学学报》1983 年第 4 期发表《中国晚期旧石器的碳 - 14 断代和问题》一文，根据当时已发表的 47 个 ^{14}C 数据，对包括山顶洞、小南海、许家窑、峙峪、下川、大窑、扎赉诺尔、周家油坊、资阳人等遗址的测年结果进行了梳理分析，对许多数据从遗址性质、层位和样品的可靠性角度提出质疑乃至否定，认为"中国晚期旧石器的碳 - 14 断代，目前还存在一定的差距，也就是说在堆积层位、样品采集或测定误差方面，仍需要作进一步的分析"。他提出的解决方案是：必须从考古学的角度考察遗址性质、形成过程和人类活动的关系，以此为前提进行取样测年，即测定的是人类活动的年代，而不是自然堆积的时代。他指出："凡不见人类活动遗迹的层位或脱离原生层位的人工遗物地点，都不能称其为人类文化的遗址；同时由于冲积的搬运或人为的破坏，失去原生层位或共存关系的人工遗物，也不能笼统地作为地层断代的证据。"他进而指出："至少目前的某些地点，还缺乏人类遗址或文化层所必备的条件，因而对其文化性质的判断和碳 - 14 断代难免会出现分歧。"

其后，安先生在《考古》1984 年第 3 期发表《碳 - 14 断代和中国新石器时代》一文，对许多新石器时代遗址的测年数据做了类似的分析。虽然一些学者批评安先生对 ^{14}C 断代过于悲观，对一些数据过于否定，甚至让使用者无所适从，但先生的分析和观点对当时测年数据大量涌现、一些学者对年代数据缺乏分辨能力甚至盲目取舍的现象是有警醒作用的。毕竟可信的年代数据是建立文化演化序列、探讨人类行为与技术发展过程、进行文化间和人群间比较研究的基础；没有数据可在以后获取数据或与其他方面的资料做参照类比，而错误的数据则会扭曲、误导研究者对考古材料的解释乃至理论阐述，甚至会引发"关公战秦琼"的滑稽戏。张森水先生生前常说："没有年代盼年代，有了年代怕年代！"耐人寻味。

众所周知，安志敏先生在新石器时代和早期文明时代的考古建树远大于他对旧石器时代的考古学贡献。据说当初考古研究所（以前隶属中国科学院，后划归中国社会科学院）成立之时，当时中国考古学界最具权威的两大人物，裴文中和夏鼐，代表各自的研究单位立下君子协定：日后旧石器时代考古是古脊椎动物与古人类研究所的专属区，而新石器时代及其后的考古学为考古研究所的领地。这是计划经济、计划学术、条块分割时代的产物，两位掌门人用他们的超凡影响力为中国的两大考古机构界定了责、权、利。于是一道鸿沟将史前考古从旧石器时代、新石器时代之间割裂了，两边的学人基本遵守这样的约法，不敢跨越雷池，顺便也将远古的人类定格为迁徙游动的狩猎采集者和定居的农业者与其后的文明群落。但安志敏先生是个例外。他将主战场定位在新石器时代考古和文明源头的探索，而对古人类学和旧石器时代考古学却也不离不弃，间或做些考察、发掘和研究，发表一些高见，每每产生深远的影响，让人不免感叹他鱼与熊掌能够兼得，在新、旧石器时代之间可以游刃有余！这一方面得益于安先生广博的学科知识、深厚的学术功底和很强的宏观驾驭能力，另一方面也受惠于安先生与裴老之间亦师亦友的特殊感情和连带着与古人类研究所建立起的密切关系。于是，画地为牢的格局被打破，中国史前考古学界闯出安先生这位特立独行、纵横驰骋的大家，新、旧石器时代考古学的纽带得以维系。

这样看来，安志敏先生对中国考古学的影响力，会很深远，很持久。

安志敏先生指导我研究
灵井中石器文化遗存

周　国　兴

（北京自然博物馆）

　　1962 年秋，我于上海复旦大学人类学专业毕业，被分配到中国科学院古脊椎动物与古人类研究所从事研究工作。1964 年下半年，我参加"四清"工作队来到河南省许昌市，我所在的分队主要活动在灵井砦。灵井砦是个小村庄，位于许昌市西北约 15 公里处。砦外西侧有个池塘，原是一个名叫"灵井"的古水井，上世纪 50 年代"大跃进"时期，它被村民挖深拓宽成为贮水池塘。

　　1965 年开春，"四清"工作队开展植树活动。一天清晨，我在灵井贮水池塘边上挖树坑时，突然感到铁锹下似碰到什么硬物，挖出一看，原来是一块乳白色的石英石，看看周围均为灰白色的粉砂质土，而这种砂土中似乎不应有这类岩石出现。当时看到这块石英碎片，脑子里突然联想起一件往事：早在 1921 年，瑞典学者安特生在北京周口店龙骨山考察时，正是碰上几小块石英石碎片，引起了警觉，从而导致了著名的北京猿人遗址的发现。现在从粉砂土中出现的这块石英石，是不是也会有点名堂呢？于是我就询问身边一位参加挖树坑的年轻社员："这里怎么会有这种石头，多不多？"他告诉我，当地人称这种石头为"马牙石"，还说这种石头别处不多见，倒是在这种砂土中时有发现。我随即问道："除了'马牙石'外，这里还有什么别的东西发现，譬如有没有'龙骨'？"此时我身边的另一位小青年说："有'龙骨'，不仅有'龙骨'，还有'龙齿'，我家就有。"

　　当晚，我就到说家中有"龙齿"的那位社员家里去查访。拿来"龙齿"一看，原来是马的下臼齿，石化程度相当深，上面还沾着黄色的细砂。当时我被分配的任务是抓青年工作，我就利用与青年社员频繁接触的机会，进一步了解情况，发现几乎家家都存有一点"龙骨"和"龙齿"，社员们说其可以做"刀枪药"。

　　此后，我就开始收集这些"龙骨"和"龙齿"，结果发现化石种类还不少。同时我还在池塘周围仔细搜查，不仅发现更多的石英石碎片，还找到不少黑色燧石质的碎石片，其中竟有人为加工的痕迹。特别是在社员的指引下，在池塘旁一社员家的菜园子里，发现一大堆当时挖水塘时残留下来的砂土。翻动这堆砂土，从中竟找到采用压削方法制作的典型细石器器物。在这堆砂土中找到了黑燧石质细石核和只有火柴梗大小的小石叶，还有动物化石遗骸碎片，包括鸵鸟蛋皮碎片，甚至还找到了胶结着细石器的骨化石。据社员称，这种富含石器和动物残骸化石的砂土堆积物来自地表下 10 米深处。那堆砂土的表层为橘黄色的细砂，下面压着的为灰白色粉砂土，如果按挖出时堆积的顺序，橘黄色细砂应在深处，上面覆盖的当为灰白色粉砂。

由于当时我是"四清"队员，对这些发现并未声张，只是独自悄悄地进行搜集。"四清"工作结束后，我们科学院的同志留下来进行"劳动锻炼"、"改造思想"。由于没有了"四清"运动的纪律约束，我就利用劳动之余去作进一步的考察和采集，几乎每天都有收获。考察过程中，我注意到灵井砦地区的地表深处常有相当厚的钙质结核层，有的地方胶结成板状，在这层钙质结核层之上，从未发现过含有细石器和动物化石的砂土堆积物。此外，在砦外有些隆起的岗地，社员们在上面挖红薯窖时，常常从中挖出属于新石器时代和早商时期的文化遗存，它们中间亦未发现那种典型的细石器器物，动物残骸中也没有在当地现已灭绝的种类如鹿、象、披毛犀的化石，所以从红薯窖中挖出的与地表下深处发现的不是一套东西。

回到北京后，我简单地整理了一下采集的石器标本，将我认为是最好的细石器标本挑出，首先送到我的老师裴文中教授那里，很快获得了他的确认，是典型的细石器！以后贾兰坡先生看了也认为是细石器无误，对此我感到非常兴奋，没想到，偶然的发现竟有如此大的收获！于是在裴老的指导下开始对中石器时代与细石器文化的专业知识进行补习，补习的众多文献中有裴老和安志敏先生已发表的文章，如：《中国史前时期之研究》[①]、《关于我国中石器时代的几个遗址》[②]、《细石器文化》[③]、《陕西朝邑大荔沙苑地区的石器时代遗存》[④]等。经过核查，发现细石器文化遗存最早仅发现于长城以北地区（如黑龙江扎赉诺尔、顾乡屯，新疆七角井子等），解放以后在陕西大荔的沙苑有所发现，打破了细石器文化只存在于长城以北的观念。如今在河南灵井砦也发现了细石器器物。灵井砦在黄河以南约 100 公里处，附近有淮河支流——颍水流过，表明细石器典型器物不仅跨越了黄河，甚至到达了淮河流域，在地域上，细石器文化遗存已进入中原地区，这在细石器文化发现史上不能不说是个突破。鉴于此，1966 年我以简讯形式《河南许昌灵井地区发现细石器材料》[⑤]将这重要发现披露于世。

灵井发现细石器的消息引起安志敏先生的重视，特抽出时间来我处考察标本。安先生对细石器文化的研究造诣很深，而且对陕西大荔的沙苑细石器进行过深入分析，在有关中石器时代的研究上取得了丰硕成果。于是我向安先生表露了要拜他为师，以灵井材料为基础，进行细石器文化与中石器时代的学习和探索的意愿，安先生欣然接受了我的请求，从此我就在安先生的悉心指导下，参照沙苑的石制品，对灵井细石器文化遗存进行鉴定与深入的分析研究。

与其同时，1966 年北京大学地质地理系学生郝守刚（现北京大学地球与空间科学学院教授）在东胡林村村西发现了村民修梯田挖出的人骨化石，我与尤玉柱到现场进行考察和发掘，发现了螺壳项链、骨镯及打制石器等石器时代的文化遗物。1973 年，我赴云南元谋参与发掘元谋人牙齿化石产地，不意在大那乌竟又发现了细石器器物，而且找到了制作工场，采集了甚多的标本。大那乌典型的细石器器物也首先获得正在元谋盆地考察的裴老的确认。所有于这些地点发现的材料，在整理与研究过程中均获得安先生的具体指导，而且研究报告也经安先生的审核后，先后发表在他主编的《考古》杂志，及以后创建的《北京自然博物馆研究报告》上：《北京东胡林村的新石器时代墓葬》[6]，《河南许昌灵井的石器时代遗存》[7]，《云南元谋盆地的细石器遗存》[8]。

事实上，无论许昌灵井、还是元谋大那乌，甚至北京东胡林发现的文化遗存，都牵涉到从旧石器晚期过渡到新石器早期，即"中石器时代"的原始文化问题。安先生对我的论断，即灵井细石器文化属中石器时代早期文化，大那乌细石器文化属地域性中石器时代文化，且细石叶制作技术有典型与非典型之分，而东胡林文化属新石器早期文化，都给予了充分的肯定。自河南灵井细石器器物发现之后，除体质人类学这一重点外，在先生安师的指引和教导下，开辟了我研究的新领域，"中石器时代"文化使我产生强烈的兴趣，遂成为我考察与研究的另一重点。

1982 年，在裴老指导下，北京自然博物馆与柳州博物馆合作，对 1956 年裴老等发现的柳州白莲洞洞穴遗址进行联合发掘，我具体领导了这次发掘和研究工作，并致力于新、旧石器时代文化过渡问题的探索，取得了突破性的进展。为"白莲洞文化系列框架"，即旧石器文化经由中石器文化向新石器文化过渡过程的识别与确立，为中国存在中石器时代文化提供了确凿的证据。1994 年，在柳州召开的国际学术研讨会上，这一重要发现和研究成果获得了与会学者的普遍承认和高度赞扬。安先生充分肯定了我们研究所获得的学术成果。1994 年 11 月 25 日下午，在接受柳州市电视台记者采访时安先生说："白莲洞给我留下了深刻的印象，为什么这么讲呢？因为对广西的山洞遗址过去写文章时引用过，但是没有看到过实物，这一次是第一次看到实物，收获就比较大。不是有那么一句话吗'百闻不如一见'，看到了以后收获就更大了。根据白莲洞的发现，可以解决旧石器时代晚期到新石器时代过渡的问题，这是一个很长的阶段，这在我们国家历史上是一个很重要的遗址，希望大家都能来共同宣传它。"

1994 年 11 月，在庆祝广西博物馆建馆 60 周年纪念会上安先生发言指出：

广西具有柳江人洞、白莲洞、大龙潭、豹子头等一大批很有影响的遗址，应该考虑把这些内涵一致的文化给予一个统一的名称，这个名称最好具备两个条件，其一是这个文化具有代表性、典型性；其二是裴文中先生在广西考察发现的最重要的遗址。

显然，安先生同意我们将白莲洞文化遗存中的代表性文化命名为白莲洞文化，因为白莲洞正是符合他所提出的这两个前提条件的唯一遗址！

1997 年，我开始筹划撰写和出版《白莲洞文化——中石器文化典型个案的研究》一书。此事获得了安先生和贾兰坡先生的支持，我曾意欲在成书之后，请安先生为之作序，然而，事与愿违，我在该书的后记中有如下的一段叙述：

更使人感到不胜悲痛的是，多年来一直指导和支持我从事中石器文化研究的安志敏先生也离我们而去。当他知道我正在撰写本书时感到欣喜并很为支持，我曾意欲在成书之后，请他为之作序。今年（指 2005 年）九月，当我将定稿打印成册准备送安师去审阅时，安师母在电话中却告之于我，安师的病体沉疴，我不忍打扰，请安师母转告我的慰问，祝愿安师早日康复，之后便南下广西去为出版本书而忙碌。真没想到，不久噩耗传来，安师已仙逝！然不幸之中的大幸，安师曾对白莲洞石器时代文化遗址的发掘与研究留下感言，现将之编撰在序言中，以告慰安师在天之灵。

安先生离开我们快五年了，可以告慰的还有，灵井遗址的发掘与研究，在河南考古界同志的努力下取得了可喜的成果，发现了年代较早的文化遗存。不辜负先生的引导，我在中石器时代与文化研究方面已取得长足的进步，不仅出版了《白莲洞文化——中石器文化典型个案的研究》一书，我的另一本书：《穷究元谋人——我的元谋盆地人类考古学研究 30 年记》也即将出版，其中有章节专门论证元谋大那乌细石器的属性问题（即第五章元谋盆地史前考古、第五节元谋盆地的细石器文化遗存），而且我将近些年来在中石器时代与文化研究方面已取得的成果，以该节的附录形式，作了一个简明的总结，其中包含我对灵井遗址新发现的部分评述（即我认为灵井存在中石器时代文化的论断，还一时难以动摇。所谓"上文化层"，实际上就是从旧石器文化到新石器文化的过渡层，即就是中石器时代的文化层）。现在我将这份附录献给安师，作为对老师谆谆引导于我以后的一份有关中石器文化研究的全面工作汇报。

附录

1. 细石器的起源问题

传统的细石叶（Microblade）技术是指使用间接取片法而获得小石叶的制作技术。

　　我在研究云南元谋大那乌细石器时，曾发现非典型的细石叶技术，它不是采用间接法，而是运用直接砸击小石核的边缘的技术可以取得器形与大小几乎完全相近似的器物，其器形之细小确实可谓"细石器"，这种细石叶技术可谓"大那乌技术"（图一）。用"大那乌技术"产生的石核和石叶，与北方和中原地区细石器中的短身圆锥石核及细小石叶极为相似。元谋这种细小石叶除作为镶嵌部件外，是无法手持使用的；而且在大那乌细小石器的组合中，同时存在使用间接法的小石核与小石叶。所以在考虑大那乌细小石器组合的性质时，它应属"细石器"范畴，它们是"原始型细石器"。"大那乌文化可能是在我国西南地区发展起来的区域性细石器文化"，亚洲大陆的细石器技术可能存在典型与非典型两种类型。

图一　大那乌细石器直接剥片的细石核与细石片

　　国内有些学者认为典型的细石器文化可能起源于华北地区；而元谋盆地非典型的细石叶技术，虽然我最初推测可能起源于滇中地区。然而，根据 2003 年我在考察加拿大安大略皇家博物院收藏的西亚地区细石器标本（图二）时，竟发现与元谋十分接近的同类器物，我怀疑两者之间是否存在内在的联系。也就是说，滇中地区存在西来因素与否的问题，这是一个值得深入研讨的课题。

图二　西亚地区细石器标本

　　此外，尚有一类很小的石器，系利用优质石材如黑色燧石、玛瑙等制作的精致小型石器，不但出现在广西的部分洞穴遗址内，在江西、福建、湖南、四川、云南和贵州一些遗址中也有发现。它们常被部分学者（包括国外学者）称为"细石器"，但它并非真正的细石器，不应与典型的细石器相混淆，它们亦与元谋大那乌细石器明显有别。它们应是旧石器时代晚期石器趋小化的产物，由于石材多为燧石，不妨称它们为"燧石小石器"，以区别典型的"细石器"，很可能由它导致以后细石器的产生。从大那乌细小石器的组合中似乎看到，由"燧石小石器"演进到非典型、亦为原始型的细石器，以后由之导致典型细石器产生的可行性。

2. 中石器时代与文化问题

对元谋盆地细石器文化遗存的研究，还是上世纪 70 年代的事。当时参照了上世纪五六十年代在陕西大荔发现的"沙苑文化"、在河南许昌灵井和西藏聂拉木发现的细石器文化遗存的研究成果，它们均拥有使用间接法制作的细石器器物（尤其是细石叶和细石核）。细石器与石片石器共存的现象以及不伴有磨光石器和陶片亦为这三处遗址所共有，而元谋盆地细石器文化遗存可与之比较，故将之初步鉴定为"中石器文化"。不难看出，当时依据的学理基础还是器物的类型学。当时我对河南许昌灵井和云南元谋大那乌这两处细石器文化的研究，是在安志敏教授亲自指导下进行的。

应该指出，中国史前时期是否存在中石器时代或文化，学术界有所争议，这是一个仁者见仁、智者见智的学术论题。我是相信存在中石器时代或文化的，我认为中石器时代就是从旧石器时代晚期向新石器时代早期过渡的时期。

上世纪 80 年代我及部分同事在裴文中教授指导下从事广西柳州白莲洞石器时代文化遗址的发掘与研究。对华南地区中石器时代或文化的研究，也就是对从旧石器如何过渡到新石器的研究，取得了突破性进展，创建了"白莲洞文化系列框架"，证实这个过渡时期、亦即"中石器时代"的真实存在。

什么是"白莲洞文化系列框架"？

研究表明，白莲洞石器时代遗址的堆积物厚达 3 米，其时间跨度自距今 36000 年至6000 多年，达 30000 年之久，内中包涵了五个文化层。这五个文化层可以构筑白莲洞文化系列的框架如下表，其中每一期文化又可分为 A、B 两段，代表早、晚两个阶段，反映器物类型出现顺序上的先后和所代表的不同的文化内涵：

白莲洞文化系列框架

文化分期	白莲洞第一期文化	白莲洞第二期文化	白莲洞第三期文化
构成	第 5、4 文化层	第 3、2 文化层	第 1 文化层
层位	西 7、5、4 层	西 3、1 层，东 6、4 层	东 3、1 层
文化阶段	旧石器时代晚期	过渡期（中石器时代）	新石器代早期、中期
各期文化分段	B A	B A	B A
时间跨度（距今）	30000～18000 年	18000～12000 年	12000～7000 年
典型器物	B 原始磨制品、细石器风貌燧石石器、箭镞 A 旧石器风貌打制石器、小型燧石石器	B 磨刃、磨端的制品、原始的制陶术 A 粗犷的砾石工具、原始的穿孔砾石	B 陶片 A 通体磨光石器，原始的制陶术

根据这一框架，揭示了本地区旧石器时代，经中石器时代发展到新石器时代的文化

轨迹，尤其是中石器文化的可能面貌：

1. 本地区中石器时代处于晚更新世~早全新世之交，时间为距今 18000~12000 年左右。其时，处于冰盛期的鼎盛期，并延向冰后期，乃至冰后期气温开始回暖这一时段。堆积物呈棕褐色，富集螺壳化石并夹有厚薄不等的钙华板。在这段时期，伴生哺乳动物群由大熊猫—剑齿象动物群向现代动物群转化，乃至现代动物群成为主体，并与复杂的植被构成广谱经济资源的生境背景。

2. 社会经济形态由发达的采集、渔猎等攫取性经济向原始农耕与动物豢养等生产性经济过渡，在后期已有原始农耕活动的产生。

3. 石器工业以粗犷的砾石工具与较精致的燧石小石器并存、局部磨制与钻孔技术产生、以磨刃石器与骨角器以及以穿孔砾石（重石）作为部件的组合工具的出现等，为本阶段石器工业的一大特色。重石中有从事发达的捕捞业与可能为原始农耕活动的工具。

4. 在此阶段，原始游群向定居聚落转化，多居住在临近水源的山麓洞穴里和岩厦下。

5. 因适应煮食蚌螺类软体动物的需要而导致原始制陶术的产生，目前已知华南地区最早的陶制品距今年代已超过 15000 年。

6. 对本地区中石器时代人骨的研究表明，在形态特征上常显示出蒙古人种与大洋洲人种混杂的现象，似表明两者基因交流的可能⑨。

人是文化的创造者，又是文化的携带者，不同人种基因的交流也意味着不同文化因素的交流与融合。所以，白莲洞遗址所代表的文化系列不是孤立的现象，在进一步研究中，必考虑外来因素的参与和影响。

顺便提及，以白莲洞文化为例，从旧石器文化向新石器文化过渡，即中石器时代似在距今 18000~12000 年间，虽然有学者认为其起始时间可推前至距今 20000 年前，例如，1990 年原思训等认为过渡期在距今 20000~10000 年⑩。童恩正教授在 1989 年《中国南方农业的起源及其特征》一文⑪中，也主张起始时间在距今 20000 年左右。不过也有学者认为起始时间应推迟到距今 15000 年前⑫。但是，我还是倾向于以距今 18000 年为佳。

白莲洞文化系列框架建立的意义何在？

我在《白莲洞文化——中石器文化典型个案的研究》一书中，对此作了如下的阐述：

上世纪 80 年代白莲洞石器时代文化遗址的发掘与研究，特别是白莲洞文化系列框架的提出，给石器时代考古学以很大的启发：

一是，认识到了喀斯特地区洞穴遗址的复杂性。

无论是堆积物的层位，还是堆积物中所包含的文化遗存、生物信息以及人化石等是演化过程的集合体，它是动态的。白莲洞遗址的时代最初被定为"旧石器时代晚期"，以后又被修订为"新石器时代"，其实这些判断都没错，只是片面了。现在证明了该遗址包涵了从旧石器、经中石器到新石器三个时代的文化遗存，而最初所依据的只是堆积物中局部的出土物因而作了片面的判断。这固然反映了所谓以类型学的时代判别标志的僵化做法，也更反映出早期学者对待一个遗址所蕴含文化演化的动态变化的漠视。现在看来过去那种以一个年代数据来代表一个洞穴内整个堆积物年代的做法已被质疑，而将全部资讯不分层位地笼统加以描述也不再可取。研究一个遗址，必须详尽分层、按层研究并加以综合梳理，识别其演化发展的轨迹，才能得出以较符合客观实际的结论。

二是，既然它是动态的，那么从一种形态转化到另一种形态，这个转化过程，也就是过渡阶段或中介阶段不是僵化片段的缀合、甚至凝固成某些点的聚合，而是流动的过程。

具体地说，"中石器时代"也应理解为是一个"过程"，在这个过程中新的文化因素不断产生和积累，这是一个由量变到质变的过程，每个新因素的产生，代表着部分的质变，直至最后新石器时代的确立。这个过程也是人类本身与环境交互作用的产物，人类在发展，是为现代类型的智人在演化，环境亦在变化。环境巨大的变化在某种程度上影响人类及其文化的发展，人在适应变化中的环境所产生的新文化因素又不断给予环境以反作用，所以这个过程也是人类文化生态的进化过程，它不仅要考虑人的因素，也必须考虑环境变化的因素，这就是我们考虑白莲洞文化系列框架中的中石器时代始于距今18000 年，正处于盛冰期的鼎盛时剧变之际的因缘。不言而喻，中石器时代实质上代表的就是一个人类文化生态的演化过程，它是新石器文化的摇篮。

三是，认识到要定义一个"文化"并不是由某单个因素或某种器物可决定，如凭陶片的有无来判别新石器文化、依据出现了细石器与否来厘定中石器时代，这都是极其片面的做法；而正确的做法应是综合考虑、多种因素结合才行。

然而，众多因素也不是均一的，而是有主、有次和从属的关系，其中首推的还是社会经济形态，简言之取食方式是也，是由攫取性转向生产性。经济是一切上层建筑的基础，而且新的需求产生新的手段。生产性的经济形态最基本的是农业，最初的农耕活动源于原始的采集活动，只有它成为基本生存手段和壮大到一定规模之后，真正的农业才算确立，而且它又与定居生活互为因果，至此就是新石器时代了。

四是，"白莲洞文化系列"是作为一个"框架"，就不能期待它完美无缺、面面俱到，而是有待于充实更多的内容，使之完善。中石器时代是一个过渡阶段，它既是旧石器与新石器文化诸因素相互消长的过程，更是人与自然环境交互作用的过程，生态环境的多样性、人类文化发展的不平衡性决定了这一文化框架内涵的多样性。这种多样性虽是客观的存在，但有时又因学者们不同的认知度所致使，故而无须去强求一致。应容许认知的多样性，不必急于追求认识上的共识。

这样，白莲洞文化框架的建立就给我们提供了一把很好的尺子，犹如地层学中的标准剖面图，用它去衡量华南地区其他同类遗址在旧、新石器时代演化过程中的地位。它是一个文化生态性质的标准剖面图，虽然它貌似僵化的地质剖面图，但实质是涌动生命历程的全景画。此外，利用这把尺子还可以作为参照，提供一个审视的新角度去考察其他地区，比如华北地区或是东南亚地区同期文化的特点。

上世纪 80 年代以来，我国学术界对中石器时代或文化的研究取得了很大的进展，虽然不都是用"中石器时代或文化"之名，但对旧、新石器时代演化过程的研究广泛地在进行，且取得了令人瞩目的成果，其中湖南道县玉蟾岩[13]与江西万年仙人洞和吊桶环等遗址最值得注意。

下面择要介绍之：

1998 年 9 月美国学者根据对江西万年仙人洞与吊桶环两遗址考古材料的综合分析，按着欧美的分期法，并参照了白莲洞文化系列框架将大源盆地的旧石器晚期到新石器中期，划分为旧石器时代晚期（Late paleolithic）的"扬子江期"（Yangtze phase），该期层位仅出现在吊桶环（或称 Wang）洞内；后旧石器时代（Epi - paleolithic）的大源期（Dayuan phase），其特点是无陶，但有可用作镰的双孔蚌器、小砾石制作的琢石（pecker）以及少量细石叶 microblades（？恐有误，存疑——引者）；原始新石器时代（Incipient Neolithic）的仙人洞期（Xian Ren phase），堆积物中的文化遗存并不丰富，但出现原始陶器为其特点；先新石器时代（Initial Neolithic）的王洞期（Wang phase），两洞均有此期堆积，但主要出自仙人洞，石器群中出现种稻谷的穿孔砾石（"挖洞重石"Dibble weight）。以后为新石器时代早期和中期（Early 、Middle Neolithic）的江西和万年两期（Jiangxi & Wan - nian phases）[14]。

2004 年 9 月出版的《农业考古》上发表有《第四届农业考古国际学术讨论会专稿》，其中有彭适凡、周广明两位专家撰写的专文，提出了与美国专家不尽相同的见解[15]。他们认为仙人洞与吊桶环两遗址的古文化遗存可划分以下四个文化期：

第一期文化

旧石器时代晚期文化，只见于吊桶环下层，[14]C 测年距今约 23000 年左右。主要出土形体较小的石片石器，还有少量骨角器和一些兽骨等。发现数量很少的野生稻形态的植硅石。

第二期文化

中石器时代（或称旧石器时代晚期之末）文化，包括吊桶环中层文化和仙人洞下层文化的诸地层及遗迹，[14]C 测年距今约 20000 年到 15000 年。除出土有小型石片石器外，开始出现大量的大型砾石石器。属这一时期吊桶环的 G 层，出现大量的野生稻植硅石，却未见人工驯化稻的植硅石。

第三期文化

新石器时代早期最早阶段，包括吊桶环上层和仙人洞上层文化早段的诸地层和遗迹。^{14}C 测年距今约 15000～12000 年。这期的主要文化特征是：

石器工业中大量的是大型砾石石锤和砾石穿孔重石，小型石片石器更趋少见，特别是磨制和穿孔技术的出现。骨、角、蚌器全面地应用在生产和生活中，如仙人洞出土的骨鱼镖具有较强的杀伤力，是适合捕捉大鱼的一种复合工具。

不仅仍发现有野生稻植硅石，并且开始出现人工栽培稻的植硅石，这表明此时的稻作农业已经产生，已完成了从以采集野生稻为主的攫取性经济向以人工栽培稻为主的生产性经济的转化过程。同时，仙人洞人也随之发明了陶器。

第四期文化

新石器时代早期偏晚阶段，包括吊桶环上层和仙人洞上层文化晚段的诸地层和遗迹，^{14}C 测年距今约 12000～9000 年。这期的主要文化特征是：

石器工业仍为大型砾石石器和穿孔重石，细小石器已完全不见。发现一些磨制较精的磨棒和砺石（实是磨盘）等谷物加工工具。骨、角、蚌器加工更精，种类更多，如进步的骨质矛形器出现。还出现了磨制精细的作为装饰品的圆形蚌饰品。

这一时期栽培稻的植硅石的数量比以前增多了，表明其稻作农业已有一定的发展。陶器制作技术有进一步提高。

我将大源盆地文化分期的两种见解与白莲洞文化系列框架作了对比：

根据这一比较，综观美国学者的见解，大源盆地与白莲洞两个文化系列无论在文化分期上，抑或绝对年代的界定上均有可相比之处：

首先，对于排在首尾的旧石器时代的晚期和新石器时代中期，两者的距今年代几乎一样：旧石器时代晚期结束于距今 18000 年左右，而新石器时代中期始于距今 8000 年前。

其次，自距今 18000～8000 年的 1 万年间，两者均划分为几个文化期（或段）。其间，大源盆地有后旧石器时代、原始新石器时代、先新石器时代和新石器时代早期之分。值得注意的是它的后旧石器时代（有些学者以它替代"中石器时代"）与原始新石器时代相当于白莲洞文化系列中的过渡期即中石器时代，并且与后者的 A、B 两段相对应，很有意思的是这段时期两者都结束在距今 12000 年左右。

不过这两者在某些方面还是有一定差异的。因为在一般概念中"后旧石器时代"意味着旧石器时代的衰落或终结期，原始新石器时代表示新石器时代的肇始，这样分成两个截然的阶段就看不出两者的消长关系，实际上两者是共存于一体逐步消长而演化的，随新文化元素的产生而旧有的被替代是不间断的。

大源盆地文化分期的两种见解与白莲洞文化的对比

大源盆地（距今）（R. S. MacNeish 等）		白莲洞文化（距今）	大源盆地（距今）（彭适凡、周广明）
6500 年 新石器时代中期（4）	万年期	（新石器时代中期） 白莲洞文化三期（B）　第一文化层（东一层） 6880±125 年	
8000 年 新石器时代早期（3）	江西期 8825±240 年 （双孔蚌镰）		
9600 年 先新石器时代（2）	王洞期 10870±140 年 （穿孔砾石"挖洞重石"）	（新石器时代早期） 白莲洞文化三期（A）　第一文化层（东三层） *10840±580 年	第四期 新石器时代早期晚段 （12000～9000 年）
11800 年 原始新石器时代（1）	12800 年 仙人洞期 12530±140 年 （原始陶器）	12000 年 ［中石器时代（过渡期）］ 白莲洞文化二期（B）　第二文化层（东四层） *13170±590 年	第三期 新石器时代早期早段 （15000～12000 年）
13500±800 年 后旧石器时代	大源期 *15180±90 年 （双孔蚌镰、无陶、琢石）	白莲洞文化二期（A）　第三文化层（东六层） *14240±230 年 （西三层中部） *17930±410 年	第二期 中石器时代或旧石
17000±1000 年 旧石器时代晚期 40000±5000 年	17000 年 扬子江期 *17040±270 年 *19770±360 年 *24540±430 年 （单孔蚌镰和细石叶）	18000 年 （旧石器时代晚期） 白莲洞文化一期（B）　第四文化层（西四层） 顶部 19350±180 年 底部 25920±625 年 白莲洞文化一期（A）　第五文化层（西五、七层） 36000～28000 年	器晚期之末 （20000～15000 年） 第一期 旧石器时代晚期 （23000 年）

* AMS 法测得数据。

　　值得提起的是，彭、周两位提出了在大源盆地史前文化中存在一个明确的"旧石器时代向新石器时代过渡"的阶段，即存在"中石器时代"（或称"旧石器晚期之末"），这在认识上无疑是一大进步。他们把这一过渡的时间，提前到距今 20000～15000 年前，并认为其特点是"出现小型石片石器与大型砾石石器并存的局面。未见有原始陶器，也基本不见磨制石器……出现大量的野生稻植硅石，却未见人工驯化稻的植硅石"。不过令人困惑的是，在这个第二期文化中却不见旧石器时代向新石器时代过渡的明显的实质内容，我认为倒是第三期文化反映了这个过渡期的特点。这也是对中石器时代的另一种说法吧。

　　华南地区中石器文化研究的成果，无疑对考虑我国其他地区的中石器文化是有重要意义的。

那么中国北方的中石器文化的内涵究竟如何？

对照白莲洞文化系列框架，华南地区的中石器文化仿佛是以（采集活动中发展起来的）原始农耕活动带动起来的一场巨大变革。那么北方呢？不少学者强调细石器工业的极端重要性，认为发达的细石器与狩猎活动密切相关。还认为，发达的狩猎活动会导致动物的驯养，首先是狗。狗的驯化最初并非为提供肉食来源，而在于它是狩猎的活工具，同时也成为防身守护家园的仆从。用细石叶加工的箭镞是十分有效的远程杀伤武器，以后发展为磨制箭头。细石叶镶嵌的骨质短刀是十分锋利的武器，可用来处理猎获物；同时细石叶镶嵌的组合工具也可作为镰刀，是收割农作物的工具，所以细石器也可能用做农活。

不妨作一简单回顾：

早在 1957 年考古学者安志敏与吴汝祚在《考古学报》上发表《陕西朝邑大荔沙苑地区的石器时代遗存》一文。沙苑遗存发现于 1955 年，在该地区沙丘一带共有 15 处地点找到石制品，研究表明，细石器是与石片石器伴生的。由于文化遗存中不见陶片，安等将之视作中石器时代和新石器时代初期的产物。

1978 年安志敏教授在《考古学报》发表《海拉尔的中石器遗存——兼论细石器的起源与传统》一文[16]。宣称在此处发现 16 个地点，其中 13 个地点有石器，石器组合中有细石器、石片和砾石石器，被判断为距今 9000 ~ 8000 年的中石器时代遗存。

1978 年考古学者王建、王向前等在《考古学报》发表《下川文化》一文[17]。该遗址发现于 1970 年。据称，在距今 36000 ~ 13000 年之间的 16 处地点发现石制品数千件。可观察的近 1800 件标本中，细石器占大多数，并伴有少量粗大石器。细石器组合中几乎包括了所有典型器物。该石器工业分布不限于下川盆地，在邻近二三十公里范围内均有分布，被定位在旧石器晚期的后一阶段。

1985 年，学者葛治功、林一璞等在《东南文化》创刊号上发表《大贤庄的中石器时代细石器——兼论我国细石器的分期与分布》一文[18]。大贤庄位于江苏省东海县西北，它的西边紧贴南北走向的马陵山，再西有沭河流经。1978 年林一璞曾在马陵山山顶采得一件典型的细石器器物：船底型石核，遂引发出该地区以后一系列细石器的重要发现。该文是对 1979 年 10 月底考古训练班在此实习时采集到的 252 件典型细石器的分析研究，最后对中国细石器的分期与分布作了论述。他们将中国细石器划分为三期：1. 早期细石器，时处旧石器时代晚期，是与灭绝种动物化石共存的"雏形细石器"，以峙峪、小南海、水洞沟、灵井等为代表，绝对年代距今 28945（峙峪）~ 13075（小南海）年。2. 中期细石器，为没有绝灭种动物化石和早期陶片伴出的中石器时代细石器，又称为"典型细石器"，以下川、虎头梁、海拉尔、沙苑、西樵山、聂拉木、元谋、七角井等为代表，绝对年代为距今约 16400（下川）~ 10000 年前后。3. 晚期细石器，为新石器时代及其后的"标准细石器"或称"发达的细石器"。距今10000年以后诸新石器时代，直至汉代有关遗址。在此文章中，他们强调以间接法制作的"典型细石器"出现在中石器时代，没有陶器伴生，绝对年代在距今16000～10000年之间。

1999年安志敏教授发表《细石器的一百年》一文[19]。在该文中，安志敏认为提"细石器文化"不妥，因为细石器属于许多不同的考古学文化，故可暂时搁置，而代之以"细石器工艺传统"或"细石器传统"。作者对细石器在中国的发现史作了历史性回顾，并分别对中原、北方草原、华南三地区加以综述。安志敏认为细石器的起源应以黄河中下游的中原地区为中心并对周边地区产生深远的影响。还认为它出现于新旧石器时代之间，具有过渡阶段的形态，因而往往把细石器作为中石器时代的标志。

学者刘景芝据此认为，华北在旧石器时代向新石器时代过渡时期，细石器工业成为这一地区的主要工业体系，其特征表现为：

一、细石器工艺技术不仅存在锤击法、砸击法等直接打制技术，而且已由直接打制技术发展成间接打制技术，这是细石器工业兴盛的重要技术因素，生产出来的标准化细石叶，制作出典型的细石器及复合镶嵌工具；

二、细石器的加工普遍采用压制技术，这是细石器工业中制作石器的典型技术，这种技术多出现在尖状器、石镞、斧形器和锛形器等石器工具上；

三、软锤（包括骨锤、木锤和角锤）技术不仅广泛运用于打片技术上，而且在石器的加工技术上也得到了应用；

四、标志着复合工具兴盛和狩猎经济发达的石镞工具普遍出现；

五、磨制技术已经出现，表现在石器某些部位的磨制和骨角器的磨制；

六、钻孔技术已经产生，主要表现在装饰品和骨器上；

七、标志着捕鱼经济发展和人类行为进一步提高的具有专门用途的骨器，如骨鱼叉、骨针和骨珠等出现；

八、标志着狩猎采集经济已开始向原始农业畜牧经济发展的打制石斧、石锄和石镰等石器工具出现。

此外，刘景芝还认为：细石器文化出现在旧石器时代向新石器时代过渡的时期，这种细石器文化承前启后，它是旧石器时代"小石器文化传统"的继承和发展，又是北方某些新石器时代文化的源流。然而，这种细石器文化又不同于旧石器时代的石器文化传统，也不同于新石器时代的石器文化传统，因此"这种细石器文化表现出高度的独特性，具有划时代的意义"[20]。

以上为具有代表性的有关我国北方中石器时代，亦即"旧石器时代向新石器时代过渡的时期"研究的论述。显然诸家都强调了"细石器工业成为这一地区的主要工业体系"（刘景芝语），"它出现于新旧石器时代之间，具有过渡阶段的形态，因而往往把细石器作为中石器时代的标志"（安志敏语）。然而，我在白莲洞文化的研究中发现，仅仅强调细石器工业是远远不够的，应该将"中石器时代"理解为是一个"过程"，在这个过程中新的文化因素不断产生和积累（新石器时代所具备的四个要素是：磨光石器、陶器、原始农耕和原始豢养）。这是一个量变到质变的过程，每个新因素的产生，都代表着部分质变，直至最后新石器时代的确立。而且，研究一个遗址，必须详尽分层、按层研究并加以综合梳理，识别其演化发展的轨迹，才能得出比较符合客观实际的结论。

如此来考虑元谋大那乌细石器文化遗存时就发现问题甚多！这些文化遗存多发现在风化壳上，从河边台地延伸到牛肩包高阶地，而且发现地点近十处，能将它们作为一个整体而没有时代上的先后？再者，仅就典型细石器的出现就可作出"中石器时代"的判断吗？显然还有大量的工作要做！不仅是元谋这一地点，我看沙苑、海拉尔、下川、大贤庄等都存在同样的问题。

3. 大那乌细石器与灵井细石器

元谋大那乌地处我国西南地区，跟北方似乎扯不到一块，不过很奇怪的是大那乌细石器文化遗存中的许多器物竟与河南灵井细石器同类器物十分相似（图三）。

图三　大那乌细石器（上）与河南灵井细石器（下）

河南灵井地处中原地区，是北方地区的南缘地带。河南灵井的细石器研究也碰到同类困局，它系采集而非发掘所得。所幸，事隔40年后，竟获得发掘原产地的机会，新的发掘获得了地层剖面的详情，获得大量遗物，实证了该遗址是华北地区文化遗物和埋藏信息最丰富的石器时代遗址之一。

我是抱着欣喜的心情看待这次发掘的，因为我一直呼吁要对灵井遗址进行发掘，否则对灵井细石器遗存的确切年代与文化遗存的性质不能作出严密的判断。

河南灵井遗址自发掘以来，媒体上报道不断，每每有惊人的发现。据报道，发掘与初步研究表明，灵井遗址是"以泉水为中心，包括湖相、漫滩相（湿地）堆积物为背景的旧石器时代晚期遗址，是人类狩猎、肢解动物、加工兽皮、石器、骨器的工作营地，属原地埋藏类型"，我为无意之间发现这一重要遗址感到庆幸和由衷的高兴！在尚未见到正式报告时，我依据报刊上的报道，在即将付印的《白莲洞文化——中石器文化典型个案的研究》一书中，表达了以下的意愿：

根据以上的最新报道，我们十分高兴地看到河南省文物工作者在该遗址取得了重要成果，可贺可喜。新的发掘获得了地层剖面的详情，获得大量遗物，实证了当初有关文化遗存年代的判断。该遗址是华北地区文化遗物和埋藏信息最丰富的石器时代遗址之一。如果以白莲洞文化系列框架的标准来对照新发现的文化遗存，特别是局部磨制技术的出现，进一步证实了灵井文化的过渡性质。它对于探索我国北方地区，包括中原地区，旧石器文化如何转化为新石器文化具有重要意义，灵井遗址的最重要价值也就在于此。希望后来的研究者要有宽阔的视野、发展的眼光、与时俱进的观念来对待、来探索这一重要遗址，而不要将这极有价值的重要遗址置于平庸的一隅[21]。

注 释

① 裴文中：《中国史前时期之研究》，商务印书馆，1948 年。

② 安志敏：《关于我国中石器时代的几个遗址》，《考古通讯》1956 年第 2 期。

③ 安志敏：《细石器文化》，《考古通讯》1957 年第 2 期。

④ 安志敏、吴汝祚：《陕西朝邑大荔沙苑地区的石器时代遗存》，《考古学报》1957 年第 3 期。

⑤ 晓平：《河南许昌灵井地区发现细石器材料》，《古脊椎动物与古人类》1966 年第 10 期。

⑥ 周国兴、尤玉柱：《北京东胡林村的新石器时代墓葬》，《考古》1972 年第 6 期。

⑦ 周国兴：《河南许昌灵井的石器时代遗存》，《考古》1974 年第 2 期。

⑧ 周国兴、张兴永：《云南元谋盆地的细石器遗存》，《北京自然博物馆研究报告》，第 5 期，1980 年。

⑨ 周国兴：《白莲洞文化——兼论华南地区的中石器时代》，《北京自然博物馆研究报告》，第 40 期，1986 年。

⑩ 原思训、陈铁梅等：《阳春独石仔和柳州白莲洞遗址的年代测定》，《纪念北京大学考古专业 30 周年论文集》，文物出版社，1990 年。

⑪ 童恩正：《中国南方农业的起源及其特征》，《农业考古》1989 年第 2 期。

⑫ 袁家荣：《华南旧石器文化向新石器文化过渡时期的界定》，《中石器文化及有关问题研讨会论文集》，广东人民出版社，1999 年。

⑬ 袁家荣：《湖南道县王蟾岩遗址》，《历史月刊》1996 年第 6 期。

⑭ Richard S. MacNeish, Geoffrey Cunnar *et al.*, *Re-Revised Second Annual Report of the Sino-American Jiangxi (PRC) Origin of Rice Project*. Andover, MA. 1998.

⑮ 彭适凡、周广明：《江西万年仙人洞与吊桶环遗址》，《农业考古》2004 年第 3 期。

⑯ 安志敏：《海拉尔的中石器——兼论细石器的起源和传统》，《考古学报》1978 年第 3 期。

⑰ 王建、王向前：《下川文化》，《考古学报》1978 年第 3 期。

⑱ 葛治功、林一璞：《大贤庄的中石器时代细石器——兼论我国细石器的分期与分布》，《东南文化》1985 年

创刊号。

⑲ 安志敏：《细石器的一百年》，《中石器文化及有关问题研讨会论文集》，广东人民出版社，1999 年。

⑳ 刘景芝：《华北旧石器时代向新石器时代过渡时期文化初探》，《中石器文化及有关问题研讨会论文集》，广东人民出版社，1999 年。

㉑ 周国兴：《白莲洞文化——中石器文化典型个案的研究》，广西科学技术出版社，2007 年。

安志敏先生教我们学习中国新石器考古学

杨　泓

（中国社会科学院考古研究所）

　　我在 1953 年糊里糊涂地以第二志愿考上了北京大学历史系，到分专业时又迷迷糊糊地选了考古，从此踏上了成为考古学徒的漫长的已经超过半个世纪的行程。我们在北大学习时是很幸运的，当时得到多位知名学者的教导，仅举讲考古学基础课的老师：旧石器考古学由裴文中先生和贾兰坡先生分别讲授，安志敏先生讲新石器时代考古学，郭宝钧先生教殷周考古学，秦汉考古学课的老师是苏秉琦先生，魏晋隋唐直到宋元考古学由宿白先生讲授。其余的专题课，宿先生讲古代建筑，阎文儒先生讲石窟寺艺术和考古学史，唐兰先生讲古文字学，林耀华先生讲原始社会史和民族志，徐邦达先生讲古代绘画，傅振伦先生讲博物馆学。考古技术的照相、绘图、测量和器物修整由中国科学院考古研究所的赵铨、郭义孚、徐智铭和钟少林几位分别授课。由于许多先生刚刚接受了比我们高一班（1952 年入学的一班，也就是徐锡台、魏树勋、王世民、张忠培那一班）的同学自发地"热情"的"批评帮助"，因而心有余悸，如郭宝老走到我们班上课的教室后，第一句话就先检讨"本人马列主义水平不高"，请同学多加包涵。但大多数先生没在乎那次同学的批判，依然满腔热情地给我们班授课，安志敏先生就是其中的一位。这些著名的考古学家有的很会讲课，如裴老语言幽默，能将枯燥的世界旧石器时代考古讲得生动而引人入胜；也有的先生授课严肃认真，特别是宿白先生的魏晋隋唐考古，讲稿在备课时都已写好，宣读得很快，学生听讲时必须全神贯注，才能赶得上记笔记。也有些先生不太会讲课，如老苏公的秦汉考古，正如徐苹芳在回忆文章所述："说老实话，他并不擅长课堂讲授，讲着讲着就离了题。"[①] 上课时只需记老苏公最开始讲的几句话，以后就可以合上笔记本听他随意发挥了。安志敏先生是其中讲课最卖力气的先生，授课时声音洪亮，似乎使出全身气力，安公那时已微微歇顶的额头上总会沁出晶莹的汗珠，对同学负责认真。

　　半个世纪过去了，回忆当时安公讲授新石器考古课的内容，除了概要介绍直到 20 世纪 50 年代初中国大陆关于新石器时代的考古发现及有关成就外，对学生以后从事考古工作最有启发意义的主要有以下几点：

一、反复向学生阐明什么是"考古学文化"。通过对"仰韶文化"和所谓"彩陶文化"、"龙山文化"和所谓"黑陶文化"的分析等，说明考古学文化的发现和命名的原则。告诉学生考古学中的"文化"，主要用于没有文字记载的原始社会阶段，与一般用语中的"文化"不同，是一个学术上的特殊用语。通俗说是在某一类型的遗址里共同出土的一群有特征的东西（特定类型的建筑址、墓葬，以及工具、日用器物、装饰品和特定的工艺技术），综合在一起，就可称为一种考古学文化，通常用首次发现的地点来命名②。他还告诫学生切不可简单地把考古学文化与古史传说中的人物或"族"生硬联系，那样"往往是靠不住的"。

二、向学生讲授关于考古层位学的基本知识，告诉学生层位学是科学考古发掘和研究的基本方法。主要举的事例，是 1931 年梁思永先生在主持发掘河南安阳后冈遗址时，发现仰韶文化、龙山文化和商文化的三叠层③，第一次从地层上判定三种文化年代关系这一关键问题，在中国考古学史中占有的重要位置。也举出 1944 年夏鼐先生发掘甘肃宁定阳洼湾齐家文化墓地时，从填土中发现仰韶文化陶片，第一次从地层上找到仰韶文化早于齐家文化的证据④，进一步揭示了缺乏地层根据的安特生"六期"说的错误。

三、告诉学生新石器时代诸考古学文化不是互相孤立的，因而要在依据层位学、年代学的分期研究的基础上，进行分区研究。囿于 20 世纪 50 年代初考古发掘资料的局限，当时还只能分为中国北部、黄河中上游、黄河中下游、长江流域、长江以南等地区，并重点讲解了当时资料较多的黄河中上游和黄河中下游两个地区主要分布的仰韶文化和龙山文化。由于那时对考古学文化的分区研究还处于初始阶段，安公当时比考古界其他诸公在学术上早迈出了一步，他立即将其向学生讲授，并反复告诫学生以后在工作中要认真深入地进行分期、分区研究。同时也指出分期、分区研究只是考古学研究的手段，并不是考古学研究的目的，不能沉迷于其中。

四、告诉学生所有的新石器时代文化都是在不断地发展、变化，当吸收了和它有接触关系的文化后，往往形成具有新内容的另一种文化。甚至于每一种文化的各项因素，常是一种复合的产物，也不是单纯不变的。因此在以后的工作中，必须注意用发展的眼光去探索研究，要不断发现新事物，研究新问题。

综上所述，安公向学生讲授新石器考古时，特别注重传授有关新石器考古学的基本研究方法，以及当时属于学术前沿的研究成果，使听他讲课的学生受益良多，所以那几年（1953 ~ 1957 年）⑤接受他启蒙教授新石器考古的北大学生中，后来走出了许多从事新石器考古的名家，自是不争的事实。

1958 年我离别北京大学被分配到中国科学院考古研究所（今中国社会科学院考古研究所），从此有幸能与安公和苏公等教过我的老师在同一研究单位工作，也得到更多与安公接触的机会。特别是 1972 年他主持考古刊物编辑工作以后，更得到与他同在编辑室工作的机会。也对安公那耿直的性格、敬业的精神和平易近人的态度有了更多的了解。

安公性格耿直，胸无城府，直来直去。也就是北京俗话所谓"直筒子脾气"，但有时遇事不假思索、不注意策略。举一件日常生活小事为例，为迎接新中国建国十周年，1959 年初在中国科学院考古研究所召开了全国各省市考古工作者参加的编写《十年考古》⑥座谈会，尹达所长作《组织起来，大家动手，编写〈十年考古〉》的动员发言⑦，以后成立了按时代组成的编写组，其中石器时代考古组由安公负责，谢端琚、郑乃武参加。魏晋以后考古组由宿白先生负责，徐苹芳和我参加。两个组的办公地点在当时考古所编辑室前院南侧两间相邻的小房间，中间只隔有轻质的隔墙，如果大声说话隔壁就可听清。一天休息时闲谈，宿先生讲起在第一届考古工作人员训练班时，蒋若是曾经说他们老家管铜鼓上装饰的蛙叫"麻怪"，所以当时大伙开玩笑用"麻怪"起外号，管安公叫"东洋麻怪"。还笑着向我们说：不信我隔墙大叫"东洋麻怪"，老安一激动准会过来。说着他就隔墙高叫："东洋麻怪"！没叫两声，只见安公拉门进来，气冲冲地质问宿先生："你要干什么？"一见我们大笑，自知上当了，气也消了，也和大家一起大笑。平时生活中如此，遇有学术方面的问题，他也常是如此，总是立即态度鲜明地阐释自己的看法，从不顾及对方的面子问题，因之有时缺乏点策略，弄得自己陷得有一点被动。在 1960 年有这样一件事，文物出版社出版了四川省博物馆编的《四川船棺葬发掘报告》⑧。那年头极重视政治学习，所里老专家诸老诸公编在一组，一次开会学习后大家顺便谈起那本新出版的考古发掘报告，一致认为当时正式发表的田野考古发掘报告极少，四川的同志能及时编成报告出版，是值得欢迎的事。但是那本报告有一些明显的缺欠之处，与考古报告的学术要求相距较大，应该批评。其他诸位在一起议论后也就算了，只有安公是认真的，会后立即写出一篇言辞颇显严厉的书评，送《考古》杂志要求刊出。那篇书评署名"逊时"，刊登于《考古》1959 年第 7 期⑨。在书评中列举了该报告中关于器物分式的问题，地图、插图、图版及附表的缺陷，以及关于墓向描述的问题，都涉及报告编写的学术规范，指出这些缺陷之处，不仅对作者有帮助，更对他人再编写报告时起借鉴作用。但是文中用语却过于严厉，说该报告在"编写方法上还存在着某些基本缺陷"。最后，书评中还对该报告关于"船棺葬"族属问题的论述提出质疑，指出"考古学文化只是考古学遗迹中共同体的具体反映，还不能马上肯定为传说中的某个部族或国家（当然经过审慎的考订以后，也可以指出其与某个部族或国家相当）。如果能采用考古学上命名的原则，以首次发现的地点作为文化命名，会比笼统地称为'巴蜀文化'或'巴文化'要好得多。"虽然书评中说"这只作为一个问题提出来，希望能引起讨论"。但是书评刊出后，对于沉浸在报告出版后的成就感中的四川同志确实引起不小的震动，反映之激烈超出月刊编者的想象。消息传到北京，出于照顾地方同志情绪的考虑，考古所的一位年轻人挺身而出，又在《考古》月刊上发表另一篇对《四川船棺葬发掘报告》的书评，在标题上还加上"兼评逊时同志的书评"的附题⑩。该文重点之一是引述徐仲舒的《巴蜀文化初论》等论文，从地望上看报告编者据此推断冬笋坝的船棺葬"应与巴人有密切关系，或者为当时巴人的墓葬"，"是很精当的"。主张"以首次发现的地点作为文化命名"，一般用于没有文字记载的原始社会遗存。"至于有文字记载的考古遗存，则应以所属部族、国家或时代来命名"。但也要经过考订以后且证据可靠。重点之二是作者认为这本报告"在编写方法上虽然存在着某些缺点，应该说基本上是比较全面地报道了资料。"作者认为"逊时"书评对报告"在编写方法上还存在着某些基本缺陷"，"总的缺点是偏重于资料的考证和推论，而对于考古报告的重要组成部分的遗迹现象、器物分析等却显得十分不够"的批评不对。不过他在文中又进一步指出报告中的各种缺陷，还把具体问题列出多达十二项，均系明显"硬伤"。这篇书评的书评刊出后，是否抚慰了该报告作者的情感，不得而知。时过境迁，撇开"巴蜀"问题不谈，当年"逊时"书评的对田野考古发掘报告编写水平的严格要求，对此后报告的编写者的警醒作用还是十分明显的。

如前所述，安公对《四川船棺葬发掘报告》的批评曾引起小小的波澜，不久他主编的黄河水库考古报告之二《庙底沟与三里桥》于1959年9月出版⑪，却开启了上世纪60年代初中国史前考古学的一次广泛的学术讨论，中心议题就是庙底沟类型的彩陶与三里桥仰韶文化遗存的性质。有关文章陆续刊登在《考古》和《考古学报》上，一些中青年学者借此在学术论坛上崭露头角，吴汝祚、杨建芳、马承源、方酉生、张忠培、严文明、曾琪等先后表述了自己的研究成果。安公自己也态度谦虚地积极参加讨论，还曾发表过回答杨建芳的《关于庙底沟仰韶彩陶纹饰分析的讨论》一文⑫，为方便大家讨论，还补充了原报告中没有发表充分的部分彩陶片的坑号。

安公也以同样的直率而负责的态度为考古刊物审阅来稿。在上个世纪50年代，或许因夏作铭先生早年曾从参与《清华书报》的编辑工作获益匪浅，所以主张研究人员最好都要经过编辑工作的训练，或参与编辑工作，至少要为刊物审阅来稿。自我在50年代末参加考古所编辑室的工作以来，安公一直是当时所内老专家中除夏作铭先生外，对送去的稿件审阅得最及时、认真、负责的一位。同时安公也和夏作铭先生一样，对所外的作者特别是一些县以下工作单位的青年作者，总是仔细地批阅，还提出仔细的并且可行的修改意见，帮助那些地方同志得到提高，不仅使他们的稿件得以发表，而且能够通过对稿件的修改在学术方面有所提高。到1972年，安公从在河南息县的"五七干校"调回北京，领导当时编辑室的人恢复考古刊物的出版工作。此后较长的一段时期，安公就不仅是审阅稿件，而是具体参与《考古》和《考古学报》的编辑和出版工作。我从干校返回考古所后，安公在徐保善同志的建议下，1973 年让我再回编辑室工作。此后有相当长的一段时间，与安公和黄展岳、周永珍、徐保善、徐元邦、刘勋、曹延尊几位共处一室，形成一个极其融洽的工作集体。安公最年长，学术地位也最高，但他处事直率认真，与大家平等相处，没有一点架子，当时室内的民主气氛浓厚，遇到对稿件处理与他有不同意见时，常会争得面红耳赤，安公并不在乎，只要你坚持得对，最终他总会采纳大家的意见。但由于安公生性直率，平时不怎么多注意修辞，所以编辑室外的人看来，他有些令人生畏。同时因为他主要负责考古刊物，所以地方的同志又怕他、又容易把对编辑部的一些意见全集中到他一个人身上。记得在 1975 年，我们因为看到内蒙队刘观民他们从赤峰敖汉旗大甸子墓地挖出的保存完好的彩绘陶器，外观很是漂亮，想弄两个彩色图版放在《考古》上给刊物提提神，不料刘观民因为受到一位反对重要考古发现先发表考古简报的先生的影响，并不愿意写简报，费了挺大劲才动员他让刘晋祥执笔写了个不到三页的小简报，勉强给了四张彩绘陶的照片，后来发表在《考古》1975年第 2 期[13]。小简报发表后，立刻招得辽宁郭大顺他们大有意见，情绪颇大，原来他们曾送到《考古》一篇 1972 年春发掘辽宁北票丰下遗址的简报，其中就报道了同样时代的彩绘陶器残片，于是认为是安公故意压下他们的文稿，为了先发考古所的简报以抢得对那类彩绘陶器的"发现权"。其实当时想发那两个彩版真与安公没什么关系，加之那时因室内分工的关系我也真不知道有一篇辽宁稿子里有过那个时代的碎彩绘陶片。怎么解释人家的矛头还是指向安公。为了安抚辽宁的同志，补救的办法就是尽快再把那篇丰下简报[14]早日发排。对于这类事情，安公从不说其他同志，只是自己默默地承担一切，大家说起时他也只是无奈地笑笑而已。

经过在考古所编辑室共事的一段经历，更与安公建立了超越一般师生的情谊，自己不论是什么事都可以敞开心扉向他倾诉。而且他也是在北大教过我的老师中，唯一可以和他开玩笑的先生。到他晚年，在学术上一直执著地守着自己的理念，从不与学术界不正之风随波逐流。我们虽然早已不在一个室内共同工作，也不常见面。但每次相遇，总是备感亲切，我也常能和他开玩笑，因为他晚年"歇顶"较严重，所以一见安公来，大家会大叫："安先生给我们带来'光明'！"他不但不生气，只是走近作生气状举起手来，再轻轻拍拍你的头，于是大家一起欢笑。

安公走了，带走了他给学生的"光明"和欢乐。我们只能把这一切保留在记忆中，同时祈愿安先生冥福。

注　释

① 徐苹芳：《悼念苏秉琦先生》，原刊《文物春秋》1998 年第 3 期，后收入宿白主编《苏秉琦纪念集》140～141 页，科学出版社，2000 年。

② 有了安公讲授打下的基础，学生们以后再读夏鼐先生撰著的《关于考古学上文化的定名问题》（《考古》1959 年第 4 期）就都对"考古学文化"有了较深刻的认识，对他们以后的工作极有帮助。

③ 详见梁思永：《梁思永考古论文集》中的《小屯龙山与仰韶》与《后岗发掘小记》，科学出版社，1959 年。

④ 详见夏鼐：《齐家期墓葬的发现及其年代之改定》，《中国考古学报》第 2 期，1948 年。后收入《考古学论文集》1 ~ 10 页，科学出版社，1961 年。

⑤ 据邓聪、陈星灿主编：《桃李成蹊集——庆祝安志敏先生八十寿辰》所载《安志敏先生年谱》，香港考古艺术研究中心，2004 年。

⑥ 《十年考古》成书后改名《新中国的考古收获》，于 1961 年由文物出版社出版。

⑦ 尹达：《组织起来，大家动手，编写〈十年考古〉——在编写〈十年考古〉座谈会上的发言》，《考古》1959 年第 3 期。

⑧ 四川省博物馆编：《四川船棺葬发掘报告》，文物出版社，1960 年。

⑨ 逊时：《书评：〈四川船棺葬发掘报告〉》，《考古》1961 年第 7 期。

⑩ 王世民：《评〈四川船棺葬发掘报告〉兼评逊时同志的书评》，《考古》1961 年第 8 期。

⑪ 中国科学院考古研究所编著：《庙底沟与三里桥》，科学出版社，1959 年。

⑫ 安志敏：《关于庙底沟仰韶彩陶纹饰分析的讨论》，《考古》1961 年第 7 期。

⑬ 中国科学院考古研究所辽宁工作队：《敖汉旗大甸子遗址 1974 年试掘简报》，《考古》1975 年第 2 期。

⑭ 辽宁省文物干部培训班：《辽宁北票县丰下遗址 1972 年春发掘简报》，《考古》1976 年第 3 期。

追忆与思考

——为安志敏先生逝世五周年而作[①]

孔 昭 宸

（中国科学院植物研究所）

1994 年 11 月 21~25 日，由北京自然博物馆、日本别府大学和柳州市人民政府联合主办的"中国古人类与史前文化渊源关系国际学术研讨会"在中国著名的历史文化名城——柳州市召开。资深的古人类学家贾兰坡院士应邀成为大会的执行主席，成绩卓著的考古学家安志敏先生则作为大会顾问委员出席本次大会，并在全体会议上作"日本古代文化的根源和大陆"的精彩演讲。在报告中，先生强调"四周环海的日本列岛，从来没有孤立于东亚之外，像旧石器的出现，陶器、农耕的诞生，以及金属器的输入都可溯源于大陆，最初移居日本列岛的第一批'渡来人'带来大陆的旧石器文化，前期旧石器和细石器的产生都与大陆息息相关"[②]。先生的讲述，引起与会的中外学者的极大兴趣。演讲后在进行报告讨论时，先生不时用流利的日语，睿智地回答与会的数十位日本学者，从而将报告的主题讨论推向高潮。

在五天的会议期间，安先生那豁达开朗的性格和师者风范，不仅在学术报告会上给80 余位国内外代表留下深刻的印象，而且在会后考察"白莲洞"、"柳江人"及"大龙潭"等著名的古人类遗址和在美丽的融水苗寨参加苗寨新人的婚礼、吃苗家饭、接受敬酒和观看原生态的苗家舞蹈时，安先生也是一位受人尊敬的快乐学者。安先生作为一位新中国考古事业重要的领导者和成绩斐然的考古学界的"大家"，他早在上世纪 80 年代就发表了有关中国史前农业的论文[③]，从而引领了中国农业考古，其文章成为相关研究的经典。

笔者是一个缺乏考古学背景的古植物学工作者，安先生的文章融会了考古学和农学，因而成为笔者学习的经典。然而自己之前并未见过这位备受敬仰的学者。令笔者欣喜的是，这次在柳州参加国际学术研讨会时会务组将我和安先生安排同住一个房间，使我得以和先生朝夕相处。也许因是"山东老乡"的缘故，乡音拉近了我们之间交流的距离，而"中国史前农业与文明化进程关系"等共同感兴趣的研究命题，成为会间和会后我们谈话与信件交往的重要内容。尽管安先生年长我一旬，但他在给我的信件中总是那样的谦虚，而笔者深知这恰恰是一个长者的学术风范。12 月 13 日，我接到了先生在百忙中复印给我的早已渴望且具权威性的日本历史年表，使笔者受益匪浅。当安志敏先生纪念文集编委会邀笔者为文集撰稿时，先生 15 年前的生活点滴重现面前。曾记得那是 1994 年 11 月 21 日早晨 5 点多钟，从住房洗浴间传来的哗哗流水声打消了我的睡意。当先生回到床位时，我不安地询问先生身体是否有什么不适，先生则乐呵呵地告诉我，在那个跌宕起伏的年代，因干校缺少热水设备而无法洗浴，于是冷水淋浴便成为最好的选择并一直保留至今。在笔者的心目中，先生还是一位健康的长者。因此，当五年前我还在新疆进行野外考察时得知先生已溘然长逝，其音容使我又回到沉思中，也促使自己翻阅 10 余年前安先生亲笔写给我的具有哲理的信件。作为一封私人信件，安先生的原意是交流看法，并不一定要发表。然而该信件的内容曾激励我进行新石器遗址植物遗存与人类环境的研究，而且字里行间所表达的对稻作起源研究的关注，现在看来仍显现出前瞻性。在纪念先生逝世五周年时，我以为不妨在文集中发表（图一）。

由于稻（*Oryza sativa*）为一年生水生草本，作为世界上栽培的最重要的作物之一，它与人类文明和中华文明进程有着密切的联系。稻属（*Oryza*）作为古老的属，其中只有亚洲栽培稻（*O. sativa*）和非洲栽培稻（*O. glaberrima*）为栽培种，尽管对亚洲栽培稻（亦称普通栽培稻）的起源地论述颇多，但它由普通野生稻演化而来，却为多数学者所共识[④]。早在 20 世纪 50 年代，有关中国栽培稻的起源、分异和传播已成为农学和考古学界十分关注的热点问题[⑤]。进入 20 世纪 80 年代以来，在中国新石器考古遗址中发现了丰富的稻的籽实、壳、小穗轴和植硅体等植物遗存，而新材料、新方法和新思路的融入，在很大程度上又推动了有关中国稻作起源和传播的研究，并成为环境考古学的研究热点。1997 年，笔者高兴地收到了山东文物考古研究所何德亮研究员通过浮选法从山东省滕州庄里西遗址龙山文化层中取得的植物遗存，其中丰富的炭化稻米说明栽培粳稻已成为当时先民重要的农作物。为了得到安先生的帮助，12 月底在给先生发出新年贺信时，我通报了这一发现。而安先生在 12 月 30 日便复信鼓励我尽早将庄里西遗址水稻遗存的研究成果发表[⑥]。由于万年前的水稻遗存（籽实或植硅石）在湖南道县玉蟾岩（蛤蟆洞）、江西万年吊桶环、广东英德牛栏洞以及东海大陆架（28°08.869′N，127°16.238′E）水深 1100 米的 DG9603 中的发现，使对中国水稻起源地的研究成为热点，同时亦成为研究的难点。安先生在复信中既表达了对这些地点发现的兴奋，但又对测年的确定以及产生环境仍有疑虑。先生的真知灼见，启发张芸博士与笔者合作发表了《对万年前中国稻作农业产生环境背景思考》的论文[⑦]。文章强调早期农业起源地的产生，应是社会、经济、技术和环境共同因素作用的结果。在环境因素中，起源地应具有充足的

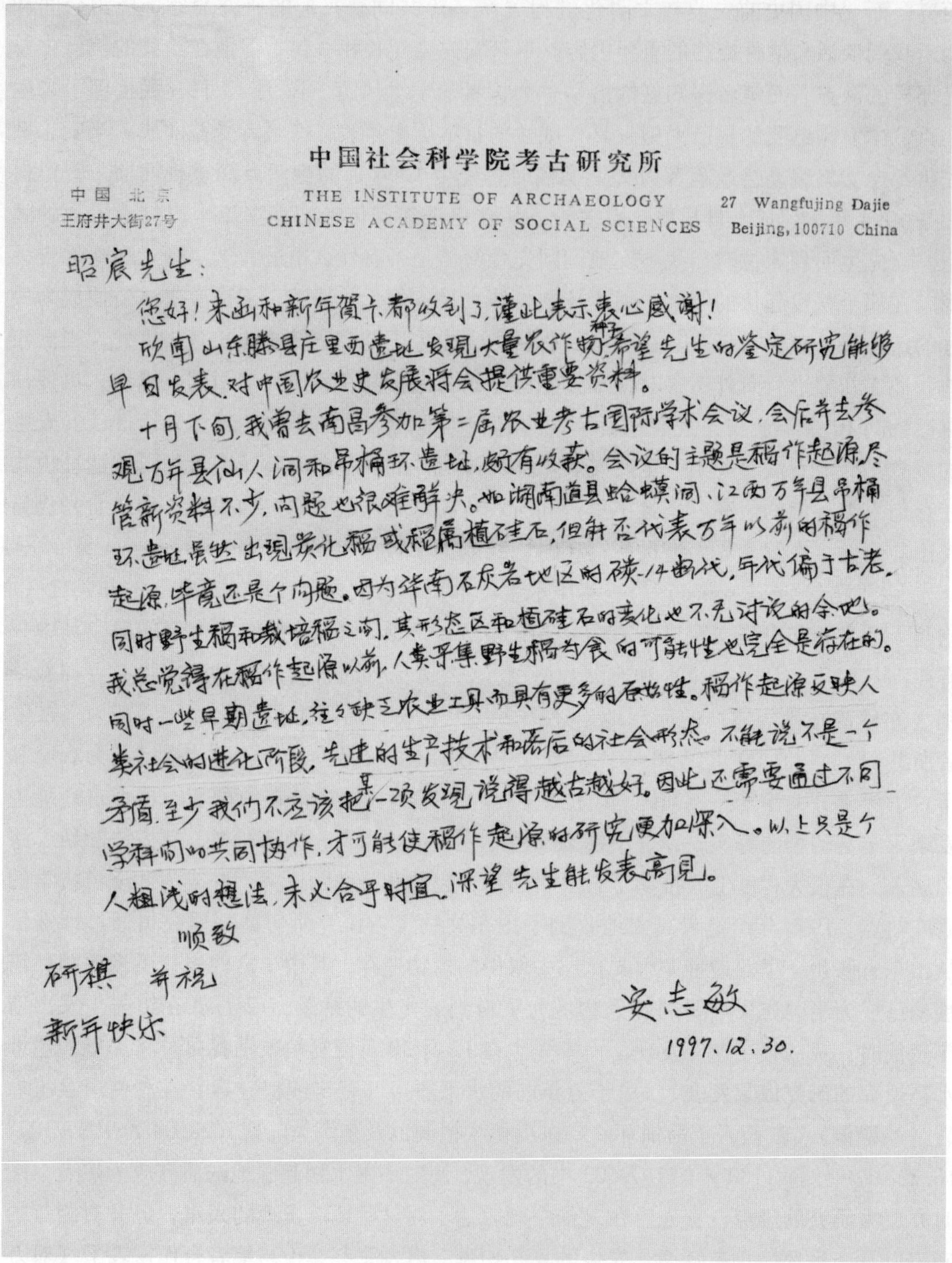

中国社会科学院考古研究所

中国 北京
王府井大街27号

THE INSTITUTE OF ARCHAEOLOGY
CHINESE ACADEMY OF SOCIAL SCIENCES

27 Wangfujing Dajie
Beijing, 100710 China

昭宸先生:

您好! 来函和新年贺卡都收到了,谨此表示衷心感谢!

欣闻山东滕县庄里西遗址发现大量农作物,希望先生的鉴定研究能够早日发表,对中国农业史发展将会提供重要资料。

十月下旬,我曾去南昌参加第二届农业考古国际学术会议,会后并去参观万年县仙人洞和吊桶环遗址,颇有收获。会议的主题是稻作起源,尽管新资料不少,问题也很难解决。如湖南道县蛤蟆洞、江西万年县吊桶环遗址,虽然出现炭化稻或稻属植硅石,但能否代表万年以前的稻作起源,毕竟还是个问题。因为华南石灰岩地区的碳-14年代,年代偏于古老。同时野生稻和栽培稻之间,其形态区和植硅石的变化也不无讨论的余地。我总觉得在稻作起源以前,人类采集野生稻为食的可能性也完全是存在的。同时一些早期遗址,往往缺乏农业工具而具有更多的原始性。稻作起源反映人类社会的进化阶段,先进的生产技术和落后的社会形态,不能说不是一个矛盾。至少我们不应该把一项发现,说得越古越好。因此还需要通过不同学科间的共同协作,才可能使稻作起源的研究更加深入。以上只是个人粗浅的想法,未必合乎时宜,深望先生能发表高见。

顺致

研祺 并祝

新年快乐

安志敏

1997.12.30.

图 一

水资源以及野生稻的植物资源。除环境因素外，关键是起源地的先民应具有当时先进的社会形态和生产工具。事实上，在农作物起源之前，先民们总是以自然资源为依托，而渔猎、采集则为最好的选择。今天在探讨以稻和黍、粟为代表的早期栽培农业时，最好要找到具有确切的环境变化和人文因素之间相互冲突与协调的记录。新石器时代早期先民群体的增加，使单纯地依赖自然资源已难以满足当时社会进步和人口增加的需求，因此植物栽培和动物饲养便应运而生。如果将中国栽培稻起源的时间提到万年前的华南石灰岩地区，则很可能稻作出现的时间，不是人们通常所认为的全新世，而是晚更新世的冷期。也许正是由于先民食物的匮乏，才促使了原始农业的萌芽和发展，导致栽培稻的选育。但中国水稻起源和传播的研究是一个复杂而又令人颇感兴趣的热点问题，难以通过单学科的资料完成研究。这正如安先生在信中所告诫的"只有通过不同学科之间的合作，才可能使稻作起源的研究更加深入"。

注　释

① 僅以此文深切缅怀安志敏先生对作者的激励和帮助。

② 周国兴主编：《中国古人类与史前文化渊源关系国际研讨会论文集》第 4 页，中国国际广播出版社，1994 年；《白莲洞文化——中石器文化典型个案的研究》第 349～392 页，广西科学技术出版社，2007 年。

③ 安志敏：《中国史前时期之农业》，载安志敏著《中国新石器时代论集》第 256～271 页，文物出版社，1982 年；《长江下游史前文化对海东的影响》，《考古》1984 年第 5 期；《中国的史前农业》，《考古学报》1988 年第 4 期。

④ 刘长江、靳桂云、孔昭宸编著：《植物考古——种子和果实研究》第 92～94、160～210 页，科学出版社，2008 年。

⑤ 丁颖：《中国栽培稻种的起源及其演变》，《农业学报》1957 年第 8 期；《江汉平原新石器时代红烧土中的稻谷壳考察》，《考古学报》1959 年第 4 期。

⑥ 孔昭宸、刘长江、何德亮：《山东滕州市庄里西遗址植物遗存及其在环境考古学上的意义》，《考古》1999 年第 7 期。

⑦ 张芸、孔昭宸：《对万年前中国稻作农业产生环境背景的思考》，莫多闻等主编《环境考古研究（第四辑）》，北京大学出版社，2007 年。

考古学认识论的思考

陈　淳

（复旦大学文物与博物馆学系）

英国哲学家弗兰西斯·培根（1561～1626 年）提出，科学认识的目的是发现自然界的真理。他为人类科学认识世界提出了经验主义的归纳方法来探索自然规律。他指出，人们之所以不能进步，是因为崇拜古人和所谓的伟大权威，相信普遍的共识。早在现代科学出现之前，古希腊哲学家就将科学与见解区分开来，认为科学知识是有别于个人意见的真知。所以，科学研究应该超越普通常识来探究科学对各种自然规律的认识[①]。

在中国，考古学被认为是一门实践性的学科，主要凭借发掘材料来了解人类的过去和重建历史。长期以来，考古学被认为是历史学的一个分支，可以用来正经补史。王国维的两重证据法体现了早期中国学界对考古学的认识和价值期望，它不但影响到这门学科在中国学界的学术定位，而且至今仍左右着人们对这门学科性质的认识。在欧美，考古学被认为是一门通过间接方法从物质文化来了解古代人类行为和思想的学科。由于考古学家的发现大部分是没有文字的物质材料，而他们也无法直接观察古代人类的行为和思想，于是考古学家既无法像历史学家那样通过文字来重建历史，也无法像人类学家那样从研究对象直接读懂人类的行为和思想。这一缺陷长期以来成为制约考古学家了解过去和对考古材料作出历史阐释的最大挑战。

通过残缺不全的物质遗存来重建历史，考古学家就像其他自然科学一样必须通过观察纷繁复杂的自然及文化现象来了解世界。于是，考古学家在重建历史过程中自然面临一个严峻的问题，即他们通过自己的观察和研究向人们展示的过去是否是真实的历史？因此，这个问题不仅涉及考古材料的积累和完备，还涉及到考古学家本人的认知能力、技术手段和探究结论的正当与否。因此，本文想探讨一下考古学家如何通过物质文化来认识历史的问题，也就是所谓的科学认识论问题。认识论或求知的理论，被定义为"关注对人类知识性质和正确性的了解。它探究知识如何获得、认知的可靠性和盖然性，以及知识（在某种程度上知其然）和信念（并不一定知其然）之间的区别"[②]。长期以来，人们认识世界存在着两种对立的认识论。一是经验主义（empiricism）的认识论，它认为所有知识来自感官与直觉。二是理性主义（rationalism），它强调采用逻辑或数学推理获得真知的重要性。培根将经验主义者比作只顾埋头收集材料的蚂蚁，将理性主义者比作自身织网的蜘蛛，他提出采取既收集材料又用自己力量来消化材料的蜜蜂，他认为真知的科学工作就应该这样。当然，考古学研究也不应例外。

与自然科学研究面对完全外在的客观世界不同，考古学家研究的是人类自身的历史。这就使考古学具有和其他人文科学的一个共同特点，即观察者既是评判者又是参与者，研究人员可以主观介入本该从外部去研究的对象，使他感觉不到有采用客观方法的必要性[3]。结果是，即便考古学家自以为客观中立，但是在分析材料和做结论时，总难免表现出他自己的期许，难免在作出历史解释时渗入他自身的好恶、阶级立场或社会价值取向。虽然考古学家很少考虑认识论和科学哲学问题，甚至根本没有意识到自己习得的研究方法和解释有什么不对，但是对这些问题的深入思考无疑对考古研究十分必要。正如加拿大物理学家和哲学家马利奥·本格所言，哲学可以为社会科学研究带来明确性、清晰度、深度和严密性，哲学能对科学推理的性质提供较为全面和系统的了解，揭示理论与实践之间的不一致，指出研究者所期望结论的错误与不当[4]。

经验主义

欧美考古学家将上世纪 60 年代之前的考古学家看做是天真的经验论者，这就是根据自己的经验和直觉对发现的材料作出想当然耳或貌似合理的解释[5]，它有时被称为"形而上学"的认识论。在对考古现象的解释中，经验主义方法最明显的表现，就是在没有任何逻辑关联和因果推理的基础上，研究者可以直接从现象推导出结论。经验主义认为人类认识的对象是客观世界的具体事物或实体，因此主要依赖经验才能实现和完成这种认识。经验主义认为解释应该建立在对事物的观察之上，而且认为通过实践研究而后进行理论推导要优于单纯的逻辑推理。激进的经验主义甚至认为一切知识都来自于经验，它只强调感性经验而否认理性思维。在他们看来，理性或理论思维是抽象和间接的认识，思想越抽象则越空虚，越不可靠，也越远离真理。所以他们根本上否定抽象，否认研究对象存在普遍的概念和普遍的学术命题。

对于经验主义的考古学研究而言，归纳法是采用最普遍的一种分析途径。归纳法在16 世纪为弗兰西斯·培根所提出，培根认为科学必须追求自然界事物的原因和规律，要达到这个目的就必须以感官经验为依据。他所提倡的归纳法也是建立在世界是物质的基础上，物质构成了自然界中的各种事物，物质和运动不可分离。培根认为，人类的一切知识和观念来自于感觉，感官的直觉是完全可靠的，但是也需要合理的方法来对感性材料加以整理消化，而归纳、分析、比较、观察和实验是研究的主要路径。归纳法是扩充性的认知过程，并根据具体观察得出结论，由事实的综合而得出结论。当越来越可靠与精确的特定事实积累起来时，它们就能被分类和总结，达到一种不断扩充的有用"公理"的层次。对于归纳法研究而言，尽可能收集充分的材料和证据是提高阐释和结论正确性的有效手段。

虽然中国传统文化并没有对自己认识论的哲学思考，但是也存在分别强调客观性和主观性的两重性。这种认知传统对可直观和可感受的方面强调"无证不信"，反映了一种不自觉的客观主义特点。然而对不可直观的现象，则采用纯思辨的方式，即以"心知其意"或依赖冥想来解释各种现象。在史学领域，张光直先生将中国学者的这种治学方法形容为：一方面表现为特别重视客观史实的记载，另一方面又以史实的描述和选择来表明自己价值观的主观判断，也就是凭主观判断来解释历史。这种治学方法在考古研究中表现为特别重视材料的获取和考证，而不信任主观的理论，认为理论只不过是一种成见⑥。对认识论中主客体关系认识的欠缺，难免使我们常常把增进对过去的认识寄希望于材料的积累，漠视抽象理论和逻辑推理在研究中的必要性，认为理论只不过是脱离事实的空谈。

这种经验主义和归纳法的认识论与 19 世纪和 20 世纪初西方传统史学的治学方法十分吻合，即提倡研究的客观性。科学历史学之父里奥波德·冯·兰克是西方传统史学的集大成者和典型代表。兰克的史学观认为，历史学的根本任务是要说明"真正发生过的事情"。如要了解历史真相，只有研究原始材料这一条路。兰克认为，收集基本材料和确立过去的事实是研究的第一要务，而对材料的阐释不过是个人的主观见解而已。这种客观主义是兰克学派的主要特征，他们主张治史者要持不偏不倚的态度，让材料自己说话，尽量避免将个人的意见夹杂其中。傅斯年留学英德七年，深受兰克学派的影响。傅斯年自称是中国的兰克学派，他确立了以史料学为中心的治学方针，提出"史学便是史料学"的口号⑦。

新中国成立以来，我国考古学的主流刊物和考古报告一直遵循一条原则，就是要求学者客观公布材料，避免做主观的解释。因此，中国考古学的主要成果还是体现在原始材料的积累上，并使田野发掘成为纯粹的技术操作而非持续的科学探索。至于利用这些材料来重建历史，因缺乏类似国际上流行的问题意识和理论指导而乏善可陈，学者只能用原始材料的编年或附会历史文献来进行操作。结果，用器物类型和考古学文化建立的史前史充其量只是建立在事实归纳上的一种器物发展史，而非社会发展史和人类创造自身的文化史。

中国考古学重材料轻阐释的传统，部分原因可能是由于建国初期考虑到出土材料较少，研究人员训练和学养不足，夏鼐先生要求考古工作只发表第一手材料，尽量避免草率对材料进行解释和贸然下主观的结论。然而从当时的学术背景来看，这一原则也体现了 20 世纪初国际史学界潮流和建国前"中央研究院"历史语言研究所及傅斯年的治学理念。

材料的客观性和感性认识经验主义固然在科学认知上十分重要，但是经验和直觉只能得到表象世界的看法，而且表象很可能具有蒙蔽性。更重要的是，表象的观察并不能揭示事物的本质和因果机理。这正如单凭发烧无法知道病人罹患哪种疾病，由何种病因引起一样。因此完全致力于表象观察的经验知识是不可靠的，而且其认识客观世界的深度也比较有限。

长期以来，中国考古学将原始材料的积累视为第一要务，使得这门学科的成就主要体现在材料积累，而不是对材料的信息解读上。这正是许多历史学家对考古学感到十分困惑和隔膜的原因。因为考古学家津津乐道的类型学和地层学只是整理材料的分析概念和方法，大量考古报告的器物罗列和描述并不能提供历史学家所能理解和利用的历史知识。19 世纪的法国哲学家、数学家、天文学家和物理学家庞加莱（J. H. Poncare，1854～1912 年）曾经说过："科学由事实所构建，正如房子由石头筑成一样；但是一堆事实不是科学正如一堆石头不是一座房子一样。"[⑧]这正是中国考古研究目前需要克服的最大问题，一大堆出土材料如果要能够成为一门科学并能够转化为历史学家能够利用的具体知识，那么考古学必须超越单纯的经验主义方法和想当然解释，采用科学推理和各种分析方法来提炼信息与了解事物与现象的潜因，为历史重建提供充实可靠的依据。

观念主义（idealism）

我们过去习惯于将唯物主义与唯心主义对立起来，似乎讨论主观因素对研究客体的影响是一种唯心史观的表现。但是，正是西方学者具有不断反思主观意识在认知过程中存在偏颇的传统，才促进了科学进步。在此，为了避免受"唯心主义"这个术语长期被贬义化的影响，将思考主观性对科学研究影响的 idealism 思维，翻译成"观念主义"或"观念论"。自然科学上哥白尼和伽利略颠覆地心说，后者则发明望远镜来进行观察，检验和纠正主观感知的错误，代表了科学研究划时代的转变。在历史学方面，意大利学者埃米利奥·贝蒂对解释学的主客观性问题提出了精彩的见解，他强调文献和材料的客观性离不开解释者的主观性，但是解释者的主观性必须能够深入解释对象的外在性与客观性之中，否则解释者只不过是把自己的主观片面性投射到解释对象之上而已。

20 世纪 30 年代，英国牛津大学考古学家罗宾·柯林武德对如何从考古发掘和研究来了解历史进行着深刻的哲学思考。他指出，成功发掘的一个最重要的条件就是，一项发掘无论其大小，发掘者应该明知其发掘的理由，必须知道他想找什么，然后决定怎样发掘才能找到。这就是柯林武德的"问答逻辑"的中心原则。他说，早期的考古发掘都是盲目的，没有寻找答案的明确问题。虽然后来考古发掘从 18 世纪的挖宝转向 19 世纪的求知，但是在操作上基本也是盲目的。比如，英国考古学之父皮特—里弗斯将军是一位天才的考古学先驱，虽然他的发掘过程极其严谨细致，但是并没有明确的问题指导。这一时期的考古发掘仍以遗址而非问题为导向，即选择一个遗址进行系统发掘，在完整发掘后，再选择下一个遗址。这种发掘的结果是，博物馆堆满了出土文物，但是对于遗址的历史仍所知甚少。

柯林武德指出，探索过去不只取决于探方里出些什么东西，也取决于我们想解决什么问题，对于询问不同问题的人来说，出土东西的含义各不相同，对于没有想法的人来说可能只是东西本身或什么都不是。因此他认为，认知思维并不是一种被动的感知过程，而是主观的积极探究。柯林武德还指出，即使最简单的感知也只能来自于观察者脑子里固有的概念。人们无法感知自己经验之外的世界。虽然像时空等概念与生俱来，但是人类大部分认知概念是习得的。不管这些概念来自何处，如果没有这些概念任何观察都毫无意义。

柯林武德还认为，考古学家研究的历史并不是死亡的过去，它仍然存活于今天。因为我们有关过去的了解都来自于遗留至今的文献和器物，考古学家只关心那些他们习惯思考的东西，除此以外都没有意义。因此，对考古学家来说真正有意义的东西只是他们脑子里的想法。他们复原的历史，只不过是将过去残留至今的材料在与过去有别的条件下用本人思想的再创造。由于每个历史问题都来自于现实生活，我们研究历史是为了更清楚地了解我们今天所面对的情况，因此这种历史的探究所获得的知识只不过是学者将工作与自己的感知结合而已[⑨]。

在科学史上，历史学家和考古学家在了解和重建历史时受阶级立场、种族优越感、个人偏见、科学时尚以及材料限制的例子比比皆是。比如受时尚的生物进化论影响，19 世纪美国人类学家和考古学家用进化论来研究印第安土著历史，强化了对印第安人的偏见，将他们看做是无法进化到文明的原始人类，难免灭绝的命运。甚至路易斯·摩尔根认为印第安土著，包括印加人和阿兹特克人在内，都处于部落社会的层次。与当时流行的社会达尔文主义和种族主义思潮相呼应，德国考古学家古斯塔夫·科西纳用考古证据来证明德意志民族的光荣历史，为纳粹政权的兴起提供了思想基础。安特生在材料不足和当时盛行的传播论影响下，根据仰韶的彩陶提出了中国文化西来说的解释。而中国学者受成文编年史的影响，一度认为中国文明的中心在黄河流域，只是随着其他地区考古新材料的不断涌现，才改变了这种单中心的文明起源观。但是这种文献导向的影子，仍在当今的文明探源中挥之不去，反映了习得知识与传统思维对科学探索的制约。

在材料分析层面上，中国考古学的方法主要采用了类型学和地层学的分析概念，对 20 世纪下半叶欧美流行的功能主义、过程论和后过程论等分析概念十分陌生。因此，习惯并擅长于类型学和年代学分析的学者自然认为文化分期和相互关系是最重要的研究目标，不会意识到提炼器物中的人类信息有什么必要。他们也不会去思考和探究这些材料所反映的人类适应和能动性方面的问题，这是因为这些问题完全处在他们习得概念和经验范畴之外。

20世纪40和50年代，以格林·丹尼尔和克里斯多夫·霍克斯为代表的一些英国考古学家在事实和解释之间划出了一条界线。他们认为，考古学材料构成了这门学科真实和累加的核心，这些过去的材料是客观的。但是对材料的解释则是高度主观性的，它会因人而异。更重要的是，由于物质文化只反映了人类行为很有限的一部分，并受到残存几率的影响，因此这些因素对考古学解释也会产生很大的制约。

由于考古学处理的是复杂现象，而且本身不是一门实验性学科，因此它在面对那些被当作是真理的观察时特别脆弱。因为考古学家所做的阐释常常会微妙地受到社会与个人对事实先入之见的影响，并会下意识排斥其他的可能性解释。考古学家越来越意识到，他们今天的社会环境会影响他们探询的问题和他们所认为是合理的答案，这种影响包括民族意识、政治导向、经费资助以及权威学者的观点等。加拿大考古学家布鲁斯·特里格说，社会成见会以显著方式影响对考古材料的阐释，而考古学家却浑然不觉。这些成见也影响到考古学家提出的问题和他们所期望获得的答案。这些阐释未必需要标准严格的证据，只要看上去能自圆其说或符合常识就行[⑩]。他还指出，历史阐释常常是推测性和随意的，在一定程度上某些阐释只能被看做是个人观点的表述。大家都承认，由于历史材料的复杂性，不同证据可以有选择地加以安排以证明任何事情[⑪]。

受国学传统熏陶的中国学者很少会意识到自己可能存在主观偏见和传统价值观的偏颇，缺乏对自己研究能力的反思，也不太欢迎对立或不同的批评意见。从这点上来说，考古学受国学传统方法的影响很深。对各种考古现象，用"心知其意"的纯思辨方法来对物质材料和现象做想当然的解读，在当下的考古学解释中仍然十分流行。

实证主义（positivism）

英国哲学家和历史学家休谟（1711～1776年）认为，归纳无法导出必然性的总结和法则，所有对因果的归纳性总结只不过是立足于事件之间反复关联的观察。他称这些想法是"怀疑论"，认为所谓客观事物只不过是"一堆印象"，原因和结果的关系是随意的，由人的意志所决定，不具备客观的必然性。人们平常所感受到的因果关系，只是由于印象所形成的习惯性联想和推论。休谟还区分了可以通过逻辑推理获得的知识与从经验事实关系所获得的知识的区别，认为运用逻辑推理可以从理由的运算显示其真实性，但是仅凭理由与直觉却无法建立事实之间的关联。

继休谟之后，法国哲学家孔德（1798～1857）提出了实证主义的认识论，将演绎法思维引入科学研究。他将人类认识的发展分为三个阶段：神学阶段、形而上学或经验主义阶段、实证主义阶段。实证主义阶段也就是科学阶段，他认为科学知识必须以"实证的事实"为基础，人的思想和行为只能建立在严格检验、系统化和实证的知识基础之上。他说，"如果没有某种科学理论作为先导并提供最后的阐释，那么任何现象的真实观察都是不可能的"。

实证主义方法认为，科学的任务是要证明哪些主观直觉是可靠的，并强调科学解释必须在不同观察现象和对将这些现象的归纳之间建立起某种规律。实证主义的演绎法是自然科学最常用的方法，比如孟德尔对豌豆杂交形状变异所获得的对遗传规律的认识，以及门捷列夫对化学元素周期表的完善都可以作为用科学演绎法认识事物真相的最好案例。

欧美考古学虽然很早就认识到主客观因素对考古研究的影响，但是采取明确的方法来克服这些困难则要到20世纪60年代才正式开始。在克服主观性方面，新考古学或过程考古学家认为经验主义研究和归纳法途径的最大缺点是无法判断阐释和结论的对与错，他们要求采用一种实证的方法消除主观性，为考古材料提供客观和科学的阐释。为了要达到这种严谨的要求，考古学家必须采取自然科学的演绎法来检验自己的结论，以尽量防止偏见的产生，同时要求对考古学家本身的研究能力和诚实性作充分的审视。他们认为，只要有合适的材料，并用合适的科学方法来加以分析，就能得出可靠的结论，就能避免研究者主观的偏见。此外，过程考古学家还强调考古学应该向其他社会科学学习，认为考古学不应局限于对历史事件的复原和描述，而是应该致力于对社会发展规律作出科学的总结。

过程考古学家认为，只要考古学的阐释建立在明确的理论基础之上，并采用合适的科学方法用适当的证据加以检验，不同的文化与社会背景对考古学的研究就不会有什么大的影响。在实证论的影响下，过程考古学家将制定可供检验的假设看作科学和经验主义方法的分野，假设的真实性有赖于独立观察者可操作的观察和实验。科学假设应该通过演绎性的预测来加以检验，比如导致农业和文明起源的不同原因。采取检验假设并接受更好的实证方法，科学可以发展出更有力和更精确的理论，并从这些理论中提出对更为广泛现象的预测。

从事实观察和经验积累的归纳法转向检验假设的演绎法，是科学发展的重要标志。这是因为人们意识到，科学中要保持观察的客观性和准确性，绝不像经验主义者想象的那么简单，认为只要观察者具有正常的感官、排除先入之见的干扰、保持正常的情绪、抱着公正的态度，就能够保持观察的客观性。这是因为以观察大量事实为前提的归纳法分析，其结果常常是值得怀疑的。科学中有大量的事实证明，人们概括一般的规律和概念，并不需要依靠大量的观察。反过来，科学中有许多普遍性规律和概念，无论进行多么大量的观察，也是不可能归纳出来的。因此，对于我们研究对象中那些无法根据事实用归纳法进行探究的问题，就必须用演绎来解决⑫。

用演绎法来探究科学问题，需要进行科学的抽象，并通过理论来指导研究并对结论作出阐释。演绎法探究的是现象的潜因，是透过现象看本质。由于从现象到本质，从事实到理论并不存在可靠和必然的逻辑通道，因此它实际上只能通过种种猜测，依靠"试错法"来解决。

科学运用抽象概念的实质就是把研究的大量对象进行简化，这是因为我们研究的对象纷繁复杂，因此如果我们不运用抽象方法在头脑里建立简化的模式或过程加以梳理，我们就无法对自然界进行观察和研究。抽象在科学研究中具有无比巨大的意义，没有这种方法，就不会有科学概念和数理方法。从事抽象思维和建立科学概念的过程就是建立理论的过程，对于理论，美国考古学家奥代尔有一个定义，称之为对主导种种现象内在关系潜在法则所提出的一系列系统和可予以检验的假设⑬。人类学家拉德克利夫—布朗指出，理论是指一种阐释的体系，人们用它来认识或解释某些现象⑭。美国科学哲学家胡佛指出，对于我们的目的来说，理论是一批相关的论点，意在解释、有时是预测一组事件产生的原因。任何一门学科的关键是要发展一套理论来解释观察范围内所发生的事件。理论是一种尝试性的系统陈述⑮。

过程考古学在采取实证方法的同时，明确求助于各种唯物主义决定论来探讨社会演变的因果律，其中以斯图尔特的环境决定论、怀特的技术决定论以及博塞洛普的人口决定论最为流行。过程考古学还强调文化的系统论观点，提倡聚落形态和生态学为导向的人地关系研究，改变了文化历史考古学中普遍存在求助于外来因素的传播论解释，将文化演变的动力看作是来自内部各种亚系统的互动。过程考古学还提出相关背景研究（contextual research）的重要性，所谓的相关性就是厘清材料产生的背景和来龙去脉。美国考古学家费根对考古材料的 context 有这样一番陈述：相关性远不是指一件器物发现的具体位置和时空位置，它包括评估一件器物是怎么到这个位置上来的，以及它在被主人废弃之后又发生了什么⑯。为了从物质遗存来解读人类行为，宾福德提出了"中程理论"建设的重要性，这就是要从民族学、实验考古学和埋藏学等角度来了解器物的生命史，排除其废弃后自然和人为扰动对它产生的影响，以便更准确地从中提炼人类行为的信息。

中国传统认识论缺乏逻辑思维的因子，因此中国学者对实证主义的演绎法不太习惯，认为这种以假设为先导的考古研究不是从实物证据着手，而是以想象为出发点，简直就是本末倒置，难免成为脱离事实的空谈。其实，这种方法正是现代科学用来克服感性认识和经验主义偏颇的手段。理论探索或科学假设是指考古研究要有明确的问题指导，这种有明确导向的研究有助于我们寻找和发现事物内在的潜因，避免被复杂无序的表像和事实所迷惑。这正如侦探用假设和推理从茫茫人海中甄别及锁定嫌犯的调查范围，然后逐一排除各种可能而最终破解谜案。理论或假设具有先导或选择探究目标的作用，特别是对我们一时难以直观的领域。理论探索可以集中我们探究的方向，发挥研究者的主观能动性，体现创造性思维的价值[17]。因此科学理论既是一种研究向导，又是一种总结性陈述（generalization）。它意在说明事物如何发生及怎样演变，对探索的问题提出一种阐释性的总结。

相对主义（relativism）

20 世纪 80 年代以来，在后现代主义思潮的影响下，欧美考古学和其他社会科学一方面重拾对人类行为复杂性、特殊性和偶然性的兴趣，开始采纳所谓的后过程方法来研究人类意识形态对文化变迁的影响。另一方面开始强调早先由柯林武德提出的观念论，以更加严厉的态度审视主观因素对科学阐释的影响。这导致学界以一种观念主义或唯心主义的认识论取代过程考古学的唯物主义认识论和实证主义研究。于是，文化取代人类行为成为主要关注的目标，思想和观念被用来解释人类如何行事，每种文化再度被作为人类独特的精神表现来予以评估。

在相对主义思潮的影响下，越来越多的社会科学家同意这样的看法，要客观了解历史和人类行为几乎是不可能的。每一代人、各社会阶级和个人都会以不同方式来解释历史，而且没有什么客观标准能使学者评估不同的见解。一些极端相对主义者强调，没有两个人或两个集体会以相同方式看待世界。由于所有理解都证据不足，因此没有办法确定某种观点要比另一种观点更正确。这一进展鼓励考古学家采取一种源自中欧的观念主义或唯心主义认识论，这种认识论强调，人们观察和解释世界会不同程度受其信念的影响，感知的材料难以排斥观念的干扰，而科学只不过是知识的一种来源，它与常识、宗教信仰、甚至错觉没有什么区别[18]。

在历史学研究方面，相对主义者认为即便是历史资料本身，也是由古代史官和学者根据他们认为什么是值得记录的价值判断而有选择地保留在史籍之中的，这种记录和研究难免掺杂了作者个人的利益和偏好。屡见不鲜的是，每一代人都会重修历史，这不单因为历史是在发展变化的，而且每一代人都会对历史提出不同的问题，有着和上一代人不同的认识。当然，学者们仍然认为这门学科具有一种客观和科学的方面。如果历史记录是一种见多识广的个人表述，那么这些记录足以构成一种可靠事实证据的资料库。而这种实在的资料核心构成了这门学科的基础[19]。

在考古学领域中，相对主义者认为，即使考古学随材料的积累和技术方法的扩充而减少主观性，但是学者所做出的阐释总是会微妙地受到他所处的社会、经济和政治背景的影响。这些阐释总会有意或无意地支持社会主流和赞助者的政治与经济利益，总会加强或捍卫与这些人相关的意识形态立场。此外，考古学阐释还会受到由自然科学、生物科学乃至整个社会科学所提供的分析模式的制约。

欧美后过程考古学家信奉相对主义和观念论，对过程论的实证方法提出质疑。这些学者认为即使实证研究也无法完全做到理性和客观，强调社会条件会影响学者认为哪些材料是重要的，以及如何来解释它们。他们还认为科学知识和其他形式的文化信念并无不同，由于没有一种客观评估理论的标准，因此科学并不应该受到刻板规定的束缚，在评估对立的理论时，个人的偏爱和美学品味都应该发挥自己的作用。极端相对论者甚至走到了不可知论的极端，声称考古材料的阐释如此受到考古学家自身知识信念、阶级利益、族群忠诚、性别偏见和个人利益的左右，以至于要做到阐释的客观性是不可能的。

这些考古学者还认为，物质文化或器物具有难以推演的多义性，也就是说它们对于不同的人意味着不同的东西，甚至对于同一个人，在不同的时候也会意味不同的东西。这种观点否定对一批器物的背景分析能够获得其原来的含义。于是，今天这些器物所展示的意义只不过是考古学家和其他人赋予它们的意义，我们无法知道这种复原的信息是否与古人赋以它们的含义相同。

后过程考古学家还批评过程论的实证主义研究漠视人类认知能力对行为的指导与影响，因此低估了文化传统的重要性。与过程考古学关注物质文化的生态环境、经济背景和人口条件不同，后过程考古学关注物质文化所反映的意识形态，采取象征、结构、认知、性别等途径来研究考古材料。他们认为，意识形态在社会关系中也是一种积极的因素，可以被用来指导经济活动。有人认为，了解物质文化在仪式和威望实践中的活动，是重建考古材料所反映的文化形态及其变迁不可或缺的第一步。有些新马克思主义考古学者认为，在前资本主义社会中非经济因素或宗教信仰往往发挥着主导作用，祭祀和仪式活动被用来确立现有的社会关系，使之看上去是自然规则的一部分以便增强威望群体和个人的权力和地位。

后过程考古学还强调个人能动性对文化变迁的影响。"能动性"概念认为，有许多文化现象既非适应的产物，也非社会规范和文化传统的产物，而是作为社会组成部分的个人合力的产物。作为社会成员的个人往往有其自身独特的认知和想法，常常会抵制社会规范而我行我素，有摆脱社会制约的倾向，这种个性表达有时在合适的环境里也会形成气候，改变社会风尚和习俗，甚至影响社会进程[20]。于是后过程考古学认为，要解释社会的稳定或变迁，就必须更多关注个人的决策。人类行为不仅受环境适应和社会习俗的影响，而且也应该被看做是个别人物有明确目的指导的活动。

与 20 世纪中叶过程考古学认为只要采取科学的实证方法就能减少阐释的主观性不

同，20 世纪末后过程考古学对考古学阐释的主观性有了更深入的了解，并将考古学探索扩大到过程考古学所欠缺的人类思想和价值观层面。在英国，后过程考古学和过程考古学被认为是两种对立的研究方法，一种方法的成功必然会导致另一种方法的消亡。但是，大部分美国考古学家将它们看做是互补的两种方法。过程考古学很适于解释生存方式和经济行为，而后过程考古学则适合解释宗教信仰。

特里格指出，社会科学发展史表明，人文学科远非是客观的学科。它们的成果常常被用来支持社会和政治运动。但是从长远来看，这些学科仍能够为人类的历史提供客观的和详细的认识。如果要做到这点，我们必须努力避开当前极端相对主义的陷阱。极端相对主义对社会科学的危害远远超过了实证主义的欠缺。社会科学家不但要有怀疑的智慧，同时也需要有勇气来相信自己和他们所做的工作[21]。

讨论与结语

现代科学思想是在西欧发展起来的，这种认识论将世界看作是一种自然和独立存在的客体，通过抽象思维和严密的逻辑和数学推理方法，能够将经验观察变成洞悉与解释真实世界的科学理论。但是在中国的传统文化中，并没有这样的知识遗产。对于感官无法证实的事物，人们并不把确定某种见解看作是一个可用逻辑推理方法予以解决的问题。《丁文江》一书的作者费侠莉（C. Furth）总结了中国传统认识论常用的三种方法，一是以史为鉴，用过去的成功经验来证实自己观点的正确性。二是采用信仰调和，注意新旧合并，但不是作出选择。三是模仿，根据概念的感染力来进行梳理。她指出，中国传统知识分子具有最纯的"理性"，这就是既不依赖实证主义的检验，又不依赖逻辑推理来分析事物的内在结构。因此，中国认识自然的见解完全是通过冥想而得来的。还有，在早期西学东渐过程中，中国最感兴趣的还是西方的技术，重视的是应用学科而非基础理论研究。后来，人们才逐渐体会到科学的巨大力量不仅在于技术，而且在于科学推理的预见性和洞察力[22]。

中国人对此也有相似的认识，认为中国传统的认知哲学是"求实"，而西方是讲究"求真"。换言之，中国人讲究实用或强调具体和个别的东西和事件，缺乏西方那种关注一般法则和普遍原理的理性主义探索。然而，经验总是限于已经过去和完成的事情，而科学探究的范围还包含着未来。显然，拘泥于经验主义的认识无法满足科学探索普遍性和规律性的要求，难以从根本上揭示自然和历史的奥秘。理性主义的缺位不仅使中国的自然科学无法发展，也严重制约了知识分子的头脑和视野。上世纪初，虽然五四运动为中国传统文化带来了一场科学和民主的洗礼，但是理性主义作为手段和目的都是缺位的。

中国传统文化并没有为接受西方科学思想提供什么基础和准备，于是考古学作为西学东渐的产物，在它引入的过程中因中国的社会背景和文化传统，使它在中国的发展与西方十分不同。与早期许多西方科学技术引入中国主要是看重它们的实用性一样，考古学也是被作为一种有助于史家寻找地下之材的不陈工具（傅斯年语）而受到青睐的^㉓，因此中国学界的价值期望还是它在史学上的"致用"而非科学上的"求真"。于是，这门学科基本是被作为一种掘地技术来加以引入和应用的，至于如何从无言的物质遗存来探究和重建历史则缺乏科学的认识论和方法论。考古学者除了求助于历史和依赖文献线索之外，便是采用经验主义途径，强调对材料的分类和归纳，而不注重理论假设和建立阐释模式这种实证主义的方法。

正是因为这种理性主义的欠缺，在考古学引入中国的 80 年后，我们虽然引进了不少物理化学的年代测定和分析测试技术，但是研究目标和主要学术概念却没有什么变化。由于物质文化的分期和分区仍被视为考古研究的核心或终极目标，于是类型学方法和"考古学文化"概念，今天仍被一些学者作为中国的学术正统来坚持，对欧美上世纪 60 年代兴起的新考古学心存疑虑。在学术圈内，尊崇师长的教诲胜过对科学真理的追求，将习得的研究概念当作一种信念来坚持，影响到这门学科的持续发展和年轻一代创新精神的培养。反观欧美考古学，从 20 世纪中叶之前的经验主义发展到 60 年代的实证主义，而后者在 80 年代开始受到相对主义的批评，使考古学者对材料、科学方法与学者自身观念之间的复杂关系有了更加深刻的认识，对考古学这门学科的性质有了更深入的了解。

面对国际学术进展和中西学术水平之间存在的差距，我们总可以听到这样的反应：西方那套东西并不适用于中国，不能照搬，我们需要建立的是具有中国特色的考古学。也许是受传统文化的熏陶的结果，每每谈到西方科学研究的理论价值，我们许多学者就会本能地表现出一种不屑和鄙夷，认为我们中国人的研究就是不吃这一套。如果从本文对中西认识论的探讨与比较来审视这种观点，那么这种坚持传统文化理念和价值观的表述就不难理解了。中国特色的考古学无非就是文献学导向的研究，西方那套不适用于中国的东西无非就是抽象的理论概念和理性主义的实证研究。然而，大部分考古发现是杂乱无章的物质现象。它们既无法通过文献考证，也无法单靠我们的直觉和经验来了解。所以，考古学必须发展科学的理性主义方法来解读物质现象背后的信息，梳理文化变迁的因果关系。由此可见，我们认为不适用中国国情的那套东西，恰恰正是我们研究中最欠缺的东西和最薄弱的环节，也是我们的考古仅仅挖东西，发掘没有想法和目标，谈不上解决什么历史问题的症结所在。

正是传统文化"求实"的价值取向，使得考古学在传入中国时只将它看作是一种工具和技术，是史学的附庸。而近几十年来的发展也凸显了这种价值取舍的偏颇，比如目前环境考古和聚落考古方法被中国学界所广泛采纳，浮选法也成为发掘过程中必备的操作程序。其实，这些方法都是上世纪中叶开始美国新考古学普遍采用的方法。然而在美国，这些研究方法是和文化生态学、系统论以及社会复杂化等理论概念和阐释模式一起发展起来的，用以探究文化适应以及社会变迁的内在规律。但是，在传入中国的过程中经过我们的取舍，浮选法、环境考古和聚落考古因其"致用"的功能而被推广，而与之相伴的被用来解决人地关系互动和研究社会变迁的理论概念和阐释模式却被漠视。结果，浮选法、环境考古和聚落考古因缺乏理论支撑而难免流于一种纯技术操作，成为器物类型学的点缀，无法对史前文化的变迁提供深入的认识。因此，我们在考虑引入技术"致用"的同时，也要考虑基础理论研究在指导技术操作和进行历史重建的重要性。

张光直先生说过，20世纪中国人文学科不是世界的主流，这是一个不可否认的事实。现代中国出了不少优秀的历史学家，但是没有一个人被国际学界尊为大师，也没有一个人在国际上成为有地位的历史理论家。这是因为在世界人文社会科学的舞台上，中国学者自己选择了边际化的地位，自甘被弃于主流之外[24]。究其根本原因，我们可能还需要从中国传统文化认识论的层面上来进行反思。中国并非没有人才，也非资料不好，更非脑子不如别人，而是传统文化的认知方式束缚了我们的大脑，缺乏理性主义思维是难以培养出可以跻身诺贝尔奖的一流学者的。我们应当意识到，片面强调中国特色和出于实用主义的借鉴并非考古研究的康庄大道，单纯追求"致用"的价值取向也难以产生具有普世价值的研究成果，无法在科学的国际舞台上发挥领导世界的作用。

有学者告诫，在当前学术全球化的趋势下，人文科学必须有超越国家的普遍性原理，离开这些原理，就无所谓科学。全球化要求我们打破非此即彼的简单两分法，进行综合的思考。在全球化的时代，学术理论的创新显得前所未有的重要。创新不仅是社会进步的动力，也是文化进步的动力。全球化使得任何一个民族和国家都不能再闭关自守，否则就是自取灭亡[25]。

虽然考古学与认识论并没有直接的关系，但是它们之间显然密不可分，因为认识论的正确与否直接关系到一门学科研究成果的正当性和可信度。科学认识论会随社会的进步而不断发展，改变着人们对自然和自身历史的认识。在考古学飞速发展的今天，了解这门学科认识论的发展历程可以使我们避开西方考古学所走的弯路。正如张光直先生所言，中国考古学界可以参考一下他山的经验，不妨学其精华，但不必蹈其覆辙[26]。

英国考古学家科林·伦福儒指出，考古学史不仅是指考古发现的历史，也不只是研究工作中新科技的发展史，真正意义的考古学史是考古思想的发展史。他说，经验证明，观念上的进步难度最大。要回答历史重建的各种问题，与其说是依靠新的发现或发掘，不如说是来自分析上的进步与理性和观念上的发展[27]。因此，中国考古学应该在田野工作和材料积累基础上，重视观念和方法的更新，有目的地采用理性主义方法来解决问题和提高研究水平。

注　释

① 　江天骥:《当代西方科学哲学》,中国社会科学出版社,1984 年。

②⑪　Trigger, B. G., Archaeology and epistemology: dialoguing across the Darwinian chasm. *American Journal of Archaeology*, 1998, 102: 1 – 34.

③ 　让·皮亚杰:《人文科学认识论》,中央编译出版社,1999 年。

④ 　Bunge, M. A., *Finding Philosophy in Social Science*. New Haven: Yale University Press, 1996.

⑤ 　Trigger, B. G., *A History of Archaeological Thought*. Cambridge: Cambridge University Press, 2006.

⑥ 　张光直:《序言》,见《时间与传统》,布鲁斯·炊格尔（特里格）著,蒋祖棣译,三联书店,1999 年。

⑦ 　傅斯年:《史学方法导论》,中国人民大学出版社,2004 年。

⑧ 　Thomas, D. H. *Archaeology*. Third edition. Wadsworth: Thomson Learning Inc, 1998.

⑨ 　柯林武德著,陈静译:《柯林武德自传》,北京大学出版社,2005 年。

⑩ 　布鲁斯·特里格:《世界考古学展望》,《南方文物》2008 年第 2 期。

⑫ 　林定夷:《科学研究方法概论》,浙江人民出版社,1986 年。

⑬ 　Odell, G. H., *Stone Tools, Theoretical Insights into Human Prehistory*. New York: Plenum, 1996.

⑭ 　拉德克利夫—布朗:《原始社会的结构与功能》,中央民族大学出版社,1999 年。

⑮ 　Hoover, K. R., *The Elements of Social Scientific Thinking*. New York: St. Martin's Press, 1976.

⑯ 　Fagan, B. M., *In the Beginning, An Introduction to Archaeology*. Boston: Little, Brown and Company, 1981.

⑰ 　陈胜前:《考古推理的结构》,《考古》2007 年第 10 期。

⑱㉑　Trigger, B. G., Introduction. In: Trigger, B. G. *Artifacts and Ideas, Essays in Archaeology*, New Brunswick: Transaction Publishers, 2003, 1 – 30.

⑲ 　Trigger, B. G., Hyperrelativism, responsibility, and the social science. *Canadian Review of Sociology and Anthropology*, 1989, 26: 776 – 797.

⑳ 　Dornan, J. L., Agency and archaeology: past, present, and future directions. *Journal of Archaeological Method and Theory*, 2002, 9 (4): 303 – 329.

㉒ 　费侠莉:《丁文江——科学与中国新文化》,新星出版社,2005 年。

㉓ 　傅斯年:《历史语言研究所工作之旨趣》,《中央研究院历史语言研究所集刊》1928 年第 1 期。

㉔ 　张光直:《中国人文社会科学该跻身世界主流》,《考古人类学随笔》,三联书店,1999 年。

㉕ 　俞可平:《全球化与中国学术》,《文汇报》2008 年 7 月 6 日。

㉖ 　张光直:《从俞伟超、张忠培二先生论文谈考古学理论》,《考古人类学随笔》,三联书店,1999 年。

㉗ 　科林·伦福儒:《序》,《外国考古学史》,杨建华著,吉林大学出版社,1999 年。

浅谈运用统计学分析考古学器物的"标准化"和"规范化"问题

吕 烈 丹

（香港中文大学人类学系）

众所周知，器物分析是考古学研究的一项重要内容。结合类型学、地层学、埋藏学、考古学实验、残余物和微痕分析、中子活化、微量元素分析、岩石学和统计学的研究方法，并参考其他相关的考古学和民族学资料，通过详细分析和研究考古学遗址出土的石、骨、角、陶器甚至青铜器的成分和形态差异，来探讨古代的社会和文化变迁[1]，特别是社会分工、手工业生产专业化和专门化的出现、贸易、人群迁徙和文化交流等重要课题。其中，统计学分析方法是重要的量化研究手段。本文以石器分析为例子，就该方法在考古学器物分析中的应用，特别是产品"标准化"和生产程序"规范化"的问题，提出一些浅见，以就教于方家。

一 基本概念

考古学的器物分析中，最常见的研究方法是类型学的分型分式研究、器物原料的鉴定、器物制作工艺技术的探讨、以微痕和残余物分析判断其功能等。上述研究均属于定性分析。对各类器物和遗迹进行的数量分析，例如对某一考古学遗址出土的各种石质工具[2]、或对各个时期的墓葬和随葬品组合进行分类统计和聚类分析[3]，则是定量分析的方法。这些分析手段的目的，往往都是为了探讨古代社会的经济形态、手工业是否出现专业化和专门化、社会是否出现分工和复杂化等人类社会发展和演变的基本问题。

不少社会学家，例如启蒙运动时期的学者卢梭，18 世纪的经济学家亚当·斯密，以及马克思和恩格斯等，都讨论过手工业生产的专业化和专门化、社会分工等现象的出现及发展与人类社会演化的关系[4]。其中，生产的"专业化"（professionalization）通常指某一行业通过确立进入本行业所需要的知识和技能以及本行业产品和服务的标准规范等，将这一行业的从业者与其他行业的从业者分开。有社会学家列出了群体结构、排他、拥有特定空间和资源、进行特定活动、拥有特定教育和认同等等，作为"专业化的基本元素"⑤。

"专业化"实际上是通过对某一行业的范畴和从业者提出详细、复杂的要求，建构行业之间的界限，由此将社会分工从"人"的层面加以制度化。专业化意味着社会分工相对固定，有一套机制将每一个行业的内容和进入该行业的要求制度化。例如，要想成为神父便需要顺利通过一系列的学习、训练和被正式认可及赋权（empowerment）的过程，再不能像狩猎采集群体的萨满⑥一样，只需要向社区的成员证明自己具有与神沟通的能力即可获得承认⑦。

专业化一方面有助于提高不同行业服务和产品的产量与质量，促进社会经济的发展；但如卢梭所言，同时也是导向社会不平等的根源之一⑧。不同行业的从业者可能获得不同的财富和地位，社会分工的制度化又使社会成员之间转换行业有一定的难度，或者说难以在行业之间"流动"。两者累积之下，社会成员中贫富和权力的差异日益增大，社会的阶层和阶级逐渐产生和发展，并且由社会将这些差别制度化。

如果说专业化是从"人"的层面强化和固定社会分工，那么"专门化"就是从生产的层面达到同样的目的。"专门化"指某些社会成员只生产某类产品或提供某种服务，并通过与社会其他成员的交换而生存。因此，"专门化"的产品和服务在社会的分配和流通不再是通过成员之间的"共享"，而是通过交换。从事不同行业的社会成员拥有特定的产品和服务，并以之和其他行业的成员进行交换，其形式是从物物交换到中介物质（如贵金属）再发展到货币（象征性的符号）交换。专门化因此导致不同行业之间互相依赖，生产效率得以提高，同时需要复杂的社会机制组织产品的运输、交换和组合等等，绝对是复杂社会的产物，也是推动社会进一步复杂化的动力⑨。

社会分工、专业化和专门化表现在生产结构和产品上，就是生产的"规范化"和产品的"标准化"。根据现代社会的定义，所谓"标准"就是经社会成员同意而订立的某些原则或准则；而"标准化"则是将这些原则加以实施⑩。现代"标准化"的出现是大工业生产发展的产物，1798年由美国人 E. 威特尼（1765～1825年）开始倡导建立产品的标准化系统，自19世纪以来在西方普遍推行，至今"标准化"已经涵盖了各类产品、社会服务、计量、标签、分类、检测系统等，并且出现了属于国家、地区、行业、群体和生产集团的多种标准。其中，产品的"标准化"是指同一类产品在原料、制作工艺、程序、成品的形态等方面都达到事先订立的标准。有了产品的标准化，同类产品可大量、重复地生产，由此为生产者带来了巨大的利润，为资本主义的经济发展作出了巨大贡献。简言之，"标准化"的出现、实施和管理给整个现代社会带来了至为巨大的影响，各种"标准化"的产品和服务已经成为现代人生活中不可或缺的一部分，而标准化的实施和管理也成为一门学科①。

从社会科学的角度来分析，"标准化"的存在有两个基本前提。第一是当时的社会相关成员对某类产品或服务的"标准"已经有一定的共识；而这往往是因为当时的社会已经集中地、大规模地生产同类产品，因此才有需要制定"标准"，以便保证同类产品的质量。因此，产品的标准化可以说是社会经济结构变化的产物，其出现是社会高度分工、手工业生产专业化和专门化的标志。第二，要保证产品的标准得以实施，需要有执行这些标准的机制，即现代所谓的质量控制人员；还需要一套奖惩和培训制度。这些社会机制可以结合说服、奖励为主的"软性权力"及惩罚性的"刚性权力"②来实施"标准化"管理。另一方面，有了一定的产品标准，才有助于实施有效的质量控制。因此，产品的"标准化"也是社会生产专业化的结果，说明了社会的复杂化和成员之间差别的出现。

要实现产品的标准化，必须有规范化的生产过程。根据现代标准，生产的"规范化"通常指生产设施、生产技术、生产者的训练和生产过程已经形成一定的模式，达到一定的规范标准，有一定的机制来纠正错失。换言之，只有"规范化"的生产，才可以保证产品的"标准化"。因此，产品的标准化和生产的规范化，往往标志着社会生产结构的变化，社会的生产单元由个人或以血缘为基础的群体，变为以生产技能为基础的群体（如集合在一起的"专业化"陶器工匠）；而其产品也不再以满足内部消费为目标，而是主要用于外部交换③。

用规范化过程生产出来的标准化产品，已经难以反映出生产者的个体差异。所有的同类产品都一模一样，同类产品的多样性消失，绝大部分生产者个人的创意也随之消失，只有少数产品的设计人员才可以发挥他们的创意。因此，标准化和规范化的社会后果之一，就是现代化的生产往往已不是生产者发挥其创意和享受其创意成果的过程，而变成了一种机械的、令人厌倦的重复性劳动。其社会后果之二，就是区域内乃至全球范围内文化趋向单一化，小区域、少数群体的多元文化和个体创意受到威胁。

其实，根据对现代社会的观察，所谓"标准化"是相对的概念，在不同时空、不同文化的领域中，同一类产品和服务有相当不同的标准。在全球化的今天，少数大国通过制定"标准"获得了产品和服务生产的话语权；其他国家、地区或群体为了令其产品和服务进入国际市场，不得不跟从这些"标准"。显然，"标准化"是由掌握较多权力的少数群体制定、实施、监控和管理的。在现代社会，产品、服务、计量等等的标准化，不仅是大批量生产、提高利润、控制质量等经济问题，而且是国家地域和政治管制权力的体现。国家这一政治实体是通过在所管辖的领域中实施统一的标准，制定相应行业的规范，来确认和执行其管制的主权和权力。不同国家或政治联盟之间同类产品、服务、计量等等的差别，体现了政治疆域、文化或族群的差别。所以，同类产品不同标准的出现，不仅反映了多个经济实体的同时并存，而且说明了不同政治实体、不同文化群体的并存。因此，"标准化"和"规范化"的研究，实际上是对人类的行为模式、思维取向、社会关系、经济、生产结构甚至政治架构的研究。

二 应用统计学分析考古器物"标准化" 和"规范化"的若干问题

上述的现代社会现象和人类行为都可以通过参与观察、文字记录、访问等研究方法收集资料进行探讨。但考古学研究古代的、特别是没有文字时期的"标准化"和"规范化"，无法与当时制定、实施和管理"标准"、确保生产"规范"的人群进行直接交流，只能通过运用多种定性和定量分析方法，对古代的物质遗存作出诠释，据此得出结论。既然是现代考古学者的诠释，那么，在文化和时空巨大差距的影响之下，这些诠释便很容易带有研究者个人的主观成分。因此，我们一方面需要从现代"标准化""规范化"研究的基本原理出发来探讨古代社会的"标准化"和"规范化"之出现和演变，以及这些变化所揭示之古代社会文化变迁；另一方面又需要注意到古代和现代研究对象、研究内容及收集资料方法之差别，不能仅依照表面现象或者一两种数据就下结论，需要尽量用多学科手段来交叉检验各项分析的结果，以减少研究者的主观认知可能带来的缺失。

研究标准化历史的学者 Verman 认为人类计量单元的出现就是标准化出现之始，甚至认为出土于同一地点或地区的史前同类石器，其相似的重量即反映了当时的"标准"[⑭]。笔者对此未敢苟同。这不仅因为 Verman 没有用统计学的数据说明同一时期、同一地区的同一类石斧在形态、原料和工艺上的相似性，而且因为他没有足够的证据说明当时存在着能够监控和管理标准化的社会结构。不过，Verman 并非考古学家，没有必要继续批评他的结论。研究人类社会"标准化"的起源和发展，以及相关的社会演化，应当是考古学家的工作之一。

由于考古学学科的局限性，因此考古学所研究的"标准化"，虽然其基本概念源于现代社会的"标准化"研究，但两者之间毕竟有很多差别。首先，考古学主要研究前人留下的物质遗存，因此，产品和计量制度的"标准化"是比较可行的研究内容；对于古代服务行业、分类系统等等的"标准化"研究，往往需要有文献和其他资料作为参考。第二，考古学所研究的"产品"和计量制度不限于陶器、石器等器物，还应当包括房址、墓葬、城市、庙宇等考古学的遗迹。换言之，应当包括古代人类所遗留下来的所有物质遗存。第三，现代不少考古学研究出土器物往往集中考虑其形态的标准化。但笔者认为还应当包括原材料选择的模式化，即某种产品是否固定使用某种原料、制作工艺的规范化，以及不同遗址同类产品和工艺的对比研究，并据此讨论是否出现了远距离产品运输、分配和使用等社会分工及专业化的现象。通过对出土器物，包括石器和陶器等产品进行原料、工艺、形态的分析，如原料是否源自本土、生产工艺和生产过程是否有一定的"规范"、测量和统计器物的形态是否出现"标准化"、研究同类器物的分布和交流等，考古学家可了解社会分工的程度、地区之内和之间是否出现了频繁的交换产品，某种中心市场是否已经出现，等等。这些都是指示古代生产结构相互依赖和社会复杂程度的标志[⑮]。研究方法应综合器物的类型学描述和统计分析、原料和成分分析、器物出土位置和数量分析（或稀有性分析）等等，并可参考心理学和民族学的资料研究人类制作器物的设计和审美理念。

"标准化"和"规范化"的研究，归根结底是为了研究人类社会演化问题。马克思和恩格斯的历史唯物论，从人类社会发展的源头追溯了社会复杂化、私人财富的出现等问题。恩格斯关于家庭、私有制和国家起源的论述，成为考古学研究人类社会和文化变迁的理论基础之一。现代考古学的新马克思主义学派在此基础上发展出更多的研究方向。众所周知，手工业生产的分工、专门化和专业化说明了生产结构和社会结构的变化。在史前社会中，谁控制材料和产品的来源、生产和销售的整个过程，进行生产的基本单元是什么，以及生产是否"专门化"及"规范化"，生产者是否"专业化"，产品是否标准化等等，都是社会分工和社会复杂程度的指标，是研究人类社会复杂化和文明产生的重要课题[⑯]。

在进行具体研究时，不同类型的考古学遗存，其研究课题和方法则有所不同。以出土器物中的大类之一石器为例，其形态的统计学分析，主要目的是解决石器是否"标准化"，进而分析其制作是否"规范化"。其研究内容，主要是同类石器的原料和形态。前者主要是研究石器原料的使用模式、石器来源和开采技术等；后者包括长宽比率、长厚比率、宽度和厚度的比率、刃部尺寸等是否呈现规律性的变化。这些变化主要以统计学中的标准差（standard deviation）和皮尔森相关系数（Pearson correlation co-efficiency）来表示。标准差能够反映所统计样品每一个体之间的差别，其数值越小，说明个体之间的差别越小，同一类器物的相似程度或"标准化"程度就越高。相关系数则是分析两个或以上变量之间的变化，当变量 A 的数值增加或减少时，变量 B 的数值是否也出现相应的增加或减少。相关系数值的最大正相关值是 +1，即两个变量按正比例变化，变量 A 和变量 B 同时增加或减少；最大负相关值是 −1，即变量 A 增大时，变量 B 按比例减少[⑰]。例如，若一种磨制石斧的长度和厚度、长度和宽度的比率都呈正比率增加，那么长厚比和长宽比的相关系数就会接近 +1。若该石斧的长度与厚度呈反比例变化，则其长厚比相关系数便会接近 −1。

必须注意的是，这些标准是工业化社会的现代人根据现代产品"标准化"的规律定出来的。考古学的器物研究是一种逆向推理，即通过对出土器物进行一系列的位置、形态和数据分析，来推论史前器物制作者的技术水平、制作标准、工艺方法、生产结构、甚至制作时的思维等等。这一逆向推理得以成立的前提是生产该类产品的古代人类和现代人类具有相似的智力和认知模式，他们的意识、理念、对产品标准的要求等等，可以"物化"在其产品中——换言之，器物的形态分析能够反映制作者的理念和技能。要检验这些方法是否能够比较客观、准确地达到研究目的，器物的形态测量数据是否可以反映其制作者的思维和"标准"，我们无法回到古代社会去进行考察，只能参考前工业社会的民族学资料。

三　民族学的参考资料

根据世界各地民族学的材料，在未曾出现正式分工的社会，或复杂化程度不高、等级不明显的社会，手工业产品通常以个人或家庭为生产单位来制作。社会对于同一类产品往往没有十分严格的标准，每一生产者因此得以发挥其创意；所制作的产品，即使同属一类，例如打制的石片尖状器或磨制石斧，其形态大小、长宽比、长度与厚度比等等，都有所差别[18]；换言之，其产品的"标准化"程度往往较低。

在众多前工业社会中，澳大利亚的原居民群体有相当部分直到1980年代仍以狩猎采集为主要生计形态，而且其社会结构比较平等，社会组织多为"游群"形式，没有正式的领导者，也没有十分确切的"地域"，但有社会仪式和艺术[19]，这些都相当符合现代考古学对史前狩猎采集群体的认知。20世纪以来，不少澳洲学者以人类学参与观察、深入访谈和详细记录的研究方法，搜集了大量原居民狩猎采集活动的资料，为考古学研究史前人类社会提供了重要的参考材料。

1981年，两位澳洲考古学家参与观察和记录了澳洲北部Arnhem地区尚未出现专业分工的澳洲狩猎采集社会两位熟练的石器制作者，在当地石英岩脉打制石片、生产尖状器的过程。根据他们的记录，这两位原居民石器制作者Dhulutarrama和Diltjima均携带石锤到岩脉所在地，用锤击法从石核上打下若干石片，之后进行挑选，将他们认为适宜制作尖状器的"好"石片挑出来再进行二次修理，之后将成品带回住地；而他们认为不适合制作石器的"坏"石片则就地废弃[20]。其中，Dhulutarrama从一件石核上打了24件石片，从中挑选出19件"好"石片，废弃了其余五件他认为"坏"的石片。两位考古学家测量和记录了这两类石片的长度和宽度。Diltjima打制了28件石片，也挑选了13件"好"石片，就地废弃了其余15件。考古学家测量和记录了28件石片的长、宽，但他们未能记录Diltjima所选"好"石片的数据，只记录了Diltjima用13件"好"石片制成的尖状器之长度和宽度。此外，他们没有记录Dhulutarrama所打制的尖状器之尺寸[21]，也没有记录上述石片的厚度等，所以这些数据并不完整。无论如何，笔者将他们记录的资料整理如下（表一）。

表一　　　　　　澳洲两位土著石器制作者所打制石片和石器的测量数据　　　　单位：厘米

制作者 Dhulutarrama				制作者 Diltjima					
打制的"好"石片				打制的石片			打制的尖状器		
长	宽	长宽比		长	宽	长宽比	长	宽	长宽比
8.0	2.2	27.50%		7.8	2.3	29.49%			
9.4	3.1	32.98%		10.6	3.8	35.85%	9.4	3.0	31.91%
10.1	3.6	35.64%		9.6	4.0	41.67%			
7.0	2.6	37.14%		8.4	3.8	45.24%			
7.4	2.8	37.84%		8.2	3.8	46.34%	7.6	3.0	39.47%
6.8	2.8	41.18%		5.8	2.8	48.28%			
5.8	2.6	44.83%		9.4	4.8	51.06%			
9.9	4.9	49.49%		7.2	3.8	52.78%	6.3	3.4	53.97%
9.2	4.6	50.00%		7.8	4.8	61.54%	6.8	3.9	57.35%
8.2	4.4	53.66%		*10.4*	*6.8*	65.38%	9.9	4.4	44.44%
7.0	3.9	55.71%		8.0	5.4	67.50%	7.3	4.7	64.38%
7.0	4.2	60.00%		7.0	4.8	68.57%	6.0	3.9	65.00%
10.2	7.4	72.55%		7.5	5.2	69.33%			
10.2	7.6	74.51%		*10.2*	*7.2*	70.59%	9.3	4.7	50.54%
5.2	4.2	80.77%		5.8	4.2	72.41%			
6.4	5.2	81.25%		4.2	3.2	76.19%			
5.8	4.8	82.76%		5.4	4.2	77.78%			
10.4	10.8	103.8%		7.4	5.8	78.38%			
5.4	5.8	107.4%		5.2	4.4	84.62%			
				10.4	*9.2*	88.46%	10.2	4.1	40.20%
				4.4	4.2	95.45%			
				5.2	5.2	100.00%			
				5.8	6.2	106.90%			
制作者 Dhulutarrama				*19.2*	*10.2*	53.13%			
打制后废弃的"坏"石片				*14.5*	*7.5*	51.72%	12.0	4.5	37.50%
17.0	8.0	47.06%		*11.2*	*7.8*	69.64%	10.3	4.2	40.78%
14.6	7.0	47.95%		*13.5*	*9.5*	70.37%	11.4	4.8	42.11%
11.0	5.6	50.91%		*13.0*	*11.5*	88.46%	10.7	4.0	37.38%
14.2	8.4	59.15%							
8.9	8.9	100.0%							

资料来源：B. Meehan and R. Jones（eds.），*Archaeology with Ethnography：an Australian Perspective*. Canberra. Australian National University Press，1988.

　　笔者将所有测量数据输入社会科学统计软件 SPSS，首先计算由两位石器制作者所打制的全部 24 件和 28 件石片的长度与宽度之中位数、标准差，以及长度和宽度的皮尔森相关系数；然后分别计算 Dhulutarrama 的 19 件"好"石片和 5 件"坏"石片的三项同类数据；最后分析 Diltjima 制成的 13 件尖状器之上述数据（表二；图一～五）。这一对比统计的目的是：

表二　　　　　澳洲两位土著石器制作者石片和石制品的统计学对比分析

制作者 Dhulutarrama 的石片				Diltjima 的石片			Diltjima 的尖状器		
统计项目	长度	宽度	长宽比值	长度	宽度	长宽比值	长度	宽度	长宽比值
平均值	8.96	5.23	0.60	8.68	5.59	0.67	9.02	4.05	0.47
标准误差	0.62	0.47	0.05	0.65	0.44	0.04	0.55	0.17	0.03
中位数	8.55	4.70	0.52	7.90	4.80	0.69	9.40	4.10	0.42
众数	7.00	2.60	–	5.80	3.80	–	–	3.00	–
标准差	3.02	2.32	0.23	3.41	2.33	0.20	2.00	0.61	0.11
样本方差	9.09	5.37	0.05	11.65	5.43	0.04	3.98	0.37	0.01
曲率度	1.10	-0.19	-0.42	1.99	0.40	-0.50	-1.33	-0.57	-0.78
倾斜值	1.11	0.74	0.74	1.22	1.03	0.12	-0.21	-0.63	0.66
范围	11.80	8.60	0.80	15.00	9.00	0.77	6.00	1.80	0.33
最小值	5.20	2.20	0.28	4.20	2.30	0.29	6.00	3.00	0.32
最大值	17.00	10.80	1.07	19.20	11.50	1.07	12.00	4.80	0.65
样品数量	24	24		28	28		13	13	
长宽相关系数		0.43		0.58			长宽相关系数		0.75

石片对比分析	长度相差值	相差%	宽度相差值	相差%	长宽比相差值	相差%
统计数值	长度相差值	相差%	相差值	相差%	相差值	相差%
平均值	0.28	0.03	-0.36	-0.07	-0.07	-0.12
标准误差	-0.03	-0.05	0.03	0.07	0.01	0.21
中位数	0.65	0.08	-0.10	-0.02	-0.17	-0.32
众数	1.20	0.17	-1.20	-0.46	–	–
标准差	-0.40	-0.13	-0.01	-0.01	0.03	0.15
样本方差	-2.56	-0.28	-0.06	-0.01	0.01	0.28
曲率度	-0.89	-0.81	-0.59	3.11	0.08	-0.20
倾斜值	-0.11	-0.10	-0.29	-0.40	0.62	0.83
范围	-3.20	-0.27	-0.60	-0.07	0.02	0.03
最小值	1.00	0.19	-0.10	-0.05	-0.02	-0.07
最大值	-2.20	-0.13	-0.70	-0.06	0.01	0.00
样品数量	4	16.7%				

续表二

Dhulutarrama 分类的 19 件"好"石片					Dhulutarrama 分类的 5 件"坏"石片			
统计数值	长度	宽度	长宽比值		统计数值	长度	宽度	长宽比值
平均值	7.863	4.605	59.42%		平均值	13.140	7.580	61.01%
标准误差	0.412	0.488	5.46%		标准误差	1.427	0.585	9.98%
中位数	7.4	4.2	53.66%		中位数	14.2	8.0	50.91%
众数	7.0	2.6	不适用		众数	无	无	不适用
标准差	1.798	2.129	23.78%		标准差	3.190	1.308	22.31%
样本方差	3.232	4.531	5.66%		样本方差	10.178	1.712	4.98%
曲率度	-1.471	2.892	-54.14%		曲率度	-1.098	0.104	404.7%
倾斜值	0.105	1.556	64.55%		倾斜值	-0.311	-0.936	199.9%
范围	5.2	8.6	79.91%		范围	8.1	3.3	52.94%
最小值	5.2	2.2	27.50%		最小值	8.9	5.6	47.06%
最大值	10.4	10.8	107.41%		最大值	17.0	8.9	100.0%
样品数量	19	19			样品数量	5	5	
长宽相关系数		0.455			长宽相关系数		0.017	

两人共同制作?（原文无记录）

用于"仪式"的石片				打制装柄的"石斧"		
长（厘米）	宽（厘米）	长宽比		长（厘米）	宽（厘米）	长宽比
6.4	1.1	17.19%		10.9	9.8	89.91%
5.5	1.3	23.64%				
5.9	1.4	23.73%				

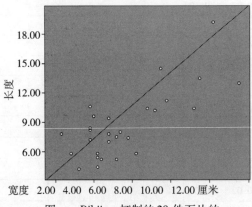

图一　Diltjima 打制的 28 件石片的
长度和宽度分布图

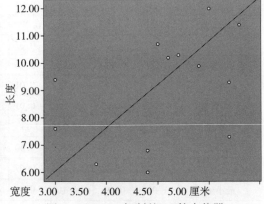

图二　Diltjima 打制的 13 件尖状器
的长度和宽度分布图

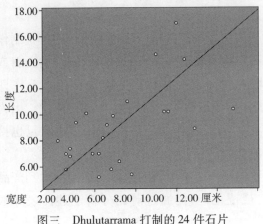

图三　Dhulutarrama 打制的 24 件石片
长度和宽度分布图

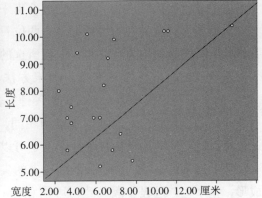

图四　Dhulutarrama 分类为"好"石片
的长度和宽度分布图

第一，根据原研究者的观察记录，这两位石器制作者对制作尖状器所需石片的形态都有一定的标准，否则不会出现淘汰"坏"石片的行为。通过对比上述相关数据，可了解这些标准如何从相关系数、标准差等数值中表现出来，两位石器制作者的毛坯（石片）是否出现较高的统计学相似性，据此分析其毛坯的长宽形态是否具有共享的"标准"。

第二，通过对比最终产品"尖状器"的统计学数值，分析来自前工业社会同一群体的石器制作者，对制作"尖状器"是否具有相似或"共享"的标准。

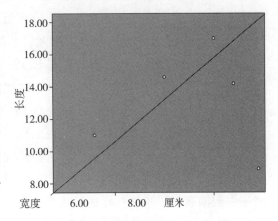

图五　Dhulutarrama 分类为"坏"石片的
长度和宽度分布图

资料出处：B. Meehan and R. Jones (eds.), *Archaeology with Ethnography: an Australian Perspective.* Canberra: Austratian National University Press, 1988.

第三，通过对比石片总数和部分石片的数据，分析样品的增加或减少是否会导致统计数值出现明显的变化，由此检视用统计学研究石器形态变化是否可行及可信，以及哪一类数据较能反映石器是否出现了形态的"标准化"和制作的"规范"化。

第四，对比石片和"尖状器"成品的长、宽相关系数和其他指数，有助于了解经过二次加工的石器，其形态的"标准化"程度是否有所提高。

第五，通过上述统计分析，探讨石器形态的统计数据差异是否可反映不同石器制作者在制作同类石器时，拥有不同的"标准"；或者说，是否可以通过石器分析，辨别出不同的石器制作者。

以上分析的最终目的，是为史前狩猎采集社会石器的统计学研究提供参考资料。

根据澳大利亚学者的现场记录，两位石器加工者在该石料产地的主要目的都是制作尖状器，所用石料均为石英岩，而且所选的石料均为较扁平而长的石核，圆形的石料或表皮过分风化的石料均不入选。加工方法均为硬锤直接打片，再挑选合用的毛坯即"好"石片进行二次修理，方法仍为硬锤打击。制成最后的产品均为"尖状器"[22]。因为两者所用的原料和技术等基本因素均相同，而两者所制作的毛坯（石片）之数量也接近，所以我们的对比分析在统计学上是可以成立的。

从上述资料来看，两位石器制作者的尖状器制作，从原料的选择、加工技术到产品成形，整个生产过程非常一致，可谓相当"规范化"。但通过对比分析上述图表和数据，因应上文提出的问题，可以发现：

第一，两位石器制作者打制的石片，在未经挑选之前，其最大和最小长度、最大和最小宽度、长度和宽度的标准差均十分接近（表一、二）。如 Dhulutarrama 所生产的 24 件石片，最长 17 厘米，最短 5.2 厘米，长度中位数为 8.963 厘米，标准差为 3.015 厘米。Diltjima 所打制的 28 件石片，最长 19.2 厘米，最短 4.2 厘米，标准差为 3.414 厘米，与前者之标准差相差 0.399 厘米，或比前者大 13.23%。两者打出的石片宽度中位数分别是 5.225 和 5.586 厘米，相差 0.361 厘米或 6.9%；而两者宽度的标准差分别是 2.33 和 2.317 厘米，相差仅 1%（表二）。

另一方面，尽管两人均被其所在群体视为熟练的石器制作者，但两者所打石片的形态"标准"程度仍有一定差别。Diltjima 打制的 28 件石片，其长宽相关系数为 0.75，属于中到偏高，即随着石片的长度增加，其宽度也加大，具有相当明显的规律性（图一）；而 Dhulutarrama 打制的 24 件石片，其长宽相关系数为 0.58，相关程度属于中等，其"标准化"程度不如 Diltjima 的产品（图三）。

澳大利亚学者没有记录 Diltjima 心目中"好"石片的大小尺寸。笔者根据 Diltjima 所制 13 件尖状器的大小，尝试推断 Diltjima 用于制作尖状器的"好"石片。推断的根据是：根据原记录，尖状器的四边都有二次加工痕迹；而根据打制实验，二次加工必然减低石片的长、宽尺寸；所以，石片毛坯的长度和宽度，必须分别大于尖状器的长度和宽度。根据这个原则，有些尖状器几乎可以确认是由某些石片制成的，例如 Diltjima 制成的五件超过 10 厘米长的尖状器，很大可能是由五件长度在 10.4~14.5 厘米的大石片制成的；当然也不排除使用长度达到 19.2 厘米的最大石片，不过那样就需要花费相当的时间进行二次修理。另外三件长度在 9.9 和 9.3 厘米之间的尖状器，也很有可能是由表中斜体加粗的石片制成的（表一）。其余尖状器所用的石片毛坯则难以确定。如表中 Diltjima 制成的第二件尖状器，其成品的长、宽分别是 7.6 和 3.0 厘米，意味着原来的石片长宽必然大于此两个数值，但表中所列好几件石片都可以制成这件尖状器（表一）。

尽管有部分不确定性，但根据上述"复原"，仍可看出两位石器制作者选择适宜制作尖状器的"好"石片，标准并不完全一样。Diltjima 的"好"石片中至少包括了五件长度大于 10.4 厘米的石片，而 Dhulutarrama 将所有超过 10.4 厘米长的石片和一件长宽相等、8.9 厘米长的石片都视为"坏"石片而加以废弃（表一）。他的 19 件"好"石片，最短 5.2 厘米，最长 10.4 厘米，相差一倍；其长宽比从最小的 27.5% 到最大的 107.4%，长度与宽度相关系数为 0.455，属于偏低，说明长、宽之间没有明确的对应关系，器物毛坯的形态多样。Diltjima 的石片中，较大可能用于加工尖状器的八件石片（表中加粗、斜体者），其长宽比介乎 31.91% 和 52.54% 之间，差别小于 Dhulutarrama （表一）；但对比分析尖状器的尺寸和石片毛坯的尺寸，尖状器的长度都在 6 厘米以上，所以，至少可以确认有八件长度小于 6 厘米的石片没有被 Diltjima 选作尖状器的毛坯（表一）。上述数据再次说明两个石器制作者挑选"好"石片、或尖状器毛坯的标准并不完全相同。

从这些数据来看，两位石器制作者对于什么形态的石片适宜制成尖状器，无疑具有相当接近的"标准"，而这些标准也的确反映在统计学的数值上。但两位石器制作者的标准又并非一模一样。这些差别一方面说明了同一文化中的前工业社会石器制作者，的确共享某种程度的共同"标准"或理念；因此，用考古器物的统计学数据来分析或逆向推理古代人类的思维，应当是可以成立的。另外一方面又说明在当地的狩猎采集社会中，对同类工具的形态还没有严格的标准，每一个工具制作者仍可发挥其独立的创意，制作虽然形态接近，但并非完全一模一样的产品。由此看来，"标准化"程度较低的产品，与较低程度的社会分工、专业化和复杂化等社会发展阶段基本吻合。

但是，我们不能忽略原材料、加工技术和个体生产者的技能差异也可以造成上述差别。在这一澳洲原住民的个案中，石料没有差别，加工的基本技术也没有差别，即都是用石锤进行直接打击；所差的是个体的加工技能和经验，再加上所选石核大小和内部结构的差别。根据笔者的打制实验，打制石器工具主要是依靠加工者的技能和经验来控制所产石片的大小和形态，而制成品的形态又在一定程度上受到石片形态的限制。因此，打制石器产品的差异，不仅取决于一定文化中就某类工具所达成的"标准"，而且取决于每个加工者的技术和经验。

第二，关于尖状器的"标准"问题。因为澳洲考古学家没有记录 Dhulutarrama 尖状器成品的尺寸，所以笔者无法对比两个石器制作者的尖状器成品之统计学数值差别。不过，尽管没有 Dhulutarrama 尖状器的数据，但根据其毛坯的形态，至少可以确定他制成的尖状器，其长度中位数肯定会小于 Diltjima 的尖状器中位数，或者说其尖状器会较短（表一、二）。

就单个石器制作者制成尖状器的形态而言，Diltjima 制作的 13 件尖状器，最长者 12

厘米，最短者 6 厘米，前者为后者的两倍；其中有五件尖状器长于 10 厘米，另外八件在 6~9.9 厘米之间。长度中位数在 9 厘米左右，标准差不到 2 厘米（表二），为中位数的 22.22%。从这些数据来看，尖状器长度的差别比较大。13 件尖状器最宽 4.8 厘米，最窄 3.0 厘米，前者为后者的 1.6 倍；其中有五件尖状器的宽度在 3.0~3.9 厘米之间，其余八件在 4.0~4.8 厘米之间。宽度中位数在 4 厘米左右，标准差为 0.6 厘米，为中位数的 15.0%，说明各成品的宽度较为接近。尖状器的长宽相关系数为 0.43（表二），属于偏低，意味着宽度和长度之间并没有十分明显的对应关系，较长的尖状器未必就较宽，反之亦然。看来，尽管这 13 件尖状器是其制作者根据心目中的"标准"来制作的，但单件产品之间的形态差异仍比较大，"标准化"程度不高。

第三，关于样品数量是否影响统计学结果的问题。通过对比 Dhulutarrama 打制的 24 件石片和他挑出来的 19 件"好"石片的数据，可看出石片样本的增加导致长宽相关系数由 0.455 上升到 0.584，上升了 28.35%，颇为可观。这说明统计的样品数量越少，其相关系数便越不准确。这是值得我们对考古学工具进行统计分析时加以注意的。另一方面，19 件"好"石片的长度标准差比未经挑选的 24 件石片同类数值下降了 67.69%，宽度标准差下降了 8.83%，说明经过挑选的 19 件石片在长度方面的差别较小，"标准化"程度有所提高。相比之下，宽度的标准差下降不多。

第四，经过二次修理的石器，其"标准化"程度是否增加？对比 Diltjima 从 28 件石片中选出 13 件石片，经二次修理打制成尖状器，后者的长宽比差别明显缩小到 31.91% 和 65% 之间，长度标准差由石片的 3.414 厘米降为尖状器的 1.996 厘米（表二），下降了 41.53%；宽度标准差由石片的 2.33 厘米降为尖状器的 0.608 厘米，更下降了 73.9%，说明这 13 件尖状器的宽度比初加工产生的石片要接近得多，经过二次加工的石器，其形态的"标准化"程度有所提高（表二）。由此看来，Diltjima 是按照他心目中的"标准"来制作尖状器的，过宽的石片均被淘汰。

相比之下，他对尖状器的长度似乎没有实行太严格的控制。经过 Diltjima 加工的尖状器，其长宽相关系数反而从石片的 0.75 降低到 0.433，下降了 73.2%。对比图一和图二也可以看到，Diltjima 初次加工产生的 28 件石片比较集中在表示正相关的对角线周围，而经过加工的 13 件石片反而相当离散，说明这一组尖状器的长度和宽度之间没有明显的对应关系，较长的尖状器可能较窄，较短的尖状器可能较宽，器物的形态比较多元。若单凭这些数值，经过修理的尖状器"标准化"程度反而大幅降低。不过，我们不知道不同长度、宽度的尖状器是否有不同的用途。

第五，上述对比分析似乎说明两位石器制作者在制作尖状器及其毛坯时，具有类似、但并非完全一致的"标准"。那么，考古学的器物分析是否可以辨别这两个、或更多的石器制作者？笔者以为单靠器物分析几乎是不可能的，因为两个石器制作者所打制的石片，其各项测量数据均相当接近（表一）。因此，必须根据石片、石器出土的位置和考古学单元来进行分析。在上述民族学资料中，两个石器制作者分别在不同的地点制作石器，分别留下了大量碎屑，但其"好"石片及制成品均被带回住地，只有被抛弃的"坏"石片和碎屑留在当地。显然，若这两人所制成的石片均发现于其住地，脱离了石器制作地点的背景（context）资料，笔者以为不可能将两个石器制作者区分开来。

总结上述分析，第一，两位属于同一群体的石器制作者，其制作石器有一定的标准，这些标准可以用数值表现，但用现代统计学的对应数据来分析这些数据，其"标准化"程度并不高。很可惜的是澳洲的两位考古学者没有做访谈，未能了解两位石器制作者对其石器产品的想法，例如是否认为同一类石器应当有共同的标准，而他们的产品又是否达到了他们心目中的"标准"。第二，两位石器制作者剥落的石片，其形态有一定差别，主要表现在最大长度和长宽比上。可见在狩猎采集群体中具有丰富石器制作经验的个体，一方面的确共享某种程度上的"标准"，即某一类工具大体应当有怎样的形态；另一方面，在同一类工具的具体形态如长宽比例[23]方面，不同个体的标准又并不完全一样，并没有出现单一的"标准"。这正说明了社会并未进入真正的专业分工，石器的生产仍然是由社会成员独立进行，并没有专门的机构对之加以管理和控制。第三，样品的减少明显会影响统计数据的结果，统计的样品越多，则结果越可靠。至于能够反映器物形态"标准化"和制作"规范化"的内容，由上述分析可见，标准差和相关系数都可用作分析石器加工是否规范化，但两种统计数据各反映了不同的概念。标准差表现了同类石器单件产品长度、宽度及其他形态测量数据的接近程度，或加工某类器物是否具有一定的标准，反映的是石器加工的"标准化"程度。相关系数反映的是同类石器中单件产品的形态变化是否具有规律，如较长的石器是否也较宽或较厚，这主要反映了石器加工的"规范化"程度，当然也反映了不同尺寸的石器是否具有不同的形态标准。第四，经过二次加工的尖状器，与之前的 28 件"好"石片对比，其长宽比值的差距的确有所缩小，但其长宽相关系数反而从前者的 0.75 即高度相关，下降到 0.433，即中到偏低的相关程度（表二），似说明二次修理未必可以增加产品的"标准化"程度，但也不排除这批尖状器有不同的用途。

综合上述分析，两位澳洲原居民石器制作者所打制的石器，反映了在未出现专业社会分工、没有实施生产"质量"控制的社会中，由社会单个成员独立完成的石器制品所具有的多样性。这一民族学资料可作为考古学通过器物分析研究古代社会分工程度的参考，但我们必须综合器物出土的位置、数量，以及同一考古学遗址的其他资料来综合考虑，特别需要结合石器的功能来分析，例如不同尺寸的"尖状器"是否具有不同的功能。很可惜原研究者没有收集这方面的资料，无法在此进一步讨论。此外，上述分析确立了通过形态统计数据认识石器生产是否出现"标准化"是可行的方法，但要探讨石器或其他器物的生产结构，仍需要综合分析相关的考古学遗迹现象，不能仅依靠单一研究方法便作出结论。

四　应用统计学进行考古学器物分析的若干问题

如上所述，在运用统计学进行分析时，资料的丰富性十分重要，因为有限的数据将导致研究结果出现严重的偏差。此外，统计学是现代的定量分析手段，其研究对象均为同一时期的产品或服务；而考古学研究的对象往往具有相当的历时性，分属不同的时代。即使同为一个文化时期的器物，其年代跨度也可能超过百年。如简单地将现代统计学方法用于不同时代的同类器物，所得数据其实没有多少学术意义，可以说只是一种"游戏"，更可能得出误导性的结论。严格说来，考古学器物分析的统计学研究，首先需要对一个遗址中同一文化层、同一考古学单元出土的同类器物进行全面的统计学测量，以保证其"同时性"。在此基础之上，可以对同一时期（如新石器时代晚期）的同类器物进行统计学分析，从历时性的角度探讨"标准化"和"规范化"是否出现变化。

在笔者所能找到的考古学报告中，全面披露所有出土石器、毛坯的报告只有《彭头山和八十垱》。笔者对其中的打制砾石和燧石石片进行了统计学分析，总体而言其"标准化"的程度属于中到偏低[24]。根据对聚落形态、经济模式、陶器和石器的分析发现，彭头山和八十垱应当属于分工尚不发达、复杂化程度较低的社会[25]。按照人类社会演化的规律，新石器晚期的复杂社会，其社会分工程度较高，其石器的"标准化"程度也应当较高。这一假设是否成立？笔者选择了河南登封王城岗的磨制石铲作为个案来探讨。

王城岗遗址位于河南省登封市，1951年发现，从1975到2005年经过多次发掘，报告已经发表。该遗址出土了城墙、灰坑、墓葬、石器、陶器、骨器等考古学遗迹和遗物，分属龙山晚期、二里头、二里岗、殷墟、春秋、汉代、宋元明时期。此外，遗址周围还有禹州瓦店、吴寨等龙山晚期的遗址，形成一个遗址群[26]。

王城岗出土的石器中，以磨制石铲的数量最多，而且在各个时期均有发现，理论上有利于进行历时性的分析。此外，在邻近的其他几个遗址的龙山晚期地层中也发现了石铲，有利于进行跨遗址的对比。

发掘报告中已经披露了王城岗磨制石铲的岩性分析、岩石来源分析、类型学的分类研究和断代研究，生产技术和步骤以及少部分石铲的测量尺寸。根据发掘报告，石铲的生产过程已经相当规范，都经过了打制毛坯、修理毛坯、磨制成型、抛光等生产步骤[27]。因此，笔者的主要分析内容是：

1. 同一遗址不同时期，以及不同遗址同一时期石铲原料的选择是否具备一定模式。
2. 石铲形态的"标准化"程度。通过统计学分析石铲的长度、宽度、厚度及相关系数，以及对跨遗址同时性和同一遗址历时性的石铲进行对比，分析系数是否出现变化？这些变化是否与功能变化相关？功能变化是否反映了文化延续和变迁？

3. 是否出现了石铲集中生产和产品交换、社会分工、专业化等现象？

据初步分析结果，王城岗磨制石铲的原料选择的确显示出一定的模式（表三）。

表三 王城岗遗址不同文化时期出土磨制石铲的原料数量和百分比

岩石	龙山晚期	%	二里头	%	二里岗	%	殷墟	%	春秋	%
灰白色灰岩	9	14.1	2	50.0					4	23.5
灰色灰岩	42	65.6	2	50.0	6	85.7	1	100	10	58.8
灰褐色灰岩	4	6.3								
土黄色灰岩	4	6.3							1	5.9
深灰色灰岩	2	3.1								
灰绿色绿泥石	1	1.65								
灰绿色大理岩										
乳白色大理岩									1	5.9
灰白色大理岩	1	1.65			1	14.3				
深绿色石英岩									1	5.9
深灰色火山碎屑岩	1	1.65								
总计	64	100	4	100	7	100	1	100	17	100

资料出处：北京大学考古文博学院、河南省文物考古研究所：《登封王城岗考古发现与研究（2002～2005）》，文物出版社，2007 年。

从上表来看，王城岗不同时期的原料似乎具有比较稳定的模式，以灰岩为主，与其他磨制石器的原料有差别。这说明当时磨制石铲的原料选择这一生产步骤已经有了一定的规范。但同时期（龙山晚期）不同遗址的石铲有不同的原料组合（表四、五），说明不同的遗址仍然是利用遗址附近的原料各自生产"地方化"的磨制石铲。这些多样的石铲原料组合似乎说明龙山文化晚期当地石铲的生产尚未出现由某一遗址集中生产，然后流通到其他遗址的情形。换言之，并未出现地区之内石铲生产的"专业化"。

表四 邻近的禹州阎寨和吴寨发现的龙山晚期磨制石铲之石料统计

禹州阎寨	数量	%	禹州吴寨	数量	%
岩石			岩石		
			灰白色灰岩	1	33
			灰色砂质灰岩	1	33
灰绿色白云岩	2	40			

续表四

禹州阎寨	数量	%	禹州吴寨	数量	%
浅灰色白云岩	2	40			
灰色白云岩	1	20			
			硅质大理岩	1	33
总计	5	100		3	100

资料出处：北京大学考古文博学院、河南省文物考古研究所：《登封王城岗考古发现与研究（2002～2005）》，
文物出版社，2007年。

表五　　　　　　　　　　　邻近的禹州冀寨龙山晚期磨制石铲岩性统计

岩石	石铲数量	%	有肩石铲数量	%
灰色灰岩	1	7.7		
黄色蛇纹石岩	1	7.7		
灰绿色灰绿岩	1	7.7		
灰色白云岩	1	7.7		
灰色钙质白云岩	3	23.1		
灰白色白云岩	2	15.4		
灰绿色白云岩	2	15.4	1	50.0
深褐色白云岩	1	7.7		
灰褐色白云岩	1	7.7	1	50.0
总计	13	100	2	100

资料出处：北京大学考古文博学院、河南省文物考古研究所：《登封王城岗考古发现与研究（2002～2005）》，
文物出版社，2007年。

　　就第二个问题而言，即石铲的形态是否说明其产品"标准化"，笔者进行了相关的统计学分析。王城岗龙山时期的石铲分为三型，即A型、Ba型和Bb型。其中A型最多有62件，已发表了其中七件的测量数据；Ba型有五件，已发表了其中四件的测量数据；Bb型发现了四件，已发表了其中三件标本的测量数据[28]。根据统计学的原则，三类样品能够统计的数量都太少，特别是A型石铲；而且其中有相当部分样品不完整，所以，进行统计学分析的意义相当有限。

　　尽管如此，笔者仍对王城岗已经发表的同一原料、同类型石铲的宽厚比、长宽比和长厚比进行了统计分析（表六）。选择统计学分析样品的标准是：第一，不同原料对石器的成型可能有一定的影响，因此应当比较同一种原料制作的同类石器。第二，理想的样品应来自同一考古学单元，如同一灰坑、同一墓葬等，以保证其"同时性"。但鉴于本个案已经发表的样品数量很少，第二点实际上未能做到。所以，下文的讨论也就难以深入。

表六　　　　　　　王城岗龙山晚期到春秋时期磨制 A 型石铲的统计分析

岩石	龙山晚期				二里头	二里岗		春秋	
	深色灰岩	灰色灰岩1	灰色灰岩2	灰绿色灰岩	灰色灰岩	灰色灰岩1	灰色灰岩2	灰色灰岩1	灰色灰岩2
最厚（厘米）	1	1.3	1.4	1.3	1	1.4	1.8	2.3	1.5
最宽（厘米）	9.4	9	8.3	9	?	8.9	8	8.3	7.5
宽/厚比	10.6%	14.4%	16.9%	14.4%		15.7%	22.5%	27.7%	20.0%
最长（厘米）	残	13.5	13.4	13.0		残	残	23	
长厚比		9.6%	10.4%	10.0%				10.0%	
长宽比		66.7%	61.9%	69.2%				36.1%	

　　王城岗龙山晚期的四件磨制石铲，其原料均为灰岩，因此可供对比。笔者将石铲的测量数据输入 SPSS 软件，得出王城岗龙山文化晚期 A 型石铲之最宽和最厚相关系数是 −0.86283，即宽度与厚度成相当高的反比。但其他指数的相关系数因为样本太少，无法计算。

　　从上述数据来看，王城岗龙山晚期其中三件磨制石器的最宽度非常接近，其中两件的宽度和厚度完全一样，所以其宽厚比率亦完全一致。另外两件的尺寸略有差别，但差别并不明显。能够对比长宽和长厚比的三件标本，其数值均相当接近（表六），似乎说明其"标准化"程度颇高。不过，需要关注的是，上述样品在龙山时期 60 多件 A 型石铲中只占少数，而且不清楚它们出于哪些考古学单元，其"同时性"未能确定，所以尚不能就此下结论。

　　此外，笔者亦对已经发表测量数据的王城岗龙山晚期 Ba 型和 Bb 型石铲进行了统计分析（表七）。并将相关数据输入 SPSS 进行了宽/厚相关系数的分析。Ba 型磨制石铲的宽/厚相关系数为 0.998952，非常接近 +1，属于高度的正相关，似乎反映出很高的"标准化"现象。但 Bb 型磨制石铲的宽/厚相关系数为 0.094057，还不到 0.1，似乎表示其器物的厚度和宽度的变化缺乏规律性，或者说"标准化"程度很低。因为缺乏数据，长厚比、长宽比等相关系数分析无法进行。

表七　　　　　　　王城岗龙山文化晚期 Ba 型和 Bb 型石铲测量统计分析

Ba 型	灰色灰岩1	灰色灰岩2	灰绿色灰岩	灰褐色石英岩	Bb 型	灰色灰岩1	灰色灰岩2	灰色灰岩3
最厚	0.9	1.7	1	1	最厚	1.3	0.8	2
最宽	4.7	6	4.8	5.2	最宽	10.7	9.2	9.5
宽/厚比	19.1%	28.3%	20.8%	19.2%	宽/厚比	12.1%	8.7%	21.1%
最长	残	残	残	9.5	最长	残	残	残
长厚比				10.5%				
长宽比				54.7%				

比较王城岗龙山晚期磨制石铲的统计学数据，表面的结论似乎是 Ba 型石铲的"标准化"程度最高，A 型次之，Bb 型极低。实际上，上述数据有很多问题。

1. 样品太少，在统计学上几乎不成立，或者说缺乏统计学意义。

2. 因为不能确认上述样品是否来自同一考古学单元，所以，样品的同时性不确定，同一组样品的年代跨度可能是数十年甚至更多。这样的结果往往有偏差甚至会产生误导。

因此，根据上述分析，只能说王城岗时期磨制石铲的原料选择有一定的模式，或者说其产品的原料有一定程度的"标准化"；至于其形态的"标准化"程度如何，目前尚无法下结论。

王城岗龙山晚期磨制石铲的上述初步分析也带出了其他问题。例如，同属于龙山晚期，如何解释 A 型与 Ba 型石铲似乎相当"标准化"，而 Bb 型石铲高度不"标准化"的现象？这与不同类型石铲的功能、使用者的社会地位等是否有关，还是由于样品过少而引起的统计学误差？根据原报告发表的器物照片，A 型石铲的产品成型和制作工艺显然比 Ba 型要精细得多，但后者的"标准化"程度似乎较高；这是因样品太少而造成的"假象"，还是有其他原因？这些问题的解答，需要通过统计更多样品、分析其出土单元，以及通过微痕分析检验功能等方法来提供资料。

五　小结

总而言之，计算"标准化"程度的统计学项目是现代人对同期同类样品研究的结果，考古学运用这一方法需要非常慎重，思考可能影响统计数值的多方面因素，并设计相应的研究内容。统计学不能解决所有问题，仍需要与其他学科的研究手段结合。但统计学分析能够从科学实证的概念说明一些问题，值得广泛采用。

笔者以为，考古学的石器分析可以从三个层面进行研究。第一个层面是集中分析同一遗址中的石器组合，探讨下列问题：

1. 不同的石料与石器种类是否具有对应关系，是否出现了选择某些石料生产某种石器的模式，例如花岗岩专门用于石锤，板岩用于磨制石斧？此外，某些原料是否来源于较遥远的地区？对于这些问题的探讨不仅可说明该遗址古代群体的活动范围（catchment area），而且可以作为生产是否出现"专业化"和"专门化"的指标。类型学、地层学、岩石学、微量元素分析等是研究这些问题的主要手段。

2. 各类石器的制作工艺是否具有一定的规范和程序，例如是否所有的石斧都是先经过打制、琢制再通体磨制成型？同类器物的形态是否出现标准化，器物的形态、大小、比例是否有一定的规律，例如双肩石锛的厚度和长度是否按一定的比率变化？器物成型的规范化程度和工艺、原料之间是否有对应关系？器物是否集中发现于某个地点例如石器作坊？通过研究上述问题，不仅可了解史前石器制作者的制作技术，更可了解生产石器的社会结构，例如石器的加工是由社会的个别成员集中进行，还是由不同的成员各自完成；生产结构是以家庭为单位，还是已经出现了专门的作坊；生产的过程是否出现了专门的管理机制，又由谁控制这些机制等。由此探讨当时是否出现了对生产和产品流通的控制，是否产生了专业分工、集中生产、远距离和大范围的产品交换网络，以及文化交流或文化因素共享；社会是否出现了等级，不同等级之间的差别有多大；甚至还可以探讨当时是否出现了一定的器物标准和工艺规范，即同一群体成员共享的理念（shared "mind-set"，Renfrew and Bahn 2008）等等。类型学、地层学、考古学实验、统计学、民族学资料等都是研究这些问题的主要手段，包括以类型学为基础的考古学统计分析。

3. 各类石器的功能，以及同一类石器的多种功能，包括其实用功能和象征意义是什么？同类石器的形态差别与石器之功能、使用者之阶级、性别等是否相关？是否出现某些"精英产品"，其原料、工艺、制作技术和功能与同一类型的其他产品是否判然有别？探讨上述问题，不仅有助于我们了解古代社会的物质文化和社会复杂程度，还有助于我们认识古代的审美、理念、信仰等。在考古过程中详细记录每件器物的出土位置、拼合器物、残余物和微痕分析、考古学实验、民族学参考资料等等，都是重要的研究手段。

4. 石器的使用、修理、再使用、废弃，说明了什么问题？是反映了某些自然资源的短缺，还是说明当地居民已经不再可以获得该类资源？同一类型的石器，在同一遗址不同阶段的考古学遗存，例如从龙山文化到商代遗存，是否出现了原料、形态、工艺、功能、生产结构，以及使用者等方面的变化？这些变化又是否说明了该遗址的社会和文化变迁，特别是社会复杂化和文明产生的过程？综合对比上述三项研究的成果，可有助于我们解答这些问题。

第二个层次的石器分析，是在上述详细分析单个遗址出土石器的基础上，对某一地区内同时期考古学遗址中的石器进行跨遗址、甚至跨地区的对比分析。这类分析不应局限于同一考古学文化的各个遗址，而应当对比同时期但不同考古学文化中的石器上述各项内容之异同。对比分析的目的是探讨遗址之间、地区之间的石器制作、功能、涵义、流通、生产结构等等之异同，据此不仅探讨同时期不同文化的社会发展轨迹，而且研究古代人类的文化交往、互相影响和可能的迁徙，以及相关的自然和人文原因。

第三个层次的石器分析是对某一地区内出土石器的历时性分析。主要是对同一地区内年代有早晚之别，但器物的原料、类型和功能相似的石器进行上述所列第一层次的各项分析，并据此探讨这一地区石器的制作、功能、分布、流通及相关的社会和政治结构等，是否发生了历时的变化，是否出现了"专业化"和"专门化"的趋势？这些变化是否反映了本区生产结构和社会架构的变化，是否展示本区向复杂社会发展的过程？历时性石器分析所展示的不同考古学文化之产生、发展、繁荣、衰落和消失的过程，又揭示了怎样的自然和文化发展规律？

在进行上述第二和第三层次分析时，需要运用在第一层次列出的所有研究手段。

要进行上述分析，首先当然需要确认所研究对象的时间和文化属性，因此地层学、类型学、详尽的考古发掘资料记录等等，都是必不可少的先决条件。有了这些田野考古学基础，岩石学、统计学、残余物与微痕分析、中子活化、微量元素等手段也是必要的。

中国考古学的石器分析中，类型学、岩石学、历时性和同时性的石器分析早已进行了多年；考古学实验和微痕分析均出现于 1980 年代中期之后；2002 年对甑皮岩遗址出土石器的研究综合了石器原料模式、考古学实验、残余物分析和微痕分析[28]。在上述多项分析中，民族学的相关田野记录一直是重要的内容。但上述分析均主要是定性分析。考古学的研究不仅需要定性，而且需要定量的分析。运用统计学的方法对石器形态进行分析以研究社会分工、手工业生产的专业化和专门化问题，正是一种定量分析。希望这样的定量分析在今后的中国考古学研究中进一步发展。要做到这一点，需要更详细的考古学田野记录和更全面的资料分析。

注　释

① 陶器的同类分析亦有类似的功能，分析内容包括陶器的尺寸、陶胎和烧成火候等数据。

② 来茵、张居中、尹若春：《舞阳贾湖遗址生产工具及其所反映的经济形态分析》，《中原文物》2009 年第 2 期。

③⑬⑮ C. Renfrew and P. Bahn, *Archaeology: Theories, Methods, and Practice.* London: Thames and Hudson, 5th edition, 2008. 张震：《贾湖遗址墓葬初步研究——试析贾湖的社会分工与分化》，《华夏考古》2009 第 2 期。

④ Ian Keen, *Aboriginal Economy and Society: Australia at the Threshold of Colonization.* Melbourne: Oxford University Press, 2004.

⑤ J. A. Jackson (ed.), *Professions and Professionalizaiton.* Cambridge: Cambridge University Press, 1970.

⑥ 中文常将"shaman"译成"巫师"，但此词往往含贬义，故本文不采用此译法，仍用音译。

⑦㉔㉕ 吕烈丹：《稻作与史前文化发展》（待刊）。

⑧⑨ Timothy Earle, Specialization and the Production of Wealth: Hawaiian Chiefdoms and the Inka Empire, in Robert Preucel and Ian Hodder (eds.), *Contemporary Archaeology in Theory*, pp. 165 – 188. Oxford: Blackwell Publishers Ltd., 1996.

⑩ Steven M. Spivak and F. Cecil Brenner, *Standardization Essentials Principles and Practice.* New York: Marcel Dekker Inc., 2001.

⑪ 同⑧；Lal. C. Verman, *Standardization*：*A New Discipline*. Hamden：Archon Books，1973.

⑫ T. C. Lewellen, *Political Anthropology*. Westpoint：Praeger Publishers，3rd edition，2003.

⑭ Lal. C. Verman, *Standardization*：*A New Discipline*. Hamden：Archon Books，1973.

⑯ F. Engels, *On the Origin of the Family*, *Private Property and the State*：*in the Light of the Researches of Lewis H. Morgan*. Reprinted in 1972. New York：International，1884. W. M. Evers, Specialization and the Division of Labour in the Social Thought of Plato and Rousseau. *The Journal of Libertarian Studies*，1980，IV，1：45 – 64. A. Smith, *An Inquiry into the Nature and Causes of the Wealth of Nations*. Reprinted version in 1904. London：Dent & Sons，1776.

⑰ Stephen Shennan, *Quantifying Archaeology*. Edinburgh：Edinburgh University Press，2nd edition，1997.

⑱ B. Meehan, *Shell Bed to Shell Midden*. Canberra：Australian Aboriginal Studies，1982.

⑲ B. Meehan and R. Jones (eds.), *Archaeology with Ethnography*：*an Australian Perspective*. Canberra：Australian National University Press，1988. Ian Keen, *Aboriginal Economy and Society*：*Australia at the Threshold of Colonization*. Melbourne：Oxford University Press，2004.

⑳㉑㉒ B. Meehan and R. Jones (eds.), *Archaeology with Ethnography*：*an Australian Perspective*. Canberra：Australian National University Press，1988.

㉓ 原报告只测量了石器的长宽尺寸，因此无法分析长度和厚度、长度和重量等指标。

㉖㉗㉘ 北京大学考古文博学院、河南省文物考古研究所：《登封王城岗考古发现与研究 (2002 ~ 2005)》，文物出版社，2007 年。

㉙ 吕烈丹：《甑皮岩遗址出土石器表面残余物的初步分析》、《石器和骨、角、蚌器制作工艺的分析和研究》，均载中国社会科学院考古研究所：《桂林甑皮岩》，文物出版社，2003 年。

微痕考古初论[*]

武 仙 竹

（重庆师范大学历史与社会学院）

中国现代考古学中，有二方面的概念从国外引入后引起极大关注，并在一定程度上得到应用和发展。一方面是石器微痕分析（microwear 或 use-wear analysis），另一方面是埋藏学（taphonomy）。前者经过前辈学者推介和学习者实践后，近期以《石器微痕分析的考古学实验研究》显示出新的影响[①]。后者则包括了动物考古学和显微埋藏学等研究领域[②]。显微埋藏学（microscopic taphonomy）是以骨骼（化石）表面改造痕迹（surface modification marks）为研究对象（包括人为痕迹、其他动物痕迹和自然痕迹）[③]，相对石器微痕分析和动物考古学而言，它是近年才真正被专业研究者作为探索方向进行工作的内容。显微埋藏学近年在中国的探索和实践，正使它与石器微痕分析研究一起，在中国促成一个新考古专业领域的产生——微痕考古研究。

一 国外与微痕考古研究领域相关的工作进展

国外与微痕考古相关的研究内容，主要体现在埋藏学（包括动物考古）和石器微痕分析研究领域。研究特点带有鲜明的技术性分析和实验考古性质。

（一） 骨骼表面改造痕迹的研究方法和相关成果

西方目前在骨骼表面改造痕迹方面的研究，主要热点集中在切割痕迹的人工性质鉴定标准、切割痕迹运动方向以及人类左右手使用习惯等问题上。

关于人工对骨骼表面改造痕迹的鉴定标准，其集大成者是 Bromage 和 Boyde 总结出的三条可观察项：即翘茬（smears）、倾斜性断层（Oblique faults）和赫兹破裂锥形面（Hertzian fracture cones）[④]。研究者认为，从这三条观察标准上，不仅可以确定切割痕迹

---

* 本课题为教育部人文社会科学研究项目基金资助（项目批准号09YJA780003）。

的人工性质，而且还能判断出切割痕迹的运动方向，从而可进一步认识痕迹现象是人类左手或者是右手划割的。所谓翘茬（smears），是指分布于痕迹底部和两壁的薄片状骨茬结构，薄片迎向运动方向的一端被揭起，而另外一端则仍旧连接在骨骼表面，呈一种翘起的茬状。所谓倾斜性断层（Oblique faults），是指痕迹两侧散布的一系列倾斜状骨质片段。从痕迹的横断面观察，这些片段向痕迹的中心倾斜；从痕迹的长轴方向观察，这些片段向切割运动方向倾斜。这些片段的上部往往断裂缺失，但其基部仍可辨识出有向切割运动方向位移的现象。因此，倾斜性断层被认为是切割运动方向的重要指标之一。赫兹破裂锥形面（Hertzian fracture cones），是指分布于痕迹两侧边缘的方向指示性片疤。形成原理是划割痕迹时其边缘因受工具挤压产生细微剥片，剥片脱落后形成一种锥形片疤面。锥形面与痕迹的长轴常呈斜交现象，其基部迎向切割运动的方向。破裂锥形面是一种引导性压力作用的结果。Potts 和 Shipman 在运用显微埋藏学研究方法进行研究时，还总结出切割痕迹的典型微观形态是延伸性的、具 "V" 形的凹槽，并且凹槽之中或凹槽壁面分布有细微的条痕（striations）[5]。上述这些使用显微埋藏学确立的鉴定标准，被作为一种研究人类行为痕迹的有效技术，并且已经取得了较多研究成果。如 Potts 和 Shipman 运用这些显微标准，解释了奥杜威峡谷早更新世遗址骨骼堆积的人为和非人为因素[6]。Shipman、Fisher 和 Rose 等人，运用该方法确认了北美一处 1 万多年前屠宰乳齿象和使用骨制工具的现象[7]。White 则在埃塞俄比亚地区运用该技术，研究了一件更新世人类头骨曾被刮削过的证据[8]。

骨骼表面改造痕迹的另一方面重要研究，是关于人类左右手习惯问题的探讨。左右手问题之所以被关注，是因为现代人（智人）人口的 90% 倾向于使用右手。人们认为左右手使用习惯是可遗传的特征之一，并且认为该习惯与大脑的分化、特别是语言能力产生相联系。所以西方一些学者用了很多精力从事该方面的探索，并且使用微观痕迹鉴定的方法，解决这一古人类学与考古学的实际问题。如 Cook 使用上述微痕显微鉴定标准，确定了在英国 Cheddar 峡谷发现的一件旧石器时代晚期人类头骨上存在有使用右手遗留的切割痕迹[9]。Bromage 等人用同样方法分析了肯尼亚 Olorgesailie 中更新世遗址的一组切割痕迹，也确定这些痕迹大多数为右手造成[10]。

（二）石器微痕分析的研究方法和相关成果

石器微痕分析，主要是使用光学显微镜和金相显微镜等，观察工具刃位的数量、位置、磨损、破裂、光泽、胶着物等工具使用现象，考察工具使用方式（如使用石器的一个刃位或多个刃位，是属于独立使用型或复合型工具等）和使用对象（是挖掘土壤、砍砸树木或割切皮肉）等。西方学者认为，根据这些方法，可以很容易区别不同工具使用部位及其所工作的对象[11]。并且他们还认为，这些研究，可以从石器的加工设计等方面分析不同阶段人类的智力演化水平[12]。石器微痕分析的使用和成果在西方已很多，如 Yerks 和 Kardulias 等人总结的那样，这一方法已被较多地用来鉴别石器功能和不同区域的文化特点[13]。

二　中国与微痕考古研究领域的相关工作

中国微痕考古的相关工作，虽然起步比较晚，但近年发展较快。在很多方面取得了重要进展，有些方面甚至显现出国际领先态势。

（一）微痕考古的工作积累与技术进步

1. 石制品微痕分析方面的研究

旧石器时代及其以后的历史时期，中国均有学者对其石器微痕进行过不同程度的研究。其探索性认识包括石器本身的微痕，也包括石器微痕的产生方式与作用对象。张森水先生对四川旧石器时代晚期富林文化遗址部分标本作微痕分析后，指出该遗存石制品存在有很多人工作用产生的微痕，其使用方式包括有切割、刻划、钻孔和刮削等使用痕迹和使用方式[14]。侯亚梅对周口店第 1 地点和贵州桐梓马鞍山遗址石器微痕分析后认为，周口店地点石制品微痕和使用方式，包括有切割、锯、刮、削；马鞍山遗址除上述微痕和使用方式外，还存在有砍劈、刻和楔等方式。二者的共有特征，反映出旧石器时代遗址石制品具有用途多样的特点。即同一工具的同一刃缘，往往具有二种以上的功用。但旧石器时代早期一器多用情况显著，工具功能分化不明显，旧石器时代晚期工具在功能上已趋向分化（专业化）。该项研究还表明，微痕研究在石制品使用方式和生产技术方面，具有一般研究方法不能具备的独特作用。如通过对周口店第 1 地点的研究，从微痕分析方面证实该遗址存在有较多"使用石片"，而马鞍山遗址出土标本的微痕中，则证实存在有"楔"的生产技术（生产骨料和制作骨制品）[15]。陈淳等人对河北小长梁遗址石制品也作过尝试性微痕分析，结果认为该遗址石制品中使用性微痕出现率较低，使用方式包括切割、刮、锯和钻等[16]。黄蕴平对山东沂源县上崖洞旧石器时代晚期遗址石制品进行过简单的微痕观察，认识到该地点石制品主要有切割、钻孔等使用方式[17]。关于旧石器时代石器微痕分析的技术和经验，王幼平还进行过较全面的观察和总结[18]。新石器时代以后的石器微痕研究中，目前也有一些初步的工作。如武仙竹研究三峡何光嘴商代遗址石制品时，根据石斧、石锄的刃部微痕现象，把二者的划分标准总结为"石斧型使用痕"和"石锄型使用痕"。"石斧型使用痕"特征，主要是使用石器作砍切工作时，在刃缘造成细微的剥片状破损。"石锄型使用痕"特征，则是使用石器进行翻土工作时，在刃缘造成与砂土磨擦产生的、由刃端向后端延伸的线条形磨擦痕[19]。我国对史前石器微痕分析方面的技术，主要有使用光学显微镜和电镜法两种。其中前者是使用较多的方法。在对历史时期其他石制品的制作和加工工艺方面，还探索使用过三维图像重建技术等。如在研究古代玉器穿孔与机械加工工作中，学者曾对西周倗国墓地出土的绿松石珠进行加工痕迹的微痕分析和三维图像重建。认识到该类绿松石珠是使用机械转动磨盘打磨加工而成，穿孔工艺是使用空心管钻配合解玉砂高速旋转、对钻形成，钻孔内壁普遍保留有清晰的螺旋纹等[20]。

根据我国学者积累的石制品微痕分析研究，初步总结我国旧石器时代使用工具的使用方式和功用，大体上可以得出这样一个浅识：旧石器时代早期，人类工具分化不明显，存在较多的一器多用和一刃多用现象。工具使用方式包括切割、刮削、戳刺、锯和钻等。旧石器时代晚期，工具开始趋向功能专业化，在延续使用早期使用方式的基础上，钻的使用方式有所增加，新出现了刻划、"楔"等使用方式。手工磨制曾较少地被使用在工具刃缘和其他工艺品加工方面。在新石器时代以后，石制品加工出现了对转穿孔技术和机械打磨加工工艺等。

2. 人类遗留在化石或骨骼表面微痕遗迹的研究

中国保存有大量古代人类在骨骼或化石表面遗留有行为痕迹的标本。通过对该类痕迹现象的总体观察，我们可将其分为经济生产性痕迹和文化意识行痕迹两种。经济生产性痕迹，是指古代人类肉食行为在骨骼表面遗留的无意识痕迹，以及人类利用骨骼原料制作器物、工具等而对其进行的加工、改造等。这类痕迹的产生原因，是古人类出于经济生产性目的而造成的。包括人类屠宰痕迹、分食痕迹（切割、砍切、砸击等）、食物残渣破碎痕迹、各种骨制工具及其毛坯和废品等。文化意识性痕迹，是指人类不是出于直接的经济生产性目的，而是在反映人们思维、文化意识领域方面的行为过程中特意制造的痕迹。这类痕迹在经过人类长期对自身行为、工具、痕迹现象进行观察和认识，并经过对生存环境、生活阅历的提炼后，在后期逐渐萌生出记号、符号、图画、文字及其他艺术品等。按已知的考古发现，文化意识性痕迹的产生，其时代要大大晚于经济生产性痕迹。

（1）经济生产性行为痕迹

经济生产性行为痕迹，有一部分是人类有意识制造、产生的微观痕迹。有一部分是人类无意识制造、产生的微观痕迹。二者的鉴定对研究和认识古代人类的思维意识和行为习惯等方面都具有非常重要的作用。有意识的经济生产性痕迹，主要包括人类制作和使用的骨制工具等。中国目前发现时代最早的人工骨制品距今约二百万年，如安徽繁昌县人字洞出土的骨制生产工具[21]。中国古人类最早的食物残渣性骨骼（表面也遗留有人工改造痕迹），应该存在于目前已知较早的早更新世遗址中，如河北阳原县马圈沟地点等[22]。中国较肯定的人类肉食性切割痕迹，在湖北郧西白龙洞直立人遗址发现有新材

图一　切割痕、刻划图案、刻划文字、描绘与雕刻

1. 湖北郧西白龙洞遗址出土切割痕迹标本　2. 北京王府井东方广场出土的刻划图案标本　3. 重庆
兴隆洞遗址出土的刻划图案标本　4. 河南殷墟出土甲骨文　5. 青海大通县上孙家寨遗址马家窑文
化彩绘陶盆　6、7. 湖北天门肖家屋脊遗址石家河文化圆雕玉人头像

料。该遗址属中更新世早期，保存有中国目前已知最早的人工切割性痕迹标本（图一，
1）[23]。在 2 万多年前的山西峙峪遗址[24]和 1 万多年前的山顶洞遗址中[25]，也都发现有人工
刻划性痕迹标本。在新石器时代，人类经济生产性痕迹出现显著的技术进步。该时期人
类屠宰分食、敲骨取髓技术等，已经显现出与现代人相同或相近的水平。如以三峡考古
中对湖北巴东店子头遗址的研究为例，该遗址属新石器时代早期，距今约 6 千多年，出
土有"对向砸击取髓技术"的标本。来自民族学的研究证明，对向砸击取髓技术是专业
以狩猎为生的鄂伦春族的取髓方式。其方法是沿新鲜的动物管状骨长轴两侧，进行有
计划有规则的对向砸击。当长轴两侧规则性对向砸击进行到一定程度时，管状骨会自动
剖开为两半，工作者即可完整取食其中的骨髓。此外，该遗址还发现有对大型哺乳动物
肋骨两侧进行对称性砍切的技术，以及对大型有蹄类掌骨进行环绕性砍切的技术[26]。这
种对称性砍切和环绕性砍切，反映古人在对工作部位的计划性和选择技巧方面，已经具
有与现代人相似的智力水平。人类无意识制造、产生的行为痕迹，包括使用石制工具对

肉食对象进行屠宰或分割时，在骨骼表面无意间遗留的微观痕迹等。我们可以根据这些人类有意、无意遗留的多种微观痕迹现象，去分析人类工具的选择、行为方式（加工部位的选择、左右手使用习惯等）、痕迹产生的先后顺序，以及总结、认识各种痕迹的鉴定标准等。

与西方相比，中国目前在对骨骼表面痕迹观测和鉴定技术方面，似乎已有后来居上的态势。西方从事微痕研究的学者，对古文化遗址中动物骨骼（化石）表面的痕迹进行研究时，一般还主要采用肉眼裸视、手持放大镜、体视显微镜及电子显微镜等观察方法。这些方法皆有一定的作用，可以提取大量信息，但也都存在一些局限性。如进行肉眼裸视和手持放大镜观察时，对痕迹不能放大或放大倍数较小，以致满足不了对痕迹微观特征进行分析的需求，而且欠缺对观察对象的图像共享。使用体视显微镜和电子显微镜工作时，能够对痕迹放大观察，并且在配备摄像镜头等现代光学设备前提下，可提供图像资源共享。但它们所提取的信息主要反映痕迹平面结构，在对痕迹的多视角观察、测量和计算等方面不方便使用。电子显微镜等技术还有工作量大和工作面积较小等缺点。而我国近年在国内进行的微痕考古探索中，成功尝试进行制作痕迹三维数字模型和对痕迹进行投影等值线分析。通过使用三维虚拟技术，制作成可从任意角度观察的痕迹数字模型，从而能够在立体、多视角状态下对痕迹现象进行观测和计算，这是一般光学显微技术和普通电镜扫描技术不能实现的。痕迹正投影等值线分析，则是对三维数字模型的进一步拓展使用，它对痕迹受力原因、痕迹壁面微观特点（等值线密度和线缘波浪特点）等，是非常有效的一种观察手段。三位数字模型及正投影等值线分析技术，帮助我们实现了对痕迹从平面到立体、从静态到动态、从简单数据测量到任意数据测量的研究工作，从而使我们能够有效地分析痕迹性质（痕迹产生原因），以及产生痕迹的工具类型、刃口形状、工具运动方式、力量散布特点等，这是人们通过古人类行为痕迹去认识远古世界的新方法[27]。这种新方法的使用，可以帮助我们准确鉴定骨骼（化石）表面微痕现象的人工或非人工性质、痕迹产生的显微特征（作用方式和使用工具），甚至包括痕迹产生的先后顺序等。

我们使用痕迹三维数字模型和痕迹投影等值线分析方法，对湖北郧西白龙洞古人类遗址出土的标本进行了实验性观测（TN2W2②：59 号标本；图二，上）。结果证明，使用痕迹三维数字模型和正投影等值线分析技术，对微痕考古能起到很多重要作用。第一，准确鉴定痕迹性质。一般骨骼（化石）表面遗留的微观改造痕迹，存在作用范围较小、痕迹现象轻微的特征。常规观测技术下只能提取痕迹的平面信息特征，常常难以区分其属于人工性质、自然破碎性质或动物啃咬性质。但通过三维数字模型分析发现，动物啃咬痕迹的微观性状，常常是壁面和底面都比较光滑，壁面和底面没有清楚的折线状过渡。而人工改造的微观行为痕迹，在痕迹壁面有破损性翘茬和纤维质断层，壁面与

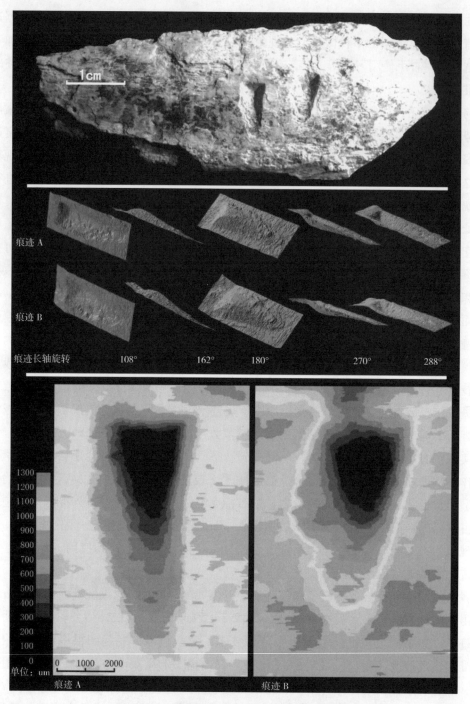

图二　白龙洞遗址痕迹标本三维模型观测实验

上：白龙洞遗址痕迹标本（TN2W2②:59）原始形态　中：痕迹三维数字模型的动态比较

下：痕迹三维数字模型的正投影等值线分析

底面之间有清楚的转折线；等值线围绕中心受力点具备放射状破损等性状。人工工具作用痕迹，与动物啃咬的表面光滑、由一端向另一端挤压、无清楚壁面底面转折线的牙齿印痕有明显区别；与痕迹表面无明显受力点和受力方向的自然破碎面也有区别。第二，更深入地讨论古代人类行为模式。古代人类对骨骼表面遗留的痕迹可能由多种行为方式造成，如砍切、砸击、摔击、戳刺、刻划、割锯等。其行为方式有可能是孤立发生的一次性行为，也可能是有目的有规划的连续性行为。工作对象的方位、工具制作及工具类型选择等也是行为模式的具体反映。通过痕迹三维数字模型，我们可以实现把痕迹现象进行显微、动态、多视角观测（图二，中），从而可以确定不同痕迹是属于同一工具制造、产生的行为现象。此外，我们还通过对痕迹现象进行正投影等值线分析，确定实验标本的痕迹是人类使用同一工具在连续动作中产生，该工具有硬质锐角三角形刃缘特征（与中国旧石器时代三棱尖状器较相符）；并且痕迹 A 先产生、痕迹 B 后产生，属戳刺性行为造成（图二，下）。工作方位是刃缘长轴与骨骼长轴横切，痕迹较宽端离中心受力点较近、等值线密集而规则、受力动力较大、表面微破损较弱，是工作者正面前方位。新方法的使用，帮助我们判别了痕迹产生方位和产生顺序，也使我们进一步认识到所观测标本是先产生左侧痕迹、后产生右侧痕迹（在国内第一次从行为方位和左右顺序上确定直立人制造痕迹时的行为模式）。第三，关于痕迹特征反映的工具消耗现象。史前时期，人类所使用工具限于材料特性，每次使用均会产生一定的磨损、破碎现象（主要包括石质、骨质、木质工具等）。传统的史前工具研究中，对工具连续性使用的消耗现象难以进行详细研究。我们根据痕迹数字模型和正投影等值线综合分析，发现史前工具在每一次使用过程中，均可以观察到较明显的消耗现象，这些消耗现象在三维状态和多视角观测中有具体反映。这为我们根据工具痕迹研究史前工具生产、使用和相关文化现象等提供了基础。第四，探索多种工具类型与遗留痕迹。在国外，学者们主要对人类刻划类痕迹集中进行了一些专门研究[28]。但是，古人类行为方式和使用工具显然具有很大的复杂性。如古代人除了遗留切割性刻划痕迹外，还可能对骨骼有砸击、砍击、戳刺等多种行为方式。并且，由于不同区域古人类使用工具的类型有所区别（石器文化的差异性），他们可能在骨骼表面遗留的行为痕迹也有区别。譬如，我们曾研究的白龙洞古人类使用三棱形锐尖工具（三棱型大尖状器）对骨骼表面戳刺造成的痕迹现象，以前还没有被人们作过专门讨论研究[29]。这种对戳刺性行为痕迹的观察认识，是人们第一次使用科学技术手段，对三棱型锐尖工具在骨骼表面遗留痕迹取得的新认识。因此，痕迹数字模型研究方法，也为我们提供了认识古人类多方面行为模式与石器文化的新视野。

人类无意制造出的微观痕迹现象有很多种，中国微痕考古的拓展在该方面也有长足积累。目前，我国对原始人类用火遗迹的显微观察研究也属于此类。如黄龙洞古人类遗址用火遗迹研究中，通过提取燃烧过的植物残段及炭屑标本，在电子显微镜下观察其植物细胞的薄壁细胞（ap）、纤微细胞（fc）、射线（ur）、导管（vl）等保存特征，分析其是否属于燃烧遗迹，以及燃烧遗迹的植物属性等[30]。这种新方法的研究结果，不仅对我国原始人类使用火的生活行为给予了解释，同时也表明微痕考古的技术和方法，能够拓展使用于人类工具遗留痕迹之外的其他微痕分析。

（2）文化意识性行为遗迹

文化意识性改造痕迹中国发现很多，并且时代连续，形成在世界上独具特色的文化积累现象。文化意识性改造痕迹的起始，其时代要大大晚于经济生产性痕迹。在世界范围内，由于对早、中更新世遗址出土动物骨骼缺少较全面的观察分析，并且因人类早期文化意识性痕迹较难确认，所以目前世界上较肯定的文化意识性痕迹，可能在中更新世末期、晚更新世初期才产生，其代表作是长江三峡兴隆洞遗址距今 15～12 万年的东方剑齿象门齿刻划图案[31]（图一，3）。该图案是由简练的线条组成树枝状形象。线条的起点、止点、组合关系等，反映出古人对线条制作有较熟练的控制能力。线条的平面形态也是线状沟槽，横截面呈深"V"形。中国晚于此时代的发现，还有距今 2 万多年前山西峙峪人在骨片表面的刻划符号[32]，和距今 2 万多年前北京王府井东方广场遗址出土的刻划图案（图一，2）[33]等。王府井广场遗址刻划线条的构图，其线条结构关系与兴隆洞遗址标本相近，均是有主干线条与次级线条的有序组合。线条的横截面形态也相一致。二者的构图内容，均是表示对植物形态的描写。而据峙峪遗址研究者指出，在峙峪遗址的标本上，还有用线条刻划出的普氏羚羊、鸵鸟等动物形象，以及刻划出的圆形凹坑和三角形凹坑等。钻孔技术出现于北京山顶洞遗址[34]、山西峙峪遗址[35]和辽宁海城小孤山遗址[36]等，这几个遗址中还出现了磨制技术的萌芽。刻划凹坑、施行钻孔技术和磨制技术，这些现象出现在旧石器时代末期[37]。在文化意识性痕迹现象上，新石器时代人们已经在简单的线条刻划技艺基础上，出现了较多的彩色描绘和雕塑性作品。新石器时代中、晚期，出现很多刻划符号。这些刻划符号常见于陶器上[38]，也见于石器（玉器）、骨制品等其他材料上。刻划内容除了旧石器时代已有的植物、动物外，对人类所使用的工具、天地事物等，都有较丰富的表现。其中刻划符号类已经开始奠定文字的基础，甚至该时期已经出现了最初的文字[39]。构图线条已不再是以直线条为主，而是有丰富的线条变化形态及其组合。人们可以熟练地使用圆形、半圆形、长方形、梯形、三角形等几何图案，可以准确的表现天地事物和人类思想活动。在青海大通县上孙家寨遗址马家窑文化陶盆上，用彩色颜料描绘出了早期人们在特殊环境下的舞蹈纹饰（图一，5）。其中舞蹈装饰、舞蹈环境、舞蹈内容和舞者组织关系等，是研究早期人类社群关系的重要资料。半坡遗址陶盆上的鱼形人面彩陶纹，表现手法有描绘线条、描绘色块和留白，构图布局上有动物、天地、人像、人物装饰等多种内容相结合，具有整体、局部、虚实、轻重、疏密、平衡相互结合的高超艺术水平，并可能有神秘的宗教意义。湖北天门肖家屋脊石家河文化遗址出土的玉人头像（图一，6、7）[40]，是远古人类对线条痕迹的升华。

刻划——雕琢，在汉语言文字的本意上是相通的。雕，《辞海》释：①雕刻，刻划。②用彩画装饰。琢，《辞海》释：刻划。雕、琢二字，在先秦亦曾通用。《尔雅·释器》："雕谓之琢。"雕、琢在古文字中均有刻、划的含义。这两个字，从文字学的角度，概括出了古人类由最早的简单的线条刻划痕迹，逐步发展到使用彩画描绘和进行通体圆雕的技艺进步。其工作对象也是由最初的对骨骼进行刻划，发展到对陶器进行描绘、对玉器进行雕刻等。新石器时代，人类刻划痕迹的内容和对象，也由旧石器时代的以植物、动物为主，发展到以人自身为主（图二）。这种表现内容和主题的变化，也可能反映着人对自身的逐步认识过程。人成为万物之灵、世界之宰，这种世界观的建立，也可以在人类创造、遗留的痕迹线索之中去寻找。从人类最初对骨骼表面肉食切割造成的无意识痕迹，到有意识的在骨骼表面进行创作性刻划，完成了人类由单纯的经济生产性痕迹到文化意识性痕迹的升华。在人类可以利用刻划线条表现事物、意识的前提下，人类已具备发明文字的基础。至此，人类从原始的线条刻划到创立文明社会，已经是一步之遥了。

从中国早期人类遗留的痕迹现象上，我们可以对其文化意识性痕迹的构图和表现手法有一个粗略的认识。人类在早期主要是利用线条来表示植物、动物等生态环境性主题。其中较早的主题可能是用来表示植物（中更新世末期、晚更新世早期），约在晚更新世晚期后，才开始增加了反映动物形象的主题。旧石器时代人类刻划的文化意识性痕迹，主要是以刻划出的线条进行构图。构图方法主要有主线条和次级线条的有序衔接与组合，线条平面形态是以直线条为主，斜线和弧线次之。新石器时代的作品内容则不仅是对植物、动物进行简单的线条构图，而且还出现了以反映人自身活动、人自身原始信仰等方面的内容。较多构图是以人自身活动和信仰为主题，反映出了人类较高级的思想性认识。并且表现手法不再是单纯地采用刻划线条进行组合，而且大量出现了描绘线条，新增加了块状色彩的描绘，以及涌现出较多钻孔、磨光、雕琢等方法，出现较多人工制作的圆雕作品等。考察中国的文化意识性痕迹，我们发现她有世界上时代最长、发展最连续、过程最清晰的历史。这个历史从世界上最早的文化意识性刻划图案起始（三峡兴隆洞象牙刻划），到后来在甲骨上出现刻划的文字，大约走过了12万年。

文化意识性行为痕迹的研究，在中国取得的新成果正拓展到分析人类行为模式方面的内容。如古人类肉食行为中，对肉食对象（哺乳动物）是剥皮之后食用或"茹毛饮血"（食用带皮毛的动物）？这一学术问题的确凿证据，以前是在法国 Lazaret 遗址中确认中更新世中期遗存里存在有剥皮食用的痕迹现象[41]，而现在，在湖北郧西白龙洞古人类遗址中，也确认有中更新世早期的剥皮食用行为痕迹[42]。中国新研究结果显示，中国古人类才是世界上最早掌握告别"茹毛饮血"生活方式的人类。由微痕现象研究人类行为模式的新进展，还包括对古代人类牙齿清理性行为特征——剔牙进行的研究。剔牙是一种人类有意识、有目的的使用工具对自身牙齿进行保护的行为，在其他大多数哺乳动物行为模式中是没有的，可作为人类自身行为特征的特殊现象。剔牙微痕现象研究，关系到对古代居民食物结构、行为习惯和自身保护等多方面的认识。在世界范围内，发现和认识人类存在剔牙行为痕迹的最早研究成果，是在中国产生的（魏敦瑞对周口店直立人化石的研究）[43]。但此后，该方面的研究转为以西方为主。如西方学者对尼安德特人[44]、海德堡人[45]化石均进行过剔牙行为研究。而在近年，我国学者对早期人类剔牙的行为模式的研究也取得了新成果。如我们对湖北黄龙洞郧西人牙齿化石研究后确定，距今约10万年的郧西人的生活方式中，也存在有剔牙的文化意识性行为[46]。

3. 动物遗留在化石或骨骼表面的微痕遗迹研究

史前或历史时期以来，多种动物行为也在骨骼或化石上遗留有复杂的微痕遗迹。其痕迹类别包括肉食性动物啃咬痕、啮齿动物生理性牙齿磨耗痕和有蹄类动物踩踏痕迹等。这些痕迹特征的鉴定，对我们认识遗址性质、人类和其他动物行为模式等也同样具有重要意义。考古实践证明，在纯粹属于肉食动物聚骨行为造成的遗骸堆积中，骨骼或化石表面的微痕遗迹，应主要是动物行为产生（啃咬痕、爪痕等），而不会有人类骨制品制作或屠宰分食性微痕遗迹[47]。

研究多种动物的行为痕迹特征，对认识古遗址中人、兽在不同时期对古遗址的占据使用方式等具有重要意义，对认识动物演化和动物生态等也具有意义。该方面的研究，国内近年也取得了在世界上具有一定影响力的成果。如近期对周口店田园洞骨化石表面啮齿动物啃咬痕迹的研究[48]，对黄龙洞骨化石表面肉食动物啃咬痕和爪痕的研究[49]，以及对湖北白龙洞遗址偶蹄动物踩踏痕迹的研究等。其中对白龙洞偶蹄动物踩踏痕迹研究，是在国内第一次用显微技术反映出动物踩踏痕迹的特征。并由此痕迹特征证明，白龙洞古人类当时并没有对白龙洞居址长期独享。而是在人类居住或使用白龙洞居穴时，在当时或稍近时期，大型偶蹄动物也曾居住或使用过该天然居址。这种研究结果，同样是从骨骼（化石）表面微痕上，取得了中更新世早期直立人生活模式方面的新认识。

4. 微观埋藏现象与埋藏学因子在骨骼（化石）表面的微痕遗迹研究

埋藏现象的显微观测研究，显然也是属于微痕考古研究领域。遗址堆积层的结构和成分，肉眼裸视可以得到一些初步认识。但更深入地分析和研究，常常也需要借助显微观察分析手段对自然埋藏现象的微痕现状进行解析。如湖北黄龙洞郧西人遗址研究中，通过对遗址第4层碳酸盐岩风化碎屑堆积层显微观察分析，认识到该层属于洞穴自身物理风化堆积层，反映出古人类进入黄龙洞活动时，该洞穴具有敞口、通风的条件；层内不包含岩溶沉积物（钙板、钟乳石、石笋等岩溶沉积），其堆积物形成时洞穴内部气候比较干燥^⑩。

西方现代风头日盛的"显微埋藏学"（microscopic taphonomy），其主要研究内容是分析自然界埋藏学因子对骨骼（化石）造成的多种微痕特征，包括风化侵蚀、水流搬运、化学或水流溶蚀、细菌腐蚀、地层重力挤压、地层矿物微粒在骨骼（化石）表面的磨损痕迹，以及地层堆积物化学因素对骨骼造成的不同石化现象等^㊿。中国在该方面的研究，早年已有较多推介和实践，常用于判断居址类型和遗址结构等^㊿。近年，国内在工作较细致的旧石器时代遗址发掘研究中，一般也均涉及埋藏现象在化石或骨骼表面的微痕遗迹分析。如黄龙洞遗址 2006 年发掘时，对骨骼化石从埋藏特征、分布规律和破碎现象等多种角度，证明遗址里埋藏的动物遗骸不是属于水流搬运堆积物，也不存在地层重力挤压对骨骼造成的破碎现象。相反，该遗址骨化石堆积状况和破碎特点，综合反映了人类在遗址里的计划性活动和对动物骨骼的多次利用等特点^㊿。近年，我国学者还不断使用埋藏现象与骨骼（化石）微痕特点等证据，分析、反思以前曾作过的研究地点。如对黑龙江阎家岗古营地遗址的性质，研究者从微痕埋藏现象的角度进行反思，认为该地点可能并不是像以前所认识的那样，是一个古人类的居住性营地，而有可能是水流搬运堆积物，或者是鬣狗聚骨性行为遗迹^㊿。

我国新进行的高倍显微观测分析中，不仅能够对骨化石表面的人工或动物改造性微痕进行分析，而且还可以观测微痕遗迹内充填的钙质成分和次生结晶矿物质。这种更深入、细致地多种技术分析，有助于帮助我们了解骨骼在产生各种复杂微痕后，在地层环境里的变化状态，以及骨骼在地层里的埋藏过程及石化规律等^㊿。

（二）微痕考古概念的提出及发展态势

"微痕考古"一词，2008 年出版的《第十一届中国古脊椎动物学学术年会论文集》中首次出现^㊿。研究者正式使用了"微痕考古"的理念，并且对微痕考古的概念、作用、工作对象与技术设备等进行了较系统地论述，也对我国有关微痕考古的研究认识进行了初步总结。综合我国逐步酝酿、发展、形成的微痕考古探索，我们认为微痕考古目前可以在考古界得到更广泛的倡导。微痕考古是以显微观察和技术分析为基础，研究人类、动物各种行为产生的微痕现象，以及遗址里各种古代遗迹表面属自然性质的微痕特征。通过对微观痕迹的观察、分析和实证，阐释人类行为模式、生活环境、社会变化和文化意识，同时也对其他动物行为和埋藏学现象等进行研究。中国现阶段提出的微痕考古，是把西方石器微痕分析技术（use-wear analysis）和埋藏学中的表面改造痕迹（surface modification marks）研究等内容融合在一起，新形成的一个研究方向明确、研究内容较深、学术意义更强的特色研究领域，其对考古学的发展具有非常重要的作用。

"考古学"名词在世界范围内并没有统一的概念，但主要内容都是以古代人类遗物遗迹为主要研究对象。考古学在国内的分支现在主要有两大体系：一是以时代为特征的划分方法，如旧石器时代考古学、新石器时代考古学、夏商周考古学等。二是与自然科学相结合的分支类型，如环境考古学、动物考古学、植物考古学、冶金考古学、水文考古学、遥感考古学、定量考古学等。微痕考古，显然是属于后者体系。前者的主要特征是比较关注研究对象的时代范围，后者则是偏重于解释和认识问题的研究方法。在当今学科快速发展的时代，与自然科学相结合的研究方法与技术，成为各领域研究水平不断深入、研究内容不断拓展的必要条件。考诸我国与自然学科相结合的各考古学分支学科，它们也并不是一开始就被学术界计划好或突然降生的。它们也都是在工作实践中，随着工作积累和研究认识的深入，逐步形成并在不同时期被专业研究者逐步倡导的。中国考古学作为较年轻的一门学科，它的研究方法将会越来越多、专业领域将会越来越强。新的具有促进意义的研究领域与研究方法，将会不断形成考古研究的必要补充。微痕考古，正是在中国考古学实践积累和方法探索的基础上，应运而生的具有广阔发展前景的考古学分支。

三 结语

微痕考古的基本理念源于石器微痕分析和埋藏学。在对石器微痕分析和埋藏学进行深入研究的时候，二者之间会出现研究内容的契合：即它们都会涉及人类活动、行为痕迹方面的研究内容。而且，二者在该方面的研究还都需要使用相同的研究技术——显微观测技术（痕迹数字模型是显微观测技术的进步）。更为紧密的是，二者的深入研究还必须互相印证、相互结合。如石器微痕分析，其所有的肯定性认识，最终必须得到所发现伴出骨骼（化石）表面痕迹的印证。而埋藏学面对人类遗留在骨骼（化石）表面改造痕迹的研究时，最后也必须得到石器微痕分析方面的验证。因此，石器微痕分析与埋藏学研究，当它们进行到一定程度、在研究领域和研究技术都发生融和时，二者的相互碰撞会自然催生一种新的学术概念——微痕考古。

微痕考古概念的提出，有利于使用共同的研究方法，以石器（也包括其他史前工具）、骨骼（化石）表面的改造痕迹和其他微痕遗迹为素材，综合研究与人相关的资源环境、行为模式和文化意识等。而不仅仅像最初的研究特点那样，石器研究者与埋藏学研究者各自分别解决石器使用功能或埋藏学因子与文化遗物的关系。这种研究内容的整合和提升，以及它们共用的基本研究方法，符合一个边缘、交叉学科新生的基本条件。在此，我们对微痕考古暂时这样定义：微痕考古是以人类、动物行为微痕和其他自然遗迹微痕为基本素材，以显微观测和痕迹数字模型等科技手段为方法，研究古代人类的资源环境、行为模式和文化意识等。它是考古学中利用特有专业技术，通过各种痕迹现象去认识人类生存环境和文化特征的分支学科。微痕考古是一种新的考古学概念，它强调以技术分析为手段，引导人们对古文化遗物从表面、宏观、抽象的认识方法，向深入、微观、具体的思维领域发展。它与一般仅重视形态、类型、推测性的认知方法相区别，涵带着强烈的实证性和实验考古特征。它是科学发掘和深入研究出土遗迹所蕴含人类活动、文化信息的可靠方法。

通过对中国微痕考古的初步总结，我们认识到该领域研究，可以对认识人类历史的许多方面有重大作用。在技术工作上，我们已掌握了史前人类多种行为方式产生的不同痕迹特征。在史前工具使用方式方面，旧石器时代早期人类工具分化不明显，存在较多的一器多用和一刃多用现象。工具使用方式以切割、刮削为主，也有锯和钻等。旧石器时代晚期，工具开始趋向功能专业化，在延续使用早期使用方式的基础上，钻的使用方式有所增加，新出现了刻划、"楔"等使用方式。中国史前人类行为痕迹，可以初步分为经济生产性痕迹和文化意识性痕迹。其中，经济生产性痕迹出现很早，最初的痕迹现象是与国内现在已知最早的人类同时出现的，距今约200万年（如安徽繁昌人字洞出土的骨制品加工痕迹）。可能由于研究方法和技术的原因，虽然在中国早更新世已发现了较多的骨制品，然而，人类狩猎活动、屠宰加工、切割分食行为痕迹，在中国至中更新世早期才发现有较肯定的标本（如湖北郧西白龙洞遗址的标本）。人类文化意识性痕迹，出现时间要大大晚于经济生产性痕迹。中国文化意识性痕迹，比国内已知最早的经济生产性痕迹晚一百多万年，大约晚至中更新世末期、晚更新世早期才出现（如三峡兴隆洞遗址出土的象牙刻划）。文化意识性痕迹最初是通过线条刻划来表现的，其刻划内容主要是植物、动物等自然环境性主题。在旧石器时代晚期，除了刻划类的文化意识性痕迹外，还新增加了钻孔和磨制类的文化意识性痕迹。新石器时代，刻划类痕迹又衍生出描绘类痕迹。痕迹线条不再是以直线条为主体，而是以多种写生性图案和几何形图形为主，表现主题也是演变为以人及与人相关的世界观为主。在新石器时代晚期，从刻划记号、符号的现象中，开始萌生最初的汉字初文。中国人类是由最初的简单刻划开始逐步走向文字文明时代的。

"微痕考古"在中国提出，是缘于中国考古学的积极发展，也缘于中国有根深弥久的历史背景，以及保存有丰富多彩的研究资料。微痕考古概念的产生，显示中国考古学不仅仅能与西方学术界积极交流，而且还能不断科学创新。

注　释

① 高星、沈辰主编：《石器微痕分析的考古学实验研究》第 1 ~ 236 页，科学出版社，2008 年。

② 同号文、邱占祥：《国外化石埋藏学的历史与现状简介》，《古脊椎动物学报》第 29 卷第 2 期，1991 年。

③ Pat Shipman, Applications of Scanning Electron Microscopy to Taphonmomic Problems. *Annals of the New York Acad-*

emy of Sciences, 1981, 376, 1: 357 – 358.

④ J. E. Gordon, D. M. Marsh and Margaret E. M. L. Parratt, On the strength and structure of glass. Proceedings of the Royal Society of London. *Series A*, *Mathematical and Physical Sciences*, Vol. 249, No. 1256 (Jan. 1, 1959), pp. 65 – 72.

⑤ Pat Shipman, Applications of Scanning Electron Microscopy to Taphonmomic Problems. *Annals of the New York Academy of Sciences*, 1981, 376 (1): 357 – 358.

⑥ Richard Potts, Pat Shipman, Cutmarks made by stone tools on bones from Olduvai Gorge, Tanzania. *Nature*, 1981, 291: 577 – 580.

⑦ Pat Shipman, Daniel C. Fisher, and Jennie J. Rose, Mastodon butchery: Microscopic evidence of carcass processing and bone tool use. *Paleobioogy*, 1984, 10 (3): 358 – 365.

⑧ White, T. D., Acheulian Man in Ethiopia's Middle Awash Valley: The implications of cutmarks on the Bodo cranium. *Achtste Kroon – Voordracht*, 1985, pp. 5 – 33.

⑨ Cook, J., The application of scanning electron microscopy to tapnonomic and archaeological problems. *Studies in the Upper Palaeolithic of Britain and Northwest Europe*. Ed. Roe, D. A. British Archaeological Reports, S296, Oxford, 1986, pp. 143 – 163.

⑩ Timothy G. Bromage, Jose Marie Bermudez de Castro, Yolanda Fernandez Jalvo, The SEM in Taphonomic Research and its Application to Studies of Cutmarks Generally and the Determination of Handedness Specially. *Anthropologie*, 1991, (3): 163 – 169.

⑪ Keeley, L. H., Experimental Determination of Stone Tool Uses. *The University of Chicage*, *Chicage*, 1980. 15 – 85.

⑫ Mithen, S. Paleolithic archaeology and the evolution of mind. *J Archaeol Res*, 1995, 3 (4): 305 – 332.

⑬ Yerkes, R. W. and Kardulias P. N., Recent developments in the analysis of lithic artifacts. *Journal of Archaeological Research*, Vol. 1, No. 2, 1993, 89 – 166.

⑭ 张森水:《富林文化》,《古脊椎动物与古人类》第 15 卷第 1 期, 1977 年。

⑮ 侯亚梅:《考古标本微磨痕初步研究》,《人类学学报》第 11 卷第 4 期, 1992 年。

⑯ 陈淳、沈辰、陈万勇等:《小长梁石工业研究》,《人类学学报》第 21 卷第 1 期, 2002 年。

⑰ 黄蕴平:《沂源上崖洞石制品的研究》,《人类学学报》第 13 卷第 1 期, 1994 年。

⑱ 王幼平:《石器研究——旧石器时代考古方法初探》, 北京大学出版社, 2006 年。

⑲ 武仙竹:《石制品》, 载国务院三峡建设委员会办公室、国家文物局编著:《秭归何光嘴》第 68 ~ 117 页, 科学出版社, 2003 年。

⑳ 杨益民、郭怡、谢尧亭等:《西周倗国墓地绿松石珠微痕的数码显微镜分析》,《文物保护与考古科学》2008 年第 1 期。

㉑ 张森水、韩立刚、金昌柱等:《繁昌人字洞旧石器时代遗址发掘报告》,《人类学学报》第 22 卷第 1 期, 2003 年。

㉒ Zhu, R. X., Potts, R., Xie, F. *et al.*, New evidence on the earliest human presence at high northern latitudes in Northeast Asia. *Nature*, 2004, 431: 559 – 562.

㉓ 武仙竹、裴树文、吴秀杰等:《湖北郧西白龙洞古人类遗址初步观察》,《人类学学报》第 28 卷第 1 期, 2009 年。

㉔ 贾兰坡、盖培、尤玉柱：《山西峙峪旧石器时代遗址发掘报告》，《考古学报》1972 年第 1 期。

㉕ Christopher J. Norton、张双权、张乐等：《上／更新世动物群中人类与食肉动物"印记"的识别》，《人类学学报》第 26 卷第 2 期，2007 年。

㉖ 武仙竹：《长江三峡动物考古学研究》第 285～347 页，重庆出版社，2007 年。

㉗ 武仙竹、王运辅、裴树文、吴秀杰：《动物骨骼表面人工痕迹的三维数字模型及正投影等值线分析》，《科学通报》第 54 卷第 2 期，2009 年。

㉘ Bromage, T. G., Bermudez de Castro, J. M., Jalvo, Y. F., The SEM in Taphonomic Research and Its Application to Studies of Cutmarks Generally and the Determination of Handedness Specially. *Anthropologie*, 1991, (3)：163 – 169.

㉙㊷ 武仙竹、李禹阶、裴树文、吴秀杰：《湖北郧西白龙洞遗址骨化石表面痕迹研究》，《第四纪研究》第 28 卷第 6 期，2008 年。

㉚ 刘武、武仙竹、李宜垠等：《湖北郧西黄龙洞古人类用火证据》，《科学通报》第 53 卷第 24 期，2008 年。

㉛ 高星、黄万波、徐自强等：《三峡兴隆洞出土 12～15 万年前的古人类化石和象牙刻划》，《科学通报》第 48 卷第 23 期，2003 年。

㉜ 尤玉柱：《峙峪遗址刻划符号初探》，《科学通报》第 27 卷第 16 期，1982 年。

㉝ 李超荣、冯兴无、郁金城等：《王府井东方广场遗址骨制品研究》，《人类学学报》第 23 卷第 1 期，2004 年。

㉞ Pei, W., The Upper Cave Industry of Choukoutien. *Pal Sin New Ser.* D., 1939, 9：1 – 41.

㉟ 贾兰坡、盖培、尤玉柱：《山西峙峪旧石器时代遗址发掘报告》，《考古学报》1972 年第 1 期。

㊱ 黄慰文：《海城小孤山的骨制品和装饰品》，《人类学学报》第 5 卷第 3 期，1986 年。

㊲ 安家瑗：《华北地区旧石器时代的骨角器》，《人类学学报》第 20 卷第 4 期，2001 年。

㊳ 张江凯、魏峻：《新石器时代考古》第 45～191 页，文物出版社，2004 年。

㊴ 吴山：《中国新石器时代装饰艺术》第 26～178 页，文物出版社，1982 年。

㊵ 何介钧：《长江中游新石器时代文化》第 36～98 页，湖北教育出版社，2004 年。

㊶ Patricia, V., Etuda des Stries de Boucherie sur les Ossements de Cerf élaphe des Niveaux Superieurs de la Grotte du Lazaret. *Lp Anthropologie*, 1991, 95 (4)：797 – 830.

㊸ Weidenreich, F., The dentition of Sinanthropus Pekinensis：A comparative odontography of hominids. *Palaeontologica Sinica* (New Series D), 1937, (1)：1～180.

㊹ Unger, P. S., Grine, F. E., Teaford, M. F. et al. A review of interproximal wear grooves on fossil hominin teeth with new evidence from Olduvai George. *Archives of Oral Biology*, 2001, 46：285 – 292.

㊺ Lukacs, J. R., Pastor, R. F., Activity – induced patterns of dental abrasion in prehistoric Pakistan：Evidence from Mehrgarh and Harappa. *American Journal of Physical Anthropology*, 1988, 76 (3)：377 – 398.

㊻ 刘武、武仙竹、吴秀杰等：《人类牙齿表面痕迹与人类生存适应及行为特征——湖北郧西黄龙洞更新世晚期人类牙齿使用痕迹》，《第四纪研究》第 28 卷第 6 期，2008 年。

㊼ 武仙竹：《郧西人——黄龙洞遗址发掘报告》，科学出版社，2006 年。

㊽ Hao Wen Tong, Shuangquan Zhang, Fuyou Chen, *et al.*, Rongements sélectifs des os par les porcs – épics et autres rongeurs：cas de la grotte Tianyuan, un site avec des restes humains fossiles récemment découvert près de Zhoukoudian (Choukoutien). *Lp Anthropologie*, 2008, 112 (4)：353 – 369.

㊽㊿ 王运辅、武仙竹、裴树文等:《湖北郧西黄龙洞骨化石表面改造痕迹研究》,《第四纪研究》第 28 卷第 6 期,2008 年。

㊿ 武仙竹、裴树文、吴秀杰等:《郧西人遗址洞穴发育与埋藏环境初步观察》,《第四纪研究》第 27 卷第 3 卷,2007 年。

51 Shipman, P. , Applications of Scanning Electron Microscopy to Taphonmomic Problems. *Annals of the New York Academy of Sciences*, 1981, 376(1):357 – 358

52 尤玉柱:《考古埋藏学概论》第 52～96 页,文物出版社,1989 年。

53 武仙竹、吴秀杰、陈明惠等:《湖北郧西黄龙洞古人类遗址 2006 年发掘报告》,《人类学学报》第 26 卷第 3 期,2007 年。

54 黄可佳:《哈尔滨阎家岗遗址动物骨骼圈状堆积的初步研究》,《考古学报》2008 年第 1 期。

56 李禹阶、邓晓、武仙竹等:《微痕考古研究领域的初步探索》,载《第十一届中国古脊椎动物学学术年会论文集》第 183～194 页,海洋出版社,2008 年。

浅 析 手 斧

吕 遵 谔

（北京大学考古文博学院）

我国旧石器时代考古学中长期有争议的问题之一就是手斧。自 1975 年至今已经 30 余年，尽管目前有的意见比较成熟，但尚未尘埃落定，没有最后的定论。

我最初接触这一问题并看到欧洲典型的标本是 1953 年。当时北京大学考古专业开设有欧洲旧石器时代课程，请裴文中先生讲授。我当时是裴先生的助教，除了听他讲课、对同学进行辅导、整理先生的讲稿和处理一些教学事宜之外，还负责史前考古学陈列室的管理工作。

裴文中先生在新中国建国之前曾任许多大专院校的教授，讲授史前考古学，因此，他深知形象教学的重要性，所以每次上课都带来一些欧洲旧石器时代考古学的真实标本。上课时则结合标本进行讲授，同学们经过听课和观察与讲课内容有关的石器标本，不仅记忆比较深刻，在学习上也有兴趣。

裴文中先生上课时带来的标本，下课后并不带走，而是留在教研室由我保管以便辅导和质疑时使用。因为我要对同学进行辅导和质疑，所以要先准备，因此接触欧洲旧石器比较多，对各个文化期石器的特征也了解得比较清楚。

欧洲旧石器时代初期的文化有较早的阿布维利文化期（Abbevilian），稍晚的则是阿舍利文化（Acheuian）。阿布维利文化期的石器多是用燧石结核两面打制而成，其尖部较窄呈舌形，尖部加工比较细致，中、后部则是用石锤两面加工，故其刃部呈锯齿状，尾部稍加修理以便于手握。

阿舍利文化中的石器发现于法国索姆河流域阿棉附近的圣·阿舍利，其石器的主要特征是用燧石结核或大石片用软槌两面打击，其形状似扁桃腺形，尖部呈舌形，两侧的边刃平齐对称，器形较扁。遍体加工是欧洲典型的手斧（hand axe），因为是两面加工修理得很对称，故又称两面器（biface tools）。

手斧是欧洲阿舍利文化的典型石器，手斧是和阿舍利文化连在一起的，密不可分。

1954 年春，在城内裴文中先生的办公室召开石器时代教学小组会议，先生是石器时代教研室主任。他在会上宣布将他在法国留学时收集的欧洲旧石器标本和参考书全部捐给北京大学历史系考古专业。这一大批贵重的标本运回北大后由我来编号、登记、造册和管理，这样就又有机会看到全部教学标本，尤其是旧石器时代初期的阿舍利手斧。几年后，由于种种原因这批重要的标本要选择好的典型标本送三线保管，我又将欧洲旧石器标本摸了一遍，其中阿舍利手斧是重中之重。

大约在 30 多年以前，有一天我到中国科学院古脊椎动物与古人类研究所去访问贾兰坡先生，在他的办公室见到一批石器，大概有 10 件左右。得知是黄慰文同志从广西百色带回来的。黄慰文同志告诉我这批石器是广西百色市右江博物馆采集的，他选择了几件带回来。这批石器很值得重视，因为其形状、尺寸和打制方法与我上述的欧洲阿舍利手斧很接近，只是石料不同。问其时代和出处及地层关系，因为是采集的，他也说不清楚。当时我产生了一个问题：就是中国是否也有手斧的存在？后来听说在广西百色发现了旧石器，但其时代有不同的看法。当时参加工作的中国科学院古脊椎动物与古人类研究所和广西石油地质部门及广西壮族自治区文物部门各自内部的意见都不一致，有人认为发现的打制石器非出自地层，而全部是地表采集的。但 1975 年发表的文章《广西百色发现的旧石器》却标出了发现石器的剖面和具体的出土层位。这样，对黄慰文同志带回来的极似手斧的石器也逐渐淡忘了。

以后又有报道说百色及其他地区发现了手斧，但多数是采集的，其时代和地层关系仍不清晰。如 1982～1983 年在百色采集的石制品共有 21 个地点，它们多分布于右江两岸高阶地的红土层地表和剥蚀沟中[①]，因为系地表采集，并未引起我的重视。

1987 年，黄慰文同志发表了《中国的手斧》的文章[②]才引起了我的重视。文章说，在中更新世期间，在中国有三个地点产手斧比较集中，即黄河中游的汾渭地堑、长江最大的支流汉水谷地和珠江水系的百色盆地。我未见过该文所记述的实物标本，但从文章中所附的线图看，我觉得涝池河手斧和乾县手斧是地表采集的，地层关系和时代不详，暂不论及。其他几件标本如平梁和三门峡手斧的尖部皆为锐尖，而不是像欧洲典型阿舍利手斧那样是扁的舌形尖，且一面皆有砾石面，也不似阿舍利手斧两面修理得很扁平，不见砾石面。其中的三门峡手斧是用火成岩大石片制成，背面虽为两侧边缘经过加工，但劈裂面都只有一侧加工，而不是两侧都加工。两件标本都没有横剖面图，其厚度不详，但可以估计到它们都是较厚的，而且两侧刃缘也不会是平齐的，这些特征和欧洲阿舍利手斧也不一样。从打制方法和形状看，如果称为手斧，还不如叫尖状砍砸器比较合适。

至于丁村手斧，因为笔者参加过丁村发掘的全过程并整理登记过全部标本，所以对丁村旧石器也比较熟悉。该文所谈的丁村 P. 0684 标本出自 96 地点，在 1958 年出版的《丁村发掘报告》中称为三棱尖状器。顾名思义可知其横剖面为三棱形，系用长的石核打制而成，尖部为对称的尖，从尖部到尾部背面有纵脊，左右侧边缘经过石锤一面加工成不平齐的刃，剥落的石片疤大而深凹，是用石锤直接打击出来的。整体器形较窄长，尾部厚重。这些特征和欧洲阿舍利文化期的典型手斧，无论在形状、尺寸、加工方法等方面都不相同，称为手斧似不相宜，不如仍称其为三棱尖状器为好。

丁村手斧 P. 1844 从线图看器体很厚，两侧刃缘并不齐平。从正面看也看不出手斧的样子，该标本是从过去挖过的沙砾堆中发现的。《丁村发掘报告》中称其为多边砍砸器，而不称为手斧。

丁村手斧 P. 1889，在《中国手斧》一文中称为"中国境内第一件手斧"。谈到这件标本，还有一段插曲。即发掘队常进行野外调查，有一天，大队人马进行远距离调查，走到距丁村东约 5 公里的沙女沟，在大沟的地表捡拾到一件加工很好的石器（即后来编号为 P. 1889 的石器），同时还发现了一件打制成新石器时代石斧样子的毛坯，刃部也打制出来，只是没有磨光，还有一件打制过的原料及其他石制品 20 余件。这些材料带回工作站后，大家都仔细地观察，对 P. 1889 标本出现了不同意见。当时贾兰坡先生认为是手斧，并说：丁村遗址发现手斧，意义重大，在报告中应大书而特书。后来于 1956 年在《科学通报》上发表了《在中国发现的手斧》[③]一文。而裴文中先生则认为该标本是新石器时代的遗物，因为是在地表捡拾的，没有地层和时代的意义，因此，不应写入发掘报告中。我当时同意裴先生的意见，理由是该标本不仅是在地表上采集的，而且同时还采集到打制成型的石斧，只是没有磨光而已，另外在同一地点还采集到打制的长条形毛坯，可以制作石磨棒，并采集了 20 余件新石器时代类型的石制品。关于对 P. 1889 标本时代的争论没有结果。

回京后，2000 余件丁村石器都是由我和王建同志整理、编号、登记和造册的。另外，老先生们做研究方案。对于 P. 1889 石器进行讨论，会上也有争论，最后由所长杨钟健先生作出决定，即有不同意见则由编写报告负责题目的人决定，其他有意见者可以保留意见。因为丁村旧石器部分规定由贾兰坡先生研究和编写，所以他将 P. 1889 作为手斧写入丁村发掘报告。作为丁村发掘队的顾问裴文中先生反对将其定为丁村手斧，所以才将它命名为"似手斧"石器，写入报告。但贾兰坡先生说："这样的石器在我国是第一次发现。它虽是由地面上捡拾的，但从石料及打制的技术上看，很可能它与丁村各地点的石器同为一个时期的产物"[④]。

关于裴文中先生对这一问题的意见，著者转引戴尔俭同志引用裴文中先生对"似手斧"（P. 1889）的意见。"看来步日耶教授是不同意我们将丁村文化归于砍斫工具群体的，因为他在来信中指出，好些我们归类为砍砸器群体的标本，是属于'手斧'的，可认为是晚阿舍利类型。虽然笔者所有的欧洲旧石器知识都是学自步日耶教授的，可是笔者发现接受他关于丁村'手斧'的观点是有困难的"。由此可见，裴文中先生不同意将在沙女沟地表上采集的编号 P. 1889 号标本命名为"手斧"，也不同意丁村砍砸器群体的标本是属于"手斧"的。关于这个问题裴文中先生又说："笔者和同事们对丁村的一件器物的命名是完全一致的，在丁村报告中称之为似'手斧'石器，可惜这件器物是在离丁村颇远的一个地点的地表发现的。然而在我们看来，其他的器物都只不过是一边或两边曾用来砍砸什物的砍砸器。一个普通的砍砸器只有一个刃缘，两面交互打击而具有曲折不齐的轮廓线，像是对某种坚韧物质砍砸的结果。如果使用时间长了，它的刃缘就会损伤，远古人类就会再将原来用于手握的部分修理锐利，而反过来以损伤了的边缘用于手握，以便砍砸。这样就把它做成了一件多种形式的砍砸工具。由使用而造成的损伤痕迹可以很好地说明我们的见解。"

1996 年 6 月，王向前和朱晓东发表了《丁村"似'手斧'石器"的时代问题》，内容提要是这样写的："1958 年出版的《丁村遗址发掘报告》中描述的'似手斧石器'是在丁村以东 5 公里处沙女沟地表采集的。新的发现表明，这件别具一格的标本可能不是丁村文化中的成员，它在来源上与沙女沟以东 2 公里的大崮堆山史前石器加工场遗址的关系更为密切，并可能是新石器时代晚期的文化遗物"[⑤]。

经过几代考古工作者的辛勤努力，丁村遗址已不仅是旧石器时代中期文化单一内容，而是一个包括旧石器时代早、中、晚三期文化内涵的史前文化遗址群[⑥]。

1984 年秋，山西省考古研究所在丁村东 7 公里、沙女沟村以东 2 公里大崮堆山南坡，发现了一处新石器时代的石器加工场[⑦]。大崮堆山基岩为黑色角岩（和丁村旧石器岩性相同），岩石裸露，远古人类可以就地采石打制石器。文化层中石片数量较为丰富，以石片制成的矛形器为主。此外，还有一定数量的两面加工器类，其中出自 T1050 探方的 88XSD1378 号标本，其打制方法和两面加工特征可以和丁村"似'手斧'石器"相对比。两者之间的相似性较多，而与丁村尖状器相比则存在着较为明显的差异。此外，不论是 1954 年的发掘，还是后来的多次调查与发掘，均未在丁村遗址范围内发现这种采集于沙女沟的"似'手斧'石器"。通过以上的叙述，可以认为"似'手斧'石器"不应属于三棱尖状器为代表的丁村文化范畴，而是和沙女沟附近的大崮堆山石器加工场的上部文化层有密切的关系[⑧]。

1987 年以前，湖南省旧石器时代考古是一个空白点，既未发现打制的旧石器工具，更未发现古人类化石。1985 年，袁家荣同志从北京大学考古学系研究生毕业后，到湖南省文物考古研究所工作，于 1987 年进行考古野外调查时，在怀化市、新晃侗族自治县即舞水流域一带发现了打制石器。因为湖南在这以前从未发现过旧石器，所以有人认为是新石器时代的遗物。1987 年 9 月，我到发现现场考察了石垭溪、沙湾、大桥溪、长乐坪新村、曹家溪等地，观察了剖面和地貌，并在石垭溪含锰斑黏土和其上一层的砂黏土层和沙湾灰绿黄杂色黏土层、大桥溪质极细的棕黄色黏土、长乐坪下层灰色网纹土中，及新村灰黄、棕褐杂色黏土和曹家溪红、黄、黑杂色黏土及其下层的棕黄色含锰斑杂色土层中都发现了石器。在以上六个地点共发现石制品 44 件，岩性多为砂岩和石英岩砾石，用石锤直接一面和两面打击。这些石制品可归于砾石石器工业，和手斧石器无关。

自此以后在沅江、资水、湘水和澧水都先后发现了南方砾石石器工业的遗物，尤以澧水流域为最丰富。

1989 年 5 月，中国考古学会第七次年会在长沙举行。会议结束后承湖南省文物考古研究所之邀，由袁家荣陪同，我和安志敏先生参观在澧水流域发现的石制品。考察了虎爪山、宋家溪、黄家岗、玉圃、乌鸦山、大坪、鸡公垱、红阳、红旗、双荷、彭山等地。在这些地点（或砖场）观察了地层剖面。多为红黄色黏土和网纹红土，所出石制品多为砾石制造的两面或一面打击的尖状器，长、宽多在 23 厘米 ×12 厘米左右，岩性多为石英岩、石英砂岩。制作方法是利用砾石或厚石片，两面或单面加工，修成锐利或圆钝的尖，刃口呈陡坡状。除刃口以外，绝大部分保留较多的砾石面。制作简单，器型也不甚规整，可参考安志敏先生的文章⑨。

晚上回到招待所，饭后闲谈到白日参观的感想，安志敏先生说，这是他第一次见到湖南发现这么多的砾石石器工业的石制品。类型虽然简单，打制方法也很一致，是湖南旧石器时代砾石石器工业的另一地方性的传统。在北方也发现许多砾石石器工业的石制品，南北方的关系怎样？他想写一篇文章，谈谈自己的看法。我问他想写的文章题目是什么？他说可以叫做"手斧及其传统"。我又问他：叫手斧？白日里咱们见到的尖状器是手斧？它们和欧洲阿舍利文化期的手斧是否有区别？若这样叫手斧是否将二者文化混淆了？我觉得二者不一样。安先生又说二者当然不一样，把它们叫做"原手斧"怎么样？我说：叫原手斧？是否意味着是最原始的也是时代最早的砾石石器工业？应当在文章中说明原手斧和欧洲阿舍利文化期手斧的区别，否则让读者难以区别二者的关系。安先生郑重答复可以，应该说清楚。因为安先生于 1987 年就到过湖南澧水流域进行调查，对汉中和百色地区部分标本也作过观察，所以他回京后就写了《中国的原手斧及其传统》的文章⑩。在文章的引言部分他这样写道："因此，我们采用原手斧（proto-handaxe）一词予以概括，并不意味着它是手斧的前身，只是表明属于不同的传统；同时还可用来代表这一特殊工业的砾石石器的组合或群体。"

1980 年以后，西安矿业学院地质系闫嘉祺在南郑县梁山一带采集到属于砾石石器工业的打制石器千余件，以后在 1982 年、1985 年在这里又采集了 200 余件石器。这些采集的石器多无地层关系，所以时代也不明确⑪。在梁山一带采集的砾石石器工业经研究有两面砍砸器、单面砍砸器、球状器、手斧和薄刃斧及啄掘器。

1985 年，中国科学院古脊椎动物与古人类研究所和陕西省地质博物馆野外队在对汉水上游进行调查时，在汉中盆地的勉县、城固、洋县境内发现十几个地点保存有旧石器，并在发现旧石器的同层中发现了一些动物化石。根据对动物化石的研究，认为这些石制品的时代为中更新世⑫。因为在梁山发现的石制品层位和这次调查发现动物化石的层位相当，所以梁山石制品的时代也为中更新世。

采集的石制品的原料有脉石英、石英岩、火山岩和硅质砂岩的砾石。石器的类型有石球（用脉石英打制而成）、砍砸器、尖状器和刮削器。

1989年10月我和教研室的三位同志去梁山参观调查。先到陕西省考古研究所观察了所里在梁山采集的标本，有石球、盘状砍砸器、双刃砍砸器、单面砍砸器、尖状器和手斧。这批石器和湖南澧水流域的石器十分相似，只是湖南没有把大的尖状器叫做手斧。

10月7日登上梁山土地岭，看见在凹地一平台中露出红黄色黏土，并采集到一些石制品和三件石英制作的石球及一些不典型的石核。翻过梁山经猴子岭到龙岗寺，一路上观察地貌和采集了些石制品。在龙岗寺附近的剖面上还采集了一些石英片和石片。

回西安后，到西安矿业学院地质系拜访了闫嘉祺先生。他在梁山采集的石制品十分丰富，有标本上千件，但类型不很丰富，基本上和在西安考古研究所看到的差不多。也就是说和湖南澧水流域类型近似，只是石球数量较多，而湖南则很少。

洛南盆地地处中国南北方的过渡地带，在石器的特征上有南北方共同的特点，因而是研究中国南、北旧石器关系的重要地区。

1997年9月初，本文著者和周军专程前往洛南考察，这次考察由陕西省考古研究所在洛南从事旧石器考古工作的王社江陪同。据王社江介绍：自1995年至1997年在这里共发现约50处旷野旧石器地点，采集了万余件石器。洛南盆地野外地点是以大中型石片和第二次加工修理的大型石片及砾石工具为代表，两面加工技术发达是旧石器时代早期文化⑬。到2004年2月在南洛河及其支流两侧阶地共发现旷野类型旧石器地点268处，获得石制品13581件。从TL测年结果可知洛南盆地旷野地点以周坡为代表的二级阶地系中更新世堆积的底层⑭。

洛南盆地旷野的旧石器多采集于砖瓦厂取出区域或暴露于地层剖面。采集的石制品有石核、石片和加工修理的工具。石片有的完整有的不完整。工具包括砍砸器、手斧、手镐、薄刃斧、石球、刮削器和雕刻器等类型。另外，加工修理的石器工具所占的比例也比较高，器物种类繁多，加工精细。

制作石器的原料以浅色石英岩数量最大，另外是石英砂岩和石英，其他材料则很少，只是偶尔采用。

手斧：共44件。约可分为二型，一种是以砾石为原料沿两侧两面加工修理出尖，近端一般保留有砾石的自然面以做手握。另一种是以扁平砾石或石片为毛坯，形状有泪滴状、椭圆形和三角形等。众所周知，石英不是制作石器的理想材料，尤其是制作手斧要两面加工，但在洛南却有以石英为原料制作的手斧。

手镐：共55件。三棱状手镐数目较少，多数手镐是用大型石片作毛坯加工而成，但直接以砾石加工者也不在少数。大多数手镐的尖刃为正尖，左右对称，制作精美。在刃部修理方面单面加工者和两面加工的都有。加工后绝大多数刃缘为钝角且刃部已经钝化。

尖状器：共8件。制作原料以石英最多，浅色石英岩和石英砂岩次之。尖状器的尺寸为中等偏小，长度大于10厘米者只一件。尖状器刃部加工有向石片背面加工的，也有向劈裂面的或交互加工者，且刃部均有轻微的磨蚀。

石球：40件。数量较多，原料多以石英砂岩、深色石英岩、浅色石英岩和石英制作的较多，也偶有红色石英岩和花岗岩制作的。石球圆度相当高，绝大多数的石球表面都磨蚀剧烈。

在洛南盆地旷野地点还采集到薄刃斧、砍砸器、刮削器和雕刻器等。

我们考察了许多窑场。因为砖瓦窑场取土后将泥土中夹杂的砾石、石块都挑选出来扔在角落，从这些废堆中可以选出一些砾石制品。同时他们取土挖出的高大剖面对观察地层很方便，有时还有石制品保存在剖面上。我们在考察过程中也采集了许多石制品并绘制了剖面图且做了记录。

最后我们到了龙牙洞。该洞穴位于秦岭山地洛南县城关镇角尖大队东河村北花石浪山上。1995～1997年的发掘工作中，清理了洞内和洞外的堆积，共获得鸟类、水生动物和哺乳类化石20余种，并2万余件各类石制品、人类生活踩踏面及烧石、烧骨和灰烬层等早期人类用火的遗迹和遗物[15]。经热释光测年，龙牙洞沉积物的形成年代为距今约50万～25万年左右[16]。与蓝田陈家窝直立人地层堆积物，即泄湖组上部的时代基本相当。

龙牙洞石制品的原料多为石英、浅色石英岩、深色石英岩、红色石英岩、石英砂岩和少数燧石、硅质灰岩等。石器类型有石锤、石核、石片、砍砸器、刮削器、尖状器和雕刻器等。石器为中、小型制品，有的制作简单，有的很精致。除以上所记的类型外，还发现了当时人类的踩踏面（即居住面）和用火遗迹，包括烧石和烧骨等。

龙牙洞发掘的面积并不很大，但出土的文化遗物和遗迹却十分丰富。引人注意的是，这里没有发现大的重厚的石器，如手斧、手镐和大型尖状器、薄刃斧及石球等，其面貌和盆地旷野地点所出土的遗物不尽相同。但是洞穴遗址和旷野地点的测年却大致相同。是否旷野地点都属于砾石石器工业范畴，而洞穴遗址则是中小型石片工业？答案是：否！因为我们在腰市旷野地表和剖面上就采集到小型脉石英和断块。看来，洛南盆地的旧石器文化还是相当复杂的，这一地区对于研究中国南北旧石器时代的关系是很重要的地区。

百色盆地，是中国第一次报道产手斧的地区，地点是广西壮族自治区百色市的上宋村，时间是1973年。自此，揭开了百色旧石器考古调查和研究的序幕。以后又陆续有新发现。但是这些发现多是采集品，无层位关系，所以时代很难判断。虽有争议，但却无法解决百色旧石器的年代问题。1982 年以后，广西壮族自治区博物馆、百色地区文化部门开展了百色文物大普查，投入了大量人力、物力和财力。在百色地区的平果、田东、田阳和百色及田林等县的右江两岸发现了 86 处旧石器地点，采集石器标本 1500 余件[⑰]。尽管普查工作做得很好，调查范围也大，但仍多是采集，妨碍了深入地研究。

进入 90 年代以后，对百色地区的旧石器不仅进行调查，而且开始了试掘、发掘工作。在百色市附近的百谷遗址和田东县的高岭坡遗址进行了大规模的发掘，两地共出土了标本 500 件。1994 年夏，广西壮族自治区文物工作队发掘了东田县思林镇的坡西岭遗址，出土石制品 240 多件[⑱]。1997 年，又对田阳县的濑奎遗址进行了发掘，出土遗物 140 余件。

2003 年，广西省文物工作队对南宁至百色高速公路调查时，在田东、田阳和百色市右江区发现了七个旧石器地点。2004 年，广西省文物工作队发掘了百色百达遗址、田东龙皇庙和八六坡遗址，出土了数以万计的石制品[⑲]。

百色盆地的考古工作自进入 90 年代以来，开展得蓬蓬勃勃，发展很快，不但解决了手斧的地层问题，也基本解决了它的年代问题，使争议将近 20 年的百色手斧问题可以暂告一段落。应该感谢对百色盆地作过艰辛调查、发掘和研究工作的同志们，作为考古队伍中的一名老兵，在这里鞠躬谢谢你们了。

由于百色盆地手斧大量的发现，就产生了想到现场参观学习的念头，可惜没有机会。

2006 年春去香港考察黄地峒遗址的发掘，返京时经过广西，去崇左多样性生态基地联系研究生秋季田野实习问题。回京经过南宁时参观了广西壮族自治区文物工作队和博物馆两年采集的大批石制品。经谢光茂同志的介绍和讲解，对这批石制品有了初步的了解和认识。对于最新发现的标本，因都在下面所以约定待秋后学生实习结束后再专程去参观考察。

当年 11 月 4 日，在研究生田野实习结束后，广西壮族自治区文物考古研究所由谢光茂带车来崇左接我们师生五人去百色市之田东县。

参观布兵盆地幺会洞，在洞内曾发现多枚巨猿的牙齿化石和一枚直立人牙齿。参观完幺会洞即去林奎镇檀河村高岭坡。高岭坡遗址面积很大，由于雨水的冲刷，在地表即可捡到石制品和玻璃陨石。1988 年和 1989 年两次发掘，在砖红壤地层中出土了百余件石制品。

我们参观了东田县博物馆，发现这里的石制品标本很少且多是采集品。

在田阳县会见了黄中正馆长、副馆长罗志柏及老馆长黄明标。由三位馆长陪同考察那赖遗址，该遗址面积很大，地貌和高岭坡相似，但坡顶被雨水切割得很厉害。在许多冲沟中都能见到被雨水冲刷出来的石制品，有的石制品制作得很精美。得到三位馆长的同意，我们采集了一些石制品带回学校作教学标本用。

回到田阳县观察博物馆馆藏的标本。三楼一个房间和二楼一个房间里摆满了采集的石制品。在二楼另一个极大的房间里，整个地面按地点、层位摆满了韦江同志在那赖遗址发掘所得的标本，数量之多及标本制作之美十分惊人。趁考古队因整理工作将全部标本摆出的机会，我们能仔细地观察，真是很荣幸。

在去百色时顺路观察了他们 2005 年配合修建高速公路发现的大梅遗址。该遗址在高速公路旁的四级阶地上，其重要性在于第 4 级阶地发现有手斧和玻璃陨石；3 级阶地发现有手镐，不见手斧和玻璃陨石；2 级阶地时代较晚，发现的手镐也很少。玻璃陨石经过测年为距今约 80 万年。手斧出土于高出江面近 60 米的地方，由砾石层和粉砂、砂质黏土和黏土组成。大梅的发掘，解决了手斧及石制品出土的地层和年代问题，使多年来的争议告一段落。

尽管百色旧石器的年代问题有了突破，但也有学者对玻璃陨石的测年提出质疑。认为陨石不是产自原生地层，而是经过水的搬运。因为玻璃陨石很少发现于原生地层，而通常发现于比它们实际年代要晚的堆积中。玻璃陨石重新堆积，其年代并不代表其所在堆积的年代；百色的玻璃陨石全部都有流水冲磨的痕迹，而石制品则没有[20]。

参观右江民族博物馆，这里馆藏标本十分丰富，主要是大梅出土的。石器有一特点，即多是在砾石的一端向一面打击，打出一个刃口即行使用，多是砍砸器。

在博物馆楼上，整个一大屋子的地面上，摆着数量众多的石制品。据介绍共有 60 多个地点，全是曾祥旺在这里工作时采集的，其中不乏精品。手斧和手镐也很多，但也有许多非石制品，有的体积很大，从采集点运回博物馆是很困难的。据了解情况的同志说，曾祥旺采集的石制品很多，工作的时间也长，每次采集的石制品因很重只能带回小部分，其他石制品就集中放在路旁的沟中，待集中到一定数量，就雇拖拉机拉回馆内。另据博物馆工作的同志介绍，多年以前黄慰文同志带回北京的一些精美的手斧标本就是从这些采集品中挑选出来的。

参观百色盆地的发现收获很大，对百色盆地的手斧、手镐、砍砸器等石制品有更进一步的了解，对与我国其他地区砾石石器工业的比较也有重要的参考价值。

回南宁后，再次参观了广西壮族自治区文物工作队采集的石制品，也就是同年春天我到广西看的那一批石制品。因为时间较充裕看得比较仔细，所以更加深了对百色旧石器的认识。

承广西壮族自治区博物馆的盛情接待，我们师生五人参观了该馆调查发掘所得的旧石器标本。

自然博物馆所藏石制品的数量不是很多，是发掘枫树岛所得。石制品特征及省文物工作队所采集和我们参观百色盆地旷野和博物馆的石制品大致相似，器物组合也差不多。有手斧、手镐、砍砸器和刮削器等类型。但值得提出的是手斧的形状却和所看到的百色盆地的手斧不同，其特别的地方主要是在尖部，除了尖部以外，其他部位和一般手斧相同或相似。尖部为精工两面修理成鸭喙状，宽约 2 厘米左右，长约 3 厘米左右，厚度极薄，加工精细，剥落的片疤小而薄。像这种鸭喙状尖部的手斧我记得大约有 6 件之多。这种用石英岩制作的手斧，我尚是第一次见到，它和欧洲及非洲的手斧式样完全不同而另成一类。

枫树岛这种鸭喙状尖部的手斧给了我一种启发，即以前我认为中国的旧石器不像欧洲旧石器那样形状统一、制作精美，不是我们的老祖先技术不如他人，而是因石料的限制。欧洲出产燧石颇丰，是制作石器的上好原料，既有脆性又有韧性，能打下薄而长的石片；而我国旧石器的原料，因缺乏燧石，主要是石英岩、石英砂岩、石英和砂岩等，虽有燧石但数量颇少且体积也不大，很难制作像手斧这样大型的工具。但是通过观察枫树岛鸭喙状尖部的手斧，使我对石英岩不能做出精美石器的看法有了一些改变。既然枫树岛的先民能够将石英岩的手斧尖部加工得那样精美，则根据需要将手斧的器体减薄、修理成双凸的扁形是完全可以的。那么为什么中国的手斧都是器体粗厚横截面成不规则多边形的呢？我想这是和当时的环境、气候和劳动内容有关。掌握这种形式的手斧，已经能满足生产的需要了，较粗厚的尾端便于手握，没有必要再去减薄，何况打制石英岩毕竟是较难的事情。为什么枫树岛的手斧要做成那么薄而宽的鸭喙形尖呢？这也是生产的需要，只有这种扁薄而锋利的尖，才能满足某种劳动内容的要求。

综上所述，我国许多地区都产生手斧，根据目前资料，大致可分为以下地区：

（一）汾渭地堑及其周围地区

在汾渭地堑发现手斧的地点有蓝田涝池河，是由地表采集的，无地层关系。该器物是由大石片制成[21]。

平梁手斧。在蓝田人遗址附近。标本层位出自蓝田人化石层位稍低的红色土堆积中。该标本由石英岩砾石制成[22]。但有人认为原料可能是大石片。

三门峡市手斧。出自三门峡市黄河右岸更新世泥灰和砂质黏土的地层中，原料是火成岩大石片，一侧两面修整，另一侧单面修整，根部有加工[23]。

乾县手斧。来自黄土堆积地面，用石英岩砾石为原料。时代不详，但原报告著者推测是旧石器[24]。

汾渭地堑发现的手斧数量很少，有的且是在地表采集的。综观这一地区的手斧的特征是：三门峡手斧一侧单面修整，另一侧交互修整，每件标本都保留有砾石面，有的砾石面的面积还很大。每件标本的横截面都不呈双凸和平凸，其整体形状不是梨形和扁桃腺形，尖部也不是扁的舌形，而是锐尖，两侧边刃不对称，且是弯曲的。这些特征和欧洲阿舍利手斧完全不同，因此不能称为阿舍利手斧，似称为安志敏先生命名的原手斧较合适。

（二）汉水流域

这里所指的是汉水上游和汉水谷地。前者据报道 1985 年在汉中盆地的勉县、城固和详县境内发现了十几个旧石器地点，共采集石制品计 200 件。原料选用石英岩、火山岩及硅质砂岩和脉石英等。石器组合有石球、砍砸器、尖状器、刮削器。同时在石器的同一层位中发现了剑齿象大熊猫动物群中的成员。研究认为其时代为中更新世。

这篇报道的题目是《汉水上游旧石器的新发现》，其中只介绍了上述几种石器，没有提及有"手斧"[25]。

后者即汉水谷地。位于南郑县，在距汉中市约 10 公里的梁山。从上梁山土地岭向东南至龙岗寺这一区域，在坡谷地表散布有丰富的旧石器时代的石制品。制作石器的原料以石英砾石为主，其次有火成岩和石英岩砾石。石器有两面砍砸器、单面砍砸器、球状器、手斧、薄刃斧和啄掘器。从打制技术、类型和尺寸等方面看，梁山的石制品和汾渭地堑内的蓝田、匼河和三门峡等地点的石制品很接近。据报道说，手斧的数量不多，仅占工具总数的 1.7%，以砾石或大石片为毛坯，用交互打击法打击两侧或一侧，另一侧则通过单面打击形成一个带尖的厚重工具。根部常保留砾石面，器身厚重[26]。根据发表的线图看，该手斧的一面和根部约保留 2/3 的砾石面，器身厚重，一侧的刃缘很弯曲，尖部非舌形而是向一侧成锐尖。这些特征都不是欧洲典型阿舍利手斧特征，也应归入原手斧之范围。

（三）洛南地区

这一地区砾石石器工业的石制品分布的范围很广，在东西长约 50~80 公里、南北50 公里的范围内都有它们的踪迹。洛南地区产石器的地点有两种类型，一种是洞穴，另一种是旷野。在旷野地点发现的是以砾石为原料的大型石制品。洞穴内发现了大批中型石制品，但不见手斧。旷野地点手斧类型的石制品数量很多。约在东西长 70 公里、南北宽 20~30 公里范围内，分布有 268 处地点，经过研究的旷野地点发现的石制品总数达 13581 件。事实上，洛南盆地遗址发掘出土和采集的石制品为 9 万余件，其丰富程度十分惊人。

在洛南盆地旷野地点发现的石制品类型有砍砸器、石球、刮削器、尖状器、雕刻器、薄刃斧、大型石刀、手镐和手斧。

手斧多以石英岩，尤以浅色石英岩砾石为原料。由两侧向一端两面加工，两侧的剥片都达根部，剥片比较浅细，两侧刃缘平直，器身两面遍体加工，其加工痕迹近似广西百色百谷 92 号标本，但更精致。有的手斧一面或根部保留小面积的砾石面，但都很对称。其尖部都大致成尖形，少数为舌形，横剖面呈双凸的透镜体状，但少数也有不规则形。整体来说，在洛南盆地旷野地点发现的手斧数量多且有的制作很精美。如发表的花石浪（1）报告的图版二六，95LP10：19；二七，00L103：184、99LP62：23；二九，00LP188：34、00LP101：161；三一，95LP10：012、97LP28：137、99LP46：003；三二，95LP07：511；三三，99LP59：32等；都是制作精美的标本[27]。

应提及的是洛南石器类型有手镐和众多的石球，可见它和上述前两个地区的关系较密切。

南洛河流入河南境内经卢氏到洛宁尚能见到大型砾石石器工业，甚至在伊河上游之栾川七里坪也发现有砾石石器工业中的大尖状器。至洛阳石器工业则变为中小型的了。而洛南盆地正处我国南北的中间过渡地带，对于研究我国南、北地带旧石器的关系，显然是很重要的。

（四）长江中下游地区

这一地区包括澧水、沅江等流域。发现的时间较早，以澧水流域最为丰富。石制品以石英岩砾石为原料，沿两缘夹一角向远端两面加工，修成一尖部，修理剥片的面积约占整个器身的1/2以上，有少数器物只根部保留一小部分，剥落的石片疤较大，疤痕也深，是用硬锤直接打击的，有的器物体身较大而厚重。如津市虎爪山出土的石制品，有的长达20余厘米，横剖面为不规则形。早期石制品的体积较大，晚期的则体型变小。如乌鸦山下部红色网纹红土中产的石制品就明显地比上部为大。

湖南长江流域中下游的砾石石器工业组合除了石片、石核和砍砸器、刮削器、手镐、手斧以外，还有石球。虽然石球的数量很少，但它却说明这一地区的砾石石器工业，多是和北方砾石石器工业有一定的关系。应当提到的是，这一地区真正手斧的数量很少，简直是凤毛麟角，所以安志敏先生把这种接近手斧的大尖状器叫做"原手斧"，以区别欧洲的典型阿舍利手斧。这也是湖南省文物考古研究所的研究者们不把这种接近手斧的石制品叫做"大尖状器"的原因。

潕河流域发现的手斧数量不多，从其特征观察，归于原手斧类型较妥。

至于在南水北调工程中发现的手斧，因未见到实物暂不敢妄论。

（五）百色盆地

百色盆地在广西壮族自治区西南部，盆地中间有右江由西北向东南经省府南宁注入邕江。在盆地中由田东县、田阳县到百色市，在右江两岸长为90公里、宽约15公里，总面积约800平方公里的范围内密集地分布着砾石石器工业地点。到2000年底，已发现旧石器地点近70处，采集的旧石器标本超过了7000件。

百色盆地的手斧多用砾石、石核和石片制成。原料岩性有石英岩、砂岩和硅质岩，质地较粗。通常是沿毛坯的两侧两面加工，在远端形成一尖部，剥片疤较大，系用硬锤直接打击。有的手斧制作较简单，加工仅限于器身的上半部。下半部保留砾石面，少数经过较多加工，像洛南盆地那种遍体加工者甚少。其正面形状有三角形、梨形、肾形、心形、卵形等八种。器物厚重，两侧边刃弯曲较大，横截面除极少数呈双凸或平凸形，绝大多数为不规则形。较好的标本有百谷005，但砾石面却约占整个器物的1/2。百谷92手斧和MP03也较精美，但都保留了砾石面。这一点和法国的典型阿舍利手斧还是有一些区别的。

值得注意的是，在以砍砸器和刮削器为主的百色石制品中，手斧的数量很小，仅64件，占石制品总数970件的6.6%。在典型的阿舍利文化中，手斧是最重要的类型，占石器组合的50%以上。一般遗址出土手斧的数量也占该遗址出土石器总数的40%以上，而砍砸器的比例则很少，仅在15%左右；刮削器等轻型工具很少出现，石球也有一定数量。百色石制品的统计却和典型阿舍利文化相反，数量最多的是砍砸器，共计367件，占石制品总数的37.8%；手镐175件，百分比为18%；刮削器171件，占石器总数的17.6%。

尽管百色发现的手斧数量较多，但从其形制和制作技术来看，缺乏阿舍利手斧的一些主要特征，还应属于原手斧类。

手斧的分类。我国很多地区都发现有手斧，因为目前手斧分类不明确，所以对手斧类型的看法就很混乱，这直接妨碍了科学研究和对比。手斧最早发现于法国北部，其名称也有多种叫法，直到20世纪60年代把所有手斧统称为阿舍利手斧。既然阿舍利手斧最典型，因此在研究和对比上就应以法国发现的阿舍利手斧为基准。现将个人对手斧分类的想法列在下面：

中国手斧分类表　　　　　　　　　　单位：毫米

阿舍利手斧	原　手　斧			
	Ⅰ型	Ⅱ型	Ⅲ型	Ⅳ型
1. 两面遍体加工，剥落的石片疤小而浅，剥片规整。 2. 器型对称，正面看为梨形、扁桃腺形。 3. 两侧边刃较直，尖部呈扁的舌形。 4. 中晚期的标本，两面全部加工，不保留砾石面。 5. 器体扁薄、匀整，横断面呈透镜体状。 6. 长87.3～154、宽45.5～90、厚18.1～47.2。	1. 制作原料以石英岩、石英砂岩、砾石为主，少数为大石片。 2. 用硬锤两面打制，剥落的石片疤大而深。 3. 两侧边刃较对称，但刃缘弯曲，尖部为正尖，极少数为舌形。 4. 两面加工修整，根部保留小部分砾石面，约占整体的1/4～1/5。 5. 器型厚重，横剖面呈不规则的四边形。 6. 长90～190、宽40～90、厚40～70。	1. 原料同左。 2. 两面用硬锤打制，剥落的石片疤大而深。 3. 两侧边刃较平齐，但稍有弯曲，尖部呈窄而扁的鸭喙状，加工精致。 4. 由远端向近端两面修理至器身的1/2，其余部分皆为砾石面。 5. 器型厚重较大，横剖面为不规则的四边形。 6. 长90～200、宽40～90、厚40～80。	1. 原料同左。 2. 两面或一面打制，剥落的石片疤大而深。 3. 两侧边刃对称，尖为正尖或成横的刃状尖。 4. 两面加工或一面加工达器身的1/2，其余不加修理。 5. 器型厚重，其横剖面呈四边形或三角形。 6. 长90～220、宽40～90、厚40～80。	1. 原料同左。 2. 两面用硬锤打制，剥落的石片疤大而深。 3. 两侧边刃不很对称，尖为正尖或歪尖。 4. 两面加工或一面加工达器身的1/3，其余为砾石面。 5. 器型一般稍厚重，其横剖面为不规则形。 6. 长90～200、宽40～80、厚40～80。

需作说明的是，上表中的阿舍利手斧是专指在法国发现的阿舍利手斧，不涉及其他区域。原手斧项下的Ⅰ型是指国内目前发现的手斧，Ⅱ型是专指广西壮族自治区自然博物馆在枫树岛发掘所得的手斧，Ⅲ型即一般所谓的手镐，Ⅳ型是一般的大尖状器。

根据我的观察，我认为目前在以上五个产手斧的地区，除了洛南盆地发现的几件手斧可归于阿舍利手斧技术以外，其他四个地区的手斧应纳入原手斧的范围。广西百色盆地枫树岛的手斧和其他手斧比较起来较为特殊，同样是石英岩砾石，能将尖部加工得那样精致，器身减薄，不是完全受原料的限制，而是这种工具已满足了生产的要求。我想，枫树岛的先民如果用燧石来制造手斧，其技术一定能达到甚至于超过阿舍利技术水平。因此，研究中国的手斧，不但要注意到技术和模式，更要和当时的生产要求结合起来。

关于手斧的问题，自从发现之初就有不同的争议，主要是地层和时代。目前这些问题已得到初步的解决，但还有一些问题存在着争议，不仅国内有不同的见解，就是在国际上也是如此。

2007年7月25日至30日在法国南部东比利牛斯省的佩皮尼昂市的托塔维尔（Tautavel）召开了"早中更新世手斧文化：和谐概念的诞生"国际会议。因为手斧是东、西方旧石器时代早中期文化关系研究的主要对象，所以亚洲手斧与阿舍利文化的关系问题从讨论一开始就引起学者们的强烈兴趣。报告内容显示出了两种不同的观点：一种认为亚洲手斧是从非洲传播而来，另一种则认为亚洲手斧是本地独立发生的。Michael D. Petraglia认为中国手斧在尺寸上与非洲手斧相同，所以，莫维斯线是不存在的。而Erika Bodin认为，无论是从数量、技术类型特征还是通过空间分布及其多样性来看，中国石器工业中的手斧与阿舍利体系不同，体现出另一种技术内涵[20]。

从1990年安志敏先生在国内首先提出"原手斧"问题，至今已过去19年了。当时国内发现手斧的地点还不多，目前已有许多新的地点发现，但手斧这个名称仍未超出安志敏先生的预料。

光阴荏苒，安志敏先生已离开我们五年了。人虽去，但乡音仍在，每每思念不胜伤悲。谨以此文，寄托对安志敏先生的哀思。

注　释

① 何乃汉、邱中郎：《百色旧石器的研究》，《人类学学报》第6卷第4期，1987年。

② 黄慰文：《中国的手斧》，《人类学学报》第6卷第1期，1987年。

③ 贾兰坡：《在中国发现的手斧》，《科学通报》1956年第12期。

④ 裴文中主编：《山西襄汾县丁村旧石器时代遗址发掘报告》第102页，中国科学院古脊椎动物研究所甲种专刊第2号，科学出版社，1958年。

⑤ 王向前、朱晓东：《丁村"似'手斧'石器"的时代问题》，载中国考古学会、山西省考古学会、山西省

考古研究所编《汾河湾——丁村文化与晋文化考古学术研讨会文集》第 37 页，山西省高校联合出版社，1996 年。

⑥　王建、陶富海：《丁村遗址群旧石器概述》，《山西文史资料》1995 年第 6 辑。

⑦　王向前等：《山西襄汾大崮堆山史前时期制造场初步研究》，《人类学学报》第 6 卷第 2 期，1987 年。

⑧　Wang Xiangqian and Zhu Xiaodong, A huge workshop of The Stone Age in North China, In：*Human Evolution*，Vol. 6，No. 1，55 – 65，Florence，1991.

⑨⑩　安志敏：《中国的原手斧及其传统》，《人类学学报》第 9 卷第 4 期，1990 年。

⑪　闫嘉祺：《陕西省汉中地区梁山龙岗首次发现旧石器》，《考古与文物》1980 年第 4 期。

⑫㉖　黄慰文、祁国琴：《梁山旧石器遗址的初步观察》，《人类学学报》第 6 卷第 3 期，1987 年。

⑬　王社江等：《洛南盆地 1995～1999 年野外地点发现的石制品》，《人类学学报》第 24 卷第 2 期，2005 年。

⑭　王社江、黄培华：《洛南盆地旧石器遗址地层划分及年代研究》，《人类学学报》第 20 卷第 3 期，2001 年。

⑮⑯　陕西省考古研究院、洛南博物馆：《花石浪（Ⅱ）——洛南花石浪龙牙洞遗址发掘报告》第 9～12 页、第 30～32 页，陕西省考古研究院田野考古报告第 49 号，科学出版社，2008 年。

⑰　覃彩銮：《解放以来广西发现的古猿化石及旧石器》，《广西文物》1985 年第 1 期。

⑱　林强：《广西百色田东坡西岭旧石器时代遗址发掘简报》，《人类学学报》第 21 卷第 1 期，2002 年。

⑲　广西壮族自治区文物工作队：《广西考古文集（第二辑）》第 11 页，科学出版社，2006 年。

⑳　广西壮族自治区博物馆编，黄启善主编：《百色旧石器》第 19 页，文物出版社，2003 年。

㉑　盖培、尤玉柱：《陕西蓝田地区旧石器的若干特征》，《古脊椎动物与古人类》第 14 卷第 4 期，1976 年。

㉒　戴尔俭：《陕西蓝田公王岭及其附近的旧石器》，《古脊椎动物与古人类》第 10 卷第 1 期，1966 年。

㉓　黄慰文：《豫西三门峡地区的旧石器》，《古脊椎动物与古人类》第 8 卷第 2 期，1964 年。

㉔　邱中郎：《陕西乾县的旧石器》，《人类学学报》第 3 卷第 3 期，1984 年。

㉕　汤英俊等：《汉水上游旧石器的新发现》，《人类学学报》第 6 卷第 1 期，1987 年。

㉗　陕西省考古研究院等：《花石浪（1）——洛南盆地旷野类型旧石器地点群研究》图版二六、二七、二九、三一、三二和三三，陕西省考古研究院田野考古报告第 44 号，科学出版社，2007 年。

㉘　Erika Bodin、李英华、李超荣：《早中更新世手斧文化国际学术会议在法国托塔维尔召开》，《人类学学报》第 26 卷第 4 期，2007 年。

碰砧法技术再研究：模拟剥片
实验数据的数理统计学分析

沈 辰 　　　王社江 　　　陈 虹

（中国科学院古脊椎动物与古人类研究所、加拿大皇家安大略博物馆）

（中国科学院古脊椎动物与古人类研究所）

（浙江大学文物与博物馆学系）

一 引言

　　碰砧法[①]是史前人类广泛采用的剥片技术之一，它是指用单手或者双手执握石核，用力砸向地上的大石块（石砧）以剥落石片（图一）。早在 20 世纪 30 年代，中国旧石器考古学的奠基人裴文中先生便对该种剥片技术进行了比较深入的探讨[②]。其后，中国学者对碰砧法剥片技术不断有所研究[③]。最近，王益人又对碰砧技术进行了较为全面的分析与评述[④]，认为在一个考古遗存中确认碰砧技术存在的可能性很小。通过实验他进一步指出，以前认为的考古遗址中出土的所谓碰砧法石片，可能全部是锤击技术的产物。所以，史前人类究竟是否使用碰砧法剥片，是我们研究该技术时首先必须面对的问题。如果认同前人对碰砧法的认识，承认碰砧法剥片技术确实存在，那么我们该如何从一个考古遗址出土的石制品中将碰砧法技术的产品明确地甄别出来呢？

　　本文将扼要回顾并总结前人对碰砧法剥片技术的认识，结合我们自己的模拟剥片实验数据进行分析，全面评估以前鉴别碰砧石片的标准。首先介绍"碰砧法"的定义与相关术语，明确碰砧法剥片技术的基本概念；其次分析中外考古学家们如何具体考量碰砧法产品，了解他们研究碰砧法的思路和所用变量；然后详细介绍四组碰砧法模拟剥片实验过程及其结果，从几组石片技术属性的角度，对产生石片的组合整体进行数理统计学剖析；最后，分析模拟剥片实验数据，归纳出甄别史前石器工业中存在碰砧法技术的可能性，而不是简单地否定前人研究碰砧剥片技术的成果。我们希望通过对模拟碰砧法剥片实验产生石片的个体观察和组合分析，为石器技术分析提供有意义的统计学数据模型，以引起大家对该技术的关注。我们认为，在中国旧石器时代，特别是华北地区的石

图一　碰砧法剥片技术示意图

器工业中，碰砧法是与锤击法、砸击法同等重要的剥片技术。

二　名称与定义

几十年来，中国考古学家一直根据由裴文中[⑤]、步日耶[⑥]和张森水[⑦]等人提出的标准，尝试从考古遗址出土的标本中辨别"碰砧"石片。早在 20 世纪 30 年代，裴文中和他的法国同行们就进行了有关碰砧技术的模拟剥片实验研究[⑧]。在其最初的论述中，裴文中使用了法语"Taille sur Enclume"一词来表示该技术。后来，步日耶（Breuil）和兰迪尔（Lantier）在其英文论著中将碰砧法剥片技术称为"anvil chipping"，指一种包含两个打击元素、通过"两硬物之间强烈撞击"来剥落石片的方法[⑨]。

作为一种有别于锤击法和砸击法的剥片技术，虽然碰砧法在英文文献中常常被提及，但它却很少被一般的研究者加以详细讨论。过去一般将这种使用石砧的剥片方法称为"block-on-block technique（石块相撞的技术）"[⑩]。在 Crabtree 的模拟剥片实验报告中[⑪]，他同时使用了"block on block（石块相撞）"和"anvil technique（石砧或者碰砧技术）"两种表述方式。目前，西方考古学界似乎更愿意接受后一个术语来表达碰砧法剥片技术[⑫]。Aigner 在关于中国旧石器时代考古学的论文中，使用了"anvil technique"一词，描述丁村遗址中的石器是通过"striking the core on an anvil stone（在石砧上撞击石核）"的剥片方法来剥落石片[⑬]。Schick 和 Toth 也用"anvil technique"来指这种特殊的剥片方式[⑭]。此外，Callahan 将"anvil percussion"定义为一种含有石砧的碰击剥片技术[⑮]。

总之，英文文献中对碰砧法的定义含糊不清、语焉不详，它似乎可以指任何一种使用石砧的剥片方式。如此一来，被学者们经常讨论的两极砸击法似乎也可以算作

"anvil percussion（石砧技术）"的一种。在 Callahan 的术语中，"石砧撞击"表示的是与两极砸击法略微不同的剥片方法。依他所言，砸击法是把石核倚靠在石砧上，垂直向下砸击石核来剥落石片，而"石砧撞击"则是以倾斜的角度砸击石核[16]。由于两种剥片方式都运用到了石砧，所以，砸击法和碰砧法是明显有别于锤击法的剥片方法。

由于采用碰砧法剥片时，石核处于运动状态之中，而使用砸击法剥片时，石核则是静止的。因此，尽管采用碰砧法剥片的确也涉及了石砧，但我们决定不采用英文"block - on - block（石块相撞）"一词来描述碰砧法，而认为"anvil chipping"作为与碰砧剥片技术对应的词汇更加贴切。北美个别学者觉得使用"chipping"一词并不十分合适，我们认为对于本文研究的目的而言，使用大家所熟知的（特别是中国考古学家们熟知的）术语比重新命名一个新词更好一些，它可以最大限度地避免在研究和描述遗址出土石制品剥片技术时出现不必要的、因人而异所导致的混乱。"anvil chipping（碰砧法）"强调在这种特殊的技术中，是石核而非石锤扮演了剥片时的主要角色。当然，随着研究工作的深入，英文"anvil chipping（碰砧法）"一词同样也可能在以后的研究中得到修正与完善。

三　研究简史

上世纪 30 年代，在发现第一个北京人头盖骨之后不久，裴文中前去法国深造。在法国求学期间，他和法国同事们一起针对三种剥片方法——砸击法（Taille Appuyee ou bipolaire）、碰砧法（Taille sur Eclume）和锤击法（Taille au Percuteur Manuel de Pierre Dure）进行了一系列的模拟剥片实验[17]。依据实验结果，裴文中首次明确提出周口店第一地点是以砸击法剥片方式为代表的工业[18]。在比较了三种剥片方式之后，他还总结出了碰砧石片的三个基本特征：较大的台面尺寸和台面角度（在 90°到 170°之间）；两个或两个以上较大的打击泡；石片劈裂面有明显的波纹。

裴文中认定，这些特征足以让研究者将一个遗址中出土的碰砧石片与锤击石片区分开来。根据实验，他也提出了锤击石片的特征：台面尺寸和台面角度相对较小（<90°）；打击泡较小，且多呈圆锥形；石片劈裂面波纹不明显[19]。

之后，步日耶和兰迪尔也对碰砧石片进行了比较详细的描述，该描述在此前的中文文献中几乎从未被提及过，这里特别引用其中的两段：

> 用石砧产生的石片台面平整。石片台面与破裂面之间的角度很大，有时高达170°。自然台面或初步修理的台面上常常呈现出反复撞击后的疤痕，它们是撞击时未能直接剥落石片情况下而遗留下的痕迹。由台面中心散开的半锥体或打击泡发育良好，形状完整，通常半圈环绕有小石片疤，有时这些石片疤因为台面破碎而相距

较远。一般有两到三个半锥体，或是因为之前形成的隐性锥体显露出来，或是因为同时撞在石砧的几个棱角上。半锥体位于扇形分布的棱脊、片疤及裂纹的中心部位。

产生这些石片的石核劈裂面很陡，仅从打击点延伸出一小段。剥落下来的石片短而宽，而且从最大长度的侧面观其下部很厚。因此，用这种方法剥落的大型石片较厚，表面短而陡[20]。

显然，步日耶等人十分赞同裴文中的观点，给出了类似的石片特征，并认为这些特征可用来识别遗址出土标本中的碰砧石片。基于这些假设，他们认为这种特征的石片仅存在于欧洲两个最古老的石器工业遗址——以大型石片石器（如手斧或砍砸器）为主的克拉克当和阿布维利工业之中[21]。步日耶等人认为，碰砧法在这些史前遗址中曾被广泛运用，而且在生产大型石片时，它比锤击法更为有效。于是，碰砧法被认为是英格兰克拉克当遗址中的代表性剥片技术，即"克拉克当技术"。然而，目前对"克拉克当技术"的重新研究表明，碰砧法并不是该类遗址的独特工艺。

继裴文中和步日耶之后，张森水在研究中着重强调碰砧石片的台面角大多超过120°。此外，他还注意到石片的另一个指数——最大长宽比，认为碰砧石片的宽度一般大于其长度，这可能也是碰砧技术产品所独有的特征。他还提出，碰砧石片的长度通常大于80毫米，进一步肯定了碰砧技术更适于生产大型石片的假说[22]。

Debenath 和 Dibble 在其近期的论述中列举了碰砧石片的四个类似特征：较大的台面、较大的台面角度、劈裂面有明显的波纹及相当分散的泡疤等。同时，他们也明确地意识到，这些特征的产生可能源自于剥片时石核台面的特点，而非固定石砧的使用[23]。

四　研究问题与初衷

碰砧法之所以未能引起西方考古学家们更多的关注，是因为上世纪 60 年代时，博尔德（Bordes）曾经否认了步日耶关于克拉克当和阿布维利工业中使用碰砧法剥片的看法[24]。通过模拟剥片实验，博尔德提出锤击法也会生产出同样特征的石片来。博尔德的观点也得到了其他考古学家的认可[25]。碰砧法从此被视作一种不实用的剥片技术，例如，Schick 和 Toth 曾评价它是一种"比较危险的剥片技术，因为从石核上剥落下来的石片直冲着剥片者的身体和脸"，从而可能伤及剥片者本人[26]。

与西方学者的认识不同，碰砧法在中国向来被看做是旧石器工业中普遍使用的剥片技术之一[27]。中国考古学家根据裴文中和步日耶等人列出的（锤击法、砸击法、碰砧法）标准，一直尝试将碰砧石片从三种主要的剥片技术产品中区分出来。许多研究报告中（特别是在上世纪八九十年代）都将遗址出土石片相应地划分为锤击石片、砸击石片、碰砧石片三类，用以解释史前人类的剥片技术。例如，不少考古学家坚信，鉴于在丁村遗址中发现了大量具有碰砧法特征的石片，所以，碰砧剥片技术曾经在丁村遗址中扮演了极其重要的角色[22]。但是，关于丁村遗址是否存在碰砧产品，王益人则通过实验研究予以否认[29]。

很明显，通过观察单个石片的某些特征，人为地将其划分到三种剥片技术产品中的某一类是不切实际的，也是不科学的。1988 年，王社江进行了模拟剥落大石片的实验，并对锤击法、碰砧法、摔击法和砸击法产品进行了对比研究。发现锤击法和碰砧法产生的石片具有相似的技术特征[30]。在该研究中，王社江对张森水的两分法提出了不同看法，指出较大的石片台面角和宽短石片并非碰砧石片的专利。在对模拟剥落的 81 片碰砧石片和 85 片锤击石片的数据进行比较之后，他得出两点结论：第一，锤击法和碰砧法两类石片台面角的区间范围相同，而且锤击石片和碰砧石片两者之间的台面角统计数据并无显著差异。台面角分布图说明碰砧石片表现出相同比例的较小台面角和较大台面角。第二，碰砧法既可以产生大石片，也可以高效地产生小石片。尽管多数大石片的宽度大于长度，但是大量的小石片却没有表现出同样的长宽比例来。据此，他认为石片的长宽比例取决于用于剥片石核的自身形态和尺寸，而非不同的剥片技术[31]。鉴于在碰砧法剥片实验中也可以高效地产生大量小石片的事实，他提出，在生产小石片方面，碰砧法与锤击法一样有效。这一研究结果后来又得到李莉和王益人等人类似实验结果的印证。王社江的实验报告中还注意到，过去所认为的碰砧石片特征同样也会出现在锤击石片上。无独有偶，这一点在半个世纪前就曾被博尔德和其他研究者所关注。

1995~1997 年间，陕西省考古研究所主持发掘了洛南盆地花石浪龙牙洞遗址。该洞穴的时代为更新世中期，距今 50~20 万年左右。三年间共发掘出土石制品 7 万余件[32]。详细的石制品类型分析表明，龙牙洞遗址出土了一些石砧和可能系采用碰砧技术产生的石核和石片，但是洞穴的居住者是否使用碰砧法剥落石片，再将这些石片进一步加工修理成工具却不甚清楚。根据以往的标准，遗址中出土的一些石片具有明显的碰砧法剥落石片的特征。然而，仅凭这些单个石片的特点，要证实龙牙洞石器工业是否使用了碰砧法剥片，证据明显不足。问题凸显出来：假如龙牙洞遗址中确实存在碰砧技术产品，我们该如何将它们从考古材料中识别出来呢？

为了回答这个问题，我们首先必须对碰砧法产品进行系统分析。过去的研究往往更关注于单个石片的特征，而非整个石制品组合状况。所以，我们的目的旨在通过产生碰砧石片完整的实验序列，看看这些碰砧石片组合是否有统计学规律可循。也就是说，能否从实验标本中确定石片属性的统计学模式。由于目前尚无与碰砧法有关的统计学数据，所以，我们的实验目的简单而明确，就是收集、记录并处理几组完整的碰砧法剥片序列数据，然后对其进行统计学分析。

五 实验概述

    我们的实验于 1997 年夏天在龙牙洞遗址发掘的间隙进行。在龙牙洞遗址出土的石制品中，60% 以上都是用石英岩（三个文化期稍有出入）加工而成。不同尺寸的、结晶程度很高、颜色多样的石英岩砾石石料在龙牙洞遗址前方的南洛河及其支流石门河河滩堆积物中随处可见。我们将剥片实验的场所选在洞穴前方的南洛河支流——石门河河滩上（图二），实验所用石料直接采自河漫滩的堆积物中。这里极有可能也曾是早期人类采集石料的地方。表一列出了四组实验所用砾石石料的尺寸。略微遗憾的是，由于当时发掘工地没有现成的天平，在实验现场我们没有对所用石料进行称重。

图二　陕西洛南花石浪龙牙洞遗址前方石门河畔碰砧法剥片实验现场

    实验包括三个预期剥片实验组和一个随机剥片实验组。"预期剥片组"是指有意识地控制剥片力度，以产生定型（小型或大型）石片的实验组。而"随机剥片组"是指毫无控制地剥片，然后观察实验标本组合中小石片和大石片的出现频率。首先进行的是随机剥片（CRC#1）。第二和第三个实验（CRC#2 & #3）是有意识地剥落小石片，第四

实验序号	石　　料			石核	石片	碎屑
	长	宽	厚			
CRC#1	205	185	50	1	42	86
CRC#2	192	170	43	2	17	22
CRC#3	215	194	52	2	30	16
CRC#4	250	240	100	1	16	24
总计	4			6	105	148

表一　　　　　　　　　　　四组模拟碰砧实验的石制品　　　　　　　　　单位：毫米

个实验（CRC#4）则以有意识地剥落大石片为目的。至于大小石片的尺寸标准，张森水曾设定石片长度界限为 80 毫米[③]，而在本实验中，我们将大小石片的界限设定为 50 毫米。

鉴于模拟剥片的目的并非要看一个既定石核最终可以剥取多少石片，所以，实验中我们并没有完全用尽石核，一旦剥片较难继续进行时便停止下来。同样，考古材料中发现的石核大多也没有用尽，这对于比较相同条件下的两组石核标本的形态是合理的。记录整个实验（四个案例）大约花费一小时，实验全程同时用 8 毫米摄像机拍摄记录。

实验中从四个砾石石料上共剥落 105 个石片（CRC#1 – #4），同时生成四个石核、两个石核断块以及 148 个碎屑。需要说明的是，这里的碎屑是指那些在打制过程中附带产生的小碎块，它们并非有意剥落的石片（表一）。

接下来便是对这些碰砧石片的属性进行进一步观察和分析。本文所选的属性项目主要是为了检验上述系列碰砧石片的标准，包括石片尺寸、台面大小、台面角度、长宽比例及其他可计量的统计数据。此外，我们觉得还有几个属性统计项目对于从考古标本中识别碰砧法很重要，诸如石片的远端形状、自然砾石面位置和自然砾石面分布范围等。

本数理统计研究中的八个计量统计数据包括石片的最大长度、最大宽度、最大厚度、中间宽度、中间厚度、台面宽度、台面厚度及台面角等（图三）。台面宽度指沿台面一侧，平行于石片宽度的两点间最大距离；台面厚度指垂直于台面宽度的最大连线的距离；最大长度指沿着垂直于台面宽度的轴线，从台面到石片最远端之间的距离；最大宽度指石片两侧缘之间、垂直于最长轴的最大连线的距离；最大厚度是指石片劈裂面和背面之间的最长距离；中间宽度和厚度是在最长轴的中点测量的；台面角度是指石片台面和劈裂面之间的夹角。

此外，还有六个常被一般研究者提到的属性也被纳入我们的统计项目中（图三），它们包括泡疤、背面片疤周长、自然砾石面分布范围、自然砾石面的位置、远端形状和

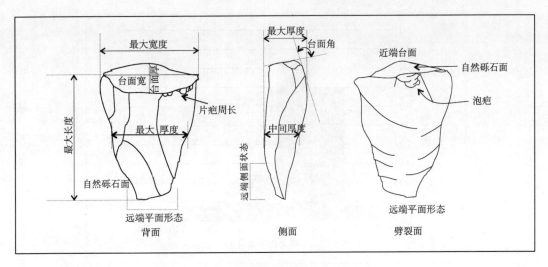

图三　石片测量及特征点示意图

远端侧面形状。观察石片是否存在打击泡或泡疤，如果有，则记录泡疤数量。根据Odell 的方法，石片背面片疤周长是指背面和台面之间片疤的总长度[34]。自然砾石面分布范围被划分为四个等级：0～25%、25%～50%、50%～75%、75%～100%，而且统计时只记录石片背面自然砾石面的比例。自然砾石面的位置被定为远端、近端和侧面，或是这些部分的任意组合。远端形态指平面形状，而远端侧面形态是指侧面观察的形状。

六　实验结果

1. 石片尺寸

四个实验组石片平均最大长度为 48.4 毫米（其中有效标本 104 件），标准误差为23.3。频率分布柱状图趋于常态，只是数值有些偏低（图四）。多数石片的最大长度介于 20 毫米和 50 毫米之间，也就是说，约 66.3% 的石片长度小于 50 毫米。但是需要说明的是，石片尺寸的统计数据同时受到生产小石片的两个预期实验目的本身和原始石料的尺寸两方面因素的影响。

首先，两个预期实验组的结果表明，碰砧技术在生产小石片时同样高效。这一点有别于过去认为的碰砧法比其他剥片方式更适合生产大石片的认识。CRC#2 和 CRC#3 组中石片的平均最大长度分别为 37.5 毫米（sd[35] = 10）和 42.5 毫米（sd = 14.3）。与此相反，预期生产大石片的 CRC#4 中，石片平均最大长度为 81.2 毫米（sd = 32.4）。随机实验组 CRC#1 中产生的石片比较小，平均长度为 44.2 毫米（sd = 17）。总的来看，整个组合包含许多小石片。

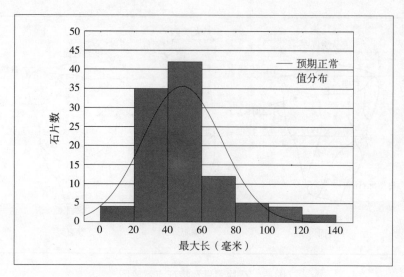

图四　石片尺寸（最大长度）的分布柱状图

这个结果也说明我们通过碰砧法获得小石片的努力是成功的。如果这种方法能够有效生产小石片，那就可以设想 CRC#2 和 CRC#3 组中石片最大长度的标准误差会更低一些，数理统计结果也的确如此。而且，如果碰砧法可以有效剥取小石片，那么 CRC#2、CRC#3 和 CRC#4 之间的石片最大长度应该有统计学上的显著差别（significant difference）。我们采用一元方差分析法（ANOVA）检验石片长度、宽度和厚度的平均值，结果见表二。此处概率 p 值的统计学界点设为 0.05，以此对三个剥片实验组的三个参数进行多重对比。数据显示，三个实验组石片的长度和宽度都有统计学意义上的差异。特别是和 Scheffer 平均值测试统计模式（Scheffer test）的两两对比表明，CRC#4 组中石片的长度和宽度都与 CRC#2 和 CRC#3 组中石片的长度和宽度有统计学意义上的差别。意料之中的是，同样预期生产小石片的 CRC#2 和 CRC#3 实验数据中，石片长度、宽度和厚度平均值之间没有统计学意义上的差异。也就是说，CRC#2 和 CRC#3 实验产生的小石片在尺寸上是一致的，同时与 CRC#4 实验所产生的大石片有明显差别。统计数据支持踫砧法技术能有效控制产生不同尺寸石片的认识。

其次，我们认识到用碰砧法产生的石片长度在很大程度上受到石料初始尺寸的影响。为了成功地剥落石片，碰砧法要求使用特定形状的石料⑧。一个人通常是横向举起石块，石片自石块远端沿长轴进向剥片者的身体（图五）。因此，石料的原始厚度限制了最终剥落石片的长度。但是如果斜向剥离石片，其长度就会超过原始石料的厚度。表一显示，四分之三的石核厚度小于 55 毫米。只有 CRC#4 的石核厚度大于 100 毫米。所以，前三个实验组（CRC#1 - 3）很难产生大量最大长度超过 80 毫米的大石片，尽管这并非绝对不可能。

表二　　　三组实验产生的石片尺寸一元方差分析法（ANOVA）统计结果

a：一元方差分析法
（ANOVA）统计结果变量

变量	平均值	p 界点
最大长度	48.38	0.000000 *
最大宽度	50.33	0.031825
最大厚度	17.59	0.000002 *

b：Scheffe 两两对比统计结果

变量：最大长度

	（1）	（2）	（3）
CRC#2（1）		0.683352	.000000 *
CRC#3（2）	0.683352		.000000 *
CRC#4（3）	.000000 *	.000000 *	

变量：最大宽度

	（1）	（2）	（3）
CRC#2（1）		0.682484	.039904 *
CRC#3（2）	0.682484		.117509
CRC#4（3）	.039904 *	0.117509	

变量：最大厚度

	（1）	（2）	（3）
CRC#2（1）		0.607345	.000010 *
CRC#3（2）	0.607345		.000025 *
CRC#4（3）	.000010 *	.000025 *	

* 表示在 p 值低于 0.05 界点的统计意义的差别。

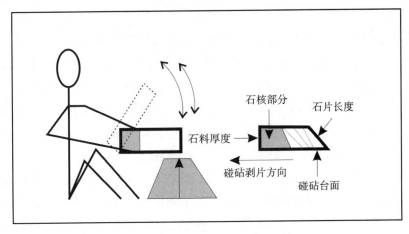

图五　碰砧法剥片示意图

基于上述数据，我们认为：（1）使用碰砧法剥片时，石片的最大长度在很大程度上受制于石核自身的厚度；（2）碰砧法并不像步日耶和裴文中所说的那样，仅仅与石制品组合中的大型工具有必然联系；（3）碰砧法同样可以高效地生产小石片。

2. 台面尺寸和台面角度

用来判断碰砧法的第二个标准是较大的台面尺寸和较大台面角。与石片长度不同，没有人明确指出较大台面尺寸的确切分界点。实验结果表明，四个实验组产生的 103 个石片的平均台面宽度为 28.4 毫米（sd = 17.5），平均台面厚度为 15.7 毫米（sd = 8.9）。统计箱式图（Box and Whisker Plot）表明，石片台面宽度的集中区间是 25 ~ 50 毫米，台面厚度的集中区间是 10 ~ 20 毫米（图六）。

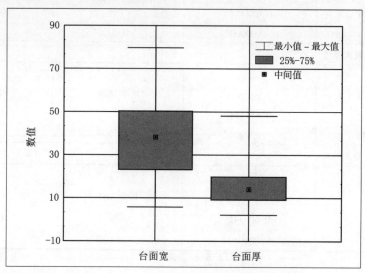

图六　台面宽和台面厚箱式统计图

了解了台面宽度和台面厚度的区间范围，似乎可以说碰砧石片的台面尺寸数据确实比较大。但是，我们仍无法认定碰砧石片的台面尺寸已经大到足够可以称之为"大"，因为台面大小与石片本身尺寸是密切相关的。因此，我们决定比较台面宽度（厚度）、石片最大宽度（厚度）以及石片中间宽度（厚度）。如果台面尺寸偏大真的是由于石片的整体尺寸，那就可以设想台面宽度（或厚度）与最大宽度（或厚度）或中间宽度（或厚度）之间的比率，即使数据不大于1，也应当接近于1才是。

表三中列出了四个组石片比率的平均值，均在 0.8 ~ 1.3 之间，而且标准误差很小（sd = 0.16 ~ 0.52）。图七显示出四个实验组的平均比率。显然，石片台面厚度和中间厚度的平均比率大于1，说明大多数碰砧石片的台面厚度大于中间厚度。有意思的是，四组实验的台面厚度和最大厚度的平均比率是 0.7 ~ 0.85，说明石片的平均台面厚度小于

最大厚度，但差距并不大。曲线图也反映出四个实验组中石片台面宽度和最大宽度的平均值几乎相等，比率在0.8～1.05之间摆动。

表三 石片台面尺寸统计数据

变量	数量 N	平均值	标准误差	最小值	最大值
台面长度	103	38.43	17.45	5.76	79.65
台面宽度	103	15.72	8.91	2.1	48.05
台面长度/最大宽度	103	0.79	0.16	0.3	1.12
台面长度/中间宽度	100	0.95	0.25	0.31	1.85
台面宽度/最大厚度	103	0.98	0.25	0.36	2.44
台面宽度/中间厚度	100	1.27	0.52	0.38	4.7

台面角大于120°一直被认为是碰砧石片的特性之一。数据显示，被观察的103个石片的台面角介于71°和133°，台面角平均值为105°。观察的石片中没有一件的台面角度超过140°，而且一半左右的石片台面角在100°～120°（n＝55）之间。三分之一左右的石片台面角度很小（＜100°），而台面角大于120°的石片只有14件。在1988年的实验中，王社江也注意到实验标本中24%拥有较大台面角度的石片是锤击法剥片技术产物，这表明拥有"大"的台面角并非碰砧石片的独有特性，这显然与过去的观点相悖[⑦]。

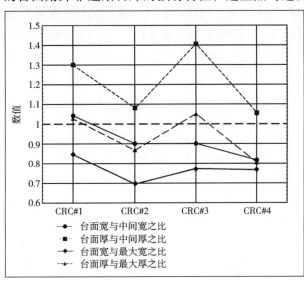

图七 四项实验的石片台面尺寸的比值

如前所述，本次实验标本中的小石片多于大石片，由于过去的研究者将注意力较多地集中在大石片上，这可能导致他们认为具有较大台面角的石片只出现在大石片上。为了探知碰砧石片台面角度和石片最大长度之间是否有关联，我们对台面角和石片最大长度进行了对应分布的数理统计，结果发现它们只有微弱的对应关系（r = 0. 1305）（图八），这表明台面角不一定随着石片尺寸的增加而增加。换言之，用碰砧法产生的大石片也可能会有较小的台面角，而用同样方法产生的小石片也可能拥有较大的台面角。

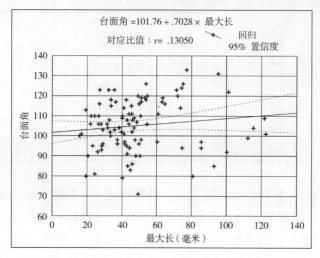

图八　石片最大长度与台面角对应比值示意图

3. 石片长宽比率

张森水先生认为石片的长宽比例较小是碰砧法的另一个显著特性。他认为碰砧石片多为宽短型。果真如此的话，那实验中大部分石片的平均长宽比例应该小于或接近于 1。实验结果显示，52% 石片的宽度大于长度。103 片石片的平均长宽比例为 1. 1（sd = 0. 5）。这个数值与王社江 1988 年的实验基本一致，说明碰砧法不一定总能产生宽度大于长度的石片。不过，石片长宽值分布图反映出大多数石片的宽度和长度几乎相等（图九）。

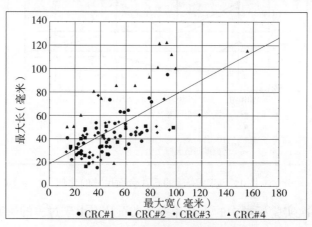

图九　石片最大长度与最大宽度分布状况

当然，我们也注意到实验标本的数量不大，统计数据可能存在一定的误差。尽管如此，我们还是分别检验了四个实验组石片的长宽比率。图一○表明，即使影响不大，该结果还是有可能受到了石片尺寸的影响。CRC#1 中产生了大量宽度大于长度的石片（61.9%）；CRC#2 和 CRC#3 剥落小石片实验组产生的宽度大于长度和宽度小于长度的石片大约一样多。与此不同的是，CRC#4 模拟实验中却剥落了许多宽度小于长度的大石片。用碰砧法产生的小石片的长宽比率似乎较低（<1，指宽大于长）。为了证实这一点，我们以 50 毫米为界点对比了石片的长宽比率。统计数据再次证明，在尺寸小于 50 毫米的石片中，宽度大于长度的石片多于宽度小于长度的石片；而在尺寸大于 50 毫米的石片中，情况则相反（图一一）。

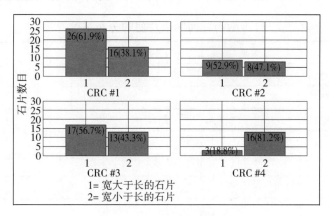

图一○　石片长宽比值对比图

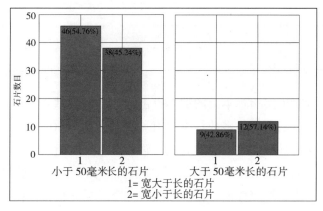

图一一　大石片与小石片的长宽比值对比图

根据以上统计数据，我们的结论是：碰砧石片的最大宽度往往略大于（或几乎等于）最大长度，但这个特性仅适用于小石片（最大长度小于 50 毫米）。

4. 打击泡形状

前面引述步日耶和兰迪尔的讨论，提及碰砧石片上的半锥体或打击泡是"形状完整，半圈环绕有小石片疤"，而且"常常是两到三个"。我们的实验数据并不支持这一论述。如果确如步日耶和兰迪尔所言，那么，石片背面周边片疤的出现应该很频繁，但我们的观察结果恰恰相反。统计数据表明，只有少于一半的石片背面与台面棱脊上覆盖有较多的背面周边片疤（表四）。能观察到覆盖半周以上背面周边片疤的石片为数很少。究其原因，可能是因为碰砧法与锤击法一样，不需要发达的预制台面技术，因此，在剥落的石片背面周边只能留下很少的、前期剥片形成的片疤。

表四		打击泡与背面周边片疤的分布情况		
泡疤			N	%
	1 单锥疤		92	90.20%
	2 双锥疤		10	9.80%
	3 三锥疤		0	0
总计			102	100%
背面周边片疤			N	%
	0.		5	4.90%
	1 25%		40	38.83%
	2 50%		37	35.92%
	3 75%		15	14.56%
	4 100%		6	5.83%
总计			103	100%

另外，我们还考察了实验标本上的锥形打击泡。尽管一些石片（n = 10）上出现因碰砧过程产生的双打击泡，但是多数标本只有一个打击泡（90.2%），没有出现三个或更多的打击泡。根据步日耶和兰迪尔的观点，碰砧石片上出现两个或两个以上打击泡的原因是"一次撞击在石砧的几个突起上"，但事实并非如此。在实验过程中，我们观察到石核与石砧之间多为非粉碎性撞击，一般只有一个主要突起直接接触到石核。即使石砧上可能有很多突起，主要的接触一般也只会产生一个与锤击石片相同的唇形边缘以及打击泡。

5. 自然砾石面覆盖率与远端形状

105 个实验标本中，36.9% 的石片背面保留有自然砾石面（不计石片近端和远端保留的自然砾石面部分），也就是说，大多数石片背面的自然砾石面覆盖率为零。但是，如果把石片近端和远端的自然砾石面部分也计算在内的话，保留自然砾石面石片的比例则高达99%，仅两件石片背面的自然砾石面比例完全为零。

石片背面保留自然砾石面取决于碰砧法剥片技术自身和石料原始形状两方面的因素。由于碰砧法剥片过程只涉及一个固定石砧，石核台面的预制过程不像锤击法的要求那么高。在选择石料时，碰砧石核一般只要有合适的自然台面即可，无需过多的台面预制过程。表面平整的扁平形石材是比较理想的碰砧石料，因此，碰砧石片上的自然砾石面最有可能位于石片的近端，即台面附近。如果考古标本组合中的确存在碰砧技术，那就应该出现大量近端（台面）部位带有自然砾石面的石片。实验结果表明，90%的实验标本带有自然砾石面。

在锤击法中常见的剥片过程中，石核常常被旋转一个角度后，继续剥片。与此不同，碰砧石核一般以石料平整的同一表面或相对一侧的表面作为台面，从远离打制者的一面向近的一面连续剥片，这样便可能出现两种结果：第一，如果石片一直沿着石核台面向背面剥离，那石核近端和远端都可能有自然砾石面；第二，如果石片从石核边缘剥离下来，那么石片侧缘和近端就会有自然砾石面。这两种现象也可能同时出现。

表五列出了石片自然砾石面的分布位置。值得注意的是，仅近端有自然砾石面的石片比例占整个组合的42.2%。同时，19.6%的石片在近端和远端部位都有自然砾石面；8.8%的石片在近端和侧缘部位都有自然砾石面；25%的实验标本在近端、远端和侧缘部位都有自然砾石面出现，这个比例说明碰砧法会产生一种独特的石片类型（类型Ⅰ）：从近端到一侧缘再到远端持续带有自然砾石面的石片（图一二；一三，d、f）。尽管这种石片在组合中不一定是主导型，但实验结果证实这种类型的石片在碰砧技术产品中应该占有一定的比例（大约1/4）。

表五 石片背面自然砾石面分布位置及比例

	N	%
近端	43	42.20%
远端	2	1.90%
近端＋远端	20	19.60%
近端＋侧缘	9	8.80%
近端＋侧缘＋远端	26	25.50%
其他	2	1.90%
总计	103	100%

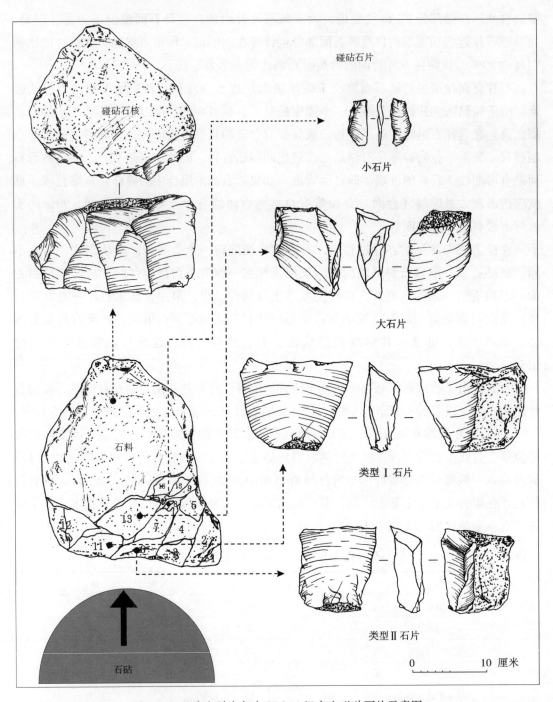

图一二　碰砧法剥片实验 CRC#4 组产生碰砧石片示意图

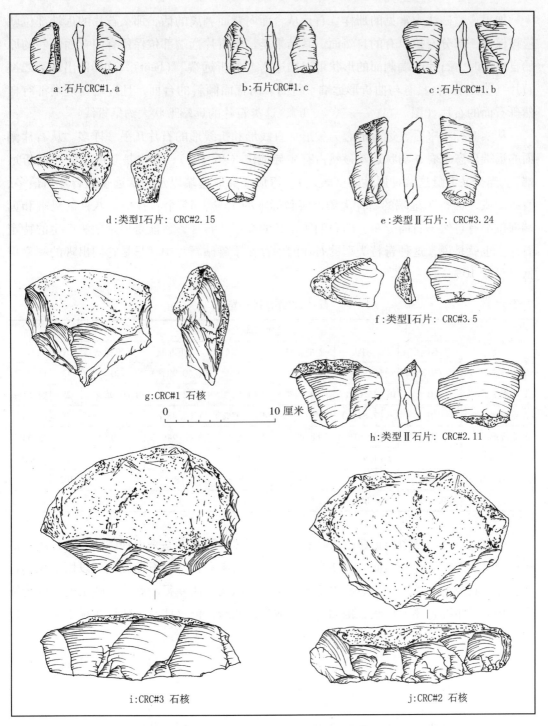

a:石片CRC#1.a b:石片CRC#1.c c:石片CRC#1.b

d:类型I石片：CRC#2.15 e:类型II石片：CRC#3.24

f:类型I石片：CRC#3.5

g:CRC#1 石核

0   10 厘米

h:类型II石片：CRC#2.11

i:CRC#3 石核 j:CRC#2 石核

图一三 碰砧法实验产生的石片和石核

如果像碰砧法中常见的那样，石片从台面向背面剥离的话，那么石片的远端部位就应该保留一部分石核原有的自然面。其结果是，当石片远端部位保留有向背面倾斜的原始自然面时，石片远端侧面的形状可以描述为"曲折远端"（bent），这样便出现第二类石片（类型Ⅱ）：具有与曲折形远端平行的、向背面倾斜的台面，且近端与远端都有自然砾石面的石片（图一二；一三，e、h），这类石片的远端形状大约呈直线。

从实验标本来看，远端形态为尖形、直线形和折线形的石片几乎一样多。从石片侧面的远端形态来看，羽状远端显然占有主导地位（46.1%）；其次是新产生的"曲折远端"。当交叉考量这两种属性时（表六），弯形或尖形远端以及羽状远端的石片为最多；直线形或"曲折"远端的石片大约占实验标本的15%。15 个石片中有八件的近端和远端部位都有自然砾石面分布，即我们所定义的类型Ⅱ石片，可能是用碰砧法产生的特定石片。也就是说，这种奇特类型的石片的确存在于碰砧石片中，只是它们出现的频率很低（低于10%）。

表六 石片远端形状一览表

远端平面形状	远端侧面形状						总计	
	0 不确定	1 羽状	2 曲折状	3 钩状	4 折断状	5 阶梯状	N	%
0 不确定	10（9.8%）	1（0.98%）	0	0	1（0.98%）	0	12	11.76%
1 尖形	0	16（15.69%）	3（2.94%）	2（1.96%）	3（2.94%）	1（0.98%）	25	24.51%
2 直线形	0	8（7.84%）	15（14.71%）	4（3.92%）	1（0.98%）	0	28	27.45%
3 曲线形	0	20（19.61%）	9（8.82%）	2（1.94%）	3（2.94%）	0	34	33.33%
4 不规则形	0	2（1.96%）	1（0.98%）	0	0	0	3	2.94%
总计 N	10	47	28	8	8	1	102	
%	9.80%	46.08%	27.45%	7.84%	7.84%	0.98%		

简言之，我们试图根据碰砧法特有的打制程序和石料形态来识别碰砧石片，还尝试性地定义了两类石片。然而，即使自然砾石面覆盖率和自然砾石面位置可以用来识别这些石片，石片的远端形态仍然显得不太典型。模拟实验所获得的石片反映出的远端特征过于普遍，主要是侧面形状，例如弯曲形或尖形侧缘，但这些石片特征在锤击制品中也很常见。

七 讨论

早期研究认为碰砧法剥片技术的石片具有独特性，有别于其他剥片方法的石片。过去公认的能够有效识别碰砧法产品的属性包括石片尺寸、台面大小、台面角度、打击泡疤以及长宽比率等。我们的实验同样采用了这些属性进行分析，结果表明，以前关于碰砧石片尺寸比较大，它们拥有较大的台面角以及两到三个打击泡疤的论述并不正确。相关的诸多实验也显示出碰砧法产生的石片与锤击法产生的石片在个体上差异很小[38]。这些认识一方面修正了过去对碰砧法的简单论断；另一方面，对以往认定的、某些碰砧石片特征的否认显然也影响到了人们正确判别碰砧法有效性的信心。所以，我们的目的并不是进行简单的重复性实验，而是要重新对这种特殊技术做出客观评价。如果可以证明这种剥片技术对于定形的砾石石核卓有成效的话，那我们便可以推想技术娴熟的早期工匠们可能采用了这种剥片技术。只是对于考古学家而言，问题远不像这样简单：究竟能否从考古学材料中真正将它们分辨出来呢？在实际的研究中又该如何具体操作呢？

我们认为首先应该是在遗址出土石制品中确认石砧的存在，石砧是碰砧法剥片的基本证据[39]。如果碰砧法在一个遗址中存在的话，那么在考古遗址中就必然会出现石砧。花石浪龙牙洞遗址有石砧存在，并且还有大量适于作为碰砧法石砧的砾石石料。这足以令我们相信碰砧法剥片很有可能在该遗址被运用。

其次，石核的形态有时也可以作为特定剥片方法的良好指示，例如，完整的砸击石核或细石核的存在就可以有力地表明砸击法或细石叶技术在一个遗址的应用。根据我们的观察，由于特殊的技术设计和操作程序，碰砧法产生的石核具有独特形状。一般情况下，剥片是从扁平石料相对平坦的一面剥向另一面，像切面包片一样，所以，废弃的石核上保留有原来手握的部分。因此，完整石核（废弃后未经进一步改造）尺寸相对较大（未耗竭），多个表面仍然保留原始的自然砾石面，仅一面有石片疤（图一二；一三，g、i、j）。这种石核通常只有一个台面，并且最初是自然砾石台面。一些石片疤从台面剥向另一端，如图所示。欧洲克拉克当工业中的石核和似砍砸器，都属于碰砧石核[40]。龙牙洞遗址出土的一些石核也表现出明确的碰砧石核特征，这些考古标本与实验标本非常吻合。

再次，尽管石砧和石核的出现有助于我们合理推测遗址中碰砧法的运用，但是如果最初的剥片发生在遗址以外，或者石核和石砧被留在其他地方，或者未用尽的大石核又被用来剥片，那么，遗址中就可能显示不出碰砧技术存在的迹象。这样一来，从石片的组合状况中获取某些有用信息就成为另一种选择。如果在一个遗址中确实采用了某种特殊的剥片技术，那么废片中必然会保留一部分信息[41]。基于上述的模拟实验，从碰砧法产生的石片组合整体中可以得到以下几点规律：

（1）高比例的自然砾石面覆盖率，且多位于石片近端和远端部位；

（2）石片远端部位周边片疤较少；

（3）石片的平均台面宽度与平均最大宽度或平均中间宽度统计数据接近；

（4）石片平均台面厚度大于平均中间厚度或与平均最大厚度相近；

（5）石片平均最大宽度基本等于或大于石片的最大长度。

如果某个工业以碰砧法剥片为主，就应该出现上述特定的组合。总体而言，和过去采用的单个石片技术属性分析相比，这些特点应该说是比较有效的指标。在研究石片组合形态整体而非个体时，其他研究者也提到过类似的主张[42]。

我们必须注意的是，以上分析结果是以纯粹的、用碰砧法复制的石片组合为基础获得的。本研究为从考古遗址出土石制品中辨别出碰砧技术产品提供了一些尝试。但是，由于没有进行对比实验，我们的实验仍然不能作为辨别碰砧法的明确指标。实验材料必须包含对各种主要剥片技术的对比（如砸击法、锤击法等）以及不同石料之间结果的对比，进一步实验的结果也可能会证明或反驳本次实验的结论。

即使本文中的描述性数据被证明适用于碰砧法，但是，在区别这几种方法方面仍然存在一些问题。简言之，碰砧法剥片在考古遗址中可能并不是被单独运用的。在龙牙洞遗址，我们发现了许多小尺寸的石核，它们无疑是锤击法剥片的产品。所以，如果多数碰砧石核尚未耗竭，并进一步被利用的话，石片组合中可能就不会出现足够数量的碰砧产品，那上面的结论就面临考验了。

在本研究中，我们分辨出的两组特型石片（类型 I 和类型 II）都是以自然砾石面覆盖率和远端形状为基础来定义的。尽管我们能够从洛南盆地的考古标本中将它们分辨出来，但所定义的典型石片仍属初步尝试。当然，类似的石片同样可以用其他方法生产出来，因此这两类碰砧石片的形态学研究还需深入。如果考古标本中存在稳定数量的类似石片，就可以认为这些假设得到了考古学验证。

总之，有三个考古学要素能够评价碰砧法：（1）石砧或碰砧石核的存在；（2）一套相关的石片组合的统计学数据；（3）特型石片的存在。如果在任何一个石器工业中同时兼备这三个因素，那么该石器工业采用碰砧法的可能性就很大。

八　结论

虽然北美的石器研究者认为碰砧法是一种次要且不实用的剥片方式，但法国和中国学者却持续对该剥片技术进行了半个世纪以上的研究。回顾既往的研究工作，我们认为碰砧法是一种实用而高效的剥片方式。模拟剥片过程证明，碰砧法可以被很好地控制，而且在针对尺寸较大的扁平石核进行剥片时，它较之其他剥片技术更高效一些。碰砧法在很大程度上与石料是否易于获取密切相关，虽然研究者还无法了解究竟何种情况下会促使人类采用该技术。它的应用可能出于多种考虑，石料形状便是其中之一。扁平形石料对于采用碰砧法成功剥片来说至关重要。碰砧法也并非与锤击法等剥落的石片很难有效地区分，或在考古遗存中根本无法识别[43]。如前所述，由于个体差异和各种可能性的因素，仅仅观察分析单个石片的特征，从而判断其剥片技术很容易造成认识上的偏差。研究工作中标本数量的大小固然重要，但石制品的组合特征更加可靠。依靠统计学方法，将特定形状的碰砧石核、石砧和石片及其出现频率等各种指标结合起来，依据组合模式去综合判断一个考古遗址的石器工业中是否存在碰砧技术产品是一种有效的分析方法。只依靠某些单纯的特征，简单肯定或否定碰砧法的存在与否是不科学的。我们不能因为锤击法也能生产出与碰砧法剥片类似的石片就简单地否认这种技术的存在。换言之，就如同我们不能因为碰砧法也能生产出与锤击石片类似的石片，从而否认锤击法剥片技术的存在一样。尽管目前要对碰砧技术做出全面的考古学评价尚有一定的困难，但是希望本实验中的统计学数据分析及相关讨论能够为将来的研究工作抛砖引玉。

注　释

① 此种技术的中外名称不尽相同。本文根据中国旧石器研究的惯例，统一称之为"碰砧法"。

②⑧ Pei Wen Chong, Le Role Des Phenomenes Naturels Dans L'eclatment et le Faconnement des Roches Dures Utilisees Par L'homme Prehistorique, *Revue De Geographie Physique*, 1936, Ⅸ(4).

③ 裴文中、贾兰坡、吴汝康等：《山西襄汾县丁村旧石器时代遗址发掘报告》，科学出版社，1958 年。裴文中、张森水：《中国猿人石器研究》，科学出版社，1985 年。张森水：《中国旧石器文化》，天津科学技术出版社，1986 年。王社江：《小空山遗址大型石器的实验研究》，《史前研究》1990 年。李莉：《碰砧法和锤击法的打片实验研究》，《南方民族考古》1992 年第 5 期。

④㉙㊸ 王益人：《碰砧石片及其实验研究之评述》，邓聪、陈星灿编：《桃李成蹊集》，香港中文大学中国考古艺术研究中心，2004 年。

⑤ 同②。裴文中、贾兰坡、吴汝康等：《山西襄汾县丁村旧石器时代遗址发掘报告》，科学出版社，1958 年。

⑥⑨⑰⑳㉑ H. Breuil and R. Lantier, *The Men of the Old Stone Age*, George G. Harap & Co. Ltd, 1956.

⑦㉒㉝ 张森水：《中国旧石器文化》，天津科学技术出版社，1987 年。

⑩ D. F. Beden-Powell, Experimental Clactonian Technique, *Proceedings of Prehistoric Society*, 1949, No. 15. S. H. Warren, The Clactonian Flint Industry：A New Interpretation, *The Proceedings of Geological Association*, 1951, No. 62. F. Bordes, *The Old Stone Age*, McGraw-Hill, 1968. J. Wymer, *Lower Palaeolithic Archaeology in Britain：as Repersented by the Thames Valley*, John Baker Publishers Ltd. , 1968. R. K. Wu and J. W. Olsen, *Palaeoanthropology and Palaeolithic Archaeology in the People's Republic of China*, Toronto, Academic Press, 1985.

⑪ D. Crabtree, *An Introduction to Flintworking*, Occasional Papers of the Idaho State University Museum, 1972.

⑫㉓ A. Debénath and H. L. Dibble, *Handbook of Paleolithic Typology*, University Museum, University of Pennsylvania, 1994.

⑬ J. S. Aigner, Archaeological Remains in Pleistocene China, *Furschungen zur Allgemeinen and Vergleichenden Archäologie*, Bol. 1. Verlag C. H. Beck, 1981.

⑭㉖ K. D. Schick and N. Toth, *Making Silent Stones Speak*, Simon & Schuster, 1993.

⑮⑯㊴ E. Callahan, *An Evaluation of the Lithic Technology in Middle Sweden during the Mesolithic and Neolithic*, Aun. 8, Societas Archeologica Upsaliensis, 1987.

⑱⑲ 同②。裴文中、张森水《中国猿人石器研究》，科学出版社，1985 年。

㉔ F. Bordes, *The Old Stone Age*. Mc Graw-Hill, New York, 1968.

㉕ D. F. Beden-Powell, Experimental Clactonian Technique, *Pnceedings of the Prehistoric Society*, 15：38 – 41, 1949. S. H. Warren, The Clactonian Flint Industry：A New Interpretation, *Proceedings of the Geological Association*, 62：107 – 135, 1951. J. Wymer, *Lower Palaeolithic Archaeology in Britain：as Represented by the Thame Valley*. London：John Baker Publishers, 1968.

㉗ 同⑦。R. K. Wu and J. W. Olsen, *Palaeoanthropology and Palaeolithic Archaeology in the People's Rupubic of China*. Toronto：Academic Press, 1985.

㉘ 同③。裴文中、贾兰坡、吴汝康等：《山西襄汾县西村旧石器时代遗址发掘报告》，科学出版社，1958 年。

㉚㉛㊲ 王社江：《小空山遗址大型石器的实验研究》，《史前研究》1990 年。

㉜ 陕西省考古研究院、洛南县博物馆：《花石浪（Ⅱ）——洛南花石浪龙牙洞遗址发掘报告》，科学出版社，2008 年。

㉞㊶ G. H. Odell, Experiments in Lithic Reduction, In *Experiments in Lithic Technology*, edited by D. S. Amick and R. P. Manldin, 163 – 198, Bak International Series 528, Oxford, 1989.

㉟ sd 即标准误差。

㊱ 同⑦。裴文中、贾兰坡、吴汝康等：《山西襄汾县丁村旧石器时代遗址发掘报告》，科学出版社，1958 年。

㊳ 同④㉚。李莉：《碰砧法和锤击法的打片实验研究》，《南方考古》1992 年第 5 期。

㊵ 同⑩㉕。

㊷ I. Kuijt., W. C. Prentiss and D. L. Pokotylo, Bipklar Reduction：an experimental study of debitagyvariability, *Lithic Technology*, 1995, 20：116 – 127.

泥河湾盆地山神庙咀石制品

卫 奇　　李 毅　　　　　　成胜泉

（中国科学院古脊椎动物与古人类研究所）（河北省阳原县文物保护管理所）

　　1990 年，美国古人类学家 Geoffrey Pope 和英国旧石器时代考古学家 Susan Keates 在泥河湾盆地小长梁遗址东侧的 Dong Yang（可能是"东梁"的变音）发现 5 件石制品[①]。1994 年 8 月，我们对 Dong Yang 地点进行复查，同时在东谷坨和小长梁早更新世旧石器遗址之间的山神庙咀和照坡泥河湾组发现石制品和哺乳动物化石，并进行了考古地质勘探。

一　地质地理概况

　　山神庙咀旧石器地点分布在泥河湾盆地东端河北省阳原县大田洼乡官亭村北侧山神庙咀及其 NE15°相距 152 米冲沟对面的照坡（图一），位于东谷坨和小长梁遗址之间，分别在泥河湾猿人观察站 NW85°1.45 公里和 NW79°1.40 公里处，地理坐标为 40°13′09″N、114°39′53″E 和 40°13′14″N、114°39′55″E，海拔高大约 919～923 米，其地层层位相当于小长梁文化层 2.7 米上方的棕黄色细砂层。山神庙咀存在滑坡，剖面前缘地层塌陷，落差 4.71 米。

图一　山神庙咀（左图，面北）和照坡（右图，面南）（箭头所指处为考古地质探槽）

地层剖面从上到下简述如下：

1. 黄土，黄褐色，下部微微发红，粉砂质，质地均一，松散，垂直节理发育，底部含钙结核，与下伏地层逐渐过渡。厚 14.06 米。

2. 粉砂层，上部呈黄褐色，下部呈灰绿色，含大量结核。厚 1.98 米。

3. 黏土，灰白色，顶部胶结呈板状。厚 1.76 米。

4. 粉砂，黄绿色，含大量棕色斑点，薄层理。在底面向上 1.79～3.09 米和 3.57～5.39 米处呈现为赭褐色黏质粉砂。厚 5.94 米。

5. 粉砂，黄褐色，微层理。厚 2.14 米。

6. 粉砂质细砂，黄褐色，夹大约九层紫红色薄层黏土。在底面向上 1.88～4.74 米处呈现为绿色细砂，其上部呈墨绿色，下部呈浅绿色含大量黄棕色斑点。厚 4.74 米。

7. 中砂，黄褐色，含大量细砾和中砾。顶部呈粉砂质中细砂。上部表现为黄褐色粉砂，含锰结核，偶见中小砾和灰绿色黏土团块。在底部向上 0.6 米处发现三门马（*Equus samenensis*）的牙齿化石。厚 16.59 米。

8. 黏质粉砂，黄绿色，含细砂。顶部夹一层厚约 10 厘米的灰白色黏土。厚 0.65 米。

9. 粉砂质黏土，赭褐色，下部较上部色深，偶见细砾。厚 1.06 米。

10. 黏质粉砂，黄褐色和灰绿色相间，具薄层理，夹薄层细砂质粉砂或细砂，在黄褐色黏质粉砂中含钙质结核或胶结呈板状。厚 10.09 米。

11. 细砂质粉砂，黄绿色，顶部有 10 厘米厚的呈板状胶结地层。厚 2.46 米。

12. 粉砂质黏土，灰色，坚实。顶部 5～10 厘米厚的地层胶结呈板状。上部呈褐灰色，中部含棕黄色网纹斑点并夹薄层细砂，下部呈灰白色。厚 0.85 米。

13. 黏质粉砂，褐红色，水平层理，坚实。厚 0.7 米。

14. 细砂，棕黄色，以石英颗粒为主，也含金云母和黑色矿物，粒径一般在 1 毫米以下，石英颗粒磨圆度较高，含大量哺乳动物化石，山神庙咀和照坡石制品发现于该层。岩相和厚度变化较大，在照坡表现为砂砾石层，砾石磨圆好，分选差，砾径一般为 10～100 毫米，最大的约 400 毫米，厚度 0.3～0.4 米。该层向西连续分布在小长梁，但海拔高度降低了 2.28 米。厚 0.17～0.25 米。

15. 黏质粉砂，灰色，坚实，水平层理，夹薄层棕黄色细砂，顶部胶结呈板状，底部为薄层细砾层。厚 0.53 米。

16. 粉砂质黏土，灰色，薄层理，夹薄层棕黄色细砂。地层厚度各处不等，在小长梁遗址该层厚度表现为 2.3 米。厚 1.74 米。

17. 细砂质粉砂，灰色，带棕黄色斑点，含细砾，顶部有中小砾。地层厚度各处不等。该层与小长梁文化层属于同一层，但相对小长梁遗址 A 点和 B 点分别高 1.22 米和 2.71 米。厚 1.28 米。

18. 细砂与粉砂互层，褐红色，薄层理，夹薄层紫红色黏土，底部为砾石层。与下伏地层呈不整合接触。厚 0.34 米。

19. 侏罗系火山角砾岩，紫红色，深度风化，向北相变为坚硬的火山岩。出露厚约 30 米。

二　哺乳动物化石

山神庙咀的哺乳动物化石相当丰富，但比较破碎，而且大多数被包裹在坚硬的钙质胶结的结核里。初步观察，发现的化石哺乳动物有八个种类。

1. 鼠兔 *Ochotona* sp.

材料仅仅为一块带有 M2 和 M3 的残破左下颌骨，上升枝已经缺失。M2 第一叶前有一明显宽的向前突起，M3 单柱。在泥河湾盆地曾经发现过鼠兔化石，例如阳原县下沙沟的 *Ochotona complicidens* Boule et Teilhard[②]、蔚县大南沟的 *Ochotona nihe-wanica* Qiu[③]。据研究报告，泥河湾过去发现的鼠兔化石均出自时代为早更新世的泥河湾组，目前尚未有更晚的记录。山神庙咀发现的化石材料，从其特征来看，判断为新的种类是很困难的。从所在地层推断，这里的 *Ochotona* 很可能属于 *Ochotona complicidens*。

2. 熊 *Ursus* sp.

发现的材料是一颗完整的左下 M1 和一根完整的趾骨。牙齿外侧齿带轻微发育，咬面近于长方形，长和宽分别为 22.5 和 11.0 毫米，磨蚀比较严重。从化石材料来看，这是一个小型中老年个体。

3. 古菱齿象 *Palaeoloxodon* sp.

材料是一枚较为完整的左下乳齿，齿根带部分残破下颌骨，牙齿属于非正常脱落。牙齿由七个齿板组成，第 6 齿板刚刚开始磨损，磨蚀的齿板纹饰呈现出类似古菱齿象的特征。因为是乳齿的缘故，牙齿较小，其长和宽分别为 57.5 和 32.5 毫米，珐琅质的厚度只有 2.0 毫米。

近年来，在泥河湾盆地从下更新统发现的化石象被看做是猛犸象（*Mammuthus*），但是有两个关键问题尚未解决：（1）头骨演化资料的佐证；（2）时间和空间生态布局的论证。

4. 犀亚科属种不定 Rhinocerotinae gen. et sp. indet

只发现一块趾骨和一块残破的跟骨。可能是皮毛犀（*Coelodonta antiquitatis*）的遗骸。

5. 三门马 *Equus sameniensis*

材料包括右上 M2 和右下 M1 各一枚、左侧掌骨一根、第三趾骨五块。

M2 偏大，咬面近于正方形，其长和宽分别为 32.0 和 29.3 毫米，原尖长而具中凹，中附尖无褶，马刺明显而且粗短。下颊齿 M1 长和宽分别为 31.0 和 19.8 毫米，双叶呈环形趋于对称，外谷呈 V 形。牙齿的珐琅质较厚，褶皱较为简单。根据牙齿特征判断，其化石种应与 *Equus sanmeniensis* 相同。

6. 中国羚羊 *Gazella sinensis*

发现的材料为角尖略微破损的左角心和右角心各一个，趾骨一节。

角心长 128 毫米，比大南沟发现的（141.3 毫米）略短[④]。基部较为纤细，纵向径和横向径分别为 29.8 和 23.4 毫米。上部逐渐向后倾斜并微微向外弯曲，表面纵向沟纹发育。

7. 猪 *Sus* sp.

材料是一枚冠面磨蚀相当严重的左下 P2 乳齿，齿冠已经接近磨损完毕，珐琅质部分已不存在，咬面呈双圆形。齿根分两叉而且比较长。

8. 鹿 *Cervus* sp.

只发现一枚右下颊齿。

上述化石哺乳动物都是泥河湾动物群常见的种类，可鉴定到种的 *Equus sanmeniensis* 和 *Gazella sinensis* 是华北更新世早期哺乳动物群中的主要分子，前者一直延续到中更新世，后者尚未见有更晚的记录。因此，从化石哺乳动物来看，山神庙咀地点所在层位应该属于下更新统的泥河湾组。

三　石制品

本文记述的石制品共计 32 件，其中 1994 年进行考古地质勘探时在山神庙咀发现一件（S01）、在照坡发现 16 件（Z01－16）[⑤]，另外 15 件标本（Z17－31）是 2009 年 2 月 27 日进行地层复查时从照坡的相关层位的剖面上采集的。

已查明山神庙咀的石制品在照坡储量比较丰富，在 3 平方米的探槽里出土 16 件石制品，还有许多哺乳动物的骨牙化石碎块。

发现的石制品中，石片数量占将近一半；精制品，即具有修理痕迹的"器物"大约为 1/3（表一）。石制品岩性大部分为来自遗址附近火山硅质角砾岩体的燧石，还有少数来自"泥河湾层"底砾层中安山岩或闪长斑岩砾石。

表一　　　　　　　　　　　石制品类型及数量统计一览表

类型			标本	数量	
石核	Ⅰ型（单台面）	Ⅰ1型（单片疤）		1	2
		Ⅰ2型（双片疤）			
		Ⅰ3型（多片疤）	S01		
	Ⅱ型（双台面）	Ⅱ1型（双片疤）		0	
		Ⅱ2型（多片疤）			
	Ⅲ型（多台面，多片疤）		Z17	1	
石片	Ⅰ型（完整石片）	Ⅰ1型（自然台面） Ⅰ1-1型（自然背面）		4	15
		Ⅰ1-2型（自然/人工背面）	Z08		
		Ⅰ1-3型（人工背面）	Z09、10、21		
		Ⅰ2型（人工台面） Ⅰ2-1型（自然背面）		4	
		Ⅰ2-2型（自然/人工背面）	Z22		
		Ⅰ2-3型（人工背面）	Z11、23、24		
		Ⅰ3型（自然/人工台面） Ⅰ3-1型（自然背面）		0	
		Ⅰ3-2型（自然/人工背面）			
		Ⅰ3-3型（人工背面）			
	Ⅱ型（不完整石片）	Ⅱ1型（裂片） Ⅱ1-1型（左裂片，背面观）		3	
		Ⅱ1-2型（右裂片，背面观）	Z12、13、14		
		Ⅱ2型（断片） Ⅱ2-1型（近端）		0	
		Ⅱ2-2型（中部）			
		Ⅱ2-3型（远端）			
		Ⅱ3型（无法归类石片）	Z25、26、27、28	4	
		Ⅱ4型（剥片和修理"器物"产生的碎屑）		0	
器物	精制品（修理规整的有一定造型制品）	原型为石片 向背面单向修理	Z03、06	9	11
		向破裂面单向修理			
		双向修理	Z02、05、19、31		
		原型为石核、断块和砾石 单向修理	Z01、04、18		
		双向修理			
	粗制品（略微修理，无一定造型制品）	原型为石片 向背面单向修理	Z07、20	2	
		向破裂面单向修理			
		双向修理			
		原型为石核、断块和砾石 单向修理			
		双向修理			
断块（非石核、石片和"器物"，其他具有人工痕迹的石块）			Z15、16、29、30	4	
总　　计				32	

注：S，山神庙咀；Z，照坡。

山神庙咀石制品的大小[6]以小型（定性三指撮，定量度量值≥20，<50毫米）为主，占总数的68.8%；中型（定性手掌握，定量度量值≥50，<100毫米）和微型（定性双指捏，定量度量值<20毫米）分别为15.6%和12.5%；大型（定性单手抓，定量度量值≥100，<200毫米）只发现一件，占3.1%；巨型（定性双手拎，定量度量值≥200毫米）未发现（表二，图二）。石制品形态[7]以宽薄型（宽度/长度×100≥61.8，厚度/宽度×100<61.8）为主，占总数的62.5%；宽厚型（宽度/长度×100≥61.8，厚度/宽度×100≥61.8）和窄薄型（宽度/长度×100<61.8，厚度/宽度×100<61.800）分别占18.8%和15.6%；窄厚型（宽度/长度×100<61.8，厚度/宽度×100≥61.8）只一件，占3.1%（表二，图三）。

所有发现的石制品，磨蚀属于Ⅰ级（轻微），风化属于Ⅰ级（轻微）和Ⅱ级（较轻微）（表二）。

表二   石制品观测一览表

标本		磨蚀	风化	大小（毫米）			形态指数		重量（克）
编号	类型			长	宽	厚	宽/长（×100）	厚/宽（×100）	
S01	Ⅰ3型石核	Ⅰ	Ⅰ	54.5	77.1	80.4	141.5	104.3	462.3
Z01	精制品	Ⅰ	Ⅰ	44.1	34.4	16.8	78.0	48.8	29.7
Z02	精制品	Ⅰ	Ⅱ	30.4	28.8	12.2	94.7	42.4	13.5
Z03	精制品	Ⅰ	Ⅰ	26.3	19.1	7.7	72.6	40.3	3.6
Z04	精制品	Ⅰ	Ⅱ	20.5	14.1	9.4	68.8	66.7	3.8
Z05	精制品	Ⅰ	Ⅰ	18.1	13.3	6.5	73.5	48.9	1.8
Z06	精制品	Ⅰ	Ⅱ	27.2	15.2	6.6	55.9	43.4	3.0
Z07	粗制品	Ⅰ	Ⅰ	51.8	27.9	15.8	53.9	56.6	23.6
Z08	Ⅰ1-2型石片	Ⅰ	Ⅰ	17.2	21.9	4.9	127.3	22.4	1.2
Z09	Ⅰ1-3型石片	Ⅰ	Ⅱ	30.9	30.2	7.8	97.7	25.8	7.2
Z10	Ⅰ1-3型石片	Ⅰ	Ⅰ	12.7	14.0	5.5	110.2	39.3	1.2
Z11	Ⅰ2-3型石片	Ⅰ	Ⅰ	32.3	33.0	11.0	102.5	33.3	11.9
Z12	Ⅱ1-2型石片	Ⅰ	Ⅱ	28.4	22.1	6.1	77.8	27.6	3.4
Z13	Ⅱ1-2型石片	Ⅰ	Ⅰ	26.0	18.3	7.8	70.4	42.6	3.0
Z14	Ⅱ1-2型石片	Ⅰ	Ⅰ	26.7	10.5	5.1	39.3	48.6	1.1
Z15	断块	Ⅰ	Ⅰ	22.7	18.4	11.2	81.1	60.9	4.9
Z16	断块	Ⅰ	Ⅰ	23.8	16.6	12.2	69.7	73.5	3.8
Z17	Ⅲ型石核	Ⅰ	Ⅰ	43.2	59.8	56.6	138.4	94.6	145.9
Z18	精制品	Ⅰ	Ⅰ	54.7	50.4	18.5	92.1	36.7	69.5
Z19	精制品	Ⅰ	Ⅰ	29.3	21.0	8.9	71.7	42.4	6.3

续表二

标本		磨蚀	风化	大小（毫米）			形态指数		重量（克）
编号	类型			长	宽	厚	宽/长（×100）	厚/宽（×100）	
Z20	粗制品	I	I	23.7	12.2	7.7	51.5	63.1	2.3
Z21	I 1-3 型石片	I	I	24.8	21.8	8.7	87.9	39.9	4.3
Z22	I 2-2 型石片	I	I	48.8	32.4	14.1	66.4	43.5	17.4
Z23	I 2-3 型石片	I	I	30.4	27.1	8.2	89.1	30.3	7.3
Z24	I 2-3 型石片	I	II	51.9	33.4	15.9	64.4	47.6	20.3
Z25	II 3 型石片	I	I	69.5	34.5	13.4	49.6	38.8	32.1
Z26	II 3 型石片	I	I	49.6	25.0	10.8	50.4	43.2	9.0
Z27	II 3 型石片	I	I	28.2	26.3	9.6	93.3	36.5	6.2
Z28	II 3 型石片	I	I	19.2	14.2	7.1	74.0	50.0	1.3
Z29	断块	I	I	33.7	28.1	18.1	83.4	64.4	23.6
Z30	断块	I	I	41.8	27.8	20.9	66.5	75.2	21.3
Z31	精制品	I	I	164.0	121.8	26.3	74.3	21.6	978.9

注：石核的长为主作业面上下距；宽为主作业面左右距；厚为主作业面与背后距。石片的长为背面观的台面缘
　　至尾端距。

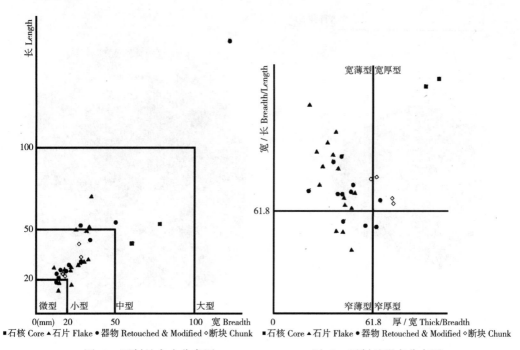

图二　石制品大小分布图　　　　　图三　石制品形态分布图

　　发现的精制品9件（图四），列表记述（表三）。按照旧石器时代考古研究常规，可以视为"器物"或"工具"，依据标本的大小和重量，划分为刮削器和砍砸器两类。实际上，石制品的类型仅仅是研究的划分，与石器的真正用途分类相距甚远。微痕研究表明，石片作为工具使用已经是共识不争的事实，而有的制作精美的器物可能并非作为工具使用，如果把它看做是为某种精神需求的"礼器"也许更加有理。

图四　精制品

表三 精制品观测一览表

编号	器物	原型	修理刃缘						
			刃缘形状		刃缘数	刃长（毫米）	修理方式		修理疤数	刃角（°）
Z03	刮削器	石片	单边	凸(半圆)	1	35		向背单向	10	30 – 60
Z04	刮削器	石块		直	1	20		单向	6	70 – 80
Z06	刮削器	石片		凹	1	11		向背单向	4	50 – 60
Z01	刮削器	断块	双边	凸凹	2	29 + 12	硬锤敲击修理	单向	4 + 2	80 – 90
Z05	刮削器	石片		凸凹	2	17 + 9		错向双向	9 + 2	35 – 45
Z18	刮削器	石块		直凹	2	47 + 43		单向	6 + 3	70 – 90
Z31	砍砸器	石片		直凹	2	77 + 48		错向双向	4 + 4	20 – 30
Z02	刮削器	石片	多边	直凹凸凹	4	18 + 16 + 14 + 15		错向双向	3 + 3 + 4 + 3	60 – 80
Z19	刮削器	石片		直凸凹	3	25 + 30 + 13		错向双向	3 + 10 + 5	50 – 90

发现的石核 2 件，一件是Ⅰ3 型石核（S01），台面系打制而成，比较平坦，作业面即生产石片面或剥片面只有一个，由四个石片疤组成。石片疤看起来比较宽，有的石片疤几乎通体延伸。从石片疤的特征来看，采用的剥片技术应该是硬锤直接打法。因为岩石脆而均质性差，其石片疤显得较为粗糙，可能剥片不理想，只打过几片就放弃了，该标本应该归于剥片不成功的石核。另外一件是Ⅲ型石核（Z17），通体布满石片疤，有五个台面 12 个石片疤。从石片疤的大小判断，剥片大部分是成功的，该标本应该属于剥片殆尽的报废石核。

发现的完整石片，虽然数量只有 8 件，但是置入设定的类型格式[⑧]中统计，大体显示：自然台面和人工台面者各占一半，大部分属于单面平坦台面，倒三角形和倒弓形台面相对居多（表四）。从完整石片台面类型观察，大致可以意会剥片的逻辑构想，选择平坦的石片疤做台面，剥片打击点基本上确定在台面成角度或突出的部位。同时，也可以发现由于石料的脆性，致使台面破裂面缘多呈直线。剥片大都采用的是硬锤锤击方法，只有一件具有刃状破坏台面石片，它的形成可能与砸击有关。

表四 完整石片的台面类型及其数量统计表

完整石片台面类型				自然台面石片（4）			人工台面石片（4）			自然/人工台面石片（0）		
				Ⅰ1 – 1	Ⅰ1 – 2	Ⅰ1 – 3	Ⅰ2 – 1	Ⅰ2 – 2	Ⅰ2 – 3	Ⅰ3 – 1	Ⅰ3 – 2	Ⅰ3 – 3
完整台面	单面	平坦面状	双边 正弓形									
			倒弓形			1						
			唇形			1			1			
		三边 正三角形										
			倒三角形						1			

续表四

完整石片台面类型					自然台面石片（4）			人工台面石片（4）			自然/人工台面石片（0）		
					I1-1	I1-2	I1-3	I2-1	I2-2	I2-3	I3-1	I3-2	I3-3
完整台面	单面	平坦面状	三边	正扇形									
				倒扇形									
			多边形							1			
			不规则形				1						
		粗糙面状	双边	正弓形									
				倒弓形									
				唇形									
			三边	正三角形									
				倒三角形						1			
				正扇形									
				倒扇形									
			多边形										
			不规则形										
	双面	脊状	双边	正弓形									
				倒弓形									
				唇形									
			三边	正三角形									
				倒三角形									
				正扇形									
				倒扇形									
			多边形										
			不规则形										
损坏台面			刃状			1							
			尖状										

注：平坦面状，包括平坦的平面、凸面和凹面；粗糙面状，包括粗糙的平面、凸面和凹面，以及阶梯状面。

双面脊状，指打击点位于双面相交的棱脊上者，包括其修理或似修理台面者。

三角形和弓形底边及扇形两直线边属背缘者分别为正三角形和正弓形及正扇形。

三角形和弓形底边及扇形两直线边属破裂面缘者分别为倒三角形和倒弓形及倒扇形。

完整石片的背面，八件标本均具有剥片片疤，大多数具有三个或三个以上片疤，而且打片方向以多向者居多（表五）。从石片背面片疤分布状况观察，基本可以看出剥片过程中曾经在石核上有过不同台面选择的逻辑设计，也就是说，为了充分利用石核有效剥片，打片有过台面的转换。石片背面考古信息的提取对于研究生产技术是有积极作用的，过去人们也已经注意到了石片背面的描述。但是，在中国，石片背面的真正有考古意义的系统研究是在二十多年前由王建和王益人开始的。

表五　　　　　　　　　　完整石片的背面片疤类型及其数量统计表

完整石片背面类型			自然台面石片（4）			人工台面石片（4）			自然/人工台面石（0）		
			I 1－1	I 1－2	I 1－3	I 2－1	I 2－2	I 2－3	I 3－1	I 3－2	I 3－3
单向	单片疤	I 1									
		II 1									
		III 1		1							
		IV1									
	双片疤	I 2									
		II 2									
		III 2									
		IV2									
	多片疤	I 3			1						
		II 3									
		III 3									
		IV3									
双向	双片疤	I 和III对向									
		II 和IV对向									
		其他双向			1		1	1			
	多片疤	I 和III对向									
		II 和IV对向									
		其他双向			1		1	1			
多向	多片疤				1			2			

注：剥片方向：I. 从上向下；II. 从右向左；III. 从下向上；IV. 从左向右。

片疤数：1. 一个；2. 两个；3. 三个和三个以上。

石片背面片疤的延伸（invasive）程度，如果将片疤相对深入比率从小到大依次划分为五级：I.20%≦；II.＞20%，40%≦；III.＞40%，60%≦；IV.＞60%，80%≦；V.＞80%；那么本文记述的完整石片背面片疤的侵入程度基本属于V级（表六）。也就是说石片背面几乎都为通体片疤，显示剥片成功率较高，表明了当时的剥片技术已经具有一定水平。

表六 完整石片背面片疤延伸程度

标本		片疤侵入程度级别				
编号	类型	I	II	III	IV	V
ZP08	I 1-2					√
ZP09	I 1-3					√
ZP10	I 1-3	√				√
ZP11	I 2-3		√		√	
ZP21	I 1-3					√
ZP22	I 2-2					√
ZP23	I 2-3					√
ZP24	I 2-3					√

四 议论

（一）山神庙咀的石制品，以小型和宽薄型为主，剥片基本采用硬锤直接打制技术。在石制品组合中，石片和精制品占有较大比例，完整石片多为多向多片疤背面，精制品多由石片修理而成，除了一件大型的可视为砍砸器外，其他均可归于刮削器。从剥片工序观察，其行为逻辑的设计概念是比较清晰的。

山神庙咀的石制品类型与附近东谷坨和半山等早更新世旧石器时代考古遗址里发现的看不出明显的本质差异。从地理位置、地层层位、石制品的类型和岩性特征来看，山神庙咀与东谷坨和小长梁的石制品应该存在较为密切的联系。

（二）遗物分布在古湖边缘河流相细砂或砂砾层中，石制品磨蚀轻微，风化轻微和较轻微，表明遗物基本未经搬运，应该属于原地埋藏，而且埋藏速度较快。石制品的原料多为就地采集的火山硅质角砾岩和泥河湾层底砾层中的安山岩或闪长斑岩砾石。发现的化石哺乳动物多为食草类，而且化石相当破碎，但磨损轻微，推测其遗物可能与人类制作食物有一定关系，但不一定均为活体猎取对象。因为发现的大型动物，例如象，不仅强壮天下无敌，而且群集同心互助，激怒大象的后果是不堪设想的。

遗址性质可能是多功能的，至少应该包括饮食、石料采集和石制品制作。

旧石器时代考古有感觉、知觉与印象的生动直观的感性认识，也有概念、判断与推理的抽象思维的理性认识。同样，原始人类的认识也有感性的和理性的两个方面。如果用经济学的视角观察和判断山神庙咀人类的生产行为也许更容易理解，他们活动在湖边的溪流畔，因为这里有水、有较多获得猎物的机会、有制作"石器"的原料，他们通过劳动能够取得必需的生活资料，他们与自然环境和谐融合，各得其所。现代经济学家看来，这时以木石工具为特征的原始生产力十分低下，认为原始人类是缺乏生产经验和劳动技能的劳动者，他们的工具简陋，组合形式简单，只能捕猎和采集自然界现成的动物和植物。其实，这样的理论完全是我们现代人为原始人类设计的。可以肯定地说，我们远远低估了远古人类适应环境的能力。事实上，人类社会二百多万年的历史几乎全部被旧石器时代占据，旧石器时代生产力结构的长期稳定，恰恰为原始人类的生存和演化创造了条件。我们现代人的体形、体质、智慧和语言等都是在旧石器时代奠定基础的，特别值得一提的是，原始人类在长期适应自然环境中以牺牲无数生命换来的免疫力，我们现今人类的免疫系统无不受益于原始人类的遗传基因。

（三）山神庙咀地点位于"泥河湾层"的下更新统的泥河湾组。根据有关磁性地层学研究资料判断，山神庙咀旧石器地点位于松山负极性时段的 Jaramillo 和 Olduvai 正极性亚时段之间，其年龄大于 107 万年，小于 177 万年。地层露头表现，其层位距 177 万年界面比距 107 万年界面较近。

山神庙咀地点所在层位属于棕黄色细砂层，从地层程序判断，所在层位可能与其附近小长梁文化层之上 2.27 米的地层相当。

当前，在学术论著中盛行用沉积速率推算地层的高精度年龄，对中国旧石器时代考古也产生了巨大影响。其实，用沉积速率推算地层的形成年龄不是无条件的，只有接近于等速堆积的地层应用沉积速率推算年龄才是比较真实的。因为，在地壳的任何一段，沉积物的堆积和侵蚀相互交替，可以说绝对完全沉积岩层剖面是不存在的。在露头剖面上看到的岩层，其中的堆积时期往往要比其间断时期短得无可相比，尤其是对于陆相地层，特别是对于存在古文化遗址的地层，不间断的等速堆积仅仅表现在很有限的厚度上，利用沉积速率精细计算其年龄通常是无实际意义的[9]。因此，依据沉积速率计算出来的高精度年龄，不考虑其沉积间断的变化，无疑把时间的长度与其时间段沉积的厚度完全等量值看待了，其可信度很有限[10]。毫无疑问，这一深受青睐而世界流行的用沉积速率推算地层高精度年龄的方法存在科学推导的不合理性。

（四）泥河湾盆地，自从 1972 年上沙嘴遗址发现以来，下更新统旧石器时代考古遗址或地点层出不穷，已知发现逾 40 处，已经报道的遗址或地点，依据地层和有关年代测定，按照早晚顺序大致依次排列为：大南沟、黑土沟、Mh（日祥）、Mg、Mf、Me、Md（沟底）、Mc、Mb（马圈沟）、Ma（半山）、小长梁、仙台（大长梁）、葡萄园、山神庙咀、东谷坨、麻地沟、飞梁、霍家地和许家坡等（表七）。推测，泥河湾盆地下更新统旧石器时代考古遗址的实际数量很多，可能遍布其地质剖面的每层。推断，泥河湾盆地很可能存在超过 200 万年前的古文化遗迹，泥河湾猿人化石必定会发现。

表七　　　　　　　　泥河湾盆地发现的下更新统考古遗址序列框架

地层			旧石器时代考古遗址	年龄（万年）
下更新统	泥河湾组	上段	许家坡/三岔口 A – C	99 ~ 107
			霍家地	大约 107
			东谷坨 A 层/飞梁/后石山/麻地沟 A 层	>107
			东谷坨 B 层/麻地沟 B 层/麻地沟 E1 – 5，7 – 9	
			东谷坨 C – E 层/麻地沟 C 层/庙梁沟/奶奶庙	
			麻地沟 E6	
			山神庙咀/Dong Yang	
			Ma（半山）/仙台（大长梁）/小长梁/上沙嘴	
		中段	Mb（马圈沟，马圈沟Ⅰ）	
			Mc（马圈沟Ⅱ）	
			Md（沟底，马圈沟Ⅲ）	
			Me（马圈沟Ⅳ）	
			Mf（马圈沟Ⅴ）	<177
			Mg（马圈沟Ⅵ）	接近 177
		下段	Mh（日祥）	大约 177
			葡萄园	? 177
			广梁/兰坡	177 ~ 195
			黑土沟	
			大南沟	?

（五）山神庙咀地点是泥河湾盆地继小长梁、东谷坨、Ma（半山）、Mb（马圈沟）和 Dong Yang 遗址之后再发现的早更新世旧石器时代考古遗址[⑪]。这个地点值得开展发掘，尤其是在照坡位置，石制品和动物化石的分布面积较大，而且蕴藏量也是比较丰富的。

Dong Yang 地点（40°13′09″N，114°39′50″E）发现的 5 件石制品，包括 3 件石片和 2 件"器物"。石片均为小型和微型完整石片，背面具有单一方向的通体片疤。"器物"为一件中型石核石器和一件小型石片石器，均为单边双面修理而成[⑫]。经过勘察，Dong Yang 地点位于滑坡体，落差逾 8 米。地层虽然被扰动，但可以辨认其文化层属于棕黄色细砂层，可能与山神庙咀文化层大致相当。

（六）本文记述的精制品（所为"器物"或"工具"），原型有石片、断块和石块。考古发现表明，精制品的原型既有石制品，也有自然岩块或砾石，其中石制品中，石片、石核和断块均可以修理成为"器物"。这样，过去传统的"第一步加工"和"第二步加工"概念，词语表达呈现模糊，如果整改，建议分别替换为"剥片"（包括锤击打片、碰砧磕片、摔击裂片和压制剥片）和"修理"（包括修整、修饰和修复），同时将"修理台面"的"修理"替换为"整理"（包括修理和磨擦）。

同样，在旧石器时代考古文献中，有"块状"和"片状""毛坯"的原型记述。显然，"块状"和"片状"作为修饰词缺少修饰的主词。原型和毛坯虽然均为制品前一道工序的类型，但在中文语境中概念不同，二者属于从属包含关系，也就是属和种的关系。原型真包含毛坯，毛坯真包含于原型，原型比毛坯外延广而内涵浅，毛坯比原型外延窄而内涵深。毛坯是初步成形有待再加工的工件，即制作成型的半成品。例如，砖瓦煅烧之前的制品和磨制之前打制或敲琢成型的石斧。由此可见，自然石块，不论是块状的还是片状的，可以看做是原型的一种，但不可以论其为毛坯。

（七）本文是一篇旧石器时代考古发现报告。希望该报告为后来有关的进一步调查或发掘能够起到向导作用。

发现是旧石器时代考古的根本，没有发现，探讨旧石器时代考古是不可能的。因此，发现容当看做是旧石器时代考古的基建备料。如果把旧石器时代考古比作是一座正在施工建设的大厦，那么每一个发现就是一个建筑构件，重要的发现无疑可以为旧石器时代考古发挥挑大梁的承重作用。目前，我们对于旧石器时代的了解仍然知之甚少，而且所有推理也无不深受现实社会的影响。因此，旧石器时代考古无不需要发现的积累。

发现报告是可持续研究的必需资料。因此，发现报告需要尽可能明确详细交代发现的遗迹是什么东西，以及在什么地方、什么层位和什么时代，尽管有的解释和判断今后会被深化或修正。记述石制品，应多考虑传播对象，不仅需要科学而简洁的记述方法，而且应力求能够被其他研究方法所通达或兼容。

（八）学有规矩，诚信为本。科学研究虽然有这样或那样的行规，但诚信永远是最基本的行为准则和律己戒条。立项虽不得不"花言巧语"，但做工作必须踏踏实实；在"权威"杂志上发表文章虽有技巧，但不宜流为"滑"和"苟且"。因此，旧石器时代考古必须实事求是，绝对不容造假。但是，最近一二十年来，虚构事实，杜撰科学论据等不端行为在中国旧石器时代考古学界时有出现，这是令人十分遗憾的极不正常现象，应该受到谴责。事实表明，学术论文中编织假话，不仅有害于科学的正常发展，而且也有损于自身的治学形象。

（九）科学，在中国曾经称之为"赛先生"，它是近代源于西方"science"的中文语词，在英文词典中它的本意是：按有序方式编排的知识（knowledge arranged in an orderly manner）。因此，衡量研究成果是否科学，必须按照科学的定义界定。己立立人，己达达人。在批评他人研究工作不科学的时候，不仅需要充分理解科学的含义，而且应该潜心求证提出相应的科学立论。如果在科学讨论中滥用"不科学"，不仅玷污科学的纯洁，甚至会误入反科学歧途。

（十）科学是一座永远爬不到顶的山峰。科学进步，推陈出新，只有更好，没有最好。不思进取招灭亡，科学家是求知渴望永不满足的人。因此，旧石器时代考古学无止境，研究思想和研究方法都需要不断改进。科学研究求真唯实，不迷信"权威"而相信事实，不囿于常识而敢于创新，既不受行时的观点所牵制，也不被时尚所迷惑，更没有下级服从上级和少数服从多数以及"权威"之言必不可疑的规则，言论自由的学术民主风气在中国需要努力营造和大力提倡。

本文对于山神庙咀地点年序位置的判断，尚有微调的空间。照坡的遗物暂时归于山神庙咀文化层，将来随着工作的细化，作为单独的文化层考虑也是有可能的。本文石制品的记述方法，仍有完善的必要，特别是统计数据，由于材料有限，可能与实际情况有较大的差距。本文记录的地理坐标系 MAGELLAN GPS315 在 2009 年 5 月测量所得，与过去的测定存在一定差距。本文研究的思想方法是否具有合理性，尚需经历时间的磨砺和分选，不过有错即改，望乞明教。

本文为安志敏先生逝世五周年祭而作。
本文记述的所有石制品全部存放在泥河湾博物馆。

注　释

①⑫　Keates, S. G., Early and Middle Pleistocene Hominid Behaviour in Northern China. *BAR International Series* 863. Oxford: Hadrian Books Ltd., 2000.

②　Teilhard de Chardin, P. et Piveteau, J., Les Mammiferes Fossiles de Nihowan (Chaine). *Annales de Paleontoloqie*, 19, 1930.

③　a. 邱铸鼎：《记河北蔚县泥河湾层短耳兔一新种》，《古脊椎动物学报》第 23 卷第 4 期，1985 年。b. 郑绍华：《泥河湾地层中小哺乳动物的新发现》，《古脊椎动物与古人类》第 19 卷第 4 期，1981 年。c. 郑绍华、蔡保全：《河北蔚县东窑子头大南沟剖面中的小哺乳动物化石》，见《参加第十三届第四纪大会论文选》第 100～131 页，北京科学技术出版社，1991 年。

④　李毅：《河北蔚县大南沟哺乳动物化石及其地层时代》，《古脊椎动物学报》第 22 卷第 1 期，1984 年。

⑤　卫奇：《泥河湾盆地旧石器时代》，见吕遵谔编《中国考古学研究的世纪回顾旧石器时代考古卷》第 84～110 页，科学出版社，2004 年。

⑥⑦　卫奇：《石制品观察格式探讨》，见邓涛和王元青编《第八届中国古脊椎动物学学术年会论文集》第 209～218 页，海洋出版社，2001 年。

⑧　卫奇：《泥河湾盆地西沟旧石器及其石片分类》，《文物春秋》2009 年第 2 期。

⑨　卫奇：《蓝田猿人年龄的思考》，《文物季刊》1995 年第 4 期。

⑩　卫奇：《谈泥河湾盆地马圈沟遗址考古问题》，《中国文物报》2009 年 2 月 13 日第 7 版。

⑪　1972 年发现的上沙嘴石器地点，可能位于"泥河湾层"下更新统。

朝鲜旧石器时代动物考古学概况

金成坤   陈周贤

（夏威夷大学人类学系）   （宾夕法尼亚州立大学人类学系）

一　介绍

上世纪 30 年代旧石器考古遗址［如潼关镇（Dongkwanjin）等］首先在朝鲜半岛东北部被确认，但是直到上世纪 60 年代，随着北朝鲜屈浦里（Kulpori）和南朝鲜石壮里（Sokchangni）发掘工作的展开，朝鲜旧石器时代的研究才开始受到较为系统的关注[1]。目前在朝鲜已有 200 多处旧石器时代遗址被确认，其中大部分是在今天的南朝鲜。其主要原因是由于更多的考古田野调查项目在南朝鲜得以实施，这也是可以理解的，因为南朝鲜有更稳定的经济条件为这方面的研究提供资助。

由于朝鲜半岛明显缺乏旧石器时代中期阶段，因此像中国的旧石器时代那样被分为早期和晚期两个文化单位[2]，旧石器时代早期涵盖了朝鲜最早的人类居住地点，基于北朝鲜黑隅里（Kommunmoru）遗址动物群和中国周口店第一地点动物群的一致性，这些遗址被估计为从 60~40 万年到 3.5 万年前[3]。旧石器时代晚期是从 3.5 万年至 1 万年前。旧石器时代早期研究一般集中在石器工具上，特别重要的是因为类似阿休利的两面手斧在朝鲜中部的发现[4]。旧石器时代晚期的研究集中在对石叶和细石叶技术的分析上[5]。在朝鲜旧石器时代研究中，地质学和年代学分析受到很多关注，特别关注对诸如全谷里（Chongokni）等遗址的年代测定[6]。

由于朝鲜的酸性土壤，植物资料通常无法在考古记录中保存下来[7]。幸运的是由于朝鲜北部［靠近平壤（Pyongyang）等］和南部［靠近重久（Chongju）和丹阳（Danyang）］各地有大片石灰岩沉积，并发现了一些有更新世沉积的洞穴［例如龙谷洞穴（Ryonggok Cave）、满达里（Mandalli）、占马洞穴（Chommal Cave）、秃鲁峰（Turubong）等］，特别重要的是发现了脊椎动物的存在，包括早期和晚期的智人化石[8]。并不只是对这些更新世遗址存在的脊椎动物做简单的鉴定并提出待清理的动物群目录，朝

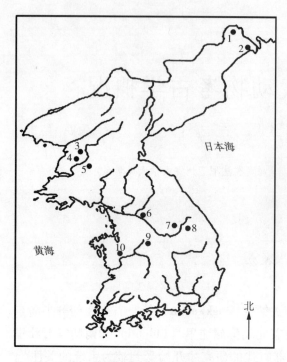

图一　文章中所涉及朝鲜半岛的遗址位置图

1. 屈浦里　2. 潼关镇　3. 满达里　4. 龙谷　5. 黑隅里

6. 全谷里　7. 占马　8. 九郎洞穴　9. 秃鲁峰　10. 石壮里

鲜动物考古学家也试图对遗址中骨头堆积的形成做进一步的补充解释。这篇短文再考察的焦点是要评估朝鲜动物考古学者的这些解释，我们尤为关注研究的是以下三个方面的内容：一、作为人类居址的洞穴；二、骨制工具；三、艺术品和符号。此文还讨论了朝鲜旧石器时代动物考古学的未来。这里所涉及的遗址可见图一。

二　作为人类居址的洞穴

在朝鲜更新世遗址中，两类最著名的动物群产自中更新世的秃鲁峰第 2 洞穴和晚更新世的占马洞穴[9]。占马洞穴于 1973 年发现，1980 年由延世（Yonsei）大学考古学家孙宝基发掘[10]。秃鲁峰洞穴由一些地点组成，对这些地点的发掘是从上个世纪 70 年代开始、在忠北大学考古学家李隆助的主要指导下进行的[11]。虽然从这些洞穴中并没有发现科学上被认可的石制品，但却有上万件的骨头被发现，包括从占马洞穴和秃鲁峰兴洙窟（Hungsugul）发现的人类化石[12]。孙宝基、李隆助以及他们学生的主要贡献是通过对这些洞穴出土动物群的分析，在朝鲜旧石器时代研究的范围内建立起一个独立的学科分支即动物考古学。

不过，对秃鲁峰和占马洞穴动物群的分析出现了一系列问题，也许这些学者研究的最大缺陷就是他们在进行这项分析时，是在将人类作为这些洞穴骨头唯一或主要堆积者的假设下进行的。在他们复原早期人类生存模式之前，没有首先考察各种必须从事的埋藏过程研究[13]。换言之，首先必须处理人类和食肉类互动状态，并确定是否可能存在其他埋藏学上的偏见。这是始于上世纪 60 年代标志埋藏学研究发展的一个基本点[14]。这些研究者思考方式的一个很好例子便是图二，这幅图画来自石壮里博物馆 2006 年的一本手册上，图画描绘了强壮的古人类为了控制一个洞穴而挥舞着骨器与熊搏斗。这些朝鲜研究者所从事的大部分动物考古学研究是在上世纪 80 年代，当时埋藏学正处于发展阶段，这样的情况还说得过去。然而，在上世纪 90 年代，甚至在近 10 年的出版物中[15]，这些缺陷都仍然十分明显。我们并非是首先指出这些研究者把秃鲁峰和占马洞穴看做人类居址存在缺陷的人，卡温[16]就有力地指出，秃鲁峰和占马洞穴动物群堆积的统计分析表明，这些动物骨骼组合是由食肉动物而非人类堆积的。

图二　朝鲜更新世早期人类与靠近洞穴的熊进行搏斗的图画（来自石壮里博物馆）

三　骨器文化

在朝鲜旧石器时代研究中，争论最大的话题之一就是声称存在骨器文化[17]。朝鲜旧石器时代骨器工具争论的焦点是秃鲁峰和占马洞穴出土的脊椎动物化石[18]，发掘者声称，骨器工具的存在是遗址中缺乏其他文化遗存的最好解释[19]。比如，据说在秃鲁峰2号洞穴的动物堆积中存在2000件骨器，那里并没有发现石器。朝鲜考古学者以缺乏科学认可的石器来支持骨器文化，很像雷蒙德·达特（Raymond Dart）[20]提出的骨角牙文化，上新世和更新世的南猿用骨角器作为武器相互残杀或猎杀其他动物。布赖恩[21]以一系列埋藏学研究表明，骨骼上很多被达特看做是文化的改造，实际上极有可能是自然过程的作用。

许多产自秃鲁峰和占马洞穴的"骨器"是破碎的管状长骨中段，显示出弯曲的碎裂，其中有些像是修理所致（图三）。然而埋藏学研究[22]已经表明：这些螺旋形破裂骨片可以用各种自然作用的改变（诸如踩踏等）来解释，而且存在螺旋形破裂骨骼的唯一结论就是它们是在骨头新鲜时所造成，干燥骨头的破碎更多是倾向于横向的破碎[23]。基于我个人对一些来自秃鲁峰和占马洞穴材料的观察，这些骨器很可能解释为是由多种自然埋藏作用造成的（鬣狗对新鲜长骨空腔的啃咬吸髓及踩踏等），而不是人类文化活动的产物。进一步而论，这种所谓的骨器至少应该根据打击痕迹重新进行分类。虽然未必存在骨器文化，但是它也许意味着存在某种古人类的介入。

图三　所谓来自占马洞穴的骨器

最左侧骨头长 96 毫米（《韩国旧石器》第 134 页，图 176，延世大学出版社，2001 年）

注意螺旋形的碎片表示骨头是在新鲜时被劈裂的

四　艺术品和符号

朝鲜旧石器时代动物考古学中，也许争议最大和最值得商榷的题目之一就是骨制艺术品和符号的存在，尤其是秃鲁峰和占马的一些遗迹[24]。例如一位研究者确认了四种类型的骨制艺术品：（1）沿骨头轮廓制成的艺术品；（2）连续敲击出一定图案的骨艺术品；（3）雕刻出一定图案的骨艺术品；（4）装饰品[25]。例如在此提供的标榜为秃鲁峰艺术品的例子（图四～六）。发掘者认为秃鲁峰人制作出人面形、各种动物形的雕刻品和骨装饰品[26]。但是，发掘者的解释有两个相当明显的问题。首先，沿自然骨头轮廓的艺术品并非是艺术品（以图四为例）。大多数学者把艺术品解释为对一件物质的文化改造，如果没有文化改造的证据，那么它仅仅是一块自然的骨头。第二，这些研究者所指出的很多敲琢和雕刻图像的证据，显然是食肉类的牙痕或自然摩擦所致（图五、六）。由于骨头表面这种自然的改造，大部分人对在秃鲁峰和占马两个遗址中存在"人面形雕刻品"表示异议。

图四　所谓旧石器时代创造在鹿角骨上的艺术品范例[27]

　　注意骨角显示出自然的额外的骨成长标记，而不是文化改变的证据。额外骨长在角上可能是由于各种不同因素所造成，特别有可能是在成长和发展阶段的损伤所致

图五　所谓旧石器时代艺术的范例[28]

　　虽然发掘者认为这是一个被描绘为具有人形的图像，但是这些痕迹正可谨慎地解释为是由自然的埋藏作用所致（诸如食肉类牙齿痕迹、踩踏等）

图六 所谓旧石器时代艺术的范例㉙

虽然发掘者认为这是一个被描绘为具有人形的图像，但是这些痕迹正可吝啬地

解释为是由自然的埋藏作用所致（诸如食肉类牙齿痕迹、踩踏等）

五 未来的方向

虽然秃鲁峰和占马是朝鲜两个最重要的旧石器时代动物考古学研究遗址，但问题在初步研究者所使用的方法论途径，导致了对这些动物堆积的形成过程不是提供了答案而是产生了更多的问题。尽管如此，现在朝鲜动物考古学研究正在开始推进运用现代埋藏学的研究方法，比如仔细观察位于秃鲁峰和占马遗址同一石灰岩地区的九郎洞穴（Ku-nangul）遗址出土骨头表面的改造，这些骨头中显示确切存在砍痕㉚。虽然这些动物考古学者仍然低估了骨头堆积中食肉类所起的作用，但是朝鲜动物群分析正在开始去努力搜集标准的埋藏学材料。

要提高这项研究，朝鲜旧石器时代动物考古学至少要做到以下几点，以便充分认识这些材料的潜在价值：

● 如许多现代埋藏学研究老前辈所主张的那样运用标准的埋藏学方法㉛。

● 更多采用埋藏学实验过程，特别是那些有可能类似文化改造的自然过程（比如有时踩踏痕迹与砍痕很类似）。

● 更加严格使用数理分析。虽然卡温㉜试图在朝鲜建立这种方法，但并未取得成果。大多数动物分析依然是建立在描述的统计资料之上。

● 朝鲜动物考古学者与受过西方训练的埋藏学者合作研究，通过分享数据、实验和理念，朝鲜学者和西方学者彼此可相互学习。

虽然在东亚脊椎动物埋藏学研究仍然落后于西欧和北美，但这种情况正在逐渐改变。朝鲜发掘的更新世脊椎动物材料更适合利用现代方法来进行埋藏学研究。一旦做到这点，那么我们将能够充分了解朝鲜的各种数据，以便讨论范围更广的问题。

感谢编者邀请我们撰写这篇文章，这里还要特别感谢我们的老朋友和同行陈淳教授和安家瑗研究员翻译了此文。

注　释

① Y. C. Park, Chronology of Palaeolithic Sites and Its Cultural Tradition in Korea. *Journal of Korean Archaeological Society*, 1992, 28(in Korean):5 – 130.

② C. J. Norton, The Current State of Korean paleoanthropology. *Journal of Human Evolution*, 2000, 38:803 – 825. X. Gao and C. J. Norton, Critique of the Chinese "Middle Paleolithic". *Antiquity*, 2002, 76. C. J. Norton, X. Gao, X. W. Feng, The Criteria Defining the East Asian Middle Paleolithic Reexamined. in M. Camps and P. R. Chauhan (eds.), *Sourcebook of Paleolithic Transitions: Methods, Theories, and Interpretations*. Dordrecht: Springer, In Press.

③ C. J. Norton, The Current State of Korean Paleoanthropology. *Journal of Human Evolution*, 2000, 38:803 – 825.

④ C. J. Norton and K. D. Bae, The Movius Line sensu lato (Norton *et al.* 2006) Further Assessed and Defined. *Journal of Human Evolution*, 2008, 55:1148 – 1150. C. J. Norton, K. D. Bae, J. W. K. Harris, H. Y. Lee, Middle Pleistocene Handaxes from the Korean Peninsula. *Journal of Human Evolution*, 2006, 51:527 – 536.

⑤ K. D. Bae, Origin and Patterns of the Upper Paleolithic Industries in the Korean Peninsula and Movement of Modern Humans in East Asia. *Quaternary International*, In Press.

⑥ S. B. Yi, F. Arai, T. Soda, New Discovery of Aira-Tn Ash (AT) in Korea. *Journal of Korean Geographical Society*, 1998, 33:447 – 454. C. J. Norton and K. D. Bae, The Movius Line sensu lato (Norton et al. 2006) Further Assessed and Defined. *Journal of Human Evolution*, 2008, 55:1148 – 1150. K. D. Bae, Chongokni Paleolithic Site: Current Understandings in K. D. Bae & J. C. Lee (eds.), *Paleolithic Archaeology in Northeast Asia*. pp. 55 – 57. Yeoncheon County and The Institute of Cultural Properties, Seoul and Yeoncheon County, 2002.

⑦ C. J. Norton, The Current State of Korean Paleoanthropology. *Journal of Human Evolution*, 2000, 38:803 – 805.

⑧ C. J. Norton, The Current State of Korean Paleoanthropology. *Journal of Human Evolution*, 2000, 38:803 – 825.

⑨ C. J. Norton, The Current State of Korean Paleoanthropology. *Journal of Human Evolution*, 2000, 38:803 – 825.

⑩ P. K. Sohn, *Chommal Cave Excavation Report*. Seoul: Yonsei University Museum (in Korean), 1980. P. K. Sohn and C. K. Han, Palaeolithic Culture of Chommal Cave Site at Chech'on, Korea. in S. J. Lee & Y. J. Lee (eds.), *Paleolithic Cave Sites and Culture in Northeast Asia*, pp. 47 – 58. Chongju: Chungbuk National University Museum (in Korean), 1996.

⑪ Y. J. Lee, *Early Man in Korea* (II). Seoul: Tamgu-Dang Publishing (in Korean), 1984. Y. J. Lee, An archaeological study of the Paleolithic culture of Chongwon Turubong. in S. J. Lee & Y. J. Lee (eds.), *Paleolithic Cave Sites and Culture in Northeast Asia*. pp. 65 – 74. Chongju: Chungbuk National University Museum (in Korean), 1996.

⑫ C. J. Norton, The Current State of Korean Paleoanthropology. *Journal of Human Evolution*,2000,38:803 – 825. S. J. Park, The Upper Pleistocene Hominid in Korea. *L' anthropologie*, 2006, (in French).

⑬ H. S. Kwon, Quantitative Analysis of the Animal Bones from Sae Cave and Cheonyeo Cave at Turubong. *Prehistory and Ancient Prehistory*, 1999, 12(in Korean):191 – 216. C. J. Norton, The Current State of Korean Paleoanthropology. *Journal of Human Evolution*, 2000, 38:803 – 825.

⑭ D. Gifford, Taphonomy and Paleoecology: A Critical Review of Archaeology's Sister Discipline. *Advances in Archaeological Method and Theory*, 1981, 4:365 – 437. Y. Lam, K. Brunson, R. Meadow and J. Yuan, Integrating Taphonomy into the Practice of Zooarchaeology in China. *Quaternary International*. In Press. P. Shipman. *Life History of a Fossil: An Introduction to Taphonomy and Paleoecology*. Cambridge: Harvard University Press, 1981. C. K. Brain. *The Hunters or The Hunted? An Introduction to African Cave Taphonomy*. Chicago: University of Chicago Press, 1981.

⑮ Y. J. Lee and T. S. Cho, The Paleolithic Human Exploitation of Animals in the Jungwon Region. in Y. J. Lee (ed.), *The Paleolithic Culture of Jungwon Region*, Korea, pp. 691 ~ 700. Chongju: Institute for Jungwon Culture, Chungbuk National University, 2006.

⑯ H. S. Kwon, Quantitative Analysis of Deer Bone Assemblage from Turubong Chonyogul Cave. in S. J. Lee & Y. J. Lee (eds.), *Paleolithic Cave Sites and Culture in Northeast Asia*. pp. 99 ~ 106. Chongju: Chungbuk National University Museum. (in Korean), 1996. H. S. Kwon, Analysis of Assemblage Composition of Animal Bones from Palaeolithic Sites:Principles and Application. *Journal of Korean Archaeological Sociey*,1998. 38:1 – 26(in Korean). H. S. Kwon, Quantitative Analysis of the Animal Bones from Sae Cave and Cheonyeo Cave at Turubong. *Prehistory and Ancient Prehistory*,1999,12:191 –216(in Korean).

⑰ C. J. Norton, The Current State of Korean Paleoanthropology. *Journal of Human Evolution*, 2000, 38:803 – 825.

⑱ Y. J. Lee, *Early Man in Korea* (Ⅱ). Seoul: Tamgu-Dang Publishing (in Korean), 1984. P. K. Sohn, Bone Tools of Yonggul Cave at Chommal, Korea. in P. Whyte, J. S. Aigner, N. G. Jablonski, G. Taylor, D. Walker & P. X. Wang (eds.), *The Palaeoenvironment of East Asia from the Mid – Tertiary*, vol. Ⅱ, pp. 1124 ~ 1185. Hong Kong: Centre of Asian Studies, University of Hong Kong, 1988.

⑲ P. K. Sohn, Bone Tools of Yonggul Cave at Chommal, Korea. in P. Whyte, J. S. Aigner, N. G. Jablonski, G. Taylor, D. Walker & P. X. Wang (eds.), *The Palaeoenvironment of East Asia from the Mid–Tertiary*, vol. Ⅱ, pp. 1124 – 1185. Hong Kong: Centre of Asian Studies, University of Hong Kong, 1988. Y. J. Lee, *Early Man in Korea* (Ⅱ). Seoul: Tamgu-Dang Publishing (in Korean), 1984.

⑳ R. A. Dart, The Osteodontokeratic Culture of Australopithecus africanus. *Memoirs of the Transvaal Museum*, 1957, 10:1 – 105.

㉑ C. K. Brain, *The Hunters or The Hunted? An Introduction to African Cave Taphonomy*. Chicago: University of Chicago Press, 1981.

㉒ E. Johnson, Current Developments in Bone Technology. *Advances in Archaeological Method and Theory*, 1985, 8:157 – 235. P. Villa and E. Mahieu. Breakage Patterns of Human Long Bones. *Journal of Human Evolution*,1991,21:27 – 48.

㉓ P. Villa and E. Mahieu, Breakage Patterns of Human Long Bones. *Journal of Human Evolution*, 1991, 21. E. Johnson, Current Developments in Bone Technology. *Advances in Archaeological Method and Theory*, 1985, 8:157 –

235.

㉔ C. J. Norton, The Current State of Korean Paleoanthropology. *Journal of Human Evolution*, 2000, 38:803 – 825.

㉕ Y. J. Lee, *Early Man in Korea* (II). Seoul: Tamgu-Dang Publishing (in Korean), 1984.

㉖ Y. J. Lee, *Early Man in Korea* (II). Seoul: Tamgu-Dang Publishing (in Korean), 1984.

㉗ Y. J. Lee and J. Y. Woo (eds.), *Paleolithic Sites of the Jungwon Region*, *Korea*. Chongju: Chungbuk National University Press, 2005.

㉘ Y. J. Lee and J. Y. Woo (eds.), *Paleolithic Sites of the Jungwon Region*, *Korea*. Chongju: Chungbuk National University Press, 2005.

㉙ Y. J. Lee and J. Y. Woo (eds.), *Paleolithic Sites of the Jungwon Region*, *Korea*. Chongju: Chungbuk National University Press, 2005.

㉚ Y. J. Lee and T. S. Cho, The Paleolithic Human Exploitation of Animals in the Jungwon Region. in Y. J. Lee (ed.), *The Paleolithic Culture of Jungwon Region*, Korea, pp. 691 – 700. Chongju: Institute for Jungwon Culture, Chungbuk National University, 2006.

㉛ C. K. Brain, *The Hunters or The Hunted? An Introduction to African Cave Taphonomy*. Chicago: University of Chicago Press, 1981. D. Gifford, Taphonomy and Paleoecology: A Critical Review of Archaeology's Sister Discipline. *Advances in Archaeological Method and Theory*, 1981, 4. R. L. Lyman. *Vertebrate Taphonomy*. Cambridge: Cambridge University Press, 1994. P. Shipman, *Life History of a Fossil: An Introduction to Taphonomy and Paleoecology*. Cambridge: Harvard University Press, 1981.

㉜ H. S. Kwon, Quantitative Analysis of Deer Bone Assemblage from Turubong Chonyogul Cave. in S. J. Lee & Y. J. Lee (eds.), *Paleolithic Cave Sites and Culture in Northeast Asia*. pp. 99 – 106. Chongju: Chungbuk National University Museum. (in Korean), 1996. H. S. Kwon, Analysis of Assemblage Composition of Animal Bones from Palaeolithic Sites: Principles and Application. *Journal of Korean Archaeological Society*, 1998, 38(in Korean):1 – 26.

简论华北与华南旧、新石器时代的过渡[*]

王 幼 平

（北京大学中国考古学研究中心）

从距今 3 万年左右开始，到距今 1 万年前后，是古人类及其文化发展的最重要阶段之一。这一阶段，人类社会经历了重大的发展变化。在全球大部分地区，人类从其诞生以来一直延续的狩猎—采集生计方式，在此阶段逐渐被农业所取代，完成了旧、新石器时代的过渡。位于欧亚大陆东侧的中国，也明显地经历了这个变化过程。然而分布在幅员辽阔的中国大陆各地的不同人群，在这个转变过程中，所经历的却不尽相同。尤其是在自然地理环境差别很大的华南与华北，在晚更新世末到全新世初，经历了完全不同的发展历程。近些年来的考古新发现，越来越清楚地展现了这幅复杂的图景。

以秦岭—淮河一线为分界线的中国南方与北方，即本文所称的华南与华北，在当代仍然是两个自然环境条件截然不同的地理单元。更新世晚期，受到末次冰期最盛期发展过程之影响，各地的环境变化与差异更大。史前考古发现显示，在此期间不同地区的文化面貌也异彩纷呈，出现很明显的多元化发展趋势。近年来的工作进一步说明，在纷繁复杂的旧石器晚期文化之中，华北与华南两区的发展尤具特色。本文拟以近些年来两区的新发现为基础，简要探讨晚更新世晚期至全新世初期，华北与华南旧石器晚期文化发展与向新石器时代过渡等问题。

一 华北地区

从上个世纪 20 年代以来，华北一直是中国旧石器时代考古工作的重点地区。就处于晚更新世晚期到全新世初期的发现而言，这里也最为丰富。已经发现的属于本阶段的遗址遍布华北各地。近十多年来，本区旧石器时代晚期的重要发现与研究工作主要集中在冀西北、冀东北与北京地区。另外在晋南与豫中地区也有新进展。

---

* 教育部人文社会科学研究基地重大项目（课题编号：2009JJD 78002）。

1. 冀西北

冀西北的主要收获集中于泥河湾盆地。这里自 1960 年代以来，就有明确的旧石器时代晚期文化的发现。近十多年来，更有很多新发现与研究成果。

位于泥河湾盆地西部的西白马营，是小型石片石器文化类型中的代表。这处旧石器地点发现于 1985 年。曾先后进行过两次发掘，发现有很丰富的石制品、脊椎动物及软体动物化石。文化遗物发现于桑干河支流 2 级阶地的锈黄色细砂层中[①]。

该地点重要的收获是古环境的研究与测年结果。发现的脊椎动物化石有鸵鸟、原始牛、野马、野驴、普氏羚、羊鹿、野猪、犀牛、象等。其中以野马与野牛的个体为最多，其他动物则不多见。在发掘剖面上保存的植物孢粉较丰富，孢粉的分布分为两个组合带。下部组合带是文化层之下的两层，孢粉组合反映的特点是稀疏针阔叶混交—草原植被类。上部组合带为文化层及其以上部分。其特点是耐干旱的蒿类孢粉占孢粉总量的 90% 以上，反映的是稀疏针叶林—荒漠草原植被。铀系法年代测定的两个数据分别为 1.8 万年和 1.5 万年。年代与古环境特点说明，这个遗址的主人生活在末次冰期的最盛期。

本地点发现的石制品多达上千件，有石核、石片、石器及制作石器的副产品。石器原料比较庞杂，有火山碎屑岩、石英、玛瑙、硅质灰岩、燧石、角岩、石英砂岩与片岩等，当来自附近的砾石层。石核主要为锤击法的产品，大小不等，但以小型者居多，形状也不规则。多数标本还程度不同地保存有自然砾石面。石片也主要是锤击石片，形体很小，长度或宽度很少大于 50 毫米者，宽石片的数量高达 3/4 以上。有 2/3 以上的标本还保留有自然面。

石器中数量最多的是刮削器。形体多很小，有超过 3/4 者的长度不足 40 毫米。其中单直刃与单凸刃者居多，单凹刃、单端刃与双边刃者也有一定数量，余者的数量都很少。尖状器的数量很少，形体更小，但加工较精制，还有正尖、角尖等之分。

从石器工业的特点来看，西白马营的旧石器工业较多地继承了小石器工业的传统，石器细小，加工细致，剥片仅使用锤击法。石器组合以刮削器为主，尖状器和其他类型都很少。与西白马营类似的文化遗存在该地点附近及盆地内还有发现。与阳原相邻的山西境内的神泉寺曾发现大量用石英加工的石制品。这类遗存主要发现在 2 级阶地堆积的下部，时代明显早于同级阶地上部发现的细石器文化[②]。从环境与工具组合来看，这种小石器类型应该是以狩猎为主要生计手段的人群的文化遗存。

泥河湾盆地的细石器文化的发现较多。1980 年代中期以后，发现并发掘的有籍箕滩与油坊等。近年来在最早发现的虎头梁遗址群的范围内又有新的工作，其中尤为重要的是于家沟与马鞍山遗址。

籍箕滩遗址在盆地中部，与虎头梁遗址隔桑干河相望。1980 年代后期，连续进行过多次发掘。遗址所在的区域是高出桑干河约 150 米的台地，文化遗物埋藏在桑干河支流的 2 级阶地堆积中。附近 10 余平方公里的范围，都有同样的细石器发现③。

籍箕滩出土的石制品数以万计，但其中断块与碎屑占绝大部分。石器原料的主体部分是粉红色石英岩，与虎头梁一带的主要石料的岩性与色彩均很一致，可能是拥有共同的石料产地所至。所发现的 100 余件细石核，绝大部分是典型的楔型石核。石核从选料、预制毛坯到剥片均都与虎头梁的相近，说明两地所使用的细石器技术是一致的。

在虎头梁发现的各种石器类型在籍箕滩也都可以看到，但出现的频率却有很大的区别。籍箕滩发现最多的是凹缺刮器，占整个石器组合的六成。这些凹缺刮器有一击而成的凹缺刃口，也有打出凹口后再经仔细修理者。同期的其他细石器文化的石器组合差不多均以端刮器为主，凹缺刮器所占的比例都远不及籍箕滩遗址。所以凹缺刮器的大量出现当有其特殊的功能。从总体来看，原料与技术方面的一致应说明两者具有共同的文化传统。而石器组合方面的差别则可能是遗址功能方面的不同。

于家沟地点发现于 1965 年，并进行过发掘。近年来重新系统发掘，出土数量众多的石制品与动物骨骼碎片。在靠近上部的堆积中，还有零星的陶片发现。最重要的收获当是对该地点晚更新世末至全新世初连续堆积的地层的认识。整个地层厚达 7 米，下部是含楔型石核的典型细石器文化，向上逐渐过渡到含锥型石核及陶片的早期新石器文化④。

马鞍山地点则是近年来的新发现。这里发现的石制品数以万计，也是以楔型石核为代表的典型细石器文化⑤。文化面貌与早期发掘的虎头梁各地点没有区别，显然也是这个遗址群的成员。更重要的是本地点发现了多个结构各异的火塘。靠上部的火塘为直壁土坑，长径超过 50 厘米，深度也近 20 厘米。下部则有用石块直接围圈的小火塘。其上部火塘内的灰烬的¹⁴C 年代为距今 1.3 万年，说明以楔型石核为代表的细石器文化在本地区存在的年代应该更早。而以火塘为中心的居住面的发现，进一步揭示了当地居民的生活情况。遗址群的平面分布则为了解其聚落形态提供了重要资料。

与盆地中部繁荣的楔型石核为代表的虎头梁文化不同的是 1980 年代中期，在盆地东缘发现的油坊遗址。遗址位于大田洼台地的北部边缘区。文化遗物埋藏在厚达 6 米多的浅黄色粉砂质土层的中、上部。已经发现石制品 3000 余件，还有少量动物化石碎片及小面积的薄层灰烬层⑥。

油坊石制品的原料主要是硅质火山角砾岩或燧石。锤击法与间接加工均有使用。石核呈锥状或扁锥状，台面多经过修整，石片疤窄长规整。在经第二步加工的石器中有非常典型的石叶坯材存在。细石器技术在油坊遗址更为明确，在经过统计的近 700 件石制品中，细石叶的比例高达 13.2%。细石核的数量虽然不多，但类型丰富，包括楔形、柱形与船底形等不同类型。与虎头梁细石器技术相比，显然不属于同一技术系统。柱形与船底形石核不见于虎头梁，楔形石核技术也有别于虎头梁。另外两地所选用的石料也有非常明显的区别。

与技术传统的差别相比较，油坊的石器组合与虎头梁等细石器文化相比，却没有明显的不同。端刮器也成为最主要的工具，其次为边刮器、尖状器等，雕刻器、琢背刀等亦可见到。这种趋同当是文化发展的时代特点的反映，与技术传统并没有太多的关系。油坊的发现代表了阳原盆地内与虎头梁不同的另一种细石器文化类型。

2. 冀东北及北京地区

位于河北省东北部的唐山与秦皇岛两市，在 20 世纪 80 年代后期就陆续有所发现，但较多的工作是 90 年代以来开展，并见诸报道的。其中有两种不同类型的晚期旧石器工业，一是含有细石器因素的小石器工业，另一是典型的细石器工业。前者的代表性地点为玉田孟家泉，后者有昌黎亭泗涧、滦县东灰山等。这些发现所反映的狩猎专业化的特点非常明显。

孟家泉遗址位于燕山南麓山前冲积扇的南缘，北倚燕山，南临华北平原与渤海。已经发现的石制品多达 23000 多件[⑦]。石制品具有鲜明的特色。虽然有细石核的发现，但形状并不十分规则，可以见到的有船底形细石核的存在。石器的加工精致，种类繁多。数量最多的是边刮器，根据刃缘的部位、形状与数量的变化，还可分出多种不同式别。端刮器的数量多，形体细小，加工精致，亦可分为长身与短身两式。尖状器的数量也很多，加工精湛，形体多很小巧。凹缺刮器与石锥也是这里重要的石器种类，加工也都很典型。琢背石刀的类型多样，有条形与三角形之分，琢背部也有薄厚之别。锛状器的数量不多，但亦较为典型。

冀东北更典型的细石器遗存是昌黎亭泗涧和滦县东灰山等。前者位于昌黎县城东北约 2 公里的亭泗涧村附近，文化遗物埋藏在饮马河支流 2 级阶地上部黄色黏土层中[⑧]。石制品中的细石核均为船底形。其他石制品的形体也普遍细小，长度在 20 毫米左右。但这里的石器种类较为丰富，典型细石器组合的主要类型均可见到，如边刮器、端刮器、凹缺刮器、尖状器、琢背石刀等都有发现，且加工细致，形体典型。

发现于 80 年代中期的滦县东灰山的石制品与亭泗涧的情况相似，也是以船底形细石核为代表的细石器文化。东灰山的文化层也较薄，文化遗物的埋藏并不丰富。但石制品加工精致，端刮器、边刮器、尖状器与雕刻器等均很典型。与亭泗涧有区别的是，石制品的形体稍大，除船底形细石核外，还兼有锥形细石核[⑨]。

与上述细石器工业不同的发现是北京东方广场。东方广场遗址位于王府井闹市区。1996 年底因建筑施工发现石制品等文化遗物，进而发现了这处旧石器时代晚期遗址[⑩]。

已经发现的石制品种类包括石核、石片、刮削器、石钻、雕刻器等。石器原料主要是燧石。加工石器的毛坯主要是石片，应属于石片石器文化。还有动物化石发现，一些骨片上带有人工砸击或刻划的痕迹。在有些石制与骨制品上还粘附有赤铁矿粉。用火遗迹也很清楚，有比较集中的灰烬、木炭、烧石与烧骨等。动物化石的种类有牛、马、鹿、兔与鸵鸟等。^{14}C年代测定的结果为距今2.2万年左右。综合研究说明，这里是一处位于河漫滩上的旧石器晚期狩猎者的临时营地。

3. 晋南与豫中

晋南也是旧石器晚期考古工作的重点地区之一。这里近十多年来主要的进展是吉县柿子滩遗址的发掘与研究。柿子滩的文化遗物发现于黄河支流清水河的阶地堆积中，总厚达10米以上，分上、下两个文化层。上文化层系典型的细石器工业，下文化层仅见少量形体粗大的石制品[11]。

文化遗物丰富的上文化层是柿子滩遗址的主要发现。燧石、角页岩与石英岩等是主要石器原料。细石核分为楔形、船底形、锥形与漏斗形几类，与晋南其他细石器文化很相近。石器组合也有相似特点。端刮器的比例占整个石器组合的半数以上。其次为边刮器、尖状器。也有石镞，包括带铤与底部减薄等不同类型。另外还有雕刻器、琢背石片、钻具、石锯等。引人注目的是磨盘与磨石的发现。下文化层仅有10余件石制品发现。石器种类有砍砸器、尖状器与刮削器。总体特点是加工粗糙，形体硕大，与上文化层成鲜明对照。

从出土的动物化石的情况看，柿子滩遗址的时代应属于晚更新世的晚期。最近的年代测定结果证明，这个遗址确实沿用了较长时间，从距今2万多年开始，一直延续到距今1万多年，反映了晋南地区从石片石器文化到细石器文化发展的完整过程[12]。

典型的细石器文化在豫中地区也有发现。近年来在舞阳大岗的裴李岗文化层下又发现细石器遗存。大岗的文化堆积并不厚，表土层下为含汉代等晚期陶片的浅黄褐色亚黏土，厚10~75厘米；第3层为裴李岗文化层，灰褐色亚黏土，厚15~55厘米；第4层即细石器文化层，褐色亚黏土，厚15~40厘米；再下即不含文化遗物的浅黄色粉砂质亚黏土。上述地层关系很重要，反映了当地从晚更新世之末向全新世的过渡[13]。

大岗的文化内涵也很重要，特别是裴李岗文化层之下细石器遗存的发现。其石器原料主要为燧石。细石核有船底形、半锥形与楔形等不同类型。石器的数量也较多，加工精致。种类包括端刮器、边刮器、凹缺刮器、尖状器与琢背石刀等。船底形与半锥形细石核技术，与晋南的柿子滩等发现更为接近。

从旧石器时代初期以来，华北地区就流行着以小型石器为主体的旧石器文化。一直到旧石器时代的晚期，这种文化传统的影响还在本地区存在。而且时代越早，这种影响越为明显。这些特点在上述新发现中也表现得很清楚。由新的年代学数据可知，在华北北部，从距今 2 万多年的东方广场，一直到距今 1.8 万年前后的西白马营，都可以看到仍然是典型的石片石器。以楔形石核为代表的细石器文化在华北北部流行的时间则是到距今 1.5 万年以后，一直到全新世之初。在晋南到豫中一带，也同样经历了从石片石器到细石器工业的发展历程，最后是新石器文化的出现。

二 华南地区

近年来华南地区旧石器时代晚期的考古发现也不断增多。新发现主要分布在长江中下游与岭南两区。

1. 长江中下游区

本区最主要的收获之一是江西万年仙人洞及吊桶环遗址的发掘。仙人洞遗址早在 20 世纪 60 年代就曾发掘，这次除了原认为存在的新石器时代早期文化，还发现属于旧石器晚期的文化遗存。新发现的吊桶环遗址则有从旧石器时代晚期到新石器时代早期的完整序列。1993、1995 及 1999 年的三次发掘，发现了数量众多的石制品、动物骨骼与早期陶器碎片[14]。

这两个遗址中，以吊桶环下层的发现时代最早。其 [14]C 的年代测定数据为距今 23000~21000 年左右。出土的石制品只有小型的石片石器。石器原料以燧石和石英为主。石器的加工方法为锤击法与砸击法并用。使用砸击技术加工燧石小砾石的技术特点尤为引人注目。石器以刮削器为主，还有数量众多的小型石片，可能直接使用或用作复合工具。同时发现的还有骨角器以及穿孔蚌器。动物骨骼碎片的数量也有很多。整体文化面貌与华北地区同期的发现十分接近。

吊桶环中部与仙人洞下部地层，[14]C 的年代测定为距今 20000~15000 年左右。此时仍有较多的小型石片石器发现，但同时也有较多的大型砾石石器发现。小型石器的原料、加工技术与组合都与早期的无异。较早的大型砾石石器是选用不同形状的砾石，以锤击法加工出砍砸器等。稍后一些形状适宜的长条形、长尖形的砾石，不经加工即直接用作工具。与早期相比，本期刮削器等小型石片石器的数量明显减少，而用扁平砾石加工的砍砸器与石刀等比例则逐渐增加。

在两遗址的上层，[14]C 的年代为距今 1 万年前后，石器组合发生明显变化。小型石片石器的数量很少或不见，数量较多的是直接利用的砾石石锤、砾石穿孔器等。与此同时，磨制与穿孔技术也开始应用于加工石器。虽然磨制石器发现的数量并不多，但已有加工较精致的磨制石器出现。同时发现的还有骨角器与蚌器。加工粗糙的陶器在此时也开始出现。

这两个遗址更重要的发现是关于稻作农业起源的信息。在吊桶环的中部与仙人洞的下部地层，都有数量很多的野生稻植硅石。但到两者的上层，栽培稻植硅石开始出现并逐渐增多，而野生稻植硅石则减少。野生稻和栽培稻植硅石在两遗址地层剖面上的垂直变化，清楚地显示了稻作农业发生的过程。

2. 岭南地区

岭南地区旧石器时代晚期的发现与研究起步更早，近年来的发展也很快。具有代表性的工作是柳州白莲洞遗址的重新研究[15]。白莲洞是一个延续时代较长，含有不同文化类型的洞穴遗址。1956 年发现，70 至 80 年代初曾先后数次发掘。堆积分为早、晚不同的三期。堆积从下到上的^{14}C 年代数据，从距今 3 万年左右一直持续到距今 1 万年左右[16]。

白莲洞遗址早期的时代约距今 28000 ~ 26000 年左右。发现的石制品与前述的吊桶环遗址下层很相近。主要流行的是燧石等原料制作的小型石片石器，很少出现使用砾石直接加工的大型石器。石器制作仍然使用石锤直接打击方法，但第二步修理细致。石器组合以刮削器为主，包括直刃、凸刃、凹刃及复刃等几种不同式别。砍砸器退居到次要地位，且已不见典型的砾石砍砸器。原来华南砾石石器工业中常见的大尖状器，也被修理精致的小型尖状器所取代。

白莲洞遗址中期约为距今 1.8 万年左右。从此时开始，石器组合中砾石石器所占比例又开始回升。用砾石加工的砍砸器，有端刃与边刃两种类型。不过加工精致的小型石片石器仍有一定的数量，主要是各类刮削器，新出现有齿状刮削器。小型尖状器的加工也很精致。一个很重要的特点是从本期开始出现局部经过磨制的石制品。

晚期大约从距今 1.4 万年开始，到距今 1 万年左右结束。本期早一阶段，砾石加工的工具在整个石器组合中占据了主导地位。砍砸器成为最主要的石器类型。小型石片石器的数量则很少出现。此时还有加工赤铁矿粉研磨器及穿孔砾石。到本期的晚一阶段，通体磨光的石锛等已经出现。

白莲洞遗址晚期的这些特点，在岭南其他地区也有发现，其中比较重要的有广东封开黄岩洞、阳春独石仔、广西桂林甑皮岩等。这些发现的石器工业的特点是以大型的砾石石器为主，石器组合中砾石砍砸器占有很重要的地位[17]。从绝对年代测定的结果来看早于或接近距今 1 万年。

华南地区旧石器时代晚期文化的发展过程在南岭两侧都表现得很清楚，从早到晚，都经历的是从小型石片石器工业到砾石石器工业的转变。这个转变的实质可能是当时人类生计方式的变化，即从狩猎采集经济到稻作农业经济的过渡。

三　讨论

近十多年来，与旧石器时代考古密切相关的第四纪古环境与年代学研究也不断深入。这些方面的进步，为认识晚更新世晚期到全新世之初人类社会的发展提供了更清楚的环境背景与年代框架。在距今 40000～30000 年前后，中国大部分地区的气候处于比较温和湿润的情况。但是随着全球性的气候变化的影响，气候很快也朝干凉的方向发展，尤其是在华北地区表现得最为明显。到距今 1.8 万年前后，是最后冰期最盛期的顶峰[18]。中国大部分地区气候环境受到严重影响。极地冰盖的扩张和海岸线的后退，导致了大部分地区的大陆性气候增强，而季风的影响减弱。标志着干冷环境的黄土堆积已经达到长江的中、下游一带。此时可能仅在岭南以南的小部分地区，由于纬度与地形等因素的决定，环境变化不大。最冷峰过后，气候又逐渐向暖湿方向发展。这种趋势一直持续到晚更新世末到全新世之初。

晚更新世晚期环境变化最大的是华北地区，尤其是其西北部。环境变迁对当时人类的生活有着非常明显的影响。在最后冰期最盛期到来之前，华北各地流行着以不规则形石片为毛坯加工石器为特点的旧石器文化。最后冰期最盛期来临，华北地区气候干冷，植被草原或荒漠—草原化。与此同时，石叶与细石叶技术出现并广泛流行，显然是适应此环境的专业化狩猎者的文化遗存[19]。最后冰期的消退与全新世的来临，以细石器技术为特色的石器工业也逐渐退却，与农耕活动相关的文化出现并发展，标志着从狩猎—采集到农业社会的转变的完成。

受最后冰期最盛期的影响，更新世以来一直处于较稳定的热带、亚热带环境下的华南地区，也发生明显的变化。影响较大的应该是南岭以北的大部分地区，导致这里原来的亚热带森林景观被温带的森林草原或草原环境所取代[20]。这种情况自然也会影响到华南地区晚期旧石器文化的发展。

石片石器工业也曾流行于最后冰期最盛期之前的华南各地。这种技术的普遍流行，也当指示着与同期的华北地区古人类有着大致相同的生计方式。最后冰期最盛期对环境变化的影响在本区虽不及华北显著，但也伴随着很明显的文化变化。这种变化与华北地区石器技术发展的标准化、小型化与专业化相反，而是砾石石器又重返历史舞台，石器体积增大但加工愈加简略、粗放。大型砾石工具的出现也应是生计方式变化的结果，当与更多地依赖于采集经济相关[21]。可能正是由于这种变化趋势的出现，才导致了稻作农业首先在华南地区发生。

华北与华南晚更新世晚期文化的发展途径与特点各不相同，但最后却都实现了旧、新石器时代的过渡，汇入农业社会。各地文化发展的不同轨迹明显都与最后冰期最盛期的发展过程相关，当是适应环境变化的结果。然而影响文化发展的因素是多方面的。两者的殊途同归又展示，尽管不同地区的古人类面对不同的环境可以选择不同的适应策略，创造出丰富多彩的物质文化，但是晚更新世晚期至全新世初华北与华南文化的发展道路却没有偏离史前社会发展之总体趋势，即从狩猎—采集转向农业经济，完成旧、新石器时代的过渡。

注　释

① 河北省文物研究所：《河北阳原西白马营晚期旧石器研究》，《文物春秋》1989 年第 3 期。

② 卫奇：《泥河湾盆地旧石器遗址地质序列》，《参加第十三届国际第四纪大会论文选》第 61～73 页，北京科学技术出版社，1991 年。

③ 河北省文物研究所：《籍箕滩旧石器时代晚期细石器遗址》，《文物春秋》1993 年第 2 期。

④ 夏正楷等：《我国北方泥河湾盆地新—旧石器文化过渡的环境背景》，《中国科学（D 辑）》2001 年第 31 卷 5 期。

⑤ 谢飞等：《泥河湾旧石器文化》，华山文艺出版社，2006 年。

⑥ 谢飞、成胜泉：《河北阳原油坊细石器发掘报告》，《人类学学报》第 8 卷第 1 期，1989 年。

⑦ 河北省文物研究所等：《河北省玉田县孟家泉旧石器遗址发掘报告》，《文物春秋》1991 年第 1 期。

⑧ 河北省文物研究所：《河北昌黎亭泗涧细石器地点》，《文物春秋》1992 年增刊。王恩霖：《河北昌黎亭泗涧细石器遗址的新材料》，《人类学学报》第 16 卷第 1 期，1997 年。

⑨ 河北省文物研究所：《燕山南麓发现细石器遗址》，《考古》1989 年第 11 期。

⑩ 李超荣、郁金城、冯兴无：《北京地区旧石器考古新进展》，《人类学学报》第 17 卷第 2 期，1998 年。

⑪ 山西省临汾行署文化局：《山西吉县柿子滩中石器文化遗存》，《考古学报》1989 年第 3 期。

⑫ 原思训、赵朝洪、朱晓东等：《山西吉县柿子滩遗址的年代与文化研究》，《考古》1998 年第 6 期。

⑬ 张居中、李占扬：《河南舞阳大岗细石器地点发掘报告》，《人类学学报》第 15 卷第 2 期，1996 年。

⑭ 严文明、彭适凡等：《仙人洞与吊桶环——华南史前考古的重大发现》，《中国文物报》2000 年 7 月 5 日三版。

⑮ 柳州市白莲洞洞穴科学博物馆等：《广西柳州白莲洞石器时代洞穴遗址发掘报告》，《南方民族考古》1987 年第 1 辑。

⑯ 周国兴：《再论白莲洞文化》，《中日古人类与史前文化渊源关系国际学术研讨会论文集》，中国国际广播出版社，1994 年。

⑰⑳ 王幼平：《更新世环境与中国南方旧石器文化发展》，北京大学出版社，1997 年。

⑱ 安芷生、吴锡浩、卢演俦等：《最近 2 万年中国古环境变迁的初步研究》，《黄土、第四纪地质、全球变化》第二集，科学出版社，1990 年。

⑲ 王幼平：《试论环境与华北晚期旧石器文化》，《北京大学学报（哲学社会科学版）》1990 年第 1 期。

⑳ 李文漪：《中国第四纪植被与环境》，科学出版社，1998 年。

读《西安半坡》

——经典重读与学术史视野中的考古学解释个案

郭 伟 民

（湖南省文物考古研究所）

在考古学的发展史上，一些重大的田野考古作业都对学科的发展产生了重要影响。田野考古作业的成果，最终是通过一本考古报告来体现的。所以，考古报告不仅是资料的汇编，更是学术理念和学术水平的体现。用什么方法和技术来进行考古调查、发掘，如何分析考古调查、发掘的信息，以及这些信息在考古学解释中所起的作用，是衡量学科进步的重要标尺。一些优秀的考古报告往往影响了中国考古学进程的多个方面，当我们翻阅这些考古文献时，常常可以体会到理论、方法与技术由肤浅到成熟的前进历程。这些理论、方法与技术的实践，正是通过每一项具体的考古作业体现于每一本具体的考古报告中，让我们透过时间的帷幕，感知前辈学人留给后世的许多历史经验与教训。时过境迁，考古发掘的古代遗迹、遗物，以及发掘这些对象的考古学家的实践活动本身，如今正成为或已经成为了人类文化遗产的一部分，值得保护和尊重。《西安半坡》就是这样的典型案例[①]。

壹 《西安半坡》文本的阅读

考古发掘，首先是正确辨识堆积单位，以及正确记录与采集各种标本。《西安半坡》对于遗迹、遗物的处理与解释具有以下特点。

一 地层表述

1. 报告对地层的表述使用了"文化堆积层"、"文化层"、"层位"、"层积"等概念。

2. 文字部分介绍地层的表述为"第一层"、"第二层"、"第三层"等。在附录及相关表格中地层的数字表述为阿拉伯数字圈码，如①、②、③、④等。从报告的表述来看，发掘区的地层是统一编号的。

二　遗迹的认识

1. 对单个遗迹的解剖和描述甚为详细，通过这些信息能够对大多数保存较好的房子进行复原，从而也反映出发掘时对各种现象的观察是极为细致认真的。

2. 有了遗迹间叠压与打破的认识。

3. 有了居住面的概念。

运用这些认识与方法，发掘者对相关遗迹进行了分组与分期，进而可以反映出发掘者在处理问题时的基本思路。比如，报告将发掘出的 46 座房子分为早晚两期，并说明"这一认识是由地层、相互打破和叠压关系以及屋内包含物等方面，经过缜密的分析比较后获得的"。报告还列举了一组有叠压打破关系的单位 F3、F8、F9、F10 四所房子的关系来说明。

引如下原文：

F3 位于第三文化层（按：查表一，F3 在第③层中，实为开口②层下，打破第③层），其西墙柱洞打破位于第四文化层的 F8 的东半部居住面，两房子之间上下相差 0.5 米，F3 的灶坑为瓢形，F8 的呈长方形浅平底。而 F8、F9、F10 三座房子由上而下依次压叠，此三座房子的灶坑相同，应是时间上相去不远而属于同一时期的建筑遗存。另外，F6、10、11（原文如此）三座早期圆形房子屋外地面连成一片，其灶坑皆为长方形，也是有力的旁证。同样，圆形房子内所包含的文化遗物，在比较分析后，也反映了上述的规律（第 40 页）。

以上描述说明，遗迹的分期是考虑了地层关系的。

然而，报告对于地层、遗迹及其相互关系的认识，仍有许多问题：

1. 所有遗迹单位没有明确的开口层位。

2. 对遗迹单位进行描述时没有交代遗迹的具体位置与层位关系（如在哪个探方、哪个部位、是否与其他遗迹有叠压打破关系等）。

3. 层位的划分交代不清，有的遗迹叠压打破关系混乱，剖面图上也没有地层号。

4. 上述问题的存在，必将给聚落形态研究造成困难，甚至连遗址的分期也将难以顺利进行。

三　遗物表述

在遗物分类方面，报告基于功能的分类法，即从器物的原初功能来分类。功能分类是考古学诞生以来的基本方法，从蒙德留斯到柴尔德都循此道。

1. 生产工具　A、农业生产工具（石制的斧、锛、铲、锄、刀、杵、磨盘；陶制的刀）。B、渔猎工具（石制的矛、镞、网坠；骨制的叉、镞、钩）。C、手工业工具（石、陶制的纺轮；骨针、骨凿；各种质料的锥）。D、其他（石制砍砸器、刮割器、锤；陶制的锉、砥磨器等）。

2. 生活用器　A、饮食器（碗、钵、盆、皿、壶、杯、盘、盂）。B、水器（尖底瓶、长颈壶、带流罐、缸）。C、炊器和储藏器（罐、甑、鼎、瓮）。D、其他生活用具（骨匕、杂器）。

3. 在类、型、式的划分上以Ⅰ、Ⅱ、Ⅲ、Ⅳ……为类；1、2、3、4……为型；a、b、c、d……为式。

四　遗物的观察与分析

报告对于遗物的观察与分析颇为细致。

1. 每一件石器都交代了石质。除对石料（有 37 种之多）全面鉴定（由西安地质学校鉴定）外，还对石料的产地、石器的来源作了分析。兹摘录一段如下：

> 以上这些岩石，除片麻岩、石英岩、角闪片岩、石英角闪片岩、花岗片岩、煌斑岩、矽质片麻岩和绢云母石英片岩都产于西安附近的翠华山、临潼以及蓝田等地外，其他大部分产于关中以西地区。换言之，半坡氏族制作石制工具的材料，只有一部分取材于附近地区，大部分由外地输入（第 104 页）。

另外，对石器的制作技术也予以了考察。

2. 对陶质、陶色的观察不限于外表。而是从掺和料、陶衣原料、装烧技术对陶色的影响等方面进行了分析。

3. 陶器纹饰的分类、装饰手法、制作纹饰时所使用的工具、某些纹饰在器物上的装饰部位等，同样有较为细致的考察。

存在的问题：

1. 所有遗物都只有整理时给定的流水号。显然，这批遗物很难一一回归原来的堆积单位，更无法考察其共存关系。如此一来，所谓科学发掘的标本实则大部分形同采集品。

2. 遗物的文字、线图、图版三者不能吻合。虽然在图版器物索引中有遗物的出土单位，但并非所有的遗物都有图版。有的器物虽有图版，却无线图。以Ⅲ3a 式盆为例，图版有 11 件器物，却只发表了其中一件的线图，这件却又无法找到出土单位。

3. 所选器物标本既不典型也不全面。A、大多数选定器物缺乏层位关系（往往一类器物出在虽有出土地点但无层位关系的单位里）。B、很多有明确层位关系的单位没选器物。

4. 器物线图发表太少，报告说"完整和能复原的"陶器有近 1000 件，但发表线图的仅 191 件。

5. 器物型、式划分没有统一的标准，如型的划分，同类器物有的以口、有的以腹、有的则以底。

6. 彩绘纹饰完全脱离器物单独描述，如 A1c 式人面鱼形纹，是在一件陶盆上彩绘而成。但在陶盆器物文字描述时没有提及，线图上没有彩绘纹饰的表现。又如 W6：1 彩陶盆，发表了图片，也发表了盆内的彩绘人鱼线图，但在器物线图（Ⅲ5b）上没有表现，造成一件器物整体特点的支离破碎。

五 墓葬的表述

墓葬在报告中放在"精神文化面貌"一章，与"艺术"（彩绘与雕塑）、乐器、装饰品、陶器上的刻符等构成反映意识形态方面的文化遗存。

1. 墓葬共发现 250 座。分为成人墓（174 座）与小孩墓（76 座）。成人墓多在"大沟"外北部的氏族公共墓地上，小孩墓多在居住区房屋附近。

2. 墓地的地层简单，且很少有叠压打破关系，故报告对墓葬的分布与排列有相应的观察。并指出"墓葬坑位的排列，在北部是相当整齐的。墓葬集中的西部，几乎是纵横排列成相当整齐的行列，间距约 1 米，也有近到 0.5 米。墓葬的头向较一致，绝大部分向西"。

3. 特别观察了随葬品的放置位置，陶器组合也予以认真观察。尤为可贵的是，列出了墓葬登记表。

4. 同时，报告对葬俗中的仰身直肢、俯身葬、二次葬、屈肢葬、断肢（断指）葬、头向、小孩瓮棺葬等结合民族学的实例进行了分析，并认为这是意识形态与原始宗教信仰的体现。进而从墓葬习俗上对社会关系进行了探讨，并认为男女分别埋葬和男子合葬、女子合葬实际上反映了母系氏族社会的特点。

5. 因很少有叠压打破关系，墓葬的分期没有谈，只指出与居住区出土物进行了对比。

六 社会结构考察方法

（一）生活状况和生产活动

1. 报告从工具、用具、房屋建筑等考察了半坡人的基本生活概貌。

2. 从聚落布局（壕沟、居住区、墓葬区、器具和动植物遗存等）考察了当时的生活状况和生产活动。

（二）半坡氏族组织的推测

1. 报告根据马克思和摩尔根的论述，将半坡聚落所处的阶段定位于"母系氏族繁荣时期"。

2. 鉴于这一基本的定位，故对房子、墓葬的分析都是围绕这一命题展开的。

报告称：A、在埋葬习俗上，可以看出母系氏族社会的遗迹。男女分开合葬在一起（两个男的合葬，两个女的合葬。同样的情况也见于北首岭和横阵村）。B、对女性的尊敬也可看出。M152 为一女孩，其随葬品之多，说明了这一事实，她可能是部族首领的女儿。

3. 图腾制度。器物上有大量关于鱼的图案，报告认为鱼有重要的象征意义，这个氏族可能以鱼为图腾。不过，遗址中发现大量鱼骨，似与图腾制有冲突，但"在现实生活的迫切需要下，这个禁忌就打破了"。

4. 不仅有了自然的分工，社会分工也许已经萌芽（石器有外地的输入品，骨器、陶器的制作精细而有专攻，尤其是彩绘纹饰必须遵循统一而熟练的模式等）。

5. 报告从揭露出来的小沟道分析，这里是几个氏族的共同住地，形成一个胞族或部落。并认为：

> 在关中地区，这些遗址的分布是以河流两岸为主；人类社会组织的形成，最初也应该以这种自然地区作为范围。因此，我们觉得一条河流，可能就是形成一个部落或几个部落的自然辖区。这样，浐河流域 20 多个遗址，其中同时代的，可能是组成一个部落的各氏族住地，或者是数个部落或部落联盟的分居地。

显然，这样的理念是完全移植了摩尔根的《古代社会》。

6. 对于人口的推算，报告是这样描述的："在已发掘的范围内，有同时期存在的房屋约 30 座，如果其他未发掘部分，曾经全部同时居住，而房屋分布也以这个密度来计算，便有 200 多座房子。以每个房屋平均面积约 20 平方米，能住 2~4 人，应有 400~500 人，平均起来应有五、六百人。"

这种推测以印第安人的村落和特里波列文化的费拉基米罗夫卡遗址为参考，是一种尝试。但是，这种分析，假设的成分太多。由于基础工作的层位堆积交代不清，导致聚落形态的研究无法进行。比如，半坡遗址已发掘的部分同时存在的 30 座房子数就不准确。

7. 报告最后探讨了半坡类型与庙底沟类型的关系，并认为半坡类型要早于庙底沟类型。还在"仰韶文化的来龙去脉"探讨中分析了从山顶洞人至龙山文化间物质文化的发展与社会进步的一般规律。

七 对《西安半坡》文本的基本认识

（一）该书所反映的考古学解释倾向

1. 50 年代的中国考古学，处在一个新旧交替的历史时期。

A、建国前的考古学实践，主要来自于欧美学术思想，无疑对 50 年代的考古工作有一定的影响。B、"一边倒"的国策在考古学上有深刻反映。50 年代的《考古通讯》，基本上每期都有关于苏联考古的报道。在该刊的稿约中，"苏联考古先进经验介绍"为一重点栏目。将苏联从 1934 年开始在乌克兰第聂伯河流域特黎波里遗址的发掘方法介绍到中国，其发掘方法就是大面积揭露，做聚落研究，显然对半坡的发掘和报告的编写起了重要作用[②]。基于上述原因，一方面是西方考古思想的部分沿袭，另一方面则是苏联模式的全面引进。

2. 以聚落为对象的考古作业贯穿了该报告的全过程。

3. 以复原古代社会作为考古学的最终目的成为该书的指导思想。

4. 田野发掘技术的不完善使得资料的准确性大打折扣。

5. 类型学和地层学的结合存在许多问题。

6. 套用马克思主义的个别理论模式，始开中国特色考古学之风尚。

7. 通过考古材料比对民族志来解释古代社会，成为中国考古学一大传统。

（二）解释考古遗存问题的基本思路

1. 关于聚落分析

房子分期的依据是"根据房子的不同层位，可以将 46 座房子分成早晚两个时期"。围沟与环壕基本没有纳入发掘者的视野。虽然注意到了要从宏观的角度来观察聚落的结构，但这种所谓的"聚落观"是粗浅的和模糊的。虽然对每一处房子的解剖做到了尽可能的细致入微，对房屋结构的认识也尽可能体现出了发掘的最高水平。但这种作法实际上是"只见树木，不见森林"，没有从聚落整体的角度来观察人类的行为。

由于没有真正的"地面"概念，没有明晰的层位概念，就不可能从整体上考虑房子与房子之间、房子与窖穴和灰坑之间到底存在着什么关系，因而也就无法复原每一个聚落时期的场景（context）以确立共存关系。这必然导致通过聚落形态来研究原始氏族公社时期社会结构的初衷无法实现。

2. 陶器型、式的划分是否已经按照地层关系进行排队，在报告中还看不出来。另外，型的划分标准不一，不能将型的特征贯彻到底，式与式之间也缺乏逻辑关系。以钵类为例，报告先是说钵有圜底、平底和凹底三种，但在分型时却将部分圜底和部分平底分为同一型，因而就将圜底和平底分成了不同的型。由于共存关系和器物组合、出土单位交代不清或根本没有交代，后人再进行研究也就无法进行。

（三）经验与教训

1. 是以复原古代社会为考古学之目的的一次可贵尝试。

2. 全面地获取和分析材料是本报告的一大亮点。

3. 宏观的时空框架和微观的观察分析相结合是该报告的重要特色。

4. 注意到了地层、遗迹单位之间的叠压与打破关系，也注意到了墓葬的器物组合及其功能。

5. 大面积揭露、分层发掘方法的探索为聚落考古积累了宝贵经验。

6. 对房屋结构的详细解剖和复原，并成功地清理出三座房子间相连的地面，反映了较高的田野考古操作技术。

7. 从出土物的功能来分类和描述在一定程度上开展了对人类行为探讨的尝试。

8. 以文字、图、表、照片的相互结合来报道考古材料奠定了后来考古报告的基础。

但是，报告所反映出来的问题也是非常明显的：

1. 未能把地层学与类型学有机地结合起来，是该报告的致命缺陷。

2. 由于第1项的原因，致使每个时期遗迹单位的空间布局不清；不同时期遗迹的空间位置变化也无法知晓。

3. 由于第1、2项之原因，导致本报告在推测和作最后结论时失去立论的基础，因而极有可能导致结论性的错误。

4. 对层位把握的不准确，不仅导致聚落研究的结果出现错误，也使考古分期很难开展（包含不同期别的地层没有分开，不同期别的陶器混在一起无法排队）。同时，对考古学文化的认识也会出现偏差。半坡遗址就同时有半坡类型和庙底沟类型的地层和遗迹单位，由于这次工作的失误，致使这两个类型的关系长期得不到解决[③]。

5. 对聚落研究起重要作用的三重壕沟的开口层位、相互关系，以及它们所对应的各期的房屋和其他遗迹的关系没有作出判断。报告在报道"沟道"时，报道了在位于遗址中间有两条"小沟道"；在居住区外侧有一条大围沟（壕沟）；在大围沟之外，还有一条较宽的"洼沟"。这条"洼沟"没有受到应有的重视。在此情况下，无法从整体上把握各个时期的整体布局和整个聚落的发展演变过程。

6. 总的说来，发掘者是把半坡遗址作为一个单个的聚落来认识的，而不是把它作为多个聚落来分析和判断，这一点是至关重要的失误[④]。

贰　《西安半坡》部分遗迹和聚落的重新解读

一　关于聚落的研究

虽然报告存在层位和空间关系交代不清的问题，但是通过发掘报告，还是可以对半坡的聚落形态做简单的梳理。聚落形态研究的重点应在发掘出来的堆积单位，主要的研究任务是：

1. 在同一时间段内（一个相对稳定的居住时期）的聚落结构（单个遗迹的形态特点、各个遗迹与遗物之间的空间分布及其相互关系）——共时性研究。

2. 聚落结构随时间的改变发生了哪些变化——历时性研究。

以南区为例试做如下分析：

（一）遗迹的重新整合

先从相关的层位关系来看其布局与分期。

结合图八、图九、图五〇、表一、表三可知：

1. 图五〇所示的地层剖面图共跨 T1、T5a、T5b、T14 四个探方。

2. 图五〇、图五一实际是纵贯发掘区西部的一组大剖面图，可将两图综合起来分析。

3. 结合图九与这组大剖面图对应，可以得出如下若干组堆积单元的层位关系。

① H3, H17, F1 → {F2, H16}　分布于 T1—T5b

② H18, H21 → F4　分布于 T22

③ H29, H30, H28, F7 → F6 → F8 → {F10, F13}　分布于 T22—T25

④ H32 ↓ F3 → {F5 → F11, F8 → F9 → F10}　分布于 T24、T25、T26　K9, W6 →

⑤ H21→H24→H25→K9→H26→F13　分布于 T22

⑥ H33, H35, H37, H38 → F12→F11　分布于 T26

⑦ H29→F6　分布于 T21

⑧ H46→③→F9→F10→4b　分布于 T30

4. 具体分析

从第 40 页看出，既然 F6、F10、F11 共用一个地面，那么，它们大致可以视为同一个时期。从表一和图五一可知，F13 比这组房子显然要早，不可能同时，故可以考虑将它与几个最早的单位 F2、H16 视为同一个使用时期。从图中还看到有个 F44 被 F11 所打破，可将其视为与 F13 同时。

这样就分出了两组早期单位。

F2、F13、H16、F44 归为第一组。

F6、F10、F11 为第二组。

接着分析比 F6、F10、F11 晚的单位。

据图九和图五〇~五二，F8 打破 F6，又叠压着 F9、F10（F9、F10 基本重叠，可考虑 F9 为一较短时期对前期房子的重修，可视为同一时期），则意味 F8 是在这一组房子废弃以后再建而成。据图九，由于 F3 打破了 F8 与 F5，则在同一时间内与 F8 分享空间的房子只能是 F5。故可将 F8、F5 视为晚于 F6、F10、F11 单位组的另外一个单位组。

则将 F5、F8 列为第三组。

F3 既然将 F8、F5 同时打破，则只能是在这两座房子废弃以后的新的堆积。据图九，在平面上看到，与 F3 同时存在的可能有 F4、F12。

则将 F3、F4、F12 列为第四组。

最晚的单位是 F1 和 F7，几个打破第四组的坑穴如 H21、H18、H38 等应与其同时。

那么，F1、F7 可列为第五组。

T25 的 F10 下还未发掘，不知道地下还有什么迹象。但是，上述五组房子的分布还是有一定规律的。

根据已经发现的房屋遗迹，可以看到这样一些迹象。

（1）第一组房子有方形也有圆形，但无一例外为半地穴式。

（2）第二组房子全为圆形，地面木架建筑。第三、四组亦为圆形建筑，有地面和半地穴两种。

（3）第五组为方形浅地穴建筑。以围沟为界，这个时期东北区的房子多为圆形半穴居建筑，有聚落分化的迹象。

（4）结合出土器物，就可以对上述遗迹单位加以分期。无论分期结果如何，有一点可以明确，即五组房屋遗迹分处于不同的时间单位，换言之，它们在聚落构成上是有先后的。在这样的基础上，才能做聚落考古的研究。

（二）围沟与环壕

1. 围沟。包括西沟与东沟，据图九及表一，在 T33、T34 两个探方内有 F16，开口③层下，打破第④层。与南边第三建筑单位组的时代大体相当。西沟打破了 F13，故知西沟不是早期建筑使用时期所开挖。又，东沟打破 F12，而 F12 为第四建筑单位组。说明东沟的年代似要晚于西沟。即便东、西沟的年代同时，由于有这样两组打破关系，明确了这两条沟开挖的年代不会是早期，而方向与这两沟走向较一致的 F20，似乎将三者的关系更加聚拢在一起。也就是说：西沟、东沟、F20 是作为一个构成某种固定关系的遗迹单位组同时存在过一段时间。

综合以上分析可大致得出结论：围沟开挖的时间是在南区第四建筑单位组之后，与第五建筑单位组同时存在，主要是为最晚一个时期的居民服务的。将西南和东北两大建筑居住区分开，实则又一次暗示了半坡聚落在其晚期的分化。

2. 环壕。环壕在居住区之外，也就是报告所说的大围沟。环壕以内为居住生活区，以外为墓葬区。现已无法查明环壕的具体开口层位，报告也没有交代壕沟的层状堆积和沟底的包含物。但从整个遗址的布局来看，环壕应为早期开挖。理由如下：A、壕内壕外的遗迹现象判然有别，一为居住区，一为墓葬区。如非早就成为模式，则不会有如此的规划和布局。B、墓葬的布局与排列也较有特点，从早至晚似有连贯的格式，并非壕沟将墓区的某一部分挖掉所至。

如果上述判断不误，则结论是：早期建筑、壕沟、墓地是有其最初的规划设计的，其形成的年代也在该聚落的初期。

（三）半坡遗址聚落形态演进的基本概括

早期聚落由居住区、墓葬区以及环壕所构成的三位一体的生聚模式，是一个单一的社群单位。经过发展，聚落的房屋建筑增多和扩大。到晚期，一体化的模式无法维继。聚落出现了分化，分解为两个社群单位。但仍然恪守着原来某些公共的理念，如墓葬仍埋在原来统一的公共墓地。

这是对《西安半坡》研读所产生的一些粗浅认识。涉及陶器分期以及房屋、灰坑、墓葬的分组与分期方面，已经有相当多的研究成果；对半坡遗址各个期别文化性质的认识也积累了大量的研究文章。但是，这些领域依然存在争论，问题也还不少。这里面既有研究者的主观差异和认识水平问题，也有材料本身的问题，本文不准备做更多的考察。无论怎么说，作为一本已经成为经典的田野考古报告，《西安半坡》显然还有重新解读的必要。这种工作并不是要否定前人的成绩，历史的客观局限属于无法规避的问题。正如前文所言，不管是经验还是教训，《西安半坡》将注定成为学术历程中一座不能磨灭的里程碑。

注　释

① 中国科学院考古研究所等：《西安半坡》，文物出版社，1963 年。

② T. C. 帕谢克：《特黎波里居址的田野考查方法》，《考古通讯》1956 年第 3 期。翻译者"石陶"。

③ 实际上，半坡遗址包含了数个不同性质的文化堆积。见严文明《半坡仰韶文化的分期与类型问题》，《仰韶文化研究》，文物出版社，1989 年。

④ 张忠培指出，半坡的发掘"未能将层位学的追求付之于实践，甚而未能搞清半坡遗址诸文化堆积的层位关系……将多种文化混为一体"。见《中国新石器时代考古的 20 世纪的历程》，《故宫学刊》2004 年。

河姆渡文化与马家浜文化

——浙江史前考古的一个问题

蒋　乐　平

（浙江省文物考古研究所）

浙江七千年——这是盘桓很久的浙江史前考古的背景命题。提到 7000 年，首先想到的是河姆渡遗址或河姆渡文化，而不是罗家角遗址或马家浜文化。实际上，罗家角遗址的[14]C 测定数据比河姆渡更早些，尽管这数据可能存在一定限度的误差，但也没有证据证明罗家角遗址比河姆渡遗址晚。诚然，河姆渡遗址（学术意义上的）发现更早，收获更丰富，影响更大，更具有象征意义，作为公众考古学的符号，河姆渡遗址当之无愧。但在学术层面上，河姆渡遗址作为浙江文明源头的认识似乎也一直模糊存在着（直到跨湖桥文化、上山文化被发现），其中的原因，应该归结为对河姆渡文化与马家浜文化关系问题的研究，一直没有取得十分清晰的、被学术界广泛接受的结论。

近 20 年来，在钱塘江—杭州湾南部的宁绍地区和北部的太湖地区，浙江和江苏的考古工作者又发掘了许多河姆渡文化、马家浜文化阶段的新石器时代遗址，如名山后遗址[①]、塔山遗址[②]、慈湖遗址[③]、鲻山遗址[④]、楼家桥遗址[⑤]、寺前山遗址[⑥]、吴家埠遗址[⑦]、祁头山遗址[⑧]、绰墩遗址[⑨]、骆驼墩遗址[⑩]等。另外还在附近的山东、苏北等地区发现了一些相关的遗址。这些遗址出土的新资料，要求我们对这一地区新石器时代文化的认识框架进行认真的反思和调整。

以考古学文化为核心的区系类型研究不但是史前文化史研究的本体内容，也是探讨经济、艺术、原始宗教等前沿问题的基础。河姆渡文化与马家浜文化这一曾经的热点问题具有进一步探讨的理论价值和认知价值。受篇幅的限制，本文重在提出问题，并对解决问题提供方向性的个人意见。参考资料及论题的展开主要集中在浙江地区。主要包括三部分。

一　回顾与反思河姆渡文化、马家浜文化关系问题的由来与存在问题。

二　旧资料的重新整理和新发现对解决问题的启示。

三　尝试建立新的认知模式。

一

在浙江考古界，一个基本的认识框架是，河姆渡文化与马家浜文化是分别位于钱塘江—杭州湾南北宁绍、杭嘉湖地区的两支考古学文化。北边的马家浜文化的分布范围一直延续到苏南和太湖西北地区，这一地区后来向崧泽文化、良渚文化发展；南边的考古发掘工作积累的规模不如北边，分布范围较模糊，发展方向有过不同意见，但后继遗存出现普遍的崧泽与良渚文化因素已成基本事实。尽管马家浜文化、河姆渡文化的总体框架一直没有过结论性的统一，但上述的"二元"认识论在很长时间里主导着这一地区的考古工作，至今也并没有发生本质性的改变。

笔者尊重"二元论"对这一地区新石器时代文化研究所持的积极的学术态度，但认为这一探讨性意见后来被过分拘泥，没有进一步的发展，这制约了该地区考古学文化研究的深入，需要检讨与反省。

"二元论"是怎么提出的？它的形成包含怎样的学术思路？期间的争论又代表着对考古学文化概念怎样的认识态度呢？这需要从学术史的角度进行分析。

1970年代中期之前，除了施昕更的《良渚》[⑪]等报告或简报性资料外，对浙江的史前考古一直没有系统性的论述。牟永抗、魏正瑾的《马家浜文化和良渚文化——太湖流域原始文化的分期问题》[⑫]是较早的一篇，这篇论文提交于1977年的长江下游新石器时代文化学术讨论会，正式发表于1978年，但据牟永抗记述，文章在1960年代初已经形成初稿。这篇论文的原始题目是《浙江北部新石器时代遗址》，论文的资料来源及论述范围局限于杭嘉湖平原地区，这一以浙江北部为轴心的论述基调或多或少对后来的认识产生影响。河姆渡遗址发现后，在^{14}C年代和地层学——叠压在第四、三层之上的是相当于马家浜文化的第二层——证据的支撑下，河姆渡文化得到迅速的命名并得到国内考古界的广泛认同。但在关于河姆渡文化——马家浜文化发展关系的认定上，省外的考古学家似乎比省内的考古学家表现得更为彻底。

1976年4月，浙江省文物局邀请全国各地专家，在杭州进行了河姆渡遗址第一期发掘工作座谈会。在认真考察发掘成果的基础上，一致认为第二文化层的出土文物，同马家浜文化比较接近（注意这一表述），因而叠压在这层之下的第三、四文化层便成为长江下游最早的全新文化类型，开始提出"河姆渡文化"的概念[⑬]。1977年，夏鼐在《碳—14测定年代和中国史前考古学》一文中，明确把河姆渡遗址的第四、三层命名为"河姆渡文化"，指出"这个文化既是年代古老，其文化内容又是丰富多彩。它的农作物主要是水稻，农具是骨耜。家畜有猪、狗，可能还有水牛。有使用榫卯技术的木构建筑"[14]。河姆渡文化的基本概念开始产生广泛而持久的影响，浙江新石器时代文化形成河姆渡文化—马家浜文化（含崧泽类型）—良渚文化的叙述框架。

1978 年《河姆渡遗址第一期发掘报告》[15]并没有改变对"河姆渡文化"的基本认识。但对遗址的二、一层，采用了"相当于马家浜文化"（含崧泽类型）的表述。相对于前面的"同马家浜文化比较接近"，这"相当于马家浜文化"在字面上似乎看不出什么区别，但在认识趋向上却包含了不同。前者重"同"，考古学文化诸遗址之间有所差别，是正常的现象；后者重"异"，这是后来从河姆渡四至一层统归到河姆渡文化的结果中总结出来的。浙江本土考古学家为什么执著于钱塘江—杭州湾南北史前文化不同这点呢？以浅陋观之，有三点原因。第一，与杭嘉湖地区史前考古的更多积累及较早形成系统性认识的惯性心理有关。第二，与杭嘉湖地区发现了与河姆渡遗址同时期的罗家角遗址有关。第三，与钱塘江以南地区古文化内涵的整体评价有关。

上面第一点是揣摩性质的判断。从逻辑的角度，惯性心理是需要避免的认知习惯，但对密切依赖资料发现的考古学而言，一个阶段的认识总结不可避免地对下一个阶段的研究产生关联性的影响。由于对杭嘉湖新石器时代文化的特征及其演变关系形成了一个固定的观察角度，因此必然会格外敏感于河姆渡遗址中发现的异质因素，如绳纹、釜脊的特征、垂囊盉等，并试图以恰当的方式处理这些问题。特别是钱塘江以南是否存在良渚文化问题，也成为两地文化关系定位的重要判断项。马家浜文化与河姆渡文化的最终分野，应该与杭嘉湖新石器时代文化过于"清晰"、"干净"的认识背景有关。在这一背景下，桐乡罗家角遗址的发现与发掘，为两地文化"平行发展"、"并驾齐驱"的最终定位找到坚实的支撑。如果说，惯性心理是认识的诱因，罗家角遗址则为之定调。第三点，即对钱塘江以南地区古文化的整体评价问题，与其说是马家浜文化与河姆渡文化分野的动因，不如说是在为这种分野寻找结构性的解释。这一点也是从牟永抗的另一篇文章中找到的："……钱塘江以南地区……在总体上连同更南的福建省及广东省的潮汕地区，在国内已有的区、系类型研究中，这里既不属于以太湖为中心的长江下游地区，也不能划入以鄱阳湖及其两侧通向岭南的区域。……很可能在古代的生态环境也是相近的。……生态条件相似，往往可以表现为相似的文化面貌。"[16]该篇发表于 1989 年，距河姆渡文化、马家浜文化基本认识的形成已过去近 10 年，可以视之为钱塘江南北文化"二元论"的发展与加强。更早一些时候，张光直提出台湾的大岔坑文化与河姆渡文化在"形态学上说他们都是住在类似的自然环境中从事农耕以外多种食物采集活动的同样的早期谷物农民"[17]，牟文或受此启发对河姆渡文化之于马家浜文化的区别作了更深入的思考。

无论如何，1980 年前后是对浙江新石器时代文化认识进行自我调整并最终形成基本框架的重要时间。按时间顺序排列这一时段浙江本土考古学者所发表的主要论文，可以清理这一认识调整的基本过程与基本内容。

《河姆渡遗址第一期发掘工作座谈会纪要》，《文物》1976 年第 8 期；

《河姆渡遗址第一期发掘报告》，《考古学报》1978 年第 1 期；

《马家浜文化和良渚文化——太湖流域原始文化的分期问题》（牟永抗、魏正瑾），《文物》1978 年第 4 期；

《三十年来浙江文物考古工作》，《文物考古工作三十年（1949~1979）》，文物出版社，1979 年；

《试论河姆渡文化》（牟永抗），《中国考古学会第一次年会论文集》，文物出版社，1980 年；

《河姆渡遗址第二次发掘简报》，《文物》1980 年第 5 期；

《罗家角遗址发掘报告》，《浙江省文物考古所学刊》，文物出版社，1981 年；

《浙江新石器时代文化的初步认识》（牟永抗），《中国考古学会第三次年会论文集》，1984 年；

《河姆渡文化再认识》（刘军），《中国考古学会第三次年会论文集》，文物出版社，1984 年；

《二论马家浜文化》（姚仲源），《中国考古学会第二次年会论文集》，文物出版社，1982 年。

检索上述各篇可知，前面三篇将河姆渡文化的内涵定义在河姆渡遗址的四、三层，尽管在第二、三篇中已经对河姆渡遗址第二层相比较于马家浜文化的特殊之处有所强调——这是 1978 年以前的情况。到了 1979 年，《三十年来浙江文物考古工作》中还是出现了"浙江的新石器时代曾经历了河姆渡文化、马家浜文化、良渚文化三个发展阶段"的表述，但在同一篇文章中，又认为"河姆渡二层有某些马家浜文化因素，一层亦有与良渚文化的早期若干相似之处。但是河姆渡四个地层之间，前后的因袭关系很清楚，一些基本的文化特征贯穿始终。而且河姆渡第二层^{14}C 年代亦较马家浜文化为晚。因此我们不能轻易将它们和马家浜文化、良渚文化等同起来，应该单独地命名为河姆渡文化"。上面所引两段看似有矛盾之处，其实正是认识转变的客观反映。值得关注的是罗家角遗址的因素正是在这个阶段进入认知范畴的。《三十年来浙江文物考古工作》是这样提到罗家角遗址的，"在河姆渡遗址发掘以后，我们曾试掘了罗家角遗址。它的上层为马家浜文化，下层接近河姆渡遗址第三层，这提示我们可以在钱塘江以北的杭嘉湖平原找到早于马家浜文化的远古遗址"。罗家角遗址的正式发掘是在 1979 年底至 1980 年初，在这之前，进行过一次试掘（报告中并未提到），得出了"下层接近河姆渡遗址第三层"的结论。这一结论没有坚持更长的时间，《试论河姆渡文化》一文，开始提出"马家浜文化可能是罗家角下层这种类型的遗址中发展而来"、"似乎目前还不宜将河姆渡遗址的晚期阶段简单地并入马家浜文化，很可能两者是既有相互影响，又有一定区别的两支文化"的观点，可以认为，该文是将河姆渡文化、马家浜文化进行分野认识的开篇之作。《试论河姆渡文化》发表于 1980 年，但写作于 1979 年，可以与《三十年来浙江文物考古工作》归并为同一认识阶段的产物。

正式进入 1980 年的标志，是罗家角遗址发掘的完成并对资料有了进一步的认识。从这一年开始，对河姆渡文化和马家浜文化的认识出现了明显的变化。刘军在稍晚发表的《河姆渡文化的再认识》是这样记述这一事件的："罗家角遗址第四文化层的年代，经 ^{14}C 测定距今七千多年，比河姆渡遗址第四层还早一百多年。河姆渡文化与太湖地区新石器时代文化面貌不太一样，似属另一文化系统。"《河姆渡遗址第二次发掘简报》明确提出"河姆渡遗址四个文化层的器物其共性较多，有它的统一风格，但在某些器物又存在一定的差异，而这种差异正说明了事物的发展与进步。因此，河姆渡遗址的四个文化层具有紧密的相互衔接的关系，四个文化层相当于河姆渡的四期文化，它们是一脉相承的"。在表述中开始强调独立和一脉相承的一面，而弱化与马家浜文化相似因素的另一面。在具体的研究中，《浙江新石器时代文化的初步认识》和《河姆渡文化的再认识》均对河姆渡遗址陶釜、陶豆（盘）等延续一贯的演变特征进行了摸索与把握，以支持上述结论。《浙江新石器时代文化的初步认识》也提出了河姆渡三、二层之间的缺环，这应看作是对"一脉相承"观念的另一种强调。关于马家浜文化与河姆渡文化关系的最明确的表述见于《二论马家浜文化》："马家浜文化与河姆渡文化，是长江下游南岸两个不同地区的两支不同的原始文化。……在各自的地域里……创造、形成了各有明显特征的文化，构成了源远流长的各自文化的发展序列。"

可以认为，浙江新石器时代文化的两分序列在这一时期的浙江考古研究者中形成了基本的共识。尽管存在河姆渡文化"早、晚期"、"文化四期"、"四期文化"等不同的提法，但这并不影响钱塘江—杭州湾南北独立存在、各自发展的认识格局。现在我们需要思考的，并不是这一认识格局本身，因为文化的地域因素永远存在，这不但是历史的客观存在，也是历史的运动发展的基本动因之一。但历史的运动发展在文化中的最终体现，却存在于共性因素在时间中的分布、流动，在处理马家浜文化与河姆渡文化、或者钱塘江—杭州湾南北新石器时代文化的关系时，两分序列在主观追求和客观效果上都成为一种目的性的东西，似乎这就是这一地区史前文化研究的最终目标。在这以后的近二十年中，除了良渚文化玉器大墓的发现推动了一波文明研究的高潮，在考古学文化的基础研究领域，补充、完善这一两分序列，似乎成为研究工作的基本内容。举例来说，1988 年浙江省文物考古研究所成立"河姆渡文化课题组"，主要工作目标一是要寻找先河姆渡文化，二是要填补河姆渡文化早、晚期之间的"缺环"，三是进一步落实河姆渡文化的分布范围。课题设计存在明显的"内向"和"自足"的倾向。

钱塘江—杭州湾南北新石器时代文化独立发展的"二元论"在浙江考古界占了主导的地位，但坚持河姆渡文化—马家浜文化—良渚文化演变关系的声音并未消失。汪济英主张河姆渡文化限于遗址的第三、四层。汪济英还指出了钱塘江—杭州湾南北文化"二元论"的一个逻辑弱点，"原来把河姆渡遗址的第一、二层分别归属为马家浜文化的崧泽类型与马家浜类型，基本上是正确的。否则就会使人感到河姆渡文化发展到后来不知所终，而实际存在于宁绍平原的良渚文化却成为突如其来的天外之物"[18]。尽管逻辑代替不了历史，但汪文提出的确实是"二元论"必须面对的问题。据牟永抗回忆，在夏鼐正式命名马家浜文化之前，原拟将太湖地区的新石器时代文化统一定名为良渚文化的一、二、三期，以便与河姆渡遗址各层相对应[19]。有两个基本事实支持牟的回忆，一是体现夏鼐良渚文化命名思想的《新中国的考古收获》（1961年出版）中，列入良渚文化的遗址包括邱城、马家浜、老和山，文化特征中"纹饰以绳纹、篮纹占多数，双目锥形足和鱼鳍形足的陶鼎，是夹砂陶中的代表形器物"[20]，可见外界对良渚文化的内涵的认识在相当长的一段时间里是模糊的，与马家浜文化混在一起；二是河姆渡遗址第一层中其实就存在着部分良渚文化因素。这一事实并非视而不见，被"忽略"的原因恰恰体现了早期思考者的初衷，即钱塘江—杭州湾南北的两分序列，在已被发现的新石器时代文化中，是贯穿始终的。这也是后来钱塘江—杭州湾以南地区所发现的、在一般人看来明确的良渚文化遗址，却受到置疑或犹豫的主要原因。因为一旦良渚文化在钱塘江以南确立，"二元论"的思想便是出现了溃口。如若不然，河姆渡遗址第一层中的良渚因素为什么要费心包裹在河姆渡"第四期文化"的外衣中呢？如果将这一点稍加延伸，就可发现将河姆渡遗址第一层（或叫做河姆渡文化第四期）与崧泽文化作时间上的等同，已经早早地为良渚文化在宁绍地区的存在让了步。"二元论"的不彻底性在一开始就埋下了伏笔。

史是一面镜子，此诚不虚。近十多年来，良渚文化在钱塘江—杭州湾地区的存在已经得到反复的实证。河姆渡文化—良渚文化和马家浜（崧泽）文化—良渚文化赫然并列，汪济英所提之逻辑问题摆在我们面前。我们应该固守"二元论"，还是应该有所超越呢？在回答这一问题之前，我们先来看看中国考古学是怎样呼应浙江考古的自我发展之路的。

上世纪70年代末和80年代初，正是区系类型学说提出与完善的时期。1981年，苏秉琦、殷玮璋撰文认为，长江下游地区的新石器时代文化，"似可分为三个区域：宁镇地区；太湖地区；宁绍地区。当然，他们之间既有差别，又有联系"[21]。但在这之前1977年的长江下游新石器时代文化学术讨论会上，苏秉琦并没有将宁镇、太湖、宁绍并列，前者归入以南京为中心的江淮之间，后两者合称太湖——钱塘江地区[22]。前后的变化，与浙江考古界的认识过程基本同步。到了1997年，在《中国文明起源新探》中，苏氏不但又将太湖、宁绍与宁镇分开，而且将宁绍并入环太湖流域的三个小区之一，即：苏松地区、杭嘉湖地区、宁绍平原，又将这三个地区以陶釜为典型器的考古学文化类型对应为"圩墩—草鞋山型"、"马家浜—罗家角型"、"河姆渡型"[23]。"圩墩—草鞋山型"、"马家浜—罗家角型"在一般的语境中均归在马家浜文化名下，河姆渡与之并列，是否表达了合并的意思呢？苏秉琦对此没有作出明确的态度，但认为河姆渡下层文化特征明显，可能自有渊源，但后来与太湖地区古文化之间的关系越来越密切。可以作出这样的判断，苏秉琦在若干年后，并没有对钱塘江—杭州湾南、北新石器时代文化"两分序列"的认知价值作出积极的呼应。

1984 年《新中国的考古发现与研究》在讨论太湖平原和杭州湾地区的新石器时代文化时，虽然采取"暂且按以下一种意见"——即将太湖地区与杭州湾南岸区分——的表述方式，但明确指出这是一个探索性的问题，需要再作研究。可以将这一保留性意见作为中国考古界对这一问题的基本态度[24]。1994 年安志敏《碳-14 断代和中国史前考古学》继续秉持河姆渡文化—马家浜文化—崧泽文化—良渚文化的认识序列[25]。但在这以后，浙江以外的考古学者似乎没有对这一问题发表过专论。

通过以上的梳理分析，可以对河姆渡文化与马家浜文化问题作出如下的总结。

第一，从历史的角度。河姆渡文化与马家浜文化的关系的核心，是河姆渡文化与马家浜文化到底是前后发展还是并列发展的问题。这个问题的背景，其实是钱塘江—杭州湾南北新石器时代文化是否需要采取"两分序列"的认识方式，或者说，采取"两分序列"的认识方式，是否更客观地反映了浙北地区新石器时代文化发展的实际状况？但随着良渚文化在宁绍地区的存在逐渐得到学术界更广泛的认可，这一问题实际上已经发生了畸变。既然"两分序列"受到挫折，怎样从历史和逻辑的角度重新调整浙江新石器时代文化的发展序列，已经成为需要严肃对待的问题。

第二，从认知的角度。当浙江考古工作者在 1980 年前后重新定位马家浜文化与河姆渡文化的关系时，似乎有意无意地忽略了两地之间的相似文化因素及其对这些相似因素的解释责任。在以后二三十年考古工作的指导方针以及涉及河姆渡文化、马家浜文化关系的论文中，尽管没有忘记相似因素的存在，但基本方向却是以发掘、寻找和资料堆砌的方式不断加强"两分序列"的规模，在钱塘江以南地区，河姆渡文化的分布更有向浙南地区分布的趋势。这里，我们不妨引用苏秉琦 1984 年《太湖流域考古问题》中的一段话："'太湖流域'是客观存在的，'太湖流域考古'也是客观存在的。但我们现在把'太湖流域考古'当作一个单独的大课题，则是思想认识问题，是主观的。"[26]同理，钱塘江—杭州湾两岸的地域文化是客观的，但对这一地区古文化的认识必然存在一个主观的学术倾向。在处理河姆渡文化和马家浜文化的相同因素与不同因素时，学术目标是唯一具有科学价值的平衡器。也就是说，相似因素和相异因素都是客观存在的，都存在潜在的认知价值，而我们在认识实践中过分偏向"相异"的一面，没有对资料价值进行客观、全面的发掘与运用，认识必然是片面的。

二

笔者从 1980 年代后期开始参加宁绍地区的新石器时代考古工作。最早参与发掘的是名山后遗址和塔山遗址，这两遗址的年代上限都没到达河姆渡三层，均可归属河姆渡晚期。出土器物以侈口折沿的多角沿或平沿的夹砂绳纹釜、双目或多目式的圆锥足夹砂鼎、带圆孔和锲形镂孔的内红外黑泥质喇叭形圈足豆最为丰富，这些面貌给人以与河姆渡早期大不相同的印象，开始对河姆渡早、晚期的区别进行特别的关注。在 1994 年召开的"河姆渡遗址发现 20 周年学术研讨会"上，提出河姆渡晚期受到马家浜的影响已发生变异，建议用"错位"而不是"缺环"的概念定位河姆渡早、晚期之间的关系[22]。1996 年，进一步提出钱塘江—杭州湾南、北的新石器时代文化势力，存在着此消彼长的历史现象，即在河姆渡早期，南向北的影响更明显，证据是罗家角早期存在着一定比例的与河姆渡文化相似的绳纹有脊釜，这类釜后来逐渐消失，这意味着河姆渡文化的势力在杭嘉湖地区向南退却。与此同时，马家浜文化势力则向南推进，到了河姆渡遗址的第二层，马家浜文化在宁绍地区已与河姆渡传统势力平分天下甚或占据优势的位置；到良渚文化阶段，则两地文化面貌已经统一[23]。——以上认识试图去动态把握太湖—杭州湾地区史前文化的发展过程，以弥补河姆渡文化向马家浜文化发展的简单化框架对文化现象概括的不足，避免"两分序列"狭隘梳理文化体系的学术倾向。

十多年前提出的这一观点得到了新发现的基本支持，但文化现象呈现出更为具体、复杂的趋向。为说明这一变化过程，有必要将几个核心问题展开来进行分析。

（一）关于罗家角遗址早期文化因素的定位问题

河姆渡与罗家角遗址的第四层均形成于距今 7000 年之际，因此成为河姆渡文化、马家浜文化各有渊源的重要证据。但从文化内涵看，都已不是原生性的文化类型，彼此从一开始就有诸多的文化相似现象，如骨木工具、干栏建筑构件等，但最具考古学文化观察意义的是陶器。夹炭、绳纹、颈（腹）部起脊这三大特征，体现了河姆渡早期陶釜的独特性，是河姆渡文化的典型陶器。但这类釜，在罗家角遗址第四层同样存在。从报告中得知，绳纹带脊釜和弧腹、筒腹腰在第四层各占三分之一，但带脊釜消失得很快，腰沿釜比例迅速加大。对于带脊釜在罗家角遗址第四层的存在，报告作者看到了其中的意义，认为其"在第四层中显得格外的重要"，"很可能通过它找到比罗家角更早的遗址"，"不排除它与宁绍地区河姆渡文化之间的相互影响与联系"[24]。但这些极具认识意义的观察，都淹没于"发现了马家浜文化源头"的激情之中，可见"两分序列"在一开始就存在一种偏离学术方向的机械认识论倾向。

那么，应该怎样更全面地看待罗家角遗址第四层明确存在的河姆渡文化因素呢？1999 年至 2000 年发掘的诸暨楼家桥遗址可以成为建立认识新坐标的重要参考。

楼家桥遗址位于钱塘江南岸支流的浦阳江下游，地理位置已从宁绍平原向浙中丘陵过渡，过去这一带一直没有进行新石器时代遗址的考古发掘。遗址早期的年代距今约6700~6500 年，晚于罗家角和河姆渡的上限，但已经落入河姆渡第四层的年代中。在文化面貌上，突出的有三点，一是出土具有河姆渡早期特征的带脊的夹炭绳纹釜。这一点十分重要，因为自从河姆渡遗址发现以来，楼家桥是发现这一特殊器形的第三处遗址：第一处当然指姚江流域的河姆渡遗址群；第二处是罗家角遗址。二是遗址出土了大量的鼎，鼎甚至取代釜成为遗址中更重要的炊器。这里的鼎也是迄今太湖以南地区所发现的最早的鼎，但这种鼎完全不同于马家浜文化系列的双目、多目或在形态上相似的圆锥足鼎，而是一种足外缘常带竖脊（扉棱）的圆柱或足底外侈的蹄足鼎。三是遗址出土的动物遗骸多见水牛及犀牛，说明环境条件也与河姆渡、罗家角遗址相同[30]。

楼家桥遗址的这一内涵代表怎样的一种意义呢？它代表了一种与罗家角遗址相同的文化因素混合现象。所不同的是，前者是釜、鼎共存，后者是釜、釜共存，但对这两种文化因素并存于一遗址的解释是一样的。即河姆渡文化势力在向西、向北扩展中分别与两种地域性文化发生交流而融合，楼家桥遗址、罗家角遗址即成为这种交流和融合的具体的文化印记。如此，罗家角、楼家桥遗址就具备了双重的文化身份，任何简单化的文化归属均会削弱遗址的学术价值和历史价值。

（这里，我们简单化地用鼎、釜的特征象征一个遗址的个性，其实遗址中的个性、共性特征更丰富些，只为表述方便而略去）

楼家桥鼎所代表的文化势力是什么呢？近年，我们在浦阳江上游的上山遗址上层[31]，又发现了年代与楼家桥早期相同、也包含柱足鼎的遗存，说明这是一种存在于宁绍平原以西的浙中丘陵地带的原始文化。所不同的是，上山遗址上层尚未发现带脊绳纹釜等具有明确河姆渡文化特征的器物，而这恰恰说明这一新发现的、有待命名的地域文化类型的中心在西边，楼家桥遗址处在与东部河姆渡文化的中间过渡位置，因此带有两种文化的融合（混合）特征。

那么，罗家角遗址中的另一种文化因素是什么呢？如果将罗家角遗址视作河姆渡文化与另一种文化之间的过渡性遗址，那么，在距今 7000 年之际，这另一个中心在哪里呢？迄今为止，在年代上与罗家角早期比较接近的有嘉兴马家浜遗址下层[32]、邱城下层[33]和太湖西北部的骆驼墩等遗址。我们有理由认为，早期中心就在北边。

学术界一般将马家浜文化分作三个类型："圩墩—草鞋山型"、"马家浜—罗家角型"和"骆驼墩—吴家埠类型"。最新的发现表明，骆驼墩遗址的年代不晚于罗家角遗址，罗家角遗址的筒形腰沿釜源自骆驼墩遗址。这一现象给人一种启示，曾被形容为一根板凳上的兄弟的马家浜诸文化，似乎各有不同的文化渊源[38]。骆驼墩文化的非正式命名在一定程度上也反映了这种认识趋向。我们不妨得出一点假设性的判断，骆驼墩类型是距今 7000 年之际北方文化的一个代表。一个同样值得关注的现象是，马家浜筒型釜的形态与黄河下游年代更早的后李文化[39]有可比较之处，在考察马家浜文化的北部因素时，探索的目光或许可以放得更长远些。

在河姆渡文化与马家浜文化关系中，一个不能忽视的现象是施于炊器上的绳纹装饰。从公元前 6000 年纪至公元前 2000 年纪的大半个新石器时代，钱塘江—杭州湾或许可以看做是中国东部地区一条区分"绳纹文化"和"非绳纹文化"的重要分界线，南边时间上从跨湖桥开始，地域上一直连向福建、粤东，绳纹釜均是最重要的考古学文化特征之一；北边从后李、北辛开始，地域上跨连太湖、宁镇、苏北、鲁东南，则基本不见绳纹。罗家角遗址是这一时段内绳纹釜在北边集中分布的唯一的遗址，反映南边的"绳纹文化"在河姆渡文化时期曾有过一段强势，一度突破钱塘江。到了新石器时代末期的马桥文化，绳纹又大规模地进入钱塘江—杭州湾北部地区，这应该与吴越文化的性质及来源有关，此处不论。

在上述分析中，我们涉及考古学文化研究中的"中心"与"边缘"概念。"中心"遗址的文化内涵更具有单一的特征，而"边缘"遗址则受到"双中心"或"多中心"的影响，文化面貌比较复杂。在河姆渡遗址、楼家桥遗址、罗家角遗址的比较中，我们发现河姆渡遗址的内涵更为单纯，代表了一种独特的考古学文化。但"中心"与"边缘"在历史的发展过程中是可以变化的。比如，宁绍地区在河姆渡文化早期处在"中心"，但到了晚期，其文化面貌就出现了复杂化的"边缘"特征。

（二）塔山下层墓地、寺前山遗址发现的意义

1980 年前后，为给河姆渡文化一个更确切的区域界定，进行了一次关于河姆渡文化分布的考古调查。这次调查的一个重要成果，就是将宁绍平原和舟山地区确定为河姆渡文化的分布区。由于当时河姆渡文化的定义已包括河姆渡遗址四至一层的内涵，因此这些被调查的遗址年代跨度从河姆渡四层一直到良渚文化阶段。但从 1980 年代后期开始的一系列发掘或试掘的结果看，这些遗址的分布呈现出一种值得关注的文化现象，那就是相当于河姆渡第四、三层的遗址基本集中在姚江流域的附近地区，而从河姆渡遗址二层开始，遗址的分布区域才真正扩散到宁绍、舟山地区。这说明，河姆渡二层的确是宁绍地区史前文化发展的一个转折时期，不但文化内涵上发生了足以对其文化性质发生争议的历史变化，而且在地域的开发上也进入了一个新时期。不妨简单罗列这两个阶段

的遗址分布情况。

早期遗址：余姚河姆渡遗址、鲻山遗址、田螺山遗址，宁波傅家山遗址[36]，慈溪童家岙遗址[37]。这些遗址集中在姚江附近直径不足 30 公里的范围之内。

晚期遗址：除了早期遗址的上层均叠压有晚器遗存外，另外还有宁波慈湖遗址、小东门遗址，奉化名山后遗址，象山塔山遗址、红庙山遗址，绍兴寺前遗址，定海白泉遗址，岱山孙家山遗址等[38]。

1990 年，象山塔山遗址的发掘，为我们确定河姆渡文化早、晚期之间的关系找到了实证的材料。塔山遗址下层发现一个距今约 6000 年的氏族墓地。根据墓葬的朝向、随葬品特征，我们将这个墓地的主体分为甲、乙两个组别，甲组墓向东偏南为主，随葬品为泥质红陶喇叭形圈足豆，少量墓葬还出玦、管；乙组墓向东偏北为主，随葬釜、盆、钵，而以绳纹釜为主要，个别墓也出玦。两组墓葬的最大区别是陶器随葬品，甲组豆多外红内黑，最早出现在草鞋山 10 层和圩墩早期墓葬中，是马家浜文化的典型器；乙组釜则显然代表河姆渡文化的传统。这种分组共域的埋葬现象说明什么问题呢？我们认为，这一墓地资料解决了河姆渡晚期的文化性质问题[39]。

我们在考察"边缘"遗址的复杂性文化现象时，往往用"传播"、"影响"等比较空洞的词汇进行描述，很难进行具体的解释；在学术目标游移不定之时，"传播"、"影响"更沦为缺乏实际意义的藻饰。经鉴定，塔山下层墓地的分组与墓主人的年龄、性别无关，所对应的是一种血缘——族属关系，当无异议。两组随葬品截然分属于马家浜文化传统与河姆渡文化传统，应该反映两个文化共同体在地域拓展中相遇而不完全的相融状态。他们共同拥有一个墓地、一个村落，但又未放弃各自的文化属性。这一重要资料正说明马家浜文化因素在这一阶段突入宁绍地区，不是笼统意义上的"传播"、"影响"，而是伴随族体迁徙行为的文化开发，两种不同的文化势力均为宁绍地区历史新时期的创造者，这种考古学文化的特殊构成证明了以塔山遗址下层为代表的遗存类型已经不能简单归属马家浜文化或河姆渡文化了。

我们没有充分的证据解释马家浜文化在距今 6000 年之际所形成的文化强势，推测是缘于南（以河姆渡文化为代表）、北（骆驼墩文化或者黄淮文化）文化的融合。冲突可以毁灭文明，也可以诞生文明。马家浜文化显然属于后者，它的后继是著名的良渚文化，这足以让我们对这一地区的文化成因投入更多的关注。河姆渡文化的"中心"地位，或许还得益于钱塘江的阻隔，使得它避免了与北方文化的直接对抗，但也失去了在对抗中的成长机会。我们看到的是河姆渡陶釜的日渐"平庸"（脊的消失）和马家浜陶釜的更加"奇崛"（腰沿的夸张），历史的损益向有利于马家浜文化的方向迅速转化。

马家浜文化突入河姆渡文化的传统势力范围，是宁绍地区或钱塘江—杭州湾地区史前史上的重要一笔，如果我们的考古学文化没有记录这一重要的历史事件、还孜孜以地域文化的蛛丝马迹来维护"河姆渡文化"在宁绍地区的一脉相承,我们将失去对历史的把握机会。

2003年,绍兴寺前山遗址的发掘,进一步加强了塔山下层墓地的认识方向的正确性。寺前山遗址下层炊器为带鸡冠錾的鼎,腰沿釜、泥红陶豆,不见绳纹釜,陶系基本为夹砂红陶,体现较纯粹的马家浜文化特征[⑩]。这是钱塘江—杭州湾以南地区首次发现马家浜文化遗址,充分说明马家浜文化向南迁徙,直接参与了宁绍地区开发的历史进程。

可以作这样的推断,在马家浜文化举族南迁的过程中,或者与河姆渡文化土著融合,例子如塔山遗址,其实河姆渡二层、名山后、小东门等这一时期的绝大多数遗址均属于这一情况,只不过塔山下层为我们提供了解剖性的观察角度;或者如寺前山遗址,独立开辟新的生存区域。这两种情况,都打破了宁绍地区的原有平衡,成为这一地区史前文化发展的里程碑。在后来发现的良渚文化层下面,绝大多数都叠压着相当于河姆渡二层的遗存,这说明良渚文化在这一地区的发展基础是马家浜文化的南迁。

三

考古学文化的研究其实就是谱系研究,马家浜文化与河姆渡文化的关系是太湖—杭州湾地区考古学文化谱系的总纲。自从"以环太湖为中心的东南沿海地区"作为中国史前文化六大区块之一这一概念提出以来,浙江新石器时代考古受到特别的关注,这种关注的重要原因是这里诞生了对中华文明产生了很大影响的良渚文化。但在"以环太湖为中心的东南沿海地区"区系研究中,我们的认识缺乏对这棵文化"生命之树"生长的正确把握。"两分序列"的观念,不是我们认识这一对中华文明起源产生影响的重要文化区块的合适途径。

通过前面的梳理分析,我们将马家浜文化与河姆渡文化的关系镶嵌在一个动态发展的历史场景中,这个动态场景可划分为几个阶段。在具体划分之前,有必要对几个概念作出界定。

(一) 文化和类型的几个概念

河姆渡文化:限定在以姚江流域为中心的河姆渡遗址第四、三层内容,第四层为早期,第三层为晚期。其来源尚不清楚,曾向太湖流域、浙中地区扩张;以鸟·日为母题的原始宗教艺术对良渚以"神像"为重要内容之一的玉器文明产生了直接的影响。

马家浜文化:基本概念依旧。骆驼墩遗址发现后,改变了以罗家角为源头的旧有认识。拟将距今7000~6000年作为马家浜文化的形成与发展期,这是一种以河姆渡文化为代表的南部文化与以骆驼墩类型（尚不清晰，暂称）为代表的北部文化冲突、交融所诞生的一种新颖文化。其晚期以双目圆锥足鼎、泥红喇叭圈足豆的出现为标志，区域内共性因素增大，势力渐强，开始整体向钱塘江—杭州湾以南突进。

罗家角类型：从目前的发现看，该类型是河姆渡文化与另一种考古学文化的交融。如果我们将罗家角遗址认作是马家浜文化的早期形态，那么，这另一种文化具有北方传统（骆驼墩遗址是一种线索），两种文化的交融催生了一种新的文化，即马家浜文化。如果将不晚于罗家角的骆驼墩等类型继续定义为马家浜文化，那么，罗家角类型也可视作马家浜文化和河姆渡文化边缘类型。罗家角类型的重要意义在于孕育着南北文化的强大因子，是我们解释马家浜—良渚强势文化形成的历史基础。

塔山类型：是马家浜文化在距今 6000 年之际跨过钱塘江与河姆渡文化结合的"边缘"遗存。它意味着钱塘江—杭州湾两岸在文化融合上走到了一个新的时期，北岸强势文化的南侵，是两地共同走向良渚文化的基础（我们曾发表过"塔山文化"的命名意见，但根据"中心"、"边缘"的认识角度，视作"类型"更加妥当）。

崧泽文化与良渚文化：是这一地区在马家浜文化之后发展起来的考古学文化。在钱塘江以南地区，习惯将河姆渡遗址第一层与崧泽文化对应，这种对应是良渚文化在这一地区确立以后。实际上，河姆渡遗址第一层也包含着良渚文化的内容，之所以没有剔除，与试图在宁绍地区建立贯穿始终的地域文化体系的学术思考有关。良渚文化以杭嘉湖为中心，宁绍与之同步发展。

（二）动态发展中的几个阶段

元始阶段。距今约 7000 年前。这一阶段在马家浜文化、河姆渡文化发现之前并无实质的内容，近十年我们在钱塘江以南地区发现了跨湖桥文化、上山文化。跨湖桥文化与河姆渡文化存在时间衔接、地域错邻的关系，两者的陶器类型有较大的不同，但绳纹釜作为唯一炊器、骨木器种类、对动植物的利用方式等方面有共同点，可以作为河姆渡文化诞生背景的一个参考。杭嘉湖以北，直至宁镇地区，至今没有发现早于马家浜文化阶段的遗存，但鲁东南、苏北地区的后李、北辛文化，为我们找到了"无绳纹文化区"及筒形陶器的源头。这个"无绳纹文化区"在太湖至鲁东南一线稳定存在近 4000 年，这个区域跨越不同的"文化区系"，是考察南北关系的一个重要渠道。后李的筒腹带脊腹与马家浜文化筒形腰沿腹在类型学上具有一定的联系性。根据迄今为止的考古发现，马家浜文化的背景视野可以向北延伸。

第一阶段。以河姆渡第四层和罗家角第四层为代表，年代约距今 7000~6500 年。为河姆渡文化早期和"罗家角类型"阶段。这是一个南北文化在太湖南域发生交流与冲突的马家浜文化形成期，釜作为唯一的炊具是考古学观察中的重要标志。

第二阶段：马家浜上层，罗家角第三、二、一层，圩墩下层和草鞋山第十层。夹砂鼎、红陶豆开始出现，环太湖地区马家浜文化的统一特征开始明确。河姆渡第三层在时间上属于这一期，但北部文化对南部的影响还没有真正开始，文化面貌延续传统的基本面貌。

第三阶段：圩墩上层及草鞋山第九、八层。鼎、豆的数量大增，这成为马家浜文化分布区内的共同特征。马家浜文化进入强盛期，并向南拓展，塔山类型早期归属这一阶段。

第四阶段：崧泽文化阶段。杭州湾以南以河姆渡第一层凿形足鼎遗存类型和塔山中层墓葬为代表。两地的文化融合进一步加强。

第五阶段：良渚文化阶段。

上述序列详前略后，且屏蔽了周边的因素，主要突出传统概念中的河姆渡文化、马家浜文化的关系。依此，我们可以将钱塘江—杭州湾地区的新石器时代文化序列概括地图示为：

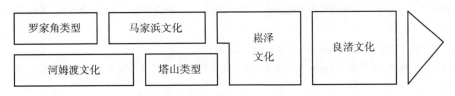

图一　太湖—杭州湾地区史前文化演进示意图

边缘类型进入这一文化序列的作用，是试图将太湖—杭州湾地区的新石器时代文化成为一个开放的系统。尽管直线进化论早已被复杂进化论取代，但历史演进的方式是具体的，复杂性文化因素的确定依赖于不断的考古发现，似乎不能凭借理论的洞见而随意超越。比如跨湖桥遗址的^{14}C测年早于河姆渡遗址，传统的观念必然要两相比较——直线的比较，进而怀疑它。直到浙中地区的一系列发现，找到了上山—跨湖桥—楼家桥（河姆渡文化的边缘类型）的地层叠压关系，终于不但在年代上，而且在文化的复杂性上，打破了河姆渡文化的禁锢[41]。

发现能够打破禁锢，但自禁者必然难有发现。这就要求我们及时总结阶段性的考古成果。从"单线"到"两分"，再到多方向的"边缘"意识，这是一段走了30年的漫长路程。无论如何，这是一个进步的方向。

安志敏先生是最早铭记于脑海的中国考古学家之一。上世纪80年代初期，开始学习中国考古学。老师讲新石器时代考古，不可避免地经常提到安先生；到图书馆查阅参考资料，也经常会读到安先生的大作。安志敏先生的学术重点在黄河流域，但对长江下游地区的考古新发现也十分关注，他的《中国新石器时代论集》㊷就论及长江下游地区史前文化。可以说，对河姆渡文化、马家浜文化的早期记忆与安志敏先生的名字常常重叠在一起。新的考古发现总是在提出新的问题，在这些问题背后，是包括安志敏先生在内的许多考古前辈的思考与探索。回顾、梳理走过的历程，是进入沉思与缅怀的合适渠道。谨以此文纪念安志敏先生。

注　释

① 名山后遗址考古队：《奉化名山后遗址第一期发掘的主要收获》，《浙江省文物考古研究所学刊》，科学出版社，1993 年。

② 浙江省文物考古研究所、象山县文物管理委员会：《象山县塔山遗址第一、二期发掘》，《浙江省文物考古研究所学刊》，科学出版社，1997 年。

③ 浙江省文物考古研究所、宁波市文物考古研究所：《宁波慈湖遗址发掘简报》，《浙江省文物考古研究所学刊》，科学出版社，1993 年。

④ 浙江省文物考古研究所、厦门大学历史系：《浙江余姚市鲻山遗址发掘简报》，《考古》2001 年第 10 期。

⑤ 蒋乐平、郑建明：《诸暨市楼家桥遗址新石器时代遗址》，《中国考古学年鉴·2000》，文物出版社，2002 年。

⑥㊵ 浙江省文物考古研究所编：《浙江考古新纪元》，待刊。

⑦ 浙江省文物考古研究所：《余杭吴家埠新石器时代遗址》，《浙江省文物考古研究所学刊》，科学出版社，2003 年。

⑧ 杭涛、陆建方、唐汉章：《江阴祁头山遗址考古获新突破》，《中国文物报》2001 年 2 月 28 日。

⑨ 苏州博物馆等：《江苏昆山绰墩遗址第一至第五次发掘简报》，《东南文化》2003 年增刊。

⑩㉞ 南京博物院考古研究所：《江苏宜兴市骆驼墩新石器时代遗址的发掘》，《马家浜文化》，浙江摄影出版社，2004 年。

⑪ 施昕更：《良渚——杭县第二区黑陶文化遗址初步报告》，浙江省教育厅出版，1937 年。

⑫ 牟永抗、魏正瑾：《马家浜文化和良渚文化——太湖流域原始文化的分期问题》，《文物》1978 年第 4 期。

⑬ 本报通讯员：《河姆渡遗址第一期发掘工作座谈会纪要》，《文物》1976 年第 8 期。

⑭ 夏鼐：《碳—14 测定年代和中国史前考古学》，《考古》1977 年第 4 期。

⑮ 浙江省文物管理委员会、浙江省博物馆：《河姆渡遗址第一期发掘报告》，《考古学报》1978 年第 1 期。

⑯ 牟永抗：《钱塘江以南的古文化及其相关问题》，《福建文物》1990 年增刊。

⑰ 张光直：《中国东南海岸的"富裕的食物采集文化"》，《上海博物馆馆刊（第四期）》，1987 年。

⑱ 汪济英：《良渚文化的回顾与探讨》，见余杭县政协文史资料委员会编《良渚文化》，1987 年。

⑲ 牟永抗：《再论河姆渡文化》，《二十一世纪的中国考古学——庆祝佟柱臣老师八十五华诞学术文集》，文物出版社，2006 年。

⑳ 中国科学院考古研究所：《新中国的考古收获》，文物出版社，1961 年。

㉑ 苏秉琦、殷玮璋：《关于考古学文化的区系类型问题》，《文物》1981 年第 5 期。

㉒ 苏秉琦：《略谈我国东南沿海地区的新石器时代考古》，《文物集刊（1）》，文物出版社，1980 年。

㉓ 苏秉琦：《中国文明起源新探》，商务印书馆，1997 年。

㉔ 中国社会科学院考古研究所编:《新中国的考古发现和研究》,文物出版社,1984 年。

㉕ 安志敏:《碳—14 断代和中国史前考古学》,《文物》1994 年第 3 期。

㉖ 苏秉琦:《太湖流域的考古问题》,《华人·龙的传人·中国人——考古寻根记》,辽宁大学出版社,1994 年。

㉗ 刘军、蒋乐平:《宁绍地区新石器时代文化若干问题的探索》,《河姆渡文化研究》,杭州大学出版社,1998 年。

㉘ 蒋乐平:《浙江史前文化演进的形态与轨迹》,《南方文物》1996 年第 4 期。

㉙㉛ 罗家角考古队:《桐乡县罗家角遗址发掘报告》,《浙江省文物考古研究所学刊》,文物出版社,1981 年。

㉚ 蒋乐平:《浦阳江流域新石器时代遗址的发现与思考》,《浙江省文物考古研究所学刊》第八辑,科学出版社,2006 年。

㉜ 浙江省文物管理委员会:《浙江嘉兴马家浜新石器时代遗址的发掘》,《考古》1961 年第 7 期。

㉝ 浙江省文物考古研究所:《浙江湖州市邱城遗址第三、四次发掘报告》,《马家浜文化》,浙江摄影出版社,2004 年。

㉟ 山东省文物考古研究所:《山东临淄后李遗址第三、四期发掘简报》,《考古》1994 年第 2 期。

㊱ 宁波市文物考古研究所发掘资料,待刊。

㊲㊳ 林华东:《河姆渡文化》,浙江人民出版社,1992 年。

㊴ 蒋乐平:《塔山下层墓地与塔山文化》,《东南文化》1999 年第 1 期。

㊶ 蒋乐平:《浦阳江流域新石器时代遗址的发现与思考》,《浙江省文物考古研究所学刊》第八辑,科学出版社,2006 年。

㊷ 安志敏:《中国新石器时代论集》,文物出版社,1982 年。

谈谈粤西新石器考古的新发现
及其与广西新石器文化的关系

冯 孟 钦

（广东省文物考古研究所）

一 前言

"粤西"，实际上包括粤西和粤西南，即包括原肇庆和湛江两地区辖地。粤西虽然小于粤东、粤中和粤北，但东西跨度大，与广西拥有较长的交界线。因此，粤西史前文化的研究，必须立足粤西，放眼两广。

粤西地区的考古工作，起步较晚，直到 20 个世纪 50 年代后期才开始。1958 年，当时的广东省文物管理委员会在怀集、德封（包括今天的德庆、封开、郁南）、罗定发现若干石器时代遗址或遗物点[①]。1959 年对原湛江地区（包括后来划归广西的合浦、北海、灵山、东兴、钦县——后改钦州）进行文物普查，发现一大批遗址[②]。1960 年，又对高要、广四（包括今广宁和四会）、新兴进行调查，发现一批新石器时代到商周的文化遗存[③]。但上述工作只限于表采，鲜见试掘，更谈不上正式的发掘。本区较重要的发现都在 20 世纪 80 年代开展的第二次文物普查之后。1982 年至 1984 年间，封开县在杏花河两岸发现了古遗址和遗物点共 28 处，其中有部分属于新石器时代遗存[④]。阳江、茂名、湛江等地在这次普查中也有若干发现，如遂溪鲤鱼墩新石器时代贝丘遗址等。

1978 年对阳春独石仔[⑤]和封开黄岩洞[⑥]的发掘，揭开了粤西石器时代考古工作新的一页。1986 年试掘高要蚬壳洲遗址，发现了彩陶和屈肢葬[⑦]。1990 年发掘封开杏花乌骚岭新石器时代墓群，在不足 150 平方米的范围内清理出 111 座二次葬烧坑小墓[⑧]，使粤西地区一度成为广东考古界关注的焦点。1995 年，发掘封开簕竹口遗址，揭示了粤西地区与广西柳州、南宁等地的古文化关系[⑨]。2001 年发掘杏花铺门窑址，发现其出土物兼具簕竹口与石峡遗址一期遗存的特点[⑩]。2002 年底到 2003 年初发掘遂溪县鲤鱼墩遗址[⑪]和试掘吴川县梧山岭遗址[⑫]，发现粤西南地区与桂南、桂东南地区古文化的密切联系。鲤鱼墩丰富的不同时期的文化层，又将广西甑皮岩，顶蛳山第三期、第四期[13]和广东封开籬竹口遗址、铺门村窑、曲江石峡遗址一期和珠江三角洲新石器文化、商时期文化联系了起来。正是这些资料的积累，才使我们得以明了粤西地区史前文化的基本面貌。

二 粤西地区新石器考古的新发现

（一）封开籬竹口遗址

遗址位于封开县封川镇籬竹口贺江东岸，在贺江与支流交汇处的台地上，1995年发掘60平方米。新石器时代文化遗存分为两期，一期以第8、第9层为代表，二期以第7层为代表。陶器器形简单，只有釜、罐，纹饰也只有绳纹和少量的篮纹。器壁有厚有薄，最厚的见于器物底部，达3.3厘米，薄的则不到0.4厘米。贴筑法造成的陶片断面分层现象较显著。全部都是夹砂陶。一期陶器胎壁较厚，陶胎分层现象多见，器表粗糙，石英砂粒暴露。石器多见，有梯形锛、镞等。陶器流行敞口卷沿釜、罐（图一），也有少量的折沿釜、罐以及高领罐；二期陶器以侈口卷沿釜、罐和矮领罐为特点，流行细绳纹，纹饰已退到颈部以下（图二）。胎壁较薄，掺和料已极少见到石英，而代之以类似蚌壳末的白色粉砂岩粒。石器较少。籬竹口一期与广西柳州鹿谷岭遗址出土陶器相似，而二期与南宁贝丘（西津）接近。

从遗址所见成堆卵石石料和若干半成品看，石器是籬竹口先民自行制造的，从贺江就地取材。石锛的制造，乃取长体河卵石，砸断一端，并以此端为台面，集中在一边打片，另一面的自然面则予以保留。这种单面打击法，可以追溯到黄岩洞时期的石器制造方法。换言之，籬竹口延续了黄岩洞的石器工业传统。

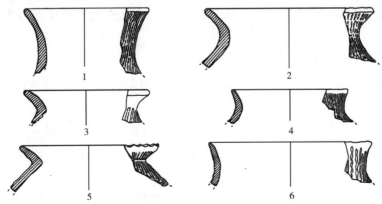

图一 籬竹口一期陶器

1、2、4、5. 釜（T107⑧：68、T107⑧：60、T107⑧：67、T107⑧：67）

3、6. 罐（T107⑧：72、T107⑧：55） （4.1/8，余1/4）

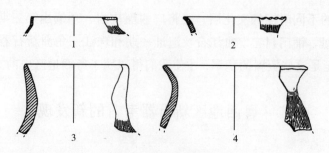

图二　籺竹口二期陶器

1、4. 罐（T107⑦A：58、T107⑦A：54）　2、3. 釜（T107⑦A：94、
T107⑦A：57）　（1、2.1/8，3、4.1/4）

（二）遂溪鲤鱼墩遗址

遂溪县位于北部湾东岸，紧邻桂南地区。多年来，因为考古工作未能在雷州半岛深入开展，学界对雷州半岛的新石器文化面貌不甚了了，谈到那里的情况，只能轻描淡写，一笔带过。这种状况一直到近年来才得以改观。2002 年底至 2003 年初，广东省文物考古研究所等单位联合发掘了鲤鱼墩遗址。遗址位于遂溪县江洪镇东边角村，总面积约 1200 平方米，揭露 629 平方米，层位关系清楚，出土了一批陶器、石器、蚌器，8 座屈肢葬墓，以及房子和灰坑等，取得较大收获。鲤鱼墩遗址的文化内涵与业已发现的广东地区的新石器时代遗存迥然不同，为广东考古界认识粤西南地区的史前文化面貌揭开了崭新的一页。

1. 遗址的文化堆积

遗址堆积分为六层，最典型的单位是 T0602，该探方地层保存完好，出土遗物丰富。第 1 层为现代灰褐色表土，杂少量贝壳。第 2 层为碎贝壳层，杂少量泥土。第 3 层为灰白色贝壳层。第 4 层为灰黑色贝壳层。第 5 层为红褐色贝壳层。第 6 层为褐色沙土。

2. 遗址分期与内涵特点

第 6 与第 5、4 层，第 4 层与第 3 层，第 3 层与第 2 层之间，文化遗物，特别是陶器的区别比较明显，可以将它们分为四期。第 6 层为第一期，第 5、4 层及开口在 5 层下的房屋、墓葬为第二期，第 3 层及开口在 3 层下的墓葬为第三期，第 2 层为第四期。大体上，第 6 层属新石器早期，第 5 至第 4 层属新石器时代中期，第 3 层属新石器时代晚期，第 2 层属商时期。

遗物有陶器、石器、骨器和蚌器几类。骨器和蚌器数量较少，大量的是粗糙的石器，多是初步加工或采用成型的石头直接加以使用。石器以网坠、尖状器（采蚝、开蚝用具）、砸击器及饼状石器多见。

第一期遗存文化特点：出土了上百片陶片，有两组：一组为红色夹砂粗绳纹陶，陶胎厚薄不均，剖面可见清晰层次，应是用贴筑法制成；陶片纹饰粗糙，印痕较深而凌乱。火候较低。因为这种陶片无论从颜色还是质地，乍一看都像红砂岩，故刚出土时还被误解。估计器形为钵形釜。另一组为灰色夹砂细绳纹陶，表皮部分脱落，石英砂粒暴露。后者与第 5 层具有地层叠压关系。

第二期遗存文化特点：陶片为红褐色，胎较厚，表面压印粗绳纹再抹平，造成又似乳丁又似橘皮纹的效果，或饰贝划纹。器形只有钵形釜（图三）。制法仍是贴筑法。属于本期的还包括墓口被压在 5 层下打破 6 层的三座屈肢葬，其中 M6、M7 为蹲葬，M8 为仰身屈肢葬。

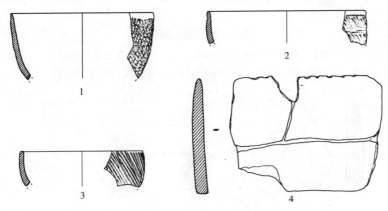

图三　鲤鱼墩二期陶器
1. T0503⑤：35　2. F1①：13　3. T0602④：20　4. T0602④：28　（4. 1/2，余. 1/4）

同属二期的第 4 层与第 5 层的区别主要表现在纹饰上，两层陶片纹饰都主要是条纹（贝划纹），但 5 层较直，4 层倾斜，由左向右方向斜施。通过做实验，证实这种纹样是由毛蚶壳划出来的。

第一、二期的石器在种类和器形上都没有明显的区别，都是就地取材，即从海边采集片状砂岩略为加工而成。这些石材质地粗劣，表面凹凸不平甚至成蜂窝状。石器以网坠为大宗，次为尖状器（采蚝和开蚝工具），再次为砸击器，还有饼状石器（用途未明）等。

第三期遗存文化特点：以泥质或夹细砂、表面磨光并加红陶衣的圈足盘为主要器形（图四）。这种圈足盘部分口沿上饰锯齿纹，而口沿外侧刻划菱形交叉纹。这种红衣陶，20 世纪 50 年代末发掘东兴（今防城）杯较山时曾有发现[14]。第三期开始出现梯形石锛，其面、背作弧形弯曲，两边锋利如刃，横剖面如梭形。这种石器也见于簕竹口，香港东湾早期遗存[15]等。

第四期遗存文化特点：流行窄沿厚圆唇绳纹夹砂釜或罐（图五），多为卷沿，少数折沿，也见圈足盘和器座。其绳纹夹砂陶釜、罐和泥质圈足盘与珠江三角洲商时期的同类器比较接近。

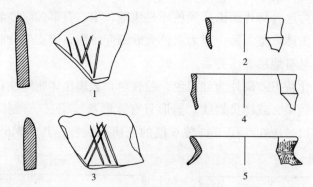

图四　鲤鱼墩三期陶器

1、3. 钵？（T0704③：14、T0704③：11）　2、4. 圈足盘（T0602③：
62、T0602③：63）　5. 罐（T0504①：9）　（1~4.1/2, 5. 约1/4）

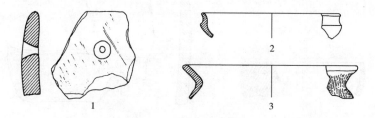

图五　鲤鱼墩四期陶器

1. 钵？（T0107②：1）　2. 圈足盘（T0604②：19）
3. 釜（T0702②：1）　（1.1/2, 2.1/8, 3.1/8）

（三）吴川梧山岭遗址

遗址位于吴川市长岐镇黎屋村梧山岭西边近山顶处。2003 年 1 月，广东省文物考古研究所等单位对遗址进行了复查和试掘。此地距海约 5 公里，鉴江经其西面流入南海。山体相对高度约 10 米，较陡。地表所见贝壳分布范围南北约 20 米、东西约 18 米，面积约 360 平方米，其上满布近现代墓葬。据初步判断，贝壳堆积为生活垃圾堆放处，因此，根据最便利的原则，居住址应在贝壳堆积最厚处的上方，即山顶部分。现场可看到贝壳堆积层剖面暴露。绝大部分是蚬壳，只在局部见少量蚝壳。

为了了解遗址的文化堆积及包含物情况，我们对遗址进行了试掘，在西部即遗址下方开探沟一条，长 15 米，宽 2 米。文化堆积可分 4 层，其中第 2 至 4 层为新石器文化层。

试掘出土了大量陶片，以红褐陶为主要陶系，纹饰有细绳纹、篮纹、划纹等，施纹及于口沿。器形有高领罐、折沿罐、卷沿罐、圈足盘等，另见少量石器，如双肩锛、网坠等。普遍夹均匀细砂，因陶胎较黑，估计除夹砂外还夹炭。器表常见云母片，未能确定是泥土本来所含还是有意识的掺和料。陶片断面见分层现象，由此推断所用制陶方法是逐层粘贴的贴筑法。颈部多见加固抹痕，主体部分和口沿部分是先分别做好，再将它们黏合在一起的。器物的发展演变关系，由于陶器总量不丰，线索尚不太明晰，但已见端倪。大致可分为两个年代组：

第一组为第 4 层遗存，其文化特征是：罐类较少，领部较矮，多为方唇。圈足盘（或也可称碗）发达，陶胎略厚，陶色不均匀，盘部较深，圈足高直，不外撇，圈足内外见条状浅刮痕。盘类多素面，罐类饰篮纹、绳纹。绳纹略粗而杂乱，竖饰，及于口沿。

第二组为第 3 层和第 2 层：陶片最丰富，罐类最多，圈足盘（或碗）略少，陶胎变薄，个体较大，陶色均匀，绳纹细密。罐类领部较高，多为圆唇。最有特色的是领部竖饰细绳纹，再在其上浅刻折带纹（图六）。2 层与 3 层类同，但也有差异，如 2 层罐类口沿多为尖唇。

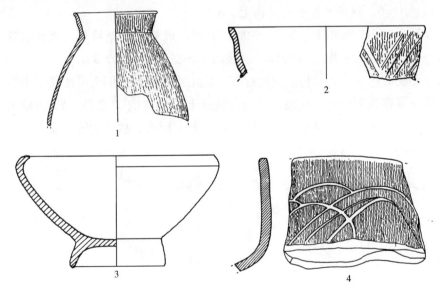

图六　梧山岭陶器

1、2、4. 高领罐（T1③:23、T1③:33、T1④:64）　3. 圈足盘
（T1③:32）　　（1.1/10，2.1/4，3.1/5，4.1/2）

（四）封开铺门窑址

2001 年 9 月，广东省文物考古研究所在封开县杏花镇铺门村东边山岗上清理了一座新石器时代的窑址。因先前曾在其西南面相距约 500 米的苦稔岗清理新石器窑址一座，已被编为 1 号窑（Y1），故本窑被编为 2 号窑（Y2）。

陶片出于窑床和火膛中，可辨器形只有罐。陶片共 463 片，以夹砂红褐与灰褐色绳纹陶为主，刻划菱形纹和刻划弦纹只占少数。也有少量的泥质陶。陶器为手制，部分陶片断面层理清晰，属贴筑法制作。

罐 12 件。标本 Y2∶1，泥质黄褐陶，侈口，尖唇，折沿，高领。领部外侧微鼓。鼓肩。唇沿上刻出锯齿状纹，领外侧刻划双线交叉菱格纹，肩部刻划曲折纹。口径 11.2，残高 7 厘米（图七，3）。

标本 Y2∶2，泥质黄褐陶，侈口，圆唇，高领，鼓肩。唇沿上刻锯齿状纹，领外侧刻双线交叉菱格纹，肩部以下饰绳纹。火候较低。口径 3.8，残高 7.2 厘米（图七，1）。

标本 Y2∶3，泥质黄褐陶，掺细砂。侈口，尖圆唇，折沿，高领。肩际一周刮平。领外侧刻双线交叉菱格纹，腹饰绳纹。口径 8.4，残高 6 厘米（图七，5）。

标本 Y2∶4，泥质灰陶，侈口，圆唇，折沿，高领。唇沿刻锯齿纹，领外侧刻双线菱格纹，肩部素面，腹饰绳纹。口径 33.6，残高 7.3 厘米（图七，4）。

标本 Y2∶6，泥质灰陶，侈口，圆唇，折沿，鼓肩。最大腹径偏下。肩部素面，腹饰绳纹。口径 15.6，残高 8.8 厘米（图七，6）。

标本 Y2∶8，泥质黄褐陶，侈口，尖唇，卷沿，鼓肩。胎壁较薄，火候较低。绳纹及于口沿外侧。贴筑法制作。口径 12.8，残高 4.5 厘米（图七，2）。

因窑址已受破坏，对其结构的判断存在一定困难，推断它们很可能属于半露天烧造的窑炉，即一半在地下，一半在地面，或者就属于"烧成坑"[16]之类。Y2 规模虽小，但出土物兼具了封开籂竹口遗址和石峡遗址一期的若干特点，故也比较重要。

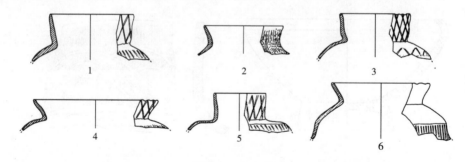

图七　铺门村窑陶器

1、3、5. 高领罐（Y2∶2、Y2∶1、Y2∶3）　2. 卷沿罐（Y2∶8）

4、6. 折沿罐（Y2∶4、Y2∶6）　　（4.1/10，余 1/6）

三　与广西新石器文化的关系

鲤鱼墩第一期有两组陶器，一组与二期地层没有直接的叠压关系，但从该层的土质土色判断，应属最早的地层。该组陶片为夹砂红褐陶，内壁外表及胎都是红色，表面再加一层红陶衣，夹石英砂，纹饰为压印较深的篮纹（或粗绳纹），厚薄不均，火候低，纹饰凌乱。器形不明，估计为釜。二组陶器直接被叠压于二期地层之下，陶片都是夹砂灰褐陶，夹砂较粗，多为菱角分明的粗石英粒。饰细绳纹。也应是釜类。因为没有复原器，我们无法对其进行进一步的比较研究，但从二期的钵形釜与甑皮岩一期陶釜形态很相似的情况看，鲤鱼墩一期晚于甑皮岩一期而可能比甑皮岩二期略早，因为甑皮岩二期已不见钵形釜，而是变成了侈口束颈釜（报告称为罐）。甑皮岩二期的年代为距今11000～10000年，那么，鲤鱼墩一期当在11000年以上。

鲤鱼墩第二期陶器为夹砂红褐陶，饰中绳纹再略加抹平，造成类似乳钉纹的效果，或斜饰贝划纹。主要器形为钵形釜。这种器形与甑皮岩一期陶釜相似，与顶蛳山第三期的 I 式釜也近似，所不同的是甑皮岩一期釜火候很低，器壁较厚，而鲤鱼墩二期釜火候较高，器壁较薄；鲤鱼墩陶釜腹部较浅，顶蛳山陶釜腹部较深。顶蛳山第三期的年代为距今7500～7000年，因此，鲤鱼墩二期的年代当在距今10000～7500年之间。鲤鱼墩二期第5层因没有找到合适样品，只有4层数据。经广州地理研究所测试，T0702④层贝屑样品测试数据为4820±100年；T0702④碳土样本数据为5160±110；T0502④层贝壳数据为5050±100年。

鲤鱼墩第三期出现圈足盘并以圈足盘为主，这可能跟只有 T0602 保存完整地层，面积过小有关。这些圈足盘的特点一是有红陶衣，二是装饰菱形交叉纹。这在风格上与广西平南石脚山、广东梧山岭、铺门村窑、石峡遗址一期相似，年代也应相差不太大，都属于新石器时代晚期，年代应比顶蛳山四期略晚。顶蛳山四期距今约6000年，那么鲤鱼墩的年代约在距今5500～5000年。广州地理所对 T0702②层底，③层面贝屑的测年数据为4660±100年，和估计年代比较接近。

鲤鱼墩四期釜与珠江三角洲南海鱿鱼岗 A 型 II 式釜相似，"十"字加连弧纹陶纺轮也相同[17]。T0502②层的贝壳样本数据是3120±90年，比较可信。

鲤鱼墩共发现8座屈肢葬，分属第二至第三期，包括侧身屈肢和蹲葬，大部分骨架保存较好。其中 M3 和 M8 各随葬一个大螺，其余或只随葬几个小螺、毛蚶或泥蚶，或不见随葬品。填土以 M3 较特殊，骨架上压着十多块石头。这种葬俗从甑皮岩到顶蛳山再到鲤鱼墩都是一脉相承的[18]。屈肢葬在我国做半月形分布，东起东北，经西北、西南而至雷州半岛，乃一耐人寻味的文化现象。在广东，过去只在高要蚬壳洲有发现。两广目前发现的屈肢葬年代最早的是甑皮岩。屈肢葬在桂南地区史前贝丘遗址较常见，年代也较早，因此，鲤鱼墩的屈肢葬俗应来自桂南。

簕竹口原定年代为距今6000年前，现在看来，估计太保守，因其器形纹饰都与桂林甑皮岩二、三、四期相似[19]，后者经测定至少为距今8000年以上，因而簕竹口的年代在距今 7000 年以上应无问题。

梧山岭遗址出土的陶器在广东属仅见。第二组所出高领罐与广西邕宁县顶蛳山遗址第四期 II 式高领罐 T1206②:3（图八，1）以及广西平南县石脚山遗址 T1②:7 罐（图八，3）十分相似[20]，不但是形态像，甚至连颈部的刻划纹图案也像，然而三者相比较，则梧山岭更接近石脚山，而与顶蛳山同类器颈部的图案有一定差异，前两者都作交叉连接纹，而后者作多线连续 S 纹。另外，梧山岭与石脚山都出圈足盘，且相像，而顶蛳山缺乏（可见圈足盘在顶蛳山四期时并未流行）。这说明梧山岭的年代与石脚山大体相当，而比顶蛳山四期略晚。顶蛳山四期的年代在距今 6000 年左右，那么梧山岭二组的年代估计在 5500 年上下。

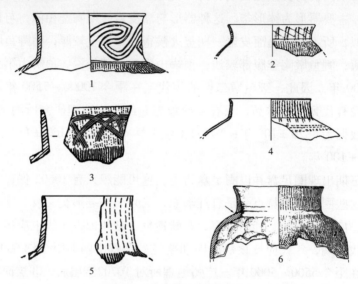

图八　部分相关遗址陶器

1. 顶蛳山四期　2. 石峡遗址一期　3. 石脚山
4. 石峡遗址一期　5. 石脚山　6. 甑皮岩四期

铺门窑址出土陶罐口沿上刻锯齿状或称鸡冠状的纹饰，通体包括口沿外侧都施绳纹的作风等都与籺竹口的一致，但两者器物形态差异较大。铺门陶罐领部刻双线交叉菱格纹，以及器物形态，都与石峡遗址一期同类器相同或相似（图八，2、4）。铺门没有发现圈足器，因此铺门窑址的年代，应晚于勒竹口而略早于石峡一期。石峡文化被推定为距今 4800～4300 年，那么石峡遗址一期应在距今 5000 年左右。石峡遗址经整理之后被分为四期，早于石峡文化的遗存现在已被分了出来（石峡遗址一期遗存），而石峡遗址二期就是原来所说的"石峡文化"。石峡遗址一期文化遗存的特点是：器类有釜、圜底罐、圈足盘等，以夹砂陶为主，陶胎有石英颗粒，多数为青灰色、灰褐色，还有泥质黄白色陶。其中尤为值得注意的是夹砂釜和细砂圜底罐器表饰绳纹，由器底直到领部，并在领、肩部位刻划大方格、双线方格、菱格、叶脉、水波等纹样。不见三足器，纹饰中也不见几何印纹。与石峡遗址一期特征相似的遗存也曾在曲江鲶鱼转②B层和马坝河岸边东华围下边山等遗址发现。石峡一期的相对年代比珠江三角洲出土彩陶、白陶的遗址为晚，同草堂湾一期、深湾f层年代相当[21]。另外，石峡一期陶罐与甑皮岩四期（图八，6）、顶蛳山四期（图八，1）、石脚山（图八，3、5）及梧山岭二组的同类器十分相似，年代也应差不多，但测年数据有较大差异，不是广西数据偏早，就是广东方面估计得偏晚。

从籫竹口到铺门窑址再到石峡一期，具有前后演变关系，充当其间联系纽带的是罐类。当然，铺门窑址离石峡一期更近而与籫竹口较远，在籫竹口与铺门之间，尚有缺环。所以，从甑皮岩经籫竹口、铺门窑址，再到粤北曲江石峡存在着一条文化播迁路线。

与吴川梧山岭二组、铺门窑址及石峡一期具有相同文化因素（罐类）的遗址还有高明古椰遗址[22]。

四　余论

从粤西地区新石器时代的考古新发现看，粤西地区的新石器时代文化与广西具有密切的关系。综观这些新发现，我们发现，在广东地区新石器时代的文化格局中，存在一个"甑皮岩系统"，这个系统分布的范围，包括整个粤西，代表性遗存有封开籫竹口、遂溪鲤鱼墩和吴川梧山岭，其北部到达曲江地区，代表遗存为石峡遗址一期；其东线到达西江的西岸，以高明古椰遗址早期遗存为标志。"甑皮岩系统"是否已进入（或换句话说是否包括）珠江三角洲腹地？目前有些证据，但并不充分。在珠江三角洲腹地，距今7000年以降的文化遗存是以白陶、彩陶为代表的遗存。广东考古界目前已有共识，即珠江三角洲白陶、彩陶与湖南新石器文化具有密切的关系。邓聪、区家发提出了作为珠江三角洲彩陶代表的"大湾式彩陶盘"是受长江中游一带大溪文化的影响而产生的观点[23]，何介钧先生更从器物组合、装饰工艺、彩陶、白陶几个方面论证了环珠江口的史前彩陶与大溪文化的关系[24]。如果他们的观点成立，而且也经过西江的话，那么，途经广西就不可避免。但广西的彩陶发现较少，上述石脚山仅发现一片彩陶，尚未能看到其与大溪文化的联系，也不能充分说明它与珠江三角洲彩陶的关系（报告作者说石脚山的纺轮与咸头岭的相同）。因此，珠江三角洲腹地，是否属"甑皮岩系统"，尚待深入研究。

附记：

　　文中所附各图除甑皮岩、石脚山、石峡遗址一期乃采自所引相关报告和论文外，都由陈红冰女士绘制，在此一并表示谢意！

注　释

① 广东省文物管理委员会：《广东西江两岸地区古文化遗址的调查》，《考古》1965 年第 9 期。

② 广东省文物管理委员会：《广东南路地区原始文化遗址》，《考古》1961 年第 11 期。

③ 广东省文物管理委员会：《广东西江两岸地区古文化遗址的调查》，《考古》1965 年第 9 期。

④ 杨式挺、邓增魁：《广东封开县杏花河两岸古遗址调查与试掘》，《考古学集刊》第 6 集，中国社会科学出版社，1989 年。

⑤ 邱立诚、宋方义、王令红：《广东阳春独石仔新石器时代洞穴遗址发掘》，《考古》1982 年第 5 期。

⑥ 宋方义、邱立诚、王令红：《广东封开黄岩洞洞穴遗址》，《考古》1983 年第 1 期。

⑦ 广东省博物馆等：《广东高要县广利蚬壳洲贝丘遗址试掘简报》，《考古》1990 年第 6 期。

⑧ 广东省文物考古研究所等：《封开县乌骚岭新石器时代墓葬群发掘简报》，《文物》1991 年第 11 期。

⑨ 广东省文物考古研究所等：《广东封开篱竹口遗址发掘简报》，《文物》1998 年第 7 期。

⑩ 广东省文物考古研究所：《广东封开县杏花镇两处新石器时代窑址》（未刊）。

⑪ 广东省文物考古研究所：《广东遂溪县鲤鱼墩贝丘遗址发掘简报》（未刊）

⑫ 广东省文物考古研究所：《广东吴川市梧山岭贝丘遗址试掘简报》（未刊）。

⑬ 中国社会科学院考古研究所广西工作队等：《广西邕宁县顶蛳山遗址的发掘》，《考古》1998 年第 11 期。

⑭ 广东省博物馆：《广东省东兴新石器时代贝丘遗址》，《考古》1961 年第 12 期。

⑮ 邓聪：《香港考古之旅》第 50 页，香港区域市政局出版，1991 年。

⑯ 刘成基：《广东先秦陶瓷窑炉烧造技术发展观察》，《广东省文物考古研究所建所十周年文集》第 159 页，岭南美术出版社，2001 年。

⑰ 广东省文物考古研究所等：《南海市鱿鱼岗贝丘遗址发掘报告》，《广东省文物考古研究所建所十周年文集》第 304、308 页，岭南美术出版社，2001 年。

⑱ 冯孟钦：《屈肢葬——一种可能由南往北传播的葬俗》，《岭南考古研究》第 5 辑，香港考古学会，2006 年。

⑲ 中国社会科学院考古研究所等：《桂林甑皮岩》第 54 页，文物出版社，2003 年。

⑳ 广西壮族自治区文物工作队等：《广西平南县石脚山遗址发掘简报》，《考古》2003 年第 1 期第 18 页图四。

㉑ 朱非素：《试论石峡遗址与珠江三角洲古文化的关系》，《广东省文物考古研究所建所十周年文集》第 30 页，岭南美术出版社，2001 年。

㉒ 崔勇：《广东高明古椰贝丘遗址发掘取得重要成果》，《中国文物报》2007 年 1 月 12 日第 2 版。

㉓ 邓聪、区家发：《环珠江口史前考古刍议》第ⅩⅤ～ⅩⅤⅡ页，《环珠江口史前文物图录》，香港中文大学出版社，1991 年。

㉔ 何介钧：《环珠江口的史前彩陶与大溪文化》，《南中国及邻近地区古文化研究》第 321 页，香港中文大学出版社，1994 年。

香港涌浪遗址文化因素初步分析

全 洪

（广州市文物考古研究所）

涌浪遗址是香港一处重要的新石器时代聚落遗址，遗址有两个文化层，分属新石器时代中期和晚期。本文所涉及的涌浪遗址的材料是指处于新石器时代晚期的遗存，其年代距今4500年左右。

涌浪遗址位于香港新界屯门的西部海岸，地处珠江口东侧，南面与龙鼓上滩和龙鼓滩等新石器时代遗址相邻，西有龙鼓洲和深圳蛇口等遗址。涌浪湾西北面海，其余三面为低矮山丘。由山丘至海岸，地表为三级台阶，平缓向大海倾斜。涌浪遗址于1974年由香港考古学会发现，香港古物古迹办事处于1981年进行复查，确定了该遗址的分布范围。1983～1985年蒲国杰（B. A. V. Peacock）受香港古物古迹办事处委托进行香港考古资源调查，将其列为香港五大重要考古遗址之一。1992年4月至1993年3月，香港古物古迹办事处为配合中华电力有限公司修建新电厂工程对遗址进行了全面发掘。涌浪遗址分为南、北两个发掘区，南区（简称涌浪南）由香港考古学会承担，发掘面积730平方米[①]；北区（简称涌浪）由香港古物古迹办事处负责，发掘分三期进行，发掘面积约1100平方米[②]。

涌浪沙堤虽由两个部门进行发掘而分为南北工作区，但其实是一个沙丘遗址，所以我们简要综合南北区的发掘情况如下：涌浪遗址的地层堆积共分5层，其中第⑤和第③层为古代文化层，遗迹和遗物多出自这两层。主要的遗迹有柱洞、炉灶、墓葬和古河沟等，还有一处可能是石器加工场。

柱洞发现于第③层山坡坡积层的底部，有多个纵横排列的柱洞，各柱洞间相距2～5米，排列规律不清楚，发掘者推断可能有房屋遗迹。

在上文化层（第③层）中发现多个红烧土加石块结构的炉灶，中间均为一圈石垒结构，圈外用泥加固。火膛中有灰烬。

北发掘区发现多座墓葬，涌浪南发现大约20座墓葬，均为竖穴土坑墓，墓多为南北向。

古河沟沟内填土为黄褐色沙土，内含较多文化遗物，均为新石器时代陶片和石制品。

文化遗物在遗址的第③、⑤层均有发现。第⑤层为下文化层，出有彩陶等文化遗物。第③层为上文化层，出土器物包括有陶、石和骨器，以陶器为主。据文化层堆积及出土遗物分析，该遗址可分为早、晚两个阶段，显示出它们是有着明显时代区别的考古学文化遗存。对涌浪南②B层七个标本的^{14}C测定年代表明，涌浪遗址上文化层的年代大约在距今 4700±120 和 3810±70 至 4170±80 之间。我们试将新石器时代晚期遗存称为"涌浪文化"。

涌浪遗址目前只是发表了发掘简报，我们只能就简报所见的资料进行粗浅的梳理，对其文化因素作一初步分析。涌浪遗址晚期遗存的石器和陶器都存在着两套明显不同的谱系。石器种类繁多，主要有斧、锛、有肩石器、铲、凿、镞、网坠形器、饼、石英环和玦等，还有少量钺。其中大多数石器都是珠江三角洲新石器时代中期以来所常见的，而钺则完全是新出现的种类。陶器的表现更加明显，夹砂陶仍占绝大多数，陶色以灰黑色为主。器物有釜、罐、盆、钵、器座和炉箅等，是珠江口新石器时代晚期夹砂陶器的基本组合。泥质陶比例有所增加，新出现灰陶、软陶等。其中最突出的小口矮圈足印纹陶罐是距今 4500 年前在东南沿海涌现出来的器物，这种器物具有明确的断代意义。

在涌浪文化层众多的遗物当中，石钺和小口矮圈足印纹陶罐是典型的具有外来特征即非本土产生的遗物，代表着两种不同的文化因素，这是本文讨论的重点。我们认为涌浪文化的石钺是受太湖流域良渚文化影响的产物；而小口矮圈足印纹陶罐是分布于闽江下游昙石山文化南传的结果。由于石钺和小口矮圈足印纹陶罐属于同一历史时期不同考古学文化的遗物，所以我们将这两种器物分别叙述。

涌浪遗址上文化层出土的石钺，除了发掘简报介绍的一件外（涌浪南简报没有提到石钺出土——笔者案），在香港历史博物馆及一些书籍中也能看到[3]。由此可知，涌浪遗址出土的石钺当在 2 件以上[4]。据已披露的资料，涌浪遗址的石钺有大有小，大的长 29 厘米、宽 17.3 厘米；小的长 14.5 厘米、宽 7.5 厘米。平顶长方形，上部正中有一钻孔。微束腰，弧刃或斜刃。表面经抛光。刃部锋利，无使用痕迹。

这些体薄的大型石钺磨制非常精致，不应为实用的兵器，可能具有某种象征意义，无疑是香港地区新石器时代考古的重要发现。从目前已掌握的材料看，石钺在岭南只发现于粤北的石峡文化和沿海环珠江口的寥寥几处遗址。石钺肯定不是岭南石器工业的产物，当另有文化谱系及渊源。

我国新石器时代晚期在北方和南方较为广泛地出现石钺，南方尤以长江中下游地区发现最多。新石器时代使用最为广泛的生产工具是石斧。考古学研究表明，斧是钺的前身，最先从石斧中分化出石钺，继而发展到玉钺，至商周时期则演变为青铜钺。钺是拥有者权力、地位、身份的象征，是最早出现的礼器门类。石斧是劳动工具，只有在一定条件下，它才发展成具有礼器性质的石钺。最早的石钺发现于长江下游的浙江河姆渡文化晚期和马家浜文化，当时作为劈砍用的生产工具。良渚文化早期及与其年代相当的薛家岗文化石钺所表现出来的非生产工具性质非常明显[⑤]。

距今 5000～4000 年的良渚文化，是我国东南方的湖海之滨的一个体现出文明曙光的考古学文化。良渚文化的石钺或玉钺是我国史前考古学文化发现数量最多的，大量石钺的出土，表明良渚文化时期社会分化明显，贵族开始突出和显示自己的权力和威严。良渚文化是夏商周三代以前中国远古文化发展的一个高峰，在其强盛时期，向北、向西、向南传播，影响面很广。

在岭南地区最先发现标准石钺的是石峡文化，多达 32 件[⑥]。多大型，长身亚腰，斜弧形刃，薄体，一般厚 1 厘米以下。石峡文化有不少良渚文化的因素，早有专家研究指出石钺、玉琮等明显是受良渚文化影响的产物[⑦]。

除了石峡文化和涌浪文化以外，在珠海宝镜湾遗址和香港元朗虎地凹遗址也有石钺发现。宝镜湾是珠海市高栏岛南边的一个小湾，遗址属于海岛型山岗遗址，文化堆积主要分布在风猛鹰山西北侧的山坡。在宝镜湾海滩和风猛鹰山共发现 4 处 6 幅摩崖岩画。1997 年至 2000 年珠海市博物馆、广东省文物考古研究所与南京大学历史系共进行了四次发掘[⑧]。遗址分 4 层，第②、③、④层为三期古代文化遗存。发现柱洞、红烧土面、灰坑和祭祀坑（？）等遗迹。

宝镜湾遗址第③层出土 2 件石钺。均残。器体很薄，表面光滑，刃部锋利。一件器身略呈长方形，器表经磨制抛光，三面锋刃，一端有单面钻穿孔。最长 19、最宽 7.4、厚 0.35 厘米。另一件上部残缺。残长 13.8、宽 8.7、厚 0.35 厘米。

宝镜湾的二期文化出土一批与涌浪文化相似的小口矮圈足印纹陶罐，表明宝镜湾与涌浪有比较密切的关系（陶器部分详下）。

2003 年 11 月，香港考古学会在香港元朗上白泥虎地凹商时期遗址进行发掘[⑨]，也出土了 2 件大型石钺。是次发掘发现柱洞、房基、排水沟、灰坑和墓葬等遗迹。出土一批陶片和石器。三座墓葬，皆为圆角长方形竖穴土坑，其中 M1 的随葬品有 2 件石钺和 1 块大石块。M2 和 M3 空无一物。

这两件石钺器形基本相近，有一件的刃面更宽。都是通体磨光。略呈不对称的梯形，圆弧顶，下端和两侧面均有刃，下刃为斜弧刃，上部有一个双面管钻的穿孔。M1：1，长 34.5、宽 13.2～14.4、厚 1.2 厘米；M1：2，长 32、宽 14～18.3、厚 1 厘米。石钺的形状及材质都与涌浪的非常相似，表明它们是同一考古学文化。

关于虎地凹遗址的年代，发掘者在对比了珠江三角洲的一些遗址，如深圳向南村、珠海后沙湾、南海鱿鱼岗、台山铜鼓湾、香港陈家园等后，认为遗物具有相似的特征，所以把虎地凹遗址的年代定在商时期。但同时也认为虎地凹遗址陶器上的纹饰与珠江三角洲地区许多公认的商时期遗址陶器的纹饰又存在差异。这可能说明虎地凹遗址的年代处于商时期偏早的阶段，其上限或可能进入夏纪年的范围。我们更加倾向于后一种意见，从石钺与陶器的型式分析，虎地凹遗址的年代可能不是商时期，应该更早一点，属涌浪文化。

前文所述，岭南石钺的出现是受良渚文化的影响，目前广东地区只在粤北石峡文化和珠海宝镜湾、香港涌浪文化偶有发现。宝镜湾的发掘者认为 T2③A 层出土的一件瓦形鼎足和 T11③B 层出土的一件石钺，明显含有粤北地区石峡文化的因素。对珠海宝镜湾二期的两个夹砂陶片标本进行加速器质谱计数测年，分别为距今 4360±80、4260±90 年。涌浪南②B 层的七个 ^{14}C 测年，在距今 3810±70 至 4170±80 之间。石峡文化（即第叁期墓葬）M43 的 ^{14}C 年代为距今 4330±90。另外，M26 出土木炭的 ^{14}C 年代为距今 4020±100，树轮校正为公元前 2480±150 年。香港元朗虎地凹遗址出现石峡文化的因素，因此，其年代应与石峡文化、良渚文化的年代相近，也与涌浪文化及宝镜湾二期的年代相当，我们认为虎地凹的年代上限约为距今 4200 年或稍后，即为新石器时代末期遗存。

涌浪文化有一种拍印粗疏深重条纹和曲折纹的泥质陶器。这些陶器的特征非常突出，有罐、壶（也有人称为尊）等器形。造型特征是小口，口沿有高领、直沿、宽斜折沿等。鼓腹或垂腹，通常肩、腹部变化较多，有的广肩，圆鼓腹；有的溜肩，鼓腹；也有的溜肩，垂腹。器底多为圜底；有的近圜平底，下贴扁圈足；有的由于圜底的弧度较大以至底高于圈足。通体拍印叶脉纹、斜条纹、曲折纹等，多数在腹部中间堆贴一匝泥条纹以为装饰，还有的在肩上及下腹堆贴。

这种陶器的造型、纹饰及其装饰手法显然不是珠江三角洲本土的传统。但是在珠江三角洲地区却反复出现，已发表的与涌浪文化面貌较为接近的遗址，有香港大屿山沙螺湾[10]，元朗虎地凹[11]，深圳蛇口鹤地山、赤湾村[12]，珠海高栏岛宝镜湾[13]、淇澳岛后沙湾[14]、东莞石排圆洲[15]和中山市翠亨村[16]等数处。放眼岭南地区，广东的东部和北部有着更加广阔的分布，如熟为人知的韶关曲江石峡遗址，在靠近珠江三角洲地区的清远西山[17]和从化吕田[18]也见其踪迹。广东东部和东北部的揭阳落水金狮[19]、揭西北坑山[20]、潮阳葫芦山[21]和梅县大埔罗屋岭都有发现[22]。据报道，相类似的古代遗存在整个榕江流域都有分布，尤其重要的是在普宁虎头埔发现了一处专业制陶遗址，于 1982 年和 2003 年分别清理了 15 座和 18 座陶窑，另有烧坑 6 座和房屋 1 座[23]。

这类陶器上的纹样主要有条纹、曲折纹，还有叶脉纹和交错短线纹等，已经具有几何印纹的特征，是几何印纹陶的发端，属于几何印纹陶范畴。众所周知，几何印纹陶最先在华南地区萌芽。华南地区新石器时代晚期的重要考古学文化有：江西以修水县山背村跑马岭遗址为代表的山背文化；广东以曲江县石峡遗址为代表的石峡文化；还有以福建闽侯县昙石山遗址为代表的昙石山文化。经过比较分析有关材料，涌浪遗址几何印纹陶的器物形态及纹饰更加接近昙石山文化，而与山背文化有较大差别。

昙石山文化以贝丘遗址为主，分布于闽江下游及其附近地区，距今约 5000～4000 年[24]。曲折纹在代表着昙石山文化早期的遗址下层已经出现，昙石山文化的壶、罐、尊类陶器在肩、腹部饰附加堆纹（凸弦纹）的风格在涌浪遗址也有充分的表现。可以认为，涌浪文化的几何印纹陶是在昙石山文化的影响下发展起来的。

有学者在研究珠江三角洲的考古学文化与石峡文化的关系时，认为涌浪墓葬所出的石钺、石镯和典型的印纹陶器，可能是粤北石峡文化由北江南传的[25]。也有的认为涌浪遗址是探寻粤北石峡文化与环珠江口地区同期文化相互关系的一个地点，是反映石峡文化南渐的地点[26]。诚然，涌浪文化与石峡文化之间很有可能存在一定的联系，当时的交流应当是多种渠道的，或者通过石峡文化传递技术或信息，但未必是石峡文化直接影响的结果。因为，在文化面貌和特征方面，二者存在较大的差别。经有关学者研究总结，石峡文化有着特殊的埋葬习俗，流行迁葬。竖穴土坑墓的坑壁经火烘烤。大型石质生产工具如长身弓背石镰、石铲和种类齐全的石锛，具有典型的地方特色。陶器盛行三足器、圈足器和圜底器。器形以鼎、盘、釜、豆、壶、罐为多，以浅盘、子母口的三足盘、圈足盘和子母口带盖的盘鼎、釜鼎及甑最有地方特色。而这些特点完全不见于涌浪文化。其次，石峡遗址出土陶器近千件，真正属几何印纹硬陶的陶器仅 7 件，地层中印纹陶也只占 7.7%，比例很小[27]。显然，几何印纹硬陶并非石峡文化自身的文化内涵，属外来文化因素无疑。古运泉认为，与周邻的考古学文化相比，石峡文化与江西赣江流域新石器时代晚期的文化面貌更接近一些。石峡文化主要分布在北江流域的粤北地区。古运泉并不同意石峡文化向西分布到封开县，向南已至珠江三角洲的说法[28]。赵辉研究指出，墓葬埋葬习俗特别能够体现一个共同体的精神意识，石峡遗址的墓葬和珠江三角洲地区者判然有别。因此，粤北地区的石峡文化不是珠江三角洲地区的文化变化的主要原因[29]。在珠江三角洲体现石峡文化因素仅反映在残鼎足方面，由此可见，石峡文化并非对珠江三角洲古代文化施加影响的主要力量。

龙山时代（古史传说时期）随着生产力的提高，人口不断增长，迫于生活资源的需求和压力，各部落集团不断迁移、相互交往或势力扩张乃至发生战争。据研究，此时处于东南沿海的福建昙石山文化的势力颇大[30]，其影响的范围向北进入浙江中南部，向西到江西，向东到台湾，向南进入岭南，南端到达珠江口。多处遗址反复出现，表明其力道远胜于石峡文化。珠江三角洲地区在公元前 2500 年以后主要接受了来自昙石山文化的影响[31]。

最后，我们就涌浪文化时期香港乃至珠江口地区，与广东内地及东南沿海地区的文化交流和相互影响的方向及形态展开若干分析和假设。

我国新石器时代晚期是一个文化大发展的时期。相互邻近的各史前文化，长时期相互影响和渗透，所以在一定范围内和一定程度上存在着一些共同因素。在文化传播和迁徙的作用下，考古学文化之间大量出现了文化渗透、借用、融合，但是也存在主次有别、地位不同的区别。广东曲江、封开、海丰等地良渚式玉琮的出土，特别是石峡文化墓葬良渚式玉琮、玉璧、玉瑗、玉环、玉锥形器、玉坠饰、石钺、有段石锛等器物的发现，是良渚文化向南传播的直接物证，至少表明良渚文化的影响所及已到岭南地区。朱非素认为良渚文化是通过海路南下岭南的[32]。

虽然在距今 4500 年或者稍后，岭南地区开始出现了几何印纹陶，尤其是珠江三角洲数量更多，但是，或许由于时代或地域的差别，往往呈现略有不同的文化面貌。在珠江三角洲已发掘的遗址中，以曲折纹为陶器群的共同特征，然而器物的造型却有所不同，限于篇幅兹不列举。总的印象，以涌浪和宝镜湾的遗物与昙山石文化的最为接近。也就是说，小直口矮圈足印纹陶罐受福建昙石山文化影响至为明显，传播的线路也是有迹可循的。

赵辉以及邓聪等学者指出广东省内粤北及粤东沿海较常见的几何印纹陶器，估计与东南沿海福建昙石山文化后段有密切的关系[33]。实际上，在岭南与涌浪、宝镜湾陶器群最为相似的是普宁虎头埔窑址的产品，但由于仅发掘窑址，其总体的文化面貌暂时还不甚清楚。根据现有的资料，有专家认为这种分布在广东东部和东北部以虎头埔遗址为代表的新石器时代晚期遗存，可以称之为虎头埔文化[34]。虎头埔文化大体以榕江中下游地区和梅江流域为中心分布区。

综上所述，不妨作如下设想，到了距今 5000～4000 年间，在长江下游和东南沿海文化的共同影响作用下，岭南新石器时代晚期的文化格局发生了很大的变化，呈现出新的面貌。在不同的生产力水平上，人们对于自然条件的适应、利用和改造的情况也不相同，因在不同群体间进行物资和文化方面的交流而产生了新的考古学文化。比如在粤北有石峡文化，粤东—粤东北有虎头埔文化，珠江口有涌浪文化，珠江三角洲中部有西樵山文化。这些文化都表现出丰富多样的文化面貌，具有多元的文化内涵。

石峡文化是良渚文化、山背文化和昙石山文化共同影响作用于当地土著文化的结果。地处江西赣江流域的山背文化通过陆路产生互动；良渚文化与昙石山文化向岭南的传播路线可能是通过沿海通道实现的。

潮汕地区的虎头埔文化显然是受到昙石山文化扩张南下的影响，并在此落地生根，与当地的土著文化相互影响与融合产生了新的考古学文化，以普宁虎头埔为中心烧制以印纹陶为主要特征的陶器。然后向西进入梅县地区。石峡文化的同类陶器也有可能是由虎头埔文化传去的。

昙石山文化沿海南下经粤东沿海地区后再往南就可达珠江口了。昙石山文化最具特征的装饰有曲折纹、条纹、交错条纹等，传播到珠江口从而成为涌浪文化的有机组成部分。

涌浪文化应当包括香港虾螺湾、虎地凹，珠海宝镜湾、后沙湾，深圳鹤地山和赤湾村等遗址，在环珠江口形成一个有着广泛联系和共性的以印纹陶为主要特征的考古学文化。涌浪文化吸收了昙石山文化、良渚文化、石峡文化的某些因素，属文化发展的互动、同步现象，富有时代性。但是，由于生产力水平的差异，或者说是生产技术方式的差异性，再加上文化传统意识和生活方式对环境的适应等诸多因素的制约，土著居民又顽强地保存着自有的文化，许许多多的生活和生产习惯得以保留和延续，最明显的事例莫过于拒不接受三足器（仅在宝镜湾见到一块瓦状鼎足），同时也没有真正的农业生产工具。

概而言之，涌浪文化具有明显的时代特征，反映诸文化交流、融合特点的因素多样性。珠江口是文化传播的中间地带。到了新石器时代晚期几何印纹陶兴起之际，这种中间带的作用得到更多体现。印纹小口矮圈足罐并非石峡文化的特征，不是其主要的典型器物，相反，它也是在与其他文化交往的过程中得来的，因此传到环珠江口的不是来自石峡文化而是昙石山文化。经过积极吸取周邻文化的新因素，并保持本身独特的风格，在距今 4500 年左右形成一支独特的考古学文化崛起于珠江口地区。

注　释

① William Meacham, Middle and Late Neolithic at "Yung Long South"，载杨春棠、李惠玲编辑《东南亚考古论文集》，香港大学美术博物馆，1995 年。

② 香港古物古迹办事处：《香港涌浪新石器时代遗址发掘简报》，《考古》1997 年第 6 期。

③ 香港博物馆编制：《岭南古越文化论文集》，香港市政局，1993 年。古方主编：《中国出土玉器全集》第11 卷《广东、广西、福建、海南、香港、澳门和台湾卷》，科学出版社，2005 年。

④ 《香港涌浪新石器时代遗址发掘简报》报道的一件（93：1299）长 27、刃宽 15.9、厚 1.05 厘米；《岭南古越文化论文集》图版有 2 件（108、109），第 203 页。第 108 号的石钺长 29.5、宽 17.3 厘米，博物馆展品及图版皆未列明器物编号。

⑤ 傅宪国：《试论中国新石器时代的石钺》，《考古》1985 年第 9 期。

⑥ 广东省博物馆、曲江县文化局石峡发掘小组：《广东曲江石峡墓葬发掘简报》，《文物》1978 年第 7 期。

⑦ 朱非素：《试论石峡遗址与珠江三角洲古文化的关系》，载广东省文物考古研究所编《广东省文物考古研究所建所十周年文集》，岭南美术出版社，2001 年。

⑧⑬㉖ 广东省文物考古研究所、珠海市博物馆编著：《珠海宝镜湾——海岛型史前文化遗址发掘报告》，科学出版社，2004 年。

⑨ 香港考古学会、深圳市博物馆：《香港元朗上白泥虎地凹遗址 2003 年度发掘报告》，载广州市文物考古研

究所等编《华南考古·2》，文物出版社，2008年。

⑩ Peter L. Drewett, *Neolithic Sha Lo Wan*, Antiquities and Monuments Office Occasional Paper, No. 2, Hong Kong, 1995.

⑪ 笔者2007年在香港古物古迹办事处做访问研究期间，在尖沙嘴官涌的考古庋藏室看到元朗上白泥虎地凹遗址出土的一些文物。其中一件小口直领鼓腹罐（F5：57），是典型的涌浪文化遗物。灰陶，拍印的叶脉纹互有叠压，类似曲尺纹。因底部残缺，不知是否有贴扁泥条矮圈足。该罐出土时破碎成一堆，整取回室内，所以简报未及反映。另外，F5还有一件经改造的残石钺。

⑫ 深圳博物馆：《深圳市先秦遗址调查和试掘》，载深圳博物馆编：《深圳考古发现与研究》，文物出版社，1994年。

⑭ 李子文：《淇澳岛后沙湾遗址发掘》，载珠海市博物馆等编：《珠海考古发现与研究》，广东人民出版社，1991年。

⑮ 广东省文物考古研究所、东莞市博物馆：《广东东莞圆洲贝丘遗址的发掘》，《文物》2000年第6期。

⑯ 中山市博物馆：《中山历史文物图集》，香港，1991年。

⑰ 广东省博物馆：《广东北部山地区新石器时代遗存》，《考古》1961年第11期。

⑱ 全洪：《广州十年考古发现与发掘》，载广州市文物考古研究所编：《铢积寸累》，文物出版社，2005年。

⑲ 广东省博物馆：《广东东部地区新石器时代遗存》，《考古》1961年第12期。

⑳ 邱立诚、曾骐：《广东揭西县先秦遗存的调查》，《考古》1997年第7期。

㉑ 广东省文物管理委员会：《广东潮阳新石器时代遗址调查简报》，《考古通讯》1956年第4期。

㉒ 黄玉质、杨式挺：《广东梅县大埔县考古调查》，《考古》1964年第4期。

㉓ 广东省博物馆等：《广东普宁虎头埔古窑址发掘简报》，《文物》1984年第12期。揭阳考古队：《普宁市虎头埔新石器时代遗址发掘报告》，载揭阳考古队、揭阳市文化广电新闻出版局编：《揭阳考古（2003～2005）》，科学出版社，2005年。

㉔ 福建博物院编著：《闽侯县石山遗址第八次发掘报告》，科学出版社，2004年。

㉕ 杨式挺：《略论粤、港、海南岛的有肩石器和有段石器》，载杨春棠、陈惠玲编辑《东南亚考古论文集》，香港大学美术博物馆，1995年。

㉗ 朱非素：《谈谈马坝石峡遗址的几何印纹陶》，载《考古学集刊·3》，中国社会科学出版社，1983年。

㉘ 古运泉：《论石峡文化与江西新石器时代晚期文化遗存之间的关系》，载广东省文物考古研究所编《广东省文物考古研究所建所十周年文集》，岭南美术出版社，2001年。

㉙ 赵辉：《珠江三角洲地区几何印纹陶的出现和文化的发展》，许倬云、张忠培主编《中国考古学跨世纪反思》，香港商务印书馆，1999年。

㉚ 钟礼强著：《昙石山文化研究》，岳麓书社，2005年。

㉛ 赵辉：《珠江三角洲地区几何印纹陶的出现和文化的发展》，香港商务印书馆，1999年。

㉜ 朱非素：《广东石峡文化出土的琮和钺》，《良渚文化研究——纪念良渚文化发现60周年国际学术讨论会文集》，科学出版社，1996年。

㉝ 同㉛。李世源、邓聪主编：《珠海文物集萃》，香港中文大学出版社，2000年。

㉞ 揭阳考古队、揭阳市文化广电新闻出版局编：《揭阳考古（2003～2005）》，科学出版社，2005年。

珠江三角洲地区史前白陶及其渊源

傅宪国　涂栋栋

（中国社会科学院考古研究所）

珠江三角洲地区史前白陶的发现最早可追溯到 20 世纪 30 年代，当时英国人芬戴礼（Finn，D. J）神父在香港南丫岛大湾遗址发现了两件完整的彩陶圈足盘，以及夹砂陶和少量的白陶[①]。20 世纪 80 年代以来，随着珠江三角洲地区史前考古工作的进一步开展，越来越多的包含有白陶的史前遗址被发现。本文试图根据该地区已发表的各种有关白陶的资料，廓清珠江三角洲地区史前白陶的演变过程，并对其渊源进行探讨。

一　珠江三角洲地区史前白陶的发现

据初步统计，珠江三角洲地区含白陶的史前遗址目前一共发现了 20 处，其中广东 9 处、香港 10 处、澳门 1 处。

（一）广东地区

包括深圳咸头岭、大黄沙，珠海后沙湾、宝镜湾，中山龙穴、白水井，东莞蚝岗，高明古耶和佛山河宕等遗址。其中，前六处为沙丘遗址，后三处属贝丘遗址。

咸头岭遗址位于深圳市龙岗区大鹏街道办事处咸头岭村，面积近 3 万平方米，前后经过五次发掘[②]。根据 2006 年的发掘材料，遗址包含了新石器时代和商时期两个时期的遗存。新石器时代遗存可分为三期五段，第 I～Ⅲ 段为第一期，第Ⅳ 段为第二期，第 V 段为第三期。出土的陶器以夹砂陶为主，器类主要包括釜、碗、支脚和器座等；泥质陶多为白陶和彩陶，还有少量的磨光黑陶，器类有罐、杯、盘、豆、钵等[③]。第 I 段白陶较常见，占全部陶片的 16.5%[④]。火候较高，陶质较硬，器类有盘、杯等，戳印纹复杂细密。如标本 T14⑧：14 白陶杯，大敞口，弧腹，圈足较矮，口沿、口部和腹部交接处以及圈足根部分别饰有一圈戳印的短竖线条，口部和腹部戳印两头圆的长竖线条，每两个线条为一组，每组线条之间间以一组戳印纹形成的鸟的侧面形象。每个线条都是由数个戳印的小方格篦点纹组成的。标本 T1⑧:2 圈足盘,敛口,斜壁,矮圈足,口沿、器腹及圈足根部都饰有戳印纹,器腹上部的戳印纹连接形成水波状,圈足上有镂孔。根据碳十四测年数据,第Ⅰ段的年代上限为距今 7000 年。第Ⅱ段的白陶与第Ⅰ段相比没有大的变化,戳印纹依旧复杂细密。如标本 T2⑥:1 白陶杯,敞口,弧腹,圈足较高,口沿、口部和腹部交接处、圈足根部以及圈足底部戳印有形如半月的弧线条,口部和腹部的戳印纹与第Ⅰ段的白陶杯 T14⑧:14 相似,圈足上戳印有两头圆的线条,每三个线条为一组,每组线条之间以镂孔隔开。出土的白陶圜底钵上饰有由不规则的凸圆点组成的麻点纹。据碳十四测年数据,第Ⅱ段的年代下限距今 6600 年左右。第Ⅲ段的白陶的比例比第Ⅰ、Ⅱ段减少,为 10.3%。火候较低,陶质较软,戳印纹的风格较疏朗。如标本 T1⑤:2 白陶杯,敛口,折腹,高圈足,口沿、折腹处、圈足根部和圈足底部分别饰有戳印的波浪状纹饰,一二道波浪纹间饰有由六个戳印点组成的正三角形,二三道波浪纹间饰由戳印点组成的似太阳的纹饰,三四道波浪纹间饰有戳印的简化獠牙兽面纹。第Ⅲ段的年代大致在距今 6400 年左右。第Ⅳ段的白陶少见,仅占全部陶片的 4.2%。火候低,陶质软,多为素面,少量饰有简单的戳印纹。第Ⅳ段的年代在距今 6200 年前后。第Ⅴ段白陶鲜见,占全部陶片的 2.4%。烧造火候低,陶质松软。白陶上饰有戳印纹和刻划纹,总体风格与第Ⅰ~Ⅲ段相比显得较纤细。第Ⅴ段的年代在距今 6000 年或稍晚。

后沙湾遗址位于珠海市淇澳岛东北部,1989 年发掘。包括早、晚两期文化遗存。早期(第一期)文化遗存中出土少量白陶⑤。其中有一件可复原的白陶圈足盘(T2⑥:5),泥质,盘身呈深腹钵形,敛口,盘壁斜收,圜底,圈足较高,呈喇叭形外撇。器表饰压(戳)印纹,盘身的压印纹似为耳、目、鼻组成的抽象人脸形;圈足上部一组似为水波、雨点,下部两道细密水波纹似为贝壳压印而成。关于后沙湾一期遗存的年代,发掘者认为在距今 6000~5000 年之间。我们认为白陶圈足盘上的纹饰风格接近于咸头岭第Ⅲ段,但略为简单,年代应与咸头岭遗址第Ⅲ段相近或略晚。

宝镜湾遗址位于珠海市高栏岛南迳湾之南,1997 年开始进行过四次发掘。在 H22 发现彩绘白陶盘 1 件,细泥质,薄胎。敞口,浅斜腹,圜底,圈足残。外壁施划纹和压印纹,划纹为盘口处的一周波浪纹、一周凹弦纹和圈足根部的一周凹弦纹,两弦纹之间为不同形态的几何形压印纹,纹饰内均施赭红彩⑥。H22 属宝镜湾遗址第一期,年代大致在距今 5000 年左右。

龙穴遗址位于珠江口西岸的中山市龙堀镇龙穴新村尾,1990 年进行了试掘。在 T3③层下部发现了 6 片白陶⑦。器形属盘类或簋形器,口沿的形状多为敛口,器表饰有戳印的圆圈纹、两头圆的平行直线条和压印的形似梳齿的组合纹饰,具有浅浮雕的风格。龙穴遗址白陶上压印纹的风格与咸头岭遗址第Ⅲ段类似,年代上应接近于咸头岭遗址第Ⅲ段。

白水井遗址位于中山市石歧城区白水井大街南侧、原东林山北麓,1992 年进行了试掘。文化层只有一层（下层），出土了 4 片压印纹白陶。白陶上的压印纹与龙穴遗址的相同⑧，年代上也应接近于咸头岭遗址第Ⅲ段。

大黄沙遗址位于深圳市大鹏湾，前后共经过两次发掘，第二次发掘的材料被披露过⑨。发现有少量白陶，占全部陶片的 1.23%。多为泥质，少量夹有细砂，有的因火候而胎呈黑色，制作精细，花纹较复杂，多有组合纹饰，如各种形状划纹的组合、划纹与波折纹或圆圈纹的组合等。据简报介绍，该遗址地层可划分为五层。第 1 层为表土层；第 2 层为扰乱层；第 3 层为间歇层；第 4 层出土了大量单纯的新石器时代遗物，被认为是大黄沙遗址的主体堆积。该层出土的炭化粮食标本（ZK2513）的 ^{14}C 测年数据为距今 5600 ± 200 年（树轮校正为 6255 ± 260 年）。第 5 层出土了极少的遗物。简报中介绍的一件素面白陶盘（钵?）和四片白陶纹饰拓片均出自第 2 层，至于第 4、5 层是否有白陶出土则不可知。对于该扰乱层出土的白陶，本文暂不对其性质和年代作出判断。

蚝岗遗址位于东莞市南城区胜和管理区，2003 年发掘了 272 平方米。包括三期文化堆积。在第一期文化堆积出土有白陶圈足盘，泥质，表面饰有刻划、压印图案或镂孔，造成浅浮雕的效果，风格较纤细疏朗⑩。发掘者推测蚝岗一期的年代在距今 6000 ～ 5500 年左右。

古耶遗址位于佛山市高明区荷城镇，东距西江 1.8 公里，2006 年发掘。在水田区的 5 ～ 7 层出土有一定数量的泥质灰白陶圈足盘，圈足上经常饰以刻划纹、小圆点、半环和环状纹样戳印纹，偶尔有镂孔⑪。与香港南丫岛深湾 F 层，赤鱲角岛的虎地、过路湾上区等遗址出土的圈足盘相同，其年代大体在距今 5500 年左右。

河宕遗址位于佛山市河宕乡，1977 ～ 1978 年进行了发掘。出土各类陶片 4 万余片，其中含有部分白陶。河宕的白陶陶胎主要是细泥软陶，少量为夹砂陶，陶色有乳白、灰白色等，器类主要有圈足罐、圜底釜、圈足盘和豆。罐、缶类器物常在颈部或折肩下施加 1 ～ 3 周压印或拍印的几何形纹饰，主要是云雷纹或类似云雷纹风格的花纹，下腹部多饰拍印规整的曲折纹。圈足盘和豆多饰有小圆镂孔⑫。如标本甲 T12②：94，罐口沿，表胎灰白色，敛口，沿较直，上腹拍印两周方形云雷纹，下腹拍印曲折纹。标本甲 T2③，圈足，面上对穿两个小圆镂孔。河宕遗址可分为两期，第③层堆积代表遗址的第一期，年代在距今 4300 ～ 4000 年；第②层堆积代表遗址的第二期，年代在距今 4000 ～ 3500 年。一、二期都出土有白陶且差别不大，河宕遗址白陶的年代应在距今 4300 ～ 3500 年的新石器时代末期。

综上所述，广东地区的白陶最早出现在距今 7000 年左右，在距今 7000 ～ 6000 年的新石器时代中期早段，咸头岭、后沙湾一期、龙穴、白水井和蚝岗一期的白陶以圈足盘、杯等圈足类器为主要载体，白陶上多饰有戳印、压印和刻划的具有浅浮雕风格的纹饰或镂孔。到了距今 4300 年左右的新石器时代末期，河宕遗址白陶的载体主要是罐、釜、盘、豆类器，器表多饰有云雷纹、曲折纹等纹饰。从严格的意义上来说，河宕遗址出土的白陶与咸头岭等遗址出土的白陶在质地、器类及装饰风格上差别甚大，两者似乎不存在承继关系。

（二）香港地区

包括南丫岛大湾、深湾、芦须城，赤鱲角深湾村东谷、虎地、过路湾上区，屯门涌浪南、龙鼓洲（原称铜鼓洲），大屿山长沙栏，西贡沙下等遗址。均属沙丘遗址。

香港地区的史前考古工作开始于 20 世纪 30 年代，史前文化的分期一直是学者们关注的热点问题[13]。随着香港考古资料的日益积累，以及科学发掘的展开和测年技术的应用，香港新石器时代文化的分期日趋客观和科学。目前普遍认为香港新石器时代文化遗存大致可分为新石器时代中期和晚期两个阶段。新石器时代中期遗存又可分为早、晚两段，早段的年代大体在距今 6500～6000 年之间，典型遗址包括南丫岛大湾早期遗存、深湾村东谷早期遗存、春坎湾早期遗存、屯门涌浪早期遗存、龙鼓洲第 5 层遗存以及沙头角新村等；晚段的年代在距今 6000～5000 年左右，典型遗址包括赤鱲角岛的虎地、过路湾上区、东湾第 4 层、深湾 F 层、龙鼓洲第 3 层等，另外，长洲西湾、芦须城、蟹地湾等遗址也出土有该阶段的文化遗存。新石器时代晚期遗存的年代在距今 5000～3500 年，典型遗址包括屯门涌浪晚期、龙鼓上滩，大屿山蟹地湾和沙螺湾岬角、虎地湾以及西贡沙下等。

新石器时代中期早段的白陶发现得较少，龙鼓洲第 5 层发现过少量泥质灰白陶片[14]，但缺乏详细的资料介绍。

南丫岛大湾遗址于 1932 年由芬戴礼（Finn，D. J）神父主持发掘之后又历经 1938、1979、1990 和 1996 年共五次发掘[15]。其中关于白陶的资料均不甚详细。据商志䣭先生介绍，大湾遗址第一次发掘出土的白陶外观为浅黄偏白色，泥质，表面饰双线刻划纹，中间戳印半截管纹，其上为镂孔组成的图案[16]，属于新石器时代中期晚段。

南丫岛深湾遗址于 1971 年至 1977 年进行了五次发掘，1987 年出版了发掘报告[17]。报告以 E5 探方作为标准地层，其中 C 层的年代定为新石器时代晚期，F 层的年代定为新石器时代中期。其中 F 层出土的泥质白陶陶色偏于灰白或浅黄，饰有双线刻划纹和戳印的半截管纹，有些有镂孔。当属于新石器时代中期晚段。

赤鱲角深湾村东谷遗址 1991 年的发掘发现了丰富的新石器时代中期文化遗物。可将新石器时代中期遗存划分为两个阶段，早段出土彩陶，晚段出土白陶或浅黄色刻划纹陶和细绳纹陶[18]。晚段出土的白陶属于新石器时代中期晚段。

龙鼓洲（原称铜鼓洲）位于香港西北屯门地区龙鼓滩海岸的西面，是一个离岛，包括北面和南面两个小岛，中间以连岛沙堤连结。1975 年的发掘中第三文化层（深度

105～120 厘米）出土有属于新石器时代中期晚段的泥质刻划戳印重圈纹白陶[19]。

大屿山长沙栏遗址于 2001 年进行了发掘，在 T1 和 T4 的第四层出土了大量泥质白陶，但胎质非常薄、火候低，估计不到 600℃。白陶多属于镂孔圈足器的圈足残片，上施戳印的圆圈纹，排列有序。据发掘者介绍，这种纹饰应是由通心的小草管或小竹管戳印而成[20]。与白陶共存的是夹砂细绳纹陶片，没有发现彩陶，时代应属于新石器时代中期晚段。

涌浪遗址位于新界屯门西部海岸，地处珠江口东侧，被分为南、北两区。南区遗址在 1992 年的发掘中于②B 层出土有压印纹白陶，与之共存的有彩陶和夹砂绳纹陶[21]。出土的白陶或应属于新石器时代中期早段。

赤鱲角岛过路湾上区遗址出土的白陶数量较多，且多为圈足盘类器物。常在圈足上刻划单线条、戳印小圆点、半圆和圆圈纹，偶尔有镂孔[22]。陶器特征与深湾 F 层相近，属新石器时代中期晚段。

虎地遗址位于大屿山西北的赤鱲角岛西岸，虎地遗址第四层出土的陶片中约有10%～15%（重量）是白陶。泥质灰白陶圈足盘，多为素面，圈足上经常饰以刻划纹、戳印半圆和圆圈纹，有时伴有圆形或方形镂孔[23]，陶器特征在许多方面都与深湾 F 层和过路湾上区的陶器相似，属新石器时代中期晚段。

另外，在南丫岛芦须城遗址第四层出土有浅红或黄色的素面白陶[24]，没有发现彩陶。出土的白陶也应属于新石器时代中期晚段。

沙下遗址位于香港九龙半岛的东南部、西贡街区北部，2002 年对该遗址进行了发掘，发掘面积 3000 余平方米[25]。在属于新石器时代晚期的遗存中发现有细泥白陶或黄白陶，器型有圈足盘和豆等。白陶烧制温度低，陶质差，硬度低，用手触摸常有滑腻的感觉，呈粉末状下落。陶器有些为素面，有些饰有重圈纹、半截管纹和刻划交叉线组成的几何纹饰。

（三）澳门地区

澳门地区只有黑沙遗址一处发现有白陶。黑沙遗址前后共经过四次发掘[26]。据介绍黑沙上文化层出土陶片 2800 片，有泥质或半泥质的白色陶片，未发现压印、戳印浅浮雕纹样图案的圈足盘。下文化层出土陶片 200 余片，其中质地精美的素面白陶约占到了4%[27]。下文化层的年代约在距今 6000 年左右，上文化层的年代在距今 5400～4500 年之间。

二　珠江三角洲地区史前白陶的演变

从以上介绍的新石器时代白陶的资料可以看出，在距今 7000～4000 年左右，珠江口东西两侧的深圳、香港、中山、珠海、澳门等地是白陶的集中分布地域。从质地、陶色、器形、纹饰等方面来考察，这一时段内的白陶大致可划分为三个阶段。

第一阶段，新石器时代中期前段，年代在距今 7000～6000 年左右。总体说来这一阶段的白陶颜色偏于浅白，陶质较硬，烧制温度较高。圈足盘、杯等圈足类器是白陶的主要载体，另外还有少量的白陶钵。白陶上的纹饰以戳印、刻划和压印等具有浅浮雕风格的纹饰为主，白陶圈足上常可见到镂孔。这一阶段又可细分为前后两段，前段以咸头岭第Ⅰ～Ⅲ段的白陶为代表；后段的以咸头岭第Ⅳ、Ⅴ段，后沙湾一期，龙穴，白水井，蚝岗一期的白陶为代表。咸头岭第Ⅰ～Ⅲ段的白陶占全部陶片的 10% 以上，器表饰戳印成简化的獠牙兽面、飞鸟等复杂的纹饰。而后几处遗址虽有精美的白陶出土，但数量明显减少，器表所饰的压印、刻划纹饰也比较纤细疏朗。

第二阶段，新石器时代中期后段，年代在距今 6000～5000 年左右。这一阶段以高明古耶，南丫岛大湾、深湾 F 层、芦须城，大屿山长沙栏，赤鱲角岛虎地、过路湾上区，以及龙鼓洲等遗址为代表。白陶的火候较低，陶质较软，陶色多为灰白色。与前一阶段相比，戳印、压印、刻划等具有浅浮雕风格的纹饰不见，器表多饰有刻划的双线纹、戳印的半截管纹和圆圈纹。该阶段白陶的制作工艺和烧制水平普遍低于第一阶段的白陶，显现出明显的退化趋势。

第三阶段，新石器时代晚期，年代在距今 5000～4000 年左右。这一阶段珠江三角洲地区的白陶几乎消失不见了，只有沙下与河宕两处遗址含有白陶，但两处遗址的白陶差别较大。沙下遗址的白陶陶色为灰白色，陶质较差，器类有圈足盘和豆，器表饰有刻划纹、重圈纹、半截管纹和镂孔等，继承了第二阶段白陶的某些风格。而河宕遗址的白陶器类主要是罐、釜、盘、豆，器表饰有云雷纹和曲折纹，与沙下遗址的白陶完全不同。

总的说来，距今 7000 年左右，在珠江三角洲地区突然出现了比较发达的白陶，但其延续的时间并不长，在距今 6000 年左右便逐步地趋于衰落直至消亡。这似乎从另一个角度暗示，珠江三角洲地区的白陶并不是本地起源的。

值得注意的是，珠江三角洲第一阶段的白陶，主要集中发现在广东地区；而第二阶段的白陶，除广东高明古耶遗址外，则集中发现在香港岛屿地区。其原因尚需今后更多的考古工作来诠释。

三 珠江三角洲地区史前白陶的渊源

珠江三角洲地区新石器时代中期早段（距今 7000～6000 年）白陶的渊源一直是学术界关注的热点问题。由于这一阶段白陶常与彩陶共出，研究者多将二者放在一起考虑。学术界普遍认为，以圈足类器为代表的彩陶和白陶与珠江三角洲地区新石器时代的夹砂圜底陶系有明显区别，应属于外来陶系。关于其来源先后有"南来说"、"西来说"、"东来说"、"北来说"和"本地起源"等说法㉘，其中尤以"北来说"影响最大。具有代表性的看法有以下几种：（1）邓聪等认为"大湾式彩陶盘是受长江中游一带大溪文化的影响而产生的……后沙湾和大湾的戳印纹陶器与湖南安乡汤家岗出土大溪文化的戳印白陶盘相比，三者之间如出一辙。……圈足盘、彩陶技术和白陶三者，是同时从大溪文化辗转传到珠江口沿岸地域的"㉙。（2）何介钧认为珠江三角洲地区的彩陶与白陶是受洞庭湖地区大溪文化汤家岗类型的影响而产生的，指出白陶以洞庭湖地区为中心，向北到达陕西龙岗寺遗址，向东到达浙江桐乡罗家角遗址，向南到达珠江三角洲地区，辐射达数千里之遥，是大溪文化名副其实的使者。至于大溪文化因素南传的路线，当是由沅水转道西江往东南推移。这条路线大体又分两途，一是由沅水支流渠水入浔江（本文作者注：应为寻江），至柳州入西江；一是溯沅水主源清水江，过云雾山入曹溪河（本文作者注：应为曹渡河）至西江㉚。（3）任式楠认为环洞庭湖地区是华南白陶的一个重要发源地，三元宫类型的浅浮雕式篦印纹和戳印纹白陶影响甚为广远，约在大溪文化的早中期之交，南下影响到了珠江三角洲地区㉛。

上述观点主要是基于以下认识：一、汤家岗遗址早期遗存中出土了为数不少的印纹白陶，年代在距今 6800 年左右，而且在属于皂市下层文化的钱粮湖坟山堡遗址㉜还发现了距今 7000 多年的白陶的线索，而当时发现的珠江三角洲地区史前白陶年代最早的只在距今 6000 年左右，年代上要偏晚。二、这些印纹白陶以戳印的篦点纹作地并且采用剔刻的手法使纹饰具有浅浮雕的风格。珠江三角洲史前的戳印纹白陶与之相比非常类似。三、白陶的主要载体圈足类器，在形制与纹饰的施加方式上，两地间都具有可比性与相似性。但是，随着近年来湖南沅水流域史前考古工作的开展，新的考古发现表明珠江三角洲地区史前的白陶更有可能源自高庙文化及其后的松溪口文化。

高庙遗址是位于湖南西部洪江市（原黔阳县）安江镇东北约 5 公里的岔头乡岩里村的一处贝丘遗址，地处沅水中游北岸的一级阶地上。1991 年进行了首次发掘㉝，2004 年和 2005 年又相继进行了两次发掘㉞，发掘总面积近 1700 平方米。遗址堆积可以分为两层，其下层堆积的文化特征明显有别于周邻地区同时期的考古学文化，并且相同性质的文化遗存在沅水中游的辰溪县松溪口遗址和征溪口㉟、台坎大地㊱等遗址都有发现。因此发掘者将以高庙遗址下层堆积为代表的文化遗存命名为高庙文化。高庙文化的陶器多为夹砂陶，另有白陶。只见圜底器和圈足器，不见三足器和尖底器，器类有釜、罐、盘、钵、篦形器、碗、杯和支脚等，其中高庙文化的白陶颇引人注目。高庙文化的白陶多为泥质，部分夹砂，胎质呈浅白色、灰白色和黄白色，胎骨质密，硬度较高。器类有罐、圈足盘、篦形器等。器表一般经打磨光滑再施纹饰。罐类器一般在颈部和肩部施篦点纹，腹部以下有些施绳纹；圈足盘与簋形器一般在器腹外壁和圈足外施加戳印篦点纹。

根据发掘者的研究，高庙文化可分为三期。第一期白陶开始出现，器类只有高领罐一种，双线刻划纹是主要的纹样，戳印纹较少，年代距今约 7800～7400 年；第二期新出现了圈足类陶器，罐类器丰富多样，戳印纹趋于鼎盛，由戳印的连续小方格凹点组成带状、线状、波浪状、方连状、连续梯形、垂帘形等基本纹样作衬托，又将凹点缀合成獠牙兽面、凤鸟、太阳和植物花卉等，年代距今约 7400～7100 年；第三期距今约 7100～6800 年，前一时期的各种器类依然盛行，圈足类器的形制更为丰富⑰。至于戳印纹的施加方法是用竹篾片做的戳具进行戳印然后再用竹质或骨质的小刀进行剃刻，使轮廓清晰，有浅浮雕的风格。这种方法与珠江三角洲地区史前白陶戳印纹的施加方法是一致的。

松溪口文化是继高庙文化之后在湘西地区发展起来的一支考古学文化，以松溪口遗址晚期晚段遗存和征溪口二期遗存为代表，也包含有不少如圈足簋、圈足盘和直口圈足罐等白陶器。

高庙文化的白陶出现在距今 7800 年左右，以罐、圈足盘和簋形器为主要器类，以篦点戳印纹为主要纹样，以戳印纹组成的獠牙兽面纹、凤鸟纹和太阳纹为特色，制作精美、器类丰富，是华南地区目前发现的最早的白陶之一。继之发展的松溪口文化依然有为数不少的白陶。反观洞庭湖地区，目前所能确定的最早的彭头山文化中不见白陶。与高庙文化年代相当的皂市下层文化中基本不见白陶。属皂市下层文化的坟山堡遗址 3B 层出土过白陶，但陶质较差，数量不多，年代上也要晚于高庙文化的早期白陶。已有学者指出了坟山堡遗址出土的零星白陶可能与高庙文化的影响有关⑱。汤家岗文化的白陶是洞庭湖地区最为兴盛的，年代上限不早于距今 7000 年，具有代表性的白陶器类敛口圈足盘在皂市下层文化中并不能找到根源，反倒与沅水流域的高庙文化及松溪口文化中的同类器近似，汤家岗文化的白陶应是高庙文化白陶向外传播的结果。再来看珠江三角洲地区，最早的白陶出现在咸头岭第Ⅰ段，年代在距今 7000 年左右，年代上晚于高庙文化的白陶，而与环洞庭地区早期白陶的年代大体相当或略晚。白陶器类尊形圈足杯和敛口圈足盘不仅形制上与高庙文化和松溪口文化中的簋形器和圈足盘类似，而且器物外壁上饰有戳印篦点纹组成的飞鸟侧面图像和简化的獠牙兽面纹，与高庙文化白陶器上的飞鸟和獠牙兽面图案相似。所以珠江三角洲地区白陶的来源更有可能是沅水流域的高庙文化和松溪口文化。

四 沅水流域与珠江三角洲地区白陶交流的途径

白陶是通过何种途径影响到珠江三角洲地区的呢？目前，除指出珠江三角洲地区白陶是受洞庭湖地区大溪文化的影响，而未明确指出影响线路的之外，大体上有四种认识：（1）溯湘江、越南岭，至珠江三角洲地区（可简称为"湘江线"）；（2）溯沅水主源清水江，过云雾山入曹渡河、红水河、西江，至珠江三角洲地区（可简称为"红水河线"）；（3）由沅水支流渠水入寻江，至柳州入西江，至珠江三角洲地区；（4）溯清水江，向南沿都柳江入西江，顺东南而下到达珠江口岸一带[39]。因上述3、4两条线均需经柳江，可简称为"柳江线"。

关于湘江线。湘江起源于广西兴安县西南的海洋山，主源称海洋河，在兴安县分水塘与灵渠汇合，向东北流，经广西兴安、全州两县后在全州庙头镇叉江村入湖南。在湖南省永州市区与潇水汇合，蜿蜒东流经永州、衡阳、株洲、湘潭、长沙，至湘阴县入洞庭湖。近年来湖南省的考古工作者在湘江流域做了大量工作，湘江流域的史前文化也已基本建立起黄家园类型—大塘文化—堆子岭文化—岱子坪一期文化—磨山晚期·舵上坪类型的文化序列[40]。第一阶段黄家园类型早期陶器以夹砂夹炭的红褐陶为主，流行绳纹，器物均为圜底器，以绳纹罐、圜底钵为代表，与彭头山文化晚期的陶器相似。黄家园类型中期陶器仍以圜底器为主，绳纹仍是最多的，但出现了圈足器和平底器，双耳器尤其发达。中期遗存中的圈足盘、双耳罐与皂市下层文化的同类器相似[41]。黄家园类型应处于彭头山文化晚期向皂市下层文化过渡的时期。第二阶段的大塘文化可以分为三期[42]，陶器组合以折沿筒形釜、折沿鼓腹釜、双耳罐和曲腹圈足碗等为特征。第一期以附山园早期遗存[43]为代表。陶器以夹砂红陶为主，夹炭红陶次之，有少量的泥质红陶和夹砂褐陶，多数施有红陶衣。纹饰繁缛复杂，釜的肩部常饰有刻划和戳印的组合纹饰，腹部均施绳纹。器类以圜底器为主，圈足器次之，偶见有平底器，不见三足器、豆类器。主要器类有釜、碗、钵、罐等。该期保留了较多的皂市下层文化的因素，如双耳罐、折沿折腹平底钵、大镂孔圈足盘和蝶形器盖等，年代应与皂市下层文化相当。第二期以南托大塘遗址[44]为代表。这一期的陶器组合没有发生太大的变化，一些陶器如折沿釜、曲腹碗等都与前一时期有不可分割的联系，有较完整的形态演变序列。值得关注的是大塘遗址出土了不少白陶，一些碗、罐上饰有戳印纹组成的鸟纹、八角星纹、兽面纹和建筑房屋样的纹饰等，这些纹饰与高庙文化和松溪口文化的纹饰风格相近，很可能是受到了这两种文化的影响。大塘遗址的年代与汤家岗文化早期相当。第三阶段堆子岭文化以堆子岭遗址[45]为代表，除了继承第二阶段的一些文化因素外，一种新的器类鼎开始大量出现。出现的一些白陶圈足盘应是受到了大溪文化的影响。到了第四、第五阶段，白陶基本不见，年代分别相当于屈家岭文化和石家河文化时期。

湘江流域最早的白陶出现在相当于皂市下层文化的大塘文化时期，极有可能是高庙文化与松溪口文化影响的结果。如果珠江三角洲地区的白陶是溯湘江传播到达的，那么湘江流域的白陶应比珠江三角洲地区的白陶出现得更早，但是两地白陶出现基本同时，都在距今 7000 年左右。而且从目前湘江流域新石器时代的文化序列可以看出，沿着湘江流域逆水向南，遗址的年代越来越偏晚，白陶濒于绝迹。近年来，湖南省文物考古研究所在潇湘上游地区进行了大规模的考古调查和试掘工作，均未发现白陶和彩陶，且发现的遗址年代普遍偏晚，基本上属于商周时期[46]。而在湘江上游地区广西兴安、全州、灌阳等地的考古调查，也未发现任何白陶的痕迹。遗址的年代也属于新石器时代晚期以后[47]。珠江三角洲地区的白陶以饰压（戳）印纹的圈足类器为代表，而这类白陶在湘江流域目前并没有太多的发现。至于石峡第一期文化的白陶，不但年代上晚于咸头岭第 I 段的白陶，且以镂孔圈足盘、豆、杯和尖圆锥形空心器足为代表的白陶器类多为素面，无论是器形还是纹饰都与珠江三角洲地区第一阶段的白陶有明显区别[48]。从目前的材料看，白陶溯湘江、越南岭到达珠江三角洲地区这条路线还缺乏充足的考古学证据。

关于"红水河线"和"柳江线"。红水河源出云南省沾益县马雄山，称南盘江，南流至开远折而东，至望谟县与北面来的北盘江相会，始称红水河。至天峨县接纳蒙江和曹渡河，折而向南进入广西，经东兰、大化、来宾，与柳江汇合后称黔江。

柳江发源于贵州独山县南部，上游在贵州省境称都柳江，蜿蜒东流入广西境，至广西三江侗族自治县拉堡称融江，南流，过柳城后称柳江。柳江流至鹿寨的江口汇洛清江，南流与红水河相会，称黔江。在广西桂平与郁江汇合称为浔江，浔江过梧州称西江，至珠江三角洲地区。

若大溪文化或高庙文化溯沅水主源清水江而上，即入清水江支流重安江和龙头江，越云雾山后，经红水河上游支流之曹渡河，或涟江—蒙江，再入红水河。或经寻江等入都柳江，再入柳江。在如此漫长的路途中势必会在两条流域留下其活动的蛛丝马迹。

近年来，广西文物考古研究所在红水河流域开展了一系列的考古调查和发掘工作，先后调查和发掘了大化布屯、江坡、大地坡，马山六卓岭、尚朗岭、索塘岭、拉如岭、古楼岭以及都安北大岭，巴马坡六岭等遗址[49]。另据不完全统计，在广西涉及红水河流域的南宁、柳州、百色、河池地区，共发现史前遗址 54 处，其中旧石器时代文化遗存 6 处，新石器时代文化遗存 48 处。新石器时代遗存主要分布于来宾、忻城、上林、都安、大化、东兰、巴马、隆林和天峨等九个县（市）[50]。从目前公布的材料来看，上述遗址均没有发现白陶或彩陶，也没有发现与高庙文化、大溪文化相似的其他文化遗物。

柳江流域经发掘的遗址包括柳州白莲洞[51]、鲤鱼嘴[52]、蓝家村和鹿谷岭[53]以及象州南沙湾[54]等。为了解决白陶流布的路线问题，2009 年，中国社会科学院考古研究所华南一队、广西壮族自治区文物考古所、柳州市文化局联合对都柳江之三江县境段、融江、柳江、寻江、洛清江、林溪河、贝江河、龙江等流域的台地，以及柳城县社冲乡石灰岩地区的洞穴遗址进行了细致的田野考古调查，在复查和新发现的数十处遗址中，发现了大量的打制石器、磨制石器和陶片，如石斧、石锛、石凿、砺石、夹砂红陶等，未发现与高庙文化、大溪文化相似的文化遗物。

属浔江流域的桂平市也进行过详细的考古调查和发掘工作，经调查或发掘的大塘城、上塔、石咀、长冲根、岭营咀等遗址⑤，也未见到白陶、彩陶等文化遗物。

从目前的资料来看，"红水河线"和"柳江线"也缺乏足够的考古学证据的支持。

2004 年以来，贵州省文物考古研究所在黔东南苗族侗族自治州清水江流域进行考古调查，在天柱县的白市、远口等地发现七处新石器时代遗址并对天柱县远口镇坡脚遗址进行了发掘⑥，尤其重要的是发现了与高庙文化相同的陶器群，并发现少数白陶。这无疑为我们解读珠江三角洲地区史前白陶的来源提供了一个新的视角，也为我们提出了另一个崭新的课题，即高庙文化的来源问题。

清水江系沅水主源，发源于贵州省东南部都匀市斗蓬山北麓，曲折东北流，经贵州东南部的黔南布依族苗族自治州和黔东南苗族侗族自治州，于天柱县瓮洞以东进入湖南洪江市后称沅水。

坡脚遗址位于清水江左岸一级阶地。据报道，2004 年试掘面积 16 平方米。清理灰坑 6 个、柱洞 4 个，出土物包括石制品近 500 件，陶片共 931 片。2009 年发掘面积不详，除了少数陶片，还发现了 8100 多件石制品。石制品的石料多数来自附近的河漫滩，以轻微变质的长石石英砂岩为主，还有极少量的脉石英、细砾岩、粉砂质的石英砂岩和水晶。石制品可分为打制和磨制两大类，而以打制石制品为主。打制石器中刮削器为多，砍砸器次之，盘状器再次之，尖状器较零星。还有端刮器、凹刮器和修背石刀等。还见有较多的断片和断块。另有石锤和石砧等。磨制石器数量较少，种类有斧、锛、凿等，形体多较小，另见有磨制石器的坯材及砺石等。

据发掘者对 2004 年出土陶器的观察和统计，陶器皆为夹砂陶，未见泥质陶。陶质疏松，陶色不纯。以红褐陶和灰褐陶为最多，其中，红褐陶 353 片，占 37.92%；灰褐陶 330 片，占 35.44%；次为黑褐陶，有 132 片，占 14.12%；黄陶 92 片，占 9.9%；白陶最少，仅 24 片，占 2.58%。素面 678 片，占陶片总数的 72.8%；绳纹陶 134 片，占 14.4%；组合纹 119 片，占 12.78%。绳纹主要施在器物腹部以下，以细绳纹为主，粗绳纹极少。组合纹最具特征，纹饰比较繁缛，以压（戳）印纹为主，包括平行带状纹和戳印篦点纹、连续波折纹、圈点纹等组合而成的各种图案。主要施在器物口沿外侧、颈部至肩部。未见彩陶。陶器主要流行圜底器，未见平底器和三足器。器形主要有釜、罐、钵、碗等，其中罐类器物最为丰富。器物特点是罐类口沿多外敞，颈部较高，微束，圜底或圈足。文化遗存可分为早晚两期。早期与高庙文化关系密切，晚期包含部分大溪文化因素。

高庙文化的陶器以夹砂陶为主，少见泥质陶。陶器皆手制，但器壁厚薄均匀，有一定数量的白陶。器型以圜底和圈足器为主，不见三足器和尖底器。器类主要有釜、罐、盘、钵、簋、碗、杯等，其中釜、罐、盘种类最丰富，仅罐的器形就多达十余种。器表装饰极具特色，在罐类器的颈、肩部，钵、盘和簋形器的上腹部通常饰由戳印篦点纹组成的各种图案，而最具代表性的是由戳印的连续小方格凹点组成平行带条状、线状、波浪状、方连状、连续梯形、垂幛形等基本纹样作衬托，又将凹点缀合成形态各异的凤鸟纹、獠牙兽面、八角星纹和植物花卉等。器腹部多施绳纹。出现了填彩和彩绘陶。

与高庙文化相比，坡脚遗址早期遗存与其有一定共性，如都以红褐陶、灰褐陶为多；有少量白陶；由平行带状纹和戳印篦点纹、连续波折纹、圈点纹等组合而成的各种组合纹饰较发达；以圜底器为主，釜、罐类器物较多等等。其总体风格，尤其是器表装饰风格趋同。但是，两者间的差异也非常明显。坡脚遗址罐类器比较单一，多为敞口，颈部较高，微束，圜底罐为主，缺乏高庙文化形态多异的罐类器；器物种类单一，不见圈足盘、杯、簋等类器形；不见填彩和彩绘陶；亦无纹饰繁缛，形态各异的凤鸟纹、獠牙兽面、八角星纹和植物花卉等等。坡脚遗址的陶器群整体上表现出比高庙文化陶器群更为原始的特征，高庙文化似乎应该是在坡脚一类遗存的基础上发展而来的。若此观察与判断无大误，则从另一方面说明高庙文化白陶影响珠江三角洲的"红水河线"和"柳江线"是难以成立的。

目前，贵州清水江流域的考古工作刚刚开始起步，其文化发展序列尚不清楚，但新的发现不免让人耳目一新。相信随着该区域考古工作的进一步深入，相关的学术问题会越来越明晰。

珠江三角洲地区史前白陶的渊源及其与沅水流域高庙文化之间的关系是南岭南北地区史前文化关系中一个重要的环节，关涉到对许多文化现象的解读。在以往的研究中，学术界普遍认为珠江三角洲地区史前的白陶与洞庭湖地区的大溪文化关系密切。但近年来随着湖南沅水流域和珠江三角洲地区史前考古工作的开展，特别是高庙遗址与咸头岭遗址发掘所获得的新材料不断增多，表明珠江三角洲地区史前的白陶更有可能源自湖南沅水流域的高庙文化及其后的松溪口文化。关于白陶的传播路线，过去有"湘江线"、"红水河线"和"柳江线"之说。2004年广西文物考古研究所的何安益先生在广西平乐纱帽山遗址进行考古调查，采集到十余件饰戳印纹的白色和灰白色陶片[37]，其器形特征和器表装饰风格与高庙文化相同。此外，在广西浔江流域的平南石脚山遗址也发现有白陶和戳印纹泥质红陶圈足陶片[38]。根据目前发现的考古资料，有理由相信由沅水至桂林，经漓江、桂江、西江至珠江三角洲这条水路应是目前所知最早、最清晰的沅水流域史前文化到达珠江三角洲地区的通道或途径。

注　释

① a. Finn, D. J. , *Archaeological Finds on Lamma Island near Hong Kong*, University of Hong Kong, 1958. b. 商志

醰:《三十年代大湾遗址考古报告的再研究》,《香港考古论集》,文物出版社,2000 年。

② 五次发掘分别为 1985 年、1989 年、1997 年、2004 年和 2006 年进行的发掘。第一、二次发掘的材料可参见深圳市博物馆、中山大学人类学系:《深圳市大鹏咸头岭沙丘遗址发掘简报》,《文物》1990 年第 11 期。

③ 深圳市文物考古鉴定所、深圳市博物馆:《广东深圳市咸头岭新石器时代遗址》,《考古》2007 年第 7 期。

④ 数字引自李海荣、刘均雄:《深圳咸头岭新石器时代遗址与珠江三角洲地区相关遗址的分期和年代》一文,《东南考古(第四辑)》,厦门大学出版社,2010 年。后文中咸头岭遗址各段白陶的比例数字均引自该文。

⑤ 珠海市博物馆、广东省文物考古研究所、广东省博物馆:《淇澳岛后沙湾遗址发掘》,《珠海考古发现与研究》,广东人民出版社,1991 年。

⑥ 广东省文物考古研究所、珠海市博物馆:《珠海宝镜湾——海岛型史前文化遗址发掘报告》,科学出版社,2004 年。

⑦⑧ 杨式挺、林再圆:《从中山龙穴及白水井发现的彩陶谈起》,《南中国及邻近地区古文化研究》,香港中文大学出版社,1994 年。

⑨ 深圳市博物馆、中山大学人类学系:《深圳市大黄沙沙丘遗址发掘简报》,《文物》1990 年第 11 期。

⑩ 冯孟钦:《蚝岗遗址发掘的主要收获》,《东莞蚝岗遗址博物馆》,岭南美术出版社,2007 年。

⑪ 崔勇:《广东高明古椰贝丘遗址发掘取得重要成果》,《中国文物报》2007 年 1 月 12 日第 2 版。

⑫ a. 广东省博物馆、佛山市博物馆:《佛山河宕遗址——1977 年冬至 1978 年夏发掘报告》,广东人民出版社,2006 年。b. 杨式挺、黄青松:《试析石峡第一期文化的白陶及其源流问题》,《东南考古研究(第四辑)》,厦门大学出版社,2010 年。

⑬ a. Meacham, W., New C – 14 Data and Advances in Establishing a Prehistoric Chronology for Hong Kong's Prehistory, *Journal of the Hong Kong Archaeological Society* Vol. XIII, 1993. b. 邹兴华:《珠江三角洲史前文化分期》,《岭南古越族文化论文集》,香港市政局,1993 年。c. 邓聪:《考古学与香港古代史重建》,《当代香港史学研究》,三联书店(香港)有限公司,1994 年。d. 商志醰:《香港地区新石器时代文化分期及与珠江三角洲地带的关系》,《香港考古论集》,文物出版社,2000 年。e. 商志醰:《再论香港新石器时代文化的分期与断代》,《香港考古论集》,文物出版社,2000 年。

⑭⑲ 区家发:《龙鼓洲遗址抢救发掘简报》,《粤港考古与发现》,三联书店(香港)有限公司,2004 年。

⑮ a. 同①a。b. Heather, A. Peters, Tai Wan. *Journal of the Hong Kong Archaeological Society* Vol, IX, 1982. c. 区家发等:《香港南丫岛大湾遗址试掘简报》,《南中国及邻近地区古文化研究》,香港中文大学出版社,1994 年。d. 邓聪等:《大湾文化试论》,《南中国及邻近地区古文化研究》,香港中文大学出版社,1994 年。

⑯ 同①b。

⑰ 秦威廉编:《南丫岛深湾——考古遗址调查报告》,香港考古学会专刊第三本,1978 年。报告以 E5 探方作为标准地层,其中 C 层的年代定为新石器时代晚期,F 层的年代定为新石器时代中期。F 层出土的泥质白陶陶色偏于灰白或浅黄,饰有双线刻划纹和戳印的半截管纹,有些有镂孔。

⑱⑳㉓ Meacham W., *Archaeological Investigations on Chek Lap Kok Island*, Journal Monograph IV, Hong Kong Archaeological Society, 1994.

⑳ 区家发:《大屿山长沙栏考古调查试掘报告》,《粤港考古与发现》,三联书店(香港)有限公司,2004 年。

㉑ W. Meacham.,Middle and Late Neolithic at "Yung Long South",《东南亚考古论文集》,香港大学美术博物馆,1995 年。

㉔ 同⑬d。

㉕ a. 香港古物古迹办事处、河南省文物考古研究所：《2002 年度香港西贡沙下遗址 C02 区 DⅡ02 区考古发掘简报》，《华夏考古》2004 年第 4 期。b. 陕西省考古研究所、香港古物古迹办事处：《香港西贡沙下遗址发掘简报》，《考古与文物》2006 年第 6 期。c. 香港古物古迹办事处、广州市文物考古研究所：《香港西贡沙下遗址 DⅠ区发掘简报》，《华夏考古》2007 年第 4 期。

㉖ a. Kelly，W.，Excavation at Hac Sa，*Journal of the Hong Kong Archaeological Society*，Vol. Ⅳ，1973. b. Meacham，W.，Hac Sa Wan，Macau，*Journal of the Hong Kong Archaeological Society*，Vol. Ⅶ，1979. c. Meacham，W.，Hac Sa Wan，Macau，Phase Ⅲ，*Journal of the Hong Kong Archaeological Society*，Vol. Ⅺ，1986. d. 邓聪、郑炜明：《澳门黑沙》，香港中文大学出版社，1996 年。

㉗ 陈炳辉：《澳门史前考古与文化》，澳门民政总署、澳门艺术博物馆制作，2003 年。

㉘ 已有学者对"南来说"、"西来说"、"东来说"等说法做过系统的梳理评述，本文不再赘述。可参见邓聪、区家发：《环珠江口史前考古刍议》，《环珠江口史前文物图录》，中文大学出版社，1991 年。邓聪、黄韵璋：《大湾文化试论》，《南中国及邻近地区古文化研究》，中文大学出版社，1994 年。"本地起源"的具体内容可参见杨耀林：《环珠江口史前彩陶源流试论》，《华南考古（1）》，文物出版社，2004 年。

㉙ 邓聪、区家发：《环珠江口史前考古刍议》，《环珠江口史前文物图录》，香港中文大学出版社，1991 年。

㉚ 何介钧：《环珠江口的史前彩陶与大溪文化》，《南中国及邻近地区古文化研究》，香港中文大学出版社，1994 年。

㉛ 任式楠：《论华南史前印纹白陶遗存》，《南中国及邻近地区古文化研究》，香港中文大学出版社，1994 年。

㉜ 岳阳市文物工作队、钱粮湖农场文管会：《钱粮湖坟山堡新石器时代遗址试掘报告》，《湖南考古辑刊》第 6 集，岳麓书社，1994 年。

㉝ 湖南省文物考古研究所：《湖南黔阳高庙遗址发掘简报》，《文物》2000 年第 4 期。

㉞ a. 贺刚：《高庙遗址的发掘与相关问题的初步研究》，《湖南省博物馆馆刊》2005 年第 2 期。b. 湖南省文物考古研究所：《湖南洪江市高庙新石器时代遗址》，《考古》2006 年第 7 期。

㉟ a. 湖南省文物考古研究所：《湖南辰溪县松溪口贝丘遗址发掘简报》，《文物》2001 年第 6 期。b. 湖南省文物考古研究所：《湖南辰溪县征溪口贝丘遗址发掘简报》，《文物》2001 年第 6 期。

㊱ 吴顺东：《湖南辰溪大湫潭电站淹没区考古取得重要收获》，《中国文物报》2006 年 9 月 1 日第 2 版。

㊲ 贺刚：《湖南高庙遗址出土新石器时代白陶》，《东南考古研究（第四辑）》，厦门大学出版社，2010 年。

㊳ 孟华平：《湖北新石器时代白陶》，《东南考古研究（第四辑）》，厦门大学出版社，2010 年。

㊴ 张合荣：《贵州史前时期陶器概论》，《四川文物》2008 年第 6 期。

㊵ a. 郭伟民：《湘江流域新石器文化序列及相关问题》，《华夏考古》1999 年第 3 期。b. 尹检顺：《湘江流域原始文化初论》，《南方文物》1999 年第 4 期。

㊶ 郭胜斌、罗仁林：《附山园—黄家园遗址的考古发现与初步研究》，《长江中游史前文化暨第二届亚洲文明学术讨论会论文集》，岳麓书社，1996 年。

㊷ 在以往的研究中，大塘文化的分期有二期说和三期说之分，本文采用三期说。参见尹检顺《湘鄂两省早期新石器文化研究中的几个问题》，《考古耕耘录》，湖南省文物事业管理局编，岳麓书社，1999 年。

㊸ 岳阳市文物考古研究所：《湖南省汨罗市附山园新石器时代遗址第一次发掘简报》，《湖南省博物馆馆刊（第四辑）》，岳麓书社，2007 年。

㊹ 长沙市博物馆：《长沙南托大塘遗址发掘报告》，《湖南考古辑刊（第 8 集）》，岳麓书社，2009 年。

㊺ 湖南省文物考古研究所：《湖南湘潭县堆子岭新石器时代遗址》，《考古》2000 年第 1 期。

㊻ 湖南省文物考古研究所：《坐果山与望子岗——潇湘上游商周遗址发掘报告》，科学出版社，2010 年。

㊼ 李珍：《广西湘江流域史前文化的初步认识》，中国社会科学院考古研究所编著：《华南及东南亚地区史前考古——纪念甑皮岩遗址发掘 30 周年国际学术研讨会论文集》，科学出版社，2006 年。广西壮族自治区文物工作队：《广西湘江流域史前文化遗址的调查与研究》，《广西考古文集·第二辑》，科学出版社，2006 年。

㊽ 同⑫b。

㊾ 广西壮族自治区博物馆：《大化瑶族自治县布屯新石器时代洞穴遗址调查报告》，《广西文物》1992 年第 1 期。广西壮族自治区文物工作队、南宁市博物馆、马山县文物管理所：《广西马山县六卓岭、尚朗岭新石器时代遗址发掘报告》，《广西考古文集·第二辑》，科学出版社，2006 年。广西壮族自治区文物考古研究所：《广西红水河流域新石器时代遗址考古调查报告》，《广西考古文集·第三辑》，文物出版社，2007 年。

㊿ 梁旭达：《红水河流域原始文化概述》，《广西民族研究》2000 年第 2 期。

[51] 柳州白莲洞洞穴科学博物馆等：《广西柳州白莲洞石器时代洞穴遗址发掘报告》，《南方民族考古》第一辑，1987 年。

[52] 柳州市博物馆、广西壮族自治区文物工作队：《柳州市大龙潭鲤鱼嘴新石器时代贝丘遗址》，《考古》1983 年第 9 期。傅宪国等：《柳州鲤鱼嘴遗址再次发掘取得重要学术成果》，《中国文物报》2004 年 8 月 4 日第 1 版。

[53] 柳州市博物馆：《广西柳州新石器时代遗址调查与试掘》，《广西文物考古报告集（1950～1990）》，广西人民出版社，1993 年。

[54] 广西壮族自治区文物工作队：《象州南沙湾贝丘遗址 1999—2000 年度发掘简报》，《广西考古文集》，文物出版社，2004 年。

[55] 何乃汉、陈小波：《广西桂平新石器时代文化遗存》，《考古》1987 年第 11 期。中国社会科学院考古研究所广西工作队、广西壮族自治区文物工作队：《1996 年广西石器时代考古调查简报》，《考古》1997 年第 10 期。

[56] 张合荣：《贵州史前时期陶器概论》，《四川文物》2008 年第 6 期。于孟洲、白彬：《贵州天柱史前遗址群考古发掘取得重要收获》，《中国文物报》2010 年 6 月 18 日第 4 版。

[57] 资料存广西文物考古研究所。

[58] 广西壮族自治区文物工作队、平南县博物馆：《广西平南县石脚山遗址发掘简报》，《考古》2003 年第 1 期。

东南亚史前树皮布石拍研究新进展

邓 聪

（香港中文大学）

一 前言

尊敬的安志敏教授离开我们快有五年多了！安先生的音容日远，然而我们对先生殊切的思念，却与日俱增。近年，我一直反复阅读安先生生前对石器和玉器研究的论著，希望写一些学习的心得，以系念先生与我异代怅望之情。起初我打算从海拉尔细石器的研究入手，下笔后由于所涉及国内外考古的资料太复杂，一时尚未能完成，只能留待日后在别项的专刊中发表。这里我以香港并涉及南中国以至东南亚相关范围，就古代树皮布文化研究的一些新发现，略作简介，以追怀先生对香港考古的业绩。

安先生对香港考古学的发展，作出了重要的贡献。1986～2002 年间，安先生曾先后七次访问香港，其中六次均应香港中文大学中国考古艺术研究中心的邀请，可见先生对香港中文大学考古工作的关心和支持。1986 年 2 月下旬，安先生首次访问香港中文大学。同年，刚好本人从日本东北大学留学回港，蒙郑德坤教授照拂，得以回到母校中文大学工作，因此幸得与安先生第一次会面。那次我们和中文大学历史系林寿晋教授、古物古迹办事处的叶祖康先生，一同调查了香港一些遗址，其中主要是考察了英国考古工作者蒲国杰在涌浪遗址发掘的现场。

此后，安先生和我在书信上有较多往来，他一直关心香港考古学的发展。此中，安先生十分关注中国树皮布文化的问题，曾多次鼓励我在这方面进一步探索。1997 年香港回归的重要时刻，先生在《考古》上发表《香港考古的回顾与展望》一文，是对香港考古最全面总结性的论文。在这篇文章中，先生一再强调指出：“据考古发现来看，大湾文化的有槽石拍便不与纺轮共存；相反的，大溪文化只有纺轮而不见有槽石拍。这至少表明树皮布和纺织属于两个不同的传统。……大湾文化的出现，不仅承袭祖国大陆的文化源流，同时又以有槽石拍为代表的遗物遥远地影响到东南亚一带。”[①]其后，在

1997 年 9 月回归之初，香港中文大学又邀请安先生为中国文化研究所建所 30 周年纪念，作"香港的远古文化及其根源"的专题演讲，其中先生一再强调："就珠江三角洲的诸文化遗存而言，它们既接受长江流域和黄河流域的文化影响，又通过海路传播，像有槽石拍……起源于中国大陆，而又分布到台湾及东南亚一带，自然是海路交流的有力证据。"②

安先生和我之间对树皮布石拍的探索，也是很有缘分的。1996 年我们共同发掘了香港著名的大湾遗址，于距今 6000 多年前房址遗迹的周围，发现了几件在使用过程中破损的石拍。2004 年安先生 80 寿辰，先生的朋友和学生本着"桃李无言，下自成蹊"之旨，以《桃李成蹊集》论集，为先生祝寿。其中我奉献先生的论文为《台湾出土冯原式石拍的探讨》。日月如梭，七年后的今天，我仍以《东南亚史前树皮布石拍研究新进展》短文，追怀先生对我教育的学恩。唯毕竟先生已是异代不同时之古人，怅望之情，难以排遣，能无惋悼。

二 东南亚树皮布石拍研究背景

2000～2001 年间，笔者获香港研究资金局（RGC）资助，对东南亚地区树皮布文化，进行了系统并广泛的考古学及民族学调查。2001 年间，先后三次在云南西双版纳对克米人、基诺族人及爱尼人调查树皮布制作技术。另一方面，笔者亦开展了在中国西南、台湾，越南等地考古出土树皮布工具的探索。这里略谈本人对东亚地区出土树皮布石拍考古意义的认识。

1952 年国分直一综合东亚地区考古学所见树皮布文化的资料，提出南中国海与东南亚树皮布系统的认识，但未有足够资料可以讨论树皮布文化确实的起源地③。60 年代初，凌纯声提倡树皮布起源于华中的长江流域，或在华北的东部沿海地区。其后凌氏又修改主张，认为树皮布起源于华东及华南说④。80 年代张光直谈及树皮布石拍，始见于台湾的大坌坑文化⑤。

树皮布的起源及扩散的探讨，考古出土资料具有决定性的意义。出土遗物中一般树皮布的本身极难保存，因此，制作树皮布的石拍工具，是树皮布文化研究重要的根据。近年珠江流域考古的发现显示，树皮布文化的起源，很可能是在南中国岭南的范围。1996 年 3 月至 5 月，香港中文大学中国考古艺术研究中心、中国社会科学院考古研究所及中山大学人类学系，共同发掘香港南丫岛大湾遗址。这次发现的最重要成果之一，是揭露了距今约 6000 多年前的两处比较完整的居住房址遗迹。在房址遗迹的范围内，出土了几件树皮布石拍，从层位及共存遗物证实距今 6000 多年前树皮布的传统，曾繁荣于珠江口的范围⑥。

　　环珠江口大湾文化发现的距今 6000 多年前的石拍，是东亚、太平洋岛屿以至中美洲树皮布文化系列中最古老的代表。目前中国大陆的考古数据显示，距今 7000～6000 年前的阶段，长江流域中下游已广泛利用纺轮，以纺轮回转惯性把纤维加工成纱。河姆渡遗址出土的木刀、分绞棒、卷布棍等原始腰机零件，可以将纱线织成布[7]。长江流域迄今并没有发现过新石器时代树皮布石拍的资料。

　　另一方面，大湾文化中的树皮布技术显得相当成熟，肯定是一种外来传入的工艺。现今对大湾文化来龙去脉的理解还不是很透彻。过去笔者曾指出大湾文化与长江中游大溪文化在彩陶及白陶上有着承传的关系[8]。然而，大溪文化研究中并没有报道过树皮布石拍的发现。考古资料显示大湾文化的来源之一，与广西一带西江水系有着重要的关系[9]。树皮布的起源地很可能是在岭南。

　　探讨树皮布的起源，有必要考虑结合陶器制作的技术分析。日本东京大学今村启尔曾指出，利用陶拍与内垫拍打成形（paddle and anvil technique）的陶系，广泛分布于中国大陆、东南亚、印度、西伯利亚以至北美洲的东部。今村认为拍打成形陶器的技术，可能起源于距今约 1 万年前的南中国[10]。最近广西一些考古新发现与今村的推想相当吻合。1997 年中国社会科学院考古研究所傅宪国在广西邕宁顶蛳山遗址发掘时发现了很古老的陶器。幸蒙蒋廷瑜及傅宪国的好意，在该遗址发掘期间，笔者曾多次实地观察。顶蛳山遗址底层出土的第一期陶器相当丰富，估计是圜底的陶釜，从陶器的内外可见拍垫痕迹，属于拍打成形的陶系。第一期文化陶系的年代未有测定的数据。第二期文化的一个年代测定数据是 10365 ± 113 年。傅宪国估计第一期文化的年代在距今 1 万年以前[11]。

　　拍打成形陶系与树皮布制作在技术上有共通之处。拍制过程中，陶器的内部有陶垫，而树皮布的下面安放垫台。拍打陶器控制了圜状陶器的成形，并可将陶土拍得细密均匀。拍打树皮布的初期阶段是在于开松树皮纤维的排列，再用机械力量重组树皮纤维的结构。上述两者的共通之处，在于同样是以物理机械拍打的方法作为制作的主要手段。

　　树皮布制作的另一个重要条件是对植物纤维的掌握。湖南玉蟾洞最近出土了距今 1.4 万年前的陶器，其内外可见有植物绳子的压痕[12]。拍打技术及植物纤维的认识两者构成树皮布制作最重要的技术因素。树皮布的起源一定相当古远，可能可以追溯到旧石器时代。

　　东南亚岛屿、太平洋岛屿（民族学资料）以至北美洲最常见的两大系树皮布石拍：即复合型及棍棒型石拍，其渊源在中国大陆及越南的考古遗址中找到了证据。大湾文化中树皮布石拍的类型显示，只存在有复合型石拍。因此，复合型石拍比棍棒型石拍出现为早。大湾文化带凹沟装柄的石拍，在其后的 6000 年间于东南亚以至中美洲被广泛地继承和使用。

越南地区的树皮布文化发展曾经非常繁荣[13]。在越南北部棍棒型的石拍十分流行。冯原式复合型石拍在冯原文化中自成体系。史前学界公认在距今 3000 年前后，越南中部的沿海，与隔岸菲律宾的巴拉望存在着频繁的文化交流。菲律宾的树皮布文化来源于越南是毫无疑问的。被 Beyer 称为菲律宾式的带角棍棒型石拍，在东亚大陆上从没有露头，是菲律宾树皮布文化本土化的代表，此种石拍影响北至台湾南及加里曼丹与苏拉威西[14]。台湾的树皮布拍以棍棒型石拍为常见[15]，其来源只能考虑是从菲律宾传入的。广东（除雷州半岛外）和福建迄今尚未发现有棍棒型石拍是重要的证据之一。

Tolstoy 指出 16 世纪欧洲文化向世界扩张以前，地球上撒哈拉以南的非洲中部、东南亚与印度尼西亚、新几内亚与美拉尼西亚、波利尼西亚、中美洲及南美洲大部分地域，仍然维持树皮布文化的传统[16]。这说明了早期人类几种衣服制作系统上，树皮布有着极广泛的影响及重要性。树皮布技术起源于中国的南部，其重要的意义不亚于中国长江流域蚕丝编织的发明。与树皮布原料来源关系最密切的是桑科植物（Moraceae）。中国海南岛、台湾，菲律宾和大洋洲以至美洲树皮布的制作，主要原料都是桑科植物，其中以 Paper Mulberry（*Broussonetia Papyrifera*）与 Breadfruit Genus（*Artocarpus*）最普遍。人类衣服历史中，发源于中国的纺织丝布和楮树皮的无纺布，同样是具有世界性影响的重大发明。

三　东南亚石拍类型系统分析

近 20 多年来笔者就环珠江口、越南及台湾三处地区约 100 多处地点共出土的 300 多件树皮布石拍进行了全面的整理，并对环珠江口 16 处遗址出土的 100 多件石拍做了直接详尽的研究。越南方面，除整理已出土的青铜时代石拍外，2002 年香港中文大学与越南社会科学院考古学院合作，于越南富寿省 Xóm Rên 遗址进行考古发掘。笔者及越方协同主持人亲自发现了两件冯原式石拍。台湾方面，笔者已整理近 40 处遗址，出土共 80 多件石拍的资料，又全面测量了台东史前博物馆藏卑南出土的石拍。此外，笔者曾前往南中国的云南、广西、广东及海南各省以及泰国和老挝等地实地调查。在海南省发现有八处地点共出土 12 件石拍，年代可能属于距今 3000 多年前的青铜时代。这是学术界第一次认识到海南省史前加工树皮布的工具。笔者亦先后三次在云南西双版纳考察少数民族制作树皮布，先后采访了克木人、克米人、爱尼人和基诺族人制作树皮布的经过，已写成有关树皮布制作的民族学调查报告[17]。

更有进者，对民族学树皮布制作资料进行对比分析和对出土石拍的属性和功能作了科学的探讨，初步建立起新石器时代晚期至青铜器时代南中国与东南亚大陆及岛屿的树皮布文化体系。首次规划出八处树皮布石拍分布圈（图一、二）。

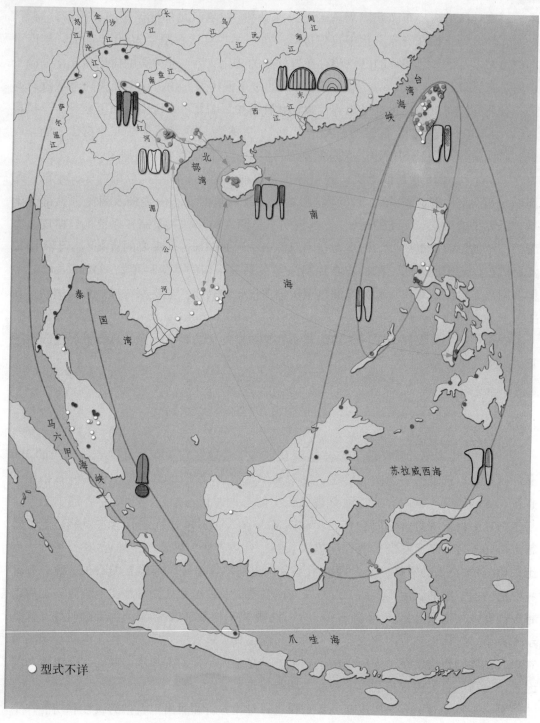

图　一

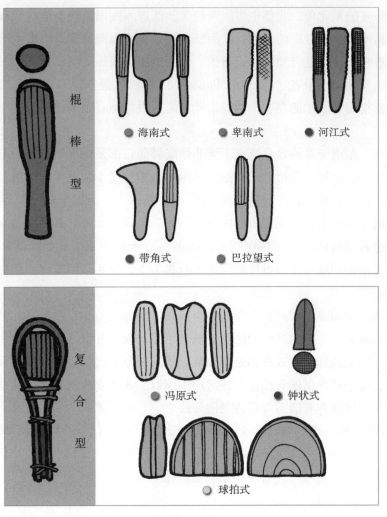

图　二

珠江水系流域是目前已知世界树皮布文化最古老的地区。中国岭南可能是树皮布技术的起源地。环珠江口地区 20 多处遗址出土大量的石拍，是目前已知世界上最早的树皮布制作工具。最近，广西考古队谢光茂在革新桥遗址的发掘，出土了可能是新石器时代较早的石拍，揭示岭南是世界树皮布文化起源地之一。

南中国及东南亚大陆与岛屿树皮布石拍文化圈的建立。大约在距今 4000～3000 年前的新石器时代晚期到青铜时代阶段，南中国及东南亚大陆与岛屿等地，都出土很丰富的树皮布石拍。按各地出土石拍技术形态分类，可分为棍棒型与复合型两大类。从各地出土石拍的初步分析，南中国、中南半岛以至马来半岛的广泛地域，以复合型石拍占较大的优势。其中复合型锤状式石拍一般都是方格槽面，自云南经泰国西部直下至马来半岛、爪哇都有分布，成为东南亚大陆西面势力最强大的石拍体系。估计其影响向西尚跨过缅甸直逼印度的东北角，北部也可能横跨金沙江进入四川盆地。锤状式石拍的分布不见于中南半岛沿湄公河以东的范围。红河三角洲是复合型冯原式石拍出土的集中地。珠江三角洲及粤东仍使用复合型球拍式石拍。云南中南部至越北河江省流行棍棒型的河江式石拍。琼山及南部多乐省（Dác Lác Province）可散见棍棒型海南式石拍。南中国及中南半岛东部棍棒型石拍的存在，为东南亚岛屿上棍棒型石拍来源地的考察，提供了重要的根据。

另一方面，东南亚岛屿自台湾南下至菲律宾群岛，都是棍棒型石拍的分布地，可以细分为卑南式、巴拉望式及带角式石拍。卑南式石拍只见于台湾东南一角，分布范围狭窄。带角式石拍别具特色，自台湾、菲律宾一线直下，以至加里曼丹及苏拉威西等岛屿，成为东南亚岛屿上分布范围最广的树皮布加工工具。此外，复合型冯原式石拍在东南亚岛屿上也有稀薄的分布。在空间上，海南岛位于东南亚大陆与岛屿之间。迄今所见，海南岛五指山周围出土以棍棒型海南式石拍为主，近年广东雷州半岛也曾发现过同样的石拍[18]。

总的来说，东南亚大陆的复合型石拍与岛屿的棍棒型石拍东西对垒，其间在文化传播或人口移动方面，大陆向岛屿的波及可能是主流，而相互渗透也是理所当然的事。其中如海南式、冯原式和锤状式石拍是跨大陆与岛屿分布；巴拉望式和带角式石拍只在岛屿上发现过，属于环海岛的石拍。上述对南中国以至东南亚树皮布石拍体系的认识，是迄今已知世界上树皮布衣服系统最古老的传统之一，有着重大的学术意义。

距今6000多年前或更早的阶段，黄河及长江流域流行纺轮，显示了纺织布衣服的流行；珠江水系一带，出现了发达的树皮布石拍，可见树皮布相当繁荣。长江以北的纺织布与珠江水系的无纺布两大衣服体系分庭抗礼。

本研究计划承香港特别行政区研究资金局资助经费（计划编号：CUHK4310/00H）

注　释

① 安志敏：《香港考古的回顾与展望》，《考古》1997年第6期。
② 安志敏：《香港的远古文化及其根源》，《中国文化研究所学报》新第七期，1998年。
③ 國分直一：《東亞古代に於けるタパ文化》，《史學研究》第49集。
④ 凌纯声：《树皮布印文陶与造纸印刷术发明》，《"中央研究院"民族学研究》，1963年。
⑤ Kwang-chih Chang, Taiwan Archaeology in Pacific Perspective, *Anthropological Studies of the Taiwan Area: Accomplishments and Prospects.* Taipei: Department of Anthropology, National Taiwan University, 1989, pp. 87-97.
⑥ 邓聪：《古代香港历史的新发现》，《历史研究》1997年第3期；《从东亚考古学角度谈香港史前史重建》，《新华文摘》1996年第4期。
⑦ 浙江省文物考古研究所：《河姆渡：新石器时代遗址考古发掘报告》，文物出版社，2003年。

⑧ 邓聪:《香港考古之旅》第 72～78 页,香港区域市政局,1991 年。

⑨ 何介钧:《环珠江口的史前彩陶与大溪文化》,《南中国及邻近地区古文化研究》第 321～330 页,香港中文大学出版社,1994 年。

⑩ 今村啟爾:《東南アジアの土器》,《アジア土器の世界》145～172 頁,日本:雄山閣。

⑪ 傅宪国、李新伟、李珍、张龙、陈超:《广西邕宁县顶蛳山遗址的发掘》,《考古》1998 年第 11 期。

⑫ 小林達雄、宮尾亨:《中國華南地方の舊石器時代末期—新石器時代早期遺跡》,《東アジアにおける土器の起源に關する國際共同研究》9～14 頁,日本:國學院大學,1997 年。

⑬ Ha Van Tan, Ve Nhung Cai Goi La 'Ban Dap' Trong Cac Di Chi Van Hoa Phung Nguyen, *Theo Dau Cac Van Hoa Co*,Ha Noi:Nha Xuat Ban Khoa Hoc Xa Hoi, 1997, pp. 593 – 598. (何文瑨:《冯原文化中一些称为"石拍"器物》,《追踪古文化》593～598 页,河内:社会科学出版社,1997 年)。

⑭ H. O. Beyer, *Philippines and East Asian Archaeology and Its Relation to the Orign of the Pacific Islands Population*. Philippines:National Research Council of the Philippines, Bulletin No. 29, 1948.

⑮ 邓聪:《台湾地区树皮布石拍初探》,《东南文化》1999 年第 5 期。

⑯ P. Tolstoy, *Cultural Parallels between Southeast Asia and Mesoamerican in the Manufacture of Bark Cloth*, Transactions of the New York Academy of Sciences, Vol. 25, No. 6, 1963, p. 646.

⑰ 邓聪:《云南树皮布民族学调查启示》,《南方民族考古·6》,科学出版社,2010 年。

⑱ 邱立诚:《粤地考古求索——邱立诚论文选集》图版二,科学出版社,2008 年。

论青海柳湾马厂类型分期及其相关问题

谢 端 琚

（中国社会科学院考古研究所）

青海柳湾遗址的发掘是缘起于一件马家窑文化马厂类型人像彩陶壶的发现，随后为考古界所知晓的。1974 年春，乐都县高庙公社柳湾大队社员在平地造田、挖渠引水工程中发现不少造型美观、花纹别致的彩陶壶等遗物，其中有一件为从未见过的人像彩陶壶。标本运回西宁后，引起了青海省领导同志与文物考古工作者的关注，这是一个重要的新发现。随后青海省文物管理处即写了书面材料上报中央，并建议对柳湾遗址进行正式发掘。不久，国家文物事业管理局会同中国科学院（1977 年中国社会科学院成立，考古研究所改属之）审批同意发掘。

1974～1980 年，青海省文物管理处考古队与中国社会科学院考古研究所等单位对柳湾遗址进行了六个年度的发掘，共发现史前时期墓葬 1700 多座，其中 1978 年以前发掘的 1500 座墓葬，我们先期进行整理，编写了考古学专刊《青海柳湾》一书，并于 1984 年由文物出版社出版[①]。2000～2001 年为配合柳湾彩陶研究中心建馆工程，青海省文物考古研究所对彩陶博物馆建设区的遗址进行了抢救性发掘工作，发现史前时期房址、窖穴等重要遗迹和陶、石器等遗物[②]。说明柳湾遗址是一处规模较大较完整的史前时期聚落遗址，不仅有大片的氏族公共墓地，而且还有氏族居住地。被国务院公布为全国重点文物保护单位。

《青海柳湾》一书报道了 1500 座墓葬的全部发掘资料，包括马家窑文化半山类型墓葬 257 座、马厂类型墓葬 872 座、齐家文化墓葬 266 座、辛店文化墓葬 5 座。出土不同质地的生产工具、生活用具和装饰品等文化遗物共 3 万余件。其中以马厂类型的墓数最多，占墓葬总数 58%，出土物也最丰富，占出土物总数 55%。可以说这是迄今为止的史前时期墓地发掘中发现墓葬数量最多的一处遗址。

马家窑文化马厂类型的文化遗存在甘青地区分布广泛，东起宁夏回族自治区海原县，西至甘肃酒泉、金塔县境内。黄河上游兰州地区、湟水中下游和河西走廊地区为其分布中心。据统计，迄今已发现马厂类型遗址 600 多处，其中，最多的是青海民和县，共 352 处，约占总数的 60%[③]。在这数百处遗址中，经发掘的有十多处，其中发掘规模大、出土遗迹遗物最丰富的是柳湾遗址，它所蕴涵的文化内涵为同类遗址所无法替代。但它需要探讨的学术问题很多，如马厂类型的分期、社会性质、与其他文化或邻近地区古文化的关系等问题。近年来，最受学术界关注的是马厂类型的分期问题，因为要对马厂类型的发生、发展和消亡作出正确的论述，必须首先进行分期，搞清其早晚发展序列，所以分期问题便成为学界讨论的热点。现今对此问题，学界仍是众说纷纭，不少学者发表论著，各抒己见，这引起了我很多思考。目前，重新翻阅有关资料，想就此问题再发表一点个人见解，与学界同仁一起探讨。

（一）

关于马厂类型的文化属性和分期问题，早在 20 世纪 30 年代即已开始。马厂类型（也称马厂期或马厂式）本身的分期，最早是 1934 年巴尔姆格伦所著《半山及马厂随葬陶器》一书中提出来的，他对半山、马厂随葬陶器作了分期[④]。虽然他的分期结论缺乏证据，但他对半山、马厂陶器的研究成果，对中国考古学界还是产生了一定的影响。

20 世纪 40 年代，夏鼐先生在甘肃省广河自治县（旧称宁定县）阳洼湾遗址发掘两座齐家文化墓葬，墓内出土了比它早的马家窑文化彩陶片，从而在层位上解决了两者的相对年代，即马家窑文化早于齐家文化[⑤]。纠正了安特生对两者年代判断的错误，同时，为后人进行甘青地区史前文化的分期研究奠定了坚实的基础。

20 世纪 50 年代，我国文物考古界为配合国家基本建设工程，有组织地开展考古普查与发掘工作。在西北地区配合兰新、包兰铁路工程与刘家峡水库建设等国家重大项目，作了大量的考古调查与发掘工作，积累了丰富的考古资料，考古界开始对史前时期考古学的有关问题重新进行研讨。有的学者对安特生的史前文化"六期"进行剖析，指出他的分期错误，同时，把六期中仰韶（包括马家窑、半山）、马厂期称为甘肃仰韶文化，以资与中原仰韶文化相区别；并提出"住地以临洮马家窑为代表，称作'马家窑期'，葬地以甘肃广通半山和青海民和马厂沿为代表，称为'半山期'和'马厂期'"[⑥]。把马家窑、半山从仰韶期中分出来，明确将马家窑文化分为马家窑、半山、马厂三期。

20 世纪 60 年代，对马家窑文化分期问题存在两种意见，一种认为"马家窑文化一词只能说明马家窑类型遗址及遗存的本身，而不能概括半山—马厂遗址及遗存。半山—马厂遗存应该独自成为一种类型"[⑦]。即认为半山—马厂和马家窑遗存是两种平行发展的文化类型。一种意见认为"马家窑文化可以分为马家窑、半山和马厂三个类型，它们在时间上有先后早晚的不同，并且彼此都有其居址和墓地"[⑧]。简言之，马家窑、半山、马厂是马家窑文化先后相继的三个类型。还有一种意见认为"马家窑类型可作为一期，半山—马厂另作为一期"，即把马家窑文化分为两期⑨。

20 世纪 70 年代，对马厂期或马厂类型的名称问题学术界尚有异议。有的学者提出，半山和马厂期应由马家窑文化分出，称"半山—马厂文化"⑩。但有的学者认为"马家窑、半山、马厂类型是仰韶文化晚期的一支地方性的遗存"。即不用马家窑文化或"甘肃仰韶文化"命名，而把马家窑文化的三类型改称仰韶文化的几个类型⑪。

20 世纪 80 年代，学术界结合发掘资料对马厂类型进行较详细的分期。《青海柳湾》一书编著者，根据墓葬发掘材料，把马厂类型分为早、中、晚三期。甘肃永昌鸳鸯池墓地，也根据墓地材料把马厂类型分为早、中、晚三期⑫。甘肃兰州土谷台墓地分三期：早期属半山期；晚期属马厂期；中期为半山至马厂的过渡期。据报道该墓地发现半山与马厂典型器物共存于一个墓内，反映两者存在有密切的关系⑬。还有的学者把马厂类型分为土谷台、柳湾、鸳鸯池等三组⑭。

20 世纪 90 年代以来，学术界对马厂类型的丰富资料，进行了较全面而系统的整理，撰写论文或专著。对马厂类型的分期问题，提出了新的意见。有的学者把马厂类型改称为马厂文化，并把它分为东、西两区，东区又可分为兰州区和柳湾区。有的学者根据马厂类型的器形与花纹的对应关系，把它分为四期，并指出各期的彩陶特征。

上述诸多学者的研究成果，对我们深一步研究马厂类型的分期是有很大帮助的。

（二）

青海柳湾遗址发掘了 872 座马厂类型墓葬（还有百余座墓葬尚未整理编写），出土了大量随葬品，其墓葬数量之多，遗物之丰富是其他任何一处马厂类型遗址所无法比拟的，并且柳湾墓葬有多组打破或叠压关系，从而为马厂类型的分期提供了坚实可靠的基础。现把柳湾马厂类型墓葬有打破或叠压地层关系的与分期有关的墓葬情况作简要介绍。

马厂类型墓葬存在层位关系的共有九组：1 组，墓 55→53；2 组，墓 87→82；3 组，墓 105→108；4 组，墓 541→540；5 组，墓 558→564；6 组，墓 805→810；7 组，墓 887→912；8 组，墓 1284→1290；9 组，墓 1320→1484。以墓 53 为代表的一组墓群，在柳湾墓地共有 92 座，现选部分具有代表性的墓葬加以说明。

墓 53，为二人成年合葬墓。随葬品有彩陶壶 1 件、双耳彩陶罐 1 件、盆 1 件、小口垂腹罐 3 件、长颈壶 1 件、彩陶瓮 2 件、素陶壶 1 件、侈口罐 5 件、粗陶双耳罐 2 件、粗陶瓮 4 件、陶纺轮 1 件。墓 338，二人成年合葬墓。随葬品有彩陶壶 3 件、彩陶瓮 1 件、双耳彩陶罐 1 件、小口重腹罐 2 件、碗 1 件、侈口罐 4 件、侈口双耳罐 2 件、粗陶双耳罐 3 件、粗陶瓮 2 件、陶纺轮 2 件。

墓 281，四人合葬墓。随葬品有侈口双耳彩陶罐 3 件、双耳彩陶罐 4 件、彩陶壶 1 件、彩陶瓮 1 件、彩陶罐 1 件、陶杯 3 件、小口垂腹罐 2 件、长颈彩陶壶 1 件、双耳罐 1 件、敛口瓮 1 件，以及石斧、锛、球、纺轮、绿松石饰各 1 件。墓 505，三人合葬墓。随葬品有彩陶壶 2 件、彩陶瓮 5 件、小口垂腹罐 5 件、双耳彩陶罐 3 件、粗陶双耳罐 17 件、侈口双耳罐 5 件、陶杯 2 件和陶盆、素陶壶、纺轮各 1 件，石斧、刀各 1 件，石锛、凿各 2 件。

墓 578，单人葬。随葬品有彩陶壶、彩陶瓮、双耳彩陶罐、双耳素陶罐各 1 件，长颈彩陶壶、小口垂腹罐、陶豆各 2 件，陶杯 6 件，侈口双耳罐 4 件。墓 1014，五人合葬墓。随葬品有彩陶壶、双耳彩陶罐、侈口双耳彩陶罐各 2 件，长颈彩陶壶 4 件，彩陶瓮、陶纺轮各 1 件，陶杯 5 件，石纺轮 2 件，石叶 1 件。

墓 1060，六人合葬墓。随葬品有彩陶壶 2 件，彩陶瓮 1 件，长颈彩陶壶、双耳彩陶罐各 8 件，侈口双耳彩陶罐 9 件，陶盆、单耳罐、双耳罐、侈口罐、纺轮各 1 件，陶杯 2 件，粗陶双耳罐 3 件，石斧、凿各 2 件，石球、绿松石饰各 1 件，共 44 件（图一）。墓 1262，二人合葬墓。随葬品有彩陶壶、长颈彩陶壶各 2 件，双耳彩陶罐 3 件，彩陶盆、侈口双耳彩陶罐、陶瓮、单耳陶罐各 1 件，侈口陶罐 12 件，粗陶双耳罐 6 件，陶纺轮 3 件，陶球 4 件，蚌壳 3 件。

以墓 82、564、1290、1484 等为代表的一组墓群，共有 540 座，是所属墓葬最多的一组，现选部分具有代表性的墓葬加以说明。

墓 82，单人葬。随葬品有彩陶壶 11 件，双耳彩陶罐 3 件，侈口双耳彩陶罐、侈口陶罐、双耳陶罐、粗陶瓮各 2 件，粗陶双耳罐 1 件。墓 564，单人葬。随葬品有彩陶壶 73 件，双耳彩陶罐 6 件，侈口双耳彩陶罐 7 件，素陶壶 2 件，粗陶瓮 3 件，石斧、凿、锛、绿松石饰各 1 件，共 95 件。这是柳湾墓葬中随葬品最多的一座墓（图二、三）。墓 199，单人墓。随葬品有彩陶壶 20 件，双耳彩陶罐 5 件，彩陶盆 1 件，侈口双耳彩陶罐 3 件，长颈彩陶壶 1 件，粗陶瓮 2 件，石斧、刀、凿各 1 件。

墓 912，单人墓。随葬品有彩陶壶 32 件，双耳彩陶罐 2 件，素陶壶 2 件，陶盆、侈口双耳罐、敛口瓮、粗陶双耳罐各 1 件，粗陶瓮 2 件，石镰 1 件，串珠 27 颗。墓 197，单人墓。随葬品有彩陶壶 61 件，彩陶罐 5 件，双耳彩陶罐 2 件，小口垂腹彩陶罐 1 件，粗陶双耳罐 1 件，石斧、锛、凿各 1 件。墓 898，单人墓。随葬品有彩陶壶 43 件，双耳彩陶罐 2 件，长颈彩陶壶 1 件，侈口双耳罐 2 件，素陶壶 3 件，陶盆、侈口罐各 1 件，粗陶双耳罐 3 件，粗陶瓮 2 件，石斧 2 件，石凿、绿松石饰各 1 件，共 62 件。墓 902，单人墓。随葬品有彩陶壶 14 件，陶盆、双耳彩陶罐各 1 件，侈口罐、侈口双耳彩陶罐各 2 件，粗陶双耳罐、粗陶瓮各 3 件，石斧、锛各 1 件。

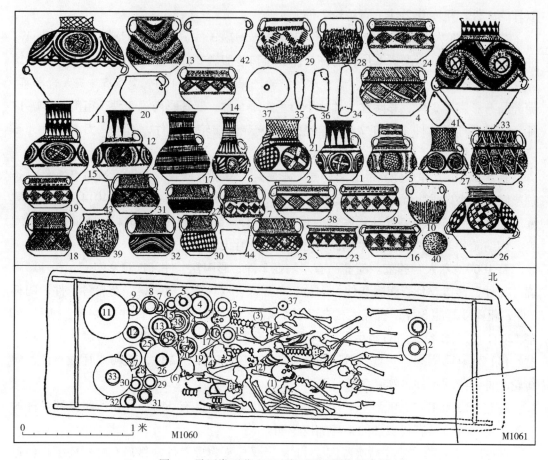

图一　马厂类型墓 1060 平面图及器物组合图

1、2、5、6、12、15、17、27. 长颈陶壶　3、4、8、9、14、16、19、24、38. 侈口双耳陶罐　7、13、18、22、25、30～32. 双耳彩陶罐　10、28、29. 粗陶双耳罐　11. 彩陶瓮　20. 单耳陶罐　21、35. 石凿　23. 陶盆　26、33. 彩陶壶　34、36. 石斧　37. 陶纺轮　39. 侈口陶罐　40. 石球　41. 绿松石饰　42. 双耳陶罐　43、44. 陶杯（10、22～24 被压在 20、21 的下面，34～36 被压在 17、8 下面，39、42～44 被压在 38、40 下面，平面图未绘）

　　墓 1290，单人墓。随葬品有彩陶壶 20 件，双耳彩陶罐 3 件，长颈陶壶、侈口双耳彩陶罐、素陶壶各 1 件，粗陶双耳罐、粗陶瓮各 2 件，石斧、锛、叶、绿松石饰各 1 件。墓 1492，单人墓。随葬品有彩陶壶 60 件，双耳彩陶罐 2 件，侈口双耳罐 4 件，粗陶双耳罐 1 件，粗陶瓮 2 件，素陶壶 2 件，石斧、锛各 1 件，绿松石饰 2 件，串珠 9 颗。

　　墓 87、105、558、805、829、1284、1320 等为代表的一组墓群，共 218 座墓。现选部分具有代表性的墓葬加以说明。

　　墓 87，单人墓。随葬品有陶壶、盆、侈口罐、双耳彩陶罐各 1 件。

　　墓 105，单人墓。随葬品有陶壶 2 件，陶豆、双耳彩陶罐、粗陶双耳罐、粗陶瓮各 1 件。墓 558，单人墓。随葬品有陶壶 3 件，陶豆、彩陶壶、双耳彩陶罐、侈口罐、粗

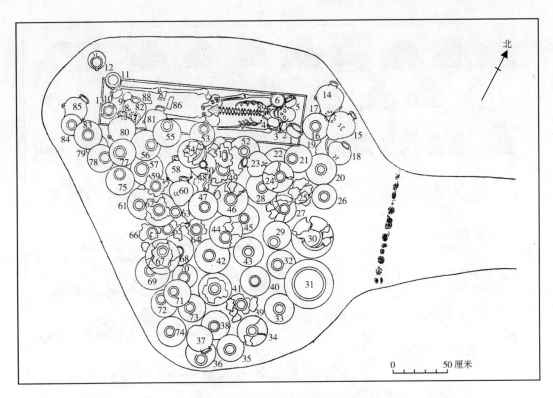

图二　马厂类型墓 564 平面图

1、6～10、12. 侈口双耳彩陶罐　2～5、11、13. 双耳彩陶罐　14～18、20～29、32～64、66～85、90～95. 彩陶壶
19、30、31. 粗陶瓮　39、65. 素陶壶　86. 石斧　87. 石凿　88. 石锛　89. 绿松石饰　（图中未表现器物者，皆压在其他器物下）

陶瓮、敛口瓮、陶纺轮各 1 件。墓 805，单人墓。随葬品有陶壶 6 件，彩陶壶、双耳彩陶罐各 2 件，粗陶瓮、敛口瓮、双耳罐各 1 件，共 13 件。墓 829，单人墓。随葬品有陶壶 8 件，彩陶壶 3 件，双耳陶罐 2 件，陶盆 1 件，石锛、凿各 1 件，共 16 件（图四）。墓 1284，单人墓。随葬品有陶壶 7 件，陶尊、双耳罐、双耳彩陶罐、折腹罐、高双罐、粗陶瓮各 1 件。墓 1320，单人墓，随葬品仅有双耳彩陶罐和侈口罐各 1 件。

　　从上述三组墓群的随葬品中，不难看出它们在器类、数量、不同器物的配置、组合等方面都存在着明显的差异。以墓 53 为代表的一组，其主要器类是彩陶瓮、彩陶壶、双耳彩陶罐、长颈彩陶壶、侈口双耳彩陶罐和粗陶双耳罐、粗陶瓮等。据统计，这七类器物在可分期墓中均占全部陶器的 50% 以上，因而成为这一组代表性的器物，同时也构成这一组陶器的基本组合群。其中，彩陶瓮、彩陶壶、双耳彩陶罐等最常见，并在器表彩绘有精美的图案。粗陶双耳罐数量多，器体小，但有趣的是都是成组的出现，数量不等，有的 6 件或 8 件，有的 10 件或 12 件，据统计，同出这类陶器达 4 件以上者，共

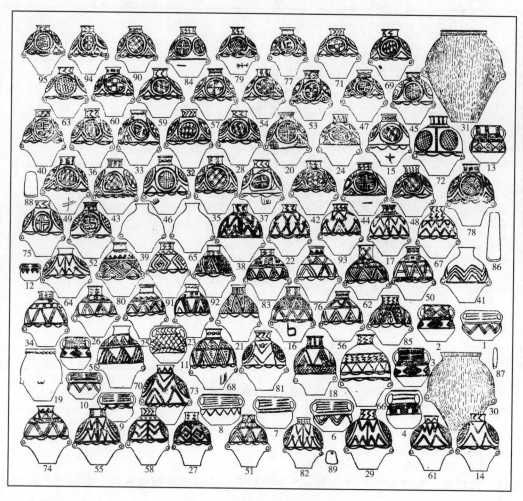

图三　马厂类型墓 564 器物组合图

29 座；达 10 件以上者共 18 座，这是在器物配置上的一个特点。这组出现的葫芦形彩陶罐（M579：15）、细长颈单耳彩陶壶（M1060：6）、长颈双腹耳壶（M1014：16）等造型新颖，别具风格。这里还有部分彩陶壶、长颈彩陶壶等器物，显然脱胎于半山类型同类器，无疑它是继承了前者的制陶工艺。

以墓 82、564、1290、1484 等为代表的一组，其主要陶器类别是彩陶壶、双耳彩陶罐、侈口双耳彩陶罐、素陶壶、粗陶瓮等，以彩陶壶最为突出，占绝大多数，据已发表的资料统计，马厂类型陶器共 13565 件，其中彩陶 9094 件，占陶器总数的 67%。以墓 82 等为代表的一组，其彩陶壶的数量多的惊人，墓 564 一座墓出土彩陶即达 86 件，墓 1492 出 60 件，墓 197 出 54 件，出彩陶壶 20 件以上的墓共有 91 座。这些数字表明彩陶生产至此已发展到巅峰时期。马厂类型画有符号的陶器共有 679 件，其中以墓 53 为代

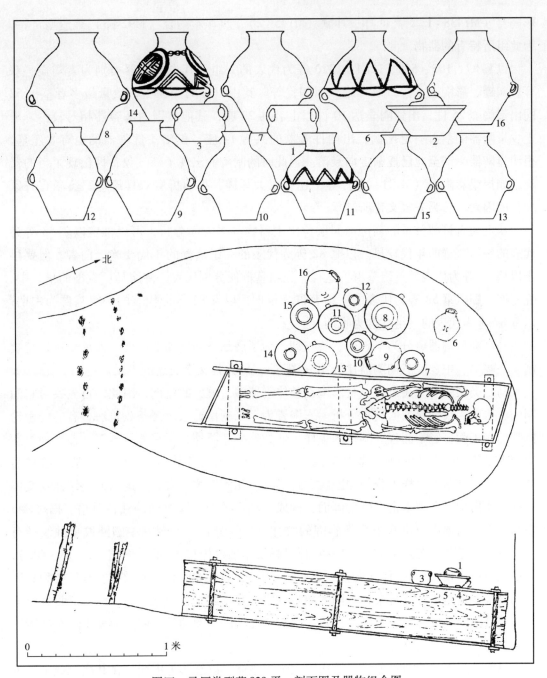

图四　马厂类型墓 829 平、剖面图及器物组合图

1、3. 双耳陶罐　2. 陶盆　4. 石锛　5. 石凿　6、11、14. 彩陶壶　7～10、12、13、15、16. 陶壶

表的一组有 3 件，以墓 87 为代表的一组有 2 件，其余 674 件均出自本组，成为本组的一个突出特点。这里出的人像彩陶壶、人面彩陶壶（M216∶1、M242∶21）、方形双耳

彩陶器（M1438：1）、高低耳三耳罐（M145：2）、四耳彩陶瓮（M92：5）等造型奇特，为此组所特有的器物。

以墓 87、105、558、1284、1320 等为代表的一组，其主要陶器类别为素陶壶、双耳彩陶罐、彩陶壶、侈口双耳罐、粗陶瓮等。其中以素陶壶为主，数量最多者墓 1152 同出素陶壶 25 件，出素陶壶达 10 件以上者共 22 座，其他类别的陶容器相对较少。出土少量陶器的墓占一定比例，出两件陶器的共有 14 座，仅出一件陶器的也有 8 座墓，很明显陶器生产至此已逐渐走向衰落。但此时的制陶业出现了新气象，即出现了新的器类，如提梁彩陶罐（M1214：2）等，还有双大耳罐、高领折肩双耳罐等，蕴涵有齐家文化的因素，后为齐家文化所继承。

从上述有打破关系的墓例与同层位出土器物等多方面分析，可以推定以墓 53 等为代表的一组墓群的年代较早。以墓 82 等为代表的一组墓群的年代要晚于前者，但要早于以墓 87 等为代表的一组墓群。这样，三组墓群便分别代表了柳湾马厂类型的早、中、晚三期：即以墓 53 等为代表的一组墓群为早期；以墓 82 等为代表的一组墓群为中期；以墓 87 等为代表的一组墓群为晚期。

马厂类型陶器可分为早、中、晚三期，为了展示三期陶器的演变、发展轨迹，特绘制了一幅早、中、晚三期陶器比较图（图五），以弥补文字表述的不足。

马厂类型的一个突出特点是彩陶在整体陶器中占较大的比例，因此，首先要对它的制法、造型、纹饰等方面进行分析。彩陶皆为手工制作，系用泥条盘筑法，有的经慢轮修整，陶表面多经不同程度的打磨工序。器类除平底器外，还有圈足器等，器形种类达 30 多种，其中，以彩陶壶、双耳彩陶罐、粗陶双耳罐与粗陶瓮等为多数。彩绘纹样品类繁多，但其基本纹样可分为圆圈纹、蛙形纹、几何形纹三大类。这三大类纹样及变体纹样互相搭配，呈现丰富多彩的画面，构成了马厂类型彩陶纹饰的独特风格。据对 845 座马厂类型墓葬中所出八千余件彩陶的纹样排比、分析，发现其中圆圈纹单独纹样有 414 种（《青海柳湾》图谱一，1～414），蛙纹单独纹样有 31 种（图谱一，415～445），其他几何形单独纹样 60 种（图谱一，446～505），总共 505 种单独纹样。马厂类型彩陶上的纹饰，就是依这五百余种不同的单独纹样，互相配置，变化无穷，绚丽夺目，给人以不可言喻的美的享受。但是，这众多的纹样在马厂类型的早、中、晚期中还存在着差别。

早期：彩陶纹饰流行黑红彩兼用，纹饰的主体多以红彩为中线，在其两侧或上下内外镶黑彩，主纹间隙处再描绘其他不同纹样。也有用单色黑彩或红彩的。有的各圆圈之间多绘有互相贯通的弧形人字纹。常见的四大圆圈纹，在圈内多填缀有联珠纹、方格纹、多个网圈纹、菱格纹、红彩十字纹或井字纹等。在十字纹或复线十字纹和井字纹或多线井字纹的四角，还填缀不同形式的小花纹，画面繁褥。蛙纹多呈有头有身有爪的完

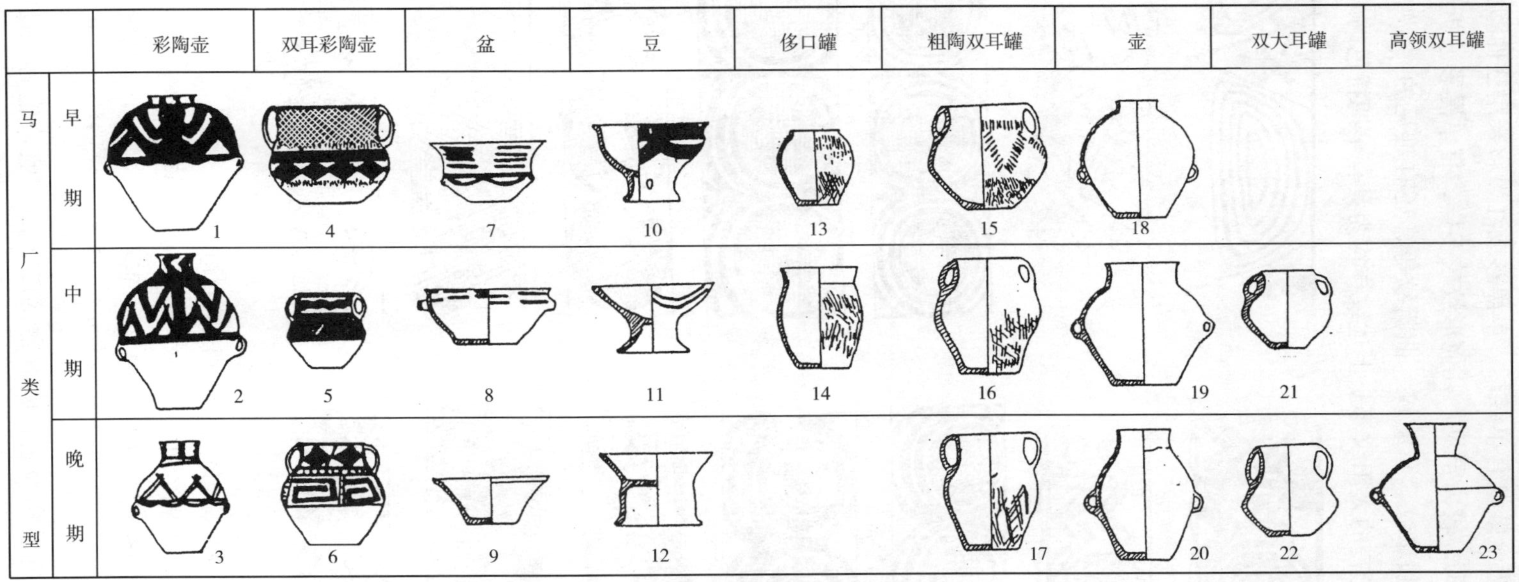

图五 马厂类型陶器分期图

1～3. 彩陶壶 M338：12、M564：38、M914：10 4～6. 双耳彩陶罐 M1014：12、M908：19、M805：3 7～9. 盆 M214：4、M890：1、M996：8 10～12. 豆 M619：22、M213：13、M105：26 13.14. 侈口罐 M554：13、M500：2 15～17. 粗陶双耳罐 M1060：29、M375:4、M878：1 18～20. 壶 M505：38、M45：3、M1284：9 21.22. 双大耳罐 M82：12、M1214：1 23. 高领双耳罐 M1137：5

整形象，显得格外生动，画全蛙纹有单红彩、单黑彩或红黑彩兼用三种型式，还有一种蛙纹在蛙身上下各画一个头，较为罕见。几何形纹较多样，有单黑彩波折纹、红黑彩相间波折纹、单红彩雷纹、联珠纹、鱼鳞纹、曲折纹等，还有难见的"8"字纹、"出"字纹、"卍"字纹和四射光芒的太阳纹等。上述纹样均为具有早期特色的纹饰（图六）。

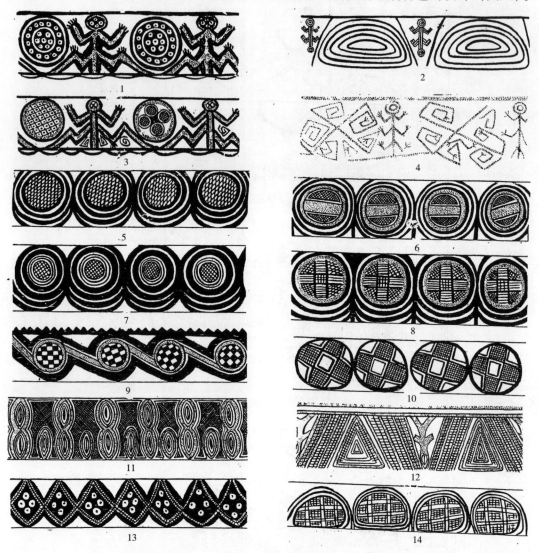

图六　马厂类型早期彩陶纹饰展开图

1～4. 全蛙纹　5～10、14. 四圈纹　11. "80"纹　12. 三角形纹　13. 菱形纹　（1. M578：4
2. M505：31　3. M555：16　4. M214：19　5. M180：2　6. M330：2　7. M503：1　8. M568：2
9. M281：6　10. M1262：33　11. M1190：5　12. M1261：3　13. M1168：2　14. M179：20）

中期：彩陶纹饰以单色黑彩为主，陶容器的腹上部一般均施有一层浅红色陶衣。

四大圆圈纹继承了早期模式且继续盛行，但在各圆圈之间多绘互不相连的直线人字纹，圈内填缀的花纹复杂繁褥，其细部变化无穷。单独纹样约有 300 多种，其中，最常见的有网络纹、菱格纹、十字纹、井字纹、波折纹、多线三角纹、万字纹或变形万字纹等，还有洒点纹、多层人字纹、多层回纹、多线雷纹、花瓣纹、叶脉纹、扇形纹等，均为本期具有特色的纹样。蛙纹均为蛙身纹，不见全形蛙纹，均为单色黑彩。蛙身线条平直，单线或复线。几何形纹多样，并与其他单独纹样间作，其组合变化也很复杂多样，常见的有波折纹、三角纹、贝纹、竹节纹、联珠纹、黑心菱形纹等。波折纹有单线、双线、多线之分，或有单层、双层、多层之别。在 679 件画有符号的陶器中，除四件外，都属于这一期。还发现有彩塑的人像彩陶壶、人面彩陶壶雕塑像，这种雕塑与彩绘浑然一体的表现手法，充分反映了马厂类型中期人们的高度艺术才能（图七）。

晚期：彩陶数量骤减，素面陶器递增。这时的纹饰逐趋简化，笔调也显得粗疏潦草。圆圈纹内填缀的纹样单调，有的仅画一斜线，或为不规整的勾云纹，或为错置的竹节纹等。蛙纹不见全形蛙纹，只有蛙肢纹与部分蛙身纹。几何形纹形式少，有竖波浪纹、单线垂幛纹、双线或三线波折纹等。总之，这时期的彩陶纹饰已处于衰落阶段（图八）。

马厂类型以圆圈纹和蛙纹为主体组成变化多端的彩陶纹样，在早、中、晚期还存在明显的差别。早期突出特点，在彩料上流行黑红彩兼用的复彩构图，黑红对比鲜明，即以红彩为中线，在其两侧或上下镶黑彩，组成各种精美图案，在主体花纹外的空隙处再填缀不同的花纹。圆圈纹一般较硕大，边廓浑圆规整，在圆圈纹内的花纹既有单色黑彩，也有单色红彩。蛙纹在早期展示的为全形蛙纹，在主体纹之间多互相串通呈粗线弧边人字形纹，此为该期纹饰的一个重要标志。同样，这种蛙纹有单黑彩的，也有纯红彩的。中期彩陶以黑彩为主，少量为红彩。圆圈纹数量骤增，在圈内填缀的花纹种类多，纹样复杂多变，圆圈纹之间多补缀互不相连的直线人字纹。蛙纹以蛙身纹为主，全形蛙纹已不见。晚期彩陶的数量少，彩绘花纹趋于简化。圆圈纹较少，且边廓不甚规整。蛙纹多见蛙肢纹，不仅全形蛙纹不见，甚至蛙身纹也不多。笔调粗犷潦草，而且画面也不如早期对称规范。还有一些波折纹、贝纹、雷纹或变形雷纹等几何形纹，纹样均趋于简化。

在埋葬习俗方面，早、中、晚期也存在差别。马厂类型合葬墓共 41 座，其中早期墓占绝大多数，共 38 座，占合葬墓总数的 93%；中期墓 3 座，占墓葬总数的 7%；晚期墓不见。早期合葬墓中葬式多样，有双人合葬墓 21 座、三人合葬墓 10 座、四人合葬墓 2 座、五人合葬墓 1 座、六人合葬墓 4 座。这说明早、中、晚期墓葬的结构、葬式是不同的。

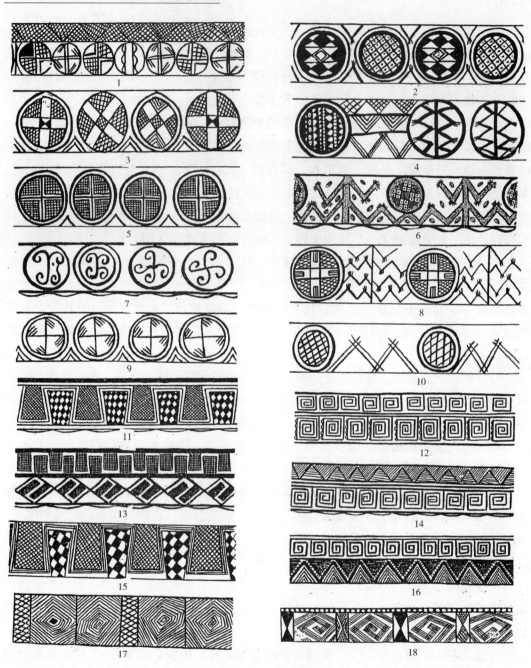

图七 马厂类型中期彩陶纹饰展开图

1. 多圈纹 2、3、5、7、9. 四圈纹 6、8. 蛙身纹 10. 蛙肢纹 11、15. 梯形纹 12、14、16～
18. 回形纹 13. 菱形纹 （1. M890∶45 2. M375∶11 3. M553∶5 4. M815∶29 5. M1190∶5
6. M21∶20 7. M38∶17 8. M1343∶5 9. M1077∶7 10. M729∶8 11. M150∶7 12. M149∶6 13.
M195∶23 14. M89∶2 15. M150∶8 16. M89∶3 17. M371∶7 18. M1098∶28）

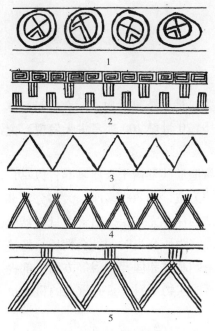

图八　马厂类型晚期彩陶纹饰展开图

1. 圆圈纹　2. 回形纹　3、5. 波折纹
4. 蛙肢纹（1. M925：14　2. M920：6
3. M918：9　4. M1210：2　5. M758：35）

（三）

马厂类型与邻近地区同类遗址的关系密切。马厂类型在甘青地区分布广，遗址多。邻近地区有很多遗址与柳湾遗址存在着密不可分的关系。这里选出一部分与分期有关的遗址进行对比研究。与柳湾马厂类型早期有关系的遗址有兰州土谷台、民和阳山、核桃庄拱北台等。土谷台遗址 M18，为双人成年合葬墓，随葬有全蛙纹彩陶壶、双耳彩陶罐、四圆圈纹彩陶壶和彩陶瓮等陶器[15]。与柳湾马厂类型早期同类器相同，同属于早期。民和阳山墓地 M83 为五人合葬墓，随葬有全蛙纹彩陶壶、双耳彩陶罐、长颈彩陶壶和粗陶小罐等共 43 件[16]。其中，不少陶器与柳湾马厂早期陶器相似，也同属于早期。与马厂类型中期有关系的遗址有民和阳山、永登蒋家坪和东乡河滩大塬等遗址。阳山墓地 M105 为单人葬，随葬有蛙身纹彩陶瓮、双耳彩陶罐和长颈彩

陶壶等 10 余件，均属马厂类型中期器物。永登蒋家坪遗址发现一批彩陶器，其中有蛙身彩陶壶、瓮等多件。兰州白道沟坪和东乡河滩大塬遗址也曾发现同样的彩陶壶等陶器[17]，均系马厂类型中期陶器。与马厂类型晚期有关系的遗址有民和边墙和永靖杨塔等遗址，均曾分别发现有蛙肢纹彩陶壶或瓮等陶器[18]，与柳湾马厂类型晚期同类器相同，同属马厂类型晚期的代表性器物。从上可知，马厂类型的先民在甘青地区进行过较大范围的交流活动。

关于蛙纹的涵义，学术界众说纷纭。有的学者认为："这种人形纹的上部和周围常画有谷或糜状的种子，因此可以理解成'人形'正在撒播谷种，可能是一种具有农神性质的纹样。"[19]有的学者结合古文献记载提出："如果把这种花纹当作原始图画字的图形看待，可视为后世'夏'字的造字依据……甘青两省的马家窑文化，应与夏民族的起源有关。"[20]也有的学者提出另一种看法，认为"中国龙起源于蛙纹……这种彩陶上的图案，展现了中华龙的雏形"[21]。我们依据柳湾出土的资料，认为蛙纹是马厂类型彩陶上最常见的图像，并且画面复杂多样，丰富多彩。它一定蕴含着诸多隐秘的内涵，未被我们解释。众所周知，蛙类是两栖动物，产卵量大，繁殖力强。原始先民们都企盼着多繁殖后代，子子孙孙往下传。所以原始先民们深深地崇拜蛙，并成为他们共同信奉的

图腾。

（四）

青海柳湾遗址是我国西北地区考古发掘中规模较大、遗物丰富、出土墓葬数量最多的一处史前时期遗址。2001 年被考古杂志社评为《中国 20 世纪 100 项考古大发现》之一。

柳湾遗址共发掘千余座墓葬，以马厂类型墓葬为主，共 800 多座。大部分墓葬形制、结构保存完好，并出土大量陶器等随葬品。它为研究当时的社会性质、经济形态、婚姻制度和埋葬习俗等方面，都提供了丰富的实物资料，具有重要的科学价值。

马厂类型的彩陶器有一突出特点，即在彩陶的表面彩绘有不少符号。据统计，柳湾马厂类型彩陶上彩绘有符号的实物标本，共 679 件，可分为 139 种不同符号，亦可归纳为数字类、单字类和象形类三种。数字类有"一"、"二"、"三"、"十"等数目字。单字类有"中"、"巾"、"工"、"个"等字形。象形类有草、树等植物形符号。其中比较常见的符号有"十"、"一"、"1"、"二"、"○"、"卐"等多种。还有少数动物形符号，有鸟、牛、羊或犬等图像（图九）。这些符号的涵义是什么？学术界意见不一：有的学者认为是氏族制陶作坊或家族制陶的一种特殊标记；有的学者认为它和我国少数民族的文字有关系等。在符号中十字形符号最多，共 116 件；圆圈形符号 95 件，卐字形符号 26 件；说明这些符号出现的频率还很高。其他符号也有不止一次出现的。

图九　马厂类型彩绘符号

1~10、13、31、32. 数字类符号　11~14、16~30、33~37. 单字类符号　38~41. 象形类符号　（1. M205：21　2. M25：8　3. M41：5　4. M6：20　5. M64：14　6. M898：52　7. M1280：30　8. M236：3　9. M815：24　10. M1416：25　11. M230：8　12. M69：9　13. M201：6　14. M314：30　15. M6：4　16. M236：6　17. M1080：10　18. M1491：34　19. M123：17　20. M6：31　21. M794：18　22. M62：9　23. M149：4　24. M1483：28　25. M30：12　26. M899：18　27. M211：44　28. M551：11　29. M212：25　30. M1075：25　31. M888：10　32. M252：12　33. M60：20　34. M210：12　35. M195：7　36. M66：3　37. M149：11　38. M1426：25　39. M893：71　40. M545：21　41. M1490：12）

这似乎告诉我们，这些符号在使用上已约定俗成，具有一定的涵义。也就是说，已具有最原始、最初步的指事功能。商代文字因甲骨文的发现而展示给了世人，甲骨文有单字2000多个已具"六书"的文字结构，是颇有严密规律的文字系统。显然它不是一朝一夕所能形成的，在它之前应已走过了一段漫长的发生、演变时期。这些史前陶器的符号中有的和甲骨文很相似，它和甲骨文之间似有一脉相承的关系。因此，如果要追溯甲骨文的源头，陶器符号可能就是其中之一。

在马厂类型彩陶中还要特别提出的是人像彩陶壶。这件彩陶壶从 1976 年先后在《文物》和《考古》等刊物发表后，引起了考古界学者的极大关注。大家对这个造型奇特、形象怪异神秘的彩绘人像，进行了多方面的研究。这件彩陶壶在其器表彩塑有裸体全人像，这在柳湾遗址出土的近万件彩陶器中独具特色。此裸体人被塑造得憨态可掬，高鼻梁，巨口，硕耳，躯体短，手大腿粗。可是，它却有着弯弯的两道细眉，眯成窄缝的一对小眼睛，好像又显露出一点俊秀之气。憨呆与俊秀共处一体，显得不大和谐。在人像两侧还绘有圆圈网格纹，并在人像相对的背面画有一蛙纹（图一〇）。

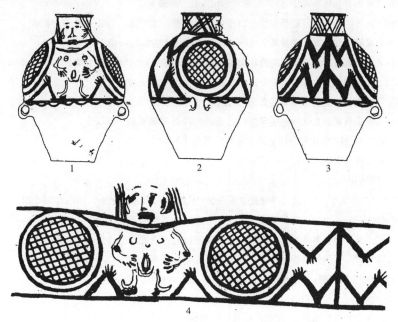

图一〇　马厂类型人像彩陶壶

1～3. 人像彩陶壶正面、侧面、背面图　4. 画面展开图

人像彩陶壶的腹下部有意突出了性部位和副性征。由于性别判断难度很大，由此引起了学界的不同看法。有的学者认为该人像是女性，也有的学者认为应属男性。但仔细观察，这裸人不但性器兼有两性特征，而且乳房也有大小两对。因此，有的学者认为：

"这个彩绘人像是男、女两性'复合体'。……佤族（云南西盟佤族）和那伽族（缅甸那伽族）将裸体的两性木雕人像装饰在'客室'或'男子公房'里，是男女青年双方友谊、相爱和幸福的象征。"㉒也有学者称其为"'两性同体'或'两性同体崇拜'，这是原始宗教的重要内容之一"㉓。我们认为这件彩陶壶上那亦男亦女的浮塑像，恐非随意捏塑而成，而更有可能是反映那个时代背景的产物，或是马厂类型所处的氏族社会正由母系制向父系制演变过程的反映，这跟马厂类型的社会发展阶段是相吻合的。

总之，这件人像彩陶壶不但蕴涵有对先人崇拜的意识，而且为研究马厂类型的社会制度等方面的问题提供了珍贵的实物资料。从艺术上说，这件人像彩陶壶是一件绝妙的艺术品，堪称一代稀世的艺术佳作。

注　释

① 青海省文物管理处考古队、中国社会科学院考古研究所：《青海柳湾》，文物出版社，1984 年。

② 肖永明：《首次发掘柳湾遗址》，《中国文物报》2001 年 8 月 12 日。

③ 李水城：《半山与马厂彩陶研究》，北京大学出版社，1998 年。

④ 巴尔姆格伦：《半山与马厂随葬陶器》，《中国古生物志》丁种第三号第一册，1934 年。

⑤ 夏鼐：《齐家期墓葬的新发现及其年代的改订》，《中国考古学报》第 3 期，1948 年。

⑥ 安志敏：《甘肃远古文化及其有关的几个问题》，《考古通讯》1956 年第 6 期。

⑦ 马承源：《略论仰韶文化和马家窑文化的问题》，《考古》1961 年第 7 期。

⑧ 杨建芳：《略论仰韶文化和马家窑文化的分期》，《考古学报》1962 年第 1 期。

⑨ 石兴邦：《有关马家窑文化的一些问题》，《考古》1962 年第 6 期。

⑩ 夏鼐：《碳 – 14 测定年代和中国史前考古学》，《考古》1977 年第 4 期。

⑪ 张家正等：《谈马家窑、半山、马厂类型的分期和相互关系》，《中国考古学会第一次年会论文集》，文物出版社，1979 年。

⑫ 甘肃省文物工作队等：《甘肃永昌鸳鸯池新石器时代墓地》，《考古学报》1982 年第 2 期。

⑬ 甘肃省博物馆等：《兰州土谷台半山—马厂文化墓地》，《考古学报》1983 年第 2 期。

⑭ 袁靖：《试论马厂类型墓葬的几个问题》，《中国原始文化论集》，文物出版社，1989 年。

⑮ 甘肃省博物馆等：《兰州土谷台半山—马厂文化墓地》，《考古学报》1983 年第 2 期。

⑯ 青海省文物考古研究所：《民和阳山》，文物出版社，1990 年。

⑰ 甘肃省博物馆等：《甘肃彩陶》，文物出版社，1984 年。

⑱⑲ 张朋川：《中国彩陶图谱》，文物出版社，1990 年。

⑳ 陆思贤：《神话考古》，文物出版社，1995 年。

㉑ 钱汉东：《马家窑蛙纹：中华龙的起源》，《中国文物报》2006 年 7 月 26 日。

㉒ 李仰松：《柳湾出土人像彩陶壶新解》，《文物》1978 年第 4 期。

㉓ 宋兆麟、黎家芳、杜耀西：《中国原始社会史》，文物出版社，1983 年。

寻找新疆本土文化的尝试

——浅析新疆地区的早期遗存

贾 伟 明

（澳大利亚悉尼大学考古系）

这里所说的本土文化是相对于新疆青铜文化而言，指的是那些新疆地区的石器时代晚期到青铜时代开始前的文化遗存。这些史前文化遗存应该是在青铜文化开始前就已分布在新疆的，包括那些有可能在今后工作中证实是石器时代移入的外来文化。而这里的早期遗存就是指那些早于目前所知的青铜文化又晚于旧石器时代末期的考古遗存。

新疆的史前考古与东面相邻的甘青地区及西部境外的中亚地区比较似乎有其特殊性。例如尽管有学者把一些细石器地点看做是新石器时代的遗存[①]，但实际上，新疆的田野工作中几乎没有发现和确认什么是早于青铜时代并晚于旧石器晚期的而相当于甘青地区的马家窑文化具有确切农业或牧业经济的新石器时代遗存[②]。新疆除了一些发现在地表的陶器碎片与细石器的零星报道外[③]，似乎在青铜文化开始之前，新疆连像样的陶器也几乎不存在似的[④]。甚至就连东北地区常见的渔猎或狩猎新石器[⑤]或西方称的中石器[⑥]时代遗存也没有明确的发现、发掘和报道。应当承认新疆在这一时期的遗存的确不像青铜时代之后那样丰富，特别是那些青铜时代的墓葬在地表多有显而易见的标志物或至少有可辨的地表迹象，较容易在田野中识别。这一时期的遗存不仅数量少，而且堆积薄或找不到堆积。然而，形成这种缺乏早于青铜时代的遗存的情况在很大程度上是由于缺乏相应此段的田野工作，而且由于缺乏此段的田野工作也就会形成对这一时期的遗存缺乏应有的认识。

在过去的研究中，安志敏先生曾对新疆的早期遗存做过细致的分析[⑦]，新疆文物考古研究所的专家们也对这一时期的遗存做过大量的艰辛的田野调查[⑧]及分析和认定工作[⑨]，目前，这项工作仍是当务之急。如何尽量从田野发现中寻找和辨别这一时期的遗存是关系到新疆考古学的编年，关系到史前新疆本土文化[⑩]的存在与否的关键问题，也是新疆史前考古学的基础之一。例如，新疆史前考古研究中的重要课题之一是新疆的史前农业，特别是小麦的种植，这还涉及中国小麦的起源问题。目前的研究认为新疆史前小麦种植似乎开始于公元前两千纪初的青铜时代，其代表性遗址是古墓沟[⑪]和小河墓地[⑫]。不过，如果认为中国的小麦是由西亚—中亚经新疆地区传入的话[⑬]，以公元前两千纪初作为新疆史前小麦种植的初始年代是不能令人满意的，因为在黄河流域，包括山东在内的黄河下游已经发现有早于公元前三千纪末[⑭]或更早的史前小麦的炭化种子[⑮]。除非史前时期小麦传入中国还存在除新疆之外的另一条路线，否则，这一研究就一定要在新疆那些早于青铜时代的遗存中去寻找小麦的踪迹了[⑯]。这也是为什么一定要在新疆寻找早于公元前两千纪的遗存的原因之一。此外，当人们普遍认为的外来的青铜文化从欧亚草原进入新疆时，很难想象新疆当时是个无人之地，或原来旧石器时代晚期的居民[⑰]不留痕迹地融入外来的青铜文化中了，或全部离去无影无踪了。即便是这样的话也应当从考古发现中去寻找相应的证据，以证据代替那些大量的推测从而去解释文化融合的过程，或说明是什么原因使这些本土居民放弃了他们原有的本土文化。但是，在目前田野工作十分缺乏的情况下还不能轻易下任何上述的结论。目前首先应当承认本土文化的存在，那些包含细石器的文化遗存本身就说明了本土文化的存在。我们的任务是要在田野发现中去寻找他们，从而为今后的进一步研究打下基础[⑱]。

近些年的考古发掘中有两处十分有价值的地层堆积可以证明新疆的的确确存在早于青铜时代人类活动的遗迹而且留下了确切的地层堆积。第一个地层是发现在伊犁河流域的吉林台遗址，在这一遗址的发掘中考古人员发现了包含细石核的堆积被压在出有所谓安德罗诺沃文化遗物的层位之下[⑲]，推测其年代应不晚于公元前两千纪前半。这是在新疆田野考古中第一次发现的有明确地层关系的早于安德罗诺沃青铜文化的石器时代遗存。另一处是在和田地区昆仑山深处发现的流水墓地[⑳]。这个墓地的下面还发现了很可能是人类居住生活留下的炭灰层，其放射性碳年代测定为距今4400年[㉑]，早于目前知道的所有新疆青铜文化的年代。既然地层堆积和年代都证实存在在这一时期的遗存，那么对过去考古发现中的可能属于这一时期的遗存进行详细分析辨别是十分必要的。在过去，许多学者对这一时期的遗存曾做过大量田野调查和细致且卓有成效的研究，本文试图在这些学者研究的基础上进一步探讨辨认和区分这些早期遗存的可能。

一　寻找早于青铜时代文化的契机——压制石镞和细石器

实际上，这一时期的遗存可从一些零星的地表采集的遗物上看出一些端倪。当然，这一时期的田野发现仍比较贫乏，而田野资料越是贫乏就越显出这些零星发现的重要所在。首先要认定一个大的时期既早于青铜时代又晚于旧石器时代晚期，其切入点之一是那些发现在新疆各地的压制石镞和细石器。过去对考古发现的石镞的研究结果表明，压制石镞是在旧石器时代末随着石器的小型化、石器加工技术的进步如细化（细石器）和狩猎技术的改进如弓箭的发明而出现，然后流行于中石器时代的。至新石器时代后磨制石镞与压制石镞有时会共存，不过尽管个别的压制石镞可能延续很久[22]，但一般情况下到了金属时代后压制石镞就逐渐被金属镞所代替了[23]。而且我国东北地区甚至是东北亚地区的压制石镞在细石核—细石叶为代表的典型细石器工艺消失后还存在了很长时间。也就是说，新疆出土的压制石镞如果不与细石核及细石叶共存的话，那年代就很可能会晚于细石核—细石叶文化。

　　尽管石镞的形态变化十分缓慢但在大的时间跨度内其变化的特征还是可以显现出来的。目前在新疆见于报道的与青铜器共存的出有压制石镞的只有阿勒泰的切木尔切克墓葬群中的早期遗存[24]，切木耳切克这种出有压制石镞的墓葬与同出的陶器群和青铜器被估计在公元前两千纪初属于青铜时代[25]或更早。这种通体压制形状规则截面近于菱形瘦长的石镞也同样出现在欧亚草原的早期青铜文化中，例如阿凡纳谢沃、奥昆涅沃和彼得洛夫卡[26]。特别是那些有铤石镞更接近金属镞的形态。除此之外在新疆，压制石镞基本不见于任何其他青铜时代的遗存中，包括目前认为较早的古墓沟和小河墓地。小河墓地的箭杆和箭头是一体的，即是直接在箭杆一端出尖而形成杆镞一体的木镞。所以，切木尔切克的压制石镞基本可以代表了公元前三千纪末至两千纪初的青铜时代早期的压制石镞的形态和制法，而两千纪初可能是压制石镞在新疆的最晚年代，因为这时青铜镞已经出现了（图一），而后金属镞便在公元前两千纪后半的遗存中经常见到了。由此，我们可以定出一个压制石镞的下限即不晚于公元前两千纪初（2000BC）。

　　与切木尔切克压制石镞相似的还有三件是在木垒县伊尔卡巴克 1 号地点[27]采集到的（图一）。正像伊弟利斯·阿不都热苏勒指出的这类压制石器是压制技术的最后残留[28]，很快就被金属器所代替了。这里需要讨论一下奇台四道沟遗址出土的细石核[29]。在四道沟遗址的发掘中上下两层均出有细石核。但在目前所知的考古发掘中仅有木垒四道沟遗址这一处发现细石核与青铜时代的晚期遗存共出。这就提升了这个共存的偶然性。首先不能够完全排除这种共存的可能性，然后再来仔细分析一下这种可能性的大小。一般情况下，细石核是剥制石片之后的残留。也就是说细石核的存在是为了生产进一步制造石片石器的石页。一般在发现细石核的地方常伴随有细石叶和细石器。然而，四道沟遗址除石核外并无别的细石器遗存见于报道。所以有理由相信发现这些细石核的地层可能不是它们的原生地层，其原生地层可能已被晚期居民破坏了。相似的情况曾经见于东北地区嫩江流域的二克浅墓葬区[30]。墓区表土发现许多细石器[31]，但经多次发掘后，发现这是一处从石器时代一直到早期铁器时代的沿用时间很长的墓区。在发掘过程中除了石器时代的墓葬中随葬细石镞外，一直未能找到该细石核、细石页的原生地层。当然，墓葬会比遗址容易辨别，但如果这是一个像四道沟一样的遗址，那么被破坏的早期地层中的细石器就会很容易混入晚期的地层中。如果这一推测无误，则四道沟遗址发现的细石核与青铜时代遗物有共存关系的可能性就会大大降低，至少目前还不能把他们作为决定细石器工业在新疆地区的下限的证据。而且，即使是在出有压制石镞的青铜时代的切木尔切克墓葬中，或是相邻的出有压制石镞的青铜文化，如阿凡那谢沃、奥昆涅沃和卡拉苏克的遗存中都没有细石核和细石叶的报道，估计这时制作压制石镞也不一定要用细石核剥下来的石片去制作了。所以，新疆的压制石镞的下限定在不晚于公元前两千纪初应当是合理的。当然，这一年代不会非常一致，会因地区不同而有早晚的变化。其趋势可能是准噶尔盆地压制石镞的延用可能要晚于天山南部。

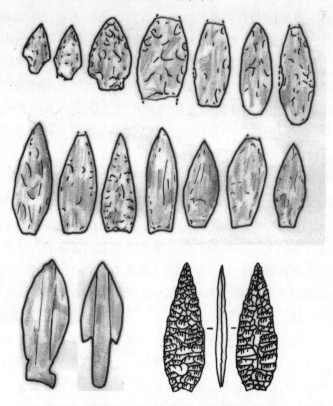

图一　切木尔切克的压制石镞㉒（上）和青铜镞㉓（下右）
　　　　及伊尔卡巴克的青铜时代的石镞

（切木尔切克的石镞是根据《新疆古代民族文物》图版 66 绘制的，
伊尔卡巴克的石镞见《木垒县伊尔卡巴克细石器遗址调查与探
讨》，《新疆文物》1995 年第 1 期）

　　既然对青铜时代的压制石镞有了初步的认识，那么比这些青铜时代石镞早的细石器，特别是以压制楔形或船底形等东亚特有的细石器工艺就完全可能是早于青铜时代的，即早于公元前三千纪末。

二　接近但略早于切木尔切克墓地青铜时代（早于2000BC）的遗存

从石镞形态上看除了上述两处青铜时代的压制石镞外，在阿斯塔那、辛格尔、焉耆遗址㉞和楼兰古城内外（罗布淖尔）发现的压制石镞很可能是早于公元前两千纪初的㉟（图二）。这些遗址刚巧被伊弟利斯·阿不都热苏勒划分到第四类也就是细石器文化中最晚的一类㊱。这些石镞与切木尔切克的很像但多少还不如切木尔切克的石镞加工得那

图二　罗布淖尔地区发现的压制石镞㊲

样精制。而且，这些遗址都不见金属器并与一些手制夹砂陶片共处。而与石镞可相提并论的，也能作为一个大的时代特征的遗存是彩陶。彩陶在新疆的出现最早在哈密的天山北路㊳大约是在公元前两千纪初或略早，然后西进。新塔拉的发掘也证实了这一点，即早期 T3、T4 的第二层为代表的不见彩陶㊴。而晚期的以 T1 第二和第三层为代表的出有彩陶的遗存的 ^{14}C 年代在公元前两千纪中叶㊵。那么不出彩陶的早期遗存的年代应更早，很可能在公元前两千纪初。遗址发掘时由于遇上地下水，因此，更早期的地层并未发掘。所以有希望在新塔拉遗址发现公元前两千纪初或更早的遗存，而这些遗存是没有彩陶的。上述遗址中有的在地表发现彩陶片如阿斯塔那遗址则说明了这个遗址的史前堆积可能是多个时期形成的，其晚期的史前堆积可能要晚到公元前一千纪前后的青铜时代晚期，甚至到早期铁器时代㊶。

三　早于公元前三千纪末的遗存

有几处遗址可能年代会更早，可能接近公元前四千纪。例如在石河子市西洪沟1号遗址采集的石镞可能不会晚于公元前三千纪（图三）㊷。目前不应该把西洪沟1号遗址与西洪沟2号遗址混为一谈。在西洪沟2号遗址采集的陶器可能不应该与压制石器归为一个时期，至少目前还缺乏地层上的证据，而且两处遗址相去约300米的距离。在1号遗址发现的压制石镞和细石叶及颇具风格的压制成型的石镰的文化面貌比较单一。其中一边不对称的石箭头和其他箭头实际在欧亚草原和西伯利亚地区均有发现，它们至迟流

行于公元前三千纪或可早至全新世早期。进入金属时代后，这种一边不对称的箭头很可能成为切木尔切克的一边带倒刺的金属箭头的祖型（图三）。

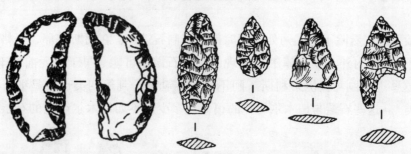

图三　发现于石河子市西洪沟 1 号遗址的石箭头和石镰
（见《石河子市文物普查简报》，《新疆文物》1998 年第 4 期）

阿勒泰地区哈巴河县境内的齐德哈仁遗址可能也是属于这一时期的。在此遗址中采集到的压制石镞的形态在年代上应至少不晚于公元前三千纪末（图四，上）。如果对照相邻的阿尔泰山北部的考古发现的话，齐德哈仁遗址有可能早到公元前三千纪中叶或更早。在俄罗斯阿尔泰北坡的索罗奇 5 号墓地[43]（图四，下）发现了制作精致的压制石镞，而索罗奇墓葬的年代是在公元前 3700 年左右[44]。在齐德哈仁遗址发现了手制夹粗砂陶片，尽管目前对这类遗存的认识还仅局限于采集的标本而且不能排除其地表采集的遗物包含有比这一时期早的或晚的遗存，但是像这些在遗址表面采集到的烧制火候较低、制作粗糙的加沙陶片目前还很难认为是属于任何一个已知的青铜时代或以后的文化遗存。这些陶器有的带有粗糙的平行刻划纹饰，这种装饰不仅不同于已知的青铜文化遗存，也不同于邻近中亚地区发现的新石器时代压印篦点纹陶器。

与齐德哈仁遗址不远的齐德哈尔 2 号地点出土的压制石镞更具有原始性，两面加工但仍留有原始破裂面（图五）。在这个遗址没有发现陶片的踪迹。这个遗址的年代应当至少不晚于公元前三千纪。

实际上伊弟利斯·阿不都热苏勒在他分析新疆细石器文化时划分出的第三类遗存都应该属于这一时期[45]，在他的分析中，最具典型的是喀什乌帕尔乡的苏勒塘巴俄和霍加阔那勒遗址[46]。两个遗址中，苏勒塘巴俄几乎是在霍加阔那勒正北大约 3.8 公里处[47]。在霍加阔那勒遗址采集的被称作石镞石器的实际上很不成形，如果不是半成品那便是更早的石镞祖形（图六）。

王博和伊弟利斯·阿不都热苏勒都将这两个遗址定在公元前四千到三千纪末是很有道理的[48]。在苏勒塘巴俄遗址采集的红铜器说明这一遗址的下限可能进入了与中亚南部相似的铜石并用时代。磨制石镞未见原报告但在其他研究文章中作了报道[49]也说明了这个遗址可能要晚于霍加阔那勒遗址，但仍然要早于目前所知道的所有青铜时代遗址。这

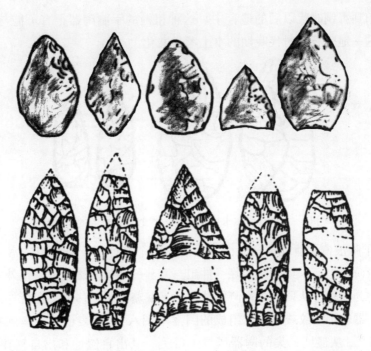

图四　哈巴河县奇德哈仁遗址出土的石镞（上）和西伯利亚阿尔泰地区出土的石镞

（Archaeological materials from Solontsy－5：Ethnic－cutural relationships within the Kuznetsk－

Altai culture. *Archaeology Ethnology & Anthropology of Eurasia*，2003〔2〕）

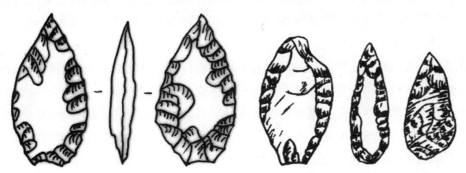

图五　奇德哈尔 2 号地点出土的石镞　　　图六　喀什霍加阔那勒遗址采集的被称
作石镞的石制品

两处遗址的位置正处在新疆的最西端，是连接新疆与中亚东部的重要通道之一。对这两
处遗址的研究有可能真正解开新疆南部新石器时代考古文化的面纱，解决新疆南部本土
文化的面貌，也有望发现早期种植农业、特别是小麦种植农业传入的确切证据。

木垒县伊尔卡巴克的另一件石镞和另一个石矛也可能是属于这一时期的[80]（图七）。
伊尔卡巴克共发现五个遗物点，其中细石器较集中的 1 号地点还发现了手制夹粗砂陶
片。此陶片与其他地点的晚期陶片不同。尽管调查者并未对这些陶片作任何推定，但也

并未把它们归到青铜时代以后的遗存中。这种粗糙的手制陶器很有可能与细石器共存，从而构成了这一地区石器时代晚期的本土考古文化。

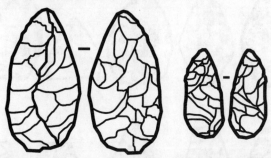

图七　木垒县伊尔卡巴克发现的类似石镞或矛的石制品

最后，下喀浪古尔遗址也是值得一提的。这个遗址位于塔城市二宫乡的喀浪古尔河左岸的二级阶地上。采集的陶器除一件出自墓葬的四口陶罐近于完整外，其余在遗址地表采集的均为残片。从残片可推测的器形为平底略曲腹小侈口，在沿外或近沿处有一周附加堆纹，器表饰划纹或戳刺纹组成的图案（图八）。地表还可采集到石磨盘、石杵及细石器残片[51]。从遗址采集的陶器风格上推测，其出自遗址和出自墓葬的差别很大。此类遗址在下喀浪古尔河左岸还有发现，调查者认为是属于青铜时代早期文化遗存且与安德罗诺沃在大的时代特征上相关联[52]。由于遗址未经发掘，对遗址及遗存的面貌还不十分清楚。从采集的陶片看，该遗址包含了安德罗诺沃的因素，但多数陶器与目前所能见到的安德罗诺沃的各类型陶器的细部风格不同，特别是口沿带附加堆纹的风格，基本上在安德罗诺沃文化中所不见。这种带有附加堆纹且在近口处装饰刻划纹饰带的风格与欧亚草原一些青铜时代晚期陶器的风格有一定的相似性，可能是一个大的时代风格。目前塔城地区还未见像阿勒泰地区库希类的卡拉苏克遗存，这恰恰说明这种缺失完全可能是由下卡浪古尔类遗存事先占据此地所造成的。目前可以肯定的是这类遗存是分布在塔城额敏河流域的一种地方文化，或本土文化，与欧亚草原青铜文化存在密切的联系。它并不属于早期的石器时代，应是年代大体在公元前两千纪或两千纪后半的青铜时代晚期的本地遗存。

此外，下卡浪古尔的细石器应另当别论，其年代大有可能早到公元前三千纪。而且，那件出自墓葬的四口陶罐（一大口三小口）非常特殊，与遗址采集的陶片风格完全不同。陶器制造水平较高，形态基本对称，而且表面光滑似有红色陶衣。很显然它很有可能不是本土文化。能够与其相比较的是千里以东的甘肃永靖柏川遗址出土的马家窑文化的五口（一大口四小口）彩陶小口高领瓮（图九）[53]。这两件陶器除了一个绘彩色图案另一个不均匀的涂红衣外，形态十分相似。根据陶器形态和花纹装饰，那件马家窑文化的小口高领瓮的年代大致在半山晚期和马厂早期[54]。由于仅此一例，目前还不能肯

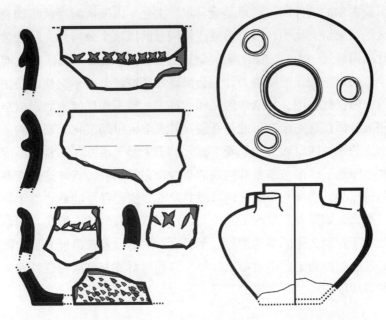

图八　塔城市下喀浪古尔遗址（左）和墓葬（右）出土的陶器

（根据于志勇《塔城市二宫乡下长浪古尔村古遗址调查》，《新疆
文物》1998 年第 2 期的插图重新绘制）

图九　下卡浪古尔墓葬的四口罐（左）与甘肃永靖柏川遗址出土
的马家窑文化的五口罐（右）对比

（上面三个多口罐是马家窑文化的器物——李水城《半山与马厂
研究》28 页图七）

定地认为下卡浪古尔的这件四口陶罐是受马家窑文化半山晚期陶器风格的直接影响，不过在甘青地区的马家窑文化中，多口罐或连体陶器的风格十分特殊，尽管数量不多但仍是马家窑文化的内涵之一[55]。类似的陶器风格也是整个中国北方地区的史前文化的因素之一。至于类似马家窑文化的陶罐为什么会出现在塔城，是由于交换、是仿造，还是人群迁徙的原因，因仅此一例，且两地区又相去甚远，暂不作任何推测，但至少它们之间在年代上应相近，而且这完全有可能是新疆与甘青地区早期文化相联系的证据。即下卡浪古尔墓葬出土的这件四口罐应当不晚于公元前三千纪下半叶。尽管它不应属于本土文化，但我们并不知道下卡浪古尔墓葬同期的其他遗存的面貌。或许这件陶器仅是一个外来之物，或是仿造品。而那些与这件四口罐共处的其他遗存可能就是属于早于青铜时代的本土文化。那么，如果今后发现了其他与这件四口罐共处的本地文化的话，这应是新疆地区又一处早于青铜文化的本地遗存。至于它与细石器及在遗址采集的附加堆纹陶器之间的关系目前还很难确定，不过可以推测，那些细石器有可能与这件四口罐共存，它们均早于那些附加堆纹陶片所代表的遗存。

四　小结

对新疆地区早于青铜时代的本土文化的研究是有其特殊意义的。这一时期关系到许多考古研究的重大课题。如新疆新石器时代文化的确认，狩猎采集经济向农牧业经济的转化，石器时代向金属时代过渡的方式，史前游牧经济的方式和形成过程等。但无论什么课题都离不开考古学最基本的研究即对这一时期考古文化的识别和断代。综合上述分析，新疆早于青铜时代的本土文化的面貌大体应包括以下几个方面：

1. 基本上是非几何形石页和石片石器为主的细石器工业，从剥片后遗留的细石核观察，其剥片技术与东亚地区基本相同。这种细石器成了新疆地区青铜时代出现前的重要文化特征之一。

2. 压制石镞出现并在后来发展出不同形态的通体压制的石镞和颇具特色的压制石镰。

3. 陶器制作粗糙，手制夹砂或很大颗粒的粗砂，砂粒大小不均，火候也不匀，胎厚有的可达 1 厘米以上。纹饰不发达，但在阿勒泰地区有成组的平行线划纹装饰，估计装饰在上腹部。喀什地区流行口沿处戳孔或透或戳一半，在另一侧形成小乳凸。

4. 南疆晚期出现红铜器，进入铜石并用时代。

对照临近中亚地区的早于青铜文化的遗存，会对新疆这一时期的本土文化研究有所启发。在中亚东部的广大区域内，圜底或尖底橄榄形陶器是新石器乃至青铜时代早期陶器的共同特征，石器时代的特征之一是这种圜底或尖底的陶器与细石器和压制石镞的共存。展示的一个例子是出自哈萨克斯坦的新石器时代遗存（图一〇）[56]。这类遗存还发

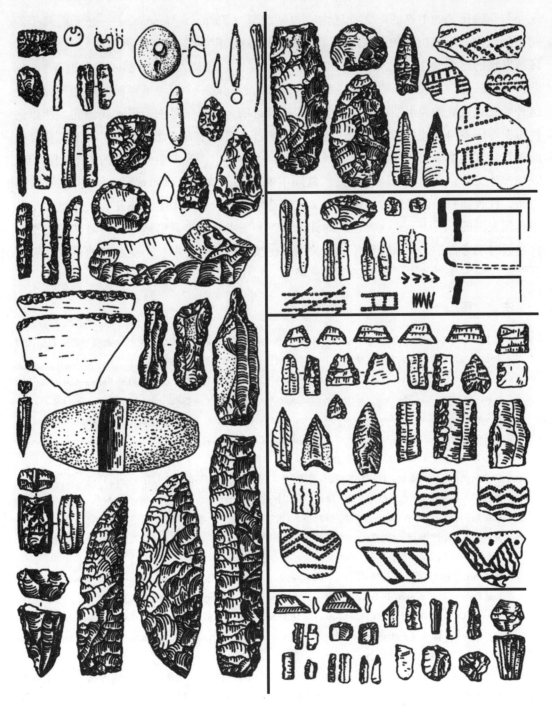

图一〇　中亚东部的新石器时代遗存

（引自《中亚文明史·第一卷·文明的曙光：远古时代至公元前700年》）

现在与新疆比邻的中亚的广大地区内，包括大夏（Bacteria-Margiana——公元前两千纪初至公元前一千纪初）的所在地域（即现今紧邻新疆西境的中亚广大地区）。在大夏的区域发现的这类遗存早于大夏时期即早于公元前三千纪末，属于石器时代的遗存⑦。据此，不排除那些发现在新疆的与压制石镞或细石器同处一个遗址的粗糙的手制陶器也是这种圜底或尖底橄榄形的可能。目前在这些遗址的调查采集品中未见平底器底。所以这种橄榄形陶器与那些压制石镞共存地层中的遗迹和遗物很有可能是代表了青铜文化开始前的新疆真正本土文化的面貌。它很可能包含了以直口圜底夹粗砂陶罐的本地文化传统并与外地文化存在一定的联系，特别是同中亚东部、欧亚草原和黄河上游文化的交流。当然，代表新疆早于青铜时代的本土文化的遗址绝不仅仅局限于上述几个，这里仅举其中有代表性的。对于上述这类遗址的详细调查和发掘是解决新疆地区石器时代向青铜时代过渡时期考古学文化面貌和年代的关键，也就是在这一时期，小麦和其他一些西亚新石器时代的农作物传入了东亚的黄河流域。

注　释

① 张川：《1990～1995 年新疆境内的旧石器调查工作与收获》，新疆文物考古研究所和新疆维吾尔自治区博物馆编《新疆文物考古新收获续》第 102～109 页，新疆美术出版社，1997 年。

② 安志敏：《中国西部的新石器时代》，《考古学报》1987 年第 2 期。An, Zhimin, The Bronze Age in the East Parts of Central Asia. In Dani, A. H. and Masson, V. M., *History of Civilizations of Central Asia*, Vol. 1：*The Dawn of Civilization – Earliest Time to* 700 *BC*. UNESCO, 319–336, 1992. An, Zhimin, Neolithic Communities in Eastern Parts of Central Asia. History of Civilizations of Central Asia, Vol. 1：The Dawn of Civilization – Earliest Time to 700 BC. UNESCO, 1, 153–168, 1992. 贾伟明：《北方文物》2002 年第 3 期。

③ 伊弟利斯·阿不热苏勒：《新疆地区细石器遗存》，《新疆文物》1993 年第 4 期。

④ 陶器的不存在很有可能还是由于这一阶段田野工作的缺乏所致。

⑤ 张忠培：《黑龙江考古学的几个问题的讨论》，《北方文物》1997 年第 1 期。

⑥ 陈星灿：《关于中石器时代的几个问题》，《考古》1990 年第 2 期。陈淳：《石器时代的分野问题》，《考古》1994 年第 3 期。

⑦ 安志敏：《中国西部的新石器时代》，《考古学报》1987 年第 2 期。另见 An, Zhimin, The Bronze Age in the East Parts of Central Asia. In Dani, A. H. and Masson, V. M. History of Civilizations of Central Asia, Vol. 1：The Dawn of Civilization – Earliest Time to 700 BC. UNESCO, 319–336, 1992. 和 An, Zhimin, Neolithic communities in eastern parts of central Asia. History of civilizations of central Asia, Vol. 1：The dawn of civilization – earliest time to 700 BC. UNESCO, 1, 153–168, 1992.

⑧ 张玉忠、伊弟利斯·阿不热苏勒：《罗布淖尔地区文物普查简报》，《新疆文物》1988 年第 3 期。王炳华：《新疆细石器遗存初步研究》，《干旱区新疆第四纪研究论文集》，新疆人民出版社，1985 年。吴震：《新疆东部的几处新石器时代遗址》，《考古》1964 年第 7 期。

⑨ 伊弟利斯·阿不热苏勒：《新疆地区细石器遗存》，《新疆文物》1993 年第 4 期。张川《1990～1995 年新疆境内的旧石器调查工作与收获》，新疆文物考古研究所和新疆维吾尔自治区博物馆编《新疆文物考古新

收获续》，新疆美术出版社，1997 年。邢开鼎：《新疆柴窝堡湖边细石器遗存调查报告》，《考古与文物》1989 年第 2 期。

⑩ 这里的本土文化是相对于新疆青铜文化而言，指的是那些新疆地区的石器时代晚期到青铜时代开始前的文化。这些考古文化是在青铜文化开始前就已分布在新疆的，包括那些有可能在今后工作中证实是石器时代的外来文化。

⑪ 新疆社会科学院考古研究所：《孔雀河古墓沟发掘及其初步研究》，新疆文物考古研究所编《新疆文物考古新收获 1979～1989》第 92～102 页，新疆人民出版社，1995 年。

⑫ 新疆文物考古研究所：《2002 年小河墓地考古调查与发掘报告》，《新疆文物》2003 年第 2 期。

⑬⑭ 陈星灿：《作为食物的小麦——近年来中国早期小麦的考古发现及其重要意义》，《中国饮食文化》第 4 卷第 2 期。靳桂云：《中国早期小麦的考古发现与研究》，《农业考古》2007 年第 4 期。

⑮ 李水城、莫多闻：《东灰山遗址炭化小麦年代考》，《考古与文物》2004 年第 6 期。

⑯ 贾伟明、巫新华、艾莉森·拜茨：《准格尔地区的史前考古研究》，《新疆文物》2007 年第 1 期。Jia, P. W. and Betts, A. Searching for the origins of wheat farming in China. Drafting.

⑰ 尽管目前并没有确切的经考古发掘而证实的旧石器时代居民生活在新疆的证据，但考古调查的发现足以说明这一时期人类在新疆的活动。

⑱ 贾伟明、巫新华 Alison Betts：《准葛尔地区的史前考古研究》，《新疆文物》2008 年第 1 期。

⑲ 阮秋容：《新疆尼勒克县吉林台遗址发掘的意义》，《新疆文物》2004 年第 1 期。他根据碳同位素年代测定结果推定这一地区的安德罗诺沃文化是在公元前 1500 年左右。

⑳ 中国社会科学院考古研究所新疆队：《于田县流水墓地考古发掘简介》，《新疆文物》2006 年第 2 期。

㉑ 2009 年 5 月 1 日下载于 http：//www.hudong.com/wiki/流水墓地，尽管原文未给出年代是否经过校正，但基本上可以认为是早于公元前两千纪。

㉒ 贾伟明：《东北地区的石镞》，《北方文物》1985 年第 2 期。

㉓ 张宏彦：《东亚地区石镞的初步研究》，《考古》1998 年第 3 期。

㉔ 新疆社会科学院考古研究所：《克尔木齐古墓群发掘简报》，《文物》1981 年第 1 期。

㉕ 林沄：《关于新疆北部切尔木切克类型遗存的几个问题——从布尔津出土的陶器说起》，《林沄学术文集（二）》第 143～161 页，科学出版社，2008 年。贾伟明、巫新华、Alison Betts：《准格尔地区的史前考古研究》，《新疆文物》2007 年第 1 期。

㉖ Koryakova, Ludmila, Social trends in temperate Eurasia during the second and first millennia BC. *Jornal of Eurasian Archaeology*, 1991, 4：234–280.

㉗ 新疆文物考古研究所：《木垒县伊尔卡巴克细石器遗址调查与探讨》，《新疆文物》1995 年第 1 期。

㉘ 伊弟利斯·阿不都热苏勒：《新疆地区细石器遗存》，《新疆文物》1993 年第 4 期。

㉙ 新疆维吾尔自治区博物馆考古队：《新疆奇台县半截沟新石器时代遗址》，《考古》1981 年第 6 期。

㉚ 安路、贾伟明：《纳河县二克浅墓地及其相关问题》，《北方文物》1986 年第 2 期。

㉛ 陶刚、贾伟明：《讷河县二克浅墓地的石器时代遗存》，《北方文物》1992 年第 4 期。

㉜ 新疆维吾尔自治区社会科学院考古研究所编：《新疆古代民族文物》图版 66，文物出版社，1985 年。

㉝ 新疆维吾尔自治区文物事业管理局、新疆维吾尔自治区文物考古研究所、新疆维吾尔自治区博物馆、新疆新天国际经济技术合作（集团）有限公司：《新疆文物古迹大观》第 336 页，图版 0939，新疆美术摄影出版社，1999 年。

㉞㊺ 伊弟利斯·阿不都热苏勒：《新疆地区细石器遗存》，中国社会科学院考古研究所边疆考古研究中心编《新疆石器时代与青铜时代》第101～148页，文物出版社，2008年。

㉟ 新疆考古研究所楼兰考古队：《楼兰古城址调查与试掘简报》，新疆文物考古研究所编《新疆文物考古新收获（1979～1989）》第384～399页，新疆人民出版社，1995年。

㊱ 同㉞，第140～141页。

㊲ 同㉝，第25页。

㊳ 吕恩国、常喜恩、王丙华：《新疆青铜时代考古文化浅论》，收于宿白主编《苏秉琦与当代中国考古学》第179～184页，科学出版社，2001年。

㊴ 新疆社会科学院考古研究所：《新疆和硕新塔拉遗址发掘简报》，《考古》1988年第5期。

㊵ 该年代可能未经校正。

㊶ 伊弟利斯·阿不都热苏勒：《新疆地区细石器遗存》，《新疆文物》1993年第4期。

㊷ 新疆文物考古研究所、石河子军垦博物馆：《石河子市文物普查简报》，《新疆文物》1998年第4期。

㊸ Kungurova, N. Y., Archaeological materials from Solontsy－5: Ethnic-cultural relationships within the Kuznetsk-Altai culture. *Archaeology Ethnology & Anthropology of Eurasia*, 2 (14) pp. 30－39, 2003.

㊹ Kungurova, N. Y., Archaeological materials from Solontsy－5: Ethnic-cultural relationships within the Kuznetsk-Altai culture. *Archaeology ethnology & anthropology of Eurasia*, 2 (14), pp. 30－39, 2003.

㊻㊽ 新疆维吾尔自治区博物馆：《乌帕尔细石器遗址调查》，新疆文物考古研究所编：《新疆文物考古新收获（1979～1989）》第21～40页，新疆人民出版社，1995年。

㊼ 笔者是根据简报（见㊶）的经纬度在Google earth中推算的。

㊾ 龚国强：《新疆地区早期铜器略论》，《考古》1997年第9期。

㊿ 新疆文物考古研究所：《木垒县伊尔卡巴克细石器遗址调查与探讨》，《新疆文物》1995年第1期。

(51) 据2008年实地调查该遗址者提供。

(52) 于志勇：《塔城市二宫乡下喀浪古尔村古遗址调查》，《新疆文物》1998年第2期。

(53) 谢端琚：《甘青地区史前考古》第100页，文物出版社，2000年。

(54) 李水城：《半山与马厂彩陶研究》，北京大学出版社，1998年。

(55) 同(54)，28页图七双口壶。

(56) A. H. 丹尼 V. M. 马松 芮传明：《中亚文明史（第一卷）》第128～130页，中国对外翻译出版公司，2002年。

(57) Hiebert, Fredrik T., Origins of the Bronze Age Oasis Civilization in Central Asia. Cambridge: Harvard University Press, 1995.

二里头文化时期中原东部
地区的地域间动态关系

——以陶器资料分析为中心

秦 小 丽

（加拿大皇家安大略博物馆）

序 言

中原东部地区是指郑州周边及其以东的开封、商丘和周口直到黄河中游华北平原东南端一带的地区。近年来，这一地区相当于二里头文化时期考古遗址的发掘例子明显增加。其中杞县的段岗、鹿台岗以及郑州商城等遗址中发现的伊洛系、漳河系、岳石系等不同谱系混杂的陶器组合现象也引起了学术界的关注。而古文献中有关这一地区曾是夷夏商抗争之地的记载再次引起了学者的讨论。本文将通过对陶器组合变化的分析，来探讨二里头文化时期这一地区和周边诸地区的关系，并就这里发现的漳河系、岳石系等外来陶器要素的流入过程以及在二里头文化向二里岗文化过渡中的动因关系进行分析。

一 研究史

1930 年殷墟的发掘引起了对殷墟文化起源地的讨论。1932 年傅斯年发表了《夷夏东西说》一文，并根据文献记载提出了夏起源地应在西部伊洛地区、或者在山西西南部地区，而殷商文化的起源地则在豫东商丘一带的观点[1]。为了证实这一学说，学者们开始了在中原东部一带的考古调查。1936 年李景冉对黑固堆和造律台遗址进行了小规模发掘，但是除了发现新石器时代的遗物之外并未发现和殷墟文化有关的遗物[2]。50 年代以后，北京大学的邹衡教授认为商文化的起源地不在豫东，而是在河北南部到河南东北部一带的漳河地区[3]，为此在河南北部到东部一带进行了一系列的考古发掘。并在关注豫东杞县牛角岗、朱岗、段岗、鹿台岗等遗址发掘的同时，还对位于夏邑清凉寺、鹿邑栾台和山东西部的安邱菏泽固堆等以岳石文化为主体的遗址也进行了发掘④。同时，中国社会科学院考古研究所二里头工作队为了确认二里头文化在东部的分布范围开始了在河南东部的考古发掘和调查，但是除了在商丘坞墙遗址发现了相当于二里头文化的文化层外，并未发现更多的二里头文化遗址⑤，相反在河南东南部的周口地区却发现了大量二里头文化遗址⑥。

以山东省为中心分布的岳石文化 20 世纪 70 年代发现于平度县东岳石村，但是当时并未命名其为岳石文化⑦。进入 80 年代以后，随着考古资料的增加，提高了对岳石文化的认识。北京大学的严文明教授将其正式命名为岳石文化，并展开了对岳石文化的一系列研究。此后随着考古发掘的进展，属于岳石文化的遗址遍及山东省各地，并向西涉及河南东部直至郑州地区⑧。

岳石文化的年代上限承继山东龙山文化，下限处于二里岗下层或稍早阶段，相对年代几乎与二里头文化相当。在地域上被区分为五个类型，其中与河南东部邻接的安邱固堆类型和其他四个类型不同，包含着较多的漳河型文化的因素；而分布于河南东部地区属于岳石文化的遗址，几乎都发现包含有这种漳河型文化的因素。90 年代以来，随着夏邑清凉寺、杞县鹿台岗等遗址的发掘，有关岳石文化、漳河型文化及二里头文化混杂的陶器组合研究开始盛行⑨。宋豫秦于 1994 年以《夷夏商三种考古学文化的交错地》⑩为题发表论文，他在以文化因素分析法对三种不同陶器混杂状况分析的基础上，提出了这三种考古学文化与文献记载的夷夏商族存在密切关系的看法。栾丰实则撰文提出不同看法，认为岳石文化与郑州南关外下层文化关系密切，以二里岗文化为代表的商文化起源地不是北部的漳河型文化，而是东部的岳石文化⑪。近年来，随着郑州商城周边一系列遗址的发掘，商城建筑之前的二里头文化晚期遗址发现了大型建筑基址⑫。同时，在这些遗址中也发现了三种考古学文化因素混杂的陶器组合。但是尽管如此，二里头文化要素占据主流及包含南关外下层要素这一点，与河南东部地区的岳石文化遗址相异则是值得关注的⑬。近年来一些学者指出，南关外下层的陶器中，受岳石文化影响的是呈茶褐色陶系的鬲、甗、斝等三足器，而其盛食器和饮食器则几乎全是洛达庙文化以来的灰陶，因此也许可以认为这里的炊煮器是从外边带入的⑭。

对二里头文化以及与其并存的同时期其他考古学文化在中原东部地区的研究，正如以上所述随着资料的逐步增加而不断发展。但是，这些研究大多局限于考古年代和文化类型的认定与文献记载中有关部族关系的分析上，而欠缺对当时各种考古学文化所在地域间关系及变化背景的把握。为此本文将在充分认识以上问题的基础上，通过对陶器系统的动态分析，来明确这种地域间的关系及互动的过程⑮。但是，在对陶器本身进行观察时，我们注意到并不是所有的陶器都可以归纳在已知的几个系统之内，一些陶器的部分因素属于某个系统，但另一部分因素却并不属于这一系统。我们把这种不能归入任何系统，但又有相似性的陶器称作折衷陶器。中原东部地区就存在这样的陶器⑯。陶器原本是作为人们的日常生活用品而出现的，与其所体现的系统相比，其用途、制作方法和使用方法等更应该引起我们的重视⑰。因此，在分析其所属陶器系统的同时，更加重视不同用途陶器的动态状况。基于以上新的认识，本文将着眼于二里头文化时期中原东部地区和其周边地区的关系及背景分析，进而探讨其后二里岗文化的形成过程。

二　中原东部地区的陶器系统

一般对陶器系统的识别注重器类和器形较多，而本文还同时重视绳文和制作技法要素在陶器系统分析中的必要性。迄今为止，中原东部地区共确认 40 余处二里头文化时期的遗址，其中符合分析条件的仅有 18 处，包括郑州地区 7 处，开封·商丘地区 6 处、周口地区 5 处（图一）。这些遗址发现的陶器除在地的豫东系之外，还存在伊洛地区的伊洛系、冀南豫北地区的漳河系和山东地区的岳石系陶器。其中，除豫东系可以在本地

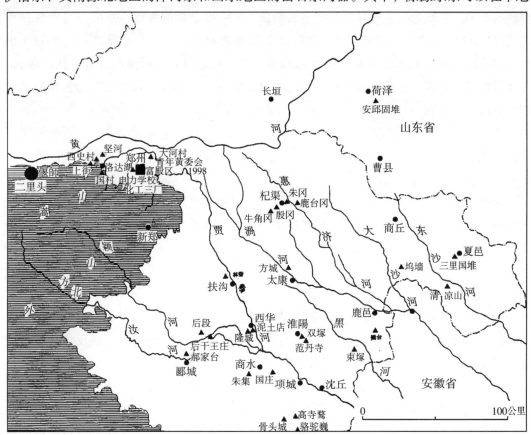

图一　中原东部地区的遗址分布

龙山文化王油坊类型中找到继承关系外，其他陶器系统的起源地均应在中原东部以外地区，其形态和制作技法都还未沉淀于这一地区的陶器系统制作中。以下从陶器的形态、器表绳纹的差异和修整技法三个方面对陶器系统进行分析和认定。

1. 器种的系统

见于中原东部地区的器种，既有伊洛地区特有的深腹罐、圆腹罐、捏口罐、甑、刻槽盆、深腹盆、大口尊、大口缸、爵、三足盘、杯，也可以看到冀南豫北地区常见的鬲、甗、折肩盆、器盖，还有山东地区特有的尊形器、篦纹修整的深腹罐、甗、深腹盆、豆等。这里以器名后的字母来表示各个系统（图二），即A：伊洛系，B：漳河系，C：岳石系，D：在地的豫东系，并详细解释各系统器类的不同特征。圜底深腹罐为A，长腹平底深腹罐为B，深腹直领篦纹修整的深腹罐为C，敞口圆腹、颈部不明显、平底、粗方格纹修整的深腹罐为D。大敞口圆腹的深腹盆为A，有明显折肩、腹部施凹弦纹的深腹盆为B，下腹部施横向绳纹的深腹盆为C。甑部呈圆腹、腰部带附加堆纹和绳纹的甗为B，甑部为斜直腹且篦纹修整的为甗C。根据盘部的深浅，豆可分为深盘豆和浅盘豆。A1为深腹豆，口缘较厚，盘腹部深而外表有凸凹纹，柄部细高；B也为深盘豆，但腹圆润，柄部粗而大。A2为浅腹豆。C为浅盘豆，口缘薄而外翻，柄部较长。仅从器物形态来看，中原东部地区至少存在A、B、C、D四个陶器系统，但在东南部的周口地区则只发现A、C、D三个系统，未见漳河系陶器。

除了器类各系统在形态上的差异之外，炊煮器之一深腹罐的大小也显示着系统间的差异（图三）。中原东部地区的炊煮器有两种类型的深腹罐、甗和鬲。其中深腹罐A与B不仅形态相异，而且大小不同。B型罐大约为口径15~18厘米、器高17~28厘米，A型深腹罐的口径为18~22厘米、器高在27~35厘米之间。而且这两种罐的大小与它们彼此原生地的深腹罐大小相同。因此炊煮器的大小也可以明确区别地域间陶器系统的差异。

2. 绳纹的系统差异

陶器表面的绳纹是制作或修整陶器时留下的痕迹。这些绳纹的粗细差异也是区别陶器系统的重要指标之一。因为作为修整陶器留下的痕迹，不同的绳纹粗细反映了修整时所使用工具的不同。而这种工具的不同很可能反映了陶器制作集团间的区别[18]。

中原东部地区陶器的器面修整除绳纹外，还有方格纹、篮纹、篦纹和磨光。但是，二里头文化的主流纹饰是各种各样的绳纹，而方格纹和篮纹则应是继承龙山文化的施纹风格，其在进入二里头文化时期以后便逐渐消失。篦纹是东部岳石文化具有特征性的修饰遗留。这里以二里头文化时期流行于各地域绳纹的形态及粗细差异进行陶器系统的识

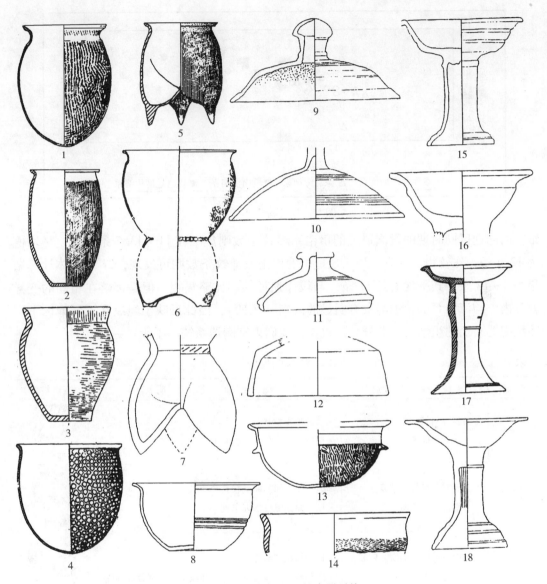

图二 中原东部地区的陶器系统

1. 深腹罐 A 2. 深腹罐 B 3. 深腹罐 C 4. 深腹罐 D 5. 鬲 B 6. 甗 B 7. 甗 C 8. 深腹盆 B 9. 器盖 A
10. 器盖 B 11. 器盖 C 12. 器盖 D 13. 深腹盆 A 14. 深腹盆 C 15. 豆 A1 16. 豆 B 17. 豆 A2 18. 豆 C
（A：伊洛系，B：漳河系，C：岳石系 D：在地的豫东系）（比例不同）

别（表一）。

　　中原东部地区共发现四种不同的绳纹形态（表一）。绳纹条数是客观表示绳纹粗细
的一种方法，这里以 4 厘米为单位对绳纹的条数进行计算，其结果如图四所示[19]。鹿台
岗遗址漳河系的绳纹条数为 18～24 条，且标准偏差值很小，平均条数为 21.3 条，比较

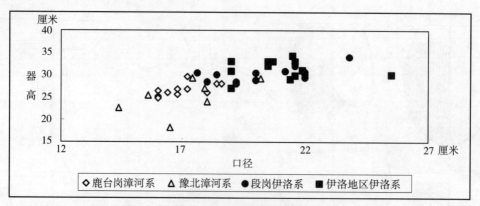

图三 深腹罐大小比较

细。而同地区同时期的段岗遗址的伊洛系绳纹条数则集中在 11 ~ 13.5 条之间，平均值为 12.6 条，比较粗。反观二里头遗址中的伊洛系绳纹条数则可发现，27 个个体计算结果为 8 ~ 14 条，其平均值是 11 条，与段岗遗址的相比略显粗，但是都落在相同的变异幅度内，与漳河系的偏细绳纹有明显的区别（图四），因此反映出绳纹在不同地区不同系统陶器表面的粗细会有差异，这也正是我们识别陶器系统的手段之一。

表一　　　　　　　　　　　　　　绳纹的比较

谱 系	绳 纹 方 向	绳 纹 形 态 说 明	绳纹拓片
伊洛系	·右斜方向较多 ·下腹部方向不确定	·绳纹呈麦粒状 ·可以看到明显的麦粒窝痕	（鹿台岗）
漳河系	·上下方向且排列整齐 ·个别呈左右方向	·绳与绳之间的间隔较狭窄 ·纵方向的绳纹清晰可见	（鹿台岗）
岳石系	·鲁中西及中南部横方向较多 ·豫东地区多见左右斜方向	·横向和左右斜方向 ·绳和绳之间隔较宽，粗细绳纹交错，绳纹痕迹浅	（鹿台岗）
豫东系	·多上下方向的绳纹	·非常粗糙的方格纹	（牛角岗）

3. 关于折衷陶器

中原东部地区除以上叙述的 A、B、C、D 四系统陶器之外，还存在一定数量的既与四系统中的一种陶器有相似部分又有明显区别、很难将其归类于某一系统的陶器。本文将这些陶器称作折衷陶器。

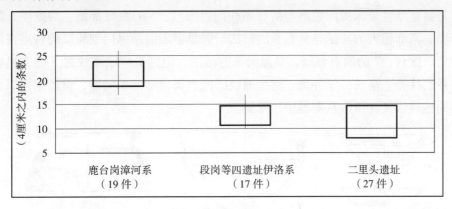

图四　绳纹条数的比较

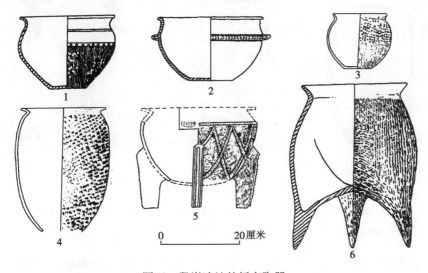

图五　段岗遗址的折衷陶器

1、2. 深腹盆 AB（89Ⅱ H14：2、89Ⅱ H14：21）　3. 圆腹罐 AD（90Ⅱ T17③：1）

4. 深腹罐 AD（89Ⅱ H64：7）　5. 鼎 AD（89Ⅱ H64）　6. 鬲 AB（89Ⅱ G1：5）

中原东部地区已发现的折衷陶器如图五～八所示。首先来看图五所表示的段岗遗址的折衷陶器[20]。圆腹罐与伊洛系的同类器相似，但是其腹部的上下纹饰不同，上部是粗糙的方格纹，下部则是纵向的细绳纹。深腹罐为短颈，圜底，腹部施粗糙的方格纹。鼎足呈扁平形施锯齿纹，但在细绳纹之上再施环络纹。鬲的最大径在肩部，粗绳纹施至足尖部的做法与伊洛系的施纹法相同。图五：1 的深腹盆上部磨光，下部施纵向绳纹的做法又与伊洛系相同。图五：2 的深腹盆有肩，施契形点纹，是漳河系的特征，但是又加了伊洛系特有的双鋬手。

图六是鹿台岗遗址的折衷陶器[21]。豆盘较深与漳河系的腕形豆相似，豆柄较粗、盘

部有凸棱的做法是岳石文化的特征。平底深腹罐腹部瘦长，施较细的绳纹是漳河系的特点，但是器壁厚且呈深褐陶色则与岳石系相同。图六：6 的甗腰部细、器壁厚、腰内侧没有箅隔、鬲部粗大的特征是岳石系的做法，但是器表面施纵向细绳纹的特点在漳河系中较常见。图六：7 的甗有箅隔，是漳河系的做法，但腰部绳状堆纹之下施方格纹是在地豫东系的特点。鬲的口缘外翻、施细绳纹的特点属于漳河系陶器，但器壁厚、绳纹施至足尖的施纹法又在伊洛系陶器中较常见。

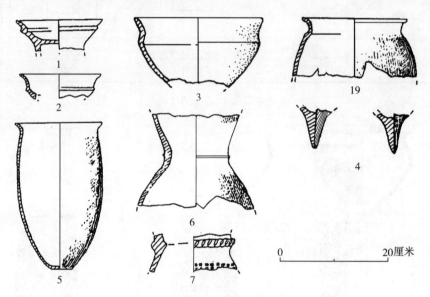

图六　鹿台岗遗址的折衷陶器

1、2. 豆 BC（T27⑤：6、T27⑤：7）　3. 深腹盆 BC（F1：3）　4. 鬲 AB（H39：22）

5. 深腹罐 BC（H35：3）　6、7. 甗 BC（T27⑤：92、T27⑤：92）

　　图七是郑州南部一带诸遗址的折衷陶器。电力学校出土的甗直壁，口部大开，腰部施一周堆纹，为岳石系常见的陶器，但器身施细绳纹则是漳河系的特点。深腹罐口缘外翻，束颈，深腹平底，施纵向绳纹[22]。化工厂出土的鬲、鬲形鼎、甗、深腹盆等，从器形看似具有漳河系的特征，但是其施方格纹的做法却混杂了辉卫系和岳石系陶器的特点[23]。

　　图八是南关外遗址出土的折衷陶器。爵是二里头文化的典型陶器，南关外出土的爵三足与腹部连成一体，足尖外撇。斝的口缘外敞，长颈，细腰。甗的口缘外翻，三袋足也外撇，腰部内侧没有箅隔，器身施纵向细绳纹。鬲是南关外出土最多的器形之一，鬲的器壁厚，但施纵向细绳纹、裆部为连裆的做法，是综合诸要素而成的典型折衷陶器[24]。

　　总括以上所列举折衷陶器的器类特点，可以看出炊煮器比较多，但也有少量盛食器

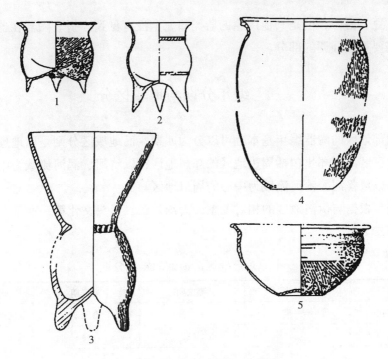

图七　郑州商城诸遗址的折衷陶器

1. 鬲 AB（化工 H1：2）　2. 鬲式鼎 BC（化工 H1：1）　3. 甗 BC（电力 H6：20）

4. 深腹罐 AB（电力 H9：57）　5. 深腹盆 AB（化工 H1：6）（比例不同）

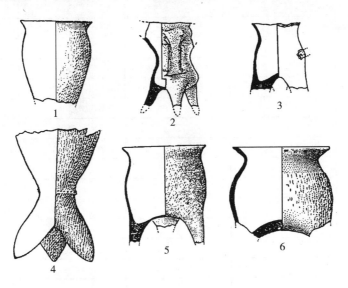

图八　南关外遗址的折衷陶器

1、4. 甗 BC（T87：148、T95：108）　2. 爵 AC（T87：119）　3. 斝 AB

（T87：137）　5、6. 鬲 BC（T86：53、T87：132）（比例不同）

如深腹盆、豆、爵等，但是其他用途的器类却完全没有见到。折衷陶器在器类上的偏差也是本文需要重点强调的部分。

三 编年分期与地域区分

中原东部地区的陶器编年基本上可以分为四期，而地域区分则是以地理上的自然邻接关系分为三区。即郑州包括周边地区的郑州地区；以济河、涡河流域为中心的开封·商丘地区；以贾鲁河、沙河流域为中心的周口地区。

四期编年根据与伊洛地区的相对关系，大约处于二里头文化第一期后半到第四期后半之间（表二）。

表二　　　　　　　　　　中原东部地区诸遗址的年代分期

遗址名	第一期	第二期	第三期	第四期	
二里头文化	第一期	第二期	第三期	前期	后期
段岗		○	○	○	
鹿台岗			○	○	
朱岗			○	○	
牛角岗		○	○	○	
栾台			○	○	
坞墙		○			
清凉寺				○	○
安邱固堆			○	○	
郝家台	○	○	○		
西华陆城	○		○		
后于王庄		○	○		
骆驼岭		○	○		
化工三厂					○
宫殿区 1998				○	○
黄委会公寓		○	○	○	○
电力学校					○
回民学校				○	○
大河村			○	○	
洛达庙		○	○	○	○
大师姑			○	○	○
上街			○		
竖河	○	○	○		

续表二

遗址名	第一期	第二期	第三期	第四期
西史村			○	○
阎河	○	○	○	
南关外				○

第一期：相当于二里头文化第一期后半至第二期前半。灰陶多，黑陶、红陶较少。纹饰以篮纹为主，也有绳纹和少量方格纹。这时期的典型器类有深腹罐 A、圆腹罐 A、深腹盆 A、刻槽盆 A、鼎 A、平底盆 A、盘 A。斜腹腕 D 和双腹盆 D 等龙山时代的器种依然可见。属于这时期的遗址有荥阳竖河、阎河、西华陆城、郝家台六期和商丘坞墙。

第二期：相当于二里头文化第二期至第三期前半期。灰陶增加，黑陶仍存在。篮纹减少，绳纹增加。深腹罐 A、圆腹罐 A 的颈部明显，鼎 A、甗 A、刻槽盆 A、深腹盆 A 带鸡冠形耳鋬。新出现爵 A、盉 A、盉 A、鬶 A 等酒器，捏口罐 A、大口尊 A 也开始出现。与前期相比器类丰富。属于这一时期的遗址有荥阳竖河、阎河、西华骆驼岭、后于王庄、郝家台七期、鹿台岗一期、段岗一期、牛角岗一期和二期、朱岗一期、洛达庙、郑州黄委会青年公寓、荥阳西史村一期等遗址。

第三期：相当于二里头文化第三期后半期至第四期前半期。灰陶占主流，但褐陶有所增加。绳纹为这一时期的主流纹饰，据地域不同其粗细有差异。此外还有沉线纹、附加堆纹、方格纹、印纹等，数量较少。器类较前期复杂，鬲 B、深腹罐 B、甗 C、甑 B、尊形器 C、器盖 C 等前期不见的器类开始出现。属于这一时期的遗址有郑州黄委会青年公寓、洛达庙、大河村、荥阳竖河、阎河、西史村二期、鹿台岗二期和三期、段岗二至四期、朱岗二期、牛角岗三期和四期、郝家台八期、栾台四期、华西陆城三期、项城骆驼岭三期等遗址。

第四期：相当于二里头文化第四期后半期至二里岗文化早期[⑧]。陶色与前期比没有变化。绳纹中混杂有较多的特粗绳纹和较细绳纹。印纹、圆圈纹增加，还有一些特粗的方格纹。器类构成基本同于前期。属于这一时期的遗址有鹿台岗四期、朱岗三期、郑州商城宫殿区 1998 年发掘区前期、郑州黄委会青年公寓晚期、回民中学洛达庙期、洛达庙晚期等遗址及电力学校 H6、化工厂 H1 等。

四　诸遗址陶器组合分析

为了分析中原东部三地区各系统陶器在空间和时间中的复杂状况，这里首先确认每个遗址存在的陶器系统，并统计出其所占百分比的趋势，然后把握各系统比例的时间消长和空间变化倾向，并通过这种陶器组合的时空变迁分析来探讨这一地区的地域间互动关系。

1. 陶器组合的时期变迁

各遗址出土的陶器构成多呈现复杂的组合形式。这里以发掘资料较全面的段岗遗址和郑州黄委会青年公寓两遗址为例，对中原东部地区二里头文化时期陶器组合中各个系统的时间变化进行分析。

（1）段岗遗址[26]

位于杞县西南约 7 公里的段岗遗址，属于二里头文化时期的遗迹可分四期。

第一期以 89 Ⅱ H36 为例进行分析。这里能确认的陶器系统有伊洛系和在地的豫东系。伊洛系以深腹罐 A、圆腹罐 A、捏口罐 A、鼎 A、缸 A 为主体，占本期全体陶器的 81.5%（图九）。包括系统不明陶器在内的在地系主要由小口瓮 D、大口罐 D、缸 D 构成，占全体陶器的 18.5%。其年代相当于二里头文化第二期后半期。

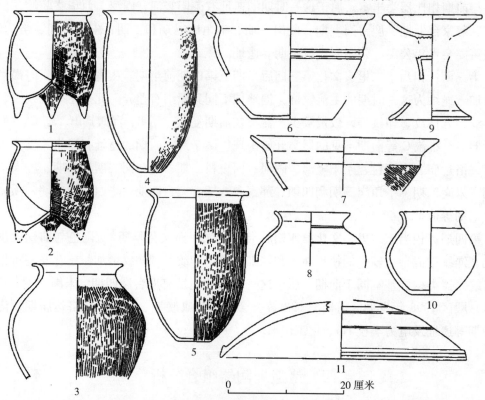

图九　鹿台岗遗址的漳河系陶器

1、2. 鬲（H9：14、H9：12）　3、8. 小口瓮（H39：1、H39：4）　4、5. 深腹罐（H39：7、H39：8）　6、7. 深腹盆（H39：23、H9：16）　9. 豆（H39：35、H39：64、H39：40）　10. 小罐（H9：1）　11. 器盖（H39：3）

第二期以 90 II T16③ 为例进行探讨。这期的伊洛系陶器占全体陶器的 64.4%，在地的豫东系和不明系统陶器占 18.7%，与前期几乎相同，但是伊洛系陶器有所减少。与此同时出土有漳河系与岳石系陶器，其比例分别占到 11.9% 和 5%。其年代与二里头文化第三期前半期相当。折衷陶器仅可看到鬲。

第三期的典型单位有 89 II H56、H54、G1、90 II H35 等。这些单位的伊洛系陶器占全体陶器的 61.0%，而在地豫东系和系统不明的陶器占全体陶器的 16%，比前期有所减少。上期新出现的漳河系陶器占全体陶器的 16.5%，比前期略有增加。岳石系陶器占全体陶器的 5.1%，和前期几乎相同。这时期的折衷陶器仍有少量出现，其年代大致介于二里头文化第三、四期之间。

第四期以 89 II H14、H34 两个典型单位进行分析。这里的伊洛系陶器占全体陶器的 65.8%，和前期相同。在地豫东系和不明系统的陶器大幅减少，仅占全体陶器的 8.5%。漳河系陶器占全体陶器的 21.0%，呈现明显的增加趋势。岳石系陶器占全体陶器的 4.7%，变化不大。其年代相当于二里头文化第四期后半期。

综合以上分析，可以看到伊洛系陶器始终是段岗遗址的主要构成要素，从第二期开始虽有漳河系与岳石系陶器出土，但是直到第四期它们才略有增长的趋势。特别是漳河系陶器从 11.9% 到 21% 显示较大的增长比例。而作为主体要素的伊洛系陶器虽然从第一期的 81.5% 减少到第 4 期的 65.8%，但仍然是陶器组合构成的主要成分。在地豫东系和不明系统陶器仅占少量比例，并呈现减少趋势。模仿·折衷陶器从第二期开始出现。

（2）郑州青年黄委会公寓[27]

遗址位于郑州商城顺城街南侧距离东北城墙约 230 米的地方，其年代相当于二里头第二至四期。

第一期仅有 2 座灰坑，出土陶器中除了系统不明的器类之外，鼎 A、深腹罐 A、刻槽盆 A、甑 A、大型尊 A、瓮 A 等伊洛系陶器占全体陶器的 96.7%，岳石系陶器仅有深腹罐 C 占所有陶器的 3.2%。

第二期有 4 座灰坑，其中的伊洛系陶器有鼎 A、深腹罐 A、刻槽盆 A、甑 A、大型尊 A、捏口罐 A、圆腹罐 A、深腹盆 A、有颈罐 A、缸 A、长颈壶 A、豆 A 等，占陶器总数的 76.5%，新出现鬲 B、深腹罐 B、豆 B、器盖 B 等占 19.1%，而壶 C、豆 C、尊形器等岳石系陶器占陶器总数的 4.4%。

第三期有灰坑 7 座、陶窑 1 座，出土陶器中伊洛系陶器占陶器总数的 68.4%，比前期有所减少；而漳河系陶器占全体陶器的 26.3%，比前期有所增加；岳石系陶器占陶器总数的 5.3%，维持前期的比例。本期出现少量鬲、深腹罐、豆等折衷陶器。

第四期以与青年公寓邻近的 1998 年发掘的宫殿区城墙遗迹为例进行分析[28]。这个遗迹的时代相当于二里头文化第四期前半期，伊洛系陶器占陶器总数的 72.5%，漳河系陶器占陶器总数的 21.4%，岳石系陶器占陶器总数的 4.8%。折衷陶器与前期变化不大。而这个遗迹中属于二里头第四期后半期的两座灰坑出土的陶器中，伊洛系陶器仅占到陶器总数的 60.3%，与前期相比出现较大的减少趋势。相反漳河系陶器则激增到 32.7%，岳石系陶器为 3.8%，变化不大。

以上两处遗址的陶器组合从第二期开始包含少量岳石系陶器的因素，直至第四期没有大的变化。而漳河系陶器的出现虽然晚于岳石系陶器，但是从其出现的第三期开始就呈现逐渐增长的趋势，特别是第四期后半期更增加到 32.7%。伊洛系陶器从第二期开始略呈减少趋势，在漳河系增加的第四期后半期突减到 60.3%。而河南东部的在地系陶器未在郑州地区出现。折衷陶器在第三期有少量发现。以上分析显示陶器组合随时间变化的结果是以伊洛系陶器的逐渐减少和漳河系陶器在后期的激增为特点。岳石系陶器在本地出现较早，但所占比例始终在 5% 左右，未出现大的变化。

2. 陶器组合的空间变化

迄今为止，郑州及开封·商丘地区的二里头文化时期遗址共发现 50 余处，其中已发掘的有 20 处。这里对这些遗址进行和段岗遗址同样的分析，以明确各遗址中不同系统陶器所占比例的空间及时间变化。郑州地区经发掘的遗址共 10 处，其内容可作分析的有 8 处。现对这八处遗址逐一分析。

（1）西史村遗址[29]

遗址位于荥阳县城以北 6 公里处。属于二里头文化时期的遗迹有 28 座灰坑，出土陶器分别相当于二里头文化第二、三期，可辨认陶器系统有深腹罐 A、圆腹罐 A、鼎 A、捏口罐 A、深腹盆 A、盘 A、爵 A、豆 A、平底盆 A、缸 A、大型尊 A 等伊洛系陶器，占全体陶器的 96.6%，另有鬲、圆腹罐等东下冯系陶器，仅占 3.4%。

（2）阎村遗址[30]

遗址位于荥阳县城南部 3 公里处，索河从中间将遗址分割为两部分。发掘出属于二里头文化第一至三期的灰坑 3 座。陶器系统为单一的伊洛系。

（3）竖河遗址[31]

遗址所属荥阳县高村乡，位于黄河南岸约 10 公里处。有相当于二里头文化第一至三期的灰坑 23 座。属于第一期的灰坑有 H18、H23、H36、H42、H95 等 5 座。出土陶器几乎全是伊洛系陶器，但是以篮纹为主的特点，显示了龙山文化的传统遗留。第二期以 H35、H59、H88 为例进行分析。本期与前期相同，但新出现鼎，篮纹有所减少，绳纹有所增加。第三期有 H19、H25 等 12 座灰坑，出土陶器中除系统不明者外，伊洛系陶器占到 98%，但是与前期相比篮纹几乎消失，绳纹成为主要纹饰。

（4）大河村遗址㉒

遗址位于郑州市西北黄河南岸。属于二里头文化时期的遗迹仅一座灰坑，出土陶器相当于二里头文化第四期。其中深腹罐 A、鼎 A、圆腹罐 A、捏口罐 A、刻槽盆 A、深腹盆 A、甑 A、缸 A、豆 A、小型尊 A 等伊洛系陶器，占全体比例的 73.8%；而漳河系豆 B、器盖 B、深腹盆 B 等占 16.7%，岳石系的豆 C、钵 C、尊形器 C 等占 9.5%。

（5）郑州上街遗址㉓

遗址位于郑州以东、荥阳西部约 10 公里处。与二里头文化前期相当。除系统不明者外，有鼎 A、深腹罐 A、圆腹罐 A、刻槽盆 A、甑 A、平底盆 A、大型尊 A、小型尊 A、豆 A 等占全体陶器的 87.5%。仅单耳圆腹罐属于东下冯系，占全体陶器的 7.5%。而漳河系的豆 B、鬲 B 占 5.0%。

（6）郑州电力学校㉔

遗址位于郑州商城中部东侧距离东城墙约 200 米处。属于二里头文化第四期的灰坑 5 座。陶器组合由伊洛系、漳河系、岳石系构成。其中深腹罐 A、捏口罐 A、大型尊 A、刻槽盆 A、爵 A、缸 A、短颈壶 A 等伊洛系占全体陶器的 65.9%，鬲 B、深腹盆 B、器盖 B 等漳河系占全体陶器的 25.0%，钵 C、器盖 C 等岳石系占全体陶器的 3.7%。并可看到甗、深腹罐、鬲等折衷陶器。

（7）化工三厂遗址㉕

遗址位于郑州商城中部南侧。发掘出土的陶器可划分为两个阶段。第一阶段相当于二里头文化第四期。其中伊洛系的器类有捏口罐 A、大型尊 A、缸 A、深腹罐 A、深腹盆 A 等，占全体陶器的 50.5%；而鬲 B、深腹盆 B、豆 B 等漳河系陶器占全体陶器的 26.4%，甗 C、鼎形器 C、尊形器 C 等岳石系陶器占全体陶器的 18.2%；系统不明的陶器占全体陶器的 50.0%，其中有鼎式鬲、甗、鬲等折衷陶器。

（8）洛达庙遗址㉖

遗址位于郑州以西的贾鲁河与金水河之间。二里头文化时期的遗迹可分三期。出土器类有鼎、深腹罐、圆腹罐、甑、豆、盘、刻槽盆、大型尊、瓮、钵、器盖、深腹盆等。其中伊洛系陶器占 98.6%，几乎未见其他系统陶器。第二期出土漳河系陶器，占全体陶器的 12%，伊洛系陶器占 88.0%。第三期伊洛系陶器继续减少，仅占 80.8%，而漳河系陶器增加到 17.3%，出现岳石系陶器，但仅占 1.9%。

通过对以上八遗址的分析，可以看到位于郑州以西的西史村、阎村、竖河、上街四遗址的年代集中在二里头文化第一至三期之间。陶器系统仅有伊洛系，其比例占到 98% 左右。而外来系陶器仅在西史村和上街发现少量东下冯系的圆腹罐。但是郑州地区四遗址的年代稍晚于西部，介于二里头文化第二期至第四期之间。陶器系统除伊洛系外，还有漳河系和岳石系。特别是第三期以后漳河系的增加和伊洛系的减少趋势是每个遗址中都可以观察到的现象，值得注意。折衷陶器的存在是其又一特征。

开封·商丘地区相当于二里头文化时期的遗址共有10处，其中可用于分析的仅有5处。

（1）牛角岗遗址[87]

遗址位于杞县西南约12公里处的铁底河西南部。出土的陶器至少包含四个系统，随着时间的推移陶器系统的比例发生了明显的变化。

第一期：以H5和H15为代表的本期陶器饰有大量具龙山文化特点的方格纹和篮纹，并出现本地特有的特粗方格纹（坑窝纹）。12座灰坑和一座居址出土的陶器，除系统不明者外，有深腹罐A和D、大型尊A、瓮A和D、深腹盆A、豆A、缸A、鼎A、圆腹罐A、捏口罐A、器盖A等。其中伊洛系A占71.3%，在地系D占28.8%，相对年代相当于二里头文化第二期。

第二期：以H11为代表的第二期相当于二里头文化第三期。这里的伊洛系陶器有鼎A、深腹罐A、圆腹罐A、大型尊A、捏口罐A、深腹盆A等，占全体陶器的65.3%，与前期相比变化不大。但是，在地系的鼎D、盘D、钵D等占17.6%，比以前有所减少。此外本期新出土的深腹盆B、器盖B等漳河系陶器仅占全体陶器的7.6%。

第三期：以H17、F1为代表的第三期相当于二里头文化第三、四期。本期的伊洛系陶器占全体陶器的66.2%，除系统不明者外在地系陶器占14.7%，漳河系陶器占14.7%，比前期有较大的增长趋势。首次出现的岳石系陶器的比例占到全体陶器的4.0%。

第四期：以H16为代表的本期相当于二里头文化第四期后半期。其伊洛系陶器占全体陶器的58.8%，比前期略有减少。漳河系陶器占22.1%则有大幅增加。在地豫东系和系统不明的器类占11.7%；而岳石系陶器占7.4%，较前期略有增加。

综观牛角岗遗址从第一期到第三期的陶器系统变化，在伊洛系和在地豫东系陶器呈减少趋势的同时第三期出现的漳河系与第四期出现的岳石系陶器则呈明显增加的趋势。

（2）鹿台岗遗址[88]：

遗址位于杞县西部12公里的裴店村，遗址南约1公里处有惠济河从西北向东南流过。在相当于二里头文化时期的遗址中发现了分别以漳河系陶器和岳石系陶器为主的遗迹（图九、一〇）。首先分析以漳河系为主体的三座灰坑及一座居址出土的陶器。其分属于两期。以H39、H9所代表的前期相当于二里头文化第三期后半期。出土器类中深腹罐B、鬲B最多，还有平口瓮B、小口瓮B、深腹盆B、豆B等，占全体陶器的61.3%；而伊洛系的深腹盆A、大型尊A、深腹罐A、缸A、豆A、平底盆A等占10.3%，比郑州地区同期遗址的比例低很多。岳石系的缸C、尊形器C、罐C、褐陶甗等占10.3%。此外还有在地和系统不明的陶器占17.9%。以H35、F1为代表的后期相

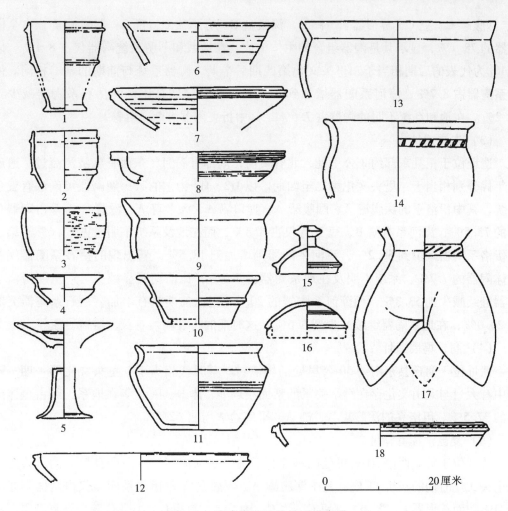

图一〇　鹿台岗遗址的岳石系陶器

1、2. 尊形器（T27⑤: 19、T27⑤: 63、T27⑤: 61）　3. 钵（T27⑥: 4）　4、5. 豆（T27⑤: 59、T27⑤:
13、T27⑤: 17）　6、8. 深腹盆（T27⑤: 21、T27⑤A: 4）　7、18. 子母口钵（T24⑤: 14、T26⑥: 14）
9. 粗砂罐（T24④: 9）　10. 平底盆（T27⑥: 9）　11. 折肩罐（T27⑤: 10）　12. 子母口缸（T27⑤: 48）
13、14. 深腹罐（T24④: 8、H117: 1）　15、16. 器盖（T27⑤: 36、T24⑤: 18）　17. 甗（T24⑤: 50）

当于二里头文化第四期，未发现伊洛系陶器，漳河系陶器占到 60.4%，成为这一时期
陶器构成的主体。而岳石系陶器的 23.2% 比前期略有增加。在地和系统不明的陶器占
到 16.2%，其中有折衷陶器的深腹罐、鬲、豆、深腹盆等。其次来分析以岳石系陶器
为主的遗迹出土的陶器组合。这些陶器也可分二期，以 T27⑤ 为代表的陶器相当于二里
头文化第三、四期，至少包含三个系统的陶器。除系统不明者外，还有以捏口罐 A、深
腹盆 A、爵 A、鼎 A 等伊洛系陶器，仅占全体陶器的 3.6%。漳河系陶器有豆 B、深腹
罐 B、甗 B 等，占全体陶器的 10.1%。而其他遗址少见的岳石系陶器器类丰富，有甗

C、深腹罐 C、豆 C、尊形器 C、钵 C、深腹盆 C、有颈盆 C、篦 C、器盖 C 等，占全体陶器的 78.1%，显示其是陶器组合的主体构成。在地系和不明系统陶器仅占 8.1%。以 T24⑤为代表的后期相当于二里头文化第四期后半期，陶器系统与前期的基本相同。伊洛系陶器占 8.7%，漳河系陶器增加到 31.2%，相反前期高比例的岳石系陶器减少到 52.2%。在地和系统不明的陶器占 7.6%，其中折衷陶器有甗、豆等。

（3）朱岗遗址[39]

遗址位于杞县东部约 3 公里处，北有黄河，南部有涡河，东部有惠济河流过。遗迹的年代分别相当于二里头文化第二至四期。以 H2、H7 为主的第一期陶器可确认有三个系统，其中伊洛系的深腹罐 A、圆腹罐 A、捏口罐 A、大型尊 A、深腹盆 A 等占陶器总量的 73.5%，漳河系有鬲 B、豆 B 等仅占 8.8%，而在地及系统不明者占 17.6%。第二期伊洛系陶器减少到 66.2%，漳河系陶器则增加到 18.5%，新出现的岳石系陶器仅占全体陶器的 7.7%，系统不明及在地系陶器占 7.7%，比前期明显减少。第三期伊洛系陶器继续减少到 53.3%，而漳河系陶器的 20.0% 则比前期略有增加，岳石系陶器突增到 20.0%，在地系陶器继续减少到 6.6%。这时期的折衷陶器有豆、器盖、甗等。

（4）商丘坞墙遗址[40]

遗址位于商丘县东南约 30 公里处的坞墙村。其时代相当于二里头文化第一期。陶器中有大量与龙山文化存在继承关系的素面小罐 D、钵 D、碗 D 等在地系，约占全体陶器的 37.5%。伊洛系的深腹罐 A、甑 A、平底盆 A 等占 62.5%。

（5）夏邑清凉寺遗址[41]

遗址位于县城西南 30 公里处的魏庄村，北有岳河旧河道，西南有挡马沟。共发掘二里头文化时期的灰坑 11 座。其中深腹罐 A、深腹盆 A 等伊洛系陶器仅占全体陶器的 13.3%，而尊形器 C、器盖 C、豆 C、盂 C、甗、深腹罐 C、小罐 C 等岳石系陶器占到 86.7%，是本遗址的主体因素。

通过以上对开封·商丘地区五遗址的详细分析，发现其年代大致介于二里头第二期到第四期之间。各遗址前期的伊洛系陶器占绝对多数，甚至超过在地系成为这些遗址的主体因素。但随着时期的推移，伊洛系陶器不断减少；而漳河系与岳石系陶器从第二期开始以低比例出现，但是在进入第三、四期后，除比较特殊的鹿台岗之外，出现了与郑州地区相同的变化趋势，既伊洛系陶器的减少与漳河系陶器的增加。而岳石系陶器则始终保持比较稳定的比例。只有在东部的清凉寺遗址，岳石系陶器占到 86.6%，成为绝对的主体成分；而伊洛系陶器仅占 16.6%；未见漳河系陶器；但有少量折衷陶器。

周口地区相当于二里头文化时期的遗址共发现 18 处，但可用于分析的遗址仅有 5 处。

（1）郾城郝家台遗址[42]

遗址位于县城东部 3 公里处的石槽乡，南部有沙河流过。由龙山文化与二里头文化构成，其中发现的龙山文化时期的城墙为人们所熟知。属于二里头文化时期的六至八期分别相当于二里头文化第一至三期。第一期有居址和灰坑多座。出土的陶器有鼎 A，深腹罐 A、D，甑 A，盘 A，长盘 D，深腹盆 A，豆 A，盂 D，碗 D 等。其中伊洛系陶器占陶器总数的 88.5%，在地系陶器占陶器总数的 11.5%。第二期未见在地系陶器，伊洛系陶器新出现盘 A、器盖 A、圆腹罐 A 等，百分之百由伊洛系陶器构成。第三期与前期基本相同，又新出现大型尊 A、捏口罐 A、平底盆 A 等新器类。

（2）西华骆驼岭遗址[43]

遗址位于县城西南部。遗迹的第一至三期分别相当于二里头文化第一至三期。试掘及采集的陶器有鼎 A，深腹罐 A、D，圆腹罐 A，平底盆 A，深腹盆 A，小盆 D，有颈罐 A，甑 A，盘 A，豆 A 等。除少量在地系陶器占 10% 外，伊洛系陶器占到 90%。而从纹饰来看，以篮纹和方格纹为主，与伊洛系陶器以绳纹为主的特点不同。

（3）鹿邑栾台遗址[44]

遗址位于县城东南部，处于涡河、白沟河与清水河之间。属于二里头文化时期的文化层中出土甗 C、深腹罐 C、豆 C、钵 C、瓮 C 等岳石系陶器，占全体陶器的 83.3%，是遗址构成的主体要素，而伊洛系陶器仅占 16.7%。

（4）西华后于王庄遗址[45]

遗址位于县城东南部 32.5 公里处，考古调查采集的陶器（片）都属于二里头文化第二期。纹饰以绳纹为主，但仍有一定数量的篮纹。采集的深腹罐 A、圆腹罐 A、大口罐 A、瓮 A 等几乎都是伊洛系陶器。

（5）项城陆城遗址[46]

遗址位于泥河与洪河之间的台地上。考古调查采集的陶器中有深腹罐 A、圆腹罐 A、大口罐 A、深腹盆 A、大型尊 A、簋 A、豆、瓮 A 等都属于伊洛系，其年代大致相当于二里头文化第三期。

以上通过对周口地区五遗址的分析，可以看到这一地区遗址的年代除鹿邑栾台之外都集中在二里头文化第一期到第三期之间。其陶器系统除在第一期有 10% ~23% 的在地系之外全部为伊洛系陶器。鹿邑栾台遗址的年代较晚，约相当于二里头第四期，其陶器系统也显示了与其他遗址的差异；岳石系陶器占到 83.3%，而伊洛系陶器仅占 16.6%。

五　中原东部地区的陶器动态和其背景分析

这里在前章分析的基础之上，将从时间推移和空间变化的角度对陶器系统组合的动态过程进行把握，并尝试探讨这种动态过程的背景成因。

1. 陶器的动态

中原东部地区二里头文化时期的遗址，从其内涵所显示的年代差异可以区分为前后两个大的阶段。既以第一、二期为代表的前半期和以第三、四期为代表的后半期。在空间上则以前述三大自然区域为分析的基本框架。

首先从时代上看，属于前期的遗址有郑州地区的西史村，竖河，阎河，洛达庙二期，黄河委员会青年公寓一、二期；开封·商丘地区的牛角岗一、二期，段岗一、二期，朱岗一期，鹿台岗一、二期，商丘坞墙；周口地区的郝家台、陆城、后于王庄、骆驼岭共14处。郑州地区的西史村、竖河、阎河和周口地区的四遗址中，除在地系约占20%左右外，全部是伊洛系陶器。但是开封·商丘地区的四遗址和郑州的洛达庙、黄委会青年公寓则不同。从第二期开始，除鹿台岗遗址具有的特殊性之外其他遗址均有少量岳石系和漳河系陶器出现，但是伊洛系陶器占主导因素的状况都是相同的，充分显示了这一时期自然地理配置对地域间陶器系统比例的影响。但是鹿台岗遗址从第三期前半期开始，新出现的漳河系陶器仅占10.1%，与其他外来系陶器相同。而伊洛系陶器仅占3.6%，岳石系陶器占到78.1%的高比例现象比较特殊。到了第三期的后半期，前期所占比例较少的漳河系陶器突然大幅增加到61.3%，并在第四期前半期持续保持这种高比例，相反岳石系陶器的比例则急剧下降到23.2%。但是在时代进入第四期后半期后，持续增长的漳河系陶器在陶器中的比例下降到31.2%，而岳石系陶器再次增加到52.2%。鹿台岗遗址陶器系统比率大幅度波动的现象比较特殊。

属于后半期的遗址有郑州地区的上街、大河村、洛达庙四期、黄委会青年公寓三期、宫殿1998年发掘区、化工三厂、电力学校；开封·商丘地区的牛角岗三、四期，段岗三、四期，朱岗二、三期，鹿台岗第三、四期，清凉寺和周口地区的栾台遗址共13处。郑州地区七遗址中的三遗址属于第四期后半期。这时期伊洛系陶器虽然较前半期有所减少，但是仍然占陶器总数的60%以上，是所有遗址的主体要素。与此相对，漳河系陶器与前半期相比超过20%，特别是第四期后半期所占比例高达32.7%。而岳石系陶器自始至终占少量比例，呈现比较安定的状态。开封·商丘的五遗址和郑州地区的遗址相同，伊洛系陶器是主体因素，占到陶器总数的60%以上。漳河系陶器的比例则较郑州地区为高，最高占到陶器总数的61.3%。岳石系陶器占到陶器总数的20%左右，也明显高于郑州地区，特别是鹿台岗遗址达到52.2%，而位于最东部的清凉寺遗址除极少量的伊洛系陶器和在地系陶器外则几乎全是岳石系陶器。就诸遗址整个后半期的陶器动态来看，伊洛系陶器的减少和漳河系陶器的增加是其显著特征。但是距离山东较近的遗址岳石系陶器比例高这一点充分显示了自然地理配置在陶器动态过程中的作用。

本章通过对郑州、开封·商丘及周口地区诸遗址出土的陶器系统的构成以及各系统所占比例的变化，分析了二里头文化时期中原东部地区的地域间关系。其结果是三地区诸遗址的陶器构成，除了继承本地龙山文化的在地系陶器之外，还有三地区以西的伊洛系、以北的漳河系和以东的岳石系陶器。伊洛系陶器在各个遗址中均占到约60%以上，构成这些遗址的主体文化因素。特别是属于前半期的遗址中，伊洛系陶器高达85%。而在地的豫东系陶器仅在第一、二期多有发现，且仅占少量比例。进入后半期之后，郑州和开封·商丘地区的漳河系陶器急剧增长，在第四期后半期达到35%的高比例。而一直比例较高的伊洛系陶器则比前期减少30%，呈现明显的减少趋势。此外难以判别系统的鬲、甗、深腹罐、深腹盆、豆等折衷陶器同时出现。这种现象在思考二里头文化的地域间关系时是非常重要的。图一一是二里头文化时期后半期诸遗址中可明确判别的伊洛系、漳河系、岳石系、在地的豫东系陶器系统的构成比例。

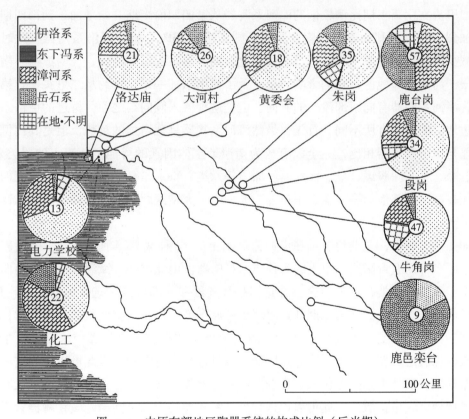

图一一　中原东部地区陶器系统的构成比例（后半期）

通过以上分析，可以看到这一地区与本人曾经分析过的山西省西南部和河南省北部地区的陶器动态过程一样，在一般遗址之外也都发现了具有特殊性质的遗址。郑州商城东北部的黄委会青年公寓一带发现了建于二里头第三期的建筑基址和版筑墙。这一遗址内的伊洛系陶器占绝对数量，是其主体构成要素。同样以伊洛系陶器为主体，与周边遗址的陶器构成不同的山西西南部属于二里头第三期的东下冯、垣曲商城，河南北部的府城、孟庄遗址也都发现大型建筑基址和城墙，或大型环城壕沟。这些特殊遗址的形成与其伊洛系陶器所占据的高比例有密切关系。也就是说，随着初期国家的形成，伊洛系陶器所在的伊洛地区的影响力逐渐向周边地区推进，并在这些地区建设了一些具特殊性质的据点性遗址。黄委会青年公寓的大型建筑就是中原东部地区的具有这种特殊性质的据点性遗址。而那些不具有这种特殊性质的遗址，其陶器系统构成的比例多随着自然地理区域的远近而呈正比例增减。

2. 外来系陶器的流入

但是在时代进入二里头文化第四期以后，中原东部地区的陶器组成发生了变化。首先是二里头文化第三期比例较低的漳河系陶器从第四期前半期开始增加，到第四期后半期增加到35%。而郑州以东的鹿台岗遗址则高达61.3%。相反伊洛系陶器在此时呈现普遍减少的趋势。中原东部地区二里头文化后期漳河系陶器的增加，说明漳河系陶器不仅局限于河南北部地区，它的影响力也波及了河南东部一带。大约从二里头文化第三期开始，漳河系陶器有向南部流入的倾向。但是这种流入倾向与之前分析过的伊洛系陶器向周边地区的扩张有所不同。首先，虽然漳河系陶器呈现增加的趋势，但是其比例至少仍不能与伊洛系陶器相比，完全没有成为诸遗址主体因素的可能。从流入的器类来看，有鬲、甗、平底深腹罐、豆、深腹盆、器盖等六类，特别是鬲、深腹罐、甗、豆四类出现率比较高。而其他如平口瓮、小口瓮、大型壶、大型深腹罐、盆、鼎、小盆、钵等则很少见到。

如图一二所示，左上角表示在漳河流域出土的12种典型漳河系陶器。中间表示的是从中原东部的鹿台岗遗址出土的5种漳河系陶器。由此可知，漳河系陶器的南向流入仅仅限于一部分器类，从其用途来看它们是炊煮器和一部分经过选择的盛食器。其次，岳石系陶器从二里头文化第二期开始出现于中原东部，但是其比例很低。随着时代的推移，其陶器比例的变化倾向也不明确。但是从出土的岳石系陶器器类来看，也主要是甗、粗砂深腹罐、器盖、尊形器等炊煮器和经过选择的盛食器。因此可以说，这些流入中原东部地区的外来系陶器仅限于有选择的部分器类，而不像伊洛系陶器那样没有选择地向四周地区大量扩散。因此可以说这种外来系陶器的流入可能与隐藏在陶器背后的人们的生活方式有密切关系。二里头文化第四期发生在中原东部的陶器动态过程，也许正是由这种以炊煮器为中心的生活方式的改变而引起的。做出这种变革选择的接受方也许正是其后使二里岗文化得以成立的在地的伊洛·郑州系陶器所代表的人群⑪。与此同时，本人以前分析过的山西省西南部从二里头文化晚期到二里岗文化的转变，其显著的变化也仍然是以炊煮器为主的器类更替。这种以炊煮器为主的陶器组合的变革也许正是

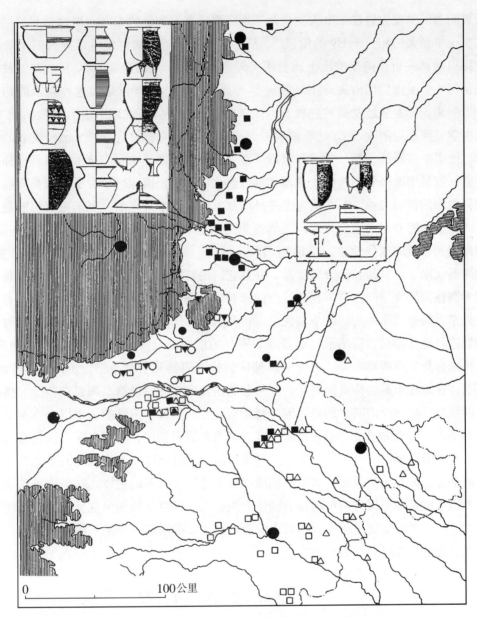

图一二　中原东部地区陶器系统的分布和漳河系陶器的流入

（辉卫系：▲　伊洛系：□　漳河系：■　岳石系：△　东太堡系：○）

引起地域间陶器动态的要因之一[43]。

3. 折衷陶器的出现

折衷陶器的存在是中原东部地区在二里头文化时期与其他地方不同的特点之一。这种折衷陶器的出现大致在二里头文化第三期随着外来系陶器的流入而出现，并持续到二里岗文化早期大约相当于 H9 的阶段[49]。从年代来看，折衷陶器也可以分为三个阶段[50]。最早得以确认的折衷陶器的出土地是南关外遗址，由于发掘遗址的 50 年代对这种陶器缺乏认识。但是他们以南关外型来强调其与其他遗址的差异正是对这种陶器的初步认识。近年来，随着遗址发掘的进展，除南关外遗址之外，还发现了电力学校、化工厂、回民中学、河医二附院等 12 处与南关外具有相同陶器构成的遗址。从已经发表的资料来看，外来系陶器鬲、甗、斝、深腹罐、豆、深腹盆等器类在制作技术上呈现多样的折衷要素。就其用途来看仍然由炊煮器和部分盛食器构成。由此可以看出外来系陶器与折衷陶器之间的密切关系。本文认为南关外的炊煮器或许是外来的，但是更有可能是模仿流入的外来系陶器在本地制作的，因为这里更多的其他器类是利用了原本在地的器类。人们即使到了新的居住地也习惯沿用旧习来炊煮[51]。的确，通过本文的大量分析发现，折衷陶器仅限于炊煮器和部分盛食器，并且它们的器类与外来系陶器也一致。但是，这意味着制作折衷陶器的人群掌握着器类的选择和模仿权，与其说折衷陶器的制作者是伴随着外来系陶器而来的人群，不如说是以伊洛系为主体的原住者根据自己的爱好对外来系陶器进行选择和模仿的结果。随着今后资料的增加，也许可以对此做更详细的解释。其次再来分析折衷陶器本身。中原东部地区的折衷陶器几乎都是综合伊洛系、漳河系、岳石系、在地豫东系的特点而制作的。从其所占比率来看，伊洛系陶器在整个二里头文化时期呈现由多到少的减少趋势，但是自始至终都占到每个遗址的一半以上直至二里头文化的结束。折衷陶器出现的初始阶段，与伊洛系因素相比，它们多融合漳河系与岳石系陶器的要素而制作。进入后半期，三种要素混合的特点增加。再从陶器形态和制作技术方面来看，漳河系陶器要素和岳石系陶器要素是折衷陶器的主体。这也许反映了陶器制作者还不能熟练把握这两种陶器的制作方法。因此折衷陶器的出现反映了地域间在保持恒常的、一般的交流过程中，随着人们对新炊煮器的需求，外来系陶器的流入或模仿制作就成为它们选择的必然理由[52]。

六　二里岗文化的形成过程

外来系陶器的流入和折衷陶器的出现是二里头文化后半期中原东部地区的显著特征。这种特征与此后出现的二里岗文化的形成过程有紧密的关系。

这里首先对外来系陶器进行分析。二里岗文化的陶器组合构成除继承伊洛系陶器器类之外，还有新出现的鬲、平底深腹罐、甗、斝、簋等在漳河系和岳石系陶器可以看到的器类或是综合几类陶器特征的折衷陶器。因此外来系陶器的流入是二里头文化陶器组合向二里岗文化陶器组合转变的主要原因。正如前章已叙述的那样，从陶器系统的构成

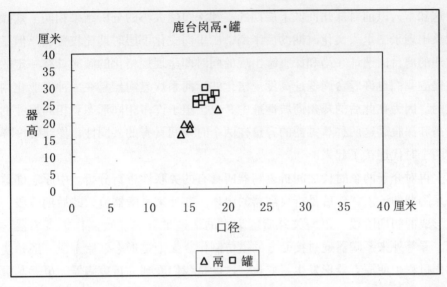

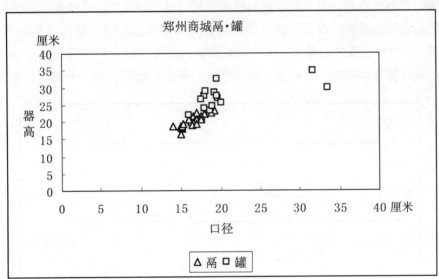

图一三　鹿台岗遗址和郑州商城遗址炊煮器的大小

比率来看，即使漳河系陶器呈现增长趋势，但它的比率也仅停留在35％的程度上，最终也不曾超越伊洛系陶器。再从二里岗文化陶器用途的构成比来看，外来系陶器多为炊煮器和经过选择的盛食器，其他用途的陶器仍然沿用二里头文化时期的伊洛系陶器。这是根据特定陶器器类需要而引起的陶器动态模式现象。追求生活方式革新的人们，首先关注使用不同炊煮器的地域，进而考虑是直接搬入还是引进其制作技术，或是简单模仿。这里对漳河系陶器较多的鹿台岗遗址出土的鬲和深腹罐的大小进行了统计和分析。其结果如图一三所示，它们的口径和器高呈现出高度规格化的倾向，显示其规格化程度较高。这和本人以前对郑州商城下层期的鬲和深腹罐大小的分析结果相同。炊煮器的规格化现象出现于二里头文化时期的后半期，二里岗文化下层时期比较普遍。但是二里头文化时期的鹿台岗遗址在鬲和深腹罐出现的同时即呈现规格化的倾向具有一定的启示意义。它提醒我们也许鹿台岗遗址高度规格化的漳河系炊煮陶器是在一种专业化制陶体制下产生的。因为在此后的郑州商城遗址中，也出土了许多相同形态和相同尺寸的鬲与深腹罐。鬲和深腹罐这两种炊煮器的容量在两个时期间具有的共同性，像纽带一样把前后承继的两个时代连接了起来。

其次再对介于两个时代之间折衷陶器所具有的关联性进行分析。中原东部地区首先是外来系陶器的流入，然后是折衷陶器的出现。在外来系陶器流入的后期阶段，即二里岗文化形成的初期阶段，以南关外遗址为主的诸遗址开始流行制作折衷陶器。这时期鬲、甗、罍等外来系陶器通过接受方的模仿制作，无论是形态、胎土成分还是烧成状况均在制作过程中使原有器形发生了变化。这就是我们看到的折衷陶器。虽然其数量还很少，存续时期也比较短。但是就像我们已经分析过的深腹罐的大小所反映的那样，伊洛系典型的圜底深腹罐和深腹盆，融合了漳河系同类器形的特点而制作出新的折衷陶器，使深腹罐 AB 的差别消失而融为一体。原来的漳河系深腹罐与伊洛系深腹罐相比不仅底部不同而且口径和器高都小于前者。但在进入二里头文化第四期后半期后，正如图一四

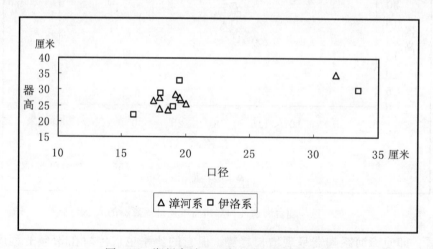

图一四　郑州商城二里岗文化深腹罐的大小

所示的那样，平底的漳河系深腹罐和圜底的伊洛系深腹罐几乎大小相同，至少从大小尺寸上难以区分二者的差别。这极可能暗示着两类深腹罐是由相同的人群制作的。这种推测也可以从折衷陶器要素的变化观察到。在折衷陶器的第一阶段，漳河系与岳石系陶器融合制作的情况比较多；从第二阶段后期到第三阶段，伊洛系与漳河系融合的折衷陶器增加。这种融合因素变化的背后与陶器系统构成比例所显示的漳河系陶器的增加有直接

的关系。此外再从二里岗文化陶器构成来看，虽然鬲和甗成为主要的炊煮器，但是深腹罐并没有消失，相反仍然维持一定的数量。其中折衷形深腹罐占到深腹罐总量的 75%，而原有的伊洛系深腹罐仅占 25%。由此可以推测到在二里岗文化形成过程中漳河系及其折衷陶器所具有的重要意义。

因此可以说由二里头文化第四期后期以炊煮器和经过选择的盛食器的变革而引起的外来系陶器的流入，以及由折衷陶器而导致的新的炊煮器与盛食器的不断变化，再加上从伊洛系继承而来的其他用途的器类共同构成了二里岗文化的新陶器组合，本文将其称作伊洛·郑州系陶器，二里岗文化由此得以成立。

本文在这里仅从陶器系统构成的变化对二里岗文化的形成过程进行了展望性的提示和分析，而其形成过程中更为复杂的多种要因将是我们今后需要重视的研究课题。

附记：

2002 年 7 月，在河南省文物考古研究所建所 50 周年庆祝会及华夏文明的形成与发展学术研讨会上，我最后一次见到安志敏先生。记得在参观新郑市博物馆时，我有幸随同先生一起参观，得到了聆听先生对玉器及陶器看法的机会。也许先生并不记得当时围绕在他身边许多年轻人之一的我，但是他亲切、简练的言谈，渊博丰富的知识底蕴却使我终生难忘。在此安先生离世五周年之际，谨以此文表达我对先生的敬仰之情。

本文是根据笔者在日本中国考古学研究会第 13 次全国大会（2003 年 11 月在名古屋南山大学举行）上的发言稿及此后发表的日文稿改写的。在资料的收集和调查中曾得到了河南省文物考古研究所袁广阔、宋国定、曾小敏、秦文生、孙新民、何链敏；郑州大学韩国河、张国硕等先生的指导和帮助，文中的线图则是本人当时所在日本京都大学文学部考古学研究室的岩井俊平、石村智岩田贵之等诸位学弟帮助绘制的，在此致谢。本文的写作是在日本京都大学冈村秀典先生和上原真人先生的指导下完成的。感谢南山大学文学部西江清高先生给予我大会发表的机会及提出的宝贵意见。在此一并致谢。

注　释

① 傅斯年：《夷夏东西说》，《"中央研究院"历史语言研究所集刊》外编第一种《庆祝蔡元培先生六十五周岁论文集》（下），1933 年。

② 李景冉：《河南省东商丘永城调查及造律台、黑孤堆、曹桥三处小发掘》，"中央研究院"历史语言研究所专刊之十三，《中国考古学报》第二册第 88～102 页，商务印书馆，1947 年。

③ 邹衡：《夏商周考古学论文集》，文物出版社，1980 年。

④ a. 段宏振、张翠莲：《豫东考古学文化初论》，《中原文物》1991 年第 2 期。b. 裴明相：《论豫东岳石文

化》，河南省文物考古研究所编《河南文物考古论集》第 215~225 页，河南人民出版社，1996 年。c. 魏兴涛：《试论下七垣文化鹿台岗类型》，《考古》1999 年第 5 期。d. 邹衡：《论菏泽（曹州）地区的岳石文化》，《文物与考古论集》第 114~136 页，文物出版社，1986 年。

⑤⑩ 商丘地区文管会、中国社会科学院考古研究所河南二队：《河南商丘县坞墙遗址试掘简报》，《考古》1983 年第 2 期。

⑥㊹㊺㊻ 中国社会科学院考古研究所河南二队、河南省周口地区文管会：《河南周口地区考古调查简报》，《考古学集刊·4》，中国社会科学出版社，1984 年。

⑦ 中国社会科学院考古研究所山东发掘队：《山东平度东岳石村新石器时代遗址和战国墓》，《考古》1962 年第 10 期。

⑧ 严文明：《龙山文化与龙山时代》，《文物》1981 年第 6 期。

⑨ 邹衡：《论菏泽（曹州）地区的岳石文化》，载《文物与考古论集》第 114~136 页，文物出版社，1986 年。

⑩ 宋豫秦：《夷夏商三种考古学文化交流地域浅谈》，《中原文物》1992 年第 2 期。

⑪ 栾丰实：《试论岳石文化与郑州地区早商文化的关系》，载栾丰实著《海岱地区考古研究》第 364~374 页，山东大学出版社，1997 年。

⑫ 河南省文物研究所：《郑州黄委会青年公寓考古发掘报告》，载河南省文物研究所编《郑州商城考古新发现与研究 1985~1992》第 185~227 页，中州古籍出版社，1993 年。

⑬ 宋豫秦：《试论杞县与郑州新发现的先商文化》，载中国社会科学院考古研究所编《中国商文化国际学术讨论会论文集》第 133~148 页，中国大百科全书出版社，1998 年。

⑭㊶ 難波純子：《土器から見た夏商文化の拡散について》，岡村秀典編《中國古代都市の形成》，京都大學人文科學研究所科學研究補助金，基盤研究 A（2）研究成果報告書，京都，2000 年。

⑮ 秦小麗：《二里頭時代の土器動態とその背景 – 中國初期國家形成過程における地域間の分析》，財団法人東方學會編《東方學》，第百六集，東京，2003 年。

⑯ 从 1997 年到 2003 年的六年间，作者曾八次往返河南郑州，对郑州商城工作站、郑州大学陈列室和河南省文物研究所库房收藏的各个遗址的资料进行观察。在这之中曾多次观察到一些陶器很难归入已经认知的陶器系统之中。它们兼有多个陶器系统的特点。本文在此借用日本考古学中常用的"折衷"一词来认识这些陶器。

⑰ 岡村秀典：《二里頭文化の生活》，岡村秀典編《夏王朝——王権誕生の考古学》第 5 集第 169~185 頁，講談社，2003 年。

⑱ 作者对绳纹的分析和测量得到了京都大学教授冈村秀典先生的指导，在此特别致谢。

⑲ 豫东四遗址的绳纹统计是根据《豫东杞县发掘报告》和《华夏考古》公开发表的资料为基础计算出来的。绳纹各系统的计测，有一部分是本人亲自以 5 厘米为单位计测的，而考古报告发表的绳纹资料则是以 4 厘米为单位。为统一本文中均已换算为以 4 厘米为单位。二里头遗址部分陶器容量和绳纹的测量，得到了中国社会科学院考古研究所二里头工作队许宏和赵海涛先生的全力支持与指导，在此深表谢意。而郑州商城遗址陶器的测量则得到了河南省文物考古研究所袁广阔、宋国定和曾小敏的支持与帮助，在此一并致谢。

⑳㉑㉖㊳ 郑州大学文博学院、开封市文物工作队：《豫东杞县发掘报告》，科学出版社，2000 年。

㉒㉞ 河南省文物研究所：《郑州电力学校考古发掘报告》，载河南省文物研究所编《郑州商城考古新发现与研究 1985~1992》，中州古籍出版社，1993 年。

㉓㉟ 河南省文物研究所郑州工作队：《郑州化工三厂考古发掘简报》，《中原文物》1994 年第 2 期。

㉔ 河南省博物馆：《郑州南关外商代遗址的发掘》，《考古学报》1973 年第 1 期。

㉕㊾ 位于郑州商城南部的二里岗遗址 H9 出土的陶器组合是二里岗下层早期阶段代表性的陶器组合，这里以此为分期的标准性器物。

㉗㉘ 河南省文物研究所：《河南省黄委会青年公寓考古发掘报告》，河南省文物研究所编：《郑州商城考古新发现和研究 1985～1992》，中州古籍出版社，1993 年。

㉙ 郑州市博物馆：《河南荥阳西史村遗址试掘简报》，《文物资料丛刊·5》，1981 年。

㉚ 郑州市文物工作队：《河南荥阳县阎河遗址的调查与试掘》，《中原文物》1992 年第 1 期。

㉛ 河南省文物研究所：《河南荥阳竖河遗址发掘报告》，《考古学集刊·10》，1997 年。

㉜ 郑州市文物工作队、郑州市大河村遗址博物馆：《郑州大河村遗址 1983、1987 年发掘报告》，《考古学报》1995 年第 6 期。

㉝ 河南省文化局文物工作队：《河南郑州上街商代遗址发掘报告》，《考古》1966 年第 1 期。

㊱ 河南省文物研究所：《郑州洛达庙遗址发掘报告》，《华夏考古》1989 年第 4 期。

㊲ 郑州大学考古专业、开封市博物馆考古部、杞县文保所：《河南杞县牛角岗遗址试掘报告》，《华夏考古》1994 年第 2 期。

㊳ 郑州大学考古专业、开封市博物馆考古部、杞县文保所：《河南杞县朱岗遗址试掘报告》，《华夏考古》1992 年第 1 期。

㊶ 北京大学考古学系、商丘地区文管会：《河南夏邑清凉寺遗址 1988 年发掘简报》，《考古》1997 年第 11 期；《河南夏邑清凉山遗址发掘报告》，北京大学考古学系编《考古学研究·4》，科学出版社，2000 年。

㊷ 河南省文物研究所、郾城县许慎纪念馆：《郾城郝家台遗址的发掘》，《华夏考古》1992 年第 3 期。

㊸ 河南省文物研究所：《河南鹿邑栾台遗址发掘简报》，《华夏考古》1989 年第 1 期。

㊼ 关于伊洛·郑州系陶器的解释请参照注㊽论文的注释 8。

㊽ 秦小丽：《二里頭時代から二里岡時代への転換—山西省西南部の土器資料を中心として》，日本中国考古学会《中国考古学》第 1 号，東京，2000 年。另可参见《考古》2006 年第 2 期发表的中文稿（略有改动）。

㊿ 谢肃、张翔宇：《试论南关外型商文化的年代分组》，《中原文物》2003 年第 2 期。

52 岡村秀典：《中国的世界の形成》，岡村秀典著《夏王朝——王権誕生の考古学》第 6 章，講談社，2003 年。

华夏传统的形成与早期发展

——兼谈华化、夏化及轴心化诸问题

（中国文物报社）

对于中华文明来说，雅斯贝尔斯的轴心时代是搭架子的，是文化结构的重新装修。而这一装修，我们就又用了两千多年。

认识中国传统文化的形成、演变及特点，德国学者雅斯贝尔斯的轴心时代是个重要的概念。1949 年，雅斯贝尔斯在其《历史的起源与目标》①中提出，公元前 800 至前 200 年之间，尤其是公元前 600 至前 300 年间，在北纬 30°上下——尤其是北纬 25° ~ 35°这个区间，人类文明与精神普遍经历了一次重大突破，各个文明都出现了自己伟大的精神导师——古希腊的苏格拉底、柏拉图、亚里士多德，以色列的犹太教诸先知们，古印度的释迦牟尼，中国的孔子、老子等诸子……他们提出的思想原则极大地塑造了各自的文化传统，也一直影响或指导着后世人类的生活。因此，这个时期被雅斯贝尔斯称为是各文明的轴心时代。在轴心时代里，这些文明虽然相隔千山万水，相互之间未必有直接的交流，但它们的文化精神中却有很多相通的地方，都发生了该文化中对于人类的"终极关怀的觉醒"。换句话说，这几个地方的人们几乎是大致同时开始用理智的方法、道德的方式来面对自己生存的世界，同时也产生了此后影响久远的宗教，实现了对原始文化的超越和突破，而这一超越和突破的不同类型又决定了今天西方、印度、伊斯兰、中国等文明不同的思维方式和文化形态。与此同时，那些没有实现超越突破的古文明，如古巴比伦、古埃及以及新大陆的古代文明等，虽规模宏大，成就辉煌，但都难以摆脱灭绝的命运，成为文化演进史上的化石，而这些轴心时代所产生的文化则一直延续到今天。每当人类社会面临危机或新的飞跃的时候，总要回过头去，从轴心时代的先哲们的思想中去寻找发展的资源。

无可否认，轴心时代的确是人类文明包括中国文明进程中的重大事件和阶段性标志。但是，轴心时代却并非各文明的源头。轴心时代之前，许多古文化、古文明已生生灭灭，几度轮回，并以各种不同的方式滋养了轴心时代的文化巨人。轴心时代的巨人是站在文化的传统与文明的废墟上思考的。就中国来说，中华文明的轴心时代即春秋战国时代，这个时代所谓的礼崩乐坏，实乃生产力水平提高，学问下移，文字普及，列国争霸，诸子百家争鸣，传统文化被整理提升，同时在日常社会生活与实践中包括列国之间激烈的冲突和融合之中，也积聚起丰富的思想文化与智慧资源，因此可以被视为是中国文明的经典化时期或者轴心化时期。但是我们同时也应该看到，在所谓的轴心时代之前，中国传统文化的基本基因、要素乃至结构框架就已经经历了漫长的发展过程并成熟定型。这里即试图根据最新的考古发现与研究，为之提供一个初步的鸟瞰。

观察早期中国文化与历史的进程，历来有不同的角度和观点。在注重历史记载与史学的传统史观与传说中，很早就有三皇五帝与夏商周的概括和阶段性递进，一直到春秋战国秦汉一统以及以后朝代更替的详尽记载，构成了一个宏大的传统视角和体系框架，马克思主义以生产力和生产关系为视角的原始社会、奴隶社会、封建社会、资本主义以及社会主义和共产主义社会是又一种可以观察和分析并被今天的学术界广泛接受的中国古代社会与历史进程的划分方案；考古学则依据早期人类社会遗存的材料与技术进步过程，有旧石器时代、新石器时代、青铜时代、铁器时代等等的划分；近来更有根据经济与社会的总体时代特征而提出的狩猎采集社会、农业社会、工业社会、信息社会演进阶段的划分，等等。不管从哪个角度观察，早期的华夏文明和华夏传统正是孕育在早期东亚大地人类技术、经济、社会演进的进程当中的。其中，从文化与文化传统的角度来观察，区域性文化传统在中国和东亚的形成与演进历程是追寻早期华夏文明与华夏传统的母腹。最近的考古发现与研究在这方面提供了更加细致的材料，从而使我们可以更加清晰地观察这个过程及其中的一些特点。

考古学对史前中国文化演进的概括和划分，以苏秉琦先生的区系类型学说最为经典并最具影响，被视为将近一个世纪的中国考古学成就的集大成式的总结。1981年苏秉琦和殷玮璋先生联名发表了《关于考古学的区系类型问题》[2]，主要是根据各地新石器时代最具代表性的陶器等遗存的特征，将中国古代文化划分为六个区系，即：陕豫晋邻境地区、山东及邻省一部分地区、湖北及邻近地区、长江下游地区、以鄱阳湖—珠江三角洲为中轴的南方地区、以长城地带为重心的北方地区。苏先生进一步认为，这六个地区在大一统的中华传统形成之前，基本上都独立地经历了从新石器时代早中晚到青铜时代——即从部落到国家的演进过程。他们的观点不仅被视为是对早期中国文化演进时空框架的集大成式的概括，也被视为是中国文明多元或者多元一体起源的代表性学说。学术界普遍认为，正是从这几个关键性的早期区域性文化中发展出了华夏传统的主根系和主要基因、要素与框架。

的确，中华文明和华夏传统的形成，必然有一个整合东亚大陆各种地方性文化因素的过程。然而，在文化的初级阶段，人类过着狩猎采集型的经济生活，技术与文化水平低下，人口稀少，流动性很大，尚难以从其遗存中观察到多少地方性的文化特点。因此，区域性的文化传统必然有一个萌芽、落地生根、发展壮大、碰撞生变、重组重构这样一个发展过程和几个关键性的发展阶段。因此，追踪史前区域性的文化传统在东亚地区的发生、发展及相互作用，是揭示华夏传统形成与演进的基础性工作。

从考古学文化因素角度观察，迄今东亚大地上可以明确地析鉴出明显的地方性特点是在晚更新世的旧石器时代晚期，尤其是到了旧石器时代的末期阶段，由于末次冰期达到极盛期，气候寒冷，适宜人类生活的地域大大缩小，华南与华北分别以南岭诸山脉和太行山—燕山山系为中心，为数不多的生物多样性相对较好，环境南北与垂直分异度较高，抗波动能力相对较强的地区成为比较适合人类生存的环境"岛屿"，人口与文化因素也在这些地方快速聚集并发生聚合创新效应，形成密集型的狩猎采集经济生活类型③。人与动植物的关系进一步深化，出现了最早的动植物照料与驯化行为，最终导致稻作与粟作农业的萌芽，产生了最早的陶器，使人类文化进入了新石器时代早期阶段。相关的石器等生产工具的制作技术和文化复杂化，与地方关系也逐步深化。考古工作中若干距今万年前后的遗址如甑皮岩、玉蟾岩、仙人洞、吊桶环、上山、小黄山以及于家沟、柿子滩、东胡林、转年、南庄头、李家沟等的发现，已经大致可以使我们观察到华南以南岭为中心和华北以太行山—燕山为中心的两个早期农业与陶器的起源及传播中心，它们奠定了新石器时代各地以农业村落为代表的区域性文化的两大基底，并显示出中国文化的若干早期特征。比如，陶器与农业起源较早，石器相对粗糙，与西亚等早期文化比较发达的前陶新石器有明显的不同④。

新石器时代文化在考古学中可以划分为早、中、晚几大阶段，在距今大约8000年左右进入新石器时代中期时，从北到南的兴隆洼、北福地、大地湾、磁山—裴李岗、彭头山、跨湖桥—河姆渡等文化中，稳定的、农业经济已经相当成熟的、以定居为主的村落生活方式已呈燎原之势。北方的辽河流域和黄河流域以及长江的中下游地区，已经开始形成几个既具有相似性又各具地方特点、由多个相似并关联的遗址、一系列复杂的文化因素丛体架构的新型史前文化圈。它们既秉承前述的稻作和粟—黍作农业的共同源头，又基本上涵盖了苏秉琦先生等划分的六大地方性文化圈的源头，可以视为是区域性文化传统的落地生根阶段。

新石器时代中晚期是农业为主的村落文化的繁荣时期，农业的进一步发达为人口的增长奠定了基础。村落生活方式不断完善，经过比较全面揭示的姜寨、半坡、八里岗、尉迟寺等遗址表明这一时期村落规模巨大，内部结构复杂，地区性文化圈内部的整合程度加深，制陶等手工艺技术、意识形态观念等空前复杂。这个时期是各地区域性的文化传统不断发展壮大的阶段，在黄河中下游等若干人口与文化密集地区，不同的人群及文化圈已经开始发生碰撞与互动。

在这个过程中，仰韶文化的庙底沟类型及其扩张尤其值得一提。黄土高原东南缘黄河中游晋豫陕交界几个非常适宜早期粟作农业发展的河谷盆地地区——关中盆地、伊洛盆地、运城与侯马盆地、灵宝盆地等，借助全新世大暖期率先过渡到较为成熟的农业经济与社会阶段，其聚落数量与规模空前扩大，人口大大增加，在仰韶时期区域传统的快速扩张中率先完成了碰撞与整合，到仰韶中晚期时开始形成以三省交界的华山为中心的新的庙底沟文化类型。并以人口扩张为驱动力，大量向周边地区尤其是原本人口较少而因为全新世大暖期而变得较为适合农耕的西、北地区移民，使得西到甘青、东至海岱、东北到内蒙古和辽宁、南到江汉的大半个中国都被卷入考古学上的"庙底沟化"过程中。这些地方都能够见到饰回旋勾连纹或花瓣纹的庙底沟风格曲腹彩陶盆或其文化因素影响的踪迹。因此，庙底沟类型的形成与扩张也许可以视为是早期华夏传统形成过程中一次非常重要的整合与布局，大大突出了中原文化圈在当时各文化圈中的中心位置。用严文明先生的概括是，如同花朵一般并列的各文化圈开始形成了中原的花心，连接成为"重瓣花朵结构"[5]。苏秉琦先生等学者推测仰韶文化是早期华夏民族的主根系，庙底沟彩陶的"花纹"装饰和华山或许正是"华人"一词的最早根源[6]。准此，"庙底沟化"或许就是最早的"华化"，东亚大地的早期文化因此而被涂上浓重的华夏诸色调。

紧接着的仰韶晚期和龙山时代，属于考古学文化发展阶段上的新石器时代晚期或者铜石并用时代，各地区人与环境普遍达到当时技术条件下的相对饱和，遗址数量和规模均超越仰韶阶段达到新的高峰。此一时期，各文化圈内因环境与文化传统之不同，新的社会文化现象、技术、工艺争奇斗妍、异彩纷呈。而全新世大暖期尤其是仰韶暖期后进入了一个气候环境的波动阶段，不仅各文化圈内部人类分布和生产生活发生调整，相互之间也发生更加剧烈的碰撞、交流、融合乃至重组。这个时期，各文化圈或称区域性文化传统内部急剧扩张、分化，外部冲突不断，内外交集，使得社会复杂化进程加快，国家文明开始孕育。龙山时代是各区域性文化传统之间或者各文化圈之间相互作用至为剧烈的时代。这个过程之中，农业经济基础最为雄厚的中原地区在文化要素方面表现平平，但是聚落数量、规模所体现的社会人口等仍然遥遥领先，而且借助区位、环境的优势，以及对周边地区文化因素的不断吸收，包括在农业生产中引进南方的稻作和西北的小麦等，渐渐形成后世中国的五谷农业格局，发展一直比较平稳。在距今 4000 年左右，以中岳嵩山为中心的伊洛河诸流域的二里头文化从龙山时代的相互作用圈中横空出世，标志着华夏传统终于从苏秉琦先生概括的不同的区系类型的多元竞争中脱颖而出，奠定了华夏文明早期传统的结构框架。

二里头文化的形成不仅仅是豫西地区原有的考古学文化——仰韶文化庙底沟类型、

庙底沟二期文化、谷水河文化、王湾三期文化等的持续演进与突破的结果[⑦]，更重要的是它开启了一种全新的文化形成与发展模式。二里头文化不仅继承了当地主要的文化因素，比如器物组合、聚落规划、丧葬传统、庙堂建筑、宗教祭祀等，自觉地吸收了周边文化的先进因素，比如西北的冶铜、东方的制陶、东南的琢玉及装饰纹样等，更创新发明了更多新的文化因素，通过赋予各类文化因素新的功能、意义使其礼制化或意识形态化。尤其是，二里头文化一俟形成，就在与周边其他文化的互动中呈现一种绝对的强势。这种强势不仅表现于这一文化自身的扩张势头，也表现在它对其他文化因素有意识地广泛采借、改造、重组和融合，以及向周边地区的积极扩张，从而使得东亚大地上继庙底沟文化类型之后再次在一个较大的范围内形成比较一致的文化面貌。同时它也对周边地区的文化进程形成强烈的干扰和抑制作用，中断或者改变了一些地区区域性文化传统的自然演变进程。因此，与"庙底沟化"相应，二里头文化的形成与扩张机制可以称为"二里头化"，通过这个"化"字，二里头文化实现了将本地的、外来的、原有的、新创的诸文化因素重新整合并形成新的突破，从而彻底改变了早期东亚大地各地方性文化自然演进的传统格局。与"庙底沟化"背后的人口扩张与外向移民机制不同，"二里头化"的背后显然是以国家组织等政治力量作为推手，是意识形态自觉条件下一种新型的文化建设结果，传统的文化与地方的关系开始升级为文化与国家的关系。二里头文化被学术界普遍视为是中国第一个王朝——夏朝的文化[⑧]，因此，"二里头化"也可视为是"夏化"——经过"华化"之后的"夏化"，早期中华文明的内核"华夏"至此显然已经成熟，框架结构也初具雏形。特别是这"华化"与"夏化"均具有中原的渊源，充分证明了中原文化在中华文明中的核心地位与作用。

此后的夏商周三代虽然是不同族群之间王朝政权的更替，但是从孔子在《论语·为政》所称"殷因于夏礼，所损益可知也；周因于殷礼，所损益可知也；其或继周者，虽百世可知也"，结合历史学与考古学材料来看，它们仍然是仰韶文化总谱系内不同枝系或者说是华夏传统之内的王国文明的更替与发展、壮大，这一点张光直先生也有明确的论证[⑨]。其中在殷商时期，我们可以看到作为早期商王朝主体文化的二里岗文化的形成与扩张几乎和二里头文化异曲同工，尤其是二里岗上层阶段，显然也可以视为是一个强烈的"二里岗化"时期，王朝版图与文化影响均达到极盛，使得已经牢牢占据优势地位的中央王国的华夏传统由此而继续扩大并不断巩固。西周取代商王朝之后实行的分封制度是华夏传统演进过程中一种特殊的复制增生机制，并最终实现了华夏传统在东亚地区的普世化[⑩]。在这个过程中，中国文明的宇宙观、人神观、家庭社会伦理道德观以及文字、基本的器用与典章制度——包括礼制等均大致形成。

这个过程的三代时期，其时间跨度就长达一千五百年之久，上溯以村落文化为代表的地区性文化传统萌芽阶段，则达上万年。所以，苏秉琦先生在为中国历史博物馆建馆

80 周年题词时将中华文化精辟地概括为"超百万年的文化根系，上万年的文明起步，五千年的古国，两千年的中华一统实体"⑪。轴心时代的孔子祖述先贤，不仅包括三代，而且包括三代之前的三皇五帝，而其核心是周公等为代表的周文化。在华夏传统的演进过程中，雅斯贝尔斯所表述的轴心时代，其实是春秋战国礼崩乐坏过程中上层精英文化的下沉，是贵族、统治者的文化向民间的延伸。由于知识的普及以及文化中精英文化与世俗文化、大传统与小传统的碰撞与汇合，文明形态因此发生新的变化，体系更加完善。到秦汉一统时，则奠定了此后两千余年中华传统的基本框架与脾性。

如上所述，在汉代佛教传入之前，早期中国文化与华夏传统基本上是一种内生性的演化，其间有几个关键性的转折时期对我们理解其演进过程与特点尤为重要：

1. 从旧石器时代晚期到新石器时代的文化与社会大转变

包括陶器和农业等重要的新发明，使人类的食物生产与生活方式发生革命性变化，定居的村落社会由此而出现，并由此揭开了区域性文化传统发展演变的序幕。目前可以在考古学材料中观察到南北两个不同的源头与发展演变系列，它们分别是华北的粟、黍农作系统和华南的稻作农业系统及在此基础上发展起来的其他文化与社会因素集合。

2. 从仰韶时代到龙山时代的转变⑫

仰韶时代之前中国各地开始在农业村社的基础上形成一些地区性的文化传统，并借助全新世大暖期的优越气候与环境经历了一个漫长的繁荣和扩张的时期。尤其是仰韶时代，各地区域性的文化传统达到其自然演进的顶峰，苏秉琦先生概括的几大区系类型均蓬勃发展。但是在仰韶时代的晚期它们相互之间开始碰撞，引发文化的大交流和融合，并随之开始发生解体和重组，人群和文化因素经历了一次波及范围广泛的混合与广泛的扩张，在此基础上重新构筑新的文化关系及社会组织方式，同时开始了复杂社会的建构。

3. 二里头文化（或者如中国一些学者所称的夏）的脱颖而出

这是目前从考古与文献两个方面基本上可以确定的中国比较确切的早期国家的诞生，社会管理方式以及由此而引起的文化演化等发生了实质性的变化，并确立了中国文化的华夏内核。

4. 春秋时期百家争鸣和儒家学说的形成及其影响

古典价值体系的解体和诸子百家尤其是儒家对世界观的重构，尽管在当时没有成为主流，但是秦汉之后渐渐主导了中国文化的长期发展。

5. 佛教传入

首次与中国之外强大而成熟的文明体的互动，通过接受、消化、改造，尤其是个体自省与自修达到一个新的高度与深度，并与传统的儒道价值观成功对接，为中国文化与文明注入新的因素与活力。这可能也是前现代时期世界范围迄今为止最成功的跨文明的交流融合并最终实现和平共处的范例。

上述的2、3、4分别即前文所述的华化、夏化及轴心化，它们均是华夏传统形成过程中的关键阶段。概括地说，与佛教接触之前，尽管在沿海和西北可能存在着与西方或其他文化的一些因素性交流[13]，但是中华文明基本上是一种内生性的演化，相对独立地走过了农业社会的诞生，地区性文化传统的形成、壮大、碰撞、融合，社会复杂化，国家与文明的形成，并最终步入帝国与中华大传统的世界体系之中。在这个过程中，旧石器时代晚期的文化为其奠定了粟—黍作及稻作两大文化基底，经过了"庙底沟化"（或称"华化"）与"二里头化"（或称"夏化"）的两化，从而实现了华夏传统在东亚相互作用圈中的脱颖而出，并经过商朝的"二里岗化"和西周的分封制度而普世化，不断被推广和壮大；而国内外学术界十分推崇的轴心时代只是华夏传统演进过程中由自身的分裂重组而导致的一次成功转型。但是这一转型为帝国时代的中华文明提供了基本的框架结构和要素基因，并主导了中华文明此后两千余年的发展路径，因此可以被视为是早期中华文明的经典时期。

附记：

此文为 2009 年 9 月 5 日在"文化传统与民间信仰——第二届海峡两岸民间文化学术论坛"上的发言，2009 年 10 月 2 日、2010 年 6 月 28 日补充订稿。

注　释

① 雅斯贝尔斯著，魏楚雄、俞新天译：《历史的起源与目标》，华夏出版社，1989 年。

② 苏秉琦、殷伟璋：《关于考古学的区系类型问题》，《文物》1981 年第 5 期。

③ 路易斯·宾福德（美）著，曹兵武译：《后更新世的适应》，见中国社会科学院考古研究所编：《考古学的历史·理论与实践》，中州古籍出版社，1996 年。

④ 曹兵武：《中国早期陶器：发现、背景与初步认识——前裴李岗时代中国新石器文化的研究》，载中山大学岭南考古研究中心编《岭南考古研究·2》，岭南美术出版社，2002 年。

⑤ 严文明：《中国史前文化的统一性与多样性》，《文物》1987 年第 3 期。

⑥ 苏秉琦著，郭大顺编：《华人·龙的传人·中国人——考古寻根记》，辽宁大学出版社，1994 年。

⑦ 韩建业：《夏文化的起源与发展阶段》，《北京大学学报（哲学社会科学版）》1997 年第 4 期。

⑧ 曹兵武：《追寻夏：华夏文明与传统形成的一个关键时期和问题》，待刊。

⑨ 张光直著，印群译：《古代中国考古学》，辽宁教育出版社，2002 年。

⑩ 曹兵武：《分封制度与华夏传统的普世化》，载《华夏文明的形成与发展——河南省文物考古研究所建所50 周年庆祝会暨华夏文明的形成与发展学术研讨会文集》，大象出版社，2003 年。

⑪ 苏秉琦：《百万年连绵不断的中华文化——苏秉琦谈考古学的中国梦》，《明报月刊》1997 年 6 月。

⑫ 曹兵武：《从仰韶到龙山：史前中国文化演变的社会生态学考察》，载周昆叔、宋豫秦主编《环境考古研究》（第二辑），科学出版社，2000 年。

⑬ 易华：《青铜之路——上古西东文化交流概说》，《东亚古物》，文物出版社，2004 年。

夏商龙虎纹举例

周 永 珍

（中国社会科学院考古研究所）

我国灿烂的青铜文化源远流长，早在夏代晚期的二里头文化中就已发现鼎、爵、斝、盉等多种青铜礼器，上面的花纹比较简单，只有乳钉纹和网格纹，但在青铜牌饰上已出现用绿松石片镶嵌成的复杂纹样。此后青铜器上的花纹由简到繁，至商代已绚丽多彩，其中龙的花纹自始至终占据了主导的地位。本文试图从若干发掘品的花纹中就夏商时期的龙纹及相关的花纹，略作分析。

龙是一种神化动物，但它源于何物？还应有个基本的依据。《说文》："龙，鳞虫之长。能幽能明，能细能巨，能短能长。春分而登天，秋分而潜渊。从肉飞之形，童省声。"又《说文》："龗，龙也。从龙霝声。"《山海经·大荒东经》："犁�之尸"，郝懿行《山海经笺疏》引《玉篇》云："龗同龗，又作靈，神也；或作魗。"是龙、龗、龗一也，都是龙，亦鬼亦神。

在铜器花纹中，龙、夔是互用的。《说文》："夔，神魖也，如龙，一足。"《山海经·大荒东经》："东海中有流波山，入海七千里，其上有兽，状如牛，苍身而无角，一足，出入水则必风雨，其光如日月，其声如雷，其名曰夔。黄帝得之，以其皮为鼓，橛以雷兽之骨，声闻五百里，以威天下。"其所出入，伴随风雨雷电与龙相同。

此种神化动物，上能登天，下能入渊，随雷电而生，如闪电之能幽能明，能长能短，其声龙、童、靈同韵，是故古人的龙源于雷闪。又因每当雷暴爆炸地球上产生反物质云，蟒蛇、鳄鱼等爬行与两栖动物便躁动不安、翻覆作浪，遂将闪电雷鸣与蛇、鳄等附会于一体。《易·乾》也有"见龙在田"，"或跃在渊"，"飞龙在天"的记载。

龙，前人引《说文》时曾说："倒像是个形状不常的大长虫。"[①]酷似鳄鱼的花纹在夏商器物中也不乏例，如后面提到的山西石楼桃花庄的龙形觥及二里头 1987 年 Ⅵ 区 M57：4 铜牌饰[②]。

夏商时期龙的花纹已很盛行，再前的新石器时代，甚至更远，龙纹的出现已见端倪。

中原地区考古发现中见到的最早的龙的图形是仰韶文化后岗类型时期的。1987 年于河南濮阳西水坡遗址发现的 M45 在一具壮年男性的骨架两侧用蚌壳摆成了龙虎图形（图一）。龙图形在人骨架右侧，龙头向北，与人头方向相反。昂首，曲颈，弓背，双爪，长尾，全长 1.78 米。虎图形在左侧，虎头向南，与人头方向一致。张口露齿，环目圆睁，四肢垂尾，全长 1.29 米。这个龙形图像具体地显示出仰韶文化时期先民对龙的想象③。

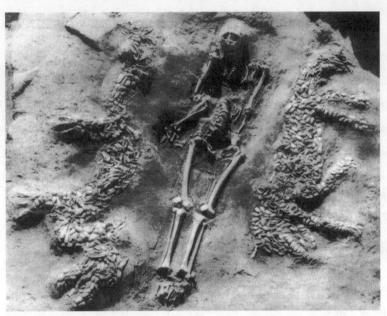

图一　河南濮阳西水坡 M45 蚌壳龙、虎图形

图二　山西襄汾陶寺彩绘龙纹陶盘（M3072：6）

到了龙山文化时期，龙的图形有了更重要的发现，在陶寺文化的大型墓葬中发现随葬的彩绘龙盘④。其中的一件（M3072：6），敞口，折沿，高 8.8 厘米，口径 37 厘米。内壁磨光，着黑陶衣，盘内以红彩绘出蟠龙图形。龙首巨颚，利齿，圆目，口中吐信，卷尾，龙身饰两排鳞纹（图二）。彩绘龙盘只见于陶寺文化的大型墓葬中，它是最高阶层专用的礼制性器物，象征尊严与权威。

二里头文化时期，龙的图形发现得更多了，形状也有变化。2002 年在偃师二里头遗址 3 号宫殿基址区域内的一座中型墓葬（02VM3）中，在墓主人骨架上发现一件绿松石龙形器（图三）。全器由 2000 多各种形状的绿松石片组合而成，龙头为扁圆形，昂起，吻部突出。鼻梁、双目用青白玉装饰，龙身蜿蜒，卷尾，全长 64.5 厘米[⑤]。二里头遗址已经多次发现绿松石镶嵌物，有兽面纹、十字形纹，还发现绿松石加工作坊遗址，但像这样大型精致的龙形器还是第一次发现。

　　龙的图形在二里头文化的陶器上也有发现。早在 20 世纪 60 年代初，就在二里头宫殿区发现多件刻有龙纹的残陶器，其中之一出自 VT212。龙纹线条粗壮，一首二身，自颈后分为左右伸展的双身，龙头朝下，眼睛外凸，头部附近饰云雷纹，龙身上饰菱形鳞纹。浅刻的线条内涂有硃砂。龙形图像雕刻精工，形象瑰丽[⑥]。此外还在一些残陶器的外壁发现有半浮雕的蛇纹，或称之为"蛇形龙"[⑦]。

　　尽管二里头文化时期的陶器上已经刻划有龙形图像，也已经用绿松石片嵌镶大型的龙形器，但是在二里头文化的青铜礼器上迄今没有发现龙形纹饰。这绝不是由于当时的人们缺乏

图三　河南偃师二里头遗址绿松石
龙形器（02VM3）

对龙的尊敬崇尚，实在是因为还未能掌握刻模铸造的高级技术。只有到了商代，铸铜技术有了极大的发展，这种面貌才有了彻底的改变。在商代前期，特别是二里冈上层时期，青铜礼器上已普遍出现兽面形纹饰。1989 年郑州西北郊小双桥出土两件凹字形青铜建筑构件，一件破损。完整的一件整体近方形，侧面为凹字形，高 18.5 厘米，正面宽 18.8、侧面宽 16.5 厘米，重 6 公斤。两侧面正中各有一长方形孔（6×4.2），壁厚 0.6 厘米。正面饰单线兽面纹，侧面长方形孔的四周有龙虎图像。龙在上，占主体，虎在下，左侧有一小象，图纹不很清楚。推测是宫殿正门枕木前端的装饰性构件，属商王宫殿遗物（图四）[⑧]。

　　商代后期的武丁时期青铜器纹饰已臻极盛，各式纹样绚丽多彩。早先在仰韶文化、龙山文化及二里头文化的陶器上刻划的，或用蚌壳、绿松石组成的各种形状的龙形纹也都出现在青铜礼器上。

图四　郑州小双桥出土兽面纹青铜建筑构件

殷墟妇好墓出土的一对司母辛四足铜觥，在器盖上饰一条龙纹，巨头圆眼，钝角后伏，体长蜿蜒，尖尾卷曲，中脊作屝棱形（图五，1）[9]。山西石楼桃花庄出土的龙纹觥，器前端作龙首形昂起，龙角上翘，张口露齿。器盖饰龙身，与龙首连成一体，龙身长曲，龙尾下卷，作游动状。腹两侧主饰鳄鱼纹[10]。妇好墓出土的一对司兮母方壶，腹上部四面各饰一首双身龙纹，龙首朝下，钝角竖起，左右延伸龙身，尾上卷，腹下一爪（图五，2）[11]。同墓还出土了一件妇好盘，盘的内底饰一条蟠龙纹。龙首在盘中央，口向下，巨目圆睛，头上有一对钝角，龙身蟠屈绕盘底一周（图五，3）[12]。小屯 M18 也出土相似的蟠龙纹盘[13]。这种蟠龙纹盘显然承袭了陶寺文化的彩绘龙纹陶盘，只是两者在龙纹的格局上有所不同，前者龙首在盘边，后者龙首在中央。此外，还有各式各样的夔纹，甚至像攀附于它器上的半浮雕的"蛇形龙"，在青铜器上也有发现[14]。

1957 年在安徽阜南发现一群商代青铜器[15]，其中的一件龙虎尊，器上的纹饰有龙、虎和人像，使人联想濮阳西水坡的发现。这件龙虎尊高 50.5、口径 45 厘米，敞口，折肩，收腹，高圈足。肩上饰三条凸起的龙纹，龙首昂起呈牺首状，龙身弯曲于器肩之上。器腹以龙首下的屝棱为三等分，每分饰以双身虎纹，虎头突出腹壁之外，左右伸延虎身，凹腰，垂尾。虎头之下有一人像，双臂曲举作蹲伏状（图六）[16]。

引人注意的是四川广汉三星堆 1 号祭祀坑中也出土了一件纹饰母题与阜南龙虎尊完全相同的龙虎尊[17]。这件尊器口略残，器存高 43.3 厘米。肩上的三条龙纹，龙头突出肩部作牺首形，龙身作游迤状。腹部三组花纹为双身虎纹，虎头大耳圆睛，突出器表，两侧的虎身长尾下垂，虎颈下有一人像，曲臂下蹲（图七）[18]。

这两件龙虎尊虽然都有龙纹和虎纹，但是从花纹的布局来看，其最主要的母题纹饰是虎纹和人像，而这类纹饰在安阳殷墟的商代青铜器上也屡有发现。如司母戊方鼎耳外侧有双虎相对，虎口之间有一人头（图八，1）。妇好墓出土的一件大型铜钺，器身两面上半部铸有双虎间一人首纹（图八，2）。此外，妇好墓中还出土了以虎形为纹饰的青铜器和以虎形制作的艺术品[19]。

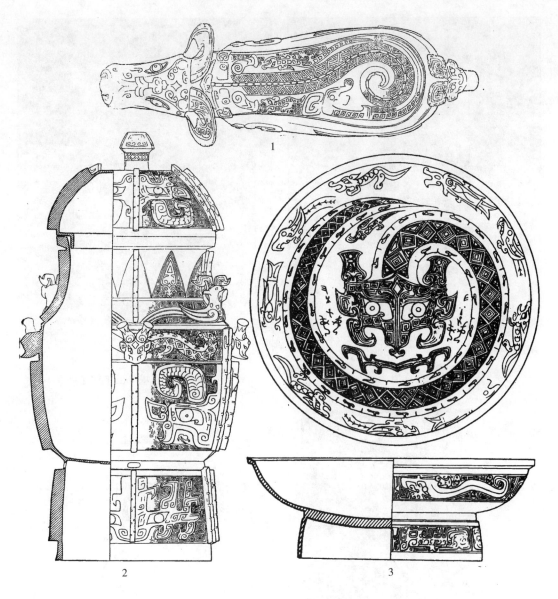

图五　妇好墓出土青铜器上的龙纹

1. 司母辛四足觥（803）俯视　2. 司𩵋母方壶（794）　3. 妇好盘（777）

这种情况在南方的商时期的青铜文化中也有强烈的反映。在江西新干大墓出土的青铜礼器中，很多鼎的双耳上都有虎形装饰，还有一件双尾铜虎[⑳]。但是，更重要的是所称的"虎食人卣"。

器传 1920 年出于湖南安化，共两件，其一现藏日本京都泉屋博古馆，高 35.7 厘米（图九）[㉑]；另一件现藏法国巴黎塞努施奇博物馆，高 35 厘米（图一〇）[㉒]。两器造型、

图六　安徽阜南出土的龙虎尊　　　　　　图七　四川广汉三星堆出土的龙虎尊

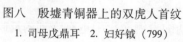

1　　　　　　　　　　　　　　2

图八　殷墟青铜器上的双虎人首纹

1. 司母戊鼎耳　2. 妇好钺（799）

纹饰基本相同，小有差异。全器为踞坐的虎形，虎的前爪抱持一人，虎张口似欲唅食状。卣以虎的两后足及虎尾作器足，虎背上有椭圆形器盖，盖顶有鹿形钮，两侧有提梁。虎胸前一人，梳发着衣，双手攀拊虎肩，两足蹬踏于虎足之上，侧面而视。此器通体包括器底外部满饰兽面、龙、鱼等花纹，装饰华丽，且器形奇特，确是青铜器中的艺术珍品。

图九 "虎食人卣"（现藏日本京都泉屋博古馆） 图一〇 "虎食人卣"（现藏法国巴黎塞努施奇博物馆）

    "虎食人卣"造型的含义实际上和龙虎尊乃至妇好钺、司母戊鼎耳上的花纹是一样的，都是表现人和虎的关系。以卣为例，人在虎的怀中并无恐惧、挣扎的姿态，似不宜以虎欲食人解释。按《说文》："母，从女，象裹子形。"又依妇好诸器铭文的"好"字，其字形多为子在两女之间。联系卣的器形，人在虎的怀中，龙虎尊的人在双身虎的头下，应是虎佑人子之意。

2009 年 5 月

注 释

① 张光直：《中国青铜器时代》317 页，生活·读书·新知三联书店，1983 年。
② 中国社会科学院考古研究所二里头工作队：《1987 年偃师二里头遗址墓葬发掘简报》，《考古》1992 年第 4 期。
③ 濮阳文物管理委员会、濮阳市博物馆、濮阳市文物工作队：《河南濮阳西水坡遗址发掘简报》，《文物》1988 年第 3 期。
④ 中国社会科学院考古研究所山西工作队、临汾地区文化局：《1978～1980 年山西襄汾陶寺墓地发掘简报》，《考古》1983 年第 1 期。
⑤ 中国社会科学院考古研究所二里头工作队：《河南偃师市二里头遗址中心区的考古新发现》，《考古》2005 年第 7 期。

⑥ 中国科学院考古研究所洛阳发掘队：《河南偃师二里头遗址发掘简报》，《考古》1965 年第 5 期。

⑦ 中国社会科学院考古研究所编著：《二里头陶器集粹》图版一七〇、一七一，中国社会科学出版社，1995 年。

⑧ 宋国定、曾晓敏：《郑州发现商代前期宫殿遗址》，《中国文物报》1990 年 10 月 11 日。杨育彬：《夏和商早中期青铜器概论》48 页，图二二，中国青铜器全集编辑委员会编：《中国青铜器全集（1）》，1996 年。

⑨ 中国社会科学院考古研究所：《殷墟妇好墓》图四〇，文物出版社，1980 年。

⑩ 谢青山、杨绍舜：《山西吕梁石楼镇又发现铜器》，《文物》1960 年第 7 期。中国青铜器全集编辑委员会编：《中国青铜器全集（4）》图版七六、七七，文物出版社，1998 年。

⑪ 同⑨，图四三。

⑫ 同⑨，图版六一。

⑬ 中国社会科学院考古研究所安阳工作队：《安阳小屯村北的两座殷代墓》，《考古学报》1981 年第 4 期。

⑭ 四川省文物考古研究所：《三星堆祭祀坑》图二〇，铜龙柱形器，文物出版社，1999 年。

⑮ 葛介屏：《安徽阜南发现殷商时期的青铜器》，《文物》1959 年第 1 期。

⑯ 中国青铜器全集编辑委员会编：《中国青铜器全集（1）》图版一一七～一一九。

⑰ 同⑭，图二三。

⑱ 中国青铜器全集编辑委员会编：《中国青铜器全集（13）》图版八七、八八，文物出版社，1994 年。

⑲ 同⑨，图版二六、七六。

⑳ 江西省博物馆、江西省文物考古研究所、新干县博物馆：《新干商代大墓》彩版六、八、三八，文物出版社，1997 年。

㉑ 中国青铜器全集编辑委员会编：《中国青铜器全集（4）》图版一五二。

㉒ 李学勤、艾兰：《欧洲所藏中国青铜器遗珠》图版四〇，文物出版社，1995 年。

二里岗期中型墓的性质与早商国家的形成[*]

方　辉

（山东大学东方考古研究中心）

一　引言

　　二里岗期或早商时期的中型墓这一概念最早是上世纪 70 年代有关学者在《商周考古》一书中提出的，指的是墓室面积在 5～30 平方米之间的墓葬。按照墓室面积大小和随葬品多少，又可分为两类，两类墓的共同特点是有棺、有椁、有殉人，墓主人身份为奴隶主[①]。近年出版的《中国考古学·夏商卷》也使用了中型墓这一概念，但缺乏明确界定，从字面分析，应该包括了书中所列的前两类墓，墓室面积在 3～10 平方米，一般都随葬青铜礼器，有殉人，其身份为高级和中级贵族[②]。还有学者认为，墓室面积在 2～5 平方米之间，随葬青铜器，有棺有椁，可归为中型墓[③]。《郑州商城》报告使用了"以随葬青铜器为主的墓葬"这一宽泛概念，统称为中小型墓，实际上是将铜器墓分为中型墓和小型墓，"墓的主人应是当时的小奴隶主或贵族"[④]。1987～2001 年间，郑州商城内又发现有若干墓葬材料，"5 座以随葬青铜器为主，1 座以随葬陶器为主。从其规模来看，2 座应属中型墓，4 座属小型墓"。中型墓的划分，是以墓室面积和有否青铜礼器为标准的[⑤]。《辉县孟庄》则把出土铜礼器的墓葬径称为中型墓[⑥]。《盘龙城》将铜器墓分为一、二、三类，面积在 2～10 平方米，墓主人身份为不同级别的奴隶主[⑦]。

　　由此可见，尽管称谓不一，但学者们对于二里岗期具有较高等级的墓葬给予了相当程度的关注。笔者赞同使用"中型墓"这一概念，并同意将其定位在墓室有一定规模并随葬有青铜礼器这两个标准之上。综合上面提到的学者们的论证，笔者认为，墓室面积在 2 平方米左右、随葬两件及以上青铜礼器者，就可算得上是中型墓。不过，不同地区对于贵族身份的标示方式不尽相同，根据各地情况，有的墓室虽然较小但随葬有青铜

　　＊　本研究得到高等学校学科创新引智计划资助（项目编号：111 - 2 - 09）。

礼器，或仅随葬青铜兵器但却有殉人的墓葬，亦可视为中型墓。

一般认为，二里岗期中型墓是商王朝形成期商王室及贵族的墓葬。可以设想，这些墓葬的主人对于商王朝的建立及维持起到了相当重要的作用。本文拟通过考察郑州及周边地区二里岗期中型墓的特征及其分布，探讨商王朝早期对周边地区的扩展及经营策略，从而对形成期的早商文化和商代早期国家的性质增加进一步认识。

二 郑州及偃师商代都城所见二里岗期中型墓及其特征

使用青铜礼器随葬是二里岗期中型墓的重要特征。郑州商城及其附近的二里岗[⑧]、西史村[⑨]等地发现并报道的二里岗期铜器墓共28座，按照前文所确定的标准衡量，共有8座可归入中型墓（表一），占所有铜器墓的28.6%，且均见于郑州商城遗址。如果说将所有铜器墓均视为贵族墓的话，中型墓的墓主人显然是其中的高级贵族。

表一　　　　　　郑州商城及其附近发现的二里岗期中型墓统计表[*]

墓号	地点	方向	葬式	墓室	棺椁	殉牲	主要随葬品	性别年龄	年代	备注
T166M6	宫殿区	110°	俯身直肢	2.4×1.1	朱砂	人2	铜：鬲1盉1戈1；玉：柄形器1项饰1；陶：圆陶片1	中年男性	二里头四期偏晚	
87M1	内外城间	20°	仰身	残长2×1.2	不详	无	铜：鼎1爵1；陶：鬲1尊1	中老年男性	二里岗下层一期	扰
C8M7	宫殿区	35°	不详	2×1.3	棺朱砂	无	铜：斝1爵3盉1戈1；玉：戈1柄形器1；陶：圆陶片1	不详	二里岗下层二期	扰
MGM2	内城西墙外	180°	俯身直肢	1.9×1.35	棺朱砂	无	铜：鼎1斝2爵2觚1戈1刀1；玉：戈1柄形器2璜1；陶瓷：圆陶片1瓷尊1	不详	二里岗上层一期	
BQM1	内城西墙外	5°	仰身直肢	2.7×1.4~1.5	棺朱砂	腰坑犬1	铜：鼎1斝3爵1觚2刀1；玉：戈3柄形器3铲3；陶：圆陶片3	不详	二里岗上层一期	
BQM2	内城西墙外	6°	仰身直肢	2.7×1.1	棺朱砂	腰坑犬1	铜：斝2爵1觚3刀1；玉：戈3柄形器2	不详	二里岗上层一期	
C8M2	内城垣东北角	14°	不详	残长1.5×1.05	棺朱砂	无	铜：鼎1罍1爵1盘1斝1；玉：柄形器1；陶：圆陶片2	不详	二里岗上层一期	扰
C8M3	内城垣东北角	356°	不详	2.9×残宽1.17	棺朱砂	人1腰坑犬1	铜：鼎1鬲2斝2罍1觚2爵2；玉石：戈1璜2；陶：圆陶片1	不详	二里岗上层一期	扰

[*] 前两项出自《文物》2003年第4期，余均出自《郑州商城》报告。

根据上表，我们可将在郑州商城发现的商代早期中型墓的特征归纳为以下几点：

第一，就年代而言，中型墓最早出现于二里头四期晚段，而以二里岗上层一期者数量最多，二里岗上层二期迄未发现；就分布而言，以宫殿区及其附近最为集中，内外城之间区域也偶有发现。

第二，墓室面积在 2.6~3.4 平方米，平均为 2.97 平方米，最大峰值在二里岗上层一期。

第三，除个别被扰动者之外，所有墓葬都有棺，且以朱砂铺设墓底。

第四，墓主人头向以北向为主，占墓葬总数的 75%；东向、南向者仅各一见。墓主人骨骼经过鉴定的两例均为中年以上男性。

第五，随葬青铜礼器平均每墓 5.25 件；从早到晚有逐渐增加的趋势，最大峰值亦在二里岗上层一期，达到 10 件之多；主要器形为爵、斝、觚、鼎、鬲、尊（或罍）等；玉柄形器、玉戈和涂朱圆陶片是铜礼器之外不可或缺的随葬品。

第六，殉牲现象不普遍，八座墓中共见二墓，殉人墓占中型墓总数的 25%，殉人总数为三人。腰坑殉犬现象亦不普遍，仅三例，约占总数的 37.5%。

另外，在商代早期另一座都城偃师商城发现的唯一一座中型墓 M1，特征与郑州商城所见中型墓几乎完全相符，墓主人头向北（5°），腰坑殉犬，随葬铜器为爵 1、斝 1、戈 1、刀 1，主要玉器为两件璜，并发现有涂朱圆陶片等，年代属于二里岗上层[10]，或认为二里岗上层偏晚阶段[11]，亦即二里岗上层二期，这是对郑州商城中型墓在年代上的一个补充。该墓也是迄今为止所报道的偃师商城规格最高的贵族墓葬。据研究，郑州商城二里岗期墓葬北向者接近 40%，偃师商城约为 50%~60%[12]，而它们的中型墓墓主人均头向北。看来，墓主人头向北应该是当时都城贵族葬制的一个特点。《礼记·檀弓下》中有"葬于北方，北首，三代之达礼也"[13]的说法。有学者通过对汉墓的统计，认为"中原地区可能为'葬于北方，北首'这传统的发源地"[14]。这一传统看来有更早的来源。

对上述墓主人的具体身份加以判读显然不是一件容易的事，尤其是在目前尚缺乏足够的墓地资料的情况下。值得注意的是，两座经过年龄和性别鉴定的墓主人都为中年或中老年男性，说明在父权社会的商代，除了血统的关系之外，人们对于社会地位的取得并非轻而易举，他们一般要积累一定的事功方可达到。从大多数墓主人都随葬有铜戈、铜刀和玉戈等兵器来看，他们之中相当多的人可能担任军职，尤其是埋葬于宫殿区（T166M6、C8M7）的墓主人；而像 MGM2 这样与制陶作坊距离甚近，其墓主人就不无可能属于制陶业的高级管理者或技术人员，如然，该墓出土有高规格的原始瓷尊便不奇怪了。"尤可注意的是，在墓内死者的颈部套有数以千计的蚌珠。"[15]该墓出土蚌珠共六串，由蚌壳珠磨制而成。这样的服饰在郑州商城墓葬中仅此一例，加之埋葬时头向朝南，与当地贵族葬制殊为不类，不能不让人产生墓主人来自盛产原始瓷和蚌类的南方的联想。作为当时东亚地区规模最大的都市，郑州商城不只存在来自外地的舶来品，更当容纳过许多来自异域的身怀绝技并由此跻身社会上层的人士。MGM2 墓主人可能就属于这类贵族。

三　都城以外所见二里岗期中型墓及其特点

二里岗期中型墓不仅存在于都城遗址，也发现于周边地区那些具有区域中心地位的城址或聚落中。为了全面考察中型墓墓主人的身份及其性质，我们需要把目光从都城郑州和偃师移向周边地区那些具有区域中心地位的遗址。它们是都城遗址之外能够发现中型墓存在的为数不多的几个遗址。一般说来，这些城址或中心性聚落应该是二里岗期商王朝向外扩张的产物。就目前所掌握的资料而言，这些遗址包括南方的盘龙城、西方的老牛坡、北方的台西、孟庄和东方的大辛庄。

盘龙城

位于湖北黄陂的盘龙城城址是目前所有遗址发现二里岗期中型墓最多的地点，目前报道的共 10 座。据发掘报告，该城始建于二里岗上层一期偏晚，并沿用到二里岗上层二期晚段，但在建城之前，当地已经存在比较丰富的二里岗下层遗存。这样看来，盘龙城与郑州商城都经历了二里岗期的全过程。对于盘龙城与郑州商城文化遗存的相似之处，学者多有共识。表现在中型墓方面，其共性就更为明显。下面以表格方式表示（表二）。

表二　　　　　　　　　盘龙城发现的二里岗期中型墓统计表

墓号	方向	葬式	墓室	葬具	殉牲	主要随葬品	性别年龄	年代	备注
PYWM6	北（据残存腿骨推测）	不详	2.3×1~1.6		无	铜：鬲1爵1斝1；玉：戈1陶：鬲1盉1罐1	不详	二里头四期或二里岗下层一期	扰
PLZM2	20°	不详	3.67×3.24	棺椁朱砂	人3腰坑犬1	铜：鬲1鼎4甗1爵4斝1盉1尊1簋1盘1戈1矛1钺2；玉：戈4柄形器6陶瓷：罐4鬲3盆5尊2饼1	不详	二里岗上层一期	
PYZM1	20°	仰身直肢	2.64×1.04~1.3	棺	无	铜：鼎1斝2爵1戈1；玉：柄形器1；陶：鬲1盆1缸1	不详	二里岗上层一期	
PYZM2	20°（?）	不详	2.6×1~1.2		无	铜：斝1爵2瓿3戈1刀1；玉：柄形器2	不详	二里岗上层一期	

续表二

墓号	方向	葬式	墓室	葬具	殉牲	主要随葬品	性别年龄	年代	备注
PLWM3	348°		2.62×1~1.2	棺朱砂	腰坑犬1	铜：鼎1斝1爵1觚1戈1矛1刀1锛2；陶瓷：尊2坩埚1饼1	不详	二里岗上层一期	
PYWM7	20°	仰身直肢	2.28×1.08	棺朱砂	犬1	铜：鬲1斝1爵1尊1刀2；玉：柄形器1笄4陶瓷：鬲1尊1饼2	不详	二里岗上层二期	
PLWM10	30°	不详	2.46×0.9~1		无	铜：爵1斝1；玉：柄形器1陶瓷：尊2	不详	二里岗上层二期	扰
PLWM9	10°	不详	2.44×1.06	棺朱砂	无	铜：爵1斝1觚1；玉：柄形器2陶瓷：尊1	不详	二里岗上层二期	扰
HPCYM1	南北向	不详	2.35×1.52	朱砂	无	铜：鼎1叠1爵1斝1觚1戈1；玉：柄形器1	不详	二里岗上层二期	扰
PYWM11	南北向	火葬	2.5×1.4	棺椁陶瓷	犬2	铜：鼎1斝4爵4觚4尊3簋1戈2刀2；玉：戈2柄形器3；陶：簋1坩埚2饼4	不详	二里岗上层二期	

如表二所示，盘龙城中型墓在葬制和随葬品方面有如下特点：

第一，墓室面积在 2.46~11.9 平方米之间，平均面积达到 3.79 平方米，远远大于郑州商城中型墓的规模。其最大峰值亦在二里岗上层一期。

第二，除个别被扰动者之外，所有墓葬都有棺乃至棺椁并用，朱砂铺设墓底现象常见。

第三，墓主人头向清楚者均北向，占火葬以外中型墓总数的 77.8%。惜缺乏墓主人性别、年龄方面的信息。

第四，10 座墓共随葬青铜礼器 63 件，平均每墓达 6.3 件，比郑州商城中型墓平均数还多，其最大峰值亦在二里岗上层一期，为 8.3 件。主要器形为爵、斝、觚、鼎、尊（或罍）和鬲等，而铜簋、铜甗不见于其他地区。玉柄形器、玉戈和涂朱圆泥饼是铜礼器之外不可或缺的随葬品。以坩埚随葬是盘龙城中型墓随葬品的一个特点。

第五，殉牲现象少见，只有 PLZM2 出土殉人 3 具；殉犬现象相对较多。

该地中型墓的特点，一是墓圹面积大，平均达 3.58 平方米，超出两个都城的平均数值；二是出土青铜礼器数量多，平均每墓达 6.3 件，最多者 15 件，是目前所知出土青铜礼器最多者。墓圹面积与青铜礼器数量两个最大值也是在二里岗上层一期，与都城同步。看来，墓葬面积和青铜礼器是当地贵族显示身份所着意强调的。其他方面，在殉牲、朱砂铺设墓底乃至涂朱泥饼随葬等细节方面与都城也保持惊人的一致。

众所周知，盘龙城是商王朝经略南方、获取长江流域铜矿资源的重镇[16]。早在遗址发掘之初，就有学者指出："盘龙城在它的繁荣时期是一座有重要政治经济意义的城市"，"应为商朝封国的都邑"[17]。近年来，随着江西境内二里岗期矿冶遗址的发现，更有研究者从资源控制角度对盘龙城的功能进行论述，指出："在二里岗上层时期，盘龙城的聚落形态和有关青铜冶炼的活动与前大不相同。城的筑造和遗址规模的突然扩展，表明大量的商人可能在很短的一个时期涌入这一地区。"[18]笔者认为，盘龙城城址内外发现的具有典型二里岗期特点的墓葬及随葬品，应该有一部分就属于南下商人的墓葬。目前所知，长江流域的二里岗期铜器墓，除了个别地点以外[19]，均集中发现于该遗址，而按照本文前面设定的标准，能够称得上是中型墓者，则全部集中于盘龙城遗址。可以推想，这些墓主的身份，要么是南下商人的首领，要么是归化了商王朝的地方贵族。仔细考察墓葬及墓葬所反映出来的埋葬行为，笔者更倾向于前者。

盘龙城中型墓与郑州商城同类墓显示了高度的共性，这包括：墓主人头向多向北；保存较好的墓葬均有棺椁；流行使用朱砂铺设墓底；殉人、殉犬不甚普遍；偶见火葬墓，而且，连火葬骨骼装入陶瓮的习俗也完全一致[20]。尤其值得注意的是，除了个别墓葬之外，葬式清楚的中型墓几乎都是头向郑州所在的北方。这可以理解成盘龙城的贵族遵循了商代早期都城墓葬"北首"的所谓"达礼"，不过更可能隐含着这些墓主人或其祖先来自北方的意义。在对盘龙城出土遗迹、遗物（主要是陶器）进行文化因素分析的基础上，发掘报告对其文化性质做了如下结论："从总体来看，是以一支南下的中原商文化为主体，融合本地域石家河文化，吸收了江南印纹陶及湖熟文化因素，而形成的一个商文化边缘地区的新类型。"[21]本文所揭示的上述现象支持了盘龙城存在着南下商代贵族的推测。当然，这些墓葬的主人可能不一定全部来自北方的郑州，他们之中有些应该确属南下的商人，有些则可能是他们的后人，他们土生土长，但死后头向北方，一是象征着故土难忘，二是缘于对商王朝的忠诚。

PLZM2 是目前所知二里岗期规模和等级最高的墓葬，其主人应该是当地的最高统治者。其他中型墓的规格也明显要比郑州商城的同类墓要高些。这里的中型墓墓圹更大，随葬品也更多，尤其是在青铜礼器方面，数量明显多于后者。以往学者曾根据两地青铜礼器风格的高度一致性，推测盘龙城的青铜礼器是商王朝政治经济再分配体系中来自王室的赏赐品[22]。但最近有学者通过对盘龙城商代青铜器残留范芯所做的主量元素和稀土元素检测，发现它们与盘龙城当地的原生土及陶片有很高的相似性，而不同于郑州等地，表明部分青铜器是本地铸造的[23]。郑州与盘龙城青铜礼器在合金技术上的差异，也支持盘龙城自身铸造青铜礼器的推论[24]。看来，盘龙城有自身的青铜礼器铸造业。该遗址本身地处铜矿资源丰富的区域，加之其地理位置遏控"铜路"[25]，原料充足，青铜器的铸造与使用较之王都更为便利，贵族墓葬随葬更多的青铜器，当在情理之中。这里两座中型墓随葬品中包含有其他遗址同类墓所见不到的坩埚，说明其墓主人生前可能就是铸造青铜器的管理者乃至高级工匠。我们甚至可进一步推测，郑州出土的青铜礼器中，或许不乏贡纳自盘龙城的产品。

台西

藁城台西二里岗期墓葬分为两期，分别相当于二里岗上层二期或稍晚。台西墓地共发现墓葬112座，从随葬品和墓圹面积综合考虑，符合中型墓标准者共有12座（表三）[26]，占墓葬总数的10.7%。列表如下：

表三　　　　　台西遗址二里岗期中型墓统计表

墓号	方向	葬式	墓室	棺椁	殉牲	主要随葬品	性别年龄	年代	备注
M14	194°	俯身直肢	2.6×1.1	棺朱砂	人1犬2	铜：斝1瓿1爵1钺1；玉：镰1；陶：圆饼1鬲1簋1	中年男性	二里岗上层二期	
M17	201°	俯身直肢	2.38×0.9	棺	腰坑犬1	铜：刀1戟1戈1；玉：钺1陶：簋1	青年男性	二里岗上层二期	
M103	195°	俯身直肢	2.72×1.27	棺	人2犬4	铜：刀1戈1戈3钁1；玉：饰1；陶：盉1；卜骨3	壮年男性	二里岗上层二期	
M22	210°	俯身直肢	2.68×1.21	棺	人1腰坑犬1	铜：鼎1斝1爵1瓿1钺1刀1；玉：斧1；陶：圆饼1簋1罍1	青年男性	二里岗上层二期或稍晚	
M35	122°	仰身直肢	2.44×1~1.3	棺	人1腰坑犬1	铜：斝1爵1瓿1；陶：罐1	老年男性	二里岗上层二期或稍晚	
M36	110°	俯身直肢	2.9×1.5	棺朱砂	人1	铜：斝1爵1瓿1；陶：盆1	成年男性	二里岗上层二期或稍晚	
M38	114°	侧身屈肢	1.95×0.73	棺朱砂	人1腰坑犬3	铜：瓿1爵1戈1；陶：簋1	青年女性	二里岗上层二期或稍晚	
M56	204°	俯身直肢	2.7×1	棺	犬3腰坑犬1	铜：钺1；玉：戈1；陶：鬲1豆1；卜骨3	男性	二里岗上层二期或稍晚	
M74	212°	不详	2.35×1.28	棺	人1腰坑犬1	铜：瓿1爵1；陶：罐1	不详	二里岗上层二期或稍晚	
M79	26°	俯身直肢	2.2×0.98	棺	犬2腰坑犬1	铜：鼎1爵1瓿1戈1镞1；玉：斧1；陶：饼1	不详	二里岗上层二期或稍晚	
M85	200°	俯身直肢	3×1.5	棺朱砂	人2犬6腰坑犬1	铜：爵1瓿1斝1戈1；玉：斧1柄形器1；陶：簋1	青年男性	二里岗上层二期或稍晚	
M102	109°	仰身直肢	2.62×1.14	棺朱砂	人1腰坑犬1	铜：爵1瓿1铃2；玉：笄1；陶：罐1	壮年男性	二里岗上层二期或稍晚	

根据表三可知，台西中型墓在葬制和随葬品方面有如下特点：

第一，墓室面积在 1.42 ~ 4.5 平方米，平均面积为 2.98 平方米，与郑州商城中型墓的规模相当。

第二，所有中型墓都有棺，朱砂铺设墓底现象不普遍。

第三，墓主人头向清楚者均南向，占中型墓总数的 91.7%，北向者仅一例。墓主人性别方面，男性 9 例，女性 1 例，不明者 2 例，其中男性占可鉴定性别墓葬总数的 90%。年龄方面，年龄明确者皆为成年人，以青年或中年为主，偶见老年。流行俯身葬，俯身葬占可鉴别葬式墓葬的 72.7%。

第四，12 座墓共随葬青铜礼器 25 件，平均每墓仅为 2.1 件弱。主要器形为爵、斝、觚、鼎等，种类相对较少。玉器种类和数量均较少，仅见有柄形器、戈和钺等。有少量涂朱圆泥饼。

第五，殉牲现象普遍，尤其是殉人、殉犬，几乎每墓都有发现。其中殉人墓共 9 例，殉人个体 11 具。殉人墓占所有中型墓总数的 75%。

台西中型墓的特点是俯身葬特多，这应该是当地贵族流行的葬式。青铜礼器平均每墓仅约 2 件，远远低于郑州商城和盘龙城，甚至有些规模很大的中型墓也只随葬青铜兵器，反映了青铜礼器在当地的匮乏；大概由于同样的原因，墓葬中玉器的数量和墓地铺设朱砂的现象也少得多。不过，台西遗址商代贵族对于其身份地位的显示是通过其他方式来实现的，这就是大量使用殉牲，尤其是殉人。上面的统计显示，台西殉人墓的比例之高，殉葬人数之多，远远超出了盘龙城和郑州商城，从而成为值得注意的现象。关于殉人的性别、年龄，可根据发掘报告的有关描述做一推测。M35 的殉人为女性，与墓主人同在一棺，"可能是墓主人宠爱的婢妾"；M85 和 M38 殉人有棺，应是身份较高的奴婢；M36 和 M85 棺内的殉人均为男性，且与墓主人同葬一棺，"可能是墓主人的幸臣"；M103 二层台上的殉人为一年约 15 岁的男性少年，膝盖骨以下被锯去，显然生前受过刖刑。就是说，台西的殉人均来自墓主人周围，而非战俘。这与大辛庄殉人身份相似（详下）。

有学者注意到台西墓地墓主人头向南者达到 60%，是一个特殊现象[27]。而中型墓墓主人头向朝南者达到 91.7%，远远高于平均数。墓主人南向，在这里成为一种"达礼"。更为重要的是，这种现象是对本文贵族墓主人头向郑州商城假说的有力支持。这一点，还可以通过同在郑州以北的河南辉县孟庄两座墓葬的材料加以证明。

辉县孟庄在地理位置上处于郑州商城与台西遗址之间，这里发现的二里岗期墓葬中有两座墓葬可归为中型墓[28]。列表如下（表四）：

表四　　　　　　　　　　　　孟庄遗址二里岗期中型墓统计表

墓号	方向	葬式	墓室	棺椁	殉牲	主要随葬品	性别年龄	年代	备注
XXM5	193°	仰身直肢	2.25×1.05	棺朱砂	无	铜：鬲1斝1爵1；陶：圆饼2盆1	男性	二里岗下层二期	
XXM11	195°	仰身直肢	1.85×0.55	棺朱砂	无	铜：斝1爵1；玉：柄形器1；陶：泥饼1鬲1盆1	青年男性	二里岗下层二期	

孟庄的两座中型墓与郑州商城同类墓在葬式和随葬品方面极为接近，唯其墓主人头向朝南，恰与后者相反而与台西相同，看来绝非偶然。

不过，郑州以北地区二里岗期中型墓在头向上也有与郑州保持一致的，这就是在山西垣曲古城南关遗址发现的 M16。据报道，该墓墓圹面积近 5 平方米，随葬青铜器为爵、斝，玉器有柄形器，并见有圆陶片，有一女性殉人。墓主人为壮年男性，头向 4°，年代为二里岗期下层[㉓]。无论是头向，还是随葬品、殉人等特点，都与郑州同类墓保持了高度一致。

老牛坡

关中地区发现严格意义上的二里岗期中型墓尚付阙如，如果按照传统的商文化两分法，年代上最为接近的一座中型墓是老牛坡 M44[㉔]，学者指出其中的铜瓿、铜爵和铜斝与二里岗上层同类器具有相似性[㉕]，有学者认为该墓是"早商文化最晚期的代表"[㉖]。从随葬品、葬具和殉牲乃至墓主人性别年龄情况来看，该墓葬具备上述二里岗期中型墓的所有特征（表五），可以在这里讨论。最值得关注的是墓主人头向为 151°，对于郑州而言虽然偏向东南，但总的说来仍可以说朝向东方。

表五　　　　　　　　　　　　老牛坡遗址二里岗期中型墓统计表

墓号	方向	葬式	墓室	棺椁	殉牲	主要随葬品	性别年龄	年代	备注
M44	151°	俯身直肢	2.40×0.95	棺朱砂	人2	铜：瓿1斝1爵1鼎1；玉：戈1璜1陶：圆饼2盆1	成年男性	二里岗上层二期或稍晚	

大辛庄

郑州以东二里岗期青铜器历年来虽多有出土，但完整的中型墓却仅见于山东济南大辛庄遗址（表六）[㉗]。已见诸报道的中型墓共 3 座，其中 M106 和 M139 面积均超过 7 平方米，出土青铜礼器近 10 件，是迄今所知山东地区商代早中期规格最高的中型墓。三座墓葬均具有典型二里岗期中型墓特点，随葬品也是典型的二里岗期组合。与郑州商城、偃师商城以外其他遗址发现的二里岗期中型墓一样，这里墓主人头向均朝向郑州方向，再次表明墓主人头向与其来源的关系。当然，根据地层叠压关系和类型学分析，这三座墓葬并非大辛庄遗址二里岗期最早遗存，其主人也可能不是最早一批来自中原的移民，但头向反映出他们与都城之间存在着深层次的联系。在最近完成的一项根据齿冠测量值推断死者血缘关系的文章中，我们发现大辛庄商代墓葬殉人之间存在着来自同一家族的可能性[34]，这在某种程度上支持了发掘者对于台西墓葬殉人身份所做的推测。

表六　　　　　　　　　　　大辛庄遗址二里岗期中型墓统计表

墓号	方向	葬式	墓室	葬具	殉牲	主要随葬品	性别年龄	年代	备注
M107	230°	仰身直肢	2.12×0.75	棺朱砂	人 1	铜：瓿 1 爵 1；玉：柄形器 1	成年女性	二里岗上层二期	
M106	230°	仰身直肢	3.2×2.2	棺椁朱砂	人 5	铜：瓿 2 爵 2 斝 2 尊 2 壶 1；玉：柄形器 2 璜 4 戈 1 钺 2；陶：泥饼 1	成年	二里岗上层二期或稍晚	
M139	220°		3.22×2.24	棺椁朱砂	人 3	铜：觯 1 爵 1 斝 1 鼎 2 卣 1 罍 1 盂 2 钺 1 矛 1 镬 1 玉石：磬 1		同上	盗扰

四　结语

学术界对于商代国家性质存在着多种认识。有学者强调其统一性和专制性，认为商代国家"是后世中央王朝与地方政权的一种初期形态"[35]，或以内外服制概括商代国家结构特征[36]。更多学者则强调方国的独立性，认为商代国家的实质是"城邦国家联盟"[37]，或认为"以商为首之大小众邦所构成的国家形态，大抵上与西周的'封建城邦'没有本质性的差异"，各城邦在政治上具有"独立自主性"[38]。西方学者也有称之为城邦或城市国家（city – state）[39]，或部分国家（segmentary state）的[40]。我们也曾著文，从政治经济形态入手考察商代的社会性质，认为商王朝与某些重要资源供应区的政体之间存在着并不稳定的联盟关系[41]。不过，上述讨论大多立足于商代晚期，较少涉及二里岗期的商代国家性质。具体到后者，虽也有学者认为二里岗国家属于城邦国家，但更多学者根据二里岗期分布范围内考古学文化面貌的统一性，认为二里岗古国对控制区域实行了强有力的统治，甚至使用"二里岗帝国"（Erligang Empire）这样的称谓[42]。刘莉、陈星灿考察了二里头和二里岗国家与政治有关的经济生产和流通方式，认为二者对于贵族产品的控制方面是强有力的，因而赞同用广域国家（territorial state）这一称谓来称呼早商国家，但又不同于特里格（Bruce Trigger）所提出的城乡在经济关系上互相分离的"二层说"（a separated two-tier economy），而更倾向于埃里克·沃尔夫（Eric Wolf）所界定的以贡纳制生产（tributary model of production）为基础的国家，尤其是在国家领土扩张阶段[43]。本文对郑州商城、偃师商城、盘龙城、台西、孟庄、老牛坡和大辛庄等地的二里岗期中型墓所做的考察，发现它们在葬制、葬俗方面存在着高度的共同性，这包括葬式、殉牲、使用朱砂、随葬品组合等，反映了高度商化的特征。受所在区域资源和习俗等方面的影响和制约，各地贵族在显示自身社会地位的方式上也有所差异，如盘龙城以青铜礼器取胜，而台西和大辛庄似乎更看重殉牲，尤其是殉人。但无论如何，从二里岗期中型墓所反映的情况来看，二里岗期商代国家确实向四周进行了大规模的扩张，其统治范围达到了前所未有的程度，广域国家这一概念是适用的。发现于各地的二里岗期中型墓的墓主人们应该是殖民扩张过程中的军事首领及其后裔，他们在这个过程中发挥了重要作用。他们死后按照都城的葬制下葬，而唯独在头向上有所变通：郑州商城和偃师商城中型墓头向北，而郑州、偃师以外的中型墓大都朝向郑州方向。如果说郑州、偃师的中型墓代表的是商王室或都城高级贵族墓葬的话，周边地区这些中型墓的主人应该是为商王朝征战疆场的将军或出于各种目的而派赴各地的官员及其后裔。作为商王室的代表，他们在地方上具有贵族身份，死后仍与都城贵族在埋葬方式上保持了高度一致，并通过丧葬仪式中对于头向的强调，显示出对商王室的忠诚与对自身故土的眷顾。各地商文化的统一性和贵族墓葬头向都城的现象在商代晚期表现得并不明显，这或许是各地政体独立性增强的一个表现。未来科技考古中锶同位素检测技术的应用，或许可对这一假说给出肯定或否定的答案。

注　释

① 北京大学历史系考古教研室商周组编著：《商周考古》第 86 ~ 89 页，文物出版社，1979 年。

② 中国社会科学院考古研究所编著：《中国考古学·夏商卷》第 242 ~ 248 页，中国社会科学出版社，2003 年。

③ 张渭莲：《商文明的形成》第 122 页，文物出版社，2008 年。

④ 河南省文物考古研究所编著：《郑州商城——1953 年至 1985 年考古发掘报告》第 573 页，文物出版社，2001 年。

⑤ 河南省文物考古研究所：《郑州商城新发现的几座商墓》，《文物》2003 年第 4 期。

⑥ 河南省文物考古研究所编：《辉县孟庄》第 259 页，中州古籍出版社，2003 年。

⑦ 湖北省文物考古研究所：《盘龙城——1963 ~ 1994 年考古发掘报告》第 499 ~ 501 页，文物出版社，2001 年。

⑧ 王彦民、赵清：《郑州二里岗发掘一座商代墓》，《中原文物》1982 年 4 期；又见张松林主编：《郑州文物考古与研究》第 399 ~ 401 页，科学出版社，2003 年。

⑨ 赵清、王彦民：《河南荥阳西史村遗址试掘简报》，张松林主编：《郑州文物考古与研究》第 402 ~ 424 页，科学出版社，2003 年。

⑩ 中国社会科学院考古研究所河南第二工作队：《1983 年秋季河南偃师商城发掘简报》，《考古》1984 年第 10 期。

⑪ 杜金鹏、王学荣、张良仁：《偃师商城小城的发现及其意义》，《考古》1999 年第 2 期。

⑫ 同③，第 91 页。

⑬ 《礼记注疏》卷九，第 16 页。

⑭ 蒲慕州：《墓葬与生死——中国古代宗教之省思》第 101 页，中华书局，2008 年。

⑮ 同④，第 574 ~ 575 页。

⑯ 同⑦，第 448 页。

⑰ 李学勤：《盘龙城与商朝的南土》，《文物》1976 年第 2 期。

⑱ 刘莉、陈星灿：《城：夏商时期对自然资源的控制问题》，《东南文化》2000 年第 3 期。

⑲ 黄冈地区博物馆、黄州市博物馆：《湖北省黄州市下窑嘴商墓发掘简报》，《文物》1993 年第 6 期。

⑳ 郑州商城发现的火葬墓属于小型墓，请见马全：《郑州市铭功路西侧的商代遗存》，《文物参考资料》1956 年第 10 期。

㉑ 同⑦，第 498 页。

㉒ Li Liu and Xingcan Chen, *State Formation in Early China*. Duckworth, 2003, pp. 133 – 141.

㉓ 南普恒、秦颖、李桃元、董亚巍：《湖北盘龙城出土部分商代青铜器铸造地的分析》，《文物》2008 年第 8 期。

㉔ 田建华、金正耀、齐迎萍、李功、汪海港、李瑞亮：《郑州二里岗期青铜礼器的合金成分研究》，第三届青铜文明与科技考古国际学术会议，安徽铜陵，2008 年。

㉕ 陈公柔：《〈曾伯霥簠〉铭中的"金道锡行"及相关问题》，载中国社会科学院考古研究所编著《中国考古学论丛》第 331 ~ 338 页，科学出版社，1993 年。又见前引刘莉、陈星灿文。

㉖ 鉴于台西墓地青铜器整体数量较少，本文把个别虽然不见青铜礼器，但出土有青铜兵器且墓圹较大者也列入中型墓。

㉗ 同③，第 91 页。

㉘ 河南省文物考古研究所编：《辉县孟庄》第 259 页，中州古籍出版社，2003 年。

㉙ 中国历史博物馆考古部、山西省考古研究所：《1988 ~ 1989 年山西垣曲古城南关商代城址发掘简报》，《文物》1997 年第 10 期。

㉚ 刘士莪编著：《老牛坡》第 254 ~ 255 页，陕西人民出版社，2001 年。

㉛ 黄尚明：《论老牛坡商文化的分期》，《江汉考古》2003 年第 1 期。

㉜ 张天恩：《关中商代文化研究》第 118 页，文物出版社，2004 年。

㉝ 山东大学东方考古研究中心等：《济南市大辛庄商代居址与墓葬》，《考古》2004 年第 7 期。方辉：《济南大辛庄商代遗址》，国家文物局主编：《2003 年中国重要考古发现》第 58 ~ 63 页，文物出版社，2004 年版。山东大学历史文化学院考古系、山东省文物考古研究所：《济南大辛庄遗址 139 号商代墓葬》，《考古》2010 年第 10 期。

㉞ 田中良之、方辉、舟桥京子、邱鸿霖：《大辛庄商代墓地——透过齿冠测量值的亲属关系分析》，载栾丰实、宫本一夫主编：《海岱地区早期农业和人类学研究》第 221 ~ 234 页，科学出版社，2008 年。

㉟ 杨升南：《卜辞中所见诸侯对商王室的臣属关系》，胡厚宣主编《甲骨文与殷商史》第 169 页，上海古籍出版社，1983 年。

㊱ 李学勤主编:《中国古代文明与国家形成研究》第 320 ~ 344 页,中国社会科学出版社,2007 年。

㊲ 林沄:《甲骨文中的商代方国联盟》,载《林沄学术文集》第 69 ~ 84 页,中国大百科全书出版社,1998 年。

㊳ 杜正胜:《卜辞所见的城邦形态》,吴荣曾主编《尽心集——张政烺先生八十庆寿论文集》第 12 ~ 34 页,中国社会科学出版社,1996 年。

㊴ Robin Yatts, The City State in Ancient China. In: D. L. Nichols and T. H. Charlton (eds.), *The Archaeology of City-States: Cross-Cultural Approaches*, Washington D. C.: Smithsonian Institution Press, 71 - 90.

㊵ David Keightley, *The Ancestral Landscape: Time, Space, and Community in Late Shang China*. Berkeley: Institute of East Asian Studies, 2000.

㊶ 文德安、方辉:《商代国家的经济形态》,方辉主编《聚落与环境考古的理论与实践》第 306 ~ 337 页,山东大学出版社,2007 年。

㊷ Robert Bagley, Shang Ritual Bronze: Casting Techniques and Vessel Design. *Archives of Asian Art* (XLIII): 6 - 20, 1990.

㊸ Li Liu and Xingcan Chen, *State Formation in Early China*. Duckworth, 2003, pp. 134 - 135, 146 - 147.

史语所①殷墟考古所见腰坑
葬俗的发现与研究②

郭 志 委

（北京大学考古文博学院）

　　墓底设置腰坑作为一种丧葬习俗在晚商时期十分流行，在被视为晚商都城所在地的安阳殷墟更是多有发现。1928 年，前"中央研究院"历史语言研究所组织首次殷墟发掘③，拉开了科学发掘、研究殷墟的序幕。在其后的约十年间，史语所先后十五次发掘殷墟，期间又到周边及山东等地开展调查和研究，在中国考古学史上写下浓墨重彩的一笔④。在史语所殷墟及周边地区考古中，腰坑葬俗在田野工作中开始被发现并逐步引起考古工作者的注意。鉴于史语所殷墟考古在相关研究中的特殊地位，本文拟梳理其中腰坑葬俗的相关资料，厘清腰坑葬俗在中国考古学早期阶段被发现、整理、研究的历史。这不仅对腰坑葬俗的研究极为必要，也对认识史语所早期考古工作有所帮助。

腰坑葬俗在田野考古中的首次发现

　　腰坑葬俗作为古代中国尤其是晚商时期一种重要的丧葬习俗，它在考古工作中首次被发现是在什么时候、什么地方？这是腰坑葬俗研究首先要厘清的问题。一般认为，现代意义上的考古学发祥于欧洲，约在 19 世纪末 20 世纪初传入中国⑤。1921 年安特生在奉天沙锅屯和渑池仰韶村的发掘被认为是中国史前考古学开始的标志⑥。1926 年李济在山西夏县西阴村的发掘则是中国学者主持田野考古工作的开始⑦。在中国考古学的早期工作中，真正与腰坑葬俗相关的主要是始自 1928 年的殷墟发掘⑧。1928 年秋，董作宾代表"中央研究院"历史语言研究所在殷墟开展首次考古工作⑨，其后史语所又组织多次考古发掘，直到 1937 年因日本侵略而撤离安阳。在 1928 ~ 1937 年的约十年间，史语所共计在安阳发掘 15 次，期间还到周边及山东等地开展调查和发掘，获取了大量不同时期的遗迹遗物⑩，为中国考古学尤其是商代考古的发展奠定了基础。在史语所殷墟及周边地区考古中，与腰坑葬俗直接相关的发掘主要有安阳小屯⑪、后冈⑫、西北冈⑬、大司空村⑭以及浚县辛村⑮等五处地点。笔者仔细检索现已发表的相关资料后认为，浚县辛村和安阳后冈极可能是老一辈考古工作者首次在田野工作中发现腰坑葬俗的两个地点。据郭宝钧先生 1936 年发表在《田野考古报告》上的《浚县辛村古残墓之清理》一文，浚县辛村的发掘始于 1932 年。

> 吾人清理是墓，为民国二十一年春。在吾人未清理前，墓地已经惨酷盗掘，所可知者，至少有前后两期⑯。

在 1932～1933 年的两年间，浚县辛村共经四次发掘，其中 1933 年 10 月 20 日至 12 月 12 日的第四次发掘与腰坑葬俗紧密相关。据文中墓葬情况表，此次发掘期间的墓七十一发现腰坑现象。

> 墓七十一　在墓二十八南 E251 内　墓经扰乱，仅余残戈一，人腰下埋犬骨，与殷代营葬习惯同⑰。

这在郭宝钧先生 1964 年发表的正式报告《浚县辛村》中也有相关记述：

> 补充说明：墓 71 为此墓地中唯一有腰坑者。腰坑长 0.8、宽 0.3 米，深在墓底 5.1 米下再深 0.2 米。坑内埋狗骨 1 架，头北尾南面西。东南阶出铜戈 1，为仅存的随葬物⑱。

安阳后冈的发掘则相对稍早。1931 年春，前"中央研究院"历史语言研究所梁思永先生首次发掘后冈遗址⑲，其后史语所又几次开展考古工作。截至 1934 年夏，史语所共计在此发掘四次，清理殷墓六座，主要集中在第三次（1933 年 11 月 15 日至 1934 年 1 月 24 日）和第四次（1934 年 3 月 15 日至 4 月 20 日）发掘⑳。

> 三……得殷代大墓一，小墓二，遗物有铜甗一。
> 四……找获围墙之尽头，系围绕龙山期遗址南西两面，并发现殷代小墓二处，唐墓三处，宋墓一处，遗物有铜爵觚等㉑。

六座殷墓中腰坑墓葬至少有四座，后冈大墓即是其中之一。

> 墓室又可分为墓室，亚形木室，腰坑等三部。
> ……
> 腰坑：平面为长方形，正在墓底的中心，南北长一公尺二寸，东西宽一公尺一寸，深五公寸。系土穴㉒。

如此，结合上述浚县辛村的发掘，在现已发表资料范围内，考古工作者较早在田野工作中遇到腰坑葬俗即是浚县辛村和安阳后冈两处地点。那么上述两者中到底哪处地点腰坑葬俗的发现时间更早呢？如前所述，浚县辛村的发掘在1932～1933年间，带有腰坑的 EM71㉓为第四次发掘所得，时间大致在 1933 年 10 月 20 日至 12 月 12 日之间。后冈殷墓的发掘则集中在 1933～1934 年的后冈第三、四次发掘，其中明确知其为腰坑墓葬，发掘时间又较早的为后冈第三次发掘时清理的大墓，时间大致在 1933 年 11 月 15

日至 1934 年 1 月 24 日之间。那么浚县辛村 EM71 和后冈大墓腰坑葬俗的发现时间孰前孰后呢？我们先来看后冈大墓。石璋如先生在《河南安阳后冈的殷墓》一文中对此墓的发掘有如下记述：

> 这个墓葬在后冈的西区，紧靠洹河南岸的河神庙的东边。从二十二年十二月二十三日找到了墓的痕迹后，跟着就找清了整个的墓室的上口，而发掘，而清理，而找墓道，断断续续的直到二十三年四月十七日始告一段落[24]。

也就是说，后冈大墓的发现是在 1933 年末，而最终清理完毕要到 1934 年 4 月 17日。鉴于腰坑的发现和清理一般都在墓葬发掘的最后阶段，笔者就此推测后冈大墓腰坑的发现与清理或在 1934 年，可能稍晚于浚县辛村 EM71 的发掘。胡厚宣先生在《殷墟发掘》一书中对此也有较为明确的表述，可以作为我们的证据：

> 后冈的发掘，已经算是第四次了。这次前后分为两回，前一回自一九三四年三月十五日到四月一日，后一回自四月十日到二十日，两回共作二十九天……这次主要是继续一九三三年在后冈举行第三次发掘未完的工作……殷代大墓挖到底，墓室南北长……亚形椁下并有腰坑，在墓底的正中心，南北长 1.2 公尺，东西宽 1.1 公尺，深 5 公寸，埋的狗骨已被扰乱[25]。

可见，后冈大墓发现腰坑葬俗的时间应当稍晚于浚县辛村 EM71，那么我们是否就可以确凿地说浚县辛村 EM71 即是中国学者在田野工作中发现的第一座腰坑墓葬呢？笔者认为对此应持审慎的态度。实际上，早在 1933 年浚县辛村 EM71 和后冈大墓发掘之前，史语所考古同仁已在殷墟发掘中清理出许多殷商墓葬[26]。虽因材料发表问题，这批墓葬未见有腰坑葬俗的相关记述，但不排除在浚县辛村 EM71 和后冈大墓发掘之前，考古工作者已在安阳发现腰坑葬俗的可能性。这在郭宝钧先生对 EM71 腰坑现象的描述中即可窥见一斑："墓经扰乱，仅余残戈一，人腰下埋犬骨，与殷代营葬习惯同"[27]。在这里，我们丝毫感受不到考古工作者在田野工作中首次发现腰坑葬俗的新奇，作者甚至还很自然地将其与殷代营墓习惯联系起来，可见他对这一葬俗有一定的了解。当然，这可能与该文章发表时间稍晚（1936 年）有关，但或许亦可解读为在浚县辛村 EM71 发掘之前殷墟已经发现过腰坑现象，并且为史语所殷墟发掘者所熟知。所以，在现已发表资料范围内，我们无法最终认定哪座墓葬是田野工作中被发现的第一座腰坑墓葬，只能说浚县辛村 EM71 是目前我们所能确认的发掘时间最早的腰坑墓葬。

腰坑资料的发表及其概念的使用

腰坑葬俗虽然至迟 1933 年即已在田野工作中被发现，但腰坑资料的公开发表却是几年以后的事情。如上文所述，史语所殷墟考古发现腰坑葬俗的地点主要有浚县辛村、安阳后冈、西北冈、大司空村和小屯等 5 处[22]。它们相对分散，对腰坑葬俗资料的整理与发表可能产生了一定影响。1936 年，郭宝钧先生在《浚县辛村古残墓之清理》一文中对 EM71 墓主腰下埋犬骨现象予以介绍，虽着墨不多，亦未使用腰坑的概念，却是目前所见公开出版物中最早对考古所见腰坑葬俗的描述[29]。1940 年，石璋如先生著《殷墟最近之重要发现附论小屯地层》一文，系统总结了史语所第八至十五次殷墟发掘的主要收获，并讨论了一些问题[30]。因战争原因，此文直到 1947 年才在《中国考古学报》第二册上与读者正式见面[31]。文中涉及多处与腰坑葬俗直接相关的考古发掘，如小屯、后冈、西北冈、大司空村等，但均未直接提及腰坑，只是在讨论"基址墓葬与殷代的宗教仪式"和介绍殷商文化层中墓葬概况时，才侧面语及小屯 M232 和后冈、西北冈、大司空村的腰坑现象，称之为"在墓底的中间埋一狗"、狗坑、小坑[32]。1948 年，石璋如先生发表《河南安阳后冈的殷墓》一文，对后冈第三、四次发掘所得殷商墓葬的资料予以系统发表。文章对后冈殷墓的腰坑现象有较为细致的描述，是史语所详细发表腰坑资料之第一文。文中多处使用了腰坑的概念，是"腰坑"一词首次见诸正式发表的材料[33]。1945 年，石璋如在李济的安排下开始整理小屯建筑基址的考古资料，1951 年完成初稿[34]。1952、1955 年，石先生分别以《小屯 C 区的墓葬群》和《小屯殷代的建筑遗迹》为题择要发表了小屯 C 区墓葬和小屯殷代建筑的部分内容。前者在论述乙七基址周围墓葬时简要提及"北组墓葬"M31 和"南组墓葬"M232 的腰坑现象，并以腰坑、中心小坑、狗坑称之[35]。后者则以 M232、M31 为例说明其墓葬分类中的"长方有樽痕式"和"长方有牺坑式"墓葬。在文中，腰坑被称之为"牺坑"[36]。1955 年，胡厚宣先生出版《殷墟发掘》一书，对史语所殷墟发掘和新中国成立之初殷墟的考古工作进行了总结和评述。书中多处提及腰坑葬俗，尤其是对西北冈大墓的相关内容有较为详细的描述，是我们了解殷墟王陵区腰坑资料的重要文献。在书中，腰坑、殉葬坑、小方坑等概念并用[37]。1959 年，石璋如先生整理的《小屯第一本·遗址的发现与发掘乙篇·建筑遗存》正式发表。此书系统介绍了史语所十五次殷墟发掘所获建筑基址的主要材料，并附带介绍了与建筑基址相关的一些墓葬。书中虽未直接提及腰坑葬俗，却在相关讨论中引腰坑墓葬作为论述建筑基址与奠基墓葬关系的对比材料[38]。史语所殷墟考古腰坑资料的集中发表是在 20 世纪六七十年代。在 1962～1980 年的约二十年间，史语所先后发表了梁思永先生首撰、高去寻先生辑补的侯家庄《1001 号大墓》[39]、《1002 号大墓》[40]、《1003 号大墓》[41]、《1004 号大墓》[42]、《1217 号大墓》[43]、《1500 号大墓》[44]、《1550 号大墓》[45]；石璋如先生整理的小屯《北组墓葬》[46]、《中组墓葬》[47]、《南组墓葬附北组墓补遗》[48]、《乙区基址上下的墓葬》[49]、《丙区墓葬》[50]等报告，基本上涵盖了史语所殷墟发掘所获殷商墓葬的绝大部分资料。在这些报告中，腰坑墓葬被全面发表，腰坑结构被细致描述、腰坑葬俗受到不同程度的关注，是我们系统了解史语所殷墟考古所获腰坑资料的主要文献。这些报告对腰坑的称呼并不一致，腰坑、狗坑、犬穴、小坑、中心坑、殉坑等都是常用的名称。近年来，史语所又先后出版过三部相关报告，分别是梁思永先生首撰、高去寻先生辑补、石璋如先生校补的《侯家庄第九本·1129、1400、1443号大墓》[51]；石璋如先生撰著、刘秀文等为助理的《侯家庄第十本·小墓分述之一》[52]；高去寻先生首撰，杜正胜、李永迪先生整理的《大司空村·第二次发掘报告》[53]。这三者均涉及殷商墓葬，前、后两者还发表了部分腰坑资料，是前述已发表材料的重要补充。至此，史语所殷墟发掘所涉腰坑葬俗五个地点的考古报告均已出版，相关腰坑墓葬的资料也大都囊括其中，虽不排除尚有遗漏的可能，但史语所殷墟考古所见腰坑葬俗的资料可说已基本发表完毕。

前述我们在梳理史语所殷墟考古腰坑资料发表简况时曾分别列举了各简报、报告、文章对腰坑葬俗的诸多称呼，并提及石璋如先生的《河南安阳后冈的殷墓》一文是目前所见正式发表文本中最早使用腰坑概念的文章。那么在此之前是否有人使用过腰坑的概念？腰坑一词又是从何而来，如何传播的呢？下面我们对这一问题稍加探讨。笔者发现，2008年出版的《大司空村·第二次发掘报告》也明确使用了腰坑的概念。而据报告补辑者杜正胜、李永迪先生在其《序》和《高去寻先生大司空村第二次发掘报告编后记》中的说明，大司空村发掘报告的初稿撰写于抗日战争时期。此次整理"主要在文字校对，实物资料核实，以及增补器物线图与图版，对于晓梅先生的原文，基本未予更动"[54]。如此，则该报告使用腰坑概念的时间当早至1945年之前。可见，早在《河南安阳后冈的殷墓》一文发表以前即已有人在使用腰坑的概念。实际上，腰坑一词的使用可能远非以上所述。石璋如、高去寻两位先生在《河南安阳后冈的殷墓》、《大司空村·第二次发掘报告》中均明确表明腰坑一词本为当地人之土称[55]。如此，在殷墟早期发掘及资料整理、研究过程中，考古工作者可能或多或少，或正式或非正式地使用过这一称呼。目前要考证出腰坑一词最早提出及早期使用的详情几无可能。我们只能说腰坑概念的使用及后来其在中国考古学界的发扬光大，从根本上说是因为史语所考古同仁共同开创的殷墟发掘。

腰坑葬俗的相关研究

腰坑作为少数墓葬墓室结构的组成部分，其在史语所殷墟考古的研究工作中并未占据太大的比重。纵观史语所殷墟考古相关的简报、报告、文章，并未见有人专就腰坑葬俗做一番探究。但这并不意味着史语所殷墟发掘者对此葬俗从无关注，对其蕴含的深意毫无见解。在现已发表的相关报告、文章中，不乏研究者从不同角度对腰坑葬俗发表过看法。这些看法或为资料发表之余的顺笔推测，或为讨论问题之时的对比分析，虽多只言片语，却不乏真知灼见。有些观点还可说是深入浅出，入情入理，直到现在仍为相关研究者所引用。在本部分中，笔者拟将史语所殷墟考古中与腰坑葬俗相关的观点、看法稍事整理，略加归纳。这不仅可使我们一窥史语所殷墟发掘者对腰坑葬俗的最初看法，还可为当前腰坑葬俗的相关研究提供启示。史语所殷墟发掘者论及腰坑葬俗的语句虽少，涉及角度却多，且较分散，下面笔者分门别类予以说明。

其一，腰坑本体的建造及有关现象的形成。石璋如、高去寻两位先生分别在不同文章中谈及这个问题。石璋如先生认为，腰坑的建造是墓室建造的最后一个环节。墓室挖成之后即在其中间向下挖一小坑（即腰坑），有些小坑还可能深及地下水面。腰坑的体积与椁室成正比例，其建造不及墓室讲究。墓葬填埋时先在腰坑内放狗，再在其上置棺[56]。高去寻先生认为腰坑的"方向都是与它们所属之圹穴的方向相照应，凡是南北长东西狭的圹穴，它的腰坑也是南北长东西狭，凡是东西长南北狭的圹穴，它的腰坑也是东西长南北狭"[57]。腰坑口部大小不一，四壁整齐，但不竖直，通常口大底小。腰坑内多发现淤土，可能与墓葬填埋时腰坑内不填土或者填土但其后雨水渗入、殉犬腐烂有关[58]。

其二，腰坑内殉犬及其头向。高去寻、石璋如两位先生对此问题均有关注。高去寻先生在《大司空村·第二次发掘报告》中对殷商墓葬殉犬现象予以总结，称之为"铺狗、盖狗"，认为墓底腰坑是专为埋葬殉犬而设置的。文中还注意到墓葬殉犬（包括腰坑）的头向、足向与墓主头向、足向的关系，认为其大体相同[59]。石璋如先生在多篇文章中也谈及这个问题。在《河南安阳后冈的殷墓》一文中提及墓 H321B "狗的头向每与主人翁的头向是相反的"[60]；在《丙区墓葬》中注意到 M333 腰坑殉狗头向（躯向）与墓主头向一致，M362 则相反，并认为殷墓中腰坑殉犬的头向（躯向）大都与墓主人头向（躯向）相同，可能代表殷商时代的一种观念与习俗[61]。石璋如先生还注意到墓葬殉犬的种类问题。在《南组墓葬附北组墓补遗》中，在述及 M232 犬骨时，作者曾提及不同位置的殉犬"头部，有窄长的，有横宽的，也许不是一个种类"[62]。这种说法虽然没有相关鉴定报告的支持，也没有进一步讨论其是否有意为之，却是目前所见较早对墓葬殉犬种类异同的关注。

其三，腰坑内出土器物及"空腰坑"现象。史语所殷墟考古发现腰坑墓葬的数量不多，腰坑内出土器物者却不少。小屯、后冈、大司空村、西北冈均有相关的墓例[63]。据有关记述，腰坑内出土之器物大多为戈（多种材质）、贝[64]，大司空村还见有绿松石珠、琼形石珠、石鱼等[65]。高去寻先生在《大司空村·第二次发掘报告》中对此现象有专门的讨论，认为"凡墓圹下附有的腰坑都本是专为埋葬所殉的狗而设，极大多数的腰坑仅埋有狗骨，不见任何器物，少数的腰坑除狗骨架外又有红色颜料、人身佩饰的小玉器蚌器"，这些器物多是"因椁棺腐朽以后才陷落进它下面的腰坑"内的。因此，腰坑里的贝"都是从死者手里陷落进去的"[66]，出现于腰坑的佩饰器物，当是死者身体上的东西，"在敛身之具腐朽之后陷落到腰坑内的"[67]。高去寻先生还谈及腰坑内空无一物的现象（即"空腰坑"）。在同一报告中在语及 TSKM091 腰坑时说："独 TSKM091 的腰坑既未经盗掘又不见狗骨，我疑心若非狗骨已腐朽尽绝，便是根本没有狗的殉埋，由于它的口面不过长 0.70 米，宽 0.25 米，深不过 0.18 米，使我更疑心这是一个备而未用的腰坑。"[68]

其四，腰坑葬俗的有无与墓葬等级。石璋如先生曾在其发表的数篇文章中谈及这个问题。1952 年，石璋如先生发表《小屯 C 区的墓葬群》一文，在语及 M31 腰坑时曾谈到"按安阳殷代墓葬的通例，若为独立自主的墓葬，在墓底的下面必有狗坑，反之若为其他大墓的殉葬墓，或某种主体的附属墓，其下没有狗坑"[69]。这在后来的《北组墓葬》中也有类似的表述。这一观点还在《小屯第一本·遗址的发现与发掘乙篇·建筑遗存》中有进一步的发展，认为"大墓可能在一个腰坑内埋着一狗一人。更大的墓，则在墓底的四角，各有两个小坑，中间一个较大的坑，共九个坑，每个坑内一人一狗，一戈头，共为九人九狗。如西北冈的第一号大墓是。"[70]高去寻先生在《1001 号大墓》中也谈及这个问题，有着相似的看法："在我们所发掘的殷代小墓中，时有尸体下挖一个小坑，中埋一狗的情形。其作用与此九坑绝无异别。在普通一般人只以狗殉，在大贵族不过以人作殉而已！"[71]

其五，腰坑葬俗的性质及其功能。腰坑葬俗性质与功能的探讨是腰坑葬俗研究中最引人关注的部分。史语所殷墟发掘者对此未有专门的探讨，但一些学者在相关研究中却有所涉及。1940 年，石璋如先生撰写《殷墟最近之重要发现附论小屯地层》一文，在"基址墓葬与殷代的宗教仪式"部分，石先生曾将与小屯建筑基址密切相关的墓葬分为"摆在基址的外围"、"压在基址的上面"、"被压在基址的下面"三种形式。在讨论压在基址下面墓葬的含义时，石先生曾引用后冈、大司空村、西北冈的腰坑墓葬及墓底腰坑作为对比材料，认为"殷人迷信最深，凡事求卜，到处防鬼，陵墓下面是人和狗护卫着，宫殿下面也是人和狗护卫着，二者虽有生死的不同，其在礼仪上或有同样的含义"[72]。这一观点在石先生其后发表的《殷墟最近之重要发现附论小屯地层后记》[73]、《小屯 C 区的墓葬群》、《小屯殷代的建筑遗迹》中均有不同程度的表述。在《小屯第一本·遗址的发现与发掘乙篇·建筑遗存》和《乙区基址上下的墓葬》中则有全面、系统的论述。在后两文中，作者不仅将基下奠基墓[74]与墓底腰坑对应起来，还注意到基下奠基墓与墓底腰坑多角度的对比。例如基下奠基墓的有无、数量、殉葬内容与基址等级的关系和腰坑的有无、数量、殉葬内容与墓葬等级关系的对比；基下奠基墓的位置，殉葬动物（或人）头向（躯向）与基址方向的关系和腰坑的位置、腰坑内殉葬动物（或者人）头向（躯向）与墓主头向关系的对比等。通过这些全方位、多角度的比较，作者进一步论述了"殷代的房屋与墓葬，或者宗庙与陵墓的建筑是相同的，同在最下层埋着人或狗。那种仪式可以叫做奠基，而所用的童或狗，叫奠基牲。它的含义也许是让它看守着那座建筑物"[75]。梁思永、高去寻两位先生在西北冈大墓的相关报告中也有相似的看法。在《1001 号大墓》中，作者认为 1001 号大墓墓底的小坑有奠基的意味。从其中出有武器的角度，作者亦认为其中的殉者有保卫墓主人的功能。两位先生还在《1550 号大墓》中有大致相同的表述，并在相关注释中提及"犬与引导死者鬼世之行旅之迷信"[76]，为我们理解腰坑殉犬现象提供了启示。

总之，史语所殷墟发掘者虽未对腰坑葬俗进行专门的探讨，却在相关文章中通过各种方式表达了他们对这一葬俗的一些看法。这些看法或为发掘时的直观感受，或为研究中的理论推测，都为我们进行相关研究奠定了基础。

小　结

史语所殷墟考古历时近十年，先后进行十五次，清理出大批重要遗迹、遗物，为商代考古乃至中国考古学的发展奠定了基础。在史语所殷墟考古的整体工作中，腰坑葬俗虽为极不起眼之一小部分，史语所考古同仁却非常细致地注意到这一问题，并以极大的耐心将相关资料记录并整理出来，为腰坑葬俗的研究留下了宝贵的资料。史语所殷墟发掘者在其后发表的一系列简报、报告、文章中还通过各种方式表达了他们对这一葬俗的若干看法，为后续的相关研究奠定了基础。

注　释

① 前"中央研究院"历史语言研究所的简称，本文中全称、简称混合使用。

② 本文主要讨论史语所殷墟考古所见腰坑葬俗的资料，亦简单涉及浚县辛村卫国墓地的相关材料。

③⑨ 董作宾：《民国十七年十月试掘安阳小屯报告书》，《安阳发掘报告》第一期，1929 年。

④⑩ 胡厚宣：《殷墟发掘》，学习生活出版社，1955 年。Li Chi, *Anyang*, Seattle: University of Washington Press, 1977. 中国社会科学院考古研究所：《殷墟的发现与研究》，科学出版社，1994 年。

⑤ 夏鼐：《五四运动和中国近代考古学的兴起》，《考古》1979 年第 3 期。

⑥ 陈星灿：《中国史前考古学史研究》，三联书店，1997 年。

⑦ 李济：《西阴村史前的遗存》，清华研究院丛书，1927 年。

⑧ 有研究者认为 1933 年国立北平研究院在宝鸡斗鸡台的发掘亦涉及腰坑葬俗，笔者认为《斗鸡台沟东区墓葬》中所谓的"圹内有坎"现象指的应是墓葬二层台，而非墓底腰坑。

⑪ 石璋如：《小屯第一本·遗址的发现与发掘丙篇·殷墟墓葬之一，北组墓葬》上册，"中央研究院"历史语言研究所，1970 年。

⑫⑳㉝㊱ 石璋如：《河南安阳后冈的殷墓》，《历史语言研究所集刊》第十三本，1948 年。

⑬ 梁思永、高去寻：《侯家庄第二本·1001 号大墓》上、下册，"中央研究院"历史语言研究所，1962 年。

⑭⑮㊳㊿㉚㊳ 高去寻、杜正胜、李永迪：《大司空村·第二次发掘报告》，"中央研究院"历史语言研究所，2008 年。

⑮㉙ 郭宝钧：《浚县辛村古残墓之清理》，《田野考古报告》，1936 年。

⑯ 同⑮，第 167 页。

⑰ 同⑮，第 173 页。

⑱ 郭宝钧：《浚县辛村》第 25 页，科学出版社，1964 年。

⑲ 梁思永：《后冈发掘小记》，《安阳发掘报告》第四期，1933 年。

㉑ 同⑫，第 23 页。

㉒ 同⑫，第 32 页。

㉓ 即前述墓七十一，以下皆采用《浚县辛村》中的称呼 EM71。

㉔ 同⑫，第 31 页。

㉕ 胡厚宣：《殷墟发掘》第 72 页，学习生活出版社，1955 年。

㉖ 李济：《安阳最近发掘报告及六次工作之总估计》，《安阳发掘报告》第四期，1933 年。吴金鼎：《摘记小屯迤西之三处小发掘》，《安阳发掘报告》第四期，1933 年。

㉗ 同⑮，第 173 页。

㉘ 同注⑪、⑫、⑬、⑭、⑮。

㉚㉜ 石璋如：《殷墟最近之重要发现附论小屯地层》，《中国考古学报》第二册，1947 年。

㉛ 此文曾在 1945 年以《小屯后五次发掘的重要发现》、《小屯的文化层》为名在《六同别录》上册中发表，内容稍有增减。关于此文发表的详细过程见石璋如先生的《殷墟最近之重要发现附论小屯地层后记》，《中国考古学报》第四册，1949 年。

㉞㊳ 石璋如：《小屯第一本·遗址的发现与发掘乙篇·建筑遗存》，"中央研究院"历史语言研究所，1959 年。

㉟ 石璋如：《小屯 C 区的墓葬群》，《历史语言研究所集刊》第二十三本下册，1952 年。

㊱ 石璋如：《小屯殷代的建筑遗迹》，《历史语言研究所集刊》第二十六本，1955 年。

㊲ 胡厚宣：《殷墟发掘》，学习生活出版社，1955 年。

㊴ 梁思永、高去寻：《侯家庄第二本·1001 号大墓》，"中央研究院"历史语言研究所，1962 年。

㊵ 梁思永、高去寻：《侯家庄第三本·1002 号大墓》，"中央研究院"历史语言研究所，1965 年。

㊶ 梁思永、高去寻：《侯家庄第四本·1003 号大墓》，"中央研究院"历史语言研究所，1967 年。

㊷ 梁思永、高去寻：《侯家庄第五本·1004 号大墓》，"中央研究院"历史语言研究所，1970 年。

㊸ 梁思永、高去寻：《侯家庄第六本·1217 号大墓》，"中央研究院"历史语言研究所，1968 年。

㊹ 梁思永、高去寻：《侯家庄第七本·1500 号大墓》，"中央研究院"历史语言研究所，1974 年。

㊺ 梁思永、高去寻：《侯家庄第八本·1550 号大墓》，"中央研究院"历史语言研究所，1976 年。

㊻ 石璋如：《小屯第一本·遗址的发现与发掘丙篇·殷墟墓葬之一，北组墓葬》，"中央研究院"历史语言研究所，1970 年。

㊼ 石璋如：《小屯第一本·遗址的发现与发掘丙篇·殷墟墓葬之二，中组墓葬》，"中央研究院"历史语言研究所，1972 年。

㊽ 石璋如：《小屯第一本·遗址的发现与发掘丙篇·殷墟墓葬之三，南组墓葬附北组墓补遗》，"中央研究院"历史语言研究所，1973 年。

㊾ 石璋如:《小屯第一本·遗址的发现与发掘丙篇·殷墟墓葬之四,乙区基址上下的墓葬》,“中央研究院”历史语言研究所,1976 年。

(50)(61) 石璋如:《小屯第一本·遗址的发现与发掘丙篇·殷墟墓葬之五,丙区墓葬》,“中央研究院”历史语言研究所,1980 年。

(51) 梁思永、高去寻、石璋如:《侯家庄第九本·1129、1400、1443 号大墓》,“中央研究院”历史语言研究所,1996 年。

(52) 石璋如:《侯家庄第十本·小墓分述之一》,“中央研究院”历史语言研究所,2001 年。

(54) 李永迪:《高去寻先生大司空村第二次发掘报告编后记》,《大司空村·第二次发掘报告》第 161 页,“中央研究院”历史语言研究所,2008 年。

(55) 同⑫,第 28 页。同⑭,2008 年,第 68 页。

(57) 同⑭,第 68 页。

(60) 石璋如:《河南安阳后冈的殷墓》,《历史语言研究所集刊》第十三本第 29 页,1948 年。

(62) 石璋如:《小屯第一本·遗址的发现与发掘丙篇·殷墟墓葬之三,南组墓葬附北组墓补遗》第 22 页,“中央研究院”历史语言研究所,1973 年。

(63) 同注⑪、⑫、⑬、⑭。

(64) 详见相关简报、报告。

(66) 同⑭,第 77 页。

(67) 同⑭,第 81 页。

(68) 同⑭,第 80 页。

(69) 同㉟,第 480 页。

(70) 同㉞,第 282 ~283 页。

(71) 同㊴,第 31 页。

(72) 石璋如:《殷墟最近之重要发现附论小屯地层》,《中国考古学报》第二册第 37 页,1947 年。

(73) 石璋如:《殷墟最近之重要发现附论小屯地层后记》,《中国考古学报》第四册,1949 年。

(74) 石璋如先生在讨论这个问题时在不同文章里运用了不同的称呼,体现了作者观点的变化,但其主要看法始终未变。本文在此处使用《小屯第一本·遗址的发现与发掘乙篇·建筑遗存》中的称呼。

(75) 同㉞,第 283 页。

(76) 同㊺,第 17 页。

商周时期原始瓷的发现与研究

郑 振 香

（中国社会科学院考古研究所）

一 殷墟白陶、硬陶与釉陶的发现

20 世纪 30 年代老一辈考古学家，在发掘殷墟时，发现了为数比较多的白陶，以及少量硬陶和釉陶，白陶中的豆、罍等器形多与殷墟出土的陶器、青铜器相似，刻纹也多与青铜器相近，饕餮纹尤为明显。白陶多见于王陵区的大墓中，早期比较盛行。硬陶较少见，有一种带盖瓿形器，深腹高圈足，有子口，器盖呈覆钵形，盖钮似圈足，器形与殷墟常见的铜瓿迥异，盖钮也与殷墟常见的菌状钮不同。釉陶 20 世纪 30 年代的出土情况不明，据 20 世纪 70 年代以来，在墓葬和居住遗址中发掘到的资料，仅见于殷墟文化第四期偏晚阶段，约相当帝辛时代的居住遗存或墓葬内，以豆和各式罐类较多，但其形制与纹饰却与殷墟的日用陶器不同，硬陶与釉陶纹饰多较简略，有弦纹、水波纹、横列人字纹和方格纹等，一般兼饰弦纹。著名考古学家李济先生对殷墟陶器的制法、形制、纹饰曾进行了系统全面的研究，并有关于研究殷墟陶器的专著[①]。李济先生对不同陶质的化学成分的研究也很重视，请有关专家进行化验，经由李毅先生化验的标本有白陶 2 片，硬陶、釉陶、灰陶各 1 件，其化验结果见表一。

表一   殷墟陶器之化学成分[*]（％）

陶片类别	二氧化硅 SiO_2	三氧化二铝 Al_2O_3	氧化高铁 Fe_2O_3	氧化铁 FeO	氧化钙 CaO	氧化镁 MgO	氧化钠 Na_2O	氧化钾 K_2O	二氧化钛 TiO_2	失水量	总量
白陶一	49.94	39.68	1.07	1.07	1.56	0.46	0.70	0.50	2.18	3.38	100.69
白陶二	56.72	35.19	1.23	1.23	0.84	0.48	1.26	2.26	0.88	1.64	100.78
灰陶	67.68	16.97	1.81	3.85	1.52	2.08	2.00	2.89	0.71	0.76	100.70
硬陶	71.66	18.60	3.12	0.49	0.68	0.83	1.06	2.25	0.85	1.02	100.72
釉陶	76.18	17.13	1.48	0.49	0.51	0.85	0.78	2.17	0.77	0.49	100.94

[*] 李济：《殷墟器物甲编·陶器：上辑》12 页，表 2（有删节，总量稍有出入），历史语言研究所，1956 年。

新中国建立后，除1950年在武官村大墓发现白陶外，殷墟一般保护区内已发掘的居住遗址和墓葬内罕见硬陶和釉陶。直至20世纪70年代，在小屯殷墟宫殿、宗庙区范围内和王陵区开展工作以来，才陆续发现了一些硬陶残片和完整器皿，硬陶出现于殷墟文化第二期，延续到殷代末年，釉陶较集中地发现于小屯北地的两座地下式房址内。另外，在侯家庄王陵区内的一座大墓中，出土了为数相当可观的白陶残片。对历年新出土的标本，由考古研究所原化验室李敏生、黄素英同志对白陶、硬陶和釉陶取样进行了化验，补充了新的数据，其所化验标本的期别如下：白陶出自第一期大墓，硬陶采自第二期晚段的文化层和灰坑，釉陶采自小屯村北的两座地下式房址填土内。化验结果见表二：

表二 　　　　　　　　殷墟白陶、硬陶、釉陶之化学成分[*]（%）

化学成分 陶器类别	器物号	SiO₂	Al₂O₃	Fe₂O₃	FeO	CaO	MgO	Na₂O	K₂O	TiO₂	失水量	总量	吸水率
白陶	78AWBM1：2	56.81	34.91	1.23	0.74	0.16	1.42	0.57	1.63	0.93	1.71	101.12	5.42
白陶	78AWBM1：1	57.13	34.79	1.08	0.74	0.16	1.20	0.77	1.49	0.93	1.54	99.86	6.36
硬陶	85XTT27④：13	69.49	21.96	3.23	0.56	0.81	1.08	0.55	1.77	02.75	0.72	100.92	3.53
硬陶	85XTH163：1	69.27	23.11	2.32	0.4	0.49	0.72	0.64	2.15	1.01	1.05	101.16	1.05
硬陶	85XTT27④：2	71.72	20.00	2.33	0.48	0.48	1.08	0.36	1.58	1.01	0.44	99.48	1.59
硬陶	85XTT27④：1	69.07	22.86	2.53	0.48	0.17	1.12	0.69	2.20	0.60	1.09	100.7	2.77
釉陶	75XTf11：1	70.73	20.51	1.47	0.92	1.02	1.08	0.45	2.79	0.79	0.56	101.32	2.75
釉陶	75XTf11：2	72.15	19.18	0.94	0.73	0.99	0.92	0.63	3.04	0.98	0.56	100.15	1.73

[*] 考古研究所化验室测定（所用陶片均另行编号，与器物号无关）（总量稍有出入）。

李济先生根据当时的化验结果曾说："白陶原质的化学成分，陶业化学家一看即可认为与现代制瓷器的重要原料，高岭土的化学成分相近"[②]。但注意到"高岭土与殷墟白陶陶质之成分比，最大的个别差别，为所含的水量。高岭土所含的水量，平均在10%以上；殷墟白陶质含水量平均为2.6%……第二显著差别为殷墟白陶有氧化钛（TiO₂）之成分，约1%～2%，江西高岭土完全不见此成分"[③]。并据此判断"殷墟白陶质料虽极类似江西高岭土，但自有它的另外的产地"[④]。李济先生的见解值得重视。

1950年发掘的武官村大墓所出土的白陶残片，所作化验也证实第40号白陶质地与高岭土非常接近。"用电子显微镜观察，发现它的主要矿物组成与高岭石很相似。"[⑤]

殷墟所出硬陶与釉陶的胎质基本相同，在陶瓷发展上较白陶选料更精。李济先生曾说："釉陶与硬陶实质之化学成分，不但与汉代带釉陶器之内体相近，且与清代瓷器之内体，亦无大差别"[⑥]。硬陶与釉陶的发现是我国陶瓷业发展的重大突破，产生了质的飞跃。

二 对原始瓷器起源的探讨与研究

任何学科的发展都有一个由浅入深的过程，新中国建立后，对商周时期中原地区出土的釉陶做进一步的探讨，是从西安张家坡西周时期居住遗址中出土釉陶残片开始的。据报道在西周"早晚两期都发现了一些'瓷片'，能辨出器形的有豆和罐"[⑦]。称之为瓷片，用小注加以说明，是采纳了德意志民主共和国舒乐院士的见解。其后请专家对三块瓷片进行了化学分析，经化验"它的二氧化硅（SiO_2）含量均相当高（72%～76%），Al_2O_3（三氧化二铝）的含量则相当低（14%～19%）"。这与位于西安不远，时代比较晚的"耀州窑青釉陶瓷的化学成分有很大的区别，而其胎质的化学成分却与原始的'吴越青瓷相近'；除含钛量较高外，也与早期的景德镇地区的瓷器相接近"[⑧]。从而研究者提出张家坡西周陶瓷碎片的烧造地区究竟是在北方还是在南方这一极富创见性的重要问题。

夏鼐先生与作者谈了张家坡西周陶瓷碎片可能是在南方烧造的。并为该文写了比较长的按语，阐述了安徽屯溪，在两座"西周墓中，发现釉陶器达71件之多，而陶豆占32件。陶豆以所谓 I 式的为最多，共22件"。接着讲述了北方洛阳、西安西周墓内出土的釉陶豆，并概括地说："就出土地点而论，北方和南方都有，但是南方出土的数量既多，形式也多样化。北方所出的似只限于其中陶豆的一种。就质料而论，也和南方的硬陶相近，和南方汉晋时的原始型青瓷，似乎有渊源关系。但与北方西周一般陶器大不相同，所以我推测它们可能是南方烧造的。"夏先生精辟的分析和论断，逐步为考古发掘的新资料，以及近年考古学家和陶瓷专家的精确的化验和深入研究所证实。

1959 年在安徽屯溪发掘的两座西周墓，在当时是出土原始瓷器数量最多的一处，是出土原始瓷器的一个重要地点，很值得重视。在此对这两座墓的主要现象作简要介绍。

两座西周墓位于屯溪市西郊，据报道其中 1 号墓（M1）比较完整，方向110°，2号墓（M2）遭破坏，墓底已残破不全，方向120°。M1 南北长 8.5～8.8 米，东西两边宽 4.3 米，四周以砌鹅卵石为界，无墓坑也无墓壁，在鹅卵石上加堆封土，因而形成一个圆弧形孤堆[⑨]，孤堆的直径长 33.1 米、高约 1.75 米，在孤堆靠南和西的孤堆坡边上层，封土为红色杂花土，下层为白色花土，厚75厘米。墓葬的营造结构很有特色。

两座墓的遗物排列有序，放置在鹅卵石底面上，M1 遗物大都集中排列在墓底东头，少数几件在墓底西头偏北处和中间偏西处。据东头遗物的排列次序，大体可分为两组：第一组在东头靠东的地方以釉陶为主，在第一组之西，以青铜器为主。M2 的遗物较少，也是集中分布在墓底的东头。

两墓出土陶器很少，共6件，有泥质灰陶、夹砂红陶和几何印纹硬陶三种。M2出有泥质灰陶纺轮2件，小陶盂、小陶钵各1件，几何印纹硬陶罐1件，M2仅出釉陶盘1件。

M1出土夹砂红陶钵1件，两墓共出釉陶71件，其中70件出于M1内，器类有碗、盂、豆、尊、盉、盘和罐等。每种器物又有不同的式别，器形比较多样化，值得注意的是有些器形是模仿青铜礼器制作，如盂类中的Ⅲ式盂形似簋，也有的盂形似瓿（M1：37）。尊的形制较多样，有大口鼓腹矮圈足的，也有侈口扁圆腹，高圈足略外侈的。其中一件Ⅱa式尊（M1：57），器形与商晚期至西周时代的筒腹尊很相似。报告中的碗，侈口浅腹，圈足甚矮形似盘。另有Ⅵ式豆一件也似为盘，盘在商周时期较多见，是一种常见的礼器。

釉陶豆数量多，式别也较多样，报告分为六式，报告作者指出Ⅰ式豆尚存豆形，其余五式似碗或盂，其分析是正确的。Ⅰ式豆，盘深，矮圈足外侈，中原地区商末西周时期出土的釉陶豆与屯溪西周墓出土的Ⅰ式豆相似，但殷代末期所出釉陶豆略高。这种釉陶豆与殷墟第三期常见的敛口，深盘，圈足较高、较粗的泥质灰陶豆迥然不同。一般认为釉陶是由南方引进的，但殷墟所出釉陶豆的形制与屯溪周墓也有所不同。这提示我们我国江南各地区烧制釉陶的地点不只一处，不同窑口烧制的器形也会有所不同。

屯溪西周墓所出土的釉陶器中已出现模仿中原铜礼器制作的尊、簋、豆和盘等礼器。釉陶（原始瓷器）仿制青铜礼器出现较早，且类别较多，形成酒器、食器、水器等的组合。釉陶器中圈足器比较盛行也是一个特点。安阳殷墟出土的釉陶器中类别比较少，除豆之外以罐类较多，其中以敛口、扁圆腹平底小罐比较多，此种罐也见于屯溪西周墓内。另有一种器形较大的短沿中口深腹平底罐，这种罐不见于殷墟日用陶容器中，似由外地引进。

据报道屯溪西周墓所出釉陶曾请中国科学院安徽分院化学研究所做了光谱分析，经检验这批釉陶片："陶釉除黏土之外，可能还加一些白云母之类的物质，使其熔度降低一些。"引文中的"陶釉"可能是"釉陶"之误。报告作者认为"一些白云母或许不是加入的，而是当时利用祁门瓷土作配料中的含量"。又据朱琰《陶说》："釉无灰不成，釉灰出乐平县，在景德镇南百四十里。"乐平和祁门都是现今景德镇制瓷的主要产地。今人采用，当必渊源甚古。这是50年代的初步论断，随着科学技术的不断发展，化验的手段也有所改进和提高，对屯溪这批釉陶的胎质有做进一步化验和研究的必要，以便对其胎质的化学成分有更确切的了解，更便于与吴城这一重要原始瓷产地的釉陶、硬陶和原始瓷进行比较研究。

关于釉陶（或称原始瓷器）起源于南方还是北方的问题，存在不同见解。因为郑州早商文化遗址内也曾出土硬陶和薄釉陶器，因此有学者对中原地区商周时代硬陶、釉陶器来自南方表示怀疑。

三　吴城文化遗址发现与研究的重要意义

1973 年，在江西清江吴城发现了商代遗址，经 1973～1974 年的发掘取得丰硕成果，发现灰坑、房基和陶窑等[⑩]。遗址内硬陶与原始瓷相当普遍，器形有豆、碗、大口尊和各式罐类等。除日用陶容器外，还有硬陶刀和纺轮等。该遗址的年代大致从郑州二里冈期延续到殷墟晚期，文化面貌有自身特点，代表一种新的文化面貌，具有很高的学术价值。2001 年吴城文化被列为百年百大考古发现之一。

2005 年，《吴城》考古专刊面世[⑪]，为专家学者了解吴城文化的内涵提供了系统全面的丰富资料，特别是为数比较多的各类陶窑的发现更为难得。有烧制硬陶的窑址，窑床内有硬陶和原始瓷片。遗址内硬陶和原始瓷的普遍性、类别的多样性，是迄今为止，任何其他大体同时期的遗址所罕见，是研究原始瓷器起源与发展的最重要遗址。

近年来对原始瓷的研究成为陶瓷学和考古学研究中的一个热点，随着考古学的发展，在诸多商代遗址中出土的原始瓷残片，有关专家对其化学成分的化验和研究也更准确深入。如中美学者合作采用中子活化分析，对商代原始瓷的产地问题进行了进一步的探索和研究。这项研究所测量的陶瓷样品，据报道采自江陵荆南寺、郑州二里冈、黄陂盘龙城、岳阳铜鼓山和江西吴城等五个商代遗址[⑫]。共有陶片 55 片、原始瓷 32 片、印纹硬陶 6 片，合计 93 片。在测量前对标本做了科学处理，最后依据主成分分类，经研究得到一个极重要的现象，即荆南寺、郑州二里冈、盘龙城和铜鼓山四地的陶片各自聚团，但它们却不与各该地出土的瓷片聚在一起，这可以理解为陶与瓷的原料不同所致。但所有吴城样品，无论陶还是瓷，都聚在一起，这说明吴城的陶与瓷原料为相同来源。化验结果还表明，各地瓷片的元素十分相近，因而"可以说所测各地的原始瓷是用同一地区的瓷土制成的"。研究者依据所测资料判断，吴城及其附近地区可能是商代原始瓷产地或供应地。

在上述所取得的研究成果基础上，研究者再次用中子活化分析方法进行了测量，除重测了吴城、郑州、荆南寺的原始瓷样品外，又增加了小双桥、安阳、周原、北京琉璃河、西安张家坡等五个遗址的样品，共收集了八个商周遗址的 78 片原始瓷[⑬]。其中重新测量了吴城遗址 19 片、郑州 9 片、荆南寺 8 片。新测的五个遗址如下：小双桥瓷片 4 （二片系采集），安阳遗址的瓷片分三组：第一组 11 片，出自 85AXT T27③④层，其年代略晚于妇好墓；第二组 11 片，出自 1975 年发掘的两座小型房址（按为 75F10，75F11），其年代约相当于帝辛时期；第三组 1 片，出自 76H1（H1 破坏妇好墓上层填土），其年代相当帝乙帝辛时代。

研究者将 78 片瓷片依据测量数据大致分为三组：吴城组、殷墟 75 组和周原组。76H1 出土的一片有点特殊，难以归入其中的任何一组，下面将与商文化相关的吴城组和殷墟 75 组的成果简述如下：

吴城组 吴城、荆南寺和郑州的原始瓷片有相近的化学组成，这与前次研究成果一致。新的数据表明，与郑州商城年代接近或稍晚的小双桥的 4 片瓷片，以及殷墟 85AXT T27③④层的 11 片瓷片也聚在一组内，这意味着以前关于"江西吴城及其周围地区可能是商代中期以前我国南方原始瓷的主要产地"的结论中，商代中期似可以延至殷墟中期（按：约相当于祖庚、祖甲时期）。

殷墟 75 组 这一组的 11 片瓷片的元素组成与吴城样品，以及与安阳 85AXT T27③④层出土的瓷片显著不同，其中 9 片相互间元素组成十分相近，自成一组，故称为"殷墟 75 组"。从外观上，本组瓷片的釉色偏绿且有光泽，不同于吴城组多数瓷片的釉色，研究者认为这些现象表明殷墟晚期（按：约相当于帝乙、帝辛时期），商王室改变了原始瓷的供应来源，可能有两个新的供应地。

研究者从"殷墟 75 组"与吴城组不同，而 76H1 的一片又与 75 组不同的现象分析，认为殷墟晚期可能不再从吴城输入原始瓷，而开始由另外两个原始瓷产地供应原始瓷器，也许一主一副。进入西周以后，至少其中一个生产地点（很可能是殷墟最晚期作为次要供应者的那个地点）继续生产并成为供应西周王室和贵族原始瓷器的主要生产地点。这一见解很值得重视。

化验资料还反映出原始瓷的制作技术在不断提高，瓷片中铁（Fe）的含量有随年代的更新而降低的趋势，殷墟中期氧化高铁（Fe_2O_3）含量一般在 2.5% ~ 3% 之间波动，而殷墟晚期殷王室所用的原始瓷，氧化高铁含量可控制在 2% 或更低。钛（Ti）含量也有年代晚含量低的趋势，含铁低胎质可呈白色、近白色或淡黄色，是瓷器制作技术进步的表现。

关于"殷墟 75 组"原始瓷片与吴城组样品以及安阳 85AXT T27③④层所出瓷片的显著不同，且据此判断殷墟晚期商王室改变了原始瓷的供应来源的问题，可以从《吴城》报告中得到比较合理的解释。报告将吴城文化第三期，根据陶鬲、盆、罐等形制的变化，分为早、晚两段，将吴城三期早段定为殷墟文化第三期，约为廪辛、康丁、武乙、文定时期，第三期晚段所出分裆鬲与殷墟第四期早段Ⅰ式陶鬲（标本 H113：1）类似，并从鬲的整体特征分析，"推测吴城三期晚段相当于殷墟四期早段（或许稍偏早），其年代属帝乙、帝辛时代"[⑭]。报告作者据出土陶器的分析所作出的判断是正确的，殷墟文化第四期大致分为早、晚两个阶段，但晚段所出陶器与有铭文铜器共存的比较多，其陶鬲与墓内出土的觚、爵都是殷墟最晚的，我们认为第四期晚段当属帝辛时期。早段从其与晚段连续发展分析，约相当于帝乙时期。吴城遗址出土的陶器中最晚的接近于殷墟第四期早段。未见殷墟第四期晚段的典型器物，这表明帝辛时代这一遗址已衰落或已废弃。而"殷墟75组"的房址恰是殷墟第四期晚段的，其瓷片不与吴城组聚团，而另有来源恰与吴城文化的被废弃相合。"殷墟75组"釉色的不同与质地成分的差异，反映出殷墟在不同历史时期原始瓷的来源有所变化。也为吴城遗址长时期的兴盛至殷代末期走向衰落提供了旁证。

四 吴城遗址的重要特点

吴城商时期遗址大约在相当于郑州二里冈上层早商文化时期发展起来，其连续发展的年代，据夏商周断代工程的研究，二里冈上层一期（所采标本ⅡT20H69，兽骨），拟合后日历年代为BC1472~1392年[⑮]。二里冈上层二期（标本982②H12木炭），拟合后日历年代为BC1390~1300年。BC1300年为盘庚迁殷年。在此二里冈上层一期取上限数，即BC1427年，二期取下限数即BC1300年。如此相当早商时期约经历127年。殷墟文化分为四期，第四期分早晚两段，年代约相当于帝乙、帝辛时期。武王克商为BC1046年。如前所述，吴城第三期第二段末发现帝辛时期的文化遗物，故其下限不晚于帝乙时期，帝辛在位30年，由BC1046年上溯30年，约为BC1016年。如此从二里冈上层一期BC1427年至帝乙末年BC1016年，吴城文化遗址的延续时间约为411年，这只是依据目前测年资料所得到的大致年数。这个连续发展的年数已很罕见。迄今为止，从早商延续发展到晚商的遗址，在中原地区尚未发现。郑州商城这样大规模的、具有都城规格的遗址，从二里冈下层时期到二里冈上层时期有了长足的发展，对周围诸文化遗址具有相当广泛的影响。但这样一个重要城址存在了200多年却没有延续下去，逐渐走向衰落中断；而远在赣江流域的吴城商时期的文化遗址，竟然从早商中晚期连续发展到晚商的末年，这一点很值得重视。一个比较大的城址延续发展，必有比较发达的农业作为支撑。没有可持续发展的农业，这样大的城址不可能延续400多年。赣江流域的农业当有比较高的发展水平，其农业大概以稻作为主，必有固定耕地，并有保持农业持续发展的措施。据《史记·殷本纪》《正义》引古本《竹书纪年》："自盘庚徙殷，至纣之灭，七百七十三年，更不徙都。"学者多认为"七"当为"二"之误。即历时273年，版本有所不同，夏商周断代工程取253年说。商王朝为周所灭，而非由于生态环境的变化。从商王朝晚期在殷墟定都270多年、商王朝时期的吴城文化遗址连续发展400多年，不难看出到商代我国大江南北的农业生产，都已达到能够持续发展的水平，为人类的长期定居、城市的发展奠定了基础。吴城文化遗址从早商连续发展到晚商，持续发展400多年极为罕见，是该遗址的一个重要特点。早在1973年苏秉琦先生就曾指出："这个遗址很有可能是一个不包括晚期遗存，而只有早期的、连续相当长时期的、属于这一独特文化类型的一个典型遗址 。"⑯苏先生的分析和判断完全正确。

吴城文化遗址的另一个明显特点是陶器中硬陶、釉陶与原始瓷器的普遍性和类别的多样性，不仅有日用陶容器而且制作各种工具。在此选择几种工具和部分陶容器进行统计、观察硬陶、釉陶等在陶器中所占的百分比。

工具类　有纺轮、网坠、陶刀和陶杵、陶棒。

1. 纺轮　标本27件。泥质灰陶、红陶和泥质黄陶等共10件，约占总数的37%；硬陶15件，约占总数的55.5%；釉陶2件，约占总数的7.4%。硬陶与釉陶共17件，占总数的62.9%。可见硬陶与釉陶占绝大多数，硬陶尤为普遍。

2. 网坠　标本62件。其中夹砂灰陶、红陶共7件，约占总数的11.29%；泥质灰陶、红陶、黄陶等共26件，约占总数的41.9%；硬陶27件，占总数的43.5%；褐色釉陶2件，约占总数的3.2%。泥质陶与夹砂陶网坠共33件，约占53.2%，占半数以上；釉陶、硬陶虽略少，但占46%以上，也可证明其普遍性。

3. 陶刀　48件。分两种类型：马鞍形45件、长方形3件。在此选用马鞍形进行统计。分两种式别：一种为单面平刃，共17件；另一种为单面弧刃，共26件，陶刀多残缺，选用标本28件，合并统计。灰色硬陶17件，灰褐色硬陶3件，红硬陶3件，合计共23件，约占总数的82.1%；泥质灰陶、红陶共3件，约占总数的10.7%；釉陶2件，占总数的7.1%。硬陶占绝大多数，泥质陶刀为数很少。

4. 陶杵与陶棒　陶杵6件，陶棒4件，有2件陶棒断面呈圆形，似也为杵。陶杵与陶棒共10件，均为硬陶。在商代遗址中杵与臼一般为石制，在吴城文化中用硬陶作杵，足以证明硬陶的坚硬程度。

容器　容器类别比较多，仅选炊器和小部分容器进行统计。

炊器　有鬲、鼎和甗形器等。

1. 鬲　共72件。选用标本68件，其中夹砂陶44件，约占总数的64.7%；泥质陶10件，约占总数的14.7%；硬陶13件，约占总数的19.1%；釉陶1件，约占1.4%。在炊器中夹砂陶占大多数，釉陶仅1件，说明釉陶不适合做炊器。

2. 鼎　19件。多是鼎足和残器，器形分盆形、盘形、釜形、罐形等，选用标本17件。夹砂陶有灰色、红色、黄色、橙黄色等共14件，细砂黑衣陶1件；硬陶、釉陶各1件。夹砂陶合计共15件，约占总数的88.2%，硬陶、釉陶共2件，约占总数的11.76%。

3. 甗形器　20件，系釜、甑连接而成。深浅不同的夹砂灰陶共7件，夹砂红陶、橙红陶、橙黄陶共6件。夹砂陶共13件，约占总数的65%；灰色硬陶7件，约占总数的35%。

从鬲、鼎和甗三种炊器不难看出各色夹砂陶约占70%～80%，有少数硬陶，罕见硬陶。

盛贮器　仅选择盆与折肩罐进行统计。

盆　26件，有深腹和浅腹两种类型。

深腹盆　17件，分A型、B型。A型11件，B型6件，两种质地类别接近，故合并统计。夹砂灰陶5件、釉陶6件、原始瓷4件、泥质陶2件。釉陶与原始瓷共10件，约占总数的58.8%，夹砂陶5件，约占总数的29.4%；泥质陶2件，约占总数的11.76%。釉陶与原始瓷占大多数。

浅腹盆　9件。其中釉陶6件，约占总数的66.6%；夹砂灰陶、细砂红褐陶、泥质黄陶各1件。夹砂陶与泥质陶共3件，约占总数的33.3%，釉陶约占2/3。

折肩罐　51件，可分小口折肩罐和中口折肩罐两种类型。

小口折肩罐　34件，分A、B两型。

A型　15件。有褐釉陶、黄釉陶共9件，原始瓷1件，两者共10件，约占总数的66.6%；青灰硬陶2件，约占总数的13.3%；泥质红陶、灰陶共3件，约占总数的20%。釉陶、硬陶与原始瓷约占80%。

B型　19件。其中黄釉陶2件、褐色釉陶4件，共6件；原始瓷1件，合计共7件；约占总数的36.8%。硬陶7件，约占总数的36.8%，泥质灰陶4件、泥质橙红灰衣陶1件，泥质陶共5件，约占总数的26.3%。釉陶与硬陶占绝大多数。

中口折肩罐　16件，分A、B两型，两者合并统计。其中釉陶7件、原始瓷4件，釉陶与原始瓷共11件，约占总数的68.75%。硬陶4件，约占总数的25%。泥质黄陶1件，约占总数的6.2%。在罐类中釉陶与原始瓷占大多数，泥质陶很少。

不难看出，除炊器中夹砂陶仍占总数的70%~80%外，工具类与盛贮器都以硬陶、釉陶和原始瓷为大宗，夹砂陶与泥质陶很少见，这也是陶瓷业发达的标志。表现出吴城文化时期人们刻意追求陶瓷器质地的不断提高，这一追求完美的传统的继承发扬，为后来南方吴越青瓷的发展奠定了基础。

结　语

自1928年发掘殷墟迄今已逾80年，在殷墟发现白陶、硬陶和釉陶之后，李济先生十分重视。他请有关专家对殷墟出土的灰陶、白陶、釉陶和硬陶的化学成分进行化验，并依据化验结果指出："釉陶与硬陶实质之化学成分，不但与汉代带釉陶器之内体相近，且与清代瓷器之内体亦无大差别。"[17]从而确认硬陶与釉陶已接近瓷质。

20世纪50年代初，在西安张家坡西周时期的居住遗址中发现了一些瓷片并经专家进行化验。进行化验的专家提出瓷片与耀州窑青釉陶瓷的化学成分有很大区别，而瓷片胎的化学成分却与原始的"吴越青瓷"接近。从而提出陶瓷碎片的烧造地区究竟在北方还是南方的问题。研究者倾向中原地区商周时期的原始瓷产生于南方。这一观点得到夏鼐先生的支持。但这一观点提出后就有不同意见，因为在郑州二里冈商文化遗址中也曾出现硬陶器。

随着考古工作的发展，商周时期遗址中出土硬陶、釉陶的遗址逐渐增多，特别是1973～1974年江西赣江商时期吴城遗址的发现与发掘，具有特殊的重要意义。从遗址内出土硬陶、釉陶、原始瓷的普遍性、器类的多样性，不难看出其重要特点。随着大面积发掘，发现了窑群，已出现比较先进的窑址，能够烧制出釉陶和原始瓷器。

随着科学技术的进步，相关专家学者对各地区所出原始瓷片的研究也更精确深入。中美学者合作用中子活化分析，对几个地区所出原始瓷片取样进行了科学分析，取得重要成果。值得注意的是各地瓷片的元素十分相近，推测瓷土可能来自同一地区。安阳殷墟所选用的瓷片出自三个不同的单位，其中安阳85AXT T27③④层的瓷片（约为祖庚、祖甲时期）与吴城、郑州二里冈期的聚在一起；"殷墟75组"（约相当帝辛时期）的元素组成不同于吴城组，也不同于安阳85AXT T27③④层所出瓷片；而76 AXT H1的一片又与75组的不同。依据上述现象，研究者认为在相当于祖庚、祖甲时期，殷墟原始瓷来源于吴城及其周围地区，到了殷末出现了新的供瓷来源，上述现象证明商王朝长时期与我国南方考古文化保持密切关系和文化交流。2008年《中国文物报》刊载了《瓷之源——原始瓷与德清窑学术研讨会纪要》，在报道中，有同志曾说："在全国范围内现在发现原始瓷最早的地方基本上在浙江、安徽、江西交界部位，包括苏南的一部分。"[18]这一判断比较符合实际。今后将会在这一地区发现新的出土原始瓷的遗址，且可能会有新的突破。但迄今为止，仍以吴城商时期遗址时代最早，资料最系统全面，且已证明商文化早晚期的原始瓷都与吴城所出原始瓷的元素组成最接近，这些发现具有重要意义。

注　释

① ② ③ ④ 李济：《殷墟器物甲编·陶器：上辑》，历史语言研究所，1956年。

⑤ 周仁等：《我国黄河流域新石器时代和殷周时代制陶艺术的科学总结》，《考古学报》1964年第1期。

⑥ ⑰ 同①，20页。

⑦ 中国科学院考古研究所沣西发掘队：《1955～1957年陕西长安沣西发掘简报》，《考古》1959年第10期。

⑧ 周仁、李家治、郑永圃：《张家坡西周居住遗址陶瓷碎片的研究》，《考古》1960年第9期。

⑨ 安徽省文化局文物工作队：《安徽屯溪西周墓葬发掘报告》，《考古学报》1959年第4期。

⑩ 江西省博物馆等：《江西清江吴城商代遗址发掘简报》，《文物》1975年第7期。

⑪⑭ 江西省文物考古研究所、樟树市博物馆编著：《吴城：1973～2002年考古发掘报告》，科学出版社，2005年。

⑫ 陈铁梅、Rapp，G. Jr、荆志淳、何驽：《中子活化分析对商时期原始瓷产地的研究》，《考古》1997年第

7 期。

⑬ 陈铁梅、Rapp，G．Jr、荆志淳：《商周时期原始瓷的中子活化分析及相关问题讨论》，《考古》2003 年第 7 期。

⑮ 夏商周断代工程专家组：《夏商周断代工程 1996～2000 年阶段性成果报告》，世界图书出版公司，2000 年。

⑯ 宜春市博物馆：《江西吴城商代遗址的调查发现与抢救保护》，《南方文物》2004 年第 2 期。

⑱ 郑建明等：《瓷之源——原始瓷与德清窑学术研讨会纪要》，《中国文物报》2008 年 5 月 9 日 7 版。

商代玉石文概说

陈 志 达

（中国社会科学院考古研究所）

20 世纪 80 年代后期，我曾写过一篇小文，篇名《商代的玉石文字》，刊载在《华夏考古》1991 年第 2 期上。此后，又有数宗商代玉石文在安阳殷墟等地被陆续发现，不仅数量多，而且多为墨书和朱书，受到学者们的关注。本文试图将先后发现的商代玉石文合在一起，改旧补新，作一次较全面的探讨。不妥之处，请予批评指正。

一

殷商时代，琢刻或书写在玉石器上的玉石文，据近年不完全统计，大约有 60 多件（其中 23 件为刻文，44 件为墨书和朱书）。主要出土于安阳殷墟；其次为传世品；5 件出土于河南省三门峡市虢国墓地西周墓中，均系商代后期遗物；个别的出土于甘肃省。按这批玉石文的内容，大致可分两类。

（一）纪事性铭辞和短语

多数辞意清楚，内容涉及祭祀、入贡、战争等。从一个侧面，反映了殷王朝的一次历史事件。

1. 20 世纪 30 年代出土于安阳侯家庄西北冈殷代王陵区 HPKM1003 的一件残石簋[①]，复原后为侈口方唇，折肩圆腹，圈足，半环形耳。全高约 13 厘米。在簋一耳的外壁琢刻文字两行（图一），共 12 字，文曰"辛丑小臣𤔲（系）入（右一行）；𤔲（禽）𡊄（俎）才（在）𣪘𠯈（以）殷"（左一行）。这篇纪事性刻辞，高去寻先生曾作过详尽考释[②]，并将内容译成现代汉语，大意谓：在辛丑日，有小臣𤔲的入𤔲（入𤔲，可能是献俘），乃在𣪘地举行𡊄礼的祭祀，这件石簋便是祭祀所用之器。并认为𡊄祭者和簋的所有者是殷王。据胡厚宣、陈梦家二先生考证，簋文铭刻属帝乙、帝辛时期。

簋铭中所称的"小臣"，屡见于甲骨文和金文。胡厚宣先生认为"小臣之官当给事

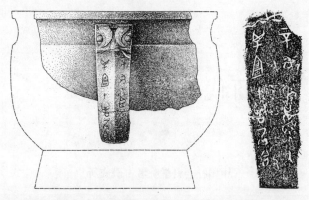

图一　石簋及耳上的铭刻（HPKM1003）

于殷王左右，居一重要之职位"[③]。陈梦家先生也认为"臣或小臣在殷代为一般较高的官位"[④]。他们的论述，无疑都是正确的。

HPKM1003 是殷代王陵区八座带四条墓道大墓中的一座。一般多认为此墓的年代属殷墟文化第四期，相当于帝乙、帝辛时期。有的学者认为，王陵区西区与 M1003 相邻的一座方形坑（M1567），是帝辛未修成的墓[⑤]，那么，M1003 可能就是帝乙的陵墓了。

2. 妇好墓出土的一件大玉戈[⑥]，制作精细，全长 38.6 厘米。在戈内后部一面刻有"卢方𡧛入戈五"六字，由上而下排列，阴刻，字迹纤细。"卢方"当系方国名，见于甲骨卜辞。在卜辞中，"卢方"亦称"卢方伯"或"卢伯"。"𡧛"字刻文不很清晰，可能是人名。"入"有贡纳之意。"戈五"二字合文。大意是说，卢方的𡧛入贡戈五件。据我们观察，在同墓所出的 39 件玉戈中，内有四件与刻文戈的形制与玉料都比较接近，推测有些或许同是卢方𡧛入贡的。

由上例的戈文分析，大概在武丁统治时期，"卢方"与殷王国的关系比较好，可能到了殷末，"卢方"叛殷。据《尚书·牧誓》称"（周武）王曰，嗟！我友邦冢君，御事、司徒、司马、司空、亚、旅、师氏、千夫长、百夫长，及庸、蜀、羌、髳、微、卢、彭、濮人。称尔戈，比尔干，立尔矛，予其誓"。这里所称的"卢"，有的学者认为即是"卢方"，它参加了周武王讨伐殷纣的战争[⑦]。至于"卢"的地望，有的学者认为在今河南、湖北一带[⑧]；有的认为在今湖北襄阳南，即春秋时的卢戎所在地[⑨]。

3. 安阳小屯村西北的一座殷墓（M18）中[⑩]，出土有一件玉戈，长援短内，内上下各有一穿。表面光滑。全长 20.5 厘米。在戈援一面的前端有朱红色文字，出土时字迹大都清晰，仅一字模糊，用毛笔书写"在𣥂敔受𠦪在人"七字（图二）。"在"字之前，有一残字，但已不清。据研究，此戈上的文字，可能是殷王国在𣥂与"受"、"𠦪"战争获胜后所书，也可能专制此戈并书记其事。

小屯 M18 与妇好墓相邻，东西相距约 22 米，墓室虽小于妇好墓，但比殷墟一般长

方竖穴墓为大。有棺有椁，有殉人 5 具和殉犬 2
只。墓内出土有铜礼器 24 件、铜戈 9 件、铜镞
10 枚、玉器 11 件以及陶器、骨器、海贝等。在
铜礼器中，发现有"子渔"、"𢀛厌"等铭文。
而"子渔"为第一期卜辞中常见的人物，可见

图二　朱书玉戈（M18）

墓主地位的重要。发掘者认为，此墓墓主可能是殷王室的成员。墓葬的年代属殷墟文化
分作四期中的第二期，大致与妇好墓同时。由于玉戈上的朱书内容与战争有关，而墓主
人的骨骼又近似女性（年龄 35～40 岁），我们设想，此墓墓主可能是一位女将。

　　4. 一件传世的玉戈，长 22.9 厘米。在援的后部由上而下刻有十个字。李学勤先生
曾就实物做过仔细考察，断定为真器真铭。铭文经他隶定和考释。文曰："曰䜌王大乙，
才（在）林田，舍𤔲。"李先生指出，"曰"是助辞，"𤔲"有侍奉意，"王大乙"即汤，
"舍"是人名，"𤔲"字像人踞坐执戈而侍。他认为这件玉戈是舍在这次祭祀大乙的过
程中于旁侍奉时，可能手持此戈，因而事后刻铭留念。而这件玉戈应该看作与征人方有
关的器物之一[⑪]。

　　5.《古玉图录》卷四十一页著录的一件柄形饰（或称柄形器），在柄端下侧的一面
阴刻文字两行，共十一字，文曰："乙亥王易（赐）小臣𩵋（右一行）𧃍才（在）大室
（左一行）。"字迹多数清晰，唯臣下一字不甚清楚。"𩵋"可能是人名，"𧃍"是器名。
"大室"见于甲骨文和金文，据研究是祭祀和治事之所。大意是说，在乙亥日，殷王在
大室赐小臣"𩵋"一件称为"𧃍"的东西。"小臣"受王之赐，刻文以志其事。此铭文
辞例与安阳后冈祭祀坑出土的戍嗣鼎的铭文相近[⑫]，但较简略。结合刻文的字体，我们
认为柄形饰的年代属于乙、辛时期。

　　6. 安阳殷墟郭家庄东殷代墓 M1046 出土有字石璋 18 件[⑬]，保存完整的有 9 件，余
均残损。墨书文字位于璋的正面中后部，书辞自上而下，自右而左，字数最多的五字，
最少的一字。辞意清楚的有 10 件（图三、四）。

"𢍮于𥝋子癸"　　　　　"𢍮于𤔲君乙"

"𢍮于𣥲子癸"　　　　　"𢍮于亚辛"

"𢍮于且（祖）乙"　　　"𢍮于长子癸"

"𢍮于且（祖）丁"　　　"𢍮于三辛"

"𢍮于大子丁"　　　　　"𢍮三辛"

　　其余多为残璋，仅存一二字，意不明，从略。

　　"𢍮"字，像双手拱托器物状，含有祭祀供奉之意。其下多为诸子或祖先的日名，
如子辈有子癸、大子丁，祖辈有祖乙、祖丁，以及三辛、亚辛等称谓。我们推测，可能
是墓主生前每祭祀奉献一次诸子或祖辈后，特书写璋上以纪事留念。

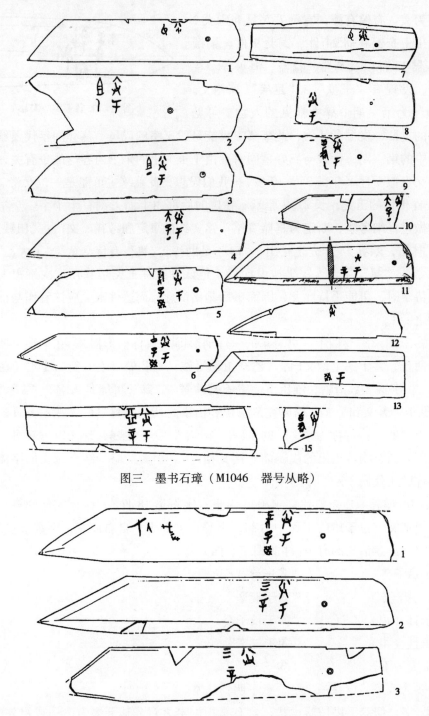

图三　墨书石璋（M1046　器号从略）

图四　墨书石璋（M1046　器号从略）

报告作者在李学勤先生指导下，将这批墨书文字按辞意内容分为五组，并逐组进行了考释，可供参考。

按殷墟文化四期说的年代序列，报告作者将此墓定为殷墟四期偏晚，相当于帝辛时期。甚是。

7. 安阳市博物馆于 1985 年在刘家庄南发掘了 62 座殷代墓⑭，在其中 10 多座墓的扰土中，发现有字玉璋残片共 17 片，而璋的正面都有朱书文字，行文皆自上而下，自右而左，字数多的 5 字，少的 1 字（图五）。例如：

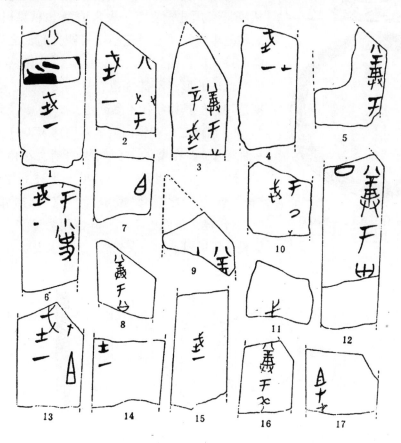

图五　朱书玉璋（刘家庄南殷墓 M42、M54、M57、M64。器号从略）

"𤔲于口，辛𡥀一"　　　"𤔲于史，公"

"𤔲于小史，𡥀一"　　　"祖甲𡥀"

"𤔲于𤰫"　　　　　　　"𤔲于公""白"

"𤔲"字，像双手托物状，与上述 M1046 出土的"𤔲"，字义相同，唯上部所托之物，形有区别，也可作祭祀供奉解。𤔲于公，意为祭祀先公，其余类推。𡥀字不识，待研究。

图六　小臣妥玉琮（M2009）

据发掘者研究，上述出朱书玉璋的 10 多座墓中有四座墓与陶器共出，而陶器形制均属殷墟文化四期偏晚，其年代与上述的 M1046 相当。

8. 河南三门峡虢国墓地西周墓 M2009 棺内出土的一件玉琮[15]，在琮的一端射口平面上竖刻"小臣妥见" 4 字（图六），阴刻。"小臣"是官名，已如上述，"妥"是人名，"见"，《说文解字》云"视也，从儿从目"。《周礼·春官·大宗伯》："秋见曰觐"。据商志馥先生考释"此乃记小臣妥觐见商王之后将送赟来的此件玉琮，铭刻之，以志其事"[16]。其说可信。

此琮的形制不甚规范，从刻文考察，应是商代后期遗物，但具体年代不易断定。

9. 河南三门峡虢国墓地西周墓 M2009 棺内出土的一件玉璧[17]，在璧的一面周缘阴刻"小臣缀它" 4 字（图七），"小臣缀"之名见于上述石簋，义亦同。"它"省为"它"，罗振玉释"它"。据郭沫若考证"它或作它，盖即迤字，卜辞恒用为患害义……"。可能是小臣缀因受到一次祸患，刻辞以记其事。

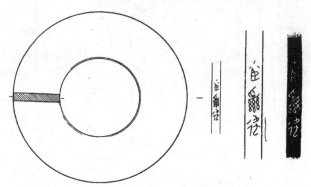

图七　小臣系玉璧（M2009）

至于玉璧的年代，以定为商代后期为妥。

10. 河南三门峡虢国墓地西周墓 M2012 出土一件玉戈[18]，在戈的内端一面竖刻"小臣殸"三字（图八），阴刻。意为"小臣殸"之戈，应是物主自铭。

此玉戈援部如圭，援、内分界不显，形制近似妇好墓出土的 1091、486 号玉戈。撰文者将其年代定为殷王武丁前后，较恰当。

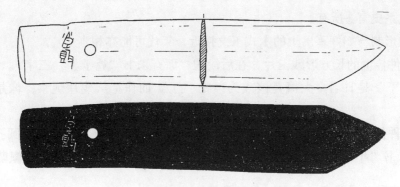

图八　小臣毁玉戈及拓片（M2012）

11. 《古玉图录》卷三·十三页著录有一件长条形小玉器、上刻"小臣妥"三字，阴刻。其辞已见上述的琮。其用意大概在于刻以志念。

12. 妇好墓出土的一件长条形石磬。磬顶端中部有一圆穿，可悬挂。全长 44 厘米。在磬的一侧上端刻"妊冉（或释竹）入石"四字，阴刻，字迹清晰。"妊冉"可能是族名或人名，"入"即贡纳，"石"指磬。就是说，妊冉入贡了一件石（磬）。可注意的是，此磬与殷墟出土的一种近似三角形的磬，形制迥异，可能是该族的固有磬制。

13. 安阳小屯村北殷代宫殿区一座殷墓（YM331）出土的一组编珠鹰鱼饰，由一枚雕鹰玉笄、17 条玉鱼和 181 颗绿松石珠组成。发掘者推测："把三种东西配合起来，可以造成一个美丽的头冠"[19]。可注意的是，在上述 17 条玉鱼中，其中一条的鱼身一面刻有"大示虫"三字（图九），耐人寻味。

"大示"、"小示"在甲骨文中屡见。据陈梦家先生研究，"立于宗庙的先王的神主，称之为示"，"大示"是直系先王，"小示"是包括旁系先王。又说，凡大示所集合之处名"大宗"，"小示"所集合处名"小宗"[20]。据此，玉鱼上所称之"大示"，当指殷王室的直系先王。"虫"有"祸患""为祟"义。玉鱼刻文可以理解为殷直系先王将祟于某人（可能指墓主）。墓主佩戴此饰物，似有自我儆戒之意。

图九　刻文玉鱼（YM331）

由此墓的随葬品考察，墓主可能是殷王室的一个直系成员。关于 YM331 的年代，由于墓的填土中，出有一片字体近似"𠂤组"卜辞的甲骨卜辞（《乙编》9099）。由此我们认为，将此墓的年代订为武丁早期似较恰当。

14. 甘肃庆阳县野林大队出土的一件玉戈，在援的一面阑之前方中部阴刻"乍册呂"三字[21]。"乍册"见于甲骨文和金文，陈梦家先生认为是"史官"。"呂"应是人名。大意是谓此戈系史官器所有。

此戈的形制与妇好墓出土的 I 式玉戈接近，年代可能亦相当。

15. 一件传世的长方形残玉片，在后段的一面有朱书"器于丁"三字㉒。"器"可能是族徽，"丁"是日名。大概是该族为祭祀"丁"而作。从残片观察，像是玉戈的残片。

16. 一件传出侯家庄西北冈 M1001 大墓的石牌㉓，呈梯形，上端有一圆孔。在石牌的正面有朱书"小㦰出"三字，但字迹不甚清楚。从形制考察，像是随身佩戴之物。

（二）方国名或族名、日名、人名及其他

1. 安阳后冈一座殷墓（M3）的盗坑中，发现有保存完好的石质柄形饰 6 件㉔，其长度在 6.6～8.4 厘米之间。在柄的一面分别朱书"父辛"、"父癸"、"父□"、"祖甲"、"祖丙"和"祖庚"（图一〇）。除一字模糊外，余均清晰。将父、祖辈的日名书写在柄形饰上，目前仅此一例，可能为纪念祖先而书，插于木座之上。有学者称之为"石主"，认为是"商人为纪念祖先亡灵所琢制的一种高级祭祀性礼仪玉器"㉕。

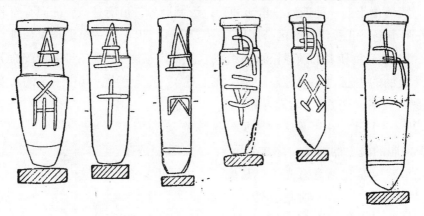

图一〇　朱书石柄形饰（M3　器号从略）

M3 出土有铜瓿、铜爵各一件。据发掘者研究，此墓的年代为殷墟文化第三期。

2. 安阳侯家庄殷代王陵区 HPKM1001 大墓翻葬坑（盗坑）出土了多件刻有一至两字的玉石器㉖。计有：

一件淡绿色杂棕斑的残玉斧，在其一面刻有一倒置的"弜"字。"弜"见于甲骨文和金文。据陈梦家先生研究，"弜和雀则是殷国的邦侯，二邦相当邻近，故于一辞卜两邦伐羌"㉗他在另一处提到雀的地望时，认为"当近豫西"。由此推测，"弜"也可能在今豫西一带。

另一件残玉斧，淡绿色与棕色相杂。在斧的正面刻有倒置的"早庚"二字，"庚"字

下半残缺。陈梦家认为"廌、白（伯）受殷王的统治，有交纳其农作物与其出征的义务……"[28]。

一件大理石虎面饰，背面中部有一"右"字刻文。报告作者认为可能是镶嵌在木柱上的"浮柱饰"。其说可信。

此外，还出土有较多的近方形或长方形的大理石镶嵌片，而在某些镶嵌片的一面分别刻有一个字或一个符号，能识别的有"母"、"五"、"止"等字以及"⊗"、"→"符号。由于镶嵌片与主体脱离，已无法弄清镶嵌片上文字的含义。

关于 HPKM1001 的年代，学者们多认为属于殷墟文化第二期，大致与妇好墓的年代相当，墓主应是殷代早期的一个王。有的学者认为它可能是商王武丁的墓。

3. 妇好墓出土的一件大理石圆雕卧牛，雕琢精细，形象逼真，长 25 厘米。在石牛的下颌上刻有"司（或释"后"）辛"二字。联系到同墓中出有"妇好"和"司母辛"铭文的铜器。我们认为，"辛"应是妇好的庙号，此牛可能是武丁为祭祀或纪念其王后妇好而作，由于石牛放置在墓室内的显著位置，有的同志曾说，此牛与后世墓碑起同样的作用，可见其重要性。

4. 在传世品中，有三件石磬，形相近，均有一圆穿。在磬的一面之右侧分别刻"永启"、"永余"、"夭余"字样[29]。于省吾先生定为商代之器，可信。"永启"、"永余"、"夭余"像是做器者的私名。

5. 传世的一件玉甲子表残块，灰青色，据说出土于安阳。玉版残存"庚寅辛"三字，阴线双钩，"庚辛"二字泐伤。据研究，甲子表由六片组成，此残版为第三片，文字为第二行[30]。但在殷墟发掘中，未见玉石甲子表的踪迹。此残版可备一说。

6. 虢国墓地西周墓 M2006 出土的一件玉觽[31]，碧玉，末段下部外侧棱上竖刻"王伯"二字。另一件出土于 M2009 的玉管[32]，青玉，下端穿孔，外侧竖刻"王伯"二字。"王伯"大概是物主的身份。发掘者认为这两件玉器是商代廪辛、康丁时的制品。

7. 一件传世的绿松石燕形珮，作俯视展翅形，喙部有一孔，可佩带。长 4.4、宽 2.5 厘米。在燕的腹面有一"田"字。有的同志认为，"田"是田猎获燕后的记录[33]。

二

殷商时代的玉石文，尽管数量不多，但内容牵涉面广，主要有祭祀祖先、方国入贡、殷王赏赐、祖先日名以及器主自铭等等。可以说，它是研究商代社会某一事件的信史。

按殷墟文化四期说的年代序列，这批玉石文大体上也可分为四期：第一期仅一件，琢刻，其年代约相当武丁早期；第二期共 10 件，内朱书两件，余均为琢刻，其年代约当武丁晚期至祖甲；第三期 6 件，均为朱书，其年代约当廪辛至文丁；第四期共 36 件，内琢刻一件，朱书 17 件，墨书 18 件，其年代约当乙、辛时期。由此看出，朱书从早到晚逐渐增加；而墨书和朱书在第四期大为流行。反映出毛笔的应用晚期多于早期。

虢国墓地西周墓出土的殷代旧玉"小臣"诸器，应是周武王伐殷时的战利品。据《逸周书·世俘篇》称："凡武王俘商，旧玉亿有百万。"清代王念孙校为"凡武王俘商，得旧宝玉万四千……"我们认为，王说比较可信。

殷商时代的玉石文，是当时玉石制作工艺、琢刻和书写艺术等方面的综合体，是商代文明的一个组成部分，受到学术界的关注。从现有资料看，我国的玉石文或符号，可以追溯到新石器时代的大汶口文化时期。如原藏中国历史博物馆的一件传世大玉琮，上刻有"&"字样[31]。到了商代后期（盘庚至帝辛），玉石文已相当成熟，如上所述。但早于商后期的二里岗商文化和更早的二里头夏、商文化遗址中，未闻有玉石文的出土。我们推测，这可能与没有发现各该时代的大墓有关。

注　释

① 梁思永、高去寻：《侯家庄第四本·1003 大墓》图版贰柒，历史语言研究所，1967 年。

② 高去寻：《小臣𤔲石殷的残片与铭文》，《历史语言研究所集刊》第二八本下册第 605 页，1957 年。

③ 胡厚宣：《卜辞中所见的殷代农业》，《甲骨学商史论丛》二集上册第 69 页，齐鲁国学研究所，1945 年。

④ 陈梦家：《殷墟卜辞综述》第 505 页，科学出版社，1956 年。

⑤ 杨锡璋：《商代的墓地制度》，《考古》1983 年第 10 期。

⑥ 中国社会科学院考古研究所：《殷墟妇好墓》，文物出版社，1980 年。

⑦⑧ 石志廉：《安阳殷墟五号墓座谈纪要》，《考古》1977 年第 5 期。

⑨ 屈万里：《尚书今注今译》第 72 页，台湾商务印书馆，1969 年。

⑩ 中国社会科学院考古研究所安阳工作队：《安阳小屯村北的两座殷代墓》，《考古学报》1981 年第 4 期。

⑪ 李学勤：《论美澳收藏的几件商周文物》，《文物》1979 年第 12 期。

⑫ 中国社会科学院考古研究所：《殷墟发掘报告 1958—1961》图一九八（乙），文物出版社，1987 年。

⑬ 中国社会科学院考古研究所安阳工作队：《安阳殷墟刘家庄北 1046 号墓》，《考古学集刊·15》，文物出版社，2004 年。

⑭ 孟宪武：《殷墟出土的玉璋朱书文字》，载《安阳殷墟考古研究》，中州古籍出版社，2003 年。

⑮⑰⑱ 姜涛、贾连敏：《虢国墓地出土商代小臣玉器铭文考释及相关问题》，《文物》1998 年第 12 期。

⑯ 商志𩡝：《论虢国墓地中商代玉器及其他》，《东亚玉器Ⅱ》第 40 页，中国考古艺术研究中心，1998 年。

⑲ 石璋如：《殷代头饰举例》，《历史语言研究所集刊》第二十八本下 637 页，1957 年。

⑳ 同④，第 643 页。

㉑ 许俊臣：《甘肃庆阳发现商代玉戈》，《文物》1979 年第 2 期。

㉒ 《邺中片羽》第三集卷下 27 页，1942 年。

㉓ 胡厚宣：《殷墟发掘》图 42，学术生活出版社，1955 年。

㉔ 中国社会科学院考古研究所安阳队：《1991 年安阳后冈殷墓的发掘》，《考古》1993 年第 10 期。

㉕ 尤仁德：《古代玉器通论》第 97 页，紫禁城出版社，2002 年。

㉖ 梁思永、高去寻：《侯家庄第二本·1001 号大墓》，历史语言研究所，1962 年。

㉗ 同④，第 289 页。

㉘ 同④，第 331 页。

㉙ 于省吾：《双剑诊古器物图录》卷下第 17～19 页，北京大业印刷局，1940 年。

㉚㉝　天津市艺术博物馆编：《天津市艺术博物馆》图版 176、图版 178，文物出版社，1984 年。

㉛㉜　姜涛、李秀萍：《虢国墓地出土玉器的认识与研究》，《东亚玉器 Ⅱ》60 页，中国考古艺术研究中心出版，1998 年。

㉞ 石志廉：《最大最古的⊗纹碧玉琮》，《中国文物报》1987 年 10 月 1 日。

前掌大墓地解读

张　长　寿

（中国社会科学院考古研究所）

　　前掌大墓地位于山东省滕州市官桥镇前掌大村，北距滕州市约 22.5 公里。1964年，中国科学院考古研究所山东工作队在文物普查中发现该遗址。1981 年秋，中国社会科学院考古研究所山东工作队对墓地进行首次发掘，此后，又于 1985 年春、1987 年春、1991 年春、1994 年秋、1995 年春、1995 年秋、1998 年秋多次连续发掘。前掌大墓地分为南北两区，北区在前掌大村北，南区在前掌大村南，两区相距约 1000 米。北区共发掘墓葬 35 座，南区共发掘墓葬 76 座、车马坑 5 座，两区共发掘墓葬（包括车马坑）116 座。2005 年，中国社会科学院考古研究所编写了《滕州前掌大墓地》（下称《报告》），由文物出版社出版。报告分上下两册，详细介绍了墓葬的全部资料和研究的成果。本文就是在发掘报告的基础上所做的探讨。

一　前掌大墓地的分析

（一）北区墓地

　　1. 前掌大北区墓地是以大型墓为主体的若干墓组构成的。北区墓地共发掘墓葬 35座，其中双墓道大墓 3 座、单墓道大墓 9 座，其余 23 座都是中小型长方形竖穴墓（图一）。大型墓共 12 座，占全部墓葬的 1/3。这些大型墓往往两两成对，和附近的中小型墓组成一个个墓组，最明显的例子是北区东北角的一组。BM4 是一座双墓道大墓，BM3是一座单墓道大墓，后者打破了前者的南墓道。在这两座墓的东侧，有两座小型的儿童葬 BM5、BM6，另有两座竖穴墓 BM7 和 BM8，推测它们是大型墓的陪葬墓和祭祀坑。两座大型墓的关系由于墓主人的尸骨没有保存无从推测，也许是同一家族的。类似的情况还有，M214 是一座双墓道大墓，M205 是一座单墓道大墓，后者打破了前者的南墓道，在其东侧也有两座儿童葬 M212 和 M217，这几座墓也组成一个墓组。单墓道大墓

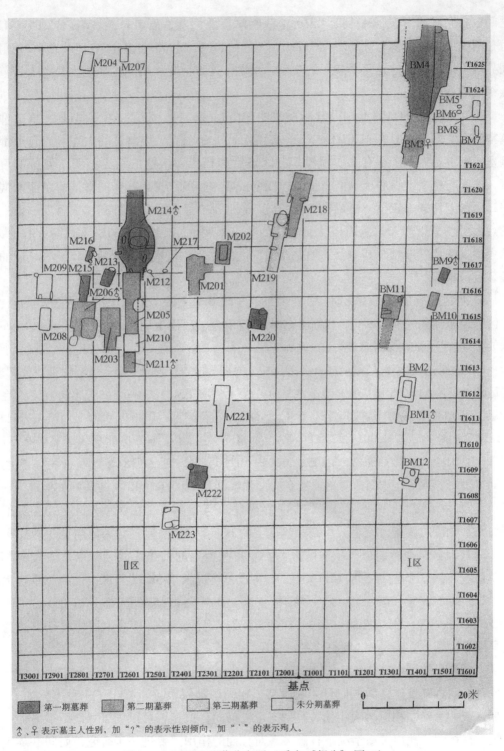

图一 北区墓地墓葬分布图（采自《报告》图三）

之间也有同样的情况，M218、M219 是两座单墓道大墓，后者打破前者。M215、M206 也是两座单墓道大墓，M206 打破 M215。由于 M214、M205 墓组和 M215、M206 墓组之间界线不清，也许这是一个较大的墓组。总之，这种情况表明北区墓地是几个大型墓家族组成的族墓地。

2. 北区墓地的墓葬形制及其所反映的葬俗是统一的。双墓道的大型墓，墓道都在墓室的南北两端，只有 M201 例外，一在南端，一在东侧。单墓道的大型墓，墓道都在墓室的南端。大型墓都有木质棺椁，但因盗扰和朽毁，棺椁的结构不明。但从遗痕观察，椁底有枕木，椁底板纵向平铺，椁四壁由方木叠筑，椁盖板横向平铺，东西两端搭在二层台上。椁内置棺，棺或有内外两重。墓底都有腰坑，坑内埋狗，也有埋一人一狗的。大型墓都埋殉人，但因盗扰，确切的数字不明。M201 发现的殉人最多，有七人。从大型墓的墓葬形制及其葬俗和随葬器物特征考虑，北区墓地的大型墓和殷墟时期的大型墓极为相似。

3. 北区墓地是以商代晚期墓和西周早期早段墓为主的墓地。根据《报告》的研究，北区墓地有商代晚期墓 8 座、西周早期早段墓 10 座、西周早期晚段墓 2 座，其余 15 座墓未能分期。分期断代的依据有三：一是地层关系，二是打破关系，三是随葬器物的特征。

（1）所谓地层关系是指墓葬开口的层位。根据《报告》附录一〇、一一的墓葬登记表，北区墓地所有墓葬都出于第②层下或第③层下，只有 BM11 一座墓出于第①层下。在第③层下开口的墓一般都被推定为商代晚期墓，有 BM4、BM9、M213、M215、M220、M222 等六座，只有 M209、M223 两墓未定。至于在第②层下开口的墓葬情况多有不同，BM3、BM10、M201、M202、M203、M205、M206、M211、M218 等九座被推定为西周早期早段墓，M214、M216 两墓被推定为商代晚期墓，BM1、M219 两墓则被推定为西周早期晚段墓，其余的 13 座墓未能分期。这种情况大概除了地层关系外还考虑到其他原因而作了相应的调整。至于开口在第①层下的 BM11 则被直接推定为西周早期早段墓。

（2）北区墓地有四组打破关系，都发生在大型墓的墓组之间，即双墓道大墓 BM4 被单墓道大墓 BM3 打破，双墓道大墓 M214 被单墓道大墓 M205 打破，同为单墓道大墓的 M215 被 M206 打破、M218 被 M219 打破。BM4、M215 两墓都开口在第③层下，BM3、M206 两墓都开口在第②层下，前两墓被推定为商代晚期墓，后两墓被推定为西周早期早段墓。M214、M205 墓组都出在第②层下，前者被推定为商代晚期墓，后者被推定为西周早期早段墓。M218、M219 墓组也都出在第②层下，前者被推定为西周早期早段墓，后者则被推定为西周早期晚段墓。相同的地层关系竟推出了三种不同的分期。根据打破关系确立相对早晚年代关系是完全正确的，但是否可以据以分期则是另外一个问题。在相同的地层关系情况下打破关系对分期的作用需要进一步研究，而同一墓组之间的打破关系是否具有某种特殊含义也还可以继续考察。

（3）北区墓地遭到严重的盗扰，几乎所有墓葬都被盗劫一空，已难见其随葬器物的全貌。

BM9 是仅存的保存完整的小型墓葬之一。墓为长方形竖穴，开口在第③层下，葬具有一棺一椁，墓底有腰坑，坑内埋一犬。墓主人仰身直肢，头向北，男性，年约 40～45 岁。随葬有铜觚、铜爵各一，觚有"雁父丁"铭文，兵器有戈 5、矛 6、镞 7，工具有斧、锛、刀、凿以及马衔、铜铃等（图二）。没有随葬陶器。从随葬觚爵一套酒器和曲内戈的特征来判断，应是商代晚期墓。另外，从墓葬坑位图来看，它和 BM10、BM11 可能是以单墓道大型墓 BM11 为主的一组家族墓。

M213 是一座中型墓，它夹在 M214、M205、M215、M206、M203 等五座大型墓之间，无法分辨它究竟属于哪一个墓组。M213 也开口在第③层下，葬具有椁而棺痕不清，墓底有腰坑，坑内及二层台上有殉犬。墓主人骨架保存不好，性别、年龄不辨。此墓被盗扰，残存的青铜礼器有觚、爵（有"史"铭）、甗、斝、铙以及鼎、簋、罍等器的残片，此外，还有陶豆、铜兵器、铜车马器及玉器等（图三、四）。M213 随葬的青铜礼器可能是包括酒器和食器的复合组合，铜铙、陶豆等器的商代晚期的器物特征，加上它的地层关系，被《报告》推定为商代晚期墓。

铙是富于时代特征的器物之一，在殷墟商代晚期墓中常成组随葬。在北区墓地中有三座墓出铙，共四件，均因被盗而不成组。除 M213 出一件外，M222 出一件，M206 出二件。M222 开口在第③层下，残存的陶器有罐，还有原始瓷器和硬陶器，铜器有胄，此墓被推定为商代晚期墓。M206 是一座单墓道的大型墓，开口在第②层下，又打破了另一座单墓道大型墓 M215，所以被推定为西周早期早段墓。但是，此墓所出二件铜铙与 M213、M222 所出形制相同。另外，墓中所出八件皮胄上的铜兽面与 M222 所出的形制相同，玉龙（M206∶18）的造型和龙角的形态都具有商代晚期的特征。总之，从残存的器物特点来看，M206 似乎具有较多的商代晚期的因素。

BM4 和 BM3 是一组大型墓的家族墓组。BM3 打破 BM4，前者开口于第②层下，后者开口于第③层下，BM4 被推定为商代晚期墓，BM3 被推定为西周早期早段墓。两墓均被盗扰，随葬品的组合情况不得而知。但从两墓残存的随葬器物来看，还是有一些相同的因素（图五）。例如，BM4 出原始瓷豆、硬陶罍，BM3 出相似的原始瓷豆和原始瓷罍，两墓出土的铜舌和铜辖饰器形完全相同。两墓出土的玉器具有相同的特征。BM3 还出土一件高领陶鬲，同类的陶鬲也出于 M214，而 M214 是开口于第③层下被推定为商代晚期双墓道大型墓的。由此可见 BM4 和 BM3 两墓有很多共同之处，它们的年代可能是很相近的。

M203 是一座单墓道的大型墓，夹在 M214、M205 墓组和 M215、M206 墓组之间，开口在第②层下，无打破关系，被《报告》推定为西周早期早段墓。此墓也被盗扰，

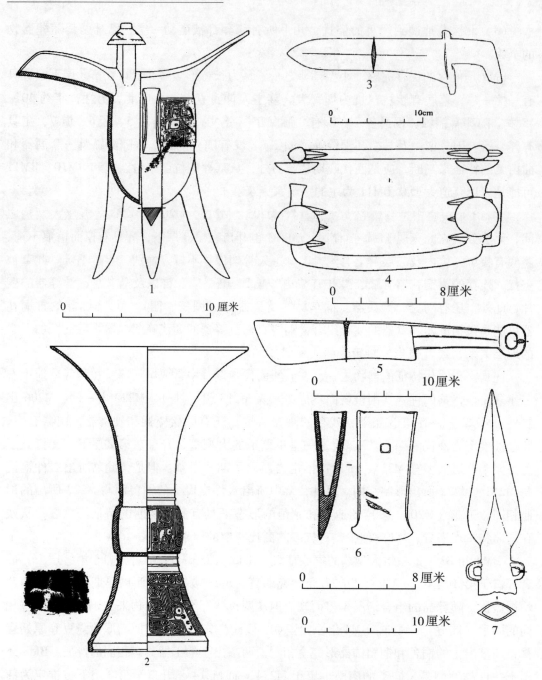

图二　BM9 随葬器物图（采自《报告》）

1. 铜爵（12）　　2. 铜觚（13）　　3. 铜戈（7）　　4. 铜衔（10）5. 铜刀（15）　　6. 铜锛（14）　　7. 铜矛（8）

但残存的陶器还较多，计有 B 型 I 式鬲、B 型 III 式鬲、C 型 I 式鬲、Ab 型 I 式簋、C 型 I 式簋、E 型 II 式簋、A 型 I 式瓿和硬陶罐、硬陶瓿等（图六）。根据《报告》对陶器

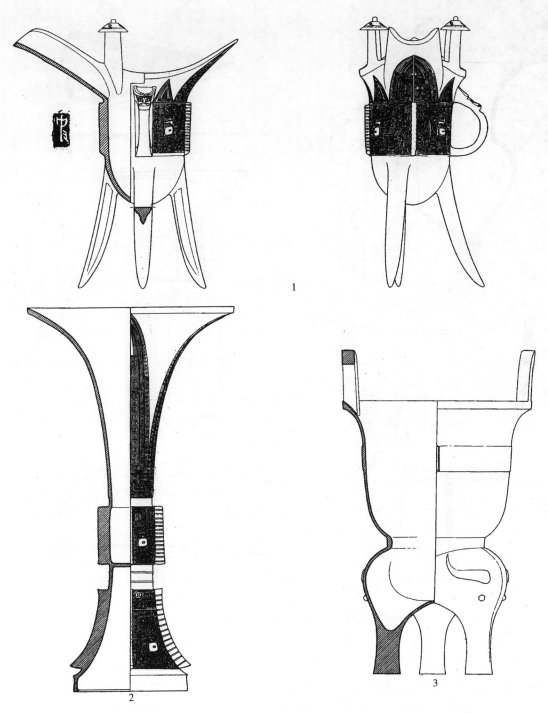

图三 M213 随葬器物图（一）（采自《报告》）

1. 铜爵（77）   2. 铜觚（82）   3. 铜瓶（49）

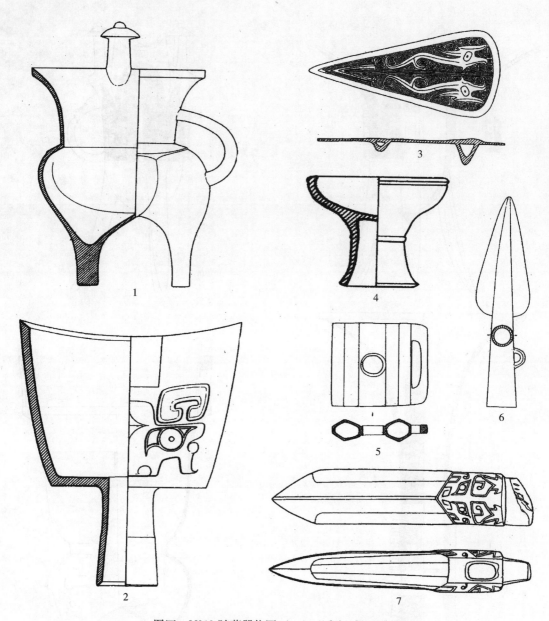

图四　M213 随葬器物图（二）（采自《报告》）

1. 铜斝（69）　2. 铜铙（65）　3. 铜衡末饰（75）　4. 陶豆（45）

5. 铜镳（42）　6. 铜矛（78）　7. 玉戈（58）

的型式演变规律的研究，B 型 I 式鬲（M203∶25）"其形态与商代晚期的疙瘩鬲很近似，是 B 型袋足鬲较早的型式"（《报告》483 页）。C 型 I 式鬲（M203∶27）"是柱足鬲中最早的型式。……与这种鬲同出的陶器较多地都具有商代晚期风格"（《报告》484 页）。C 型 I 式簋"为商代晚期流行之器"（《报告》488 页）。A 型 I 式瓿（M203∶6）

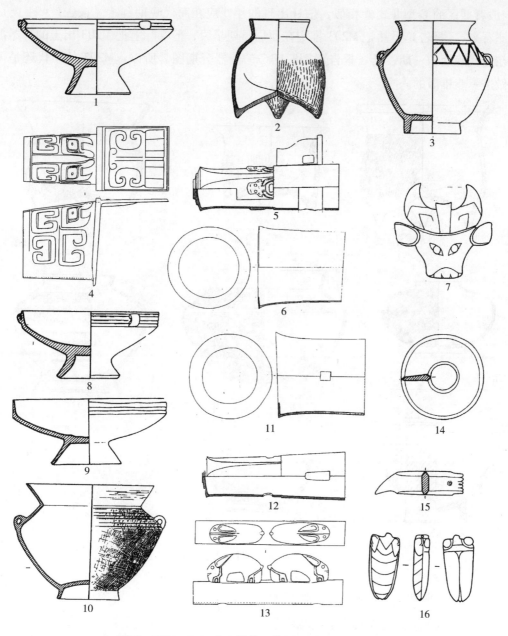

图五　BM4、BM3 出土器物比较图（采自《报告》）

BM3：1. 原始瓷豆（6）　2. 陶鬲（16）　3. 原始瓷罍（3）　4. 铜轴饰（35）

　　　5. 铜舌辖（10－1、2）　6. 铜軎饰（36）　7. 玉牛（57）

BM4：8、9. 原始瓷豆（25、10）　10. 硬陶罍（11）　11. 铜軎饰（12）　12. 铜舌（15）

　　　13. 铜軏（7）　14. 玉璧（34）　15. 玉戈（2）　16. 玉蝉（1）

"与殷墟西区的 C 型 II 式鬲相似，估计出现的年代应在商代晚期"（《报告》494 页）。由此看来，《报告》虽然把 M203 推定在西周早期早段，但实际上把 M203 出土的陶器都排在商代晚期的一期，见《报告》图三四〇的陶器分期图。所以，M203 的年代还是可以做进一步推敲的。

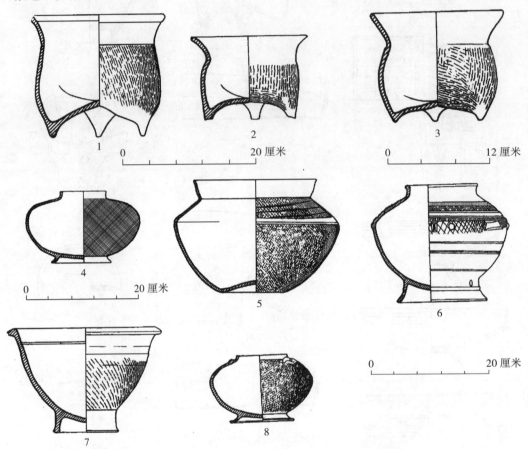

图六　M203 随葬陶器图（采自《报告》）

1~3. 陶鬲（B 型 III 式，19；C 型 I 式，27；B 型 I 式，25）　　4、8. 硬陶瓿（21、42）

5. 硬陶罐（A 型，18）　　6. 陶瓿（A 型 I 式，6）　　7. 陶簋（Ab 型 I 式，23）

北区墓地中被推定为西周早期晚段墓的只有 BM1 和 M219 两座。M219 为单墓道大墓，开口在第②层下，打破单墓道大墓 M218。M219 被盗扰，无陶器和青铜器可资比较。BM1 是保存完整的一座小型墓，开口在第②层下，墓主人为男性，俯身葬，随葬 2 件绳纹鬲，其中 B 型 I 式绳纹鬲（BM1∶1）据《报告》表四陶鬲型式组合表，一、二、三期墓葬都有发现。C 型 III 式绳纹鬲（BM1∶2）据同表，二、三期墓均有出土。根据这两件陶器而推定为西周早期晚段墓，似乎证据不够充分。

（二）南区墓地

1. 南区墓地的概况　在南区没有发现大型墓葬，所有墓葬都是长方形土坑竖穴的中小型墓。墓地保存基本完好，墓葬之间很少有打破关系，只有三组打破关系，M20 打破 M17、M38 打破 M39、M116 打破 M117，另有两座车马坑被打破，M43 打破车马坑 M41、M130 打破车马坑 M132。被盗扰的只有 M19、M30、M107、M109、M125、M126、M128、M129 等八座墓。

墓葬大都开口在第②层下，个别的开口在第③层下。根据《报告》的分期研究，属于第一期商代晚期墓有 19 座，属于第二期西周早期早段墓有 24 座，属于第三期西周早期晚段墓有 10 座，另有 23 座墓因无典型器物未能分期。五座车马坑均属西周早期早段。

根据南区的墓葬坑位图可以发现有多处双墓聚葬的现象，如 M14、M15，M107、M108，M119、M120，M124、M125，M126、M127、M128、M129 等，这些墓大都是左右并列，墓葬形制和葬俗相同，如有棺椁，底部有腰坑，坑内殉狗等，随葬品的组合和数量大体相同等。这些成对的墓葬很可能是家族墓。由此可以推想南区墓地是由若干的家族墓组构成的。

由墓葬的随葬品也可以证实这种推想。南区墓地有 22 座墓随葬青铜礼器，其中有 13 座墓的青铜礼器中有"史"字族徽铭记，其他 9 座墓的青铜礼器上或有别的铭文或无铭文。如 M14、M15 两墓东西并列，M14 出一爵、一觯，M15 出一爵，三器均无铭。M49 出一觚、二爵、一卣，一件爵上有"鼻"字铭文，卣因锈重，盖不能启，不知有无铭文。M126、M127、M128、M129 四墓东西排成一列，其中三墓被盗，而 M127 出觚爵一套，其上均有"曾旡爨"三字铭文，或即是墓主。可见南区墓地是包含着"史"氏家族墓地和别的家族墓地，而不是一个单一的家族墓地。

2. "史"氏家族墓地　南区墓地中出"史"铭青铜器的共 13 座墓，它们是 M11、M13、M17、M18、M21、M30、M34、M38、M110、M119、M120、M121、M129。另外 M41 车马坑也出"史"铭铜礼器，M40、M45 两座车马坑出"史"铭铜兵器，共计 16 座。它们的分布范围（图七），北至 M34、南到 M41 车马坑，长 120 米，东自 M18、西到 M119，宽 80 米。在这 1 万平方米的范围内，最南边是 M41、M40、M45 三座车马坑自东向西一字排开，犹似殷墟小屯乙七基址前面的"车阵"。由车马坑往北约 40 米，M21、M17、M38 由东向西排成一列，各相距约 20 米。在 M21 的北面约 15 米，有左右两个墓组，左面的为 M11、M13，右面的为 M18、M30。在 M38 之西约 20 米，有 M129，它和 M126、M127、M128 四墓并列。在它们北面约 15 米，有 M119、M120、M121 墓组。在该墓组之北 10 米，有 M110，它和 M111、M112、M113 成一墓组。在 M11 的北

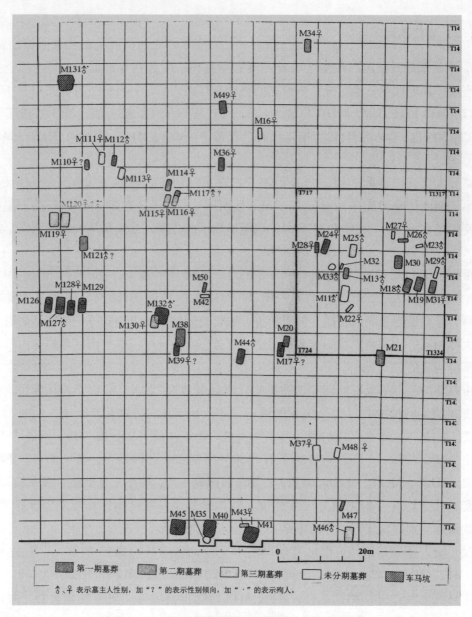

图七　"史"氏家族墓地坑位图（采自《报告》）

面约 60 米，有 M34，这是"史"氏家族墓地的最北端。在此范围以内的其他墓葬，如 M16、M20、M36、M37、M39、M42、M43、M44、M46、M47、M48、M49、M50、M114、M115、M116、M117、M130 以及 M131、M132 两座车马坑，它们和"史"氏家族墓地是什么关系还不清楚。

"史"氏家族墓地中有六座是中型墓，它们的墓室比较大，长宽都在 3 米和 2 米以上，随葬品比较丰富，青铜礼器都在 10 件以上，它们是 M11、M18、M21、M38、M119、M120。其中 M119、M120 两墓并列，居西缘中部，其他各墓都散居中东部，这种分布也许表示它们是同属于一个家族的几个不同的家庭。

（1）M11 是 "史" 氏家族墓地中随葬青铜礼器数量最多的墓葬，共有鼎、甗、簋、瓿、爵、角、觯、尊、卣、壶、方罍、斝、盉、盘、斗和铜箍漆壶等 33 件（图八），其中 26 件器上有 "史" 字铭记。墓主人当是 "史" 氏族人无疑，但其尸骨已朽，不辨性别、年龄。二层台上有一殉人，这是南区墓地罕见的葬俗。此墓中还随葬有铜构皮胄、铜戈、漆盾等。《报告》专门比较了它和殷墟郭家庄 M160、刘家庄 M1046、青州苏埠屯的商墓以及鹿邑长子口墓、琉璃河西周早期墓的异同，认为前掌大 M11 为西周早期早段墓，墓主人可能是一位地位显赫的武将。

在 M11 之北有另一 "史" 氏家族墓 M13。此墓属小型墓，墓长 2.67 米，葬具无椁一棺，墓底有腰坑，坑内埋殉狗。墓主人仰身直肢，男性，年约 25～30 岁。随葬品以陶器为主，青铜礼器有鼎、瓿、爵、觯、尊五件。瓿的圈足内有一 "史" 字铭文，尊的底部有 "兄癸□□" 铭文。从墓葬规模，随葬青铜器的规格，M13 显然和 M11 不在一个等级上，从坑位上也与 M11 不相配，或是族人的陪葬墓。

在 M13 之北有 M24、M25，两墓东西并列，都开口在第②层下，墓室大小相若，葬具都为一棺，墓底都无腰坑。M24 的墓主人为女性，年龄在 30～35 岁，随葬陶器 8 件。M25 墓主人为男性，年龄约 25～30 岁，随葬陶器 6 件及漆器等。《报告》根据两墓随葬陶器的型式，推定 M24 为商代晚期墓、M25 为西周早期晚段墓。但从层位、墓葬形制、坑位排列等因素来考虑，这两座墓有可能是 "史" 氏家族的陪葬墓。

此外，还有 M22、M28、M32、M33 等四座墓，前两墓墓主人均为女性，各随葬一罐；后两墓，一被扰，一无葬具，为一俯身屈肢男性，或即是祭祀坑。

（2）在 M11 东面，是一组以 M18 为主的墓葬群，包括 M18、M19、M23、M26、M27、M29、M30、M31 等八座墓，M18 是其中唯一的中型墓。墓长 3.3 米、宽 2.2～2.4 米，葬具为一椁一棺，墓底有腰坑，坑内殉狗。墓主人男性，年龄在 30～35 岁。此墓与其他墓不同的是墓内随葬车一辆，置于椁盖上，两轮放在东西两侧的二层台上。随葬器物放在头端的椁内，青铜礼器有鼎、甗、簋、瓿、爵、角、觯、壶、尊、盉等 13 件，此外，还有武器、车马器等（图九）。此墓出土的铜器上有铭文三种：一为 "史"，见于甗及两件爵上；一为 "史父乙"，见于角及一件壶上；一为盉铭，共四行十六字，铭作 "莱禽人方灢白夗首毛用乍父乙噂彝史"（释文依《报告》），是 "史" 氏家族墓地所见铭文最长的一件，是器主征人方而有斩获，因以为其父乙作器。由此可知 M18 墓主人为 "史" 氏族人，名莱，其先人称父乙。

M18 的东侧为 M19，两墓并列，相距 0.5 米。M19 的墓室大小与 M18 相仿，葬具也

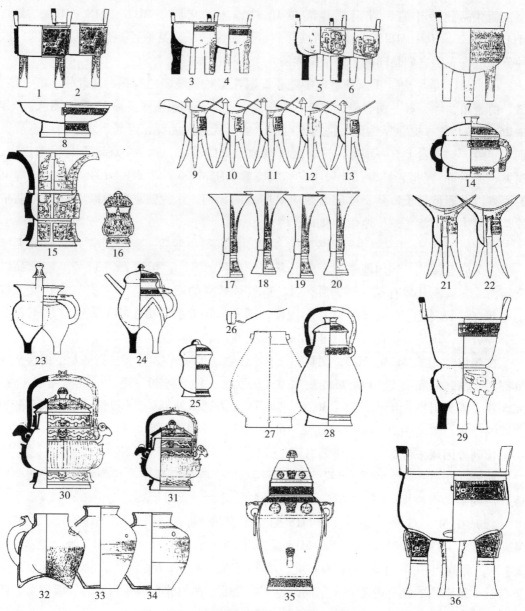

图八　M11 随葬器物组合图（采自《报告》）

1、2. A 型铜方鼎（82、92）　　3、4. A 型铜扁足圆鼎（80、85）　　5、6. A 型Ⅱ式铜分档圆鼎（88、89）　　7. A 型铜深腹圆鼎（93）　　8. 铜盘（71）　　9～13. F 型铜爵（98、113、104、102、108）　　14. B 型Ⅲ式铜簋（79）　　15. A 型铜尊（76）　　16. A 型Ⅰ式铜觯（103）　　17～20. A 型铜觚（72、73、105、100）　　21、22. B 型Ⅰ式铜角（114、110）　　23. C 型铜斝（95）　　24. B 型铜盉（101）　　25. A 型Ⅱ式铜觯（58）　　26. B 型铜斗（90）　　27. A 型铜箍木壶（75）　　28. B 型铜壶（96）　　29. B 型铜瓶（78）　　30、31. A 型Ⅲ式铜卣（112、111）　　32. B 型Ⅰ式陶盉（4）　　33. B 型Ⅰ式绳纹陶罐（17）　　34. A 型Ⅰ式绳纹陶罐（18）　　35. B 型铜罍（99）　　36. B 型Ⅱ式铜深腹圆鼎（94）

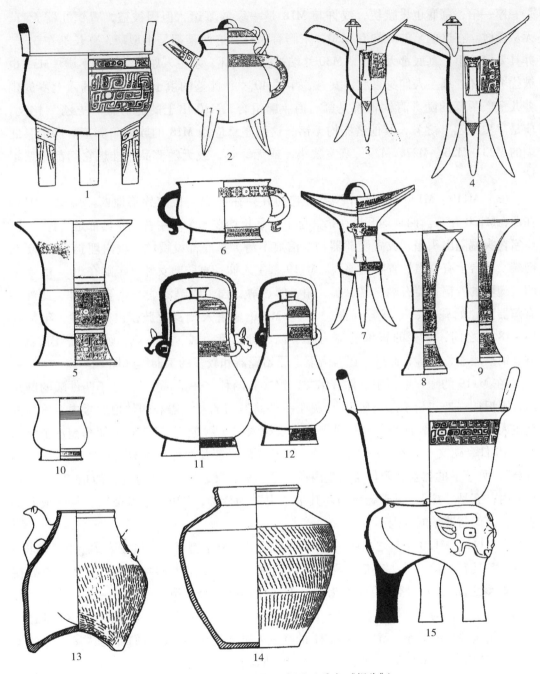

图九　M18 随葬器物组合图（采自《报告》）

1. B 型 Ⅱ 式铜鼎（42）　　2. A 型铜盉（46）　　3、4. F 型铜爵（35、29）　　5. B 型 Ⅰ 式铜尊（47）　　6. B 型 Ⅱ 式
铜簋（44）　　7. A 型铜角（32）　　8、9. A 型铜觚（36、49）　　10. C 型 Ⅰ 式铜觯（31）　　11、12. A 型铜壶
（45、48）　　13. B 型 Ⅰ 式陶盉（57）　　14. B 型 Ⅰ 式陶罐（56）　　15. A 型 Ⅱ 式铜甗（43）

是一椁一棺,墓底也设腰坑,或许与 M18 是一家族墓组,但因被盗,青铜礼器无存,无从探讨。在这两墓的北端有 M30,东侧有 M31。这两墓都是小型墓,墓长都在 3 米,葬具无椁一棺,墓底都无腰坑。M30 北端被盗坑破坏,墓主人屈肢,性别不辨。M31 也被扰坑破坏,墓主人仰身直肢,女性,年约 40 岁,此墓的填土内有一年约六七岁的殉葬儿童。两墓的随葬青铜器都是觚、爵、觯组合,M30 出土的觯上有"史乙"铭文,应是"史父乙"之省,其他诸器均无铭。这两座墓应是 M18 的族人陪葬墓。这组墓北端的 M23、M26、M27、M29,墓室狭小,或无葬具,或无随葬品,推想它们都是祭祀坑。

(3) M119、M120 是两座中型墓,它们并列在"史"氏家族墓地西侧中部,M119 在西,M120 在东。两墓均开口在第②层下,墓长均在 3.5 米左右,葬具都是一椁一棺,椁室在头端隔出头箱,放置随葬器物,棺痕不清。墓底都设腰坑,坑内埋狗。M120 在南端二层台上有一男性青年殉葬人。M119 墓主人仰身直肢,女性,年龄在 30~35 岁之间,随葬的青铜礼器有鼎、簋、觚、角、觯、尊、卣、铜箍漆壶、斗等 14 件,此外还有陶器、原始瓷器、玉器等(图一〇)。M120 墓主人侧身直肢,也是女性,年龄在 14~18 岁之间,随葬的青铜礼器有鼎、鬲、甗、簋、觚、爵、角、觯、尊、卣、壶、盉、铜箍漆壶、斗等,此外,还有陶器、原始瓷器和较多的玉器等(图一一)。

在 M119 的随葬铜器中七件有铭文,铭文有两种,一是"史",见于两件觚的圈足内,阳识;一是"析子孙,父丁",见于一件筒形卣的器、盖和四件角的鋬内。该墓的墓主人为成年女性,或是"析子孙"族之女嫁入"史"族者。M120 的随葬铜器中有铭者凡 10 件,铭文有五种,一是"史",见于方鼎、甗及两件爵的鋬内;二是"史,子日癸",见于壶的器盖和两件角的鋬内;三是"史,父乙",见于尊内;四是"举",见于觯内;五是"娲",见于壶腹内。其中"史"为族称,"史,子日癸"三见,或即是墓主,但似与遗骸的性别不合。

在 M119、M120 两墓之东南,有 M121。这是一座小型墓,开口在第②层下,墓长 3 米余,葬具有一椁一棺,墓底有腰坑,坑内埋一犬。墓主人仰身直肢,男性,年龄在 55~60 岁之间。随葬器物以陶器为主,青铜礼器有两套觚爵、一觯、一尊。其中两件爵和尊有铭文,均为"史,父乙"。该铭文既见于 M120 的器上,也见于 M18 的器上,由此可见这些墓的关系。M18 和 M121 的墓主人可能是兄弟行,他们都是"父乙"的子辈,而 M120 的"子日癸"则是"父乙"的孙辈。

(4) M21 和 M38 是两座单独的中型墓,M21 在墓地的东部,M38 在中部,两墓相距约 50 米。M21 在 M11 的东南约 10 余米,孤居一处,周围没有其他墓葬。墓口开在第③层下,长 3.28 米,葬具一椁一棺,墓底有腰坑,坑内埋一殉狗。墓主人尸骨朽殁,不辨性别和年龄。随葬的青铜礼器有鼎、簋、觚、爵、角、觯、尊、卣、罕和铜箍漆壶

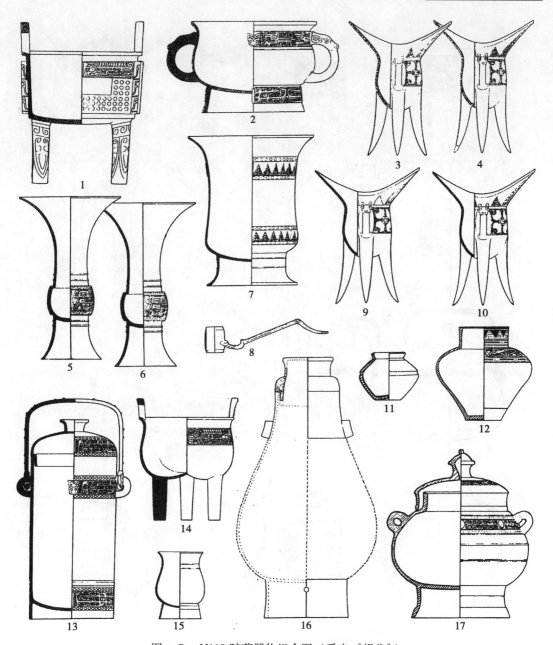

图一〇 M119 随葬器物组合图（采自《报告》）

1. B 型铜鼎（33） 2. B 型Ⅱ式铜簋（41） 3、4、9、10. B 型Ⅱ式铜角（38、35、43、39） 5、6. E 型Ⅰ式铜觚（34、42） 7. C 型铜尊（36） 8. A 型铜斗（67） 11. Bb 型Ⅳ式旋纹陶罐（58） 12. D 型陶壶（24） 13. C 型铜卣（37） 14. B 型Ⅰ式铜鼎（32） 15. C 型Ⅱ式铜觯（40） 16. A 型铜箍木壶（31、46） 17. E 型陶瓿（23）

等 15 件，此外还有陶器、原始瓷器、漆器、方形漆案、玉器、铜兵器和工具等（图一二）。随葬铜器上的铭文有五种，一为"史"字，见于簋及两件觚上；一为"父乙"，

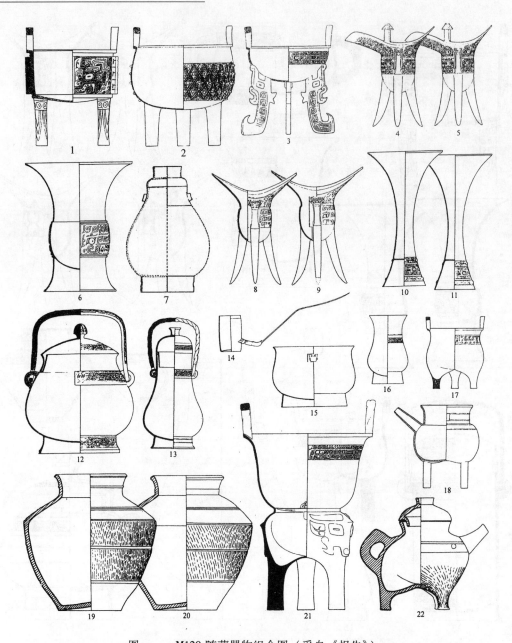

图一一　M120 随葬器物组合图（采自《报告》）

1. A 型铜鼎（25）　2. B 型 I 式铜鼎（9）　3. B 型铜鼎（8）　4、5. E 型铜爵（15、17）
6. B 型 I 式铜尊（21）　7. A 型铜箍木壶（10、11）　8、9. B 型 I 式铜角（14、16）　10、11. F 型
铜觚（13、22）　12. A 型 II 式铜卣（18）　13. A 型铜壶（23）　14. B 型铜斗（19）　15. A 型铜簋
（24）　16. B 型 I 式铜觯（20）　17. B 型铜鬲（26）　18. C 型铜盉（12）　19、20. B 型 II 式陶罐
（81、82）　21. A 型 II 式铜甗（7）　22. B 型 III 式陶盉（83）

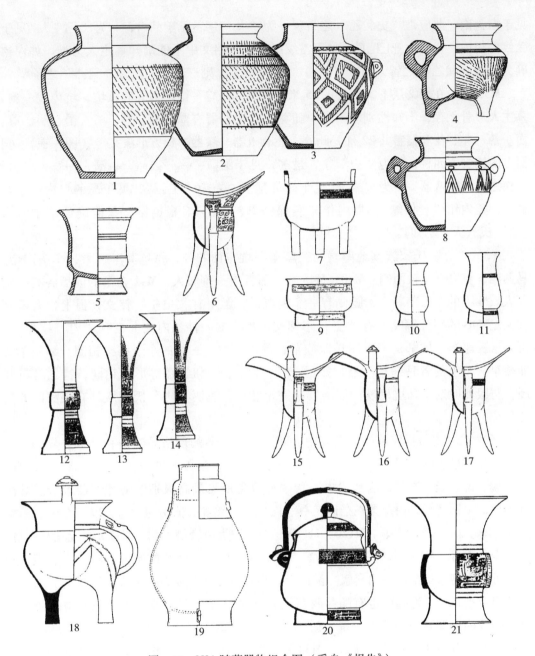

图一二　M21 随葬器物组合图（采自《报告》）

1. B 型 I 式陶罐（59）　2. B 型 II 式陶罐（19）　3. A 型 I 式陶罍（53）　4. A 型陶斝（58）　5. A 型 II 式陶尊（72）　6. B 型 I 式铜角（39）　7. B 型 IV 式铜鼎（35）　8. B 型 I 式陶罍（52）　9. A 型铜簋（34）　10. B 型 II 式铜觯（21）　11. B 型 I 式铜觯（3）　12. C 型 I 式铜觚（4）　13、14. A 型铜觚（36、38）　15、16. C 型 II 式铜爵（2、41）　17. D 型 I 式铜爵（42）　18. B 型铜斝（43）　19. B 型铜箍木壶（55－57）　20. A 型 II 式铜卣（40）　21. B 型 III 式铜尊（37）

见于卣盖内，此应是"史父乙"之省；一为"戈"字，见于鼎内；一为"□丁"，见于弦纹爵鋬内；一为"亚□□"，见于雷纹觯上。从铭文中不能确知墓主人为谁。如卣铭确为"史，父乙"之省，则可与 M18、M121 联系，则三墓主人均为"父乙"之子辈。

M38 开口在第②层下，墓长 3.85 米，葬具为一椁一棺，墓底有腰坑，坑内埋一狗。墓主人尸骨无存，不知性别和年龄。随葬的青铜礼器有鼎、鬲、簋、瓿、爵、觯、尊、卣、罍、斝、斗和器盖共 22 件，此外，还有玉器、漆器、长方形漆案等（图一三）。铜器上的铭文有四种，一为"史"字，最多，见于圆鼎、一分档鼎、一鬲、一瓿、二爵、二卣之上，凡八器；一为"未"，见于斝的鋬上；一为"王□"，见于鬲的口内；一在觯上，盖内作"糬保隶"，器内作"糬保妘鸟，母丁"。根据铭文只能确认墓主人为"史"氏族人，不知其名。

（5）"史"氏家族墓地南端的三座车马坑东西并列，每坑葬车一乘，车头向南，马两匹，侧卧于车辕两侧。M40、M45 在车后各有一殉葬人，M41 在车的前后各有一殉葬人。M41 的车后殉葬人，腿侧有一套铜瓿爵，瓿上有"史午"铭文，爵上也有两字铭文。M40 的一件铜戈上有"史"字铭文，M45 的一件銎内戈上也有"史"字铭文。可知这三座车马坑都是"史"氏家族墓地的随葬坑。三坑的车子结构相同，都是单辕曲衡车。车上的各种铜车马器，如舌、辖、軛、衡、軜、踵等形制相同，特别是軜和踵，与殷墟时期车马坑发现的同类器物完全相同，表明"史"氏家族具有很深的殷文化传统。

（6）在"史"氏家族的中型墓中，随葬青铜礼器的规格显然是有等级差异的。随葬青铜礼器最多的是 M11，它有四套以上的瓿、爵，配置四种型式的八件鼎，以及尊、卣、盘、盉、壶、斝等，这是"史"氏家族墓地所见最高级别的随葬铜器组合。其次是 M38，以四套瓿、爵配置三鼎以及尊、卣、罍、斝等。依次为 M21，以三套瓿、爵配置鼎、尊、卣、壶、斝等。M120、M119、M18 均为两套瓿、爵，M120 配置三鼎、尊、卣、壶、盉等，M119 以角替爵，配置二鼎、尊、卣等，M18 配置鼎、尊、卣、壶、盉等。可见中型墓都是随葬两套瓿、爵以上，再配置鼎和其他器类组成较完整的酒器加食器的组合形式。小型墓中也有随葬两套瓿、爵的，如 M121，其他器类只有尊和觯，而绝大多数的小型墓只随葬一套瓿、爵，如 M13、M30、M110、M17、M129、M34。M13 加鼎、觯、尊，M30、M110 加觯，M34 则以觯代瓿。可见，"史"氏家族在随葬青铜礼器上是以瓿、爵的数量为标准分等级的，这一点和殷墟墓葬的礼俗是相同的。依此标准，"史"氏家族诸墓中等级最高的是 M11，其次是 M38，其下依次是 M21、M18、M119、M120 和 M121。

在随葬铜器的铭文中，"史，父乙"出现于多座墓葬中，如 M18 见于一件有盖角和一件壶上，M121 见于两件爵上和一件尊上，M120 见于一件尊上。M21 的卣盖上的"父

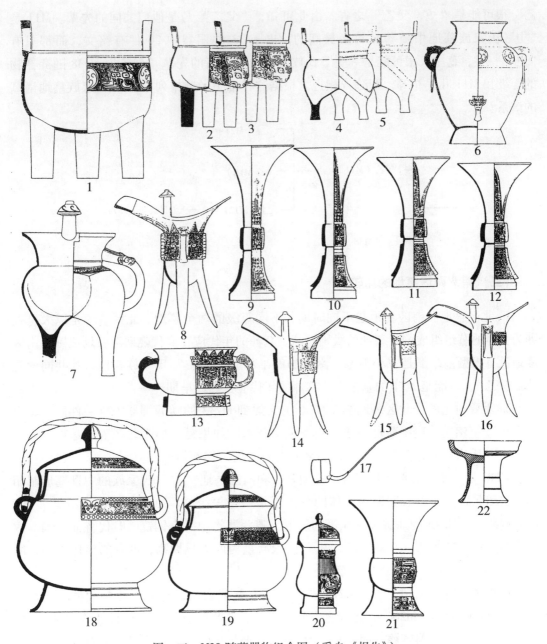

图一三　M38 随葬器物组合图（采自《报告》）

1. B 型Ⅲ式铜鼎（48）　2、3. A 型Ⅰ式铜鼎（53、76）　4、5. A 型铜鬲（51、54）　6. A 型铜罍（49）

7. B 型铜斝（52）　8. A 型 H 式铜爵（63）　9、10. B 型Ⅱ式铜觚（64、68）　11、12. B 型Ⅰ式铜觚

（59、67）　13. B 型Ⅰ式铜簋（50）　14. A 型Ⅱ式铜爵（65）　15、16. C 型Ⅰ式铜爵（58、62）

17. B 型铜斗（57）　18、19. A 型Ⅰ式铜卣（66、61）　20. A 型Ⅲ式铜觯（60）　21. B 型Ⅰ式铜尊

（30）　22. Ⅴ式陶豆（2）

乙"很可能是"史，父乙"之省。由此可知，"父乙"乃是他们共同的先辈。M11 是"史"氏家族墓地中随葬品等级最高的，出土 33 件铜器中 26 件有铭文，而都只有"史"一字，墓主人很可能是"史"氏族人中地位最高的先辈"父乙"。M38 随葬器物的等级和 M11 几乎相等，辈分或相近。根据这种推想，试排列"史"氏家族墓地诸墓的谱系。

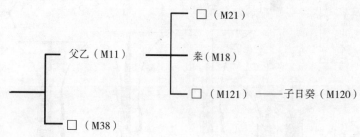

（三）南北两区墓地的比较

1. 北区墓地和南区墓地是不同时期、不同等级的两个墓地。北区墓地是以大型墓葬为主体的墓组组成的，墓地的级别较高，墓葬的年代应在商代晚期至殷周之际。南区墓地没有大型墓，都是中小型墓。南区的南半部应是"史"氏家族墓地，其共同的先辈"父乙"，可能是 M11 的墓主人。墓葬的年代应在西周早期。

2. 需要讨论的是北区墓地的 M213。上文提到 M213 的随葬铜器中有一件爵，其上有"史"字铭文。这座墓是不是"史"氏家族墓。如果是，那么北区墓地是否为另一处"史"氏家族墓地。如果不是，那么墓内的"史"铭铜器又从何而来。

M213 是一座长方形土坑竖穴的中型墓，和南区墓地"史"氏家族的中型墓形制相同，它和北区墓地以大型墓为主体的墓组不是一个等级的，可知北区墓地不是"史"氏家族墓地。M213 的地层关系在第③层下，随葬器物中又有铜铙，时代特征明确，故被推断为商代晚期墓。而南区的"史"氏家族墓为西周早期墓，两者的年代不同，所以 M213 不可能是"史"氏家族墓。

从北区墓地坑位图上看，M213 夹在五座大型墓之间，它很可能是大型墓 M214、M205 墓组或 M215、M206 墓组的陪葬墓。其墓主人此前或与"史"氏族人有所交往，遂得以"史"铭铜器随葬。而"史"族后人在征人方获胜后就把当地选为自己家族的茔地。

二 前掌大墓地和苏埠屯墓地

在山东境内，像前掌大北区墓地那样的以大型墓葬为主体的商周之际的墓地，现知的还有益都苏埠屯墓地。因此，把前掌大墓地和苏埠屯墓地联系起来，对于山东地区商末周初的地缘政治或许会有较全面的了解。

（一）苏埠屯墓地的概况　苏埠屯墓地在山东益都县（今青州市）东北20公里苏埠屯村东的土岭上。1931年该地曾先后两次发现商代青铜器，祁延霈曾去当地进行调查[①]，在土岭上未发现文化层，耕土下即为生土，应是一处墓地，两次所出铜器，乃出自两座墓葬。1965年秋至1966年春，山东省博物馆在土岭的中部发掘了四座商代墓葬和一座车马坑。1972年发表了简报[②]，但只报道了其中的第一号奴隶殉葬墓，即四条墓道的大型墓M1。1986年，山东省文物考古研究所对苏埠屯村东的土岭进行全面勘查，又发掘清理了六座商代墓葬[③]，墓号依序续编（图一四）。截至目前，在苏埠屯墓地清理发掘的商代墓葬（包括1931年出土的两组铜器）共12座，另有一座车马坑。

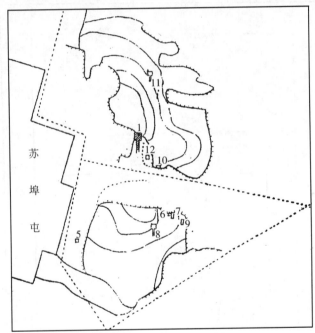

图一四　苏埠屯墓地坑位简图（采自《海岱考古》）

（二）苏埠屯墓地的墓葬等级　从现有的资料可知苏埠屯墓地包含了几乎所有等级的墓葬。

最高级别的是四个墓道的大型墓，只发现M1一座（图一五）。墓室为长方形，四壁都有墓道，南墓道为斜坡道，西墓道、北墓道都有台阶，东墓道未清理。椁室为"亚"字形，棺痕不清。墓底有腰坑和"奠基坑"。墓主人尸骨被扰，葬式、性别、年龄都不明。墓内有很多殉葬人，分别放在南墓道和墓室南壁间、东西二层台上以及腰坑和"奠基坑"内，有全尸的，也有砍头的，共45人（图一六）。墓被盗扰，随葬铜礼

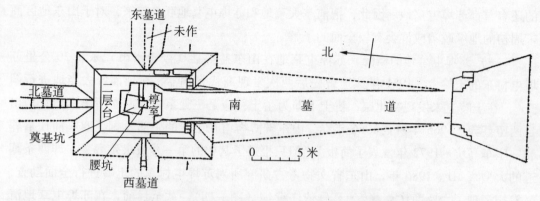

图一五　苏埠屯墓地 M1 平面图（采自《文物》）

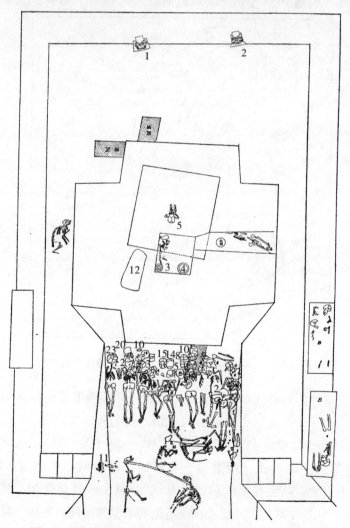

图一六　苏埠屯墓地 M1 殉葬人分布图（采自《文物》）

器仅存残片，器形有鼎、方鼎、爵、卣、斝等，武器和工具有钺、戈、矛、斧、锛，还有陶器和大量的贝。在北端二层台上出土的两件大型兽面纹钺，其中一件在正反两面兽面纹的两侧各有一个"亚醜"族徽铭记（图一七）。这种铭记也见于同墓出土的一件残爵的鋬内（图一八，1）和一件锛上。

图一七　苏埠屯墓地 M1 出土的"亚醜"铜钺（采自《文化大革命期间出土文物》）

第二等级的是有两条墓道的"中"字型大墓。发掘资料未见报告。

第三等级的是只有一条南墓道的"甲"字型大墓。1986 年发掘的 M8、M11 都是这样的大型墓。墓室为长方形，墓道在南端，或为斜坡，或作台阶状，墓底有腰坑，葬具为一椁一棺，墓主人尸骨无存，葬式、性别、年龄都不明。M8 保存完好（图一九），随葬青铜礼乐器有鼎 5、簋 1、瓠 2、爵 4、尊 1、卣 1、觯 1、斝 1、罍 1、斗 1、铙 3 等共 21 件，此外，还有钺、戈、矛、刀、弓形器等武器和工具以及石磬、玉器、陶器等。随葬青铜器中有 15 件有铭文，为"融"（图一八，5、6、9）、"册融"（图一八，10、11），"融"即墓主人的族徽。

第四等级的是长方形土坑竖穴墓。1986 年发掘的 M5、M7、M10、M12 都属此类。1931 年出土的两组铜器大概也是出于此类墓中。其中 M7 保存完整，墓室长 3.65 米、宽 2.6 米，方向 10°。葬具有一椁一棺，墓底有腰坑，坑内有殉犬。墓主人尸骨已朽，仰身直肢，而性别、年龄不辨。墓内有三个殉葬人，分别放在东、南、西三面二层台上。随葬的青铜礼器有鼎 1、簋 1、瓠 3、爵 3，共 8 件，此外，还有铜戈、陶器等（图二〇）。随葬青铜器中有一对瓠、爵，其上有"亚醜"族徽铭记（图一八，2、3）。

1931 年出土的甲组铜器有鼎 1、残瓠 1、爵 1、觯 1、斗 1 等，其中觯的足内有"亚醜"族徽铭记（图一八，4），爵的鋬内有"天"字铭文。1931 年出土的乙组铜器只存方鼎 1、瓠 2、角 2、觯 1、盉 1，其余散佚。器上都有"乍玖从彝"铭文（图一八，7、8）。器主玖或即墓主人。

（三）苏埠屯墓地的墓组与族属　从苏埠屯墓地发现的墓葬坑位来看，四条墓道的大型墓 M1 位于村东土岭的中部，双墓道"中"字型大墓坑位不明。两座单墓道大墓 M8 在土岭南部，北距 M1 约百米；而 M11 则在土岭的北部，南距 M1 约 70 米。这几座墓分布较散，各自为茔。在 M11 附近没有发现其他墓葬，在 M8 附近也没有发现别的墓葬，表明他们没有家属墓并葬。与 M1 同时发掘的另一座大型墓的坑位不明，不能确认是否为其家族墓组。

从出土的铜器铭文可知苏埠屯墓地包含"亚醜"和"融"两个氏族，前者有 M1、

图一八　苏埠屯墓地出土铜器铭文拓本

1、3. 爵（M1：18、M7：7）　　2、8. 觚（M7：6、1931 年乙组）　　4、7. 觯
（1931 年甲组、1931 年乙组）　5. 簋（M8：12）　6. 卣（M8：11）　9. 罍
（M8：10）　10. 方鼎（M8：15）　11. 圆鼎（M8：17）

M7 和 1931 年的甲组铜器墓，后者有 M8。M8 是一座单墓道大型墓，而 M1 是一座四条墓道的大型墓，且有较多的传世青铜器④，无疑，"亚醜"应是该地的望族。

（四）随葬青铜礼器的组合　　M7 是长方形土坑竖穴墓，1931 年出土的两组青铜器推测也出自长方形土坑竖穴墓，但是它们随葬的青铜礼器组合是有差异的。1931 年甲组铜器是一套觚、爵，加上鼎和觯；1931 年乙组铜器是两套觚、爵（以角代爵），再加方鼎、觯、盉等；而 M7 则是随葬三套觚、爵再加鼎和簋。单墓道大型墓，按 M8 的随葬铜器组合，是以四套觚、爵为基础（觚不全，只有两件）再配以五件鼎和簋、尊、卣、觯、斝、罍，另有一组编铙。至于双墓道和四墓道的大型墓的随葬铜器组合情形则不得而知。这种以觚、爵的套数为基础的随葬铜器组合显然是和殷墟晚期墓的埋葬习俗传统相一致的。

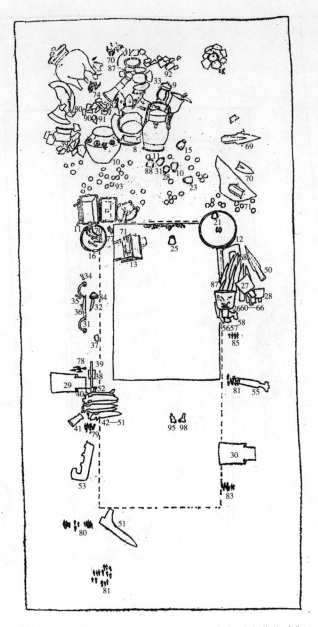

图一九　苏埠屯墓地 M8 墓室平面图（采自《海岱考古》）

1. 铜斝　2、3. 铜觚　4~7. 铜爵　8. 铜尊　9. 铜觯　10. 铜罍　11. 铜卣　12. 铜簋　13~15. 铜方鼎
16、17. 铜圆鼎　18~25. 铜铃　26~28. 铜铙　29、30. 铜钺　31. 铜弓形器　32. 铜削　33. 铜斗
34~36. 骨饰　37. 铜凿　38. 铜斧　39. 铜管　40、41. 铜锛　42~51、54~58、61. 铜戈　52. 铜环首
刀　53、68. 铜刀　59~66、69、70. 铜矛　71. 石磬　72. 铜箍　73. 玉柄形器　74~85. 铜镞　86. 陶
簋　87~92. 陶罐　93. 蚌饰　94. 蛤蜊壳

图二〇 苏埠屯墓地 M7 平面图（采自《海岱考古》）

1. 铜簋 2. 铜鼎 3. 铜铃 4～6. 铜觚 7～9. 铜爵 10～16. 铜戈 17. 陶拍

18. 石铲 19. 陶罐 20. 陶爵 21. 陶觚 22. 陶豆 23、26～28. 陶小罐

25. 陶簋 27. 陶罐 30. 陶盘 31. 贝 32. 蛤蜊壳

（五）两处墓地的比较　对照前掌大北区墓地和苏埠屯墓地可以得知：

1. 两地都是以大型墓葬为主体的墓地，苏埠屯墓地包含有各个等级的大型墓葬，而前掌大北区没有发现四墓道的大型墓，表明两地高层在社会地位上的差别。

前掌大北区墓地多家族墓组，而苏埠屯墓地没有发现这种埋葬现象。

苏埠屯墓地至少包含"亚醜"、"融"两个氏族，而前掌大北区墓地没有发现可以确认为该墓地的族属。

2. 两个墓地所显示的文化内涵是相同的。从他们的埋葬习俗和随葬器物的类别与组合都和商文化相同，可知他们都是接受了商文化的传统。

3. 两个墓地所涵盖的年代基本相同，都相当于商代晚期的殷墟时期，可以说是同时并存的。从地缘政治来说，商代晚期在益都苏埠屯附近有一支集团势力，而在滕县前掌大附近另有一支集团势力。这将为进一步的研究提供有力的背景资料。

三　武庚叛乱和薄姑商奄

在商末周初，对于山东地区的地缘政治影响最大的无疑是三监叛乱、东夷大反和齐、鲁的分封。上述事件，无论在历史文献中还是周初的铜器铭文中都有很多记录，陈梦家先生在《西周铜器断代》中对此有很详细的论述[⑤]。

（一）关于武庚叛乱的缘起，据《史记·周本纪》武王克商，"封商纣子禄父殷之余民。武王为殷初定未集，乃使其弟管叔鲜、蔡叔度相禄父治殷"。武王崩，"成王少，周初定天下，周公恐诸侯畔周，公乃摄行政当国。管叔、蔡叔群弟疑周公，与武庚作乱，畔周。周公奉成王命，伐诛武庚、管叔，放蔡叔。……三年而毕定"。

武庚叛乱牵动东夷大反。据《逸周书·作雒篇》，"周公立，相天子，三叔及殷、东、徐、奄及熊、盈以略"。《史记·周本纪》、《齐世家》、《鲁世家》都提到"东伐淮夷，残奄"，"管、蔡作乱，淮夷畔周"，"管、蔡、武庚果率淮夷而反"，"管、蔡等反也，淮夷、徐戎亦并兴反"。可见叛乱之规模。

关于商奄、薄姑在这次叛乱中的作用，据《诗邶鄘卫谱》《正义》引《书传》"武王死，成王幼，管、蔡疑周公而流言。奄君、薄姑谓禄父曰，武王既死矣，成王尚幼矣，周公见疑矣，此百世之时也，请举事。然后禄父及三监叛"。或以为武庚之叛乃奄和薄姑所导。

《史记·周本纪》武王克商以后，"于是封功臣谋士，而师尚父为首封。封尚父于营丘，曰齐。封弟周公旦于曲阜，曰鲁"。然而，齐、鲁即是薄姑、商奄之故地，《汉书·地理志》、《续汉书·郡国志》等书都曾言之。所以陈梦家先生认为："周初之分封齐、鲁正是针对了薄姑与商奄，齐监视着薄姑，鲁监视着奄"。"及成王东伐淮夷，残奄，迁其君薄姑"。"因商奄之民，命以伯禽，而封于少皞之虚"。

（二）在西周初年的铜器铭刻中不乏征伐东夷的实录。政令多出自成王，如明公簋"唯王令明公遣三族伐东或（国）"，壶鼎"王令越戡东反尸（夷）"，㝬鼎"隹王伐东尸（夷）"。出动的兵力甚多，小臣謎簋"叔东尸（夷）大反，白懋父以殷八自征东尸"，殷八师是西周驻守东部的主要兵力。班簋"王令毛公以邦冢君、土驭、戜人伐东或（国）痀戎"，又令吴白、吕白各以其师为左右，"三年静东或"。

塑方鼎记录了周公讨伐薄姑的史实。其铭曰："唯周公于征伐东尸（夷），丰白、尃古咸弋"，公归祭于周庙，行饮至之礼，周公赏塑贝百朋。此为布伦戴奇藏器，现在美国旧金山市亚洲美术馆（图二一）。

图二一　塑方鼎及其铭文（采自《西周铜器断代》）
（布伦戴奇藏器，现在美国旧金山市亚洲美术馆）

禽簋铭曰："王伐楚厌"，冈劫尊、卣（图二二）均作"王征楚"。陈梦家先生认为所伐之国，疑即盖侯，即是奄君，奄、盖皆训覆而古音并同。奄在鲁，故禽簋曰王锡伯禽金百寽。冈劫卣器、铭均不易见，亦为布伦戴奇藏器，现在美国旧金山市亚洲美术馆。

明公簋亦称鲁侯尊。器形奇特，素而无纹。器在上海博物馆。铭曰："唯王令明公遣三族伐东或（国），才口，鲁厌口工，用乍旅彝"（图二三）。联系到前掌大南区

图二二　冈劫卣及其铭文（采自《西周铜器断代》）

（布伦戴奇藏器，现在美国旧金山市亚洲美术馆）

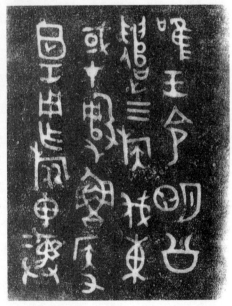

图二三　明公簋及其铭文（采自《西周铜器断代》）

（潘祖荫旧藏，现在上海博物馆）

"史"氏家族墓地 M18 所出的莱盉，因征人方（人方也是东夷）而有斩获，为其父作器，史族或即是明公所遣的三族之一。

四　结语

根据对前掌大墓地考古遗存的分析，联系苏埠屯墓地的发现，并结合文献和铜器铭文资料，可以得到以下几点认识。

1. 前掌大北区墓地是以大型墓为主体的，前掌大南区的"史"氏家族墓地是以中型墓为主体的，两者在等级上是不同的，年代上也有差异，应分为两个墓地。

2. 前掌大北区墓地和苏埠屯墓地都是以大型墓为主体，等级上相同，年代上也相当，他们都接受商文化的传统，是同时并存的两个地缘政治势力。

3. 根据考古学确认的年代，结合文献资料，苏埠屯墓地靠近临淄，可以确定是薄姑氏的墓地。前掌大北区墓地邻近曲阜，可以推定是奄君的墓地。

4. 前掌大南区墓地的史族或是奉命随征东夷的一支氏族而留驻在商奄的。

2008 年 5 月 30 日于汶川大地震后

注　释

① 祁延霈：《山东益都苏埠屯出土铜器调查记》，《中国考古学报》第二册，1947 年。

② 山东省博物馆：《山东益都苏埠屯第一号奴隶殉葬墓》，《文物》1972 年第 8 期。

③ 山东省文物考古研究所、青州市博物馆：《青州市苏埠屯商代墓发掘报告》，《海岱考古》第一辑，1989 年。

④ 殷之彝：《山东益都苏埠屯墓地和"亚醜"铜器》，《考古学报》1977 年第 2 期。

⑤ 陈梦家：《西周铜器断代》，中华书局，2004 年。

东南沿海青铜时代考古的若干问题

焦 天 龙

（美国夏威夷毕士普博物馆人类学部）

一 前言

考古资料表明，从长江三角洲的太湖流域到粤东韩江流域的海岸地带，自新石器时代至西汉前期，文化表现出很强的区域特征，其发展历程也与周边地区不同。其中，在这一地区内发展起来的新石器时代和青铜时代文化，有相当一部分被学术界公认为是南岛语族的祖先文化或早期文化，它们对东南亚岛屿和南太平洋地区的史前史发生了重大影响[①]。因地临海岸，东南沿海新石器时代和青铜时代文化及经济形态带有很强的海洋性，与相邻的内陆地区表现出很大的不同。考古学界将这一地区称为中国的"东南区"，以与史前时代中国的其他地区相区别[②]。

不过，应该指出的是，东南沿海区域内新石器时代和青铜时代文化的变化，又是与内陆地区的文化和时代变迁的大局分不开的。随时间的推移，无论是经济形态的变化、社会组织的发展，还是考古文化的兴衰，东南沿海和相邻的内陆地区的联系都变得日益密切。这种联系的发展过程，也就是东南沿海土著文化中原化的过程。在时空上，东南沿海地区文化中原化的过程是一个从北而南次第发生的过程，长江三角洲地区融入中原文化最早，而闽南和粤东的沿海地区最晚。至西汉武帝元封元年（公元前 110 年），东南沿海地区最后一个独立王国闽越国被汉王朝灭亡，该地区全部被纳入中原王朝的版图，其文化中原化的过程在绝大部分地区基本完成。

青铜时代是东南沿海地区的重大变化时期，最突出的是国家产生、扩张、衰亡和文化的中原化。这是该地区南岛语族文化或古百越族文化的重要变革时期。同时，该区域内部的不同地区之间的互动，也呈现出前所未有的强力趋势。族群的迁徙、文化的交流和不同国家之间的互相征伐，都是新石器时代所未有的。因此，只有将这一地区的青铜时代文化作为一个整体来考察，才能更好地理解其变化的过程。

东南沿海地区的青铜时代考古虽然开始于 1930 年代，但真正取得较大进展还是在 1980 年代以后，其中以过去十余年来的进步最快。上海、江苏、浙江和福建都有一系列重大发现。这些新材料的出现，在填补很多区域和时间上的空白点的同时，也提出了很多亟待讨论的问题。其中，马桥文化的起源、马桥文化与越国文化的关系、闽越国的建立及其与越国的关系等，都因为新材料的发现而需要再讨论。本文就是对这些问题的思考（图一）。

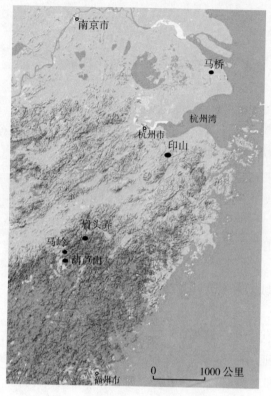

图一　本文讨论的主要遗址位置示意图

二　马桥文化的起源

马桥文化是目前东南沿海地区已经发现的最早的青铜时代文化。其主要文化内涵以一群独特的陶器群和石器为代表。以马桥遗址为例，陶器以泥质陶为主，占 73%，夹砂陶占 27%。陶色则以红褐为主，仅泥质红褐陶就占 51%，另外夹砂陶中绝大部分也呈橘红色或灰黄色。少部分泥质黑陶的器表施加一层黑衣。绝大多数陶器外表都有装饰纹样。泥质陶纹样种类最丰富，有条纹、条格纹、叶脉纹、方格纹、席纹、云雷纹等。夹砂陶则以绳纹为主，少见附加堆纹。部分陶器的口沿有陶文。器形有鼎、甗、罐、三足盘、觯、瓠、簋、豆、钵、盆、鸭形壶等，以三足器（鼎、甗、三足盘）和各种形态的罐最多。相当比例的罐类器为内凹底，束颈无领。石器以石锛和斜柄刀为主，其中绝大部分石锛为有段石锛。已经出现青铜武器和工具，如小刀、斧和镞等，不见青铜容器[③]。一般认为，马桥文化最早出现于公元前 1900 年左右，消失于公元前 1200 年左右，前后共有约 700 余年的历史，可分成三期。其主要分布地区是环太湖地区和杭州湾南岸的浙江东北部[④]。

自从马桥文化的命名在 1980 年代被确定以后，有关其起源的讨论一直是研究的焦点之一，并曾经产生过较大的分歧。争论的关键点是马桥文化是否与良渚文化有演变关系，或这种演变关系有多大。另一个争论点是马桥文化与浙江省江山县肩头弄第一单元文化的关系，在二者是否有演变关系或只是影响关系上，学者们的分歧曾经很大。大部分学者认为马桥文化的发源地是浙西南和闽北地区，以浙江省江山县峡口肩头弄的所谓

"第一单元"陶器群作为马桥文化的祖先文化。但也有很多学者坚持认为马桥文化继承了很多良渚文化的因素，应该是本地新石器时代文化的延续。近年来，广富林文化在环太湖地区的发现日益增多，表明马桥文化和良渚文化在年代上有一定的距离，二者并没有发生过直接接触，于是大部分学者的意见又趋向统一，即认为肩头弄第一单元文化向北方的扩张是马桥文化形成的主要因素，肩头弄第一单元文化是马桥文化的最终发源地，在扩张到环太湖地区和浙江东北部以后，又接受了北方地区的很多影响，尤其是二里头文化和二里岗文化的影响。马桥文化作为从浙西南和闽北地区移民而来的文化，似乎已经得到了中国学术界的公认[⑤]（图二）。

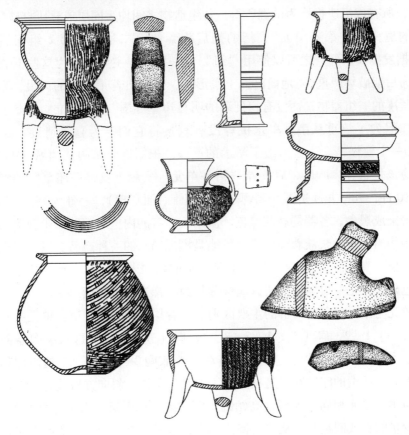

图二　马桥文化典型陶器和石器

马桥文化的起源不仅关系着东南沿海青铜时代的发端，而且关系着在青铜时代的早期，东南沿海地区是否发生过较大规模的族群迁徙和文化取代问题，因此应该深入讨论。根据新公布的马桥文化材料和闽北地区近年来的一系列考古新发现，我认为，无论从时间上还是从空间上，将肩头弄的所谓"第一单元"陶器群作为马桥文化的祖先文化带有很强的假设性，缺乏系统的考古材料的支持。这主要是由长期以来浙江西南地区和闽北地区的考古材料匮乏、文化年代序列不清楚所造成的。但是，过去十余年来，这一地区的考古研究取得了突破性的进展。新材料表明，这一地区的新石器时代和青铜时代的文化是自成系列的，也是相当复杂的。马桥文化的主体部分不是发源于浙西闽北山地，也不存在大规模从这一山区向环太湖地区的移民。

1. 肩头弄遗存

肩头弄遗存是发现于浙江省江山县峡口镇江山林场和肩头弄电站公路之间的五个山丘上的 16 组陶器，发掘者牟永抗等将其归为三个单元。这些遗存发现于 1977 年冬和 1979 年夏，所有成组遗物均为试掘所得，各组遗物之间均无同层或叠压打破关系⑥。

所谓的肩头弄"第一单元"，指的是肩头弄的第二号山的第 2 组陶器群，即肩（二）2。据发掘者解释，之所以使用"组"这一概念，主要是因为这些器物是成组出土，但因为后期破坏严重，"地面已无土墩形迹，仅露出若干器物的口沿，稍加清理后发现排列紧凑的一组器物，而没有找到墓的明显边壁界限"。尽管推测这是土墩墓的可能性较大，但为了慎重从事，牟永抗等没有直接将它们定为墓葬遗迹，而是使用了"组"这样一个模糊概念，显示出了学术的严谨。根据近年来闽北浦城县的发掘材料，这类遗迹应该是墓葬。所以，肩头弄"第一单元"实际上就是一座墓葬的随葬品。这组陶器共 10 件，其中九件是罐（高领罐、深腹罐、匜形罐），一件为豆，"其特点是器表内外均着染成黑色，各器器表的黑色浓淡不一。有的内壁局部胎面未曾染及，推测这种黑色似用相当稀薄的浆液着染而成。可能是模拟黑陶的一种产品，以着黑陶名之。以示与黑陶，黑皮陶相区别"。这也是学术界首次使用"着黑陶"名称。严格地讲，这些陶器的黑色外表就是一层黑衣，所以应该称其为"黑衣陶"更合适。

第一单元与第二单元陶器群的主要区别是后者均有印纹陶。第二单元共有八组器物群，即肩（一）1、2，肩（三）1、2、3、4，肩（五）1、2。这八组陶器群分布于三个有一定距离的山头上，共出土印纹陶 18 件、黑衣陶 28 件。其实，这组器物群全部都是通体施黑衣，所谓的印纹陶只是在黑衣之上又有条纹、斜向方格纹等纹饰。胎质、器类也基本与第一单元相同，主要是高领罐、深腹罐、匜形罐，大部分器物的底部内凹。另外还有少量的豆或圈足盘。从这些特征分析，这两个单元的区别实际上是很小的。考虑到第一单元是被严重扰乱过的墓葬，随葬器物群已经不全，而且其深腹罐和匜形罐也都饰条纹，所以肩头弄的第一、第二单元应该是同一时代的遗迹材料（图三）。

与此相对比的是，第三单元的九组器物群中，只有两件黑衣陶，并有较多的土黄色泥质陶，与第一和第二单元的器物群表现出较大的差别。不过，相当部分印纹陶罐的器形和纹饰风格仍然是相似的，表明或许在年代上相去不远。不过，牟永抗等除了指出其年代应该晚于良渚文化外，并没有做进一步推断。在 1984 年和 1993 年，牟永抗先后

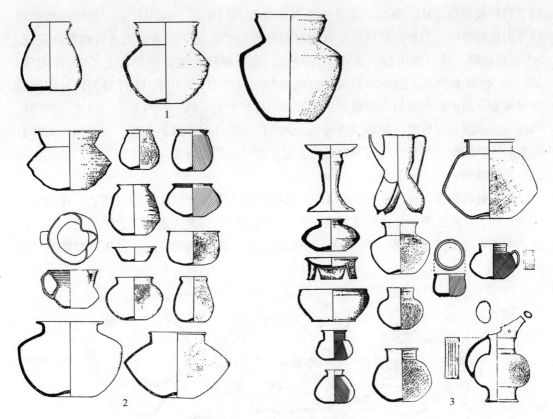

图三　肩头弄第一至第三单元陶器

1. 第一单元陶器　2. 第二单元陶器　3. 第三单元陶器

发表了两篇文章，将在浙江发现的这类遗存命名为"高祭台类型"的早期文化，并推论"马桥类型可能是和高祭台类型早期同时并存的两个类型"⑦。

2. 闽北地区遗存

与肩头弄第一、第二和第三个单元的陶器群相似的遗址在闽北发现很多，普遍分布于闽江上游的浦城县、武夷山市、光泽县、邵武县、建阳市和松溪县等地。已经调查发现的遗址约 60 余处，部分遗址经过一定规模的发掘，如武夷山市的葫芦山下层、光泽县的马岭和汉坪山墓葬、浦城县的猫耳山（此遗址曾被称为"猫耳弄"或"猫耳拢"，现通称"猫耳山"）遗址、管九村社公岗 2 号墩外围的八座墓葬和邵武县的斗米山遗址等。其中以葫芦山、斗米山和猫耳山的发掘规模最大，发现了一批墓葬和陶窑，取得的材料在这类遗址中比较丰富。

（1）马岭遗址⑧

位于光泽县的马岭遗址在 1981～1983 年的福建省第二次文物普查中经过试掘，清理了两座残墓葬（M1、M2）。遗址位于崇仁乡池湖村东部一座山丘上，这两座墓葬均位于山丘的南部，为长方形浅坑。发现时陶器均已经暴露于地表，无人骨和葬具发现。M1 在发现时，其中部还被一条流水沟冲断，遭破坏较严重，但仍出土了 23 件陶器。M2 出土了 22 件陶器。这些陶器被分成硬陶和软陶两类，其中有 11 件器物内外均饰黑衣或褐衣。器形以凹底的高领罐为主，另外还有单把壶、杯、长嘴盉等。纹饰以拍印的条纹、方格纹、回形纹、菱形纹等为主，属于广义的几何印纹的范畴。发掘主持人林公务判断这群陶器与肩头弄的陶器群是完全雷同的，它们应该是同时代的遗物。这一判断显然是正确的。

从调查的简报分析，除了墓葬以外，马岭遗址还应该有居住或陶窑遗迹。在遗址的北部发现了红烧土圈，并在附近发现了石锛、陶纺轮、石镞等遗物。遗憾的是，马岭遗址从未进行过正式的发掘。所以，我们对此遗址的认识也一直局限在这两座残墓上（图四）。

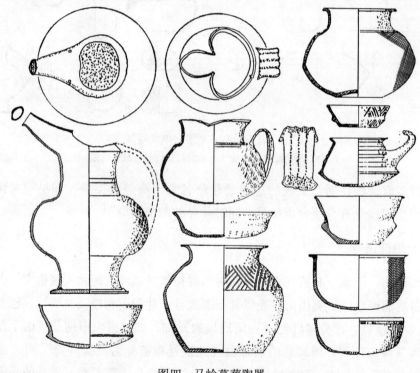

图四　马岭墓葬陶器

（2）葫芦山遗址⑨

1990～1992 年，福建省博物馆对位于武夷山市兴田镇西郊村的葫芦山遗址进行了三次大规模的发掘，发现了 23 座陶窑和一批建筑遗迹、墓葬，并出土了大量的陶器和石器，首次为全面认识这类遗存提供了系统的材料。

葫芦山是一座相对孤立的小山丘，文化堆积遍布山体，但以南坡堆积较厚。主要文化堆积可分五层，其中第 3 ~ 5 层文化内涵均以黑衣和褐衣陶片为主，其特征与马岭墓葬和肩头弄第一至第三单元的出土器物基本一致，表明其时代同时或相距不远。陶窑均发现于第 4 层下。陶窑废弃后，在其基址上建造了房屋，而第 4 层则为房屋废弃后的堆积，并含有较多的石锛、石镞等。第 5 层堆积较薄，主要是陶窑在使用过程中产生的废弃堆积。很显然，葫芦山是一处以生产陶器和居住为主的聚落遗址。

陶窑的发现是一个重大突破，为研究这一时期的陶器烧造技术和产地提供了重要材料。陶窑大都为横穴式，窑坑平面呈 "8" 字形。个别窑室呈圆形或长方形。部分窑室结构比较复杂，如 8 号窑有环窑壁的两条弧形火道，中间还有一条直火道，使火能更均匀地触及窑室的各个角落，显然有助于提高烧造陶器的成功率。

比较遗憾的是，这处重要遗址的发掘报告至今仍未发表，从而限制了学术界对其更深入的研究。最近我和当年发掘的主持人杨琮一起对该遗址进行了勘察，发现遗址地貌依然如旧，保存相当好。未来如果能对该遗址进行再发掘，系统采集有关年代、经济形态和环境的资料，将会极大促进对该遗址和同类遗址的认识。

（3）斗米山遗址[⑩]

斗米山遗址是继葫芦山遗址之后，福建省博物馆在闽北地区大规模发掘的另一处重要遗址。遗址位于邵武市沿山镇百樵村东一座孤立的山丘上，总面积约 7000 平方米，相对高程约 10 ~ 15 米，其东部有一条小溪流过。1995 年，福建省博物馆对该遗址进行了大规模发掘，发掘面积达 1402 平方米，发现了一批房屋、墓葬和大量的陶器、石器等文化遗物。

遗址的文化堆积有五层，根据出土遗迹遗物的特征，发掘主持人林公务将 3 ~ 4 层称为上层文化遗存，5A ~ 5B 层为下层文化遗存。下层文化遗存是与牛鼻山文化同时的新石器时代晚期文化，而上层文化遗存特征与马岭墓葬、葫芦山遗址和肩头弄第一至第三单元的出土器物基本一致，表明它们属于时代相近的同一类文化遗存。发掘主持人林公务认为这是该地区新石器时代末期遗存，或是新石器时代至青铜时代的过渡期。

上层文化的遗迹包括 7 个灰坑和 15 座墓葬。墓葬多为浅土坑墓，除了成组的可复原的器物外，未发现人骨和葬具。这批墓葬主要分布在遗址的北部，大小不一，大者长 5 米多，小的仅长 1.5 米左右。随葬器物最多的有 11 件陶器，多数只有 2 ~ 3 件。这表明遗址的北部应该是当时聚落的墓地，而南部则为居住区。

出土的数万件陶片（器）、玉器和石器极大地丰富了对该类遗存的认识。墓葬中出土的完整和可复原陶器约 51 件，其中 80% 以上施黑衣，以形态繁多的各式罐、尊和豆为主。第 3 层出土的陶片中，除了与墓葬中相同的器物外，还包括双耳罐、双耳壶和数量较多的纺轮等新器类，而且印纹硬陶的数量明显增加，在年代上比墓葬要晚。出土的石器仍以锛、镞、斧、刀、凿为主，但也新发现了石戈、石矛等武器。玉器只发现了三件，器形为锥、玦和环。比较有意思的是，这些石、玉器均发现于地层堆积中，而不见于墓葬。这一点与下文化层墓葬中随葬玉器的做法是完全不同的。

斗米山的发掘，以明确的地层关系表明，以黑衣陶为主的遗存是晚于以红陶为主的牛鼻山文化遗存的，这就为建立闽北地区的史前考古学文化序列提供了可靠的地层证据。但是，遗憾的是斗米山遗址未能进行系统的年代测定。发掘主持人林公务根据对周边地区含相似文化因素的遗址的比较，推测上文化层的年代在距今 4000～3500 年间，而下文化层的年代则为距今 5000～4500 年。

（4）猫耳山遗址⑪

猫耳山遗址位于浦城县仙阳镇西南约 1 公里处的山坡上。2005 年，为了配合高速公路建设，福建博物院、南平市博物馆和浦城县博物馆对该遗址进行了抢救发掘，发现了 9 座陶窑和一批墓葬。这一发现被评为当年度全国十大考古发现之一。

已经发掘的九座陶窑分布在相邻的两个山坡上，其中六座为椭圆形窑，一座为圆形，另外两座为长条形，是早期龙窑形态。窑内和废弃堆积中出土的陶片绝大部分为黑衣陶。这是继葫芦山发现之后，在闽北地区发现的第二处陶器烧造场所。在附近发现的墓葬，除少数属牛鼻山文化时期外，绝大多数都以黑衣陶和黑衣几何印纹陶器为随葬品，特征与马岭墓葬、葫芦山遗址和肩头弄第一至第三单元的出土器物基本一致，表明它们属于时代相近的同一类文化遗存。

（5）社公岗 2 号墩外围墓葬⑫

社公岗位于浦城县管九村的山下自然村西面，处于北部高山群脉向南延伸的长条形山岗上。2005 年 1 月至 2006 年 12 月，为配合浦南（南平—浦城）高速公路的工程建设，福建博物院与福建闽越王城博物馆联合组成考古队，在此进行了抢救性发掘，获得了一批重要资料和成果，被评为 2006 年度全国十大考古发现之一。主要发掘清理了 6 座土墩，其中在 2 号墩 PSD2M01 的外围四面清理出了 8 座墓葬，多为无墓圹平地掩埋和无规则浅坑形制，出土随葬器物多为黑衣陶，器形有罐、豆、盂等，其装饰风格和器物形态与马岭墓葬、葫芦山遗址、斗米山上文化层和肩头弄第一至第三单元的出土器物基本一致。

这八座墓葬的形制和随葬品情况如下：

PSD2M1 距地表深 1.8 米，无墓圹，墓底较平，出土成组随葬器物 6 件，其中五件为一组，另一件距离此组向北约 0.7 米，南北向分布。均为黑衣陶和印纹陶器。器形有罐、豆、盂等，豆体还刻有一些符号，纹饰拍印有菱格纹、方格纹等。

PSD2M2 分布在东南部，距 M01 南部东壁约 2.3 米，距地表深 1.1 米。无墓圹，墓底较平，出土一组较集中的随葬器物 4 件，均为陶器。器形有罐、豆、盅等，纹饰有弦纹及拍印菱格纹。

PSD2M3 距地表深 1.6 米，无墓圹，墓底较平。出土随葬器物 3 件，呈东西向直线排列，间距分别为 0.1 米与 0.8 米。器类为黑衣、赭褐衣陶和印纹陶，器形有罐、豆等，纹饰为拍印方格纹、篮纹等。

PSD2M4 距地表深 1.5 米，无墓圹，墓底较平。出土随葬器物 3 件，呈南北向直线排列，间距分别为 0.1 米与 1.1 米，均为黑衣陶器。器形有罐、豆等，其中豆体内刻有符号。纹饰为拍印方格纹。

PSD2M5 距地表深 2 米，为不规则梯形浅坑墓，东西长 2.6 ~ 3 米、南北长 2 ~ 2.8 米、深 0.1 ~ 0.6 米，墓底较平。出土随葬器物 3 件，三角形分布，南北向间距 1.1 米，东西向间距 1.9 米，均为赭、黑衣陶。器形有扁体罐、豆，豆体内刻有符号。纹饰为拍印篮纹。

PSD2M6 距地表深 1.7 米，无墓圹，墓底较平。出土随葬器物 3 件，呈三角形分布，间距均为 1 米。器形有陶盆、黑衣陶豆。

PSD2M7 距地表深 1.5 米，无墓圹，墓底较平。出土随葬器物 5 件，呈"7"字分布，其中一组为 3 件，向西 2.6 米置 1 件，向南 1.1 米置 1 件，均为黑衣陶器。器形有罐、豆等，纹饰有弦纹及拍印菱格纹等。

PSD2M8 距地表深 2 米，呈方形坑，边长 0.72 米、深 0.15 ~ 0.2 米。出土器物 2 件，一件为黑衣陶篮，一件为陶拍形器。

在这八座墓葬中，有六座未发现墓坑。很遗憾的是，由于后期的破坏，已经无法判断是否有土墩的存在。成组的陶器均被埋在深 1 ~ 2 米的地下，很有可能当时是有土墩的。果真如此，它们就应该是目前已知最早的土墩墓，对研究土墩墓的起源具有重要意义。

3. 文化命名与年代问题

很显然，这类遗存的分布范围是相当大的，其中心区域是闽江上游的南浦溪流域、崇阳溪流域、富屯溪流域和浙江西南山地。林公务曾将闽北地区的这类遗存称为"马岭类型"[13]。但是，由于马岭遗址只试掘清理了两座孤立的墓葬，材料较少，已经很难代表这类遗存，因此应该重新考虑命名问题。由于葫芦山是发掘时间最早、同时也是发掘规模最大的遗址之一，取得的材料在这类遗址中是较丰富的，我建议将其统一称为"葫芦山文化"。

在猫耳山和社公岗 2 号墩外围的八座墓葬获得的一批 ^{14}C 测年数据，为我们初步判断这批遗存的年代提供了依据。社公岗 2 号墩下八座墓葬出土的木炭测年距今 4600 年，年代略偏早。猫耳山窑址的 10 个木炭标本^{14}C 测年最晚的距今 3465 年，最早的距今 4070 年。由于这批测年数据的详细情况尚未发表，而且大部分重要遗址都缺乏测年数据，故目前尚无法进一步探讨其精确的年代范围和分期情况。不过，根据已有的这些数据，这类文化遗存的主体年代应该在距今 4000～3500 年之间。这与马桥文化的年代范围（距今 3900～3200 年）有很多重合之处。可以说，二者有至少近半个世纪的时间是共存的。

葫芦山文化与太湖和杭州湾地区的马桥文化的陶器与石器群的差别是巨大的。最明显的就是葫芦山文化根本不见鼎、甗等三足器和觯、觚等饮器，而鼎、甗、觯、觚等则是太湖和杭州湾地区的马桥文化的主要器物。即便是两地均有的罐类器物，除了共有的凹底特征以外，其他在陶质、陶色和装饰纹样等方面均差异很大。葫芦山文化的陶器群绝大多数都通体施加黑衣，但黑衣陶在马桥文化中只占少数。在石器特征上，二者的差异更大。葫芦山文化根本不见马桥文化的有段石锛和斜柄石刀。到目前为止，葫芦山文化仍未发现任何青铜器，很有可能仍处于新石器阶段，这也与马桥文化有很大不同（图二~四）。

这两个差异如此大的器物群，根本不可能划归为同一个考古学文化中。从年代上讲，两个器物群也基本是同时代的，不存在前后传承关系。很显然，马桥文化的主体不是发源于浙西南和闽北地区，而是另有来源。由于目前对处于良渚文化和马桥文化之间的广富林文化的认识还很不全面，因而对马桥文化是否是广富林文化的延续目前还无法作出判断。不过，正如很多学者所指出的，马桥文化的陶器显然是受到了北方二里头文化、岳石文化和二里岗文化的很多影响，但在石器特征上，却更多的是承袭了良渚文化的特点。所以，马桥文化很可能主要是外来北方文化因素与环太湖地区原有文化的混合变化体，在文化的形成过程中，也接受了来自南方的一些影响（如鸭形壶等）。但是，马桥文化不是发源于浙西南和闽北地区的移民文化，这一点是很明确的。

三　马桥文化与越国的兴起

马桥文化是否能与东周时期强盛一时的越国文化联系在一起，也是东南沿海青铜时代考古的重要问题之一。这包括两个互相关联的问题。其一，马桥文化是否有国家组织？其二，马桥文化的后续文化是否为越国早期文化？

马桥文化是否有国家组织，目前的考古材料尚不足以说明问题。已经发掘的马桥文化的遗址，似乎都是等级一般的小型聚落，既无大型宫殿式的建筑遗迹，也无高等级的墓葬。不过，马桥文化分布范围涵盖了杭嘉湖地区和宁绍平原，比良渚文化的分布区小不太多。在这一区域之内，文化特征表现出很强的相似性，可见其文化凝聚力仍然是很强的，其社会组织应该是较复杂的。不过，马桥文化是否已经有了早期的国家，仍待更多的考古材料来证明。

马桥文化与越文化的关系，是探讨越国早期历史的关键问题之一。这一问题直接关系着越国何时立国。司马迁在《史记·越王句践世家》中称越王句践的先祖为大禹之后，"封于会稽，以奉禹之祀。文身断发，披草莱而邑焉"。但越国真正有确切记载的历史还是从春秋末年的允常即句践的父亲开始，在这之前的历史只是传说而已。越国王族与大禹的关系也无法确证为信史。可以说，越国早期的历史只能依靠考古材料来重建。根据《史记》的记载，至迟在春秋时期，越国就已经占有杭州湾和太湖地区的大部分地区，其立国应该早于春秋，而在成立国家以前，还应该有较长的社会组织复杂化的过程。

春秋时期的越国的疆域与马桥文化的分布区基本上是吻合的，但越文化发端是否可以追溯到马桥文化时期，仍然需要考古材料来说明。马桥文化消失于公元前 1200 年左右，相当于中原的商代晚期。马桥文化之后，一直到春秋时期有史记载的越国，这中间有半个多世纪的时间，长江三角洲和浙江东部的历史文化是延续的还是有断层？对于这一问题，学者们的认识虽然有一定分歧，但绝大多数人都同意文化的延续性很强，马桥文化至少应该是越文化的来源之一，或就是越文化的先驱。

较早将马桥文化与越文化联系在一起的是黄宣佩和孙维昌，他们提出，马桥类型文化就是后来越文化的先驱[14]。这一观点得到了很多学者的赞同。譬如，张敏认为东周时期的吴、越两国疆域不同，吴国在宁镇地区，而越国的疆域在太湖地区。马桥文化的去向，应该是太湖地区的周代文化遗存，即越文化[15]。戴宁汝则直接将马桥文化上限定在中原夏商时代，下限则为春秋战国之际，并将太湖地区的周代文化命名为"马桥文化晚期"[16]。其他学者如杨楠[17]、田正标[18]、董楚平[19]等均提出了类似的观点，认为马桥文化是越文化的一个发展阶段。

宋建则认为环太湖地区的马桥文化是吴文化的祖先文化之一[20]。宋氏的观点是，环太湖地区在马桥文化之后，以上海金山亭林遗址和寺前遗址为代表，发展出了一种新文化，称其为"后马桥文化"。从陶器特征的连续性看，"后马桥文化"显然是由马桥文化延续而来，并进一步发展为吴文化的一部分。李伯谦则将马桥文化的去向分成两部分，其中一部分与湖熟文化融合，成为吴文化的一部分；而另一部分南下成为越文化的来源之一[21]。

我同意大多数学者的观点，认为无论从分布地域上，还是从文化的延续性来看，马桥文化应该是东周时期强盛的越国文化的祖先文化，即越国文化的先驱。从考古材料来看，在马桥文化之后，一直到春秋时期有史记载的越国，这中间半个多世纪的时间，长江三角洲和浙江东部分布着以土墩墓葬为代表的遗存，其文化的延续性是比较清楚的。不过，由于目前仍无法确定马桥文化是否已有国家组织，所以越国何时立国仍不清楚。

根据司马迁的记载，在春秋末年允常王越之时，越国显然已具备一定的势力，并已经开始与吴国交恶。绍兴的印山大墓多被认为是允常之墓，墓葬规模之大、制度之考究，堪与同时期中原诸国的王侯墓相媲比，也表明了越国的实力非同一般[22]。其子句践于公元前473年灭吴而会当时的大国齐、晋于徐州，"越兵横行于江、淮东，诸侯毕贺"（《史记·越王句践世家》），越一时称霸中国。从公元前473年至公元前333年的140余年时间，是越国国力最强的时期。

随着越国与中原诸国交往的加深，越国的文化也发生了深刻的变化，最明显的是上层贵族社会在礼仪制度方面的中原化。关于东周时期越国文化的变化趋势，李伯谦认为其文化主流与吴文化一样，都受中原和楚影响很深，应该将它们从百越文化中分离出来，而作为中原为主体的统一的青铜时代文化的一部分[23]。陈元甫根据印山大墓的形制，也认为越文化在春秋末年发生了重大变化，王室成员墓葬制度受到了秦国很大的影响，如带墓道的深穴、填膏泥和积炭、外围有隍壕等特征[24]。不过，印山大墓的"人"形木椁和船形独木棺是中原各国所不见的，表明越国并没有完全中原化，在物质文化上和礼仪上仍保留了很多本地传统。孙华也认为印山越王墓仍然是以本地特点为主，但不同意陈元甫的秦国影响说。孙氏认为印山大墓的曲尺形封土形状、环壕和神道的形式是承受周代制度，是对中原诸国王陵制度的模仿，而不是秦国直接影响的产物[25]。一般认为印山大墓是春秋晚期越王允常的王陵，其埋葬方式当代表了越国贵族阶层的一般特点，即在以本地传统为主的同时，已经开始接受中原的很多影响。在江苏鸿山、浙江长兴和安吉等地发现的大型越国贵族墓，均反映了类似的特征。这种趋势一直延续到战国中期越国亡国。从这一点来讲，越国文化的区域特征是非常明显的，不应该作为东周时期中原青铜时代文化圈的一部分。

越国尽管有百余年的强盛，但在战国初期各国互相征伐的格局中，成败转化往往是瞬间之事，而某次战役的失败往往能决定一个国家的命运。越国就是在自己挑起的一场战争中灭亡的。公元前333年，越王无疆伐楚，"楚威王兴兵而伐之，大败越，杀王无疆，尽取故吴地至浙江，北破齐于徐州。而越以此散，诸族子争立，或为王，或为君，滨于江南海上，服朝于楚"（《史记·越王句践世家》）。

如果从公元前1900年左右的马桥文化开始作为越国或越国文化的发端，至公元前333年越国被楚国灭亡，越国文化在东南沿海的北部地区延续了近1600年，对该地区的历史进程产生了重大影响。

四　闽越国的建立及其与越国的关系

根据司马迁的记载，越国亡国以后，其王室贵族阶层大都逃亡海上，或为王，或为君，而在秦代和汉初统治闽越国的王室就是越王的后代。《史记·东越列传》："闽越王无诸及越东海王摇者，其先皆越王句践之后也，姓驺氏。秦已并天下，皆废为君长，以其地为闽中郡。"后来无诸和摇均率众辅汉伐秦，"汉五年，复立无诸为闽越王，王闽中故地，都东冶"。这是最早关于越在亡国以后，其后裔向浙江南部沿海和福建逃散的记载。司马迁的这条记载后来被史家广泛引用来说明汉代闽越国和东瓯国是由越国的后人建立的[26]。但是，福建和浙江南部地区的考古材料表明，历史的实际情况可能远比司马迁记载的要复杂得多。

福建地区汉代闽越国以前的文化，目前至少可以追溯到距今 6500 年左右的壳丘头文化。而且从目前的材料来看，在秦代以前，沿海地区和内陆有不同的文化发展序列，林公务称之为"面向内陆的文化圈"和"面向海洋的文化圈"[27]。沿海地区的考古文化序列为壳丘头文化（6500 ~ 5500BP）—昙石山文化（5000 ~ 4300BP）、大帽山文化（5000 ~ 4300BP）—黄瓜山文化（4300 ~ 3500BP）—黄土仑文化（约 3500 ~ 3000BP）、浮滨文化（约 3500 ~ 3000BP），内陆地区目前已知的序列为：牛鼻山文化（约 5000 ~ 4500BP?）—葫芦山文化（或称"马岭类型"）（4000 ~ 3500BP）。至迟在黄瓜山文化时期，沿海和内陆的文化的相似性开始增多，有趋同的趋势。至青铜时代以后，两地的相似性更加明显。大多数考古学者以此为依据，多认为闽越国文化是福建本地发展起来的土著文化，闽越国应该是生活在福建的土著人所建立的[28]。

但是，强调闽越国悠久的历史文化传统，并不能否认在其立国的过程中，是否有外来的影响。福建地区的早期国家形成于何时，目前仍是一个没有解决的问题。目前所能看到的可以反映国家形态的考古材料，最早也只能追溯到战国晚期或秦代，而这时已经是越国亡国一个多世纪以后的事情了。越国的亡国是因为自己伐楚而造成的，是突发性的事件。这在战国时期虽非罕见，但越国毕竟是雄霸东南一百多年的强国，国虽被楚所灭，但逃亡的王室诸子在各地仍然称君称王，显然仍具有相当实力。他们中的一支在逃到闽地以后，很有可能促进了当地国家的形成过程。从另一个角度讲，司马迁在《史记》中对上古之记载虽多有传说成分，但战国中晚期之事对他来说，已基本是近代史的范围，其记载的可信度应该是很大的。所以，闽越国的最终形成是否与公元前 333 年以后逃亡的越国贵族有关系，仍然是一个有待探索的问题。

福建闽越王城博物馆 2001 年在牛山的发掘，为研究闽越国和越国王室贵族之间的联系，提供了珍贵的线索[29]。牛山位于武夷山汉城遗址的东北部，1 号大墓独占一座山头。封土呈长方形覆斗状，基座东西长 46 米、南北宽 33 米、现存高度 7 米。封土顶部东西长 4.6 米、南北宽 3.3 米。这一高大的封土堆系人工夯筑而成，每层夯土厚 10 ~ 20 米。墓坑平面呈"甲"字形，分墓室、甬道和墓道三部分，总长 32 米。墓室长 10.2 米、宽 5 米、深近 8 米。这是目前发现的汉城遗址区内规模最大的墓葬，其墓主人至少是西汉初期的闽越国的高级贵族，或者就是闽越国的某位国王的王陵。墓葬结构有三点特别引人注目：

第一，墓葬呈东西向；

第二，木椁室被分为前、后两部分，后室木椁呈"人"字形结构，椁外填筑大量木炭；

第三，甬道外设专门的器物坑。

这三个特征均与东周时期的越国贵族墓葬基本相似，其中"人"字形木椁更是与印山大墓完全一致。发掘主持人杨琮据此认为，牛山大墓的主人应该是印山越王墓主人的后裔，支持司马迁在《史记》中的记载。杨氏的这一解释已经得到了很多学者的支持[30]。不过，应该指出的是，牛山大墓毕竟晚于印山大墓二百余年，不仅规模小得多（印山墓口长46米、宽19米、深12.4米，墓道长54米，比牛山大墓大近4倍!），在墓葬形制上也有很多不同之处，如印山大墓的隍壕、神道等均不见于牛山大墓；印山大墓的封土堆呈曲尺状，而牛山大墓则为覆斗状；印山大墓墓道在东，而牛山大墓的墓道则在西侧，表明其丧葬方位观念不一样；印山大墓的墓室分为前、中、后三室，而牛山大墓只有前、后两室。如果将二者共有的"人"字形木椁理解为文化的传承关系，那么也应该对它们之间的差别作出合理的解释。从大的时代背景看，牛山大墓的埋葬年代已经是西汉时期，闽越国尽管在政治上还有很大的自主权，但上层贵族已经接受了很多汉文化。闽越王城内的宫殿建筑形态和所使用的建筑材料如瓦、砖等，均已与中原相似，表明闽越国的文化发生了较大变化。牛山大墓与印山大墓的差别可以解释为时代不同所造成的。不过，由于福建地区战国中、晚期的考古材料仍然缺乏，而越国国王之陵墓目前确认的也只有春秋末年允常的印山大墓，允常之后自句践至无疆七代越国国王的陵墓仍不知在何处。所以，牛山大墓的主人是否为允常的后代，在考古材料上仍有很多年代缺环。从已知的考古材料来看，"人"字形（或称三角形）木椁似乎不是越国王室贵族独有的葬制。这种形态的木椁在浙江东阳县前山和安吉县龙山的战国大墓也有发现[31]。2005年，南京博物院在吴国故地今江苏省的句容和金坛，于土墩墓上发现了两面坡的木棚建筑痕迹，发掘主持人林留根等认为这种建筑实际上就是断面呈三角形的两面坡椁室，与印山越王墓"人"字相似，而时代明显偏早[32]。这一发现表明，"人"字形木椁建筑有可能是青铜时代东南沿海地区流行的一种墓葬建筑形式，只是由于目前已发掘的大部分墓葬棺椁都已经严重朽坏，以至痕迹不存，所以目前发现仍然很少。木椁顶部呈两面坡形式的墓葬，在东周时期中原的部分墓葬中也有发现[33]。所以，探索牛山大墓与越国王室成员之间的关系，"人"字形木椁固然是很重要的特征，但要确定墓主人之间的血缘关系，仍然显得单薄（图五）。

牛山大墓的发现，虽然为研究闽越国王室与越国王室之间的关系提供了线索，但还

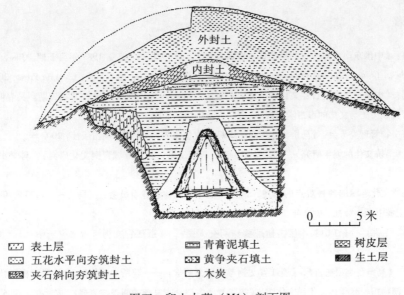

表土层　　　　　　　青膏泥填土　　　　　树皮层
五花水平向夯筑封土　黄争夹石填土　　　　生土层
夹石斜向夯筑封土　　木炭

图五　印山大墓（M1）剖面图

不能确证秦汉时期闽越国的王室就是战国时期越国王室的后代。也就是说，闽越国的建立，是否与逃亡的越国贵族有联系，仍然是一个有待研究的问题。这一问题的解决，仍然需要加强福建地区战国中、晚期的考古研究，而闽北以闽越王城为中心的区域应该是一个重要地区，如未来能在该地区进行系统的聚落调查和重点发掘，或许能在这一东南沿海重要考古问题上取得突破。

后记：

1993 年陪同安先生去江苏省及浙江省考察土墩墓和支石墓，这是我第一次身临其境体验东南沿海地区的青铜时代文化。时先生虽已愈七旬高龄，但仍和我们一起翻山越岭实地考察，每到一地总是谦逊地向当地的学者同仁问情况，从不以资深专家或"权威"自居。我师从先生经年，有很多学问都是由先生引进门的，对东南沿海地区的青铜时代文化的认识更是如此。先生对所有的学生都倍爱有加，最让我们这些门生难于忘怀的是先生从不以自己的见解约束学生，而是鼓励我们大胆探索、勇于创新，但立论一定要广采百家，言必有据。岁月匆匆，如今先生竟已仙逝五载，而东南沿海的青铜时代考古也发生了很大变化，谨以此文追思先生！

本文在写作过程中，曾得到福建博物院的杨琮先生、范雪春先生、林公务先生，厦门大学的吴春明先生，浙江省文物考古研究所的陈元甫先生、王海明先生、孙国平先生，南京博物院的张敏先生和上海博物馆的宋建先生的大力帮助和支持；文中的部分观点就是在与上述诸先生的讨论中产生的，对此深表谢意！

注 释

① 张光直：《中国东南沿海考古与南岛语族起源问题》，《南方民族考古》1987 年第 1 期。Jiao, T. , *Neolithic of Southeast China*: *Cultural Transformations and Regional Interactions*. New York: Cambria Press, 2007.

② 林惠祥：《中国东南区新石器文化特征之一：有段石锛》，《考古学报》1958 年第 3 期。吴春明：《中国东南土著民族历史与文化的考古学观察》，厦门大学出版社，1999 年。

③ 上海市文物管理委员会：《马桥——1993～1997 年发掘报告》，上海书画出版社，2002 年。

④ 宋建：《马桥文化的编年研究》，载高崇文、安田喜宪主编《长江流域青铜文化研究》，科学出版社，2002 年。

⑤ 有关马桥文化起源的各种观点的综述，请参阅上海市文物管理委员会：《马桥——1993～1997 年发掘报告》，上海书画出版社，2002 年。

⑥ 牟永抗、毛兆廷：《江山县南区古遗址墓葬调查试掘》，《浙江省文物考古研究所学刊》，文物出版社，1981 年。

⑦ 牟永抗：《高祭台类型初析》，《浙江省文物考古研究所学刊——建所十周年纪念》，科学出版社，1993 年。

⑧ 福建省博物馆、光泽县文化局文化馆：《福建光泽古遗址古墓葬的调查与清理》，《考古》1985 年第 12 期。

⑨ 杨琮、陈子文：《葫芦山古陶窑窑址发掘的初步认识》，《福建文博》1993 年第 1、2 期；《武夷山发掘商代居址和窑群》，《中国文物报》1991 年 12 月 8 日。杨琮：《论福建史前时代的陶窑及陶瓷业的发展》，载《东南亚考古论文集》，香港大学美术博物馆，1995 年。

⑩ 福建省博物馆：《邵武斗米山遗址发掘报告》，《福建文博》2001 年第 2 期。

⑪ 福建博物院：《浦城仙阳商周窑址发掘的初步收获》，《福建文博》2006 年第 1 期。

⑫ 福建博物院、福建闽越王城博物馆：《福建浦城县管九村土墩墓群》，《考古》2007 年第 7 期。

⑬ 林公务：《福建境内史前文化的基本特点及区系类型》，载福建博物馆编：《福建历史文化与博物馆学研究》，福建教育出版社，1993 年；《光泽古墓葬出土陶器的类型学考察——兼论闽北地区史前文化发展序列》，《福建文博》1990 年第 2 期。

⑭ 黄宣佩、孙维昌：《马桥类型文化分析》，《考古与文物》1983 年第 3 期。

⑮ 张敏：《宁镇地区青铜文化谱系与族属研究》，《南京博物院建院 60 周年纪念文集》，1993 年；《宁镇地区青铜文化研究》，高崇文、安田喜宪主编：《长江流域青铜文化研究》，科学出版社，2002 年。

⑯ 戴宁汝：《太湖地区周代文化初探》，《东南文化》1998 年第 2 期。

⑰ 杨楠：《江南土墩墓遗存研究》，民族出版社，1998 年。

⑱ 田正标：《关于马桥文化的几个问题》，《纪念浙江省文物考古研究所建所二十周年论文集》，西泠印社，1999 年。

⑲ 董楚平：《吴越文化新探》，浙江人民出版社，1988 年。

⑳ 宋建：《马桥文化的去向》，《中国考古学会第九次年会论文集》，文物出版社，1993 年。

㉑㉓ 李伯谦：《中国青铜文化的发展阶段与分区系统》，《华夏考古》1990 年第 2 期。

㉒㉔ 陈元甫：《绍兴印山越王陵葬制的初步研究》，载高崇文、安田喜宪 主编《长江流域青铜文化研究》，科学出版社，2002 年。

㉕㉝ 孙华：《绍兴印山大墓的若干问题》，《南方文物》2008 年第 2 期。

㉖ 吕思勉：《中国民族史》，上海世界书局，1934 年。何光岳：《百越源流史》，江西教育出版社，1989 年。

㉗ 林公务：《福建境内史前文化的基本特点及区系类型》，载福建博物馆编《福建历史文化与博物馆学研究》，福建教育出版社，1993 年。

㉘ 蒋炳钊：《百年回眸——20 世纪百越民族史研究概述》，载蒋炳钊主编《百越文化研究》，厦门大学出版社，2005 年。吴绵吉：《于越、闽越应是独立的两个不同民族》，载吴绵吉著《中国东南民族考古文选》，香港中文大学中国考古艺术中心，2007 年。吴春明、林果：《闽越国都城考古研究》，厦门大学出版社，1998 年。

㉙ 杨琮：《近十年来闽越国遗存的考古新发现》，载蒋炳钊主编《百越文化研究》，厦门大学出版社，2005 年。

㉚ 陈元甫：《汉代东瓯国的发现与研究》，徐心希：《"万岁"瓦当与武夷山汉城性质再研究》，均载中国百越民族史研究会等编《百越研究》第一辑，广西科学技术出版社，2007 年。

㉛ 浙江省文物考古研究所、浙江安吉博物馆：《浙江安吉龙山越国贵族墓葬》，《南方文物》2008 年第 3 期。

㉜ 林留根等：《江苏句容、金坛土墩墓考古发掘收获》，载国家文物局主编《2005 中国重要考古发现》，文物出版社，2006 年。

作为家养动物的猫

陈 星 灿

（中国社会科学院考古研究所）

引　言

猫是人类最亲近的家养动物之一，它与人类的关系，在下面的这首诗里表现无遗：

山斋空叄小狸奴，性懒应惭受敝庐。

深夜持斋声寂寂，寒天媚灶睡藘藘。

花阴满地闲追蝶，溪水当门食有鱼。

赖是鼠嫌贫不至，不然谁护五车书。

这首由清代女诗人王姐撰写的诗篇，虽然是把猫冤枉了，但写景状物极为传神。郭沫若先生为猫翻案，他说"看来这位女诗人是把猫错怪了。猫的习惯，每在夜里活动，白天睡觉。脚跖有厚软的皮下组织，故行步无声。老鼠不来，正因有这猫在，并非嫌主人贫。主人既有'五车书'，似乎也不能算'贫'。老鼠绝迹，故猫只好追蝶、捕鱼，正是不懒的证据"。他还以猫的口吻做了一手诗回敬其女主人：

平等何分主与奴，持家我亦爱吾庐。

劳而无怨江有汜，冥不堕行伯玉藘。

怪汝昼眠恒化蝶，迎余腊祭亦无鱼。

卖贫还请扪心问，老鼠胡为不啮书①？

猫作为捕捉老鼠的能手和人类家庭宠物的特征至为明显。"温顺的猫舒适地生活在人类家中，感受并回应着人类关爱的场面"②，也着实让我们感觉造物的神奇。这显然是家猫的特征。

但是，家猫是从哪里来的呢？至少明末清初的中国人一般认为家猫是外来的。我们且看明末清初人张岱的《夜航船》："猫，出西方天竺国，唐三藏携归护经，以防鼠啮，始遗种中国。故'猫'字不见经传。《诗》有'猫'，《礼记》迎'猫'，皆非此猫也。"③《夜航船》是明末清初的一部小型百科全书，举凡风土民情、花鸟鱼虫、山川百草、技艺方术，多有有根有据的描述，可以视为当时国人对社会和自然知识的概括和总结。

学术界一般认为，家猫最初是由北非野猫（*Felis silvestris lybica*）演化而来。野猫（*Felis silvestris*）广泛分布在欧亚非洲各地，一般而言它们桀骜不驯，然而北非野猫却表现出异乎寻常的温顺友好，早在公元前2000年它们就进入古埃及的村庄帮助捕捉老鼠，并最终成为家猫。大约从公元前1450年开始，家猫的身影经常出现在埃及墓室壁画所描绘的聚会场景中，它们通常是坐在家具下面，就像今天其后代所喜欢做的一样④。

一般认为，家猫走出埃及，北到了欧洲，东北则顺着波斯、印度向远东传播，大约在公元初年来到中国⑤。这是迄今为止的主流看法，但是，中国的考古和文献材料又有什么样的结论呢？

中国考古材料所见的猫

猫在史前时代的许多遗址中被发现，一般被称为猫、野猫或者豹猫。出土"野猫"或"草原野猫"的遗址，据不完全统计，大约有如下几个⑥：

1. 湖南道县玉蟾岩（约距今12000～10000年）⑦
2. 广西桂林庙岩（约距今20000～10000年）⑧
3. 陕西西安半坡（仰韶文化，约距今7000～5000年）⑨
4. 陕西商县紫荆（龙山文化，约距今4850～4240年）⑩
5. 吉林农安左家山（新开流文化，约距今7500～6500年）⑪

出土"猫"的遗址，据不完全统计，大约有如下几个：

1. 广西桂林甑皮岩（甑皮岩文化，约距今12500～7600年）⑫
2. 陕西临潼姜寨（仰韶文化，约距今6100～5000年）⑬
3. 陕西华县泉护村（仰韶文化，约距今7000～5000年）⑭
4. 山东潍县鲁家口（龙山文化，约当4290±145～3895±115年）⑮
5. 河南汤阴白营（龙山文化，约距今4550～3840年）⑯

被称为"豹猫"的遗址，据不完全统计则有：

1. 河南淅川下王冈（仰韶文化，约距今6500～5000年）⑰
2. 山东兖州西吴寺（龙山文化，约当4165±135～4045±115年）⑱
3. 浙江余姚河姆渡（河姆渡文化，约距今7000～6000年）

这些都是史前时代的猫。其中推测可能为"家猫"（*Felis catus L.*）的，仅有河南汤阴白营和山东潍县鲁家口两处。

白营遗址出土一件较完好的猫的下颌骨，出土在灰坑中（78HTBT6H17），门齿、犬齿及第三前臼齿均遗失了，只剩下第四前臼齿和第一臼齿，臼齿的齿尖和齿刃也都损失了，"但其特征肯定为猫"[19]。它的下颌骨比较短小，牙齿也较小，第一臼齿（M1）的长度是 10 毫米，因此周本雄先生认为"根据测量的数字看来，汤阴白营遗址的猫骨骼，很可能是家猫的"。"我们可以说在龙山文化晚期，我国已有家猫。"[20]

同一研究者在研究了鲁家口的 21 种动物骨骼之后，发现有猫骨二件，占整个动物骨骼的 0.634%。虽然把猫列为"家畜"，但是又说"猫的标本很少，估计是家猫"。报告没有公布测量数据和观察特征[21]，猫骨的出土单位也不清楚[22]。

其余虽然都叫猫、野猫或者豹猫，但都被认为是野生的。比如公布测量数据的姜寨遗址，发现猫（*Felis* sp.）的带第三前臼齿和第一臼齿的右侧下颌骨（T20②:1）与带第四前臼齿和第一臼齿的左侧下颌骨各一件（T273③:7），分别出自第一、四期文化层。其中 T20②:1，$C-M_1$ 长 34.80 毫米，M_1 长 10.00 毫米，M_1 宽 5.00 毫米；T273③:7，$C-M_1$ 长 35 毫米，M_1 长 10.00 毫米，M_1 宽 4.6 毫米。研究者认为，猫的标本无论形态和大小几乎都和半坡的标本一致，与中国科学院动物研究所几件豹猫（*Felis bengalensis*）的大小也近似，并且相信"这种小型野生猫类的生境与虎基本相同，也是林栖的，它们以鸟类为食，间或也盗捕家畜"[23]。

河姆渡出土完整的猫的左右下颌骨各一件，编号为 YH26.1-2，第一颈椎（环椎）二件，编号为 YH26.3-4。其中齿列长 33-34.9，M_1 长度为 8.5 毫米。研究者认为"标本的形态特征，无疑是属于猫属（*Felis*）动物，个体大小上接近于野猫和野狗，从测量数据上看，大于野猫而远小于猫属其他种类，而和豹猫的大小非常接近"，因此定其为豹猫（*Felis bengalensis*）[24]。

西吴寺出土豹猫的遗骨一件，出土单位和测量数据都不明确，但也被研究者定名为豹猫（*Felis bengalensis*）[25]，只占全部出土骨骼数量的 1.5%。

半坡称为狸（*Felis* sp.）的标本，是一个左下颌骨，只保存了 M_1，M_1 长 9.6 毫米、宽 4.4 毫米。研究者指出"由大小判断，当为一种与家猫大小相似的狸。因为这种野狸的性情顽强，不易驯养，我们认为它不一定是家猫，而是野生的种"[26]。

跟汤阴白营遗址公布的疑为家猫的 M_1 的长度（10 毫米）相比，姜寨、半坡和河姆渡的标本都很与之接近，如果从形态大小观察，其间的差别很小。可惜出土标本样品数量少，公布的测量数据更少，很难加以详细的比较。

截至目前，经过动物考古学家鉴定并比较为学者肯定为家猫的骨骼，似乎都发现在汉代的遗址和墓葬中。2002 年，中国社会科学院考古研究所汉长安城工作队在汉长安城西南角遗址 T4 的第 3、4 地层内，发掘出土了多种动物的骨骼标本。"这批标本均为脊椎动物，以哺乳动物为主，全部标本可分为鱼类、爬行类、兽类，至少代表 11 个属种"，其中就包括猫科（*Felidae*）的家猫（*Felis domestica*）[27]。这件确定为"家猫"的骨骼是一件右尺骨，出土在第 4 层。其特征是：尺骨结节的前端略低于后端，尺骨结节的前端呈平坦圆滑形状，尺骨突内侧面后缘往下的小嵴在半月切迹的中部同一水平处隐藏不露，外侧面的小沟在尺骨下方有很长一段不明显，这些都是家猫尺骨的特征；尺骨长122 毫米，半月切迹的宽度为 7.6 毫米，与喙突同一水平处的前后径为 13.5 毫米，骨干中部最大径为 8.3 毫米，下端最大径为 8 毫米。据研究者介绍，"猫仅有一件尺骨，从其特征看，应为家猫。从骨骼测量数据看，该家猫应为一较大的个体，推测可能为人们饲养的宠物，由于食物充足，因而个体偏大"[28]。在中国的田野考古资料中，这被认为应是"迄今为止我们看到的可以确定为'家猫'骨骼的年代最早的鉴定数据，也是有关'家猫'的最为详尽的出土资料"[29]。

除此之外，北京大葆台汉墓出土的猫骨，也被认为可能是"墓主'纵养'的宠物猫的遗骨"[30]。在《北京大葆台汉墓》附录八《大葆台汉墓出土兽骨名称鉴定》中，涉及猫骨者共有五例。其一，出土于 1 号墓北回廊陶鼎内的 M1∶1，为猫（*Felis* sp.）股骨、胫骨、腰椎；其二，出土于 1 号墓北回廊的 M1∶5，为猫脊椎；其三，出土于 1 号墓北回廊中间大缸中的 M1∶6，为猫腰椎、荐椎、尾椎、跟骨、颈椎、股骨、盆骨、尺骨七枚；其四，出土于前室东壁（208 前）的 M1∶7，为猫股骨头；其五，出土位置未注明的 M1∶8，为猫盆骨。其中与 M1∶6 共存于 37 号陶瓮中的，还有兔（*Lupus* sp.）股骨二枚、山羊亚科（*Caprinae* indet）的股骨头和肱骨等[31]。发掘报告将此类骨骼列为"动物食品"[32]。但是王子今先生认为大葆台 1 号汉墓北回廊的猫骨 M1∶5 等，或许与该墓殉葬的豹与马一样，不应该判定为"动物食品"，而可能是主人的宠物猫。"可能以'纵养'的方式在防止鼠害的同时，丰富着主人的休闲生活"。至于骨骼分散出土的现象，他认为"亦可能与墓葬遭受盗扰有关"[33]。

大葆台汉墓出土的猫骨，还被认为是"科学发掘所获中国考古资料中目前所见年代最早、数量也最为可观的猫骨"[34]。

这两批汉代猫骨，前者是餐厨的垃圾；后者虽被认为可能跟殉葬的豹和马一样，是主人的"宠物"，但多数猫骨放置在陶器里，更应该是供给死者享用的"动物食品"；散落在陶器外的猫骨非常零星，虽然不能排除其作为"纵养"宠物殉葬的可能性，但与整体殉葬的马和豹至少在埋葬的表现形式上是不同的，它看起来更像是下葬时散落或盗扰后散落的遗骨。

相对于大量自新石器时代早中期开始出现的家猪和家狗的骨骸而言，猫的骨骸数量很少；而经过动物考古学家鉴定，推断可能为家猫的遗骨，也不过出现在上述四个遗址或墓葬。白营的猫骨出在灰坑里，大约是食余之物；鲁家口的出土单位不明；汉长安城的猫出在城墙西南角的地层里，它和其他家养和野生的动物一样，被认为是"守城官吏食用后弃置的"（马除外）⑤；而唯一出现在墓葬中的猫，也大多是出现在"食品罐"中，其作为宠物或家养动物殉葬和随葬的特征并不明显，这与新石器时代以来大量出现的犬、猪等家畜随葬，大异其趣，所以至少在汉代及其以前的考古学材料中，猫作为家养动物的特征并不显著。

中国文献中所见的猫

猫是老鼠的天敌。鼠在先秦文献中经常被提到，灭鼠的活动也被记录下来㊱。比如《诗经·豳风·七月》说："穹窒熏鼠，塞向墐户"㊲。是百姓用堵洞、抹墙和熏烧的方法，祛除鼠害。先秦时代的人民虽然对老鼠深恶痛绝，但是用猫灭鼠的方法却极罕见。猫在《诗经》中只出现过一次㊳，狸也仅在《诗经》中出现过一次㊴，两者都是被人狩猎的野兽，跟家猫有本质区别㊵。

捕捉老鼠的"猫"，最早见于周晚期的著作中。《礼记·郊特牲》云："迎猫，为其食田鼠也；迎虎，为其食田豕也，迎而祭之也。"农夫为了感谢以野猪和田鼠为敌的虎与猫，每年腊祭时，"迎而祭之"。猫虎并列，这种猫显然还是野猫之类的动物。先秦时代一般是把猫称为狸的。比如《韩非子·扬权篇》云："使鸡伺夜，令狸执鼠，皆用其能。"把司晨的鸡与捉鼠的猫相提并论，很可能这个猫就是某种程度的家养动物了。所以有学者认为用猫捕鼠不晚于战国晚期㊶。

但是，据《淮南子·泰族》"狸执鼠，而不可脱于庭者，为搏鸡也"的描述，汉代虽已用猫捕鼠，但似乎尚未彻底完成家猫的驯化㊷，这种狸与我们熟悉的蹲在主人膝上的家猫还有很大距离，也许只是捉来绑在庭院里吓唬老鼠而已。《齐民要术·种桑柘第四十五》云："《淮南万毕术》曰：'狐目狸脑，鼠去其穴。'注曰：'取狐两目，狸脑大如狐目三枚，捣之三千杵，涂鼠穴，则鼠去之矣。'"虽是巫术，也可能有一定科学道理，因为猫、鼠对彼此的气味都非常敏感。但狐、狸并举，说明这个"狸"还是野猫。

相反，先秦时代以狗捕鼠的风气，汉代甚至隋唐时代还在沿用，这在文献和汉画像石中都有反映㊸。

实际上，只是到了隋唐时代，养猫捕鼠的记载才开始出现并且不绝于书。比如唐孙思邈记述的"禁鼠耗并食蚕法"的咒术就说："咒曰：天生万虫，鼠最不良，食人五谷，啖人蚕桑，腹白背黑，毛短尾长，跳高三尺，自称土公之王，今差黄头奴子三百个，猫儿五千头，舍上穴中之鼠，此之妖精，咒之立死，随禁破灭，伏地不起。急急如律令。"㊹虽是咒语，说明时人对以猫克鼠的行为，了如指掌。《新唐书》卷七六《唐高宗废后王氏传》云："……良娣骂曰：'武氏狐媚，翻复至此！我后为猫，使武氏为鼠，吾当扼其喉以报。'"。猫鼠作为天敌的特性已为妇孺所尽知。宋代钱易著《南部新书》记唐朝"连山张大夫搏好养猫，众色备有，皆自制佳名。每视事退至中门，数十头曳尾延颈，盘接而入。常以绿纱为帷，聚猫于内以为戏。或谓搏是猫精"⑥。不惟如此，唐宋时代，猫也进入画家的视野，因而有学者认为，"到了唐代的时候，猫在中国肯定已经家喻户晓了"⑥。

家猫是从哪里来的？

虽然至迟秦汉时代已经开始利用野猫捕捉或者恐吓老鼠，但从先秦到汉晋时代的历代文献里，罕有养猫捕鼠的记载，养狗捕鼠反而是那个时代的风俗。养猫捕鼠的记载是从隋唐时代开始出现并且史不绝书的。那么家猫是从哪里来的？宋代的罗愿在其所著《尔雅翼》里这样说："猫乃小兽之猛者。初，中国无之。释民因鼠啮佛经，唐三藏禅师从西方天竺国携来归，不受中国之气。"罗愿距唐不远，这种说法，应该是有所根据的。前述明末清初张岱的《夜航船》，显然就是采用这种说法。按照这种说法，中国本无家猫，家猫最初是从印度传入的。不过也有学者相信这个说法有片面性，认为"在中国，从狸（野猫）至猫（家猫）的驯化过程，直至隋唐才完成"。只不过"盛唐时中西文化的交流，加快了中国驯化野猫的过程"⑥。简而言之，这种说法并不否认唐代可能有家猫从域外传来，但认为只不过是加快了中国正在进行的家猫驯化过程而已。

从考古学上看，目前出土所有汉及汉代以前的猫骨，都很难肯定是家养的猫，相反，从公布的测量数据看，却多跟豹猫的尺寸相近，因而也有不少直接鉴定为豹猫、狸或者草原野猫。

豹猫是我国广大地区常见的野生猫科动物，一直到上世纪 80 年代初，狩猎豹猫获取毛皮，全国的年产量还维持在 15 万张左右，其中河南的产量十分稳定，云南增长迅速，其他如广西、湖北、湖南、贵州等省则有不同程度的下降⑥。至于其他生物学上确知的野猫，中国至少还有八种，包括野猫（*F. silvestris*）、荒漠猫（*F. bieti*）、丛林猫（*F. chavs*）、兔狲（*F. manul*）、猞猁（*F. lynx*）、云猫（*F. marmorata*）、金猫（*F. temmincki*）和渔猫（*F. viverrina*）等，有跟家猫（*Felis catus*）大小体重接近的，但多比家猫体大⑥。因此，有学者考证，文献中所谓的狸，指多种中小型食肉动物，甚至包括灵猫科的灵猫⑥。

值得注意的是，豹猫是捕鼠能手，据说在唐代就有人饲养过，唐代以来文献中所谓的猫狸，据考证就被认为是今天分布在全国各地的豹猫⑥。但是豹猫也会窃食鸡鸭，而且警怯怕人，这与《淮南子·泰族》所记"狸执鼠，而不可脱于庭者，为搏鸡也"的狸，有异曲同工之妙，可见秦汉时代的所谓狸，恐怕也多是常见的豹猫罢了⑥。

从汉到唐，其间经历了七八百年的历史，无可否认家猫很可能早在玄奘取经以前已经进入中国，因此在唐代之前发现家猫并不奇怪[53]；但是如果我们的汉唐先祖试图驯养的是狸、豹猫或者其他几种野猫的话，那家猫很可能还是从埃及并通过波斯或者印度传入中国的，因为野猫性警怯顽强，是难以被驯化的。家猫在唐代之后才被国人广为知晓，至少说明唐代中西交流的加强，为家猫移居中国开了更大的方便之门[54]。当然，也有学者认为家猫的野生祖先是多源的，比如欧洲家猫起源于非洲山猫（*F. ocreata*），亚洲家猫起源于印度沙漠猫（*F. ornata*）等等[55]，这一点还需要从考古、动物考古和古DNA的研究上加以证实。

注　释

① 郭沫若：《读随园诗话札记》（手稿本）第 213～214 页，北京古籍出版社，2003 年。

② 凯瑟琳 M. 罗杰斯著、徐国英译：《猫》第 19 页，生活·读书·生活三联书店，2009 年。

③ 张岱著，袁丽校点：《夜航船》第 477 页，汕头大学出版社，2009 年。

④ 同②，第 14～15 页。

⑤ 同②，第 15～23 页。

⑥ 旧石器时代的猫类动物不算在内，这里仅以新石器时代早期以来的遗址为例。

⑦ 袁家荣：《湖南道县玉蟾岩 1 万年以前的稻谷和陶器》，见严文明、安田喜宪主编：《稻作 陶器和都市的起源》第 31～41 页，文物出版社，2000 年。另见中国社会科学院考古研究所：《中国考古学·新石器时代卷》第 94～96 页，中国社会科学出版社，2010 年。

⑧ 张镇洪、谌世龙、刘琦、周军：《桂林庙岩遗址动物群的研究》，见英德市博物馆、中山大学人类学系、广东省博物馆编：《中石器文化及有关问题研讨会论文集》第 185～195 页，广东人民出版社，1999 年。另见中国社会科学院考古研究所：《中国考古学·新石器时代卷》第 107～109 页，中国社会科学出版社，2010 年。

⑨ 李有恒、韩德芬：《半坡新石器时代遗址中之兽类骨骼》，见中国科学院考古研究所、陕西省西安半坡博物馆：《西安半坡》第 255～269 页，文物出版社，1963 年。研究者称之为狸（*Felis* sp.）。

⑩ 王宜涛：《紫荆遗址动物群及其古环境意义》，见周昆叔主编：《环境考古研究（第一辑）》第 96～99 页，科学出版社，1991 年。

⑪ 陈全家：《农安左家山遗址动物骨骼鉴定及痕迹研究》，见吉林大学考古学系编：《青果集》第 57～71 页，知识出版社，1993 年。

⑫ 李有恒、韩德芬：《广西桂林甑皮岩遗址动物群》，《古脊椎动物与古人类》第 16 卷第 4 期，1978 年。袁靖、杨梦菲：《甑皮岩遗址各期出土的水陆生动物》，见中国社会科学院考古研究所、广西壮族自治区文物工作队、桂林甑皮岩博物馆、桂林市文物工作队：《桂林甑皮岩》第 541～645 页，文物出版社，2003 年。

⑬ 祁国琴：《姜寨新石器时代遗址动物群的分析》，见西安半坡博物馆、陕西省考古研究所、临潼县博物馆：《姜寨》第 504～538 页，文物出版社，1988 年。

⑭ 王炜林：《猫、鼠与人类的定居生活》，《考古与文物》2010 年第 1 期。

⑮㉑�555 周本雄：《山东潍县鲁家口遗址动物遗骸》，《考古学报》1985 年第 3 期。

⑯ 周本雄：《河南汤阴白营河南龙山文化遗址的动物遗骸》，《考古学集刊（3）》，中国社会科学出版社，

1983 年。

⑰　贾兰坡、张振标：《河南淅川下王冈遗址中的动物群》，见河南省文物研究所、长江流域规划办公室考古队河南分队编：《淅川下王冈》第 429～439 页，文物出版社，1989 年。

⑱㉕　卢浩泉：《西吴寺遗址兽骨鉴定报告》，见国家文物局考古领队培训班：《兖州西吴寺》第 248～249 页，文物出版社，1990 年。

⑲　同⑯，第 49 页。

⑳　同⑯，第 50 页。

㉒　中国社会科学院考古研究所山东队：《潍县鲁家口新石器时代遗址》，《考古学报》1985 年第 3 期。

㉓　祁国琴：《姜寨新石器时代遗址动物群的分析》，见西安半坡博物馆、陕西省考古研究所、临潼县博物馆：《姜寨》第 521 页，文物出版社，1988 年。

㉔　魏丰、吴维棠、张明华、韩德芬：《浙江余姚河姆渡新石器时代遗址动物群》第 46～47 页，海洋出版社，1990 年。

㉖　李有恒、韩德芬：《半坡新石器时代遗址中之兽类骨骼》，见中国科学院考古研究所、陕西省西安半坡博物馆：《西安半坡》第 265 页，文物出版社，1963 年。

㉗　胡松梅：《西安市汉长安城城墙西南角遗址出土动物骨骼鉴定报告》，《考古》2006 年第 10 期。

㉘　胡松梅、刘振东、张建锋：《西安汉长安城城墙西南角遗址出土动物骨骼研究报告》，《文博》2006 年第 5 期。

㉙㉚㉝㉞　王子今：《北京大葆台汉墓出土猫骨及其相关问题》，《考古》2010 年第 2 期。

㉛　侯连海、王伴月、马凤珍：《大葆台汉墓出土兽骨名称鉴定》，见大葆台汉墓发掘组、中国社会科学院考古研究所：《北京大葆台汉墓》第 122～123 页，文物出版社，1989 年。

㉜　大葆台汉墓发掘组、中国社会科学院考古研究所：《北京大葆台汉墓》第 63 页，文物出版社，1989 年。

㉟　刘振东、张建锋：《西安市汉长安城城墙西南角遗址的钻探与试掘》，《考古》2006 年第 10 期。作者对动物遗存的解释让读者参见附录二，即动物骨骼鉴定报告，但是又说"据胡松梅先生鉴定，至少代表 11 个属种，有鲤鱼……草原斑猫、家马、家猪、家牛、羊，推测这些动物骨头大多是被守城官吏食用后弃置的，而家马则可能是为了守城部队服役的战马"。在这里，猫是作为"草原斑猫"出现的，并没有肯定它的家养性质。实际上单靠观察一个骨骼的特征和测量数据，要鉴定它的家养性质，也不一定靠得住。

㊱　在《诗经》里，"鼠"字凡 13 见，多数都跟老鼠有关。

㊲　今人是这样翻译这两句话的："堵塞墙洞熏老鼠，封闭北窗涂门户"。见金启华：《诗经全译》，江苏古籍出版社，1984 年，第 328 页。

㊳　《诗经·大雅·韩奕》："有罴有熊，有猫有虎。"

㊴　《诗经·豳风·七月》："取彼狐狸，为公子裘。"

㊵　一般解释猫和狸都是一种"野猫"，但是也有学者认为猫是"一种毛色浅淡的虎"，见高亨：《诗经今注》第 461 页，上海古籍出版社，1980 年。另参见：James Legge, *The Chinese Classics：The She King*, Taipei：SMC Publishing Inc. 1994, p. 230, p. 550.

㊶　彭卫、杨振红：《中国风俗通史·秦汉卷》第 401 页，上海文艺出版社，2002 年。

㊷　同㊶，第 402 页。

㊸　同㊶，第 402～403 页。江玉祥：《汉代石刻"狗咬耗子"与古代养狗捕鼠习俗》，《文物天地》1992 年第 1 期。

㉔ 《千金翼方校注》卷三十"禁经"下。转引自吴玉贵《中国风俗通史·隋唐五代卷》第 502 页，上海文艺出版社，2001 年。

㊺ 转引自江玉祥：《汉代石刻"狗咬耗子"与古代养狗捕鼠习俗》，《文物天地》1992 年第 1 期。

㊻ 同②，第 23 页。

㊼ 江玉祥：《汉代石刻"狗咬耗子"与古代养狗捕鼠习俗》，《文物天地》1992 年第 1 期。

㊽ 盛和林等：《哺乳动物学概论》第 420～421 页，华东师范大学出版社，1985 年。

㊾ 同㊽，第 193～195 页。

㊿ 李海霞：《古代动物名考（一）》，见黄金贵主编《解物释名》第 92～94 页，上海辞书出版社，2008 年。

51 同50，第 94 页。

52 许慎《说文》卷九称"猫"为"狸属"。《广韵》曰："狸，野猫。"先秦时代猫狸并称，所指当非一种野猫，但很可能大部分都是最常见的豹猫。而汉画像石上所见的猫，弓背，长尾高耸，像一只咆哮的"上山虎"，虽然被认为出现在仓房附近，但也应该是野猫，或许就是豹猫也说不定。参见李发林：《记山东大学旧藏的一些汉画像石拓片》，《考古》1985 年第 11 期。

53 湖南益阳东汉墓出土陶灶灶门两侧左侧立一人，右侧坐一猫，分别"立坐在灶门的踏板上"。如果"猫"的认定不错，这个猫跟汉代画像石所见的上山虎一般的猫确有不同，它跟灶、跟人的关系，倒是跟家猫的特征吻合，说明很可能到东汉中期偏早的时代，家猫就已经出现了。参见湖南省博物馆、宜阳县博物馆文化馆《湖南益阳战国两汉墓》，《考古学报》1981 年第 4 期。

54 宁夏固原北周田弘墓发掘时，在北宋灰坑里发现猫的遗骸一只，经中国科学院古脊椎动物与古人类学研究所研究员李有恒和国家博物馆研究员安家瑗先生鉴定，确认是家猫无疑。这说明唐代以后家猫已成为寻常之物。参见安家瑗《动物骨骼鉴定》，见原州联合考古队：《北周田弘墓》第 143～149 页，文物出版社，2009 年。这条资料承安家瑗研究员告知，特此感谢。

论开元通宝对古代日本货币制度的影响

——兼论开元通宝传入琉球列岛的经路

王 仲 殊

（中国社会科学院考古研究所）

唐高祖武德四年（621 年）新铸开元通宝钱，成为中国古代货币史上的一大变革。从此以后，中国铜钱仍然采取圆形方孔的形状，但钱文上不再标"两"、"铢"等重量单位，而改以"通宝"、"元宝"等为钱币的名称。唐代高宗时又铸乾封泉宝，玄宗以降续铸开元通宝，而肃宗曾铸乾元重宝，代宗则铸大历元宝，德宗铸建中通宝，武宗会昌五年（845 年）所铸开元通宝背面有字纪铸地，称"会昌开元"。此后，历代铜钱在形状和名称上皆大体承袭上述的唐钱。

开元通宝的钱文，据《唐书·食货志》所记，按上下右左之序而读，"开元"二字不是年号。当时流俗亦有将钱文自上及左环读作"开通元宝"的，"开通"二字亦非年号。因此，就"通宝"、"元宝"之类的钱名而言，开元通宝的钱文在中国古代货币史上虽具划时代的创新意义，但在钱文中冠年号实始于此前南北朝时代的"孝建四铢"、"太和五铢"、"永安五铢"，甚至追遡至 4 世纪初年、前期蜀中赵廞的"太平百钱"和成汉李寿的"汉兴"钱[1]，而唐代钱文之用年号则迟在此后的乾封泉宝、乾元重宝、大历元宝、建中通宝。宋以后的历代铜钱几乎都在钱文中冠年号，这应该是对高宗以后的各种唐钱钱文的承袭。

中国唐代继汉代之后，国势强大，版图辽阔，对外交往尤为繁盛。这样，开元通宝、乾元重宝、大历元宝、建中通宝等铜钱遂随之流传四方。据不完全统计，西自伊朗、乌兹别克斯坦、阿富汗、塔吉克斯坦、吉尔吉斯斯坦等西亚和中亚各地，东至朝鲜、韩国和日本，北自俄罗斯和蒙古，南至越南等许多外国境内亦多有以开元通宝为主的唐代铜钱发现，其流传范围甚至远及非洲的东部[2]、西伯利亚的南部[3]、太平洋西部海中的南沙群岛[4]，等等。本文专就开元通宝对我国东邻日本古代货币制度及社会经济生活的影响作叙述，特别是对开元通宝在琉球列岛各地的大量传入作论考，以究明久已存在的关于传入经路的问题，从而为古代中日两国交流史的研究增添新的篇章。

（一）

7 世纪初年日本开始派遣遣隋使，30 年代以降又派遣遣唐使，许多留学生、学问僧随之以往，在各方面向中国学习，取得丰硕成果，从而导致公元 646 年称为"大化改新"的新政的实施。从此以后，日本的政治体制、社会经济和文化事业不断进步、发展，终于使律令制国家的建设得以完成。

据《弘仁格式》所记，天智天皇七年（668 年）曾制定近江令。据《日本书纪》记载，天武天皇十年（681 年）下令编纂律令，其中的令于持统天皇三年（689 年）颁布，即所谓飞鸟净御原令，而律却不曾制定。此后，经多年努力，遂于文武天皇大宝元年（701 年）编成新的律令，称为"大宝律令"。于是，日本作为一个政令统一、法制齐备的国家，面貌一新。

一般认为，日本最初的本国钱币是元明天皇和铜元年（708 年）发行的"和同开珎"。"同"字为"铜"的简略，其先例可追溯到 3 世纪邪马台国时期的铜镜铭文，镜铭中的"同出徐州"、"用青同"之类的"同"字无非为"铜"的简体。但是，据《日本书纪》记载，天武天皇十二年（683 年）四月壬申诏曰"自今以后，必用铜钱，莫用银钱"，持统天皇八年（694 年）三月乙酉则有"拜铸钱司"的举措。加之《续日本纪》仅记元明天皇和铜元年（708 年）"始行银钱"、"令近江国铸铜钱"、"始行铜钱"等，而不记钱的名称，乃以为和铜元年之前早已行和同开珎钱，故《续日本纪》无须记钱名。因此，某些研究者提出新说，认为早在元明天皇之前，日本已行本国钱币，可称"古和同钱"，而"同"字非"铜"的简体，"和同"二字为和睦协同之意，不是年号，云云。应该指出，对于此种异论，我是坚决反对的。我认为《日本书纪》所记天武天皇诏书中的"铜钱"应是"富本"钱，而"银钱"则无文字，此种无文银钱与富本（铜）钱的实物在日本皆有出土。总之，和同开珎始铸于元明天皇和铜元年（708 年），这是不容置疑的。

元明天皇在藤原京即位之翌年（708 年）正月，武藏国秩父郡献和铜，乃改元为和铜元年。日本古昔用铜，颇有自中国大陆或朝鲜半岛输入者，故称本国所产善铜为"和铜"，以为区别。《续日本纪》中有"和铸诸器不弱唐锡"之语，可供说明。关于铸钱之事，按通常对《续日本纪》有关记载的理解，应该是先在和铜元年五月发行银钱，同年七月又令近江国铸铜钱而于八月开始发行，所发行的银钱、铜钱即为传世的和考古发掘调查发现的和同开珎，钱文中的"同"字为"铜"的简略，已如上述。但是，对于钱文中的"珎"字，或认为是"寶"的简笔，或认为是"珍"的别体，长期争论，未有定说。本文按日本学术界现行通例，照钱文原样写作"珎"，尽管我本人早已认为应该是"开宝"，不是"开珍"。除和同开珎（宝）而外，称德天皇（孝谦天皇重祚）铸神功开宝钱，可谓无独有偶。

　　和同开珎圆形方孔，大小、形状以及钱文体制皆与中国唐代的开元通宝相似，可判定是特意模仿开元通宝而铸造的（图一）。据调查发掘出土，中国的开元通宝除铜钱之外，有金钱亦有银钱⑤，故和同开珎除铜钱之外，亦有银钱。"和同"二字为年号，而"开元"二字非年号，但"开珎"之"开"与"开元"之"开"皆含"开始"之意，字义相当，决非偶然。据《唐书·食货志》记载，开元通宝的钱文出欧阳询之手笔，而和同开珎钱文书体与开元通宝类同，尤以两者共有的"开"字为明显。日本自7世纪前期遣留学生、学问僧到中国学习以来，精于中国书法者大有人在。早在孝谦天皇天平胜宝六年（754年）鉴真和尚携入二王（羲之、献之）真迹法帖之前，光明皇后已于圣武天皇天平十六年（744年）临摹王羲之所书《乐毅论》，推想8世纪初日本书法家中已有学欧阳询书体者，固不待9世纪初期擅长书法的嵯峨天皇为学欧体者作倡导⑥。以上为题外之言，姑在此处附带述及之。

　　在和铜元年铸钱以后的第三年（710年），日本的都城自飞鸟藤原京迁至奈良平城京。在以平城京为都城的70余年中，除继续铸和同开珎铜钱而外，淳仁天皇天平宝字四年（760年）铸开基胜宝金钱、太平元宝银钱和万年通宝铜钱，称德（孝谦重祚）天皇天平神护元年（765年）铸神功开宝铜钱。桓武天皇迁都平安京，于延历

图一　开元通宝（左）与和同开珎
　　　（右）钱文书体比较

十五年（796年）铸隆平永宝铜钱；嵯峨天皇弘仁九年（818年）铸富寿神宝铜钱；仁明天皇承和二年（835年）铸承和昌宝铜钱，嘉祥元年（848年）又铸长年大宝铜钱；清和天皇贞观元年（859年）铸饶益神宝铜钱，贞观十二年（870年）又铸贞观永宝铜钱；宇多天皇宽平二年（890年）铸宽平大宝铜钱；醍醐天皇延喜七年（907年）铸延喜通宝铜钱；村上天皇天德二年（958年）铸乾元大宝铜钱。除开基胜宝金钱、太平元宝银钱是乃特殊的珍品而不作为货币通用以外，其余自和同开珎至乾元大宝的十二种铜钱合称"皇朝十二钱"。如上所述，中国开元通宝除铜钱之外有金钱和银钱，而和同开珎除铜钱之外仅有银钱，故而淳仁天皇铸开基胜宝金钱弥补之。中国唐代铜钱有"通宝"、"泉宝"、"重宝"、"元宝"四种名称，而日本皇朝十二钱等取"通宝"、"元宝"之名而不用"泉宝"、"重宝"，却增以"开珎（宝）"、"胜宝"、"永宝"、"神宝"、"昌宝"、"大宝"等新名（图二）。皇朝十二钱铜钱（和同开珎除外）及开基胜宝金钱、太平元宝银钱皆称"宝"，若谓唯独和同开珎铜

钱、银钱不称"宝"而称"珍",这是难以设想的。

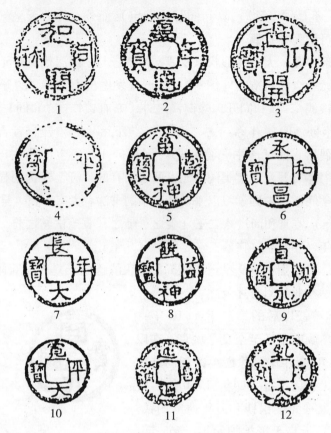

图二　日本皇朝十二钱

1. 和同开珎　2. 万年通宝　3. 神功开宝　4. 隆平永宝　5. 富寿神宝

6. 承和昌宝　7. 长年大宝　8. 饶益神宝　9. 贞观永宝　10. 宽平大宝

11. 延喜通宝　12. 乾元大宝

在平城京遗址,除发现奈良时代所铸各种铜钱以外,在西大寺附近亦曾发现开基胜宝金钱[7]。在平安京遗址,则发现奈良时代和平安时代所铸自和同开珎至乾元大宝的皇朝十二钱铜钱全数[8]。当时在平城京和平安京设东市、西市以兴商业,可见皇朝十二钱在商市交易中起到一定的作用。除都城所在的畿内地区以外,以和同开珎为首的各种铜钱在地域上的流通范围甚广,西自筑前(今福冈县)、东至陆奥(今福岛、宫城、岩手、青森县),皆有钱的出土[9],便可为证。就九州地方而言,迄今已发现皇朝十二钱的地点包括在福冈、熊本、大分、宫崎、鹿儿岛五县之内,而出土的钱的种类则除饶益神宝、宽平大宝以外,其余十种铜钱无不齐全。其中,福冈县境内的出土地点最多,钱的出土量亦较大,这应该与作为统辖西海道九国二岛的重要据点城市大宰府的长期存在有关[10]。

　　然而，和同开珎银钱与开基胜宝金钱、太平元宝银钱一样，亦非一般的通货。中国陕西省西安市何家村唐代窖藏出土的 5 枚和同开珎银钱当是遣唐使作为礼品而携来中国[11]，以显示日本所铸钱币之精良，而实际上也的确可与同窖出土的开元通宝金钱、银钱媲美。1933年至 1934 年"东亚考古学会"在我国黑龙江省宁安县渤海上京龙泉府遗址发现和同开珎铜钱，曾引起争议[12]。以后闻有关的日本学者作为当事人而信誓旦旦，否认在发掘调查中有舞弊行为。

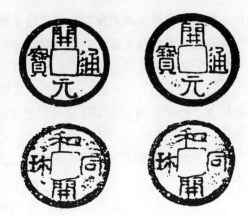

图三　西安唐窖藏开元通宝金钱、银钱
（上）及和同开珎银钱（下）

自 8 世纪前期至中后期，以及在整个 9 世纪，渤海作为一个藩国，与唐王朝在政治、经济和文化上的关系甚深，同时也与日本有使节往来，直至 10 世纪初期。因此，在渤海都城遗址发现和同开珎可谓不在情理之外，而和同开珎银钱在西安市唐代窖藏中出土似亦可作为旁证。这是中日两国钱币交流史研究上的一段特别的插曲，故稍作叙述于此。顺便言及，在渤海上京龙泉府宫城遗址内也发现了开元通宝铜钱[13]。这本属意料中事，无须多加解说（图三）。

（二）

　　日本以和同开珎为首的皇朝十二钱模仿中国以开元通宝为主的唐钱，这在某种意义上可谓与自汉至唐的和田马钱、汉龟二体钱、高昌吉利钱、突骑施钱等西域诸国的铜钱稍有相似之性质。当然，作为 7 至 8 世纪以降的律令制国家，日本可称海东大国，其钱币制备完善，设计周密，特别是仿效中国铜钱形制程度甚高，自非西域诸国所能比拟。突骑施钱虽略与开元通宝相似，但品质欠佳，形式不一，固不能与日本的和同开珎相提并论。然而，和田马钱、汉龟二体钱、高昌吉利钱、突骑施钱虽为西域诸国自造的货币，却为中国汉唐时代的五铢钱和开元通宝钱等之在西域流通起媒介作用。同样，以和同开珎为首的皇朝十二钱的发行亦不排除开元通宝之在日本各地流通。

　　作为律令制国家的钱币，日本朝廷力求铸造之精良，故铸于 8 世纪奈良时代的各种钱的规格皆甚高，有如上述。但是，因日本矿产资源不足，铜的产量亦甚有限，故 8 世纪末迁都平安京之后，以隆平永宝为开端，钱体趋向小型化，富寿神宝以后诸钱形体更是每况愈下，尤其是钱内所含铅的比率增大，以致延喜通宝和乾元大宝几乎由铜钱变为铅钱，说明铸钱业之难以维持。于是，10 世纪 50 年代末所铸乾元大宝成为皇朝十二钱中的最后一种钱，接着便宣告彻底终止铸钱。

其实，即使在 8 世纪的奈良时代和 9 世纪的平安时代，日本的社会经济虽有长足的发展，但从总体上说，物物交换的习惯在一定程度上仍然盛行，对货币的需求量不是很大，这也是皇朝十二钱的发行以失败告终的原因之一。相反，前述西域诸国的地理位置在称为"丝绸之路"的国际交通要道之上，早自 1 至 2 世纪的汉代，乃至 7 至 8 世纪的唐代，各国商人相竞而至，沿途贩运，货物珍贵，交易旺盛，故各种钱币流通其间，所起作用甚大。相比之下，日本皇朝十二钱的发行在社会经济条件方面反而有不及之处，亦属事实。

如日本学者所指出，皇朝十二钱衰落之另一原因在于以开元通宝为主的唐钱之大量输入。在 8 世纪初年始铸和同开珎之前，日本是否曾以中国的开元通宝为通货，暂且不论。据《类聚国史》等记述，嵯峨天皇在位（809～823 年）时，日本称开元通宝为"开钱"，与皇朝钱同时兼行，则可肯定无疑。因当时的皇朝钱形质低劣，不受信用，开元通宝反而有取而代之之势[14]。

图四　日本宽永通宝铜钱
（新疆奇台出土）

随着皇朝十二钱之在 10 世纪中叶以后的彻底废绝，此后数百年间，日本长期使用主要是从中国输入的"渡来钱"（"渡来"指来自海外），直到 17 世纪 30 年代江户幕府于宽永十三年（1636 年）发行"宽永通宝"铜钱为止（图四）。"渡来钱"中除早先传入的唐代开元通宝以外，主要是中国北宋、南宋和明代的各种铜钱。它们作为通货，在日本流行，并被大量仿造，而仿造品亦混杂其间而被使用。唐王朝虽于 10 世纪初期消亡，但开元通宝仿造品的使用却长时期在日本各地延续。例如，在大阪府堺市 16 世纪遗址出土的各种供仿造用的铸范之中，开元通宝仿造品的铸范在数量上名列前茅[15]，可谓中日两国货币交流史上的趣闻、佳话。

（三）

日本冲绳县的琉球列岛，是指以冲绳本岛为主的冲绳诸岛和包括宫古诸岛、八重山诸岛的先岛诸岛。位于冲绳诸岛东北的奄美诸岛和吐噶喇诸岛，则与大隅诸岛同属九州南端的鹿儿岛县（古昔称"萨摩"），故大隅诸岛、吐噶喇诸岛，有时亦包括奄美诸岛，合称萨南诸岛。琉球列岛及其东北的奄美诸岛，在地理上介乎我国台湾省与日本九州鹿儿岛县之间，在东亚古代史上属后进地区。按照国际学术界关于先史时代、原史时代和历史时代的划分标准，琉球列岛和奄美诸岛各地在公元 7 世纪至 12 世纪的五六百年间犹属先史时代的终末期，而原史时代和历史时代的开始则须待 13 世纪前后称为 Gusuku 的"城"的陆续出现，作为城主的权力人物称"按司"。14 世纪琉球王国成立，此地区才进入明确的历史时代。

社会历史的发展进程虽云滞后，但就中国古代货币的对外传播而论，琉球列岛却意外地可称"先入"之地。如所周知，日本本州广岛县三原市发现中国战国时代燕国明刀钱的传说不确，但冲绳本岛那霸市的城岳贝冢却确实有一枚明刀钱出土（据说近年在具志头村又有新的出土例）。此外，在以本岛为主的冲绳诸岛中，中川原贝冢、清水贝冢、Ururu 贝冢和北原贝冢等遗址又各有五铢钱出土，在八重山诸岛中的竹富岛则有货布钱的发现。

本文所要论究的，主要是琉球列岛及奄美诸岛各处遗址出土的开元通宝。据日本冲绳学者高宫广卫氏统计，在冲绳县所属的冲绳诸岛和宫古·八重山诸岛，也包括其东北方鹿儿岛县所属的奄美诸岛在内，各地出土开元通宝的遗址迄今已多达 30 余处[16]。但是，多数遗址在年代上属 14、15 世纪以降的历史时代，有过晚之嫌。因此，本文按高宫广卫氏的规定，只以公元 7 世纪至 12 世纪的先史时代终末期遗址出土的开元通宝为论究对象。开元通宝始铸于 7 世纪初期，8 世纪以降继续铸造，作为唐王朝发行的主要货币，其在中国国内通用至少延至 10 世纪初的唐代末年。因此，上述冲绳 7 世纪至 12 世纪遗址中存在的开元通宝决非日本后世的仿造品，亦非所谓"备蓄钱"（日本在 13 至 14 世纪前后的"中世"时代，往往有将自外国传来的大量开元通宝等所谓"渡来钱"及本国的皇朝钱置于大瓮中而埋入地下的，称为"备蓄钱"）之类，而是作为当时中国的现行货币而传入的（图五）。

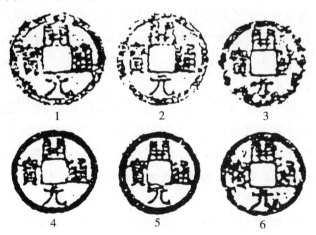

图五　冲绳先史时代终末期遗址出土开元通宝

1、2. 面绳第 1 贝冢　3、4. 野国贝冢

5. 谢名堂贝冢　6. 连道原贝冢

　　然而，在先史时代的琉球列岛等地，物物交换是社会经济生活的主流。所以，传入的开元通宝就其用途而言，便有两种可能性。一是作为货币而在各地流通，一是被作为装饰、仪礼乃至咒术用品等等，皆属非货币用途。高宫广卫氏在多篇论文中论及开元通宝的用途，虽不完全排除其属非货币用途的可能性，实际上却倾向于认为它们在冲绳的琉球列岛等地亦在某种情况下被作为货币而使用。对此，因高宫氏的论述甚详，我不必作任何补充。

　　我在本文中所要着重论证的，是关于开元通宝传入琉球列岛等地经路如何的问题。首先，如高宫广卫氏在其题为《开元通宝与按司的出现》的重要论文中所表明的，在奄美诸岛以北的萨南诸岛，没有任何开元通宝的出土。从奄美诸岛到冲绳诸岛和宫古·八重山诸岛的称为琉球列岛的境域内，出土开元通宝的 7 世纪至 12 世纪的先史时代终末期遗址共计 13 处。它们在地域上的分布及出土钱的枚数如下：在奄美诸岛中，奄美大岛用见崎遗址出土 1 枚，其南德之岛面绳第一贝冢出土 4 枚。在冲绳诸岛中，冲绳本岛兼久原贝冢出土 1 枚，热田贝冢出土 2 枚，连道原贝冢出土 9 枚，野国贝冢出土 6 枚，大川原第一遗址出土 1 枚，平敷屋 Tobaru 遗址出土 8 枚，本岛西南久米岛谢名堂贝冢出土 1 枚，北原贝冢出土 13 枚。在西南方远处的先岛诸岛（即宫古·八重山诸岛）中，石垣岛嘉良岳贝冢出土 1 枚，崎枝赤崎贝冢出土 33 枚，西表岛仲间第一贝冢出土 1 枚。以上合计 13 处遗址（多为贝冢），共出土 81 枚开元通宝铜钱。

　　我在本文前节曾述及 8 世纪至 10 世纪日本皇朝十二钱的发行不排除中国开元通宝之在日本流通。9 世纪以降，随着皇朝十二钱铸造的衰落，开元通宝在日本的流行反而有增加的趋向。但是，除日本后世的仿造品以外，中国开元通宝在日本本土各地考古发掘调查中的发现情况如何，却不甚清楚。我只是从上述高宫广卫氏的论文中得知，在整个九州地区，出土开元通宝的遗址（包括坟墓）计 4 处，其位置集中在北部的福冈县境内。其中，下山门遗址出土 1 枚，柏原 G－1 号坟出土 2 枚，海之中道遗址出土 1 枚，朝仓橘广庭宫遗址出土 2 枚。

　　从以上遗址（包括贝冢、坟墓）在地域上的分布情形看来，可以判断琉球列岛和奄美诸岛各地的开元通宝不是从日本九州方面传来的。我的理由如下：首先，九州出土开元通宝的遗址都限在北部福冈县境内，在九州的中部、南部各地皆不见有此钱出土；在奄美诸岛之北的吐噶喇诸岛和大隅诸岛也无开元通宝的发现，则已如前述。传闻在鹿儿岛县（不包括其所属的萨南诸岛）境内曾有开元通宝钱出土，但出土的遗址年代甚晚，所出之钱又与中国的皇宋通宝、洪武通宝等宋钱、明钱乃至日本江户时代的宽永通宝混杂，有属于所谓"备蓄钱"之嫌，亦不排除其为后世仿造品的可能性。就九州北部福冈县境内的 4 处遗址而言，出土的开元通宝总共不过 6 枚，远非琉球列岛、奄美诸岛 13 处遗址出土 81 枚钱之比。而且，除柏原 G－1 号坟属 7 世纪中叶以外，其余 3 处遗址年代皆较晚，以福冈市的海之中道遗址为例，开元通宝与万年通宝、贞观永宝、延喜通宝等日本皇朝钱共存、伴出[⑰]，足见其年代迟在 10 世纪以降，不比琉球列岛等地出土开元通宝的先史时代终末期遗址为早。在九州南部的宫崎、鹿儿岛二县境内，曾发现有后世作为"备蓄钱"的皇朝十二钱，但琉球列岛等地至今不见任何皇朝十二钱的发现例。这说明，长期以来，琉球列岛之地不在日本国的领域内，故日本皇朝钱的流传止于今九州地方南部，而不入冲绳县之境。要之，冲绳县及其北奄美诸岛各处的开元通宝应由海路自中国直接传来，而不经由日本的九州境域，这便是我的主要观点。

再就各遗址出土开元通宝钱的枚数而论，在琉球列岛的大范围内，先岛诸岛（即宫古·八重山诸岛）的位置居西南端的最远处，其中石垣岛的崎枝赤崎贝冢出土量多达 33 枚，独居第一。冲绳本岛西南久米岛的北原贝冢亦出土 13 枚之多，居第二位。相反，在冲绳诸岛东北的奄美诸岛，面绳第一贝冢出土不过 4 枚，用见崎遗址所出仅 1 枚。这样，可进一步推定，上述各地开元通宝的传入经路不是由东北至西南，而是由西南向东北。

前已述及，唐武宗灭佛，没收寺院铜像及钟磬等物，允许各地政府用以铸钱。淮南节度使铸新的开元通宝，背面有"昌"字表明为会昌年间所铸，其余各地所铸多以一个代表州名之字为背文，统称"会昌开元"。唐玄宗开元十三年（725 年）改闽州为福州，州的治所在闽县（今福州市），当地政府铸会昌开元钱，以背面的"福"字为标志。宫古·八重山诸岛西南端最远处的西表岛仲间第一贝冢出土的一枚开元通宝铜钱属背面有"福"字的会昌开元，铸造地点无疑是在福州[⑱]。这更为我的上述观点提供了无可争议的证据。

高宫广卫氏题为《开元通宝与按司的出现》的论文确认，在我国台湾省西北部十三行遗址的下层出土开元通宝多枚，在台湾西南的澎湖岛亦有开元通宝钱于内垵 C 遗址的文化层中被发现[⑲]。这样，判断冲绳琉球列岛各处出土的开元通宝是从中国东南部以福建省为主的沿海地区直接传入，又得到了顺理成章的新的论据（图六）。

（四）

日本古代称今九州鹿儿岛县南方的萨南诸岛（包括大隅诸岛、吐噶喇诸岛，亦可包括奄美诸岛）乃至冲绳诸岛为"南岛"。其中，大隅诸岛中的种子岛称多祢或多祢岛，屋久岛称掖玖、夜久、夜句或益救岛，吐噶喇岛称吐火罗或都货逻岛，奄美诸岛中的奄美大岛称菴美或掩美岛，德之岛或称度感岛，冲永良部岛或称伊兰岛，而冲绳诸岛中的冲绳本岛则称阿儿奈波岛。凡此等等，皆可见于《日本书纪》、《续日本纪》的记载，偶尔亦见于大宰府遗址的木简[⑳]。大宰府作为当时西海道之重镇，统管九国三岛（后改

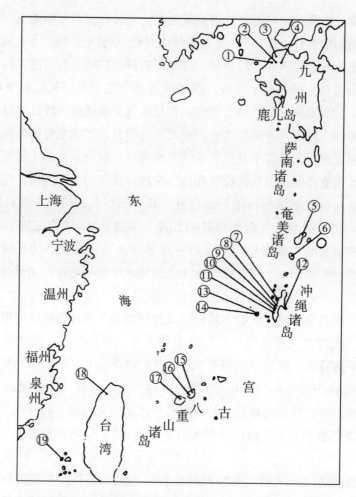

图六　九州、琉球列岛、台湾、澎湖出土开元通宝遗址分布
（采自高宫广卫《开元通宝与按司的出现》论文）

①福冈县山下门遗址 1 枚　②同上柏原 G－1 号坟 2 枚　③同上海之中道遗址 1 枚　④同上朝仓橘广庭宫遗址 2 枚　⑤奄美大岛用见崎遗址 1 枚　⑥德之岛面绳第 1 贝冢 4 枚　⑦冲绳本岛兼久原贝冢 1 枚　⑧同上热田贝冢 2 枚　⑨同上连道原贝冢 9 枚　⑩同上野国贝冢 6 枚　⑪同上大川原第 1 遗址 1 枚　⑫同上平敷屋遗址 8 枚　⑬久米岛谢名堂贝冢 1 枚　⑭同上北原贝冢 13 枚　⑮石垣岛嘉良岳贝冢 1 枚　⑯同上崎枝赤崎贝冢 33 枚　⑰西表岛仲间第 1 贝冢 1 枚　⑱台湾十三行遗址多枚　⑲澎湖内垵 C 遗址 1 枚

为九国二岛），而所谓三岛则指北方的对马、壹岐和南方的多祢岛，后者位于萨南诸岛的最北部，靠近九州大岛，故于文武天皇大宝二年（702 年）被纳入日本国正式的版图，校户置吏。

据《日本书纪》、《续日本纪》记载，日本与南岛的交往可追溯至推古天皇二十四年（616 年）掖玖岛之始有人来归化，及舒明天皇元年（629 年）遣使前去该岛探访。以后，随着年代的推移，南岛各岛与日本的关系有所增进，而文武天皇二年（698 年）遣文忌寸博士等八人前往招致，乃使多禰、夜久、奄美、度感等各岛之人于翌年（699 年）来贡方物，则可视为南岛与日本的关系之一次大进展。因此，文武天皇大宝二年（702 年）以粟田真人为首的第七次遣唐使和元正天皇养老元年（717 年）以多治比县守为首的第八次遣唐使为避新罗在朝鲜半岛海域梗阻交通，使团船舶之往返皆得改取南岛路而经由南岛。据还俗僧元开（淡海真人三船）所著《唐大和上东征传》记录，孝谦天皇天平胜宝五年（753 年）十一月，鉴真和尚随归国的第十次遣唐使东渡赴日本，其与副使大伴古麻吕共乘之第二船经由南岛中的大岛阿儿奈波岛，寄泊约半个月，又进而经由东北方的益救岛，寄泊约十日，然后抵达九州南部秋妻屋浦（今称秋目浦，属鹿儿岛县川边郡）。大使藤原清河、仕唐甚久而归国的阿倍仲麻吕（晁衡）等所乘第一船，与鉴真等所乘第二船同在阿儿奈波岛寄泊十余日，但自该岛启航后因大风遇险而远飘安南，以后转往中国。副使吉备真备与僧普照所乘第三船自益救岛起航后虽遇大风，犹得平安返抵日本[21]。遣唐使船在南岛寄泊情形，大抵如此。于是，日本学者主张，遣唐使船归国途中寄泊于南岛（主要为阿儿奈波岛，即冲绳本岛），以其自中国携来的开元通宝遗岛民，此即琉球列岛、奄美诸岛出土开元通宝之由来。此说多为日本研究者所首肯，传承既久，可谓已成彼国学术界之定论。其可取之点在于主张琉球列岛、奄美诸岛各处开元通宝是由中国扬州、苏州等长江下游地区自海路直接传入，而不是辗转经日本九州地方传来的。

然而，应该指出，当时与南岛相关联之船决不仅限于 8 世纪前期至中期的三四次遣唐使船（8 世纪后期至 9 世纪的遣唐使船航路改由九州五岛列岛直接横渡东海往中国，不经由南岛），而应包括其他往来于中国东南沿海与琉球诸岛之间的船舶如中国和琉球的商船之类在内。遣唐使船的寄泊地点在于冲绳本岛及其东北方的奄美诸岛、吐噶喇诸岛乃至大隅诸岛等处，而出土开元通宝数量最多的八重山诸岛中的石垣岛则位于冲绳本岛西南甚远的台湾附近，故难以设想琉球列岛、奄美诸岛各处出土的开元通宝皆为遣唐使船于归途寄泊时之所遗。关于石垣岛出土的 33 枚开元通宝，日本学者中有主张是由东北方的冲绳诸岛方面辗转传来的[22]，但这只是出于推想，欠缺根据，不合情理。与此相反，我则认为石垣岛的开元通宝应与冲绳诸岛、奄美诸岛的开元通宝一样，是由中国东南方之地经海路直接传入，不可能是先传至冲绳诸岛而以后又转而向西传入石垣岛的。总而言之，我的意见是：与其谓开元通宝皆系由 8 世纪遣唐使船于三四次的旅途寄泊中遗于琉球列岛、奄美诸岛各处，毋宁说是于 7、8 世纪以降的较长时期之内在中国东南地区与琉球列岛各地区之间以民间交流的方式由互相往来的商船多次轮番输入的。

13 处遗址 81 枚钱，这只是近年（1960 年前后以来）偶尔调查发掘出土的数字，而千余年前从中国唐朝陆续传来的开元通宝又何止几百、几千枚？

在 7 至 12 世纪先史时代终末期的琉球列岛内部，因社会经济生活滞后，以物易物为主要的交换手段，不使用货币。但是，岛民们与中国方面进行交易，开元通宝在相当大的程度上作为货币使用，这是不难理解的。

1975 年 6 月，东京国立博物馆举行主题为"日本出土的中国陶瓷"的展览会，展品甚夥。其中有两件黄釉绿褐彩瓷钵，据传为冲绳县八重山诸岛中的西表岛出土，引起学术界的重视。经陶瓷学者鉴定，此两件瓷钵为中国湖南省长沙铜官窑产品，烧造年代在唐代后期[22]。长沙铜官窑所产瓷器销售甚广，除湖南省的长沙、益阳、常德等处以外，在中国南方和北方各地的许多遗址和墓葬中皆有出土，尤以位于今江苏省长江北岸的唐代商业大都会扬州和今浙江省东部沿海的港口城市明州（今宁波）的出土量为最大，而宁波出土的铜官窑瓷器为向海外出口的外销品[24]。铜官窑外销瓷在南亚、西亚的斯里兰卡、巴基斯坦、伊朗、伊拉克，以及在东南亚的泰国、菲律宾、印度尼西亚各地的出土都达到相当可观的数量。

当然，在东亚的朝鲜半岛和日本，铜官窑瓷器也有发现。然而，就日本本土而言，以九州北部福冈县境内的大宰府及其附近地区的遗址为主，兼及于奈良平城宫和药师寺等遗址，铜官窑瓷器的出土地点为数不多，出土量也不是很大[25]。作为八重山诸岛中的主要岛屿之一，西表岛的位置在冲绳县琉球列岛最西端，其西接中国的台湾省，与中国东南沿海的宁波、福州、泉州等港口城市相距亦甚近。所以，可以认为，西表岛出土的铜官窑瓷器是从中国东南沿海城市直接传入的。这与其邻岛石垣岛大量出土开元通宝铜钱的事实相印证，更可为上述琉球列岛、奄美诸岛各地的开元通宝系由中国东南地区直接经海路传入之所说增添佐证。

（五）

在日本冲绳县各地，发现距今约二三万年前的旧石器时代洞穴遗址颇多[26]。新石器时代的冲绳，因受日本本土绳文文化的影响较深，故称绳文时代，这已为考古学界所公认[27]。日本的弥生文化亦有所波及于冲绳，但至今不能确言冲绳是否有所谓弥生时代。日本约于公元 3 世纪后期进入古坟时代，而古坟（日本的"古坟"有其特定意义，不是泛指古代之墓）分布的南界限于九州最南端的鹿儿岛县为止，古坟所体现的政治、文化影响不及于冲绳。如前所述，冲绳的先史时代漫长，公元 7 世纪至 12 世纪的数百年间犹属先史时代的终末期。7、8 世纪以降，日本朝廷长期于今九州北部福冈县境内设大宰府，在行政、军事和外交上对西海道九国三岛（以后改为二岛）实行统辖，其南界亦限于今鹿儿岛县的种子岛（多祢岛）为止，冲绳不在其统辖范围之内。

大约在公元13世纪，冲绳各地陆续出现以石块或土筑墙的"城"，作为城主的权力者称"按司"，已如前述。以后，各处城主分别为中山、山南、山北三王所兼并，三王之中以中山王的势力为最强。明太祖洪武五年（1372年），添浦按司姓尚名察度者以中山王之身份遣使向中国朝贡。成祖永乐十四年（1416年），中山嗣王尚巴志攻破山北，不久又灭山南，冲绳各地归于统一，是为琉球王国㉘。在15世纪中叶之前，琉球王国的版图以冲绳本岛为中心，西南及于宫古·八重山诸岛，东北至奄美诸岛，甚至远及萨南·吐噶喇诸岛。琉球王国自成立以来的大约200年间，接受中国明王朝的册封，不断朝贡。

另一方面，日本自7、8世纪以来，在全境划分以"国"为主的地方行政区域，计60余国，分别属于若干"道"。今九州地方为西海道，所属有筑前、筑后、丰前、丰后、肥前、肥后、日向、大隅、萨摩九国（又加对马、壹岐二岛）。以后，因中央朝廷的控制相对转弱，各国藩主的自主权力逐渐增强。至15、16世纪的战国时代，位于今九州南部的萨摩国势力大增。萨摩藩主岛津氏，向南方海中的萨南诸岛扩充领地。据有关资料，约当15世纪中叶，琉球王国与日本萨摩藩的境域分界在萨南·吐噶喇诸岛北部的卧蛇岛。至15、16世纪之交，岛津氏占吐噶喇诸岛全域㉙，以后又进而兼并奄美诸岛，而琉球王国以兵力薄弱而退却，终于在明万历三十七年（1609年）因萨摩军大举侵入都城而被全部征服，其王被掳去㉚。然而，主要是为图国际贸易之巨利，兼求政治、文化等各方面关系之延续，琉球王国仍然向中国进贡，不久又继明王朝之后接受清王朝的册封，直至二百七十年后的光绪五年（1879年）。

明治四年（1871年），日本因行维新之政而废藩置县，萨摩国改为鹿儿岛县，而琉球则归鹿儿岛县管辖。明治十二年（1879年）废琉球王国而设冲绳县，此即所谓"琉球处分"，琉球国与中国清王朝的关系亦于此年告终。"冲绳"二字训读为 Okinawa，与8世纪奈良时代之称阿儿奈波（Akonawa）近似。

查中国历代史书、文籍，早在唐初编撰的《隋书·东夷传》中即有关于"流求国"的记载，《北史·东夷传》因袭之。以后，唐代杜佑《通典》始称"琉球"，而张鷟《朝野佥载》作"留仇"，刘恂《岭表异录》作"流虬"，《宋史》（成书于元初）、《通志》（郑樵）、《诸蕃志》（赵汝适）仍称"流求"。元代《岛夷志略》（汪大渊）作"琉球"，《元史》（成书于明初）称"瑠求"。明代以降，自正史至于各种书籍、文集，皆称"琉球"。

明代以降的"琉球"指上述琉球王国，即现今日本冲绳县之地，自无任何疑问。自隋至元，各代史书、文籍或称"流求"、"琉球"，或称"留仇"、"流虬"、"瑠求"，文字虽有差异，读音无不相同，所指为同一地方，自在情理之中。但是，自隋至元的

"流求"、"琉球"、"留仇"、"流虬"、"瑠求"是否与明代以降的"琉球"同属一地，则成为 19 世纪末期以来中外学术界久争不决的问题。归纳起来，大致不外两种意见。一种是自隋至元的"流求"、"琉球"、"留仇"、"流虬"、"瑠求"等与明代的"琉球"一样，亦指今日之冲绳。另一种则认为明代的"琉球"虽指冲绳无疑，但自隋至元的"流求"、"琉球"、"留仇"、"流虬"、"瑠求"之类则指中国的台湾。双方的主张各有所据，久争不决自有其甚多原因。为此，我在本文中无须再以文献考证为手段，以判断其孰是孰非。

然而，开元通宝始铸于 7 世纪 20 年代的唐代初期，其在冲绳 7 世纪至 12 世纪的各处遗址出土甚多。它们之传入冲绳，早则可在 7 世纪的唐代前期，晚亦不迟于 12 世纪的北宋。北宋时，因所铸本朝新钱盛行，唐代遗留的开元通宝基本上已不通用，故可推定其传往冲绳应在北宋之前。要之，至少早在唐代，冲绳即与中国颇有交往。因此，自隋唐开始的以"流求"、"琉球"、"留仇"、"流虬"、"瑠求"等为名的地域尽管在明代之前是指台湾，亦应包含台湾东北方今称"琉球列岛"的冲绳之地。

注　释

① 吴荣曾：《中国古代钱币》，《中国大百科全书·考古学》第 671～673 页，中国大百科全书出版社，1986 年。

② 1945 年在非洲桑给巴尔卡将瓦（Kajengwa）村发现钱币窖藏，出土约 250 枚中国铜钱，其中有唐代开元通宝 4 枚。参见马文宽《从考古资料看中国唐宋时代与伊斯兰世界的文化交流》，《汉唐与边疆考古研究》第一辑（中国社会科学院考古研究所编）第 241 页，科学出版社，1994 年。

③ 在西伯利亚米努辛斯克（Minusinsk）博物馆中收藏有附近地区出土的唐代开元通宝，参见冈崎敬《東西交渉の考古学》第 137 页（表 10），（日本）平凡社，1980 年。

④ 1995 年在南沙群岛南薰礁发现开元通宝 2 枚，钱文清晰。参见王恒杰《南沙群岛考古调查》，《考古》1997 年第 9 期第 69 页。

⑤ 1970 年 10 月，在陕西省西安市何家村唐代窖藏中发现中国和各外国的许多珍贵钱币，其中有开元通宝金钱 30 枚、银钱 421 枚。参见《西安南郊何家村发现唐代窖藏文物》，《文物》1972 年第 1 期第 37、38 页，图 14、15。

⑥ 按欧阳询亦学二王，故可称王羲之书法之一分支。9 世纪初日本空海和尚等学王羲之，实可谓与欧阳询同出一宗，而嵯峨天皇更以直接学欧体著称。参见叶喆民《中日书法艺术的交流》，《中日文化交流史论文集》第 409～412 页，人民出版社，1982 年。

⑦ 奈良国立文化财研究所：《よみがえる奈良—平城京》第 14 页，1981 年。

⑧ 井上满郎：《平安京再现》第 75 页，（日本）河出书房新社，1990 年。

⑨ 奈良国立文化财研究所：《平城京再现》（坪井清足监修）第 69、70 页，（日本）新潮社，1985 年。

⑩ 高仓洋彰：《九州出土の皇朝十二钱》，《大宰府と観世音寺》第 210～221 页，（日本）图书出版海岛社，1996 年。

⑪ 陕西省博物馆等：《西安南郊何家村发现唐代窖藏文物》，《文物》1972 年第 1 期第 33、36 页。

⑫ 原田淑人主编：《東京城》第76、77页，图版118－1，（日本）东亚考古学会，1939年（参见《文物参考资料》所载李文信文章，1951年10月）。

⑬ 黑龙江省文物考古研究所：《渤海上京宫城房址发掘简报》，《北方文物》1987年第1期第40页。

⑭ 原三正：《古代の渡來錢》，《月刊・考古学ジャーナル》1985年7月号第13页。

⑮ 島谷和彦：《中世の模鑄錢生産》，《月刊・考古学ジャーナル》1994年3月号第28、29页。

⑯ 高宮廣衞：《開元通宝と按司の出現》，《南島文化》第19号第1頁，（日本）冲繩国際大学南島文化研究所，1997年。

⑰ 九州歷史資料館：《大宰府—発掘が語る遠の朝廷》第58页，1988年。

⑱ 木下尚子：《開元通宝と夜光貝——7～9世紀の琉・中交易試論》，《琉球・東アジアの人と文化》（高宮廣衞先生古稀記念論集）上卷第187～219頁，2000年。

⑲ 高宮廣衞：《開元通宝と按司の出現》，《南島文化》第19号第2、3、17頁，（日本）冲繩国際大学南島文化研究所，1997年。

⑳ 三島格：《大宰府と南島》，《東アジアの考古と歷史》（下）第330～346頁，（日本）同朋社出版，1987年。

㉑ 元開（淡海真人三船）著：《唐大和上東征傳》（汪向榮校注）第90、91页，中华书局，1979年。

㉒ 安里嗣淳：《中国唐代貨錢（開元通宝）と琉球圈の形勢》，《文化課紀要》第7号，冲繩教育委員会，1991年。

㉓ 三上次男：《冲繩出土の中世中国陶瓷について》，《陶瓷貿易史研究（上）》第205、206頁，（日本）中央公論美術出版，1987年。

㉔ 高至喜：《长沙铜官窑址》，《中国大百科全书・考古学》第62、63页，中国大百科全书出版社，1986年。

㉕ 九州歷史資料館：《日本出土の陶瓷器》，《大宰府——発掘が語る遠の朝廷》第82頁，1988年。

㉖ 下川達彌：《旧石器時代（冲繩の洞穴）》，坪井清足監修《発掘が語る日本史》（6・九州冲繩編）第41、42頁，（日本）新人物往來社，1986年。

㉗ 高宮廣衞：《先史古代の冲繩》第10～26頁，（日本）第一書房，1991年。

㉘ 《明史・外国四（琉球）》，中华书局，1976年。

㉙ 亀井明德：《薩南諸島の生産と交易》，坪井清足監修《発掘が語る日本史》（6・九州冲繩編）第280、281頁，1986年。

㉚ 《明史・琉球传》记其事发生在万历四十年，《明史・神宗纪》则记在万历三十七年，应以《神宗纪》为准。

南汉康陵出土的伊斯兰玻璃器

安家瑶　　　　　　　　冯永驱

（中国社会科学院考古研究所）　　　（广州市文物考古研究所）

　　2003 年广州市文物考古所配合广州地区高校新区的建设，对广州市东南 15 公里的小谷围岛进行了全面的考古勘探和部分的考古发掘。在这次考古工作中，南汉王朝的两座帝陵被发现。其中一座墓前室立有"高祖天皇大帝哀册文"石刻，明确记载：高祖于大有十五年（942 年）四月崩，于光天元年（942 年）九月迁神于康陵。因此，可以确认这是南汉开国皇帝刘岩的陵墓——康陵[①]。该陵墓曾遭多次盗掘，随葬品中完整器极少，多为陶瓷罐和碗的残片，还有石俑残件、玉石片、银环、开元通宝铜币等。非常令人关注的是该墓出土了很多玻璃残片。本文将对这批玻璃残片进行研究。

一　康陵出土的玻璃器

　　在考古发掘结束后，康陵出土的玻璃残片送中国社会科学院考古研究所科技中心进行整理和修复。该中心王影伊馆员曾在德国美茵兹罗马日耳曼中心博物馆接受过玻璃器修复的培训。经整理，一件绿色玻璃瓶被修复复原，其余玻璃残片无法复原。如果按面积小于 2 平方厘米的残片忽略不计，数片能够拼接的残片按拼接后一片统计，康陵出土的玻璃残片共 141 片。

　　依照玻璃的颜色分类，可分为五类：蓝色透明 4 片、无色透明 20 片、无色透明带有黄色色调 35 片、黄绿色透明 7 片、绿色透明 75 片。蓝色透明和无色透明的玻璃质量最好，玻璃内含杂质很少，气泡很小，透明度高。蓝色透明的玻璃残片的表面几乎没有被腐蚀，光洁如新。无色透明的玻璃残片中有的表面附着白色风化层，存在虹彩现象。无色透明带有黄色色调和黄绿色透明玻璃残片的玻璃质量稍差，表面多附着白色风化层，存在虹彩现象。绿色透明玻璃残片的玻璃质量较差，玻璃内含较多杂质和气泡，透明度较差，玻璃表面多附着黑色或白色风化层，有虹彩现象。

　　这批玻璃残片仅有一件修复复原，其余为残片，可分为口沿、底部、腹部。

依照玻璃残片所能反映出的器形进行分类，可分为已复原的玻璃瓶、玻璃瓶口沿残片、玻璃器底部残片和玻璃器腹部残片。

 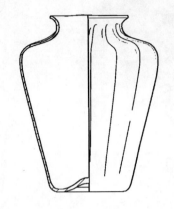 

图一　绿色玻璃瓶（K16）　　　　　　　图二　绿色玻璃瓶底部（K16）

绿色玻璃瓶一件，已残破，经修复复原（图一、二）。高 12、口径 5.2 厘米。绿色透明，玻璃内含较多气泡。侈口、圆唇、短颈、折肩、收腹。腹部到颈部装饰有 11 个竖棱条。模吹成形，底部上凹，有加工中使用过顶棒技术的痕迹。口沿不太规整，可以观察出剪口后经火烧制成圆唇。

这种器形口沿比较完整的出土了 5 件：其中一件绿色透明，三件无色透明带有黄色色调，一件无色透明。二件无色透明带有黄色色调的口沿已经对接到腹部，其器形和装饰与已修复的绿色玻璃瓶基本一致，为侈口、圆唇、短颈、折肩、收腹，颈部以下装饰有竖棱条（图三、四）。五件口沿的尺寸不一，玻璃质量和工艺水平也高低不一。无色透明的口沿玻璃质量和工艺水平最高，非常规整，唇部经过冷加工，可以看出打磨痕迹（图五）。无色透明带有黄色色调的口沿工艺次之，绿色透明的口沿工艺水平最差，与复原的玻璃瓶相仿。

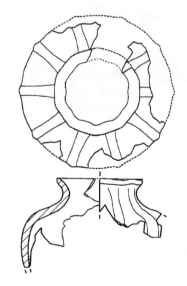

图三　无色透明带黄色调玻璃瓶残口沿（K5）

与绿色玻璃瓶相似的玻璃瓶口沿还有一件残缺不全，为蓝色透明，从残存的颈部仍看得出带有竖棱条的装饰（图六）。

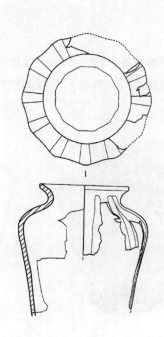

图四　无色透明带黄色调玻璃瓶残口沿（K7）

直口瓶的口沿共有 9 件，其中绿色透明的 7 件，黄绿色透明的 2 件。有这种口沿的器皿均为直口圆唇，颈部稍呈倒锥形，即上大下小。器壁较厚，约 3 毫米。口径在 3~4 厘米之间，直口的高度在 4 厘米左右（图七）。

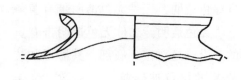

图五　无色透明玻璃瓶残口沿（K1）

口部外侈或外翻的长颈玻璃器皿口沿 5 件，均为绿色透明。这种口沿的直径约 3.6 厘米，颈部略呈锥形，即上小下大，颈高在 3~4 厘米，器壁较薄，约 1~2 毫米（图八）。

另外有一件绿色玻璃瓶口沿，也是直颈、口部外侈，但直颈较短，口径较大，口径达 6.5 厘米（图九）。

玻璃器皿的残底部共有 26 件，全都是上凹底，底部有加工时使用顶棒技术留下的痕迹（图一〇）。其中蓝色透明的残底 1 件，无色透明带黄色调的残底 5 件，黄绿色透明的残底 5 件，绿色透明的残底 15 件。无色透明带黄色调的残底中有一件非常特殊，底部呈十边形，并印有一圈 19 个小乳丁（图一一）。从残底观察，十边形的 10 个夹角向腹部延伸形成竖棱条。也就是说，这件残底的原器形有可能是与修复的带竖棱条的玻璃瓶相似，只是底部的范模不同。

图六　蓝色透明残口沿

玻璃器皿的腹部残片出土 95 件，超过半数的腹部残片都带有竖棱条。从腹部残片的断面观察，器壁薄厚不匀，薄处厚度等于或小于 0.5 毫米，棱条部分的断面呈菱形，外表面突出明显，内表面突出不明

  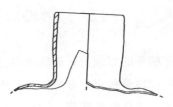

图七　直颈玻璃瓶残口沿（K61）

图八　侈口长颈玻璃瓶残口沿（K27）

图九　侈口玻璃瓶残口沿（K52）

显，菱形的最厚处约 2～3 毫米。从玻璃器皿的残底部共出土 26 件来推测，陪葬康陵的玻璃器皿最少有 26 件。分析残片的口沿、底部和腹部，可以知道这批玻璃器的器形至少有 3 种：带竖棱条的短颈折肩玻璃瓶、直口鼓腹玻璃瓶和侈口长颈鼓腹玻璃瓶。

图一〇　玻璃瓶残底（K62）

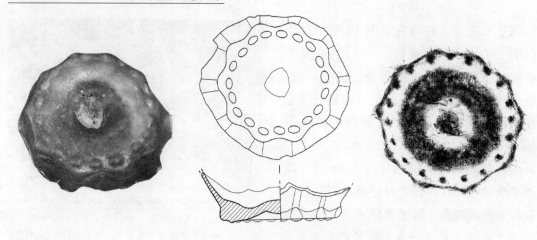

图一一　印有乳丁的玻璃瓶残底（K36）

二　康陵玻璃器采用的是伊斯兰玻璃工艺

　　带竖棱条的短颈折肩玻璃瓶以已复原的绿色玻璃瓶为代表。从玻璃残片来看，随葬康陵的这种玻璃瓶至少有 7 件，其中一件无色透明、一件蓝色透明、三件无色透明带有黄色色调、二件绿色透明。这种玻璃瓶的制作工艺较为复杂。首先，工匠要做一个筒状的范模，范模的底部是平的，横截面为十一角的星状。工匠用吹管从玻璃炉中挑出一团熔融的玻璃料，吹成大小合适的玻璃泡，再放进范模中。玻璃泡的外壁印上 11 个竖棱条后，脱离范模，继续吹大。另一个工匠用棒状物蘸少量玻璃料粘顶住底部，再用剪刀将玻璃泡与吹管剪开，并趁热加工玻璃瓶的颈部和口沿。在这个过程中，玻璃由热逐渐变凉，由液态逐渐变为固态。玻璃瓶成固态后，打掉底部的顶棒。最后的工序是将做好的玻璃瓶放到退火窑炉进行退火。

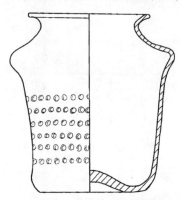

图一二　德黑兰国家博物馆
收藏的模吹玻璃瓶

　　在已知的博物馆收藏中，没有见到与康陵出土的带竖棱条的短颈折肩玻璃瓶完全一样的玻璃器。但是这种侈口短颈折肩玻璃瓶的器形在伊斯兰玻璃器中并不罕见。伊朗德黑兰国家博物馆收藏的一件 10 世纪模吹玻璃瓶，器形也是侈口短颈折肩，高 9.5 厘米，口径 6.6 厘米（图一二）[②]。与康陵出土的玻璃瓶不同的只是腹部的纹饰，德黑兰玻璃瓶的腹部印有圈纹，康陵玻璃瓶腹部印有竖棱条纹。

　　带竖棱条装饰的玻璃器皿在伊斯兰玻璃中是很常见的。外壁印有凸起竖棱纹的玻璃器，在伊朗斯拉夫（Siraf）考古发掘中曾出土过。斯拉夫是波斯湾伊朗海岸线的伊斯兰时期的重要港口城市，现在的地名是塔赫里（Taheri）。考古发现的 9 至 12 世纪大清真寺遗址是伊斯兰建筑的代表作。一件完整玻璃瓶腹部外壁印有凸起的竖棱纹，腹部直径 5.4 厘米，出土于大清真寺遗址[③]。

科威特国家博物馆收藏一件 7 至 8 世纪的玻璃杯（编号：LNS 127G），深绿色半透明，直筒形，高 4 厘米，口径 9.4 厘米，腹部装饰有 17 个竖棱条[④]。这件玻璃杯的制造方法与康陵出土的竖棱条玻璃瓶是一样模吹成形的。这件玻璃杯被认为是伊斯兰早期的西亚产品，也是最早采用玻璃料泡沉浸在范模里成形的（dip mold）。

伊朗高原尼沙布尔遗址中也出土过一件竖棱条的玻璃杯，年代为 9 至 10 世纪。玻璃杯直筒形，高 8.2 厘米，直径 10.3 厘米。从底部到腹部的中间装饰有 20 余个竖棱条[⑤]（图一三）。

伊朗德黑兰国家博物馆收藏的一件模吹玻璃瓶，年代为 9 至 10 世纪，高 17.5 厘米，口径 6.2 厘米，其腹部也装饰有 14 个竖棱条[⑥]（图一四）。

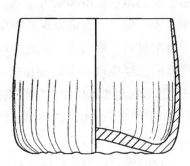 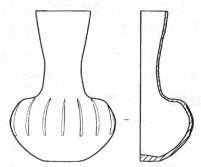

图一三　伊朗尼沙布尔遗址出土　　　　　图一四　伊朗德黑兰国家博物馆
　　　模吹竖棱条玻璃杯　　　　　　　　　　　收藏的模吹玻璃瓶

康陵出土的一件无色透明带黄色调的残底，底部呈十边形，并印有一圈 19 个小乳丁。这件玻璃器的残底表明范模的底部呈十边形，并有一圈 19 个小凹坑。美国纽约州康宁玻璃博物馆收藏一件蓝色玻璃杯（编号：79.1.272），高 7.4 厘米，口径 8.0 厘米，外壁印有 10 条凸起的竖条纹。值得注意的是康宁玻璃博物馆收藏玻璃杯的杯底呈十边形，内印有一圈 16 个凸起的小乳丁[⑦]（图一五）。康宁玻璃博物馆将其收藏的蓝色玻璃杯的年代推测为 4 至 7 世纪。以色列耶路撒冷伊斯兰艺术梅厄纪念所收藏的一件带柄玻璃杯，底部两道环纹中也印有小小的乳丁。哈森认为玻璃器的这种底部是受到萨珊银器的影响，将这件带柄玻璃杯的年代定为 8 至 9 世纪[⑧]。康陵出土的这件无色透明带黄色调的残底，为哈森的推论提供了证据。

用范模吹制玻璃是罗马帝国时期就采用的玻璃成形和装饰技术，可以早到公元前 1

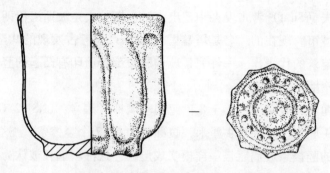

图一五　美国康宁玻璃博物馆收藏的底部印有小乳丁玻璃杯

世纪。最早的范模可能是由两块或三块组成，与金属铸造使用的范模相似。用多块范模吹制的玻璃器皿外表面上可以看到接缝处形成的突起。公元 1 世纪模吹的罗马玻璃中就开始出现用单个范模吹制的器皿。用单个范模吹制的器皿表面没有接缝处形成的突起。模吹玻璃还可以分两种，一种是范模与玻璃器皿的尺寸一样大；另一种的范模小于制成的玻璃器皿，也就是说玻璃料泡在范模里印上纹饰后，脱离范模，继续吹大一些。伊斯兰时期的模吹玻璃有的采用多块范模，有的采用单个范模。但是，目前发现的伊斯兰模吹玻璃多是脱离范模后继续吹大一些的。根据考古发现的材料，罗马时期模吹玻璃的范模多是用低温陶器制作的[⑨]。伊斯兰时期模吹玻璃的范模已经发现有金属制作的。《苏丹的玻璃》展出了两件金属范模。一件可能是 9 至 10 世纪叙利亚或伊拉克的红铜范模，筒形，呈杯子状，平底，口大底小，高 8 厘米，直径 11.1 厘米[⑩]。南汉康陵出土的带竖棱条玻璃瓶可能就是在这种金属范模中印上棱条的。

　　直口鼓腹玻璃瓶和侈口鼓腹玻璃瓶都是吹制成形，没有经过范模，也称作自由吹制成形。自由吹制成形是玻璃制造史中最重要的发明，最早出现在公元前 1 世纪地中海东岸的叙利亚巴勒斯坦地区。吹制工艺大大降低了玻璃器生产的成本，使原先昂贵的玻璃成为普通人日常生活中的器皿。伊斯兰玻璃继承了罗马玻璃的吹制成形工艺。直口鼓腹玻璃瓶和侈口鼓腹玻璃瓶是伊斯兰玻璃中的常见器形。这类玻璃瓶的尺寸大小不一，大瓶子高 30～40 厘米，小瓶子高只有 5 厘米左右。大瓶子在日常生活中用于盛放水或饮料的器皿，小瓶子则作为盛装香料的容器。康陵出土的鼓腹玻璃瓶的尺寸大约在 10～20 厘米，口小腹大，便于封口，有可能是香料瓶或盛放药品的玻璃瓶。与康陵出土玻璃瓶相仿的玻璃瓶在尼沙布尔遗址出土多件，其中一件高 9.8 厘米、腹径 9.5 厘米，出土于 10 世纪地层（图一六）[⑪]。

　　玻璃的化学成分是探索产品来源的重要手段。美国康宁玻璃博物馆布里尔博士（Dr. Robert H. Brill）曾做过 400 余件伊斯兰玻璃样品的化学检测，其中大部分是来自 20 余个考古发掘的遗址[⑫]。伊斯兰玻璃的化学成分继承了埃及、两河流域、罗马和萨珊的玻璃传统，属于钠钙硅玻璃。根据玻璃成分中的氧化钾、氧化镁和三氧化二铝的百分比的不同，伊斯兰玻璃可以大致分为两个类型：用自然纯碱作助融剂制作的玻璃和用含有较高草木灰的苏打作助融剂制作的玻璃。用自然纯碱作助融剂的玻璃，氧化钾和氧化镁的含量不会超过 1.5%，三氧化二铝的含量在 2.5% ~ 3.5%；用含有较高草木灰的苏打作助融剂的玻璃，氧化钾的含量往往大于 2.5%，氧化镁的含量在 2.5% ~7%，三氧化二铝的含量可能也很高。两种类型的伊斯兰玻璃可能暗示着产地的不同，用自然纯碱作为助融剂的玻璃的产地应在地中海沿岸，而用含有较高草木灰的苏打作

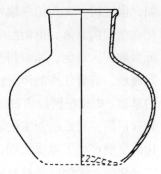

图一六　伊朗尼沙布尔
遗址出土直口鼓腹玻璃瓶

为助融剂的玻璃可能产于中亚地区。南汉康陵出土玻璃残片的 10 个样品经北京科技大学冶金史研究所林怡娴博士做了成分检测，全部属于钠钙硅玻璃，可以大致归于地中海沿岸的伊斯兰玻璃。我国唐宋时期的国产玻璃多是高铅玻璃，与南汉康陵出土的玻璃不属于同一系统。

在已知的考古发掘中和博物馆收藏中，还没有见到与康陵出土的带竖棱条的短颈折肩玻璃瓶完全一样的玻璃器，但是伊斯兰玻璃中有相似的器形和相同的装饰。康陵出土的直口鼓腹玻璃瓶和侈口长颈鼓腹玻璃瓶也是伊斯兰玻璃器的常见器形。分析这批玻璃残片的制作工艺和化学成分，可以得出康陵玻璃是伊斯兰玻璃的结论。

三　伊斯兰玻璃研究的历史回顾

公元 7 世纪初，在拜占庭帝国地中海东岸的行省中发生了重要的历史事件：出生在麦加的穆罕默德在阿拉伯半岛创立了伊斯兰信仰。公元 622 年，作为神安拉的使者、伊斯兰信仰的先知和政治活动家，穆罕默德从麦加迁徙进麦地那城（Medina），创建了政教合一的穆斯林公社。这一年被定为伊斯兰纪元之始。公元 632 年，穆罕默德在麦地那辞世，享年 63 岁。之后，经过穆罕默德四个继承人的短暂统治（632 ~ 661 年），出现了第一个伊斯兰王朝——伍麦叶王朝 Umayyads or Omayyads（661 ~ 750 年）。伍麦叶王朝趁拜占庭帝国和萨珊王朝衰败之机会，迅速扩张，将西至西班牙、东至伊朗，都扩入了版图。伍麦叶王朝的第一任哈里发选择罗马城市大马士革作为都城，将大叙利亚地区（今天的叙利亚、约旦、黎巴嫩、以色列和巴勒斯坦）变成伊斯兰王朝的中心。中世纪伊斯兰文化在阿拔斯王朝（750 ~ 1258 年）达到极盛时期。8 世纪中期，随着阿拉伯人的向外征服，形成了地跨亚、非、欧的幅员广大的阿拉伯帝国，伊斯兰教成为世界性的宗教。9 世纪中叶起，阿拉伯帝国开始解体，境内各地先后出现了多个独立的伊斯兰王

朝，但经济、文化仍继续发展。13 世纪蒙古人的西征灭阿拔斯王朝，中世纪伊斯兰文化逐渐趋向衰落。伊斯兰文化是在希腊、罗马文明的基础上发展起来的。伊斯兰帝国新征服的广大地区，如叙利亚、埃及、美索不达米亚、波斯、北印度等是古代东方文明的发源地，有着优秀的传统科学文化遗产。这些地区多样性的文化是伊斯兰文化赖以发展的基础。中世纪阿拉伯帝国各族人民在吸收融会东西方古典文化的基础上而共同创造的具有伊斯兰特点的新文化是中世纪文化的高峰，它对欧洲的文艺复兴及其近现代科学文化的发展产生了重要影响，对人类文明作出了辉煌的贡献。伊斯兰世界对数学、天文学、化学、医学等学科发展作出的贡献，在世界科学史上的重要地位世人皆知。然而，人们对伊斯兰世界的艺术、手工业等方面的成就，了解得不多。对伊斯兰玻璃重要性的认识，也在近年逐步得到提高。科学史学者麦克法兰在《玻璃的世界》一书中明确指出：“在9～12世纪伊斯兰实验活动的巅峰时期，玻璃工具发挥了关键作用，只要看看阿拉伯思想家作出最杰出贡献的那些领域即可证明。在医学方面，利用玻璃观察微生物或检验化合物是实验的中心内容。在阿拉伯人成就卓著的化学方面，玻璃试管、曲颈瓶、长颈瓶是实验室的必要设备。至于反馈过来深刻影响了物理和几何的光学，这方面阿拉伯实验室中棱镜和镜子的作用我们也有所了解。”[13]伊斯兰玻璃对西方科学文化所产生的影响不容忽视。

玻璃制造是伊斯兰世界的重要手工业之一。对伊斯兰玻璃的学术研究，起步很晚。20 世纪 20 年代末。瑞典斯德哥尔摩大学研究生卡尔 约翰·拉姆（Carl John Lamm）研究了萨马腊（Samarra）考古发掘出土的 377 件玻璃残片，于 1928 年发表了论文《萨马腊的玻璃》[14]。1929 年，卡尔·约翰 拉姆发表了他的博士论文《中世纪近东的玻璃和石雕器》[15]，奠定了伊斯兰玻璃的研究基础。萨马腊是阿拔斯王朝萨拉森帝国的首都之一，位于巴格达以北 120 公里的底格里斯河畔，建于 833 年，废于 883 年。因此，萨马腊遗址就成为反映 9 世纪中期伊斯兰文化的最好材料。20 世纪初，法国和德国学者就开始在这个遗址上进行大规模的考古发掘调查。拉姆的研究就是从德国学者的考古发现开始的。

在第一次世界大战和第二次世界大战期间，与伊斯兰玻璃有关的最重要的考古发掘有两次。一次是 1931～1938 年丹麦学者在叙利亚的哈玛（Hama）遗址进行的大规模的发掘。一次是纽约大都会艺术博物馆于 1935～1940 年和 1947 年对伊朗高原内沙布尔（Nishapur）的考古发掘。二战之后的主要考古发掘有美国埃及研究中心在埃及福斯塔特（Fustat）九个季度的发掘，英国波斯研究所对波斯湾的伊朗港口斯拉夫（Siraf）七个季度的发掘，德国考古研究院大马士革研究所在叙利亚拉卡（Raqqa）的考古发掘。拉卡的考古发掘还发现了 9 世纪初的玻璃作坊遗址，清楚地展现了中世纪玻璃制造的过程。

伊斯兰玻璃在世界历史上起了承前启后的主要作用。当罗马帝国衰亡、欧洲进入中世纪的黑暗时代，伊斯兰阿拉伯公元 7 世纪统治了地中海东岸，继承了已经衰败的玻璃业，使罗马玻璃的精湛技术免于失传。在以后的 800 年中，伊斯兰玻璃始终持续发展，并于 14 世纪将玻璃制造的技术反传回意大利的威尼斯。众所周知，现代玻璃是从威尼斯玻璃发展而来的。伊斯兰玻璃除了继承罗马玻璃的技术外，在玻璃装饰技术上有所突破。金属光泽彩绘（Luster）和釉料彩绘是伊斯兰玻璃的创新。此外，伊斯兰玻璃在马赛克（Mosaic）、刻花（Cutting）、刻纹（Engraving）、热塑（Trailing）、模吹（Mold Blowing）、镀金（Gilding）等工艺上都有所发展。

阿拉伯帝国广阔的领土、繁荣的经济，激发了地区间空前广泛的贸易。据研究，穆斯林商人的贸易北达斯堪的纳维亚半岛，以换取毛皮、蜡、琥珀；南到非洲以获得黄金、象牙、乌木和奴隶；东达中国以得到丝绸和瓷器。玻璃器是伊斯兰阿拉伯帝国的重要商品之一，此外，玻璃器又是装载贮藏其他商品的很好的容器。因此，伊斯兰玻璃在旧大陆的各个角落都有发现。伊斯兰玻璃作为贸易品的最有力的证据是 1977 年在爱琴海发现的塞尔斯利曼（Serce Limani）沉船。沉船的地点据土耳其西南海岸不远。船上装载了大量的玻璃器皿，此外，还装载了 2 吨玻璃料块和 1 吨准备回炉再生产的玻璃碎片。根据水下考古出土船上的物品可以推定这艘船沉没的年代应在公元 1025 年后的不久。出土的所有玻璃器都保存在土耳其博德鲁姆（Bodrum）水下考古博物馆，分类修复工作还在进行，正式的发掘报告还没有完成，仅发表了几份简报。这批玻璃器无疑是 11 世纪初的伊斯兰玻璃的标准器。在中国和日本发现的伊斯兰玻璃，也是阿拉伯商人贸易的可靠证据。

正是由于考古发掘和研究的成果，极大地促进了伊斯兰玻璃的研究。人们对伊斯兰玻璃的兴趣也越来越浓厚。为了满足人们的需求，纽约大都会艺术博物馆、美国康宁玻璃博物馆和希腊雅典贝纳基博物馆联合举办了国际专题展览《苏丹的玻璃》，展览从 2001 年 5 月持续到 2002 年 5 月。展览借调了 11 个国家 19 个博物馆的 150 件伊斯兰玻璃精品，全面展现了伊斯兰玻璃的魅力及对伊斯兰玻璃的最新研究成果。

四　康陵玻璃器发现的价值

近几十年在中国考古发掘出土的伊斯兰玻璃给世界上研究伊斯兰艺术史的学者们极大的惊喜。笔者曾对 1980 年之前中国出土的伊斯兰玻璃做过研究，特别是河北定县静志寺塔基（976 年）、浙江瑞安慧光塔（1034 年）和安徽无为舍利塔（1036 年）分别出土的伊斯兰刻花玻璃瓶[⑯]。20 世纪 80 年代是我国伊斯兰玻璃发现最为丰硕的年代[⑰]。1987 年，陕西扶风法门寺地宫出土了 18 件精美的伊斯兰玻璃容器，下限为公元 874 年；

1986 年内蒙古奈曼旗辽代陈国公主墓（1018 年）出土七件伊斯兰玻璃器和 1983 年天津蓟县独乐寺白塔塔身（1058 年）发现伊斯兰刻花瓶。1990 年扬州城考古队发掘了一处唐代中晚期住宅遗址，出土了一批伊斯兰玻璃残片[18]。20 世纪末 21 世纪初，伊斯兰玻璃器在中国不断有所发现。中国学者对伊斯兰文物的兴趣越来越浓厚，《伊斯兰世界文物在中国的发现与研究》一书，比较全面地总结了伊斯兰玻璃在中国的发现[19]。由于中国发现的伊斯兰玻璃器数量多，有可靠的年代和出土地点，多是精品，我国已经成为产地之外最重要的伊斯兰玻璃发现地之一。

南汉康陵出土的伊斯兰玻璃是对历史文献很好的印证。广州自先秦时代便是海上交通的重要港口。自汉至唐，广州在中国海上交通和贸易的地位越来越重要。《新唐书·地理志》记载了"其入四夷之路与关戍走集最要者七：一曰营州入安东道，二曰登州海行入高丽渤海道，三曰夏州塞外通大同云中道，四曰中受降城入回鹘道，五曰安西入西域道，六曰安南通天竺道，七曰广州通海夷道。"广州是唯一通往南洋、西洋的海路枢纽。《旧唐书》记载："广州地际南海，每岁有昆仑乘舶以珍物与中国交市。"[20]唐代宗视为珍宝的琉璃盘故事也发生在广州。代宗大历八年（773 年），循州刺史哥舒晃杀岭南节度使吕崇贲，占据岭南。路嗣恭提升为广州刺史，并兼岭南节度使，执行平叛。大历十年（775 年），路嗣恭攻克广州，斩哥舒晃。《旧唐书·路嗣恭列传》记："及平广州，商舶之徒，多因晃事诛之，嗣恭前后没其家财宝数百万贯，尽入私室，不以贡献。"实际上，这段记载不够准确，路嗣恭并不是没有向朝廷进贡。大历十三年（778 年），代宗对江西判官李泌的一番话说出了实情："嗣恭初平岭南，献琉璃盘，径九寸，朕以为至宝。及破载家，得嗣恭所遗载琉璃盘，径尺。"[21]也就是说，广州平定后，路嗣恭贡献给唐代宗一个玻璃盘，直径九寸，代宗以为这么大的玻璃盘是天下至宝了。不久，宰相元载获罪于专横贪婪，代宗派人查抄了元载的家，在元载家中抄出一个直径达一尺的玻璃盘，这个玻璃盘也是路嗣恭平定岭南后送给元载的。代宗发现路嗣恭把最大的玻璃盘没有贡献给自己而献给了宰相，心中非常不快。在诛杀了元载一年以后，代宗与李泌谈起玻璃盘这件事，还耿耿于怀，忌妒怨恨之情跃于纸上。路嗣恭在广州得到的玻璃盘，应该是通过海上贸易从阿拉伯帝国运来的西方玻璃了，正因为这种玻璃盘在中国很难得到，所以代宗"以为至宝"。

在广州其他遗址的考古工作中也出土过唐代的玻璃器。2000 年，广州南越王宫署遗址的唐代地层出土了一些玻璃残片和玻璃珠子。经修复，复原了一件玻璃杯：平底稍上凹，直壁，口稍敛；无色透明，稍泛黄绿色；底部有顶棒瘢痕。口径 7.85 厘米，底径 7.65 厘米，高 3.8 厘米（图一七）。这种平底玻璃杯是伊斯兰玻璃中的常见器形。纽约大都会艺术博物馆在伊朗尼沙布尔的考古发掘中出土了 36 件未经装饰的玻璃碗杯盘，都是自由吹制成形，年代为 9 至 10 世纪。其中与广州平底直壁杯的器形完全一样的就有 11 件，大部分高 4 厘米，口径 8 厘米（图一八）[22]，说明这种器形的玻璃杯是当时人们经常使用的容器。这种玻璃杯在叙利亚拉卡遗址也有出土，其年代可以早到阿拔斯早期，即公元 8 至 9 世纪。

图一七　广州出土唐代直壁玻璃杯

　　五代时期，广州依然是海上贸易的重要港口。很多海外的珍奇异宝都来自广州。据《旧五代史》和《梁书》记载，刘岩于梁贞明三年（917 年）称帝之前，广州向梁太祖进贡就有五次之多："广州进奇宝名药，品类甚多。""广州进献助军钱二十万，又进龙脑、腰带、珍珠枕、玳瑁、香药等。""广州进龙形通

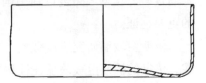

图一八　伊朗尼沙布尔出土
的平底直壁杯

犀腰带、金托里含棱玳瑁器百余副，香药珍巧甚多。""广州贡犀玉，献舶上蔷薇水。""广州贡犀象奇珍及金银等，其估数千万。"这五次进贡的物品中应该有伊斯兰玻璃器，因为香料名药的贮存容器多用玻璃。特别是蔷薇水，也就是现代称作玫瑰油的珍贵香料，一般都装在玻璃瓶中。《宋史》中多次记载蔷薇水装在琉璃瓶中进贡朝廷，例如淳化四年（993 年）大食副酋长李亚勿来贡番锦药物"都爹一琉璃瓶，无名异一块，蔷薇水百瓶。""至道元年（995 年），其国（大食）舶主蒲押陁黎斋蒲希密表来献白龙脑一百两，腽肭脐五对，龙盐一银合，合眼药二十小琉璃瓶，白沙糖三琉璃瓮，千年枣、舶上五味子各六琉璃瓶，舶上褊桃一琉璃瓶，蔷薇水二十琉璃瓶，乳香山子一坐，番锦二段，驼毛褥面三段，白越诺三段。"[23]这两条文献还明确记载了进贡的路线都是首先通过海路到广州，充分肯定广州在海上丝绸之路上的重要地位。从文献来看，不仅是蔷薇水用玻璃瓶存储运到中国，其他药品和食物也用玻璃器存储。

　　2003 ~ 2005 年，印度尼西亚有关机构与西方的水下考古机构合作，在爪哇北岸井里汶（Cirebon）外海 100 海里的水下沉船进行了水下考古，出土遗物达到 49 万件[24]。包括 30 余万件的各类瓷器，大量铅钱铜币、银锭、铜镜、铁锭、铁锚、漆器等，文物

主要来自中国，也有来自马来半岛、苏门答腊、泰国、斯里兰卡、中东叙利亚或波斯乃至东非地区等几乎包括了印度洋周边贸易圈内的各式遗物。遗物中有伊斯兰玻璃器，但数量不多。从已发表的照片来看，比较完整的玻璃器皿约有 20 余件，都是伊斯兰玻璃。有的玻璃瓶与河北定州静志寺地宫的刻花玻璃瓶相似，有的玻璃瓶与浙江瑞安慧光塔的刻花玻璃瓶接近，有的玻璃杯与广州南越王宫署唐代地层出土的直筒杯一样，还有鼓腹长颈的玻璃瓶与康陵出土的玻璃残片反映的器形很相似。引人注意的是井里汶沉船中"有若干形状不规则，体积很大，呈深绿色的玻璃原料。这些原料是否就是《铁围山丛谈》中所记的玻璨母"[25]？虽然目前还不能确定井里汶沉船的准确年代，但学者们比较一致的意见是船的失事年代应是 10 世纪的中后期。也就是说，沉船的年代与南汉康陵的年代相近。井里汶沉船的资料全部发表之后，沉船上的玻璃器必然对康陵玻璃器的深入研究有帮助。

南汉康陵出土的玻璃器虽然只复原了一件，但是通过工艺分析，可以确定这批玻璃是通过海上丝绸之路进口到中国的伊斯兰玻璃。因此，康陵玻璃器是 10 世纪东西贸易的重要物证。

伊斯兰玻璃研究进展缓慢，主要是由于在阿拉伯世界中基本没有关于玻璃的文献记载，传世的伊斯兰玻璃器往往提供不出年代、生产地点等确切信息。中国发现的伊斯兰玻璃器大多数有可靠的年代和出土地点。虽然中国不是伊斯兰玻璃的产地，但是玻璃器的埋葬年代提供了这类玻璃器生产年代的下限。例如，康陵玻璃器的埋葬年代为 942年，其制造年代肯定早于 942 年。这样，康陵玻璃器为今后阿拉伯世界发现这种带竖棱条的短颈折肩玻璃瓶提供了可靠的年代标尺。

中国的历史文献宝库中虽然没有伊斯兰玻璃生产的记载，但是有玻璃器来自大食的明确记录，还有当时人们对进口伊斯兰玻璃的喜好及玻璃器背后的故事。中国发现的伊斯兰玻璃印证了这些文献记载，中国的文献为伊斯兰玻璃的深入研究打开了一扇门。伊斯兰玻璃为什么会出现在南汉康陵？这些玻璃器的原产地在哪里？是经过什么路线什么人之手输入广州？这些玻璃器陪葬时应该都是完整的器皿，康陵第一次被毁被盗是什么时间？为什么没有取走玻璃器？很多问题有待我们进一步探索。

附记：

这项研究得到美国康宁玻璃博物馆布里尔博士、广州市考古研究所全洪副所长和邝桂荣馆员的全力帮助，在此一并致以诚挚的感谢。

注　释

① 广州市文物考古研究所：《广州南汉德陵、康陵发掘简报》，《文物》2006 年第 7 期。

② Helen A. Kordmahini, *Glass from the Bazargan Collection*, Iran National Museum, Tehran, 1993, p. 92.

③ David Whitehouse, Excavation at Siraf, Third Interim Report, *Iran* 8（1970）, pp. 1 – 18.

④ Stefano Carboni and David Whitehouse, *Glass of the Sultans*, The Metropolitan Museum of Art, New York, 2001, p. 86, cat. no. 12,

⑤ Jens Kröger, Nishapur, *Glass of the Early Islamic Period*, The Metropolitan Museum of Art, New York, 1995, p. 87, cat no. 114.

⑥ Helen A. Kordmahini, Glass from The Bazargan Collection, Iran National Museum, Tehran, 1993, p. 86.

⑦ David Whitehouse, *Sasanian and Post-Sasanian Glass in The Corning Museum of Glass*, The Corning Museum of Glass, New York, 2005, pp. 23 – 24.

⑧ R. Hasson, *Early Islamic Glass*, Jerusalem, pp. 30 – 37, no. 55, 1979.

⑨ E. Marianne Stern, *Roman Mold-Blown Glass: The First Through Sixth Centuries*, Toledo Museum of Art, Roma and Toledo, 1995, p. 47.

⑩ Stefano Carboni and David Whitehouse, *Glass of the Sultans*, The Metropolitan Museum of Art, New York, 2001, p. 84, cat. no. 10.

⑪ Jens Kröger, *Nishapur*, *Glass of the Early Islamic Period*, The Metropolitan Museum of Art, New York, 1995, p. 89, cat no. 90.

⑫ Robert H. Brill, Some Thoughts on the Chemistry and Technology of Islamic Glass, *Glass of the Sultans*, The Metropolitan Museum of Art, New York, 2001, pp. 25 – 45.

⑬ 艾伦·麦克法兰等：《玻璃的世界》第 38 ~ 39 页，商务印书馆，2003 年。

⑭ Carl John Lamm, Glas von Samara, *Forschungen zur islamischen Kunst*, 2. Berlin, 1928.

⑮ Carl John Lamm, Mittelalterliche Glaser und Stinschnittarbeiten aus dem Nahen Osten, *Forschungen zur islamischen Kunst*, 5. Berlin, 1929 – 1930.

⑯ 安家瑶：《中国的早期玻璃器皿》，《考古学报》1984 年第 4 期。

⑰ 安家瑶：《试探中国近年出土的伊斯兰玻璃器》，《考古》1990 年第 12 期。

⑱ 安家瑶：《玻璃考古三则》，《文物》2000 年第 1 期。

⑲ 阿卜杜拉·马文宽：《伊斯兰世界文物在中国的发现与研究》，宗教文化出版社，2006 年。

⑳ 《旧唐书》卷八九。

㉑ 《资治通鉴》卷二二五。

㉒ Jens Kröger, Nishapur: *Glass of the Early Islamic Period*, The Metropolitan Museum of Art, New York, 1995, pp. 41 – 45.

㉓ 《宋史》卷四九〇。

㉔ 《井里汶沉船出土文物笔谈》，《故宫博物院院刊》2007 年第 6 期，总 134 期。

㉕ 齐东方：《玻璃料与八卦镜——井里汶沉船文物札记》，《故宫博物院院刊》2007 年第 6 期，总 134 期。

AZTEC RELIGION AND SPATIAL SYMBOLISM

Diego Jiménez-Badillo, Ph. D.

An Zhimin's remarkable career has been inspiring not only for scholars specializing in China but also for many researchers like myself who study other ancient cultures. As a tribute to him, I would like to contribute to this volume with a paper describing the Aztec spatial symbolism, a system of mythological and religious beliefs rooted in the Mesoamerican cultural tradition. [1] As I explain below, this influenced the use of space and affected many daily activities in ancient Mexico.

I concentrate only on key features of the system: the idea of god (section 1), the geometric model of the Aztec cosmos (section 2), and the outcomes of these beliefs, especially those affecting the spatial conceptions of the Aztecs (section 3).

1. THE CONCEPTION OF DEITY AMONG THE AZTECS

As did many other ancient peoples, the Mesoamericans practiced a polytheistic religion, explaining the universe as a place subjected to the influence of many different gods. The Aztecs, in particular, identified deities with different stars and natural phenomena. Thus, it is not rare to find in this tradition references to gods of rain, wind, fire, the sun, the moon, the planet Venus, the Milky Way, etc.

1. 1. GODS CONCEIVED AS SETS OF FORCES

Gods were conceived as complex entities, which usually exhibited animal or human personality. It was understood, however, that their external features were just a wrapping for the true ingredient of the gods, which was a mixture of energies. Gods were indeed conceived *as aggregations of forces.*

The power of each god derived from his/her individual combination of forces. Some of the constituent energies may harmonize with or complement each other, while others may be contrasting or totally opposite.

Such divine forces appeared in the physical world under a wide range of forms and were found inside things, animals, and people. These entities provide a 'container' for the allocation of such 'god–forces' (López Austin 1990: 175–176).

This concept prevails even today among some Mesoamerican ethnic groups. In one of these, an insect called 'uch', for example, is thought to be the container for a devouring god of the same name because the animal is fond of sucking the nourishing properties of food. The same god/force is part of a mammal called *tlacuache*, which is given to consuming grains from the fields (*ibid.*).

1. 2. GODS CONCEIVED AS CHANGING CHARACTERS

A particular combination of forces gave each god the capacity to influence a life process in specific ways. Gods were also able to reconfigure their sets of energies. This gave them the power to perform extra functions and to participate in additional processes. Furthermore, some gods merged with one another in order to form new deities. Such dynamism extended beyond the assimilation of forces, thus gods were also capable of dividing their qualities and splitting their powers. These constant transformations – described by an expert as the *fusion* and *fission* of Mesoamerican gods – constituted one of the most important characteristics of Aztec religion (López Austin 1983).

To mention one example, Quetzalcoatl was a masculine god who appeared in different contexts with a distinctive function for each occasion. In his basic role he was a pioneer god, the originator of many inventions. It was believed, for example, that he discovered the ingredients to produce human beings. He also brought the arts to mankind, and taught the principles of the cult to the sun. A second role of this god was to produce wind just before the starting of the humid season. The Aztecs considered that during that period gusts of air were necessary to *generate* rain (Nicholson 1971: 416; Sahagún 1950–1969, book 1 : 3). In other occasions, he transformed himself into the planet Venus, because the emergence of that planet in the sky *preceded* the sunrise.

In each of the above cases the god received a different name. As wind he was called Ehecatl, while Tlahuizcalpantecuhtli designates his appearance as the planet Venus (see fig. 1). It is worth noticing, however, that throughout these transformations Quetzalcoatl maintained his com

Figure 1. Two representations of the god Quetzalcoatl: Ehecatl, god of wind (left); and Tlahuizcalpantecuhtli, the planet Venus (right). (Codex Borbonicus, from Mateos Higuera 1993: Fig. 48/1 and Fig. 50/1).

Figure 2. Decomposition of Ehecatl (left) and Tlahuizcalpantecuhtli (right) to show their respective attributes. Notice the different attire and symbols that characterize these two representations of Quetzalcoatl (Codex Borbonicus, from Mateos Higuera 1993: Figs. 48/1 bis and 50/1 bis).

mon nature as *creator*, *precursor* or *initiator*.

When transformations occurred, the gods had to adjust their symbols to reflect their new powers. These mutations help to understand why the images of deities from the Aztec pantheon vary so often. A deity did not always have to bear the same attire or emblem because his/her functions, actions and circumstances changed in different contexts (López Austin 1983). Quetzalcoatl, for example, wore different insignia and symbolic elements to differentiate his role as god of wind from his appearance as the planet Venus (Mateos Higuera 1993) (see fig. 2).

The attire and emblems of gods were elements of a very complex symbolic code. Unfortunately, the specific rules of that code are not yet well known and many scholars are still trying to develop means to understand its underlying principles, especially through iconographic studies.

Iconography has played a vital role in revealing patterns in the associations between the symbolic elements of the gods (López Austin 1987 ; Spranz 1973). This has been complemented by analyses of religious ceremonies, which allow identifying the gods worshiped in different rituals and their attached meanings (Graulich 1990, 1999).

Besides those efforts, I consider equally important to analyze the system of spatial symbolism embedded in the Aztec conception of cosmos. This would not only improve our understanding of the abstract principles of the Aztec religious code, but it would also provide a means to interpret many archaeological remains resulting from such conception, especially ritual offerings. Hence, I devote the following section to describe the geometric model of the cosmos adopted by the Aztec people.

2. THE GEOMETRIC CONCEPTION OF COSMOS

The setting for the action of Aztec gods was a complex universe, partly physical, partly supernatural, in which they exercise both their beneficial and harmful powers. Such a universe was conceived in a geometric fashion, characterized by a vertical division into 22 layers and a horizontal partition into 4 areas plus the centre.

2. 1. **THE VERTICAL SCHEME**

A depiction of the vertical organization of the cosmos has survived through the narratives of some historic sources. A famous myth, for example, explained the creation of the earth as the division of a monstrous female creature named Cipactli. She was portrayed in many documents as an amphibian or reptilian animal, often resembling a crocodile or a sawfish (see fig. 3).

Such animals became very important symbols of the earth. In fact, some Aztec offerings contain remains of crocodile and sawfish as key elements of their contents (see figs. 4 and 5).

Figure 3. Cipactli, the marine creature related to the creation of the cosmos,
from a detail of Codex Vaticanus 3773, 'B' (from Anders and Jansen 1993).

It was believed that some gods took Cipactli by force and partitioned her body longitudinally into two portions. The upper side produced thirteen layers, nine of which became the heaven, while the remaining four gave origin to the earth. Similarly, the lower part formed another nine layers which constituted the underworld (see fig. 6).

The nine upper layers of heaven provided residence for those gods considered as 'givers', whose energies possessed the following characteristics: masculine, hot, dry, vital, luminous, fecund. Sometimes, a flying animal, the eagle, symbolized the heavens.

In contrast, the nine layers of the underworld contained spirits considered as 'takers', who were feminine, cold, humid, deadly, dark, and were symbolized by a terrestrial mammal, the jaguar.

After the splitting of Cipactli four gods were placed in the cardinal directions, between the heaven and the underworld, in order to prevent the reunion of her two components. In other versions of the myth four trees replaced the gods. According to these accounts the trunks of the trees provided channels for the circulation of gods and energies from the upper and lower layers (see fig. 7a). The energies carried time and destiny, as well as all beneficiary or destructive elements affecting humans (López Austin 1993：26).

Gods coming from both ends of the cosmos traveled in contrary directions trough the cosmic channels bringing influences characteristic of their place of origin. They flew in the form of energies interwoven with each other and followed spiral movements until reaching the terrestrial layers (figs. 7b, 7c).

The flow of gods was profusely illustrated in codices, where it adopts forms such as whirlpools, swirls, and so on. It can also be found in artifacts placed in ritual offerings (see figs. 7d, 7e, and 7f).

a   b   c

Figure 4. Sawfish as a symbol of the earth. In Aztec tradition the rostra of this elasmobranch was used to represent the surface of the earth in clear allusion to Cipactli, the mythical monster of cosmos creation. (a) Cipactli resembles a crocodile/sawfish in a relief carved on an offering box (from López Luján, 1994); (b) the "earth monster" represented as a sawfish, from a detail of Codex Borgia (from Anders et al. 1993); (c) sawfish snout and human skull found among the contents of Offering 60 in the Great Temple of Tenochtitlan. The latter may be evidence of certain Aztec sacrifices, during which the victim was beheaded with the snout of a sawfish.

Figure 5. Crocodile skull found in Offering 61 of the Great Temple of Tenochtitlan. This was one of the animals used to symbolize the earth's surface. Therefore, remains such as this are not rare among the contents of Mexica offerings.

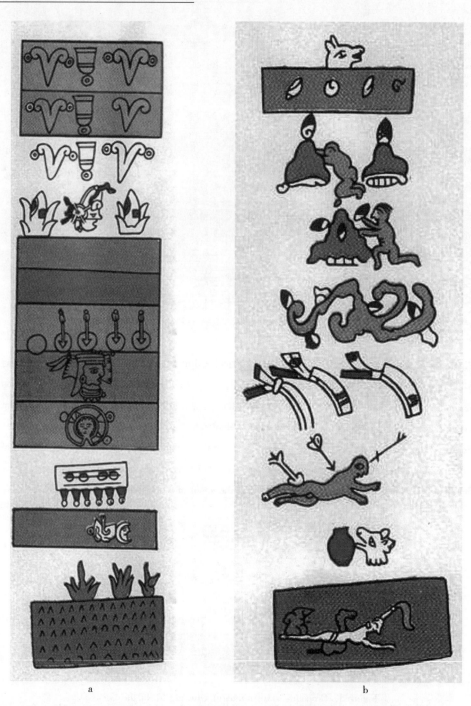

a   b

Figure 6. Aztec glyphs referring to: (a) the upper and (b) lower layers of the universe. The first (i. e. highest) and last (lowest) levels were not included in the original codex (Codex Vaticanus Latinus 3738 'A', from Kingsborough 1964–1967).

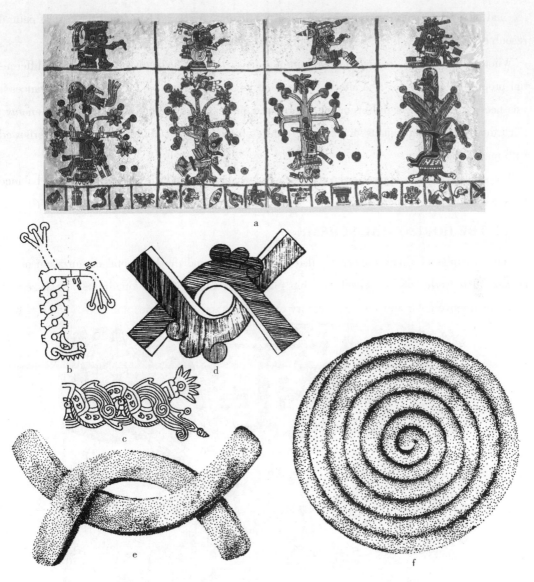

Figure 7. Flow of god–forces through the cosmic layers: (a) cosmic trees and deities associated with the four cardinal directions, Codex Vaticanus 3773 'B' (Anders and Jansen 1993); (b) and (c) glyphs representing the flow of energies; (d), (e), and (f) artifacts symbolizing cosmic flow, from several offerings in the Great Temple of Tenochtitlan (from López Luján 1994).

Once in the earth, the energies spread out affecting all classes of beings by allocating into them different proportions of contrary substances.

As a result of this process, some entities acquired a major amount of cold, feminine or humid substances, while others received more hot, masculine and dry elements. In this way, the Aztec and other Mesoamerican groups explained the diversity of flora, fauna and the rest of natural resources. (López Austin 1993: 26; López Austin 1995: 438).

Whether hot or cold, masculine or feminine, dry or humid, heavenly or earthly, the differential proportion of energies also affected space and locations. Therefore, in some circumstances it was necessary to bring equilibrium into particular places by attracting certain opposite energy. For example, placing objects of feminine nature would restore stability in a place overflowed with masculine energy.

The same principles applied even for diseases. A person would die unless the correct balance between cold and hot energies *prevailed* in the body (López Austin 1988).

2. 2. **THE HORIZONTAL SCHEME**

The principles of binary opposition also help to understand the horizontal organization of the cosmos. The world was conceived as a big plane segmented into four quadrants. Each section had a distinctive color and was the territory of specific types of energies and gods (see fig. 8).

Figure 8. The horizontal scheme of the universe according to the Aztec tradition (from Codex Fejérváry–Mayer, plate 1, see León Portilla 1985).

Some historical sources assign the black color to the north and relate this sector to the concept of death. The south was blue and used to represent life. Red was the color for the east, region of masculine influences. In contrast, the west was white and feminine. Among the collection of symbols associated with the cardinal directions it is important to mention, for example, that a flint knife was used to symbolize the north (and death). A rabbit symbolized the south, a reed denoted the east and a house expressed the west (López Austin 1993: 26).

Additionally, the centre represented the location of perfect equilibrium; the spot where beneficial and destructive forces arriving from the upper and lower levels of the cosmos reached a balance. This was also the spot where spirits from the cardinal directions converged.

Many documents and iconic representations assign the central location to the god of fire, Xiuhtecutli, the oldest and one of the most important deities in ancient Mesoamerica due to his symbolic association with the sun.

2. 3. THE TIME SCHEME

The previous section exposes the spatial organization of the Mesoamerican universe emphasizing the appearance of deities on certain locations. However, the material manifestation of each god (and his/her forces) occurred not only in certain spaces but also at specific moments. The orderly succession of different gods on the surface of earth followed a cyclic pattern, which caused the impression of time for the human beings. Thus, time was explained precisely as the sequential appearance of pre-determined gods and influences over the human world.

The passing of months and days degraded the intensity and quality of god/forces and therefore the humans were compelled to revitalize the cycle by offering sacrifices to the gods. This gave rise to a complex system of ritual ceremonies performed at regular intervals according to a complex calendar.

Each ceremony targeted those deities that were likely to affect humans on that particular period of time. The goal of the rituals was to attract their blessings or to avoid harmful effects.

The ritual calendar worked in conjunction with a solar calendar and was extremely important in regulating activities through every season of the year. Particularly important were the ceremonies performed in every temple to mark the beginning and the end of the 18 months of such a calendar. During those ceremonies, the Aztecs performed dances, represented mythical episodes and placed offerings to worship the gods who were the patrons during that particular period (Graulich 1999).

3. OUTCOMES OF THE AZTEC SPATIAL SYMBOLISM

The ideas concerning cosmos and deities had an effect on the way Aztecs organized space. Such effects can be seen in archaeological remains at different scales. Some interesting examples are the layout of Mexico–Tenochtitlan and the organization of space within ceremonial complexes such as the Sacred Precinct of Tenochtitlan.

3. 1. THE LAYOUT OF MEXICO–TENOCHTITLAN

The Aztec capital was originally designed as a squared settlement and special attention was given to orientate buildings towards the cardinal directions. Indeed, four major roads divided the city into four quadrants, which converged at the centre. The neighbors of each district were supposed to live under the tutelage of the god associated with the corresponding cardinal direction. Thus, there was a quadrant in which a northern god was worshipped. In the opposite section of the city a southern god ruled, and so on. The whole city may be considered as a representation of the horizontal organization of the cosmos.

3. 2. THE LAYOUT OF THE SACRED PRECINCT OF TENOCHTITLAN

Even more interesting is the spatial organization within the so–called Sacred Precinct of Tenochtitlan. This was a stately complex of buildings intended for civic and religious activities, which was built at the centre of the city, precisely where the four main roads and sections intersected.

The plan and boundaries of the precinct are well known thanks to the descriptions of XVI century witnesses as well as to contemporary research. It was laid out as a big square surrounded by walls, which enclosed up to 78 buildings including temples, oratories, altars and administrative premises (see fig. 9).

The biggest and most important building of the precinct was a pyramidal structure called the Templo Mayor (Great Temple). This was shaped as a great rectangular platform above which four smaller sloping structures were erected. In that way the Aztecs tried to replicate the appearance of a mythological mountain in which their guardian gods were supposed to live. In ancient Mesoamerica it was believed that the gods of a particular community from such pyramids would keep the forces of life and death in equilibrium. Such balance would defend people from illnesses, dry seasons, bad harvests, and would provide protection against harmful energies coming from the gods of neighboring towns (López Austin 1973: 62, 1990: 197, 1993: 23; López Luján 1994: 94).

Figure 9. View of the numerous buildings inside the Sacred Precinct of Tenochtitlan, according to a reconstruction by Marquina (1960).

Figure 10. A detailed view of the Great Temple of Tenochtitlan. Notice the two shrines or adoratories at the top of the pyramid, the one closer to the viewer is the shrine of Huitzilopochtli. At the opposite side, also at the top of the pyramid, there is the shrine devoted to Tlaloc.

The top of the pyramid provided space for two shrines or *adoratories* (see fig. 10). The one located in the southern half, with red decoration, was dedicated to Huitzilopochtli, the ancestral god of the Aztecs, who was symbolically linked to the sky, the sun, the war, and the fire.

The shrine in the north served to the cult of Tlaloc, god of rain and fertility, also associated with the earth (Matos Moctezuma 1986; López Luján 1994: 60).

The importance given to the gods of fertility and war could be easily justified by considering the fact that the Aztecs based their sustenance fundamentally on agriculture and obtaining tribute by military means from neighboring groups (Matos Moctezuma 1986).

The partition of the Templo Mayor divided into two spatially symbolic sections, however, cannot be explained only on the basis of political and economic factors. As some scholars have pointed out, its dual nature is a consequence of the binary structure of the Mesoamerican cosmovision, which shows an obsessive tendency to explain the physic-temporal world as a result of the interaction between opposing forces of nature. Such energies were opposed but at the same time they complement each other and therefore they existed together. Life and death, for example, were explained as complementary states in the stream of existence (León Portilla 1978: 45; Broda 1987; Graulich 1987; López Austin 1983).

As it was said before, in this conception forces and energies were not regarded as physical facts but as attributes of gods that affected the human world. Thus, it is likely that the presence of Huitzilopochtli and Tlaloc at the top of Templo Mayor attempted to symbolize the complementary role of celestial and terrestrial elements.

Additional symbols associated to the same gods reinforced the binary symbolism of Templo Mayor. For example, the dry and rainy seasons, the summer and winter solstices, day and night, as well as the noteworthy symmetry between blood and water, the two most precious liquids in Aztec thought. The next list shows the correspondence of Tlaloc and Huitzilopochtli with these concepts.

HUTIZILOPOCHTLI	TLALOC
South location	North location
Celestial god	Terrestrial god
Dry season	Rainy season
Summer solstice	Winter solstice
Day	Night
Sacrifice	Fertility
Blood	Water

Given the fact that the Templo Mayor was built at the centre of the Sacred Precinct, it is easy to infer its meaning as the centre of the universe see fig. 11. If that were true, the pyramid would mark the spot where the cosmic levels of heaven, earth and underworld connected with each other and the point where the four cardinal directions intersected (Carrasco 1987; Matos Moctezuma 1986:32). In fact, the Aztecs referred to the temple as 'the navel of the earth', denoting its central position in their spatial conception (Sahagun 1950–1969: vol. 6: 18–19, 42–43, 88–89).

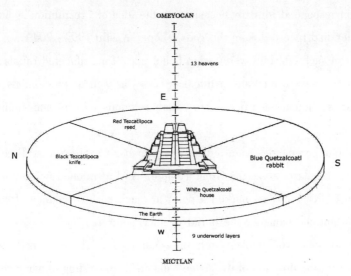

Figure 11. Scheme of the Great Temple as the centre of the world.
Each cardinal direction was associated with a particular deity, color
and object (from Matos Moctezuma 2000: 116, fig. 74).

In accordance with the same criterion, Templo Mayor was the setting par excellence to celebrate both periodic rituals and exceptional festivities, many of them related to the solar calendar (Sahagún 1956). Many scholars have proven such relation. Tichy (1978, 1981) and Ponce de León (1982), for example, demonstrated that the middle point of the east and west facades of Templo Mayor were carefully orientated to mark the point where the sun would rise and fall on March 4th and October 10th of each year. On those two occasions, the Aztecs celebrate major rituals and deposit numerous offerings in honor of Xiuhtecutli, Huitzilopochtli, and other important deities.

Offerings are precisely the third example of Aztec spatial symbolism that I would like to describe in this paper.

3. 3. **THE AZTEC OFFERINGS**

In previous pages I described how important it was for the Aztecs to believe in gods who control beneficial and harmful processes through the release of different proportions of supernatural forces. They also believed that such energies lasted only for a limited period of time, after which they started to fade away. Thus, human beings felt compelled to revitalize the beneficial forces – as well as to avoid the bad ones – by performing sacrifices and oblations to their gods (López Austin 1990: 126, 214; López Luján 1994: 48, 52). The selection of artifacts for a particular oblation responded in many occasions to the idea of "restitution": human beings had to return what they had received from the gods (López Austin 1994: 204).

The placement of such offerings were a significant part of multifaceted rituals, which involved 'theatrical' performances to recreate mythical episodes as well as processions, dances, chanting of sacred hymns, human sacrifices, etc. Both religious leaders and common people took part in those rites.

The most important ceremonies occurred on a regular basis in the Sacred Precinct of Tenochtitlan, especially in the plaza facing the Great Temple. As I mentioned before, in the Aztec mentality the location of this building marked a point to reach perfect balance of cosmic energies.

The most important occasions for the burial of offerings were:

a) Eighteen festivities synchronized with the solar cycle. These events occurred every 20 days, coinciding with the duration of the Aztec 'month'. According to many scholars, the most spectacular rites were performed during the periods known as Tlacaxipehualiztli, Etzalcualiztli, and Panquetzaliztli (Graulich 1999; López Luján 1994: 97–103).

b) Construction and dedication of new buildings. Laying offerings was equally important to initiate the construction of new buildings or to consecrate extensions of previous structures. Recent archaeological excavations, for example, have revealed at least 7 periods of enlargement of the Great Temple. Successive Aztec kings commissioned these projects after major military conquests. The new pyramids covered previous facades without destroying the old ones. In the process, offerings were buried with the purpose to load the appropriate energies into the new buildings and in this way the construction became ready for human occupancy. Archaeologist López Luján (1994: 100) believes that a significant percentage of offerings found in the Great Temple are the result of those rites.

c) Important events in kings' lives. Ceremonies for the coronation of new kings or death of the monarch were additional motives for the deposition of offerings.

During all these acts of offering, the priests selected items of religious significance and placed them either on the altars of temples or underground. The latter type is precisely the kind of symbolic contexts found in the Sacred Precinct of Tenochtitlan. So far, more than 130 caches have been recovered, either from the interior of 8 buildings, or from 3 surrounding plazas (López

Luján 1994: 111) (see fig. 12).

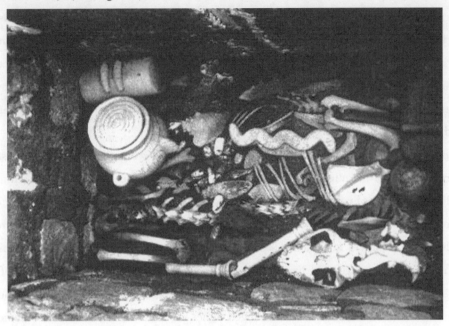

Figure 12. Offering 'H' from the Great Temple of Tenochtitlan. This deposit illustrates the type of objects found in Aztec offerings. Particularly interesting is the serpentiform scepter in front of the pot, as well as the spiral engraved on the lid of the vessel. Other distinguishable items are a drum, flutes and the skeleton of a jaguar.

In the case of the Aztec offerings the worshipers arranged the objects carefully, either within a stone box or without receptacle directly under the ground (Matos Moctezuma 1988b). The caches were located inside walls, nearby important sculptures, in courtyards, or even within the fill of constructions (Olmedo and González 1986).

Amongst the items recovered are: remains of plants; remains of animals like jaguars, crocodiles, turtle shells, eagles and other kinds of birds, fish, and marine shells; human beings – mainly victims of sacrifice – and a great diversity of ritual implements. Noteworthy objects include medium sized sculptures as well as small figurines portraying diverse gods, also the gods' insignia like scepters, ear–pools, nose–plugs, breastplates, masks, musical instruments, sacrificial tools (e.g. knives, awls, blades), and many other items.

By placing objects appealing to particular deities, the Aztecs tried to obtain good harvests, military successes, as well as to prevent diseases, stop dry seasons, and keep supernatural forces under control (López Luján 1994). For example, if the purpose of the offering was to propitiate timely rains, then the priests selected objects suitable for receiving forces from the gods of rain and fertility. The chosen artifacts may be sculptures resembling the gods themselves, their insignia, or items symbolizing the region of the cosmos in which they inhabit. Such an offering may also include items intended to keep other forces, like drought, under control.

Moreover, as each god had power over determined places, it was important to follow strict spatial rules for the allocation of each artifact within the offering, so that the appropriate deity received the oblation.

For these reasons it is common to find offering artifacts showing clear spatial patterns. From visual examination of the offerings, scholars have concluded that certain classes of artifacts had to be placed facing cardinal directions, below or above certain boundaries, next to or in opposition to other objects, and so on (López Luján 1994). In offering "U", for example, a relatively simple, regular pattern is evident (see fig. 13). Several items, including four copal balls, several marine shells, eagle and lynx remains, a pot with the portrait of Tlaloc (god of fertility), a sculpture of Xiuhtecuhtli (god of fire), a sacrificial knife and some greenstone beads were deposited inside a stone box and arranged either around the corners of the container or along a vertical axis formed by the snout of a sawfish. Scholars have found this pattern to resemble the horizontal geometry of the Aztec Cosmos.

So focusing on the analysis of spatial patterns provides an opportunity to complement the knowledge about the Aztec symbolism that is normally gathered by other means (e. g. iconography). In previous works, I have proposed a new method to explore the spatial structure of Aztec offerings but there are still many more topics of research related to Aztec spatial symbolism (Jiménez Badillo 2004; Jiménez Badillo and Chapman 2002). What I described here is just a small set of examples where religion and space symbolism intertwine. It is expected that more studies focused on this subject appear in the future.

I would like to end with nine short sentences highlighting the main ideas presented in this paper.

3. 4. **POINTS TO REMEMBER**

1. The Mesoamerican religion was polytheistic.

2. Gods were conceived as sets of forces.

3. Gods were dynamic characters as opposed to immutable personae; they were subjected to processes of fusion and fission of divine energies.

4. Gods operated in a geometric universe.

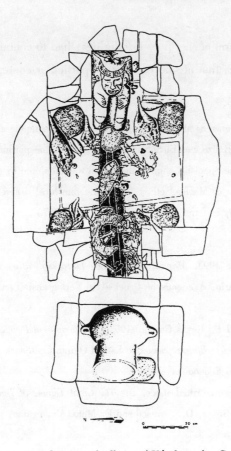

Figure 13. Excavation drawing of offering ‘U’ from the Great Temple of Tenochtitlan. It features a snout of a sawfish, four copal balls, several marine shells, both eagle and lynx remains, a pot with the effigy of Tlaloc (god of fertility), a sculpture of Xiuhtecuhtli (god of fire), a sacrificial knife, some greenstone beads, etc. The geometric pattern is evident, showing the careful deposition plan of the Aztec priests who lay out the offerings according to their conception of cosmos (Drwawing by Fernando Carrizosa, courtesy of Templo Mayor Museum, Mexico).

5. Each god had particular control over certain places of the universe.

6. Gods traveled to the earth in specific times.

7. Passing of time degraded the nature of gods and therefore human beings were compelled to revitalize the cosmic cycle by performing sacrifices and placing offerings.

8. As each god had particular control over certain places of the universe, it was important to follow strict spatial codes for the allocation of offerings and sacrifices, so the appropriate god re-

ceived the oblation.

9. The oblation, in the form of sacrifices or offerings, had to contain artifacts that appropriately call upon the god – forces that are necessary in a particular context.

Note

① The cultural region known as Mesoamerica covers a large geographic area. It comprises major parts of Mexico, Guatemala, Belize and El Salvador, as well as some portions of Honduras, Nicaragua and Costa Rica. Before the Spanish Conquest the region was inhabited by a variety of ethnic groups (e. g. Zapotec, Maya, Aztec or Mexica, etc.), which despite local differences shared a common cultural background, especially in terms of religion (Kirchhoff, 1967).

Bibliography

Anders, F. , and M. Jansen. 1993. *Manual del adivino: Libro explicativo del llamado Códice Vaticano B.* Sociedad Estatal Quinto Centenario, Akademische Druck–Und Verlagsanstalt and Fondo de Cultura Económica, Mexico.

Anders, F. , M. Jansen, and L. Reyes García. 1993. *Los templos del cielo y de la oscuridad: Oráculos y liturgia. Libro explicativo del Códice Borgia.* Sociedad Estatal Quinto Centenario, Akademische Druck–Und Verlagsanstalt and Fondo de Cultura Económica, Mexico.

Broda, J. 1987. Templo Mayor as ritual space. In: *The Great Temple of Tenochtitlan. Center and periphery in the Aztec world*, edited by J. Broda, D. Carrasco and E. Matos Moctezuma, pp. 61–123; University of California Press, Berkeley.

Carrasco, D. 1987. Myth, cosmic terror, and the Templo Mayor. In: *The Great Temple of Tenochtitlan: Center and periphery in the Aztec world*, edited by J. Broda, D. Carrasco and E. Matos Moctezuma, pp. 124–162. University of California Press, Berkeley.

Graulich, M. 1987. Les incertitudes du Grand Temple. In: *Les Azteques: Tresors du Mexique ancien*, edited by A. Eggebrecht, pp. 121–131. Roemer–und Pelizaeus Museum, Hildescheim, Germany.

Graulich, M. 1990. *Mitos y rituales del México antíguo.* Ediciones Istmo, Mexico.

Graulich, M. 1999. *Fiestas de los pueblos indígenas. Ritos Aztecas. Las fiestas de las veintenas.* Instituto Nacional Indigenista, Mexico.

Jiménez Badillo, D. 2004. *A method for interactive recognition of three – dimensional adjacency patterns in point sets, based on relative neighbourhood graphs. An archaeological application.* Ph. D. Thesis, University College London, London.

Jiménez Badillo, D. and D. Chapman. 2002. An application of proximity graphs in archaeological spatial analysis. In: *Contemporary themes in archaeological computing*, edited by D. Wheatley et. al. , pp. 90–99. University of Southampton/Oxbow Books, Southampton.

Kingsborough, Lord E. K. 1964–1967. Codex Vaticanus Latinus 3738 ‘ A ’. In: *Antigüedades de México*, prologue by A. Yáñez, interpretation by J. Corona Núñez, 4 vols. , Secretaría de Hacienda y Crédito Público, Mexico.

Kirchhoff, P. 1967. *Mesoamerica*. Sociedad de Alumnos de la Escuela Nacional de Antropología e Historia, Mexico.

León Portilla, M. 1978. *México Tenochtitlan: Su espacio y tiempo sagrados*. Instituto Nacional de Antropología e Historia, Mexico.

León Portilla, M. 1985. *El Tonalámatl de los Pochtecas. (Códice mesoamericano Fejérváry–Mayer)*. Special edition Celanese Mexicana, Mexico.

López Austin, A. 1973. *Hombre – dios: Religión y política en el mundo náhuatl*. Universidad Nacional Autónoma de México, Mexico.

López Austin, A. 1983. Nota sobre la fusión y la fisión de los dioses en el panteón mexica. *Anales de Antropología*, vol. 20, pp. 75–87.

López Austin, A. 1987. The masked god of fire. In: *The Aztec Templo Mayor*, edited by E. H. Boone, pp. 257–291. Dumbarton Oaks Research Library and Collection, Washington D. C.

López Austin, A. 1988. *Human body and ideology*, 2 vols. , translated by T. Ortiz de Montellano, and B. Ortiz de Montellano. University of Utah Press, Salt Lake City.

López Austin, A. 1990. *Los mitos del tlacuache: Caminos de la mitología mesoamericana*. Alianza Editorial Mexicana, Mexico.

López Austin, A. 1993. El Árbol cósmico en la tradición mesoamericana. *Iichiko intercultural*, vol. 5, pp. 47–66.

López Austin, A. 1995. La religión, la magia y la cosmovisión. In: *Historia antigua de México*, vol. 3, pp. 419–458, edited by L. Manzanilla and L. López Luján. INAH/UNAM/Porrúa Mexico.

López Austin, A. 1997. *Tamoanchan, Tlalocan: Places of Mist*, translated by B. Ortiz de Montellano, and T. Ortiz de Montellano, University Press of Colorado, Colorado.

López Luján, L. 1994. *The offerings of the Templo Mayor of Tenochtitlan*. University Press of Colorado, Colorado.

Marquina, I. 1960. *El Templo Mayor de México*. Instituto Nacional de Antropología e Historia, Mexico.

Mateos Higuera, S. 1993. *Enciclopedia gráfica del México antiguo*, vol. 2, first edition. Secretaría de Hacienda y Crédito Público, Mexico.

Matos Moctezuma, E. 1986. *Vida y muerte en el Templo Mayor*. Ediciones Océano, Mexico.

Matos Moctezuma, E. 2000. *Los Aztecas*. CONACULTA and Jaca Books, Mexico.

Nicholson, H. B. 1971. Religion in Pre–Hispanic Central Mexico. In: *Handbook of Middle American Indians*, vol. 10. *Archaeology of Northern Mesoamerica*, *Part* 1, edited by G. F. Ekholm, and I. Bernal, pp. 395–446. University of Texas Press, Austin, Texas.

Ponce de León, A. 1982. Fechamiento arqueoastronómico en el altiplano de México, Departamento del Distrito Federal, Mexico.

Sahagún, B. 1950–1969. *Florentine Codex. General history of the things of New Spain*, 12 vols. , translated and edited by C. E. Dibble, and A. J. O. Anderson. University of Utah Press, Salt Lake City.

Sahagún, B. 1956. *Historia general de las cosas de la Nueva España.* 4 vols. , edited by A. M. Garibay. Editorial Porrúa, Mexico.

Spranz, B. 1973. Los dioses en los códices mexicanos del grupo Borgia. Una investigación iconográfica. Fondo de Cultura Económica, Mexico.

Tichey, F. 1978. El calendario solar como principio de ordenación del espacio para poblaciones y lugares sagrados. *Comunicaciones*, vol. 15, pp. 153–164.

Tichey, F. 1981. Order and relationship of space and time in Mesoamerica: Myth or reality. In: *Mesoamerican sites and world-views*, edited by E. P. Benson, pp. 217–245. Dumbarton Oaks Research Library and Collections, Washington, D. C.

ANCIENT CHORASMIA IN THE EARLY ANTIQUE PERIOD: NEW EVIDENCE FOR CULT AND RELIGIOUS PRACTICE

Alison V. G. Betts and Vadim N. Yagodin

INTRODUCTION

Chorasmia lies in the delta lands of the Amu – darya, the river known to classical antiquity as the Oxus. The region is one of the most northerly of the settled lands of ancient Central Asia (see fig. 1). Through the Bronze and Early Iron Ages it belonged more properly to the northern steppes, with a population engaged in semi – nomadic herding and limited agriculture. This changed dramatically around the 7th century BCE with the apparently sudden appearance of large complex fortified sites in the west of the delta. That this was related to movements and cultural contacts from the south was made clear when in the late 6th century BCE Chorasmia officially became part of the Achaemenid Persian empire. Following the death of Cyrus the Great, Darius I consolidated the empire and Chorasmia appears in his taxation list, forming part of the 16th satrapy together with Parthia, Sogdia and Aria. It seems, though, that by the 5th century BCE links between Persia and Chorasmia had weakened or fallen away completely. The delta region began to flourish independently and many new sites appear. [1]

During the floruit of the Kushan empire, centred to the south–east in Bactria, Chorasmia enjoyed a period of prosperity and renewed contact with the outside world, although whether the region was formally under the control of the Kushan kings is not clear. Following the decline of the Kushan empire and its absorption by the rising power of the Sasanians, Central Asia suffered one of numerous invasions from the northern steppes with the arrival of the Huns in the 4th century CE. In the 6th century, the Huns (Hephthalites) were followed by the Turks. From the Hunnish period up until the 10th century, Chorasmia was ruled by the Afrighids, a long period punctuated by the turmoil of the Arab conquest in the 7th century. Finally, in the 13th centu-

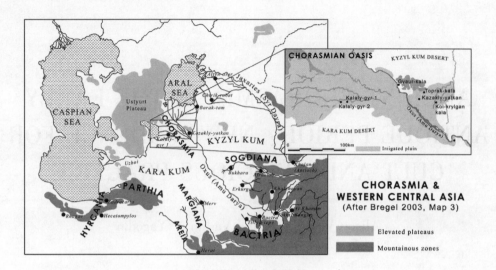

Figure 1. Map of Central Asia

ry, when Chorasmia formed the heartland of the kingdom of the Khwarezmshahs, the whole region was ravaged by the Mongols under Genghis Khan. Parts of the western delta recovered slightly and under the Golden Horde became an important node for international trade, but this fragile renaissance was again crushed by Tamerlane at the end of the 14th century and the whole area reverted to desert.

Scientific exploration of ancient Chorasmia began in the 1930s with the Chorasmian Archaeological Expedition under the leadership of S. P. Tolstov. Under conditions of extreme difficulty in this then remote and un-charted region, members of the expedition began to reconstruct the history of this ancient land through a rigorous programme of survey and excavation. [2] Work continued up until the collapse of the Soviet Union two decades ago when renewed contacts with the West made collaborative work possible. In 1994 the Karakalpak-Australian Expedition was established to continue the research programme with a new project in the Tash-k'irman Oasis. [3] Work has been focused on two sites, the fire temple complex of Tash-k'irman-tepe and the massive fortified site of Kazakly-yatkan. These date within the Early Antique period in Chorasmian chronology as defined by Tolstov (Table 1: 'Kangiui'). [4] A particular feature of Chorasmia in the Antique period was what appears to have been the strong influence of Zoroastrianism, or a local variant thereof. Evidence for this can be found in several structures identified by their excavators as fire temples, [5] as well as funerary monuments such as Chil'pyk, a *dachma* or Tower of Silence and, associated with the practice of exposure of the dead, numerous cemeteries containing ossuary burials. [6]

ARCHAIC

Archaic I	7th/6th century BCE
Archaic II	6th/5th century BCE
Archaic III	5th century BCE
Archaic IV	5th/4th century BCE

ANTIQUE

'Kangui' I (early)	4th – 3rd century BCE
'Kangui' II (late)	2nd century BCE – early 1st century CE
'Kushan' I (early)	1st – 2nd century CE
'Kushan' II (late)	3rd – 4th century CE

EARLY MEDIEVAL

'Afrighid'	4th – 9th century CE
Islamic period	712 CE Arab invasion

Table 1. *Chorasmian periodisation*

TASH-K'IRMAN-TEPE

The temple complex of Tash-k'irman-tepe is not linked to any other settlement, but stands on its own, apparently in open country, probably farmland in antiquity.[7] It had two major stages of construction. Excavation has so far been concentrated on the upper stage which has been almost completely uncovered. The complex is oriented broadly to the points of the compass and measures some 110 metres north-south. The width varies from 30 metres at the southern end to about 50 metres at the widest point across the centre. It is surrounded by a thick *pakhsa* wall that formed a massive 'box' which was then filled with up to a metre or more of sterile sand. This was sealed by three layers of mud bricks, each separated by sand. The lowest layer was laid evenly with complete bricks while the middle layer was made up of broken bricks placed in a jigsaw pattern to form a continuous pavement. The uppermost layer was again made of complete bricks, carefully laid to form a smooth, even surface and covered by mud plaster. The structures were built directly on this surface.

At the centre of the complex lay a chamber with an arching brick roof that housed the sacred fire(see fig. 2). This was surrounded by a series of corridors and flanked to north and south by rooms containing fire altars. The central chamber was the only part of the building with signs of

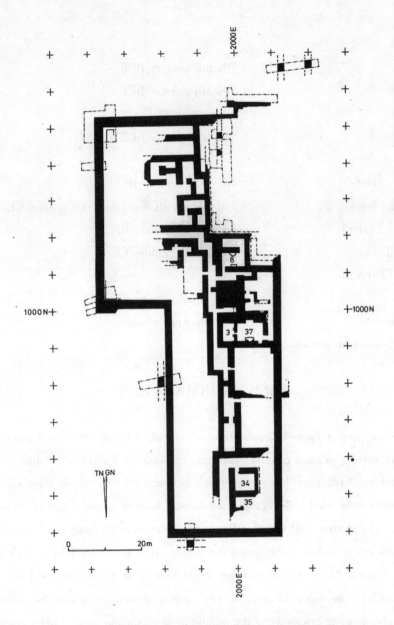

Figure 2. Plan of Tash-k'irman-tepe

roofing. The fire was set directly on the platform against the east wall with no trace of an altar. A reddened area in the centre of the room in front of the fire probably indicated a place where embers were laid. Opposite the fire was a recessed niche in the western wall. The chamber had no windows and, unlike the rest of the buildings, the walls had no mud plaster surfacing but were simply naked brick. The only exception to this was the niche, the sides of which were plastered. The whole chamber gave the impression of a private space used simply for the keeping of the fire but not for any public ceremony.

The layout of the temple complex suggests that the eternal flame was kept in the central chamber, while fire was then taken from there to altars in more public rooms for special ceremonies. Rooms containing altars have been found to the north and south of the central fire chamber. The earliest altar room lies to the north. A small rectangular brick altar was set close to floor level at the base of a shallow niche set into the south wall. Opposite was a second semi-circular altar. The centre of the room bore traces of fire reddening as had been found in the central fire chamber. A doorway led from this room into a second room from which there was no further exit.

A more elaborate altar room lay south of the central fire chamber. A fire altar was set on a low platform in the southern wall. The fire was backed by a curving three-stepped niche. There were traces of burning around the sides of the niche but not on the platform, suggesting that the fire was set in a container of some kind. Immediately opposite, and echoing the pattern in the fire chamber, was a wide plain niche. To the west were two smaller and more elaborate niches which did not reach to floor level. Each was framed by a three-stepped pattern of recessing. An earlier wall lay behind this façade. Here the pattern was similar, but the plain, floor-length central niche was flanked on either side by a pair of smaller high niches with three-stepped recessing. At the western end of the chamber was a thin *pakhsa* screen wall with circular holes through it and a central entrance. On either side of the west face of the entrance were the remains of engaged mud columns. The base of each was supported by broken column bases derived from an earlier building and set into the platform. It is possible that they once supported wooden posts. The room behind was plain and had no other exit.

Two main phases of use of this complex can be identified. In the first phase, the central fire chamber, its surrounding corridors and the northern altar room formed the core of the complex. To the north and south of these were various rooms, corridors and courts of uncertain function. In the northeast sector were a number of open chambers with low central platforms. These carried traces of burning, while the floors of the chambers were strewn with ash. The evidence permits some general interpretation of the nature of ceremonies at the site. The enclosed central chamber, devoid of ornament and with the fire set only on the floor, suggests a private place, seen only by cult officials, while the open chambers are likely to have been places of public religious ceremony where the fire was carried from the central chamber for special occasions.

At some point the complex was abandoned for a time. Prior to this abandonment the central fire chamber was deconsecrated. The fire was extinguished but ash and charcoal from the last burning were left *in-situ*. A layer of bricks was laid down over all but the southern end of the chamber. This was covered with a layer of reeds and then over thirty layers of bricks were carefully laid on top until the fill reached the base of the arched roof. The bricks were set in sand except at the southern end where the last two rows were set in mud plaster to form a wall face binding the rest of the fill in place, permitting the end of the room to be used as a corridor. It seems that following this deconsecration all or part of the complex was abandoned for a period of time, allowing a layer of silt about 30 centimetres deep to accumulate in the corridors.

While the stratigraphy of the site is not easy to interpret, it appears likely that the southern altar room postdates the deconsecration and abandonment as no silting was found there and the rooms had no ash deposits within them. There is no evidence for a private room to hold the sacred fire in this later phase of use so it is not clear as to whether the site still maintained a permanent fire. However, the southern altar room is much more elaborate than the other buildings in the complex and suggests a different kind of rite had developed. The room was remodelled at least once. A new façade was laid over the north wall, complete with new three-stepped blind windows and a full length plain niche opposite the altar. The screen wall is a later addition again. There are clear indications that this second period of use at the complex was sustained as the ash from the altar was cleared away and laid over the silt layers in the corridors and rooms surrounding the central fire chamber. The ash layers are thick and varied in colour. The ash is always fine and contains no charcoal.

Eventually, the site was apparently fully abandoned. This must have taken place in the mid- to late Kushan period as ^{14}C dates indicate use into the early Kushan period, while the site is sealed by debris containing Kushan period squatter occupation. [8] There is no sign of damage, and there was also an almost complete absence of artefacts. There are no indications of painted decoration on the walls. If there were temple artefacts they were presumably taken to another location. The date of the earliest building at the site cannot yet be ascertained but the date range for the latest complex is now more clearly defined. A sequence of ^{14}C dates indicates an establishment date from the mid-1st century BCE into the 1st century CE. A date from the last sacred fire before the deconsecration places this event from the mid-1st into the 3rd century CE. Samples from the corridors, which should postdate the deconsecration, give a similar range of dates in the Kushan period.

KAZAKLY–YATKAN (AKCHA–KHAN–KALESI)

Kazakly–yatkan is a large fortified site consisting of a Lower and an Upper Enclosure, covering an area of up to 56 hectares (see fig. 3). [9] The site may have functioned as a centre of regional administration and control, and perhaps also as a sacral centre, from the last two to three centuries BCE into the first century CE. Within the fortifications of the upper enclosure are several monumental buildings. At the geometric centre is a structure with two towers originally linked by an arch, which was accessed by a large ramp leading up from the south. This building has been tentatively identified as a mausoleum on the basis of the architectural form. The south–west corner is partially enclosed by a large wall. This area has not yet been explored. In the north–west lies a huge structure, partially covered by large dunes. Several seasons of excavation here have revealed a richly furnished building of massive proportions and complex plan that may be associated with cult activities, probably linked to formal ceremonial practices of local rulers. Its obvious cultic fixtures have suggested that it was at least in part associated with the veneration of fire.

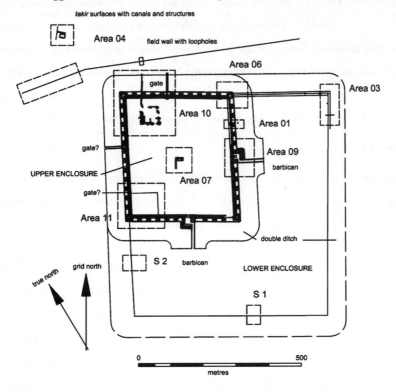

Figure 3. Plan of Kazakly–yatkan

THE FORTIFICATIONS

The Upper Enclosure was the first militarised establishment at the site, consisting of curtain walls and regularly spaced towers set on a high *pakhsa* socle. [⑩] The curtain walls are galleried in two storeys and have regularly spaced loopholes. Gates have been traced on all four flanks, but only that on the eastern side has been excavated. The construction of the curtain walls was followed by the construction of a *proteichisma* with a raised and paved covered way. There are no loopholes in this battered cover wall and its preserved height and width rule out the provision of a walk-way with parapet or banquette. Once the cover wall was added, at some time after the initial construction of the curtain walls, it rendered the lower tier of loopholes in the curtain wall non-operational. The entire upper enclosure complex was surrounded by a double ditch system: a deep 39 metres wide ditch, the counterscarp 65 metres from the base of the curtain walls, and a smaller 4 metres wide ditch separated by a 6 metres berm. Following the construction and use of the *proteichisma*, the new (Lower) enclosure was added to the east and south. This also was heavily fortified with galleried curtain walls, regularly spaced towers and a *proteichisma*. A catastrophe occurred at Kazakly-yatkan which saw the burning of much of the site, specifically the roof beams of the galleried curtain walls and towers. This was followed by domestic occupation in the covered way of the Upper Enclosure *proteichisma* and a subsequent reinforcement of the towers with a cladding of mud bricks and *pakhsa*. Later, the upper layers of depositions in the galleried curtain walls and towers were sealed by mud bricks and a new cover wall was added.

THE TEMPLE/PALACE

The temple/palace complex consists of a central building roughly 60 by 60 metres square with rounded (ogee) corner towers (see fig. 4). [⑪] A gate with flanking rounded towers is located more or less in the centre of the western wall and there may be others at least on the southern and eastern sides. The central building has a double wall, forming a surrounding corridor a little over 2 metres wide. Both walls were built of mud brick on *pakhsa* foundations. Extensive sections of the inner wall of the corridor were painted with abstract and figurative images, as were some of the walls and ceilings of the interior. Painted and also gilded plaster has been found in the interior. The central building has two major stages of construction, the latest of which is well preserved. Radiocarbon determinations suggest that the latest building was constructed within the 1st century BCE. The earlier structure may date from around the late 3rd to early 2nd century BCE.

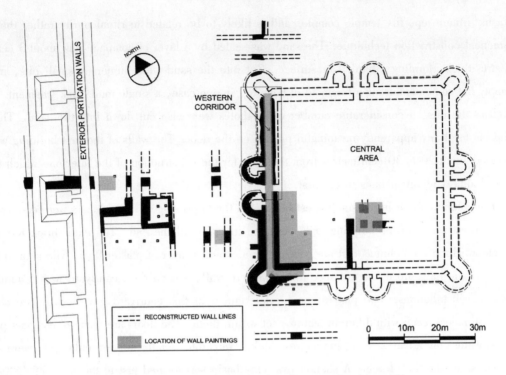

Figure 4. Kazakly–yatkan: the temple/palace complex (Area 10)

The south–western quadrant of the interior of the central building contained several rows of stone column bases set on brick–topped foundation trenches. The columns would have been of timber and were supported on two part bases. The lower part was a rectangular, three–stepped plinth of soft sandstone supporting an upper bowl–shaped torus of harder sandstone. The hall created by the placing of these columns was enclosed to the west and south by the inner wall of the main building and to the east by a partition wall. It was open to the north and had a ceiling painted with abstract designs. Towards the south–west of the central building is an altar complex with many fragments of wall paintings and painted mud–plaster moulded and sculptural elements. Surrounding the central building is at least two encircling or partially encircling walls, flanked in turn by a street. Beyond this to the west lies another building complex with smaller columned halls backed up against the inner wall of the fortifications. Painted mural decoration has been found in places on the encircling walls and in the building complex abutting the fortifications.

Traces of the earliest building have been uncovered in the interior of the central building. To construct the interior, the clay bedrock was smoothen and flattened, then covered with a layer about 40 centimetres deep of pure sand. This use of pure sand as a foundation occurs also in the

Tashk'irman-tepe fire temple complex and is likely to be related to ritual purity rather than a practical construction technique. The sand was sealed by a layer of compact clay about 3 centimetres thick, forming a hard floor surface. Cut into the sand were numerous small pits, most empty but some containing a fragment of bone or, in one case, a single mud brick fragment. As well as the pits, a considerable number of postholes were also cut down into the sand. These did not form any apparently meaningful pattern on the floor. The walls of the first building were leveled about 20 to 30 centimetres from the base for the construction of the later one which followed almost identical lines to the first.

The columned hall in the south-west belongs to the latest stage. The columns were erected in the earliest phase of the building and continued in use until the end. The mud-brick foundations on which the columns rest are covered by a compact layer of plaster floor. The area to the north of the hall, up to the entrance in the western wall, was an open courtyard with a number of cultic installations. Two phases can be determined in this courtyard, marked by two clear floor surfaces, each with different features set within them. The floors are made of compact pale grey/white clay about 2 to 3 centimetres thick. Numerous small, sub-circular pits were cut down below the floor levels. A shallow oval clay basin was located just to the south of the central entrance into the corridor. Opposite the entrance, about 10 metres inside the building, was a large *khoum* set in a pit cut into the floor. The pit was cut and recut several times, suggesting that the vessel had been regularly replaced. The earliest cut dated back to the first building, showing that a vessel had been located in the same place throughout the life of the building from its foundation to its abandonment. Close to the *khoum*, on the northern side, were two shallow fire altars, each associated with a different sub-phase of construction. These altars were in the form of bi-concave rectangles. Distant parallels for these can be found in nomad sites on the Ustiurt plateau. [12]

THE WALL PAINTINGS

Extensive sections of the latest stage of the temple/palace building complex are decorated with painted plaster. [13] The corpus comprises figurative and ornamental images as well as fragments of black painted text. Typically, a charcoal based black is used as an outline colour while ochre based fill colours include shades of red, brown, pink, yellow and orange. Images are painted on a thin gypsum plaster in the *secco fresco* technique. The best preserved paintings recovered to date are located in the western corridor. *In-situ* paintings have been exposed on approximately 13 metres of the eastern face of the southern half of the corridor. The lower bodies of five animals and two humans are preserved in a procession scene showing alternate quadrupeds and human figures. Below the procession appear to be very scant remains of a pink and black frieze.

In the northern half of the eastern corridor numerous fragments of portraits have been found. These show upper bodies at slightly smaller than life size, set in rectilinear painted frames. There were at least three vertical tiers of framed portraits, which appear to have continued along the length of this northern section of corridor. There is little in the facial features but elements of costume to differentiate the individual images, such as headdress and the colour and decoration of upper body garments show some variety. Paintings found in other areas of the building include a large fragment showing the remains of three faces. Painted plaster was just one element of the ornamentation of the building complex. Other elements include low and high relief plaster sculpture, either plain, painted or covered with gold leaf as well as moulded copper alloy and carved ivory. [14]

UNDERSTANDING THE EVIDENCE

One of the most important questions to ask about these two sites, Tash–k'irman–tepe and Kazakly–yatkan, is what they tell us about cult and religious practice in ancient Chorasmia. Of all the great world religions, Zoroastrianism is one about which perhaps is least known concerning its origins and early development. Zoroastrianism probably came to the Persians from the north–east via the Medes and spread widely among the Persians in the mid–6th century, especially under Cyrus the Great. [15] It is generally believed that the Medes and Persians inherited the Indo–Iranian tradition of worshipping in the open air or at the hearth fire and that in consequence, the development of formal fire temples occurred some time after the adoption of Zoroastrianism by the Persians. [16] The cult of Ahura Mazda was the dominant one among Achaemenid rulers from Cyrus onwards. It was only by the time of Darius II in the late 5th century BC that elements of other cults begin to appear strongly in the Persian belief system when the worship of Anahita was assimilated into Zoroastrian orthodoxy, as was that of Tiri. [17] By the time of Darius II's son Artaxerxes II, the situation had changed further. For the first time an Achaemenid King invoked not only Ahuramazda but also Anahita and Mithra in his inscriptions. [18] This has been linked with the 3rd century account by Berossos describing the introduction of the worship of statues in human form, a practice set up by Artexerxes II. [19] This meant the introduction of both temples and human statuary, neither of which were acceptable to orthodox Zoroastrian practice. The apparent splendour of the Anahita cult with magnificent temples and richly a-dorned statues has been identified as the likely impetus for the counter move among orthodox Zoroastrians of founding other temples in which there was no human image but only a consecra-ted fire. There is, however, very little evidence for these buildings in the early period of their development and inferences as to their spread are drawn from later evidence. Boyce reconstructs the form also from later evidence: "In these temples (to judge from the evidence of later times) the sacred fire was an ever-burning fire of wood, set in a raised stand or 'altar' of the Pasarga-dae type, which was placed within an inner sanctuary so that the purity of the fire could be strictly guarded by attendant priests." [20] It is therefore generally believed that the Zoroastrians did not develop a temple cult of fire before the 4th century BC. [21]

It is likely that the Tash-k'irman-tepe temple complex was founded no earlier than the 2nd -3rd century BCE, but this still places it in the range for one of the earliest formal fire tem-ples. With its austere lack of ornamentation it might be seen to conform to the perceived ideal of Zoroastrian orthodoxy. However, by the 4th century BCE Chorasmia had long distanced herself from the Persian heartland and it cannot be said with certainty that Tash-k'irman-tepe was es-tablished along strictly orthodox lines. [22] Kazakly-yatkan stands in marked contrast to the fire temple complex. The fire altars in the courtyard of the temple/palace clearly link it to some form of cult practice but the rich ornamentation points to a very different kind of ceremonial function. The temple/palace finds better parallels in the richly decorated palaces of Toprak-ka-la, the Kushan 'royal seat', a few kilometres away to the north-east. [23] Much of the ornament at Toprak-kala has been interpreted by Rapaport as being associated with a 'royal cult', al-though this has been disputed by Grenet. [24] The evidence available to date for the Kazakly-yat-kan 'temple/palace' appears to contain combined elements of the sacred and the powerful. [25] There is a long-lived Persian tradition linking the ruler with the divine as evidenced, for exam-ple, by the portrayal of fire altars on the Achaemenid and later royal rock reliefs. [26] This points to the notion that the 'temple/palace' may have served, at least in one capacity, as a ritual complex for 'royal' ceremony. [27]

It seems, in particular from evidence uncovered at Kazakly-yatkan, that in Chorasmia formal Zoroastrian traditions became blended with steppic cult practices, especially those relating to the veneration of fire. [28] Chorasmia is the most northerly outpost of the settled Central Asian oa-ses and probably depended for much of her economic strength on relations with nomads from the northern steppes. The Ustiurt plateau between the Aral and the Caspian seas formed the most southerly extension of nomadic territory and was an important winter grazing areas for the tribes. [29] It is not surprising, therefore, that the Zoroastrian tradition fused with its earlier roots to form a variation of religious or cult practice unique in Central Asia. Chorasmia, unlike her southern neighbours, did not fall under Hellenistic influence. Temples in Sogdia and Bactria display a complex mix of syncretic cult practice that blend episodic Zoroastrian traditions with Mithraic and other western religious beliefs. [30] In Chorasmia the Zoroastrian tradition is preserved perhaps in a much purer form, mixed only with its prehistoric ancestral cults and possibly also with elements of dynastic cults adopted through Achaemenid or Parthian influences.

Notes

(1) For more detailed historical overviews of the region see Helms and Yagodin 1997; Helms *et al.* 2001; Helms *et al.* 2002.

(2) Tolstov 1948a, 1948b, 1962; Tolstov and Vainberg, (eds.) 1967; Tolstov and Vinogradov, (eds.) 1963; Tolstov and Vorobéva, (eds.) 1959a, 1959b; Tolstov and Zhdanko, (eds.) 1952, 1958.

(3) See note 1.

(4) For a critical discussion of Chorasmian chronology see Helms *et al.* 200:120 ff.

(5) Kiuzeli–g'ir had a fire altar in the royal palace (Vishnevskaya and Rapoport 1997), Dzhambas–kala had a building interpreted as a 'house of fire' (Tolstov 1948, 95–98) and Gyaur–kala Sultanuizdag-skaya had a room with a fire altar (Rapoport and Trudnovskaya 1958). The Kushan period 'royal seat' of Toprak–kala had a large fire temple near the palace and a second fire temple apparently for the use of one section of the town (Rapoport and Nerazik 1981, (eds.) 1984).

(6) Iusupov 1984; Manilov 1981:50–64; ossuary cemeteries include Kubatau, Beshtiube, Sheikhdzheli and Sultan–uizdaga. See also Yagodin 1987 for ossuary burials on the desert frontiers of Chorasmia.

(7) The site was first surveyed by the Chorasmian Archaeological expedition under S. P. Tolstov (1962) when many small 'Archaic' sites were recorded in the immediate vicinity. These have now largely disappeared under agricultural lands. For further discussion of the complex see Betts and Yagodin 2007.

(8) For a discussion of dating see Betts and Yagodin 2007: 438.

(9) Helms and Yagodin 1997; Helms *et al.* 2001; Helms *et al.* 2002.

(10) For a detailed discussion of the fortifications see Betts *et al.* 2009.

(11) For a more detailed discussion of the 'temple–palace' and the wall paintings see Kidd *et al.* 2008.

(12) Olkhovskiy 2000.

(13) Kidd *et al.* 2008; Yagodin *et al.* (in press).

(14) Yagodin *et al.* (in press).

(15) Boyce 1982: 41–43.

(16) Boyce 1975. Apart from an absence of written or material evidence for earlier fire temples, this as-

sumption is based on the writings of various Greek authors, especially Herodotus *Hist. i. 131*. Basirov (1998) also mentions Heraclitus of Ephesus and Strabo, as well as Cicero who states that Xerxes after the fall of Athens thought it "a sacrilege to keep the gods, whose house is the whole universe, shut up within walls", and that "Persians considered representation of sacred statues in human form a wicked custom (*De Republica*, III. ix. 14).

⑰　Boyce 1982: 202.

⑱　Boyce op. cit.: 217. Briant 1996: 260–265.

⑲　Burstein 1978:29 (5.2).

⑳　Boyce op cit: 221–222.

㉑　Boyce 1975, 1982: 221. See also Wikender 1946.

㉒　Betts and Yagodin 2007.

㉓　Nerazik and Rapoport (eds.) 1981; Rapoport and Nerazik(eds.) 1984.

㉔　Rapoport and Nerazik (eds.) 1984; Rapoport 1994:161–185. For a critique of the cult interpretation see Grenet 1986: 123–135.

㉕　Kidd *et al.* (in press).

㉖　Briant (2002: 171) describes this special relationship as '[the Great King's] virtues, acquired through the privileged protection of Ahura–Mazda...".

㉗　F. Grenet offered helpful advice about the function(s) of the 'temple/palace'.

㉘　Parallels for bi–concave fire altars from Kazakly–yatkan find parallels in stone altar in nomad sanctuaries on the Ustiurt plateau (Olkhovskiy 2000), while ossuaries have been found in nomad graves in the same area (Yagodin 1987).

㉙　Yagodin *et al.* 2007.

㉚　See for example Boyce 1975.

BIBLIOGRAPHY

Basirov, O. 1998. 'Development of temple cults', *CAIS*. http://www.cais–soas.com.

Betts,A. V. G. and Yagodin,V. N. 2007. "The Fire Temple at tash–k'irman–tepe,Chorasmia." pp. 435–453 in J. Cribb and G. Herrman (eds.), *After Alexander – Central Asia before Islam*. Proceedings of the British Academy No. 133. Oxford:OUP.

Betts,A. V. G., V. N. Yagodin, S. W. Helms, G. Khozhaniyazov, S. Amirov, and M. Negus–Cleary, 2009. 'Karakalpak–Australian Excavations in Ancient Chorasmia, 2001–2005: Interim Report on the Fortifications of Kazakl'i–yatkan and Regional Survey. *Iran*.

Boyce, M. 1975. *A History of Zoroastrianism*. Leiden/Köln: Brill.

Boyce,M. 1982. *A History of Zorastrianism*. Vol. *Two. Under the Achaemenids*. Leiden: Brill.

Briant, P. 1996. *Histoire de l'Empire perse:de Cyrus à Alexandre*. Leiden: Nederlands Instituut voor het Nabije Oosten.

Burstein, S. M. 1978. *The Babyloniaca of Berossus.* Malibu: Undena.

Cicero, *De Republica.* English vers. 1998. Transl. Niall Rudd. New York: Oxford University Press.

Grenet, F. 1986. Palais ou palais–temple? Remarques sur la publication du monument de Toprak–kala. *Studia Iranica* 15: 123–135.

Helms, S. W. , and V. N. Yagodin 1997. Excavations at Kazaklí–Yatkan in the Tashkírman Oasis of Ancient Chorasmia: A Preliminary Report. *Iran* 35: 43– 65.

Helms, S. W. , V. N. Yagodin, A. V. G. Betts, G. Khozhaniyazov, and F. Kidd 2001. Five Seasons of Excavations in the Tash–Kírman Oasis of Ancient Chorasmia, 1996–2000. An Interim Report. *Iran* 39: 119– 144.

Helms, S. W. , Yagodin, V. N. , Betts, A. V. G. , Khozhaniyazov, G. , and Negus, M. 2002. The Karakalpak–Australian Excavations in Ancient Chorasmia: the Northern Frontier of the 'Civilised' Ancient World. *Ancient Near Eastern Studies* 39: 3– 44.

Herodotus, *The Histories.* (Transl. A. de Sélincourt 1983 edn). Penguin.

Iusupov, N. I. 1984. Iz istorii arkheologicheskogo izucheniya nizov'ev Amudarí (Gyaur–kala Sultanuizdagskaya, Dzhampyk–kala, Kuba–tau, Chilpyk). *Arkheologia Priaral'ya* 2, 3 – 8.

Kidd, F. , M. Negus Cleary and E. Baker Brite (in press) , Public vs. Private. Perspectives on the Communication of Power in Ancient Chorasmia, in *Regimes and Revolutions: Power, Violence, and Labor in Eurasia Between the Ancient and the Modern*, (eds.) C. Hartley, G. Bike Yazlcloğlu, and A. T. Smith.

Kidd, F. M. Negus–Cleary, V. Yagodin, A. V. G. Betts, and E. Baker Brite 2008. Early Chorasmian mural art. *Bulletin of the Asia Institute* 18: 69– 96.

Manilov, Iu. P. 1981. *Novye dannye o pogrebal' nom obryade Khorezma pervykh v. v. No. Z.* Arkheologicheskie issleovaniya Karakalpakii, Tashkent.

Nerazik, E. E. and Rapoport, Iu. A. (eds.)1981. *Gorodishche Toprak – kala (raskopki 1965–1975).* Moscow: Nauka.

Olkhovskiy. V. S. 2000. Ancient Sanctuaries of the Aral and Caspian Regions. A Reconstruction of their History. pp. 33–42 in Davis–Kimball (ed.) *Kurgans, ritual sites and settlements: Eurasian Bronze and Iron Age.* Oxford: Archaeopress.

Rapoport 1994. The Palaces of Topraq–Qal'a. *Bullentin of the Asia Institute* 8: 161 – 185.

Rapoport, Iu. A. and Nerazik, E. E. (eds.) 1984. *Toprak–kala. Dvorets.* Moscow: Nauka.

Rapoport, Iu. A. and Trudnovskaya, S. A. 1958. Gorodishche Gyaur–kala. *TKhAÈÈ*2: 347–366.

Rapoport, Iu. A & Nerazik, E. E. 1981. *Gorodishe Toprak–kala (raskopki 1965–1975),* Moscow.

Tolstov, S. P. 1948a. *Drevnii Khorezma. Op'it istoriko–arkheologicheskogo issledovaniya,* Moscow: MGU.

Tolstov, S. P. 1948b. *Po sledam drevne–khorezmiiskoi tsivilizatsii,* Moscow/Leningrad: Nauka.

Tolstov, S. P. 1962. *Po drevnim deltam Oksa i Yaksarta,* Moscow: Nauka.

Tolstov, S. P. and B. I. Vainberg, (eds.)1967. *Trud'i Khorezmskoi Arkheologo–Ètnograficheskoi Èkspeditsii V: Koi–Krylgan–Kala–Pamyatnik Kulturii Drevnego Khorezma Iv V. Do. N. E.–Iv V. N. ,* Moscow: Nauka.

Tolstov, S. P. and A. V. Vinogradov, (eds.)1963. *Material'i Khorezmskoi Èkspeditsii 6: Polev'ie Issledo-*

vaniya Khorezmskoi Èkspeditsii V 1958–1961 Gg. , Moscow: Nauka.

Tolstov, S. P. , and M. G. Vorob´eva, (eds.) 1959a. *Trud' i Khorezmskoi ArkheologoÈEtnograficheskoi Èkspeditsii IV: Keramika Khorezma* , Moscow: Nauka.

Tolstov, S. P. and M. G. Vorobéva, (eds.) 1959b. *Material' i Khorezmskoi Èkspeditsii 1 : Polev' ie Issledovaniya Khorezmskoi Èkspeditsii V. 1954–1956 Gg.* , Moscow: Academiya Nauk.

Tolstov, S. P. and T. A. Zhdanko, (eds.) 1952. *Trud' i Khorezmskoi Arkheologo – Ètnograficheskoi Èkspeditsii I : Arkheologicheskie I Etnograficheskie Raboti Khorezmskoi Ekspeditsii 1945–1948* , Moscow: Nauka.

Tolstov, S. P. , and T. A. Zhdanko, (eds.) 1958. *Trud' i Khorezmskoi Arkheologo – Ètnograficheskoi Èkspeditsii II : Arkheologicheskie I Ètnograficheskie Raboti Khorezmskoi Èkspeditsii 1949 – 1953* , Moscow: Nauka.

Vishnevskaya, O. A. and Rapoport, Iu. A. 1997 Drevnie stivilizatsii: novi' ie otkr' itiya. *VDI* 2: 150–173.

Wikender, S. 1946. *Feuerpriester in Kleinasien und Iran* , Lund.

Yagodin, V. N. [Jagodin] 1987. Les sépultures à ostothèques sur les marges nord–ouest de la Chorasmie antique. pp. 11–29 in F. Grenet, (ed.) *Cultes et Monuments religieux dans l' Asie Centrale Préislamique.* U. A. 1222, Mémoire n. 2. Paris: CNRS.

Yagodin,V. N. , A. V. G. Betts, F. Kidd, E. Baker Brite, G. Khozhaniyazov, Sh. Amirov, V. V. Yagodin, and G. Fray (in press). Karakalpak–Australian Excavations in Ancient Chorasmia. An Interim Report on the Kazakly–yatkan Wall Paintings: the portrait gallery. *Asian Art and Archaeology*.

编　后　记

　　2005 年 10 月 26 日，安志敏先生在与病魔抗争了数月之后，匆匆告别了这个他无限眷恋的世界，令许多敬爱他的人感到震惊和悲痛。一年之后，广州中山大学商志醰先生倡议编辑一本纪念文集，拟赶在先生去世五周年之际出版，以表达不能忘却的怀念。2008 年初，我们在北京成立了本文集编委会，并初步商定由商先生和香港中文大学的邓聪先生担任该文集的主编。此后就开始了本文集的约稿工作，并责成陈星灿、傅宪国、谢仲礼和安家瑗负责联络。意想不到的是，一向意气风发的商志醰先生在 2009 年 7 月 1 日遽然辞世，令编委会同仁十分悲痛。经编委会讨论商定，本文集以编委会的名义编辑出版。

　　由于时间关系，我们约稿的范围有限，贡献作品的多是安志敏先生的生前友好、家人、学生和少数更年轻的学子。文稿皆为新作，分为纪念文章和论文两部分。前者展示了安志敏先生为人为学的不同侧面，无疑是中国现代考古学史研究的珍贵材料；后者则是对不同时代、不同地区各种考古学问题的深入讨论，反映了当今中国考古学研究的多元化倾向。

　　安志敏先生长期致力于田野考古工作，是新中国考古事业的重要领导者和组织者之一，也是中国当代考古学家中研究领域最广、成果最丰硕的学者之一，在考古学的诸多研究领域卓有建树。值此先生逝世五周年之际，我们出版这本纪念文集，以追思和缅怀先生对中国考古事业的卓越贡献。

《考古一生——安志敏先生纪念文集》编委会

2010 年 9 月 16 日